U0369468

# SERVICE MANAGEMENT
## OPERATIONS, STRATEGY, INFORMATION TECHNOLOGY
### 9th Edition

# 服务管理
## 运作、战略与信息技术
（原书第9版）

[美] **桑杰夫・波多洛伊**    **詹姆斯・A. 菲茨西蒙斯**    **莫娜・J. 菲茨西蒙斯**    ◎著
（Sanjeev Bordoloi）     （James A. Fitzsimmons）    （Mona J. Fitzsimmons）
圣托马斯大学          得克萨斯大学

**张金成　范秀成　杨坤**◎译

机械工业出版社
CHINA MACHINE PRESS

## 图书在版编目（CIP）数据

服务管理：运作、战略与信息技术（原书第 9 版）/（美）桑杰夫·波多洛伊（Sanjeev Bordoloi），（美）詹姆斯·A. 菲茨西蒙斯（James A. Fitzsimmons），（美）莫娜·J. 菲茨西蒙斯（Mona J. Fitzsimmons）著；张金成，范秀成，杨坤译 . —北京：机械工业出版社，2020.1（2023.12 重印）

（华章教材经典译丛）

书名原文：Service Management: Operations, Strategy, Information Technology

ISBN 978-7-111-64485-9

I. 服… II.① 桑… ② 詹… ③ 莫… ④ 张… ⑤ 范… ⑥ 杨… III. 服务业 – 企业管理 – 教材 IV. F719

中国版本图书馆 CIP 数据核字（2020）第 000743 号

Sanjeev Bordoloi, James A. Fitzsimmons, Mona J. Fitzsimmons.

Service Management: Operations, Strategy, Information Technology, 9th Edition.

ISBN 9781259784637

Original edition copyright © 2020 by The McGraw-Hill Companies, Inc.

Simple Chinese translation edition copyright © 2020 by China Machine Press. All rights reserved.

翻译版权 © 2020 由机械工业出版社所有。

**北京市版权局著作权合同登记 图字：01-2019-1409 号。**

本书是奠定服务管理知识基础与体系的经典之作。全书贯穿以服务管理赢得竞争优势这一主线，将营销、运营和人的行为作为服务管理的核心，特别突出了服务交付系统的特征，融入了收益管理、数据开发分析和计算机仿真等技术。在新版中，本书既保留了服务战略、产品开发设计、设施定位、需求预测、产能计划、质量控制等核心内容，又及时吸纳了体验经济、电子服务、全球服务等理论、技术和方法；既在体系的完整性、内容的丰富性、描述的清晰严谨性上精益求精，不断锤炼改进，又在最新案例和补充阅读资料的精选与追加、课堂讨论主题和课外练习的精心再设计上与正文的改进相辅相成，相得益彰。

本书适合工商管理、市场营销、旅游管理、公共事业管理等专业的学生，还可供服务行业或企业人员参考。

| | | | |
|---|---|---|---|
| 出版发行： | 机械工业出版社（北京市西城区百万庄大街 22 号 邮政编码：100037） | | |
| 责任编辑： | 程天祥 | 责任校对： | 李秋荣 |
| 印　　刷： | 北京捷迅佳彩印刷有限公司 | 版　　次： | 2023 年 12 月第 1 版第 6 次印刷 |
| 开　　本： | 185mm×260mm　1/16 | 印　　张： | 31 |
| 书　　号： | ISBN 978-7-111-64485-9 | 定　　价： | 90.00 元 |

客服电话：（010）88361066　68326294

机械工业出版社 2018 年 11 月刚出版了张金成、白长虹等翻译的泽丝曼尔、比特纳和格兰姆勒所著的《服务营销》(原书第 7 版),现在我们新翻译的由波多洛伊、菲茨西蒙斯夫妇所著的《服务管理》(原书第 9 版)很快又与读者见面了。自 2000 年以来,这两部经典教科书许多更新版的出版,在中国读者中引起了强烈反响,对中国服务管理教学和科研产生了深远的影响。它们不仅被许多高等院校采用为本科生和研究生的教材或重要的教学参考书,而且已成为服务企业、制造企业、政府机构管理人员和服务管理研究人员的重要阅读书目,更受到许多管理咨询公司的关注。

这两部大作虽然分别从营销和运营两个方面论述了服务、服务经济和服务管理的一系列基本概念、方法和基础理论,但两书珠联璧合,不约而同地存在下列值得读者关注的共同特点:

1. 两部书都以服务经济开篇。它们各自从不同的角度,引经据典并用确凿的资料和数据,扼要阐明了全球经济的发展规律和背景,揭示了服务在经济中的作用和服务全球化的发展趋势。

2. 都强调和体现了服务的独特性。即服务和商品不同,服务的生产运营和商品的生产运营不同,服务营销和商品营销也有本质的差别。

3. 为两种战略模式的组合提供了可能。《服务营销》英文书名强调以顾客为中心,而《服务管理》英文书名则强调用运营和技术打造竞争优势,从服务竞争的战略层面看,前者与企业战略理论中由外向内的战略思维模式更相近,而后者与基于资源和能力的战略思维模式更相似。它们为上述两种战略思维和逻辑的结合提供了视野、实施要点和可能性。

4. 均以服务质量为核心。这两部书均包含和论述了自 20 世纪 70 年代以来欧美学者所创建的顾客全面感知的服务质量的概念性模型、服务质量五差距模型和服务质量顾客评价模型(SERVQUAL)这三大基础理论及其拓展和应用。

5. 均特别关注和跟踪了技术与行为科学的创新和应用。经济发展阶段的交替出现实际上是技术衍生与繁殖的结果,而企业人员的行为既受技术的影响,又影响技术的延展和应用效果。纵观这两部书多次更新版的内容增减和修改更新,可以明显地看出作者对新技术，特别是互联网、物联网、大数据在服务业的应用及其所产生的冲击十分关注，陆续引入了一些相关的创新性概念、方法和案例，并对人机互动、线上线下服务、智能服务中的顾客和员工行为特征进行了探讨。

6. 两部书都应用了大量相关案例。比如，《服务营销》中各章均有开篇案例，而本书每章均选设了与本章内容紧密关联的 2～5 个（全书共 45 个）章末案例，除此之外还有大小不一的诸多实例，生动地穿插在各章的论述中。

7. 均提供了比较完备的教学指南。

8. 均借助线上学习工具和路径，并指明了相关的网址。

读者在了解这两部书共同之处的同时，也要从以下几个方面体悟它们之间的主要差别：

1. 侧重点。首先要明确本书侧重于服务的生产和运作，其思路、内容和架构是按着服务生产系统和服务运营管理系统来设计的。

2. 决策点和决策方法。虽然服务生产和消费往往是同时发生的，许多服务生产活动和营销活动是交织在一起的，但服务运营决策和营销决策的决策点、内容和方法是有区别的。前者（服务管理）更关注企业价值链上游的主要生产活动及与其相关的辅助活动，而后者（服务营销）的决策点则着重于价值链下游的营销主活动及与其相关的辅助活动；前者更多地关注员工的行为和生产效率，而后者可能更多地关注顾客的消费心理和行为；前者在许多方面可能更注重定量分析，而后者则可能更多地采用定性分析和市场调研方法。

3. 专业术语和基本概念。何为理论？一种说法是，理论是一系列概念和它们之间的关系。学好一门学问，首先必须准确地把握其中的一些基本概念，然后积极地领悟基于这些概念所形成的逻辑和理论。仅就上述两部书而言，《服务营销》中包含了服务组合营销、关系营销、交易营销、交互式营销、内部营销、外部营销、整合营销等一系列专用术语和概念，而本书中的服务运营管理开放系统、精益服务、价值流、全渠道供应链、共享经济、新服务开发、服务设施定位、服务设施布局、服务标杆等都是一些与服务生产运营更相关的专业术语和概念。建议读者在关注和理解本书核心概念的基础上，逐渐掌握服务运营管理的特点、要点和系统知识。

4. 库存管理和项目管理。由于服务的无形性和不可存贮性，传统的服务营销和服务运营管理教材只研究产能管理和排队管理，而很少专门设章论述库存与项目管理，或者虽有论及，也只是一般性地介绍适用于制造业和建筑业的一些基本概念和方法。本书则专设了服务库存管理和服务项目管理，揭示了信息技术的影响，深度涉入了一些管理服务需求预测、服务库存和服务项目的定量分析模型及分析应用。

美欧等发达国家的服务管理教学和科研是伴随着服务在社会经济中的作用和地位的不断提升而兴起和发展的。我国第三产业与 GDP 的比例已经从 1978 年的 23% 上升到 2010 年的 43%，再到 2016 年统计公报公布的第三产业增加值占 GDP 的 51.6%，而 2019 年第十三届全国人民代表大会第二次会议政府工作报告中所公布的最新数字已接近 60%，此外，中国大量劳动力，特别是年轻劳动力正在快速大量地流向第三产业。随着中国服务经济的发展，我国服务管理的教学和科研也已度过空白期、觉悟期、引进期而向自主发展期和创新期迈进。希望随着我国产业结构的变化、优化和经济的持续发展，我国学术界、实业界和政府能够联合开创出具有中国特色的服务管理的创新实践、创新模式和创新理论，也愿本书能进一步对我国服务管理的教学、科研和实践起到一些基础性的推动作用。

本书的翻译工作是由张金成、范秀成、杨坤三位教授合作完成的。李杨、刘慧、卢梦婷、包白玮、温晓蓓、陈诺亚、陈晓丽、陈诗梦、董春晖、陆诗怡、杨博、杨建华、王瀛晨、陈蕙研、任雅琪、肖雯轩、李思琦完成了部分初稿翻译工作。在翻译过程中，机械工业出版社编辑给予了我们很多支持和帮助，在此特别表示感谢。

本书翻译不妥之处，敬请广大读者批评指正。

张金成　范秀成　杨坤

2019 年 12 月 15 日

# 前言 | Preface

　　服务与我们每个人生活的各个方面息息相关：餐饮服务、交通服务和急救服务，这只是少数几个例子。人们的福利和整个经济的福利都建立在服务的基础之上。制造业和农业活动虽然是必不可少的，但大家消费的食物和产品总是有限的。然而，人们对体验性服务的消费欲望却是无限的。

　　服务运营管理已发展成为一门涵盖所有服务行业的学科。决策科学学会（DSI）在 1987 年波士顿会议上第一次明确了服务运营管理的学术地位。1989 年，《服务业管理国际学报》（*International Journal of Service Industry Management*）创刊。1990 年，首届服务管理国际学术研讨会在法国召开。

　　《服务研究学报》（*Journal of Service Research*）于 1998 年 8 月首次出版，并迅速成为该领域领先的期刊。在 2004 年于波士顿召开的生产与运作管理学会（POMS）会议上，还成立了一个关于服务运营的学会。2005 年，IBM 阿尔马登研究中心迈出第一步，创建了一个新学科，称作"服务科学、管理与工程"（SSME）。访问 SSME 网站（http://developer.ibm.com/academic/），可查找相关文章、案例研究和课程资料。第一期的《服务研究》（*Service Research*）由 INFORMS（美国运筹学和管理学研究协会）于 2011 年 9 月出版。

　　本版继续介绍并强调服务管理重要的独特性，其主要特色有：

- 本书可读性强，是作者基于自己的研究和咨询经验写成的，书中引用了大量的实例。
- 全书自始至终贯穿"通过服务管理赢得竞争优势"这一主线，并且为每一个管理主题提供了研究焦点。
- 将技术、运营与人的行为的整合视为有效服务管理的核心。
- 重点讨论了持续改进质量和提高生产力在全球化竞争环境中的必要性。
- 为激发读者的兴趣，每章开篇大都介绍一个著名公司的例子，以便说明拟讨论主题的战略本质。
- 每一章都设有本章概要、本章小结、关键术语、服务标杆、讨论题、互动练习，在适当的章节列出了例题和练习题，并给出一个或多个案例。

## 第 9 版的重要更新

我们从学生、同事和审阅者的建议中获益匪浅。在这一版中，还特别融入了新兴技术。以下是本版的一些变化和补充：

在第 1 章"服务经济"中，新增了一个服务标杆，以"共享经济的先行者——优步（Uber）和爱彼迎（Airbnb）"作为例子来加以描述。

在第 2 章"服务战略"中，介绍了两个新的主题，它们是大数据的数学分析（或数据分析）和互联网在日常生活中新延伸出来的物联网（IoT）。

在第 3 章"新服务开发"中，探讨了基于互联网货币"比特币"的颠覆性技术"区块链"，并阐述了其对金融服务的影响。该章借助旧金山巨人队的棒球比赛，向读者展示了如何建立服务蓝图的各个阶段。

在第 7 章"过程改善"中，将精益服务主题进行扩展，以贷款审批流程为例讲述了价值流图（value-stream mapping）。

在第 9 章"服务供应关系"中，通过全渠道供应链概念来体现使用多种来源和分配渠道的新思路。

在第 11 章"生产能力和需求管理"中，使用新案例讨论如何解决日常的工作调度问题。

在第 14 章"服务需求预测"中，增加了互动练习——德尔菲练习，请学生预测未来人类在火星上建立宜居点需要多长时间。

我们感谢以下审稿人对第 9 版相关准备工作深思熟虑的评论：Baruch 学院的 Ajay Das，加利福尼亚州立大学富勒顿分校的 Adelina Gnanlet，Baruch 学院的 Diana Merenda、Jose Santiago 和圣托马斯大学的 Sheneeta White。我们也要感谢 ProModel 公司的 Christine Bunker，允许我们使用过程模拟器，我们借助它来说明计算机模拟在过程分析中的应用。

我们还要特别感谢那些曾给予我们鼓励并容忍我们在写作过程中与之中断社会联系的所有朋友。特别感谢 Richard Reid 和 Janice Reid，多年来我们与他们进行过多次活跃的有启发性的交谈和活动，感谢他们允许我们使用其山间别墅。本书的第 1 版正是在他们位于新墨西哥州 Jemez 山幽静的别墅中完成的。在那里，我们得到了灵感。

## 本书概要

第一篇以讨论服务在经济中的作用开篇，首先概览了以经济活动为基础的社会的历史演进，并就体验经济相关的讨论做了一个总结。接着，考虑到服务运营的特征，运用服务运营管理的开放系统视角加以总结。本篇以服务战略作为结束章节。在本篇中，引入了服务的可持续性和三重基线的概念，探讨了数据分析和物联网对服务的影响，说明并强调了信息在虚拟价值链中的重要角色，最后讨论了竞争性服务战略。

构建服务型企业来支持竞争战略是第二篇的主题。新服务是利用诸如"服务蓝图"这样的技术开发出来的。服务蓝图用图解法展示了出现在可见标准线之上的前台活动流和顾客不可见的后台功能。"服务接触"这一概念是指在以服务组织为背景的前提下服务提供者与顾客之间的互动。支持设施的重要性体现在服务场景是如何影响客户和员工行为的。通过识别瓶颈和计算性能指标（如吞吐量时间）来深入地进行流程分析。通过对比顾客的服务期望和感知来应对实现卓越服务的挑战。"过程改善"章节介绍了用于持续改进的工具和方案，并补充了用于测量服务生产率的数据包络分析法。在这一篇的总结中使用分析模型对服务设施布局的战略重要性进行了探讨。

第三篇着重于运营管理的问题。针对服务供应关系的主题，我们讨论了专业化的服务和区块链技术的破坏性影响。之后的章节致力于研究服务公司的成长和服务全球化的重要性。接着探讨了匹配服务供需的战略，包括收益管理。书中将从心理学的视角解决排队管理的问题。这一篇最后描述了如何使用含有 Visio 插件的计算机过程模拟器作为补充的排队模型来规划服务产出。

第四篇专门讲述服务管理的定量模型。首先使用指数平滑模型研究了服务需求预测问题。接下来的一章将探讨管理服务库存的模型，并讨论 RFID 的用途。最后作为总结，讨论了应用微软项目管理软件（Microsoft® Project）作为项目管理的基础这一主题。

桑杰夫·波多洛伊

詹姆斯·A. 菲茨西蒙斯

莫娜·J. 菲茨西蒙斯

# Contents | 目录

推荐序
前言

## 第一篇　了解服务

### 第 1 章　服务经济 / 2

1.1　本章概要 / 3
1.2　服务的定义 / 3
1.3　服务在经济中的促进作用 / 3
1.4　经济演进 / 5
1.5　经济发展的几个阶段 / 6
　　1.5.1　前工业社会 / 6
　　1.5.2　工业社会 / 6
　　1.5.3　后工业社会 / 7
1.6　服务业的性质 / 7
1.7　体验经济 / 9
　　1.7.1　顾客服务体验 / 9
　　1.7.2　商业服务体验 / 10
1.8　服务主导逻辑 / 10
1.9　服务运营的独特特征 / 12
　　1.9.1　顾客的参与 / 12
　　1.9.2　同步性 / 13
　　1.9.3　不可存储性 / 13
　　1.9.4　无形性 / 14
　　1.9.5　异质性 / 14
　　1.9.6　所有权不可转让 / 15
1.10　服务包 / 15

1.11　按交付流程区分服务 / 17
1.12　服务运营管理的开放系统
　　　观点 / 19
本章小结 / 20
关键术语 / 21
讨论题 / 21
互动练习 / 21
案例 1-1　沃尔沃村 / 21
案例 1-2　Xpresso 润滑油
　　　　　公司 / 23
参考文献 / 24
注释 / 25

### 第 2 章　服务战略 / 26

2.1　本章概要 / 27
2.2　战略服务愿景 / 27
2.3　了解服务的竞争环境 / 28
2.4　有竞争力的服务战略 / 29
　　2.4.1　总成本领先 / 29
　　2.4.2　差别化 / 30
　　2.4.3　集中战略 / 31
2.5　战略分析 / 31
　　2.5.1　波特五力分析 / 31
　　2.5.2　SWOT 分析：
　　　　　优势、劣势、
　　　　　机会、威胁 / 32
2.6　赢得市场中的顾客 / 33
　　2.6.1　资格标准 / 34

2.6.2　服务优胜标准　/ 34

2.6.3　服务失败标准　/ 34

2.7　服务的可持续性　/ 34

2.8　信息在服务中的竞争

作用　/ 37

2.8.1　创造进入壁垒　/ 37

2.8.2　创造收入　/ 38

2.8.3　数据库资产　/ 39

2.8.4　提高生产力　/ 39

2.9　物联网（IoT）　/ 40

2.10　服务中的数据分析　/ 42

2.11　虚拟价值链　/ 43

2.11.1　第一阶段

（新进程）　/ 44

2.11.2　第二阶段

（新知识）　/ 44

2.11.3　第三阶段

（新产品）　/ 44

2.11.4　第四阶段

（新关系）　/ 45

2.12　可扩展性经济学　/ 45

2.13　信息使用的限制　/ 46

2.13.1　反竞争　/ 46

2.13.2　公平　/ 46

2.13.3　侵犯隐私　/ 46

2.13.4　数据安全　/ 46

2.13.5　可靠性　/ 46

2.14　使用信息对顾客进行

分类　/ 47

2.15　服务企业竞争力的阶段　/ 47

2.15.1　初级服务　/ 47

2.15.2　熟练工　/ 47

2.15.3　取得了显著的

竞争力　/ 48

2.15.4　世界级服务

交付　/ 49

本章小结　/ 49

关键术语　/ 50

讨论题　/ 50

互动练习　/ 51

案例 2-1　联合商业银行和

El Banco 银行　/ 51

案例 2-2　阿拉莫影院　/ 54

参考文献　/ 56

注释　/ 57

## 第二篇　构建服务型企业

### 第 3 章　新服务开发　/ 60

3.1　本章概要　/ 61

3.2　服务业增长来源　/ 61

3.2.1　信息技术　/ 62

3.2.2　作为服务助推器的

互联网　/ 62

3.2.3　创新　/ 62

3.2.4　人口特征的变化　/ 63

3.3　服务创新　/ 63

3.3.1　服务业中应用新技术的

挑战　/ 66

3.3.2　迎接新技术　/ 67

3.4　新服务开发　/ 67

3.5　通过流程结构实现战略

定位　/ 69

3.6　服务蓝图　/ 70

3.7　服务流程设计的分类　/ 72

3.7.1　差异程度　/ 72

3.7.2　服务流程的对象　/ 73

3.7.3　顾客参与的类型　/ 73

3.8　服务系统设计的一般

方法　/ 74

3.8.1　生产线方法　/ 74

3.8.2　顾客作为合作

生产者　/ 75

3.8.3　顾客接触方式　/ 77

3.8.4　信息授权　/ 78

3.9　知识产权　/ 79

本章小结 / 80

关键术语 / 80

讨论题 / 81

互动练习 / 81

案例 3-1　100 日元寿司店 / 81

案例 3-2　"为通勤人员洗衣"——

　　　　　一份新企业建议书 / 82

案例 3-3　Amazon.com / 84

参考文献 / 88

注释 / 88

**第 4 章　服务接触 / 90**

4.1　本章概要 / 91

4.2　服务接触中的技术 / 91

4.3　自助服务的兴起 / 92

4.4　服务接触中的三元组合 / 93

　4.4.1　服务组织支配的服务

　　　　接触 / 94

　4.4.2　与顾客接触的员工支配

　　　　的服务接触 / 94

　4.4.3　顾客支配的服务

　　　　接触 / 95

4.5　服务组织 / 95

　4.5.1　文化 / 95

　4.5.2　授权 / 96

　4.5.3　控制系统 / 97

　4.5.4　顾客关系管理 / 97

4.6　与顾客接触的员工 / 97

　4.6.1　挑选 / 98

　4.6.2　培训 / 99

　4.6.3　创造一种良好的道德

　　　　氛围 / 100

4.7　顾客 / 100

　4.7.1　预期及态度 / 101

　4.7.2　脚本在合作生产中的

　　　　作用 / 101

4.8　创建顾客服务导向 / 102

4.9　服务利润链 / 103

本章小结 / 105

关键术语 / 106

讨论题 / 106

互动练习 / 106

案例 4-1　艾米冰激凌 / 106

案例 4-2　汽车租赁企业 / 108

参考文献 / 111

注释 / 112

**第 5 章　支持设施与流程 / 114**

5.1　本章概要 / 115

5.2　环境心理和定向 / 115

5.3　服务场景 / 116

　5.3.1　服务场景中的

　　　　行为 / 117

　5.3.2　服务场景的环境

　　　　维度 / 118

5.4　设施设计 / 119

　5.4.1　服务组织的性质和

　　　　目标 / 119

　5.4.2　店址的可得性和空间的

　　　　需要 / 120

　5.4.3　灵活性 / 120

　5.4.4　安全性 / 120

　5.4.5　美学因素 / 121

　5.4.6　社会与环境 / 121

5.5　流程分析 / 122

　5.5.1　流程类型 / 122

　5.5.2　流程图 / 122

　5.5.3　甘特图 / 124

　5.5.4　流程术语 / 124

5.6　设施布局 / 126

　5.6.1　流程布局和工作分配

　　　　问题 / 126

　5.6.2　作业车间流程布局和

　　　　相对位置问题 / 128

本章小结 / 132

关键术语 / 132

讨论题 / 133

互动练习 / 133

例题 / 133

练习题 / 135

案例 5-1 健康维护组织（A） / 137

案例 5-2 健康维护组织（B） / 137

案例 5-3 Esquire 百货商店 / 138

案例 5-4 中央市场 / 139

参考文献 / 141

注释 / 142

## 第 6 章 服务质量 / 143

6.1 本章概要 / 144

6.2 定义服务质量 / 144

   6.2.1 服务质量的
维度 / 144

   6.2.2 服务质量差距 / 145

6.3 测量服务质量 / 147

   6.3.1 SERVQUAL / 147

   6.3.2 步行穿越调查 / 148

6.4 通过设计提高服务质量 / 152

   6.4.1 服务包中的质量
合成 / 152

   6.4.2 田口式方法 / 153

   6.4.3 Poka-Yoke
（故障保护） / 154

   6.4.4 质量机能展开 / 155

6.5 实现服务质量 / 157

   6.5.1 质量成本 / 157

   6.5.2 统计过程控制 / 158

   6.5.3 无条件服务保证 / 162

   6.5.4 质量开发阶段 / 163

6.6 服务补救 / 163

   6.6.1 服务补救的
方法 / 165

   6.6.2 投诉处理原则 / 166

本章小结 / 166

关键术语 / 166

讨论题 / 167

互动练习 / 167

例题 / 167

练习题 / 168

案例 6-1 Clean Sweep 公司 / 170

案例 6-2 抱怨信 / 171

案例 6-3 艺术与设计博物馆 / 174

参考文献 / 175

注释 / 177

## 第 7 章 过程改善 / 178

7.1 本章概要 / 178

7.2 质量和生产力的改进
过程 / 179

   7.2.1 持续改进的
基础 / 179

   7.2.2 计划 - 执行 -
检查 - 行动
（PDCA）循环 / 179

   7.2.3 问题解决 / 180

7.3 分析、解决问题的质量
工具 / 181

   7.3.1 检查表 / 181

   7.3.2 走向图 / 181

   7.3.3 直方图 / 182

   7.3.4 帕累托图 / 182

   7.3.5 流程图 / 182

   7.3.6 因果图 / 183

   7.3.7 散点图 / 183

   7.3.8 控制图 / 184

7.4 标杆管理 / 184

7.5 服务质量改进计划 / 185

   7.5.1 戴明的 14 点
计划 / 185

   7.5.2 ISO 9001 / 186

   7.5.3 六西格玛 / 187

   7.5.4 精益服务 / 191

本章小结 / 194

关键术语 / 194

讨论题 / 194

互动练习 / 194

案例 7-1 Senora 县治安官 / 194

案例 7-2 Mega Bytes 饭店 / 195

案例 7A 数据包络分析
（DEA） / 199

练习题 / 205

案例 7-3 中大西洋巴士
公司 / 205

参考文献 / 206

注释 / 207

8.6 定位决策中的回归分析 / 224

本章小结 / 226

关键术语 / 226

讨论题 / 226

互动练习 / 226

例题 / 227

练习题 / 228

案例 8-1 健康维护组织（C） / 230

案例 8-2 Athol 家具公司 / 231

参考文献 / 233

注释 / 234

## 第8章 服务设施定位 / 208

8.1 本章概要 / 209

8.2 战略定位 / 209

8.2.1 竞争集群 / 209

8.2.2 饱和营销 / 210

8.2.3 营销中介 / 210

8.2.4 通信对运输的
替代 / 211

8.2.5 前后台办公的
分离 / 211

8.2.6 互联网对服务定位的
冲击 / 211

8.2.7 网点的考虑 / 212

8.3 地理信息系统 / 213

8.4 设施位置建模的注意
事项 / 214

8.4.1 地理位置 / 214

8.4.2 设施数量 / 215

8.4.3 优化标准 / 216

8.5 设施定位技术 / 217

8.5.1 交叉中值法的单一
设施 / 218

8.5.2 哈夫模型对零售商铺的
作用 / 220

8.5.3 多设施集合覆盖
定位 / 222

## 第三篇 服务运营管理

## 第9章 服务供应关系 / 236

9.1 本章概要 / 237

9.2 供应链管理 / 237

9.2.1 网络模型 / 237

9.2.2 管理不确定性 / 238

9.2.3 全渠道供应链 / 239

9.3 服务供应关系 / 240

9.3.1 顾客—供应商的
二重性 / 240

9.3.2 服务供应关系是网络
而不是链条 / 240

9.4 管理服务关系 / 241

9.4.1 双向最优化 / 242

9.4.2 生产能力管理 / 242

9.4.3 易逝性管理 / 243

9.5 服务中的社交媒体 / 243

9.5.1 作为竞争策略的
社交媒体 / 244

9.5.2 社交媒体与顾客
便利 / 245

9.5.3 为了组织和共同
价值创造的社交
媒体 / 245

9.6 专业服务机构 / 245

9.6.1 专业服务机构的
属性 / 246
9.6.2 服务咨询 / 246
9.6.3 运营特点 / 247
9.7 服务外包 / 250
9.7.1 服务外包的好处和
风险 / 250
9.7.2 服务业的分类 / 251
9.7.3 服务外包中管理者需要
考虑的因素 / 252
本章小结 / 254
关键术语 / 254
讨论题 / 254
互动练习 / 255
案例 9-1 布默咨询公司 / 255
案例 9-2 日本 B2C 电子商务的
演变 / 257
案例 9-3 抵押服务游戏 / 260
参考文献 / 261
注释 / 262

第 10 章 服务全球化 / 264
10.1 本章概要 / 265
10.2 国内增长和扩张战略 / 265
10.2.1 集中性服务 / 265
10.2.2 集中性网络 / 266
10.2.3 服务集 / 267
10.2.4 多角化网络 / 267
10.3 特许经营 / 268
10.3.1 特许经营的
性质 / 268
10.3.2 被特许者的
利益 / 268
10.3.3 特许者的
问题 / 269
10.4 服务全球化 / 270
10.4.1 常用的国际化
战略 / 271

10.4.2 无国界世界的
性质 / 272
10.4.3 规划跨国经营 / 273
10.5 全球化服务战略 / 275
10.5.1 多国扩张 / 275
10.5.2 进口顾客 / 276
10.5.3 跟随顾客 / 276
10.5.4 离岸服务 / 277
10.5.5 超越时空 / 277
本章小结 / 278
关键术语 / 279
讨论题 / 279
互动练习 / 279
案例 10-1 友好产业国际有限
公司 / 279
案例 10-2 联邦快递收购国际
老虎 / 281
参考文献 / 285
注释 / 285

第 11 章 生产能力和需求管理 / 286
11.1 本章概要 / 287
11.2 能力水平或需求的一般
战略 / 287
11.3 需求管理战略 / 288
11.3.1 顾客诱因变量 / 288
11.3.2 细分需求 / 288
11.3.3 提供价格刺激 / 289
11.3.4 促进非高峰期的
需求 / 290
11.3.5 开发互补性
服务 / 290
11.3.6 预订系统和超额预订
问题 / 290
11.4 能力管理战略 / 293
11.4.1 定义服务能力 / 293
11.4.2 每日工作班次
计划 / 294

11.4.3 休息时间有限制
的每周工作班次
计划 / 296

11.4.4 提高顾客的参与
程度 / 297

11.4.5 创造可调整的
能力 / 298

11.4.6 共享能力 / 298

11.4.7 交叉培训
员工 / 298

11.4.8 雇用临时工 / 298

11.5 收益管理 / 300

本章小结 / 305

关键术语 / 305

讨论题 / 305

互动练习 / 306

例题 / 306

练习题 / 307

案例 11-1 河流城市国家
银行 / 309

案例 11-2 Gateway 国际
机场 / 311

案例 11-3 收益管理分析师 / 313

案例 11-4 Sequoia 航空
公司 / 316

参考文献 / 317

注释 / 318

第 12 章 排队管理 / 320

12.1 本章概要 / 321

12.2 等待经济学 / 321

12.3 排队系统 / 322

12.4 管理顾客等待的策略 / 322

12.4.1 等待的心理 / 323

12.4.2 熟悉的
徒劳感 / 323

12.4.3 一只脚踏进
门槛 / 324

12.4.4 队伍末端的灯 / 324

12.4.5 对不起，我是
下一个 / 325

12.5 排队系统的基本特征 / 326

12.5.1 需求群体 / 326

12.5.2 到达过程 / 327

12.5.3 排队结构 / 330

12.5.4 排队规则 / 331

12.5.5 服务过程 / 333

本章小结 / 335

关键术语 / 335

讨论题 / 336

互动练习 / 336

例题 / 336

练习题 / 336

案例 12-1 省钱租车 / 337

案例 12-2 我的眼将看到你 / 338

案例 12-3 田野研究 / 339

参考文献 / 339

注释 / 340

第 13 章 能力规划与排队模型 / 341

13.1 本章概要 / 342

13.2 能力规划 / 342

13.3 分析型排队模型 / 344

13.3.1 系统特征之间的
关系 / 346

13.3.2 标准 $M/M/1$
模型 / 346

13.3.3 标准 $M/M/c$
模型 / 348

13.3.4 $M/G/1$ 模型 / 351

13.3.5 一般自我服务的
$M/G/\infty$ 模型 / 351

13.3.6 有限排队的
$M/M/1$ 模型 / 352

13.3.7 有限排队的
$M/M/c$ 模型 / 353

13.4 能力规划准则 / 353

13.4.1 平均顾客等待时间准则 / 354

13.4.2 等待时间过长的概率准则 / 355

13.4.3 顾客等待成本与服务成本之和最小化准则 / 356

13.4.4 由于等待区域过小造成销售损失的概率准则 / 357

本章小结 / 359

关键术语 / 359

讨论题 / 359

互动练习 / 359

例题 / 360

练习题 / 361

案例13-1 休斯敦港口管理局 / 363

案例13-2 自由快运公司 / 364

案例13-3 新生诊所（A） / 365

例题 / 373

练习题 / 375

案例13-4 驾照更新 / 377

案例13-5 新生诊所（B） / 378

参考文献 / 379

注释 / 379

# 第四篇 服务管理定量模型

## 第14章 服务需求预测 / 382

14.1 本章概要 / 383

14.2 预测方法的选择 / 383

14.3 主观模型 / 383

14.3.1 德尔菲法 / 384

14.3.2 交互影响分析法 / 385

14.3.3 历史类推法 / 385

14.4 因果模型 / 385

14.4.1 回归模型 / 386

14.4.2 计量经济模型 / 386

14.5 时间序列模型 / 387

14.5.1 $N$期移动平均法 / 387

14.5.2 简单指数平滑法 / 388

14.5.3 预测误差 / 390

14.5.4 $\alpha$和$N$之间的关系 / 391

14.5.5 考虑趋势调整的指数平滑法 / 391

14.5.6 考虑季节性调整的指数平滑法 / 393

14.5.7 考虑趋势和季节性调整的指数平滑法 / 395

14.5.8 指数平滑法小结 / 397

本章小结 / 398

关键术语 / 398

讨论题 / 398

互动练习 / 398

例题 / 399

练习题 / 400

案例14-1 Oak Hollow 医疗评估中心 / 401

案例14-2 Gnomial Functions 公司 / 402

参考文献 / 403

注释 / 404

## 第15章 服务库存管理 / 405

15.1 本章概要 / 406

15.2 库存理论 / 406

15.2.1 服务业中库存扮演的角色 / 407

15.2.2 库存系统的
特征 / 408

15.2.3 库存系统的相关
成本 / 409

15.3 订货量模型 / 409

15.3.1 经济订购
批量 / 410

15.3.2 考虑数量折扣时的
库存模型 / 412

15.3.3 考虑有计划的短缺时
的库存模型 / 414

15.4 不确定情况下的
库存管理 / 416

15.5 库存控制系统 / 417

15.5.1 连续检查
系统 / 418

15.5.2 定期检查
系统 / 419

15.5.3 库存控制的 ABC
分类法 / 420

15.6 射频识别 / 421

15.7 易腐物品的单阶段
模型 / 421

15.7.1 期望值分析 / 422

15.7.2 边际分析 / 423

15.8 零售折扣模型 / 424

本章小结 / 425

关键术语 / 425

讨论题 / 426

互动练习 / 426

例题 / 426

练习题 / 427

案例 15-1 A.D. Small 公司
咨询 / 431

案例 15-2 目的地餐馆 / 432

案例 15-3 幸福自行车公司 / 433

参考文献 / 434

注释 / 435

第 16 章 服务项目管理 / 436

16.1 本章概要 / 437

16.2 项目管理的特性 / 437

16.2.1 项目的特点 / 437

16.2.2 项目管理
过程 / 437

16.2.3 选择项目
经理 / 438

16.2.4 建立项目
团队 / 438

16.2.5 有效项目管理应
遵循的原则 / 439

16.3 项目管理技术 / 440

16.3.1 甘特项目图 / 440

16.3.2 对甘特图的
评价 / 441

16.3.3 构建一个项目
网络 / 441

16.3.4 关键路线法 / 443

16.3.5 微软项目
分析 / 446

16.4 资源约束 / 448

16.5 活动突击 / 448

16.6 在活动时间中加入不确定
因素 / 453

16.6.1 估计活动工期
分布 / 453

16.6.2 项目完成时间
分布 / 454

16.6.3 对项目完成时间
分析的评价 / 455

16.7 运用关键路线分析法产生的
问题 / 457

16.8 监控项目 / 457

16.8.1 挣值图 / 457

16.8.2 项目终止 / 458

16.8.3 项目历史
报告 / 459

本章小结 / 459

关键术语 / 460

讨论题 / 460

互动练习 / 460

例题 / 460

练习题 / 461

案例 16-1　Info-Systems
　　　　　公司 / 464

案例 16-2　惠蒂尔县城医院 / 466

参考文献 / 467

注释 / 467

**附录 A　标准正态分布的面积值** / 468

**附录 B　均匀分布随机数表**
　　　　**$[0, 1]$** / 470

**附录 C　$M/M/c$ 排队模型中的**
　　　　**$L_q$ 值** / 471

**附录 D　特定排队模型** / 474

# 1

第一篇

# 了解服务

本书从第1章"服务经济"开始研究服务管理，首先强调了服务在各国经济和世界商业中所起的中心作用。没有交通、通信等服务基础设施，没有教育和医疗等政府服务，任何经济体都无法运转。随着经济的发展，服务的作用将越来越大，越来越多的人将会在服务领域就业。

然而，服务具有独特的性质，这给管理带来了独特的挑战。可能大部分服务运作的重要特征是服务交付系统中顾客的存在和参与。以顾客为核心和满足顾客的需求是服务主导逻辑的基础，这种逻辑替代了传统的以产品为中心的范式。

一个有效的竞争战略对于服务公司特别重要，因为它们要在一个进入壁垒相对较低的环境中竞争。本书从第2章"服务战略"开始，讨论战略服务愿景，这是一个关于服务公司在其市场中的目的和位置等问题的分析框架。著名的三种普通竞争战略——总成本领先战略、差异化战略和集中化战略，可以应用于服务，同时也可以把波特的五力分析和SWOT分析应用于服务企业。在服务公司成长的背景下，第2章还讨论了可持续性和可扩展性的经济学问题，也关注了信息在服务竞争中越发重要的作用。

# 第 1 章

# 服 务 经 济

**| 学习目标 |**

经过本章学习，你应该能够：

1. 描述服务在经济中的核心地位。

2. 识别并区别经济活动的五个阶段。

3. 描述前工业化、工业化及后工业化社会的特征。

4. 描述体验经济的特征，对比企业对顾客（B2C）和企业对企业（B2B）的服务体验。

5. 解释服务主导逻辑的基本特征。

6. 识别和评价服务运营的六个显著特征，并解释其对管理人员的影响。

7. 使用服务包的五个维度描述服务。

8. 使用服务过程矩阵对服务进行分类。

人们正在见证自工业革命以来最大规模的劳动力变迁，这种从农业和制造业向服务业的转移既是无形的，又大规模地发生在全球范围之内。全球通信、商业及技术的发展，城市化和廉价劳动力促成了这种转移。服务产业是所有工业化国家的经济命脉，它创造了新工作，主导了国家经济，并有潜力提高每一个人的生活质量。其中，许多专业化和商业化的服务、医疗保健和教育领域的工作需要高技能、高知识的工作者。如表 1-1 所示，这种向服务业转移的程度在工业化国家和地区（欧盟、美国和日本）中是显著的，而且在发展中的金砖四国经济体（巴西、俄罗斯、印度和中国）中，服务业的劳动力所占总劳动力的比例也已经大于商品制造业。

表 1-1　到 2015 年，劳动力规模居前十的国家或地区不同部门就业人员总规模

| 国家或地区 | 世界劳动力占比（%） | 农业占比（%） | 制造业占比（%） | 服务业占比（%） |
|---|---|---|---|---|
| 中国 | 21.2 | 33.6 | 30.3 | 36.1 |
| 印度 | 13.9 | 49.0 | 20.0 | 31.0 |
| 欧盟 | 6.4 | 5.0 | 21.9 | 73.1 |
| 美国 | 4.3 | 0.7 | 20.3 | 79.0 |
| 印度尼西亚 | 3.4 | 38.9 | 13.2 | 47.9 |
| 巴西 | 3.0 | 15.7 | 13.3 | 71.0 |
| 孟加拉国 | 2.3 | 47.0 | 13.0 | 40.0 |
| 俄罗斯 | 2.1 | 9.4 | 27.6 | 63.0 |
| 日本 | 1.8 | 2.9 | 26.2 | 70.9 |
| 巴基斯坦 | 1.7 | 43.7 | 22.4 | 33.9 |

资料来源：https://www.cia.gov/library/publications/resources/the-world-factbook/rankorder/2095rank.html.

## 1.1　本章概要

在关于经济发展的讨论中，大家不难发现服务领域的就业在现代工业化经济中已占主导地位。这代表了经济由前工业化到工业化社会，直至后工业化社会的自然演变。对服务经济性质的探究，可以从就业机会、顾客和企业向以体验为基础的关系的过渡而展开。

服务运营的显著特征表明，服务环境足够独特，足以质疑基于传统制造业的管理技术的直接应用。特别是，服务管理者是在一个顾客出席现场并扮演价值共创角色的系统中进行运营的。从运营的角度来描述服务的"服务包"概念是应对挑战的服务管理开放系统观念的基础。本章从服务的几种定义开始讨论。

## 1.2　服务的定义

大家可以找到许多关于服务的定义，它们有一个共同点，就是强调服务的无形性以及生产和消费的同时进行。以下列举了几个服务定义的例子：

服务是行动、流程和绩效。（Valarie A. Zeithaml, Mary Jo Bitner, and Dwayne D. Gremler, *Service Marketing*, 4ᵗʰ ed., New York: McGraw-Hill, 2006, p.4.）

服务是由一方提供给另一方的经济活动，以换取买方的钱、时间和努力。顾客期望从获得的商品、劳动力、专业技术、设备、网络和系统中得到价值，但他们通常不具有任何物质要素的所有权。（Christopher Lovelock and Lauren Wright, *Service Marketing: People, Technology, Strategy*, 6ᵗʰ ed., Upper Saddle River, NJ: Prentice-Hall, 2007, p.6.）

服务系统是一个由人、技术、其他内外部服务体系以及共享信息（如语言、过程、度量、价格、政策及法律）配置而成的价值共创系统。（Jim Spohrer, Paul Maglio, John Bailey, and Daniel Gruhl, *Computer*, January 2007, p.72.）

## 1.3　服务在经济中的促进作用

如图 1-1 所示，服务在任何社会中都处于经济活动的中心。诸如通信、运输等基础设施

服务是经济的基本基础。在一个复杂经济体中，基础设施服务和贸易服务是经济中介，也是通向最终顾客的分销渠道。基础服务和贸易服务是经济工业化的前提，因此，任何先进社会的发展都离不开服务业。

在工业化经济中，专业公司能够向制造企业提供比其自身所能提供的更为经济有效的商业服务。比如，服务企业向制造业提供越来越多的广告、咨询和其他商业服务。

除去那些每个家庭可以自给自足的基本生存需要外，服务是经济社会运行和提高生活质量不可或缺的因素。例如，人们不能缺少银行在资金划转方面的服务以及运输业将食品运送到不能生产的地区的服务。而且，各种各样的社会及个人服务已经把原来的家庭职能推向了社会经济领域，诸如餐饮、住宿、看护儿童等。实际上，顾客在进行自助服务活动时，常常使用技术（例如，登机厅）来消除非增值业务或提供个性化和控制（例如，在线经纪业务），从而成为服务的贡献者。

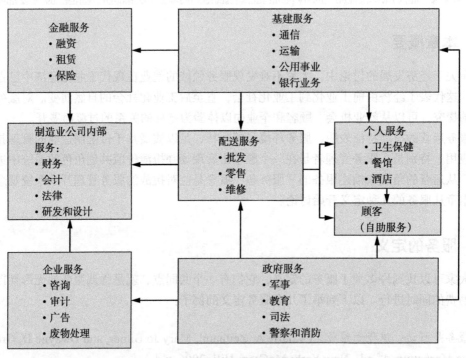

图 1-1　服务在经济中的作用

资料来源：Bruce R. Guile and James Brian Quinn, eds., *Technology in Services: Policies for Growth, Trade, and Employment*, Washington, D.C.: National Academy Press, 1988, p. 214.

公共管理在为投资和经济增长提供稳定的环境方面起到了关键作用。公共教育、医疗保健、道路维护、饮水安全、空气净化和公共安全等各项服务措施是任何一个国家经济繁荣、人民生活富裕的必要条件。

制造业的赢利能力逐渐变得要依靠开发具有附加值的产品来维持。例如，汽车制造业发现融资和租赁汽车可以获得更大的利润。奥的斯电梯很早以前就发现从售后服务中获得的收入大大超过电梯产品销售。制造商将这种特意把服务与产品相结合的提高收入的策略称为"服务化"。如今，几乎所有的产品都包含服务部分。

因此，我们应该尽快认识到服务不是可有可无的，而是一个社会的重要组成部分。它是经济健康发展的关键，是经济发展的核心。服务部门不仅使制造部门的商品生产活动更加便利，而且也使之成为可能。服务业是当今全球经济的重要组成因素。

## 1.4 经济演进

20 世纪初，在美国 10 个劳动者中只有 3 个从事服务业，其他的人都活跃于农业和工业。到 20 世纪 50 年代，服务业的就业人数达到总就业人数的 50%。今天，服务业的就业人数占到就业大军的 80%。自"二战"以来，人们目睹了一个从制造业和农业主导到服务业主导的社会发展进程。就业机会的变化对文化、人口和教育产生了重大影响。

经济学家在研究经济增长时对此并不感到惊奇。科林·克拉克（Colin Clark）说，在一个国家工业化的过程中，就业从一个领域转到另一个领域是不可避免的。[1] 随着某一产业的生产率（产出 / 工时）的增加，劳动力自然就会流向另一个领域。这就是著名的克拉克 - 费雪假说（Clark-Fisher hypothesis），它通过大多数劳动力的活动来区分经济类型。

图 1-2 描述了经济活动的层级结构。包括克拉克在内的许多经济学家将他们的分析局限于三个阶段，其中第三个阶段就是服务业。本书将服务阶段细分从而创立了总共五个阶段。

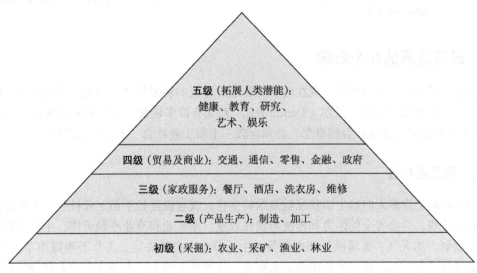

图 1-2　经济活动的阶段

当今，许多国家仍处于发展的最初阶段。这些国家的经济发展主要依靠从土地中开采自然资源，生产力低，收入受制于糖、铜等商品价格的浮动。在非洲的大部分地区和亚洲一部分地区，超过 70% 的劳动力大军仍然从事采掘业活动。

图 1-3 显示了美国服务业从业人员数量的快速增长以及农业从业人员数量的几乎同步下降。表 1-1 所列的所有国家都重复了这一行业就业轨迹。大家可以观察到，国家就业人口向服务业的转移是一种一直在持续的演变，成功的工业经济是建立在强大的服务部门基础上的。此外，从印度呼叫中心和英国金融服务的成长中还可以发现，服务业的竞争是全球性的。但服务贸易仍旧面临挑战，这是因为许多国家设置壁垒来保护其国内公司，如印度和墨西哥禁止外国公司在其国内销售保险。

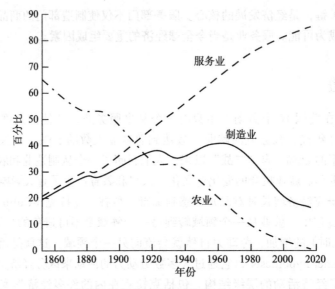

图 1-3 美国各产业部门的就业趋势（1850～2015 年）

资料来源：http://www.census.gov/ library/publications/1975/compendia/ hist_stats_colonial-1970.html;http:// www.census.gov/library/publications/2011/compendia/statab/131ed.html; http://www.bls. gov/emp/ep_ table_101.htm.

## 1.5 经济发展的几个阶段

描述人类社会过去的情况、现在的状况和最有可能的将来是社会历史学家的任务。哈佛大学的社会学教授丹尼尔·贝尔（Daniel Bell）就此有许多论著，以下资料主要源于他的著作。[2] 为详细说明后工业社会的概念，必须比较一下前工业社会、工业社会的特点。

### 1.5.1 前工业社会

当今世界上许多人们的生活状况就是维持生存，或者说还处于前工业社会。生活像是抗争自然的游戏。劳动者全凭体力和传统习惯在农业、采矿业和渔业辛勤劳作，生活条件受许多因素限制，如天气、土壤质量和水源等。生活节奏由自然决定，工作节奏随季节而变动，产量低且技术含量低。社会生活围绕着大家庭，这种低下的生产力和众多的人口导致严重的就业不足（劳动力未被充分利用）。许多人在服务业中寻找机会，但仅限于个人和家庭的范围。前工业社会是农业社会，围绕习惯、传统和权威构筑而成。

### 1.5.2 工业社会

工业社会的主导性活动是物质产品的生产。能源和机器设备的使用使每小时产量成倍增长并确定了工作的性质。劳动分工法则创造出重复性工作和半熟练工人。工作在工厂这样的人造环境中完成，工作人员整日与机器打交道。生活变成了一场对抗"人造自然"的游戏，人们生活在一个充斥着城市、工厂和住宅的世界，生活节奏与机器的步调一致，每日都由严格的工作时间和时钟控制。当然，工会的力量抵消了一部分工业社会生活的无情压力。

工业社会是充满时间表的社会，时间的价值得到了充分体现。生活水准由物质产品的数量衡量，协调物质产品生产和分销的复杂性导致大型官僚等级组织的形成。这些机构中的成员有其特定的角色，他们的运作趋向于非人性化，人被当作"物"来对待。个人是社会生活的基本单元，社会被认为是市场上做出的所有决策的总和。

### 1.5.3  后工业社会

工业社会的生活水准是由物质产品数量决定的，而后工业社会关心的是生活质量，它由健康、教育和娱乐等方面的服务水准决定。各种专业人士成为主导力量，因为信息成为压倒能源和劳动力的关键资源，生活变成人与人之间相处的游戏。随着要求政治和社会权利的呼声不断提高，生活变得更为复杂。人们逐渐明白，个人和组织的独立行为结合在一起可能产生波及每个人的大灾难，就像交通堵塞、环境污染波及每个人一样。社区取代个人成为社会的基本单位。

贝尔认为，从工业社会向后工业社会转变有多种方式。首先，为了支持工业化进程，服务业得到自然发展，比如交通运输和公用事业。由于生产过程中省工设备的引入，更多的工人开始从事诸如保养和维修类的非生产性劳动。其次，人口的增长和物质产品的大量消费促进了批发和零售业务的发展，银行、房地产及保险业也随之受益。最后，随着收入的提高，食品和生活必需品的消费比例下降，人们开始把剩余的钱用于耐用消费品和服务的消费。

19 世纪的普鲁士统计学家厄恩斯特·恩格尔（Ernst Engel）研究发现，随着家庭收入的增加，用于食品及耐用消费品的支出比例下降，而反映对生活质量有较高要求的服务支出则相应提高。这种现象与马斯洛的需求层次论一致，即人们在解决温饱问题后开始转向物质产品需求，之后是追求个人的发展。但是，"优质生活"的必要条件是健康和教育。在人们减少病痛及延长生命的努力中，健康服务成为现代社会的一个重要特征。

高等教育成为进入后工业社会的条件，因为这种社会要求其成员具有职业的或专业的技能。另外，要求更多服务和社会公正的呼声也促进了政府服务的扩张。对环保的关注要求政府干预，同时也说明后工业问题的相互依赖甚至是全球性的特征。表 1-2 概括了经济发展的前工业、工业和后工业三个阶段的特征。

**表 1-2  不同社会的比较**

| 社会 | 特性 | | | | | | |
| --- | --- | --- | --- | --- | --- | --- | --- |
| | 博弈 | 主导活动 | 人力的使用 | 社会单元 | 生活水准指标 | 结构 | 技术 |
| 前工业社会 | 和自然抗争 | 农业和采矿业 | 原始的体力劳动 | 延伸的家庭劳动 | 维持生存 | 传统权威 | 简单手工工具 |
| 工业社会 | 和人造的环境抗争 | 物质产品生产 | 机器驱动生产 | 个人 | 大量商品 | 官僚等级 | 机器生产 |
| 后工业社会 | 人和人之间的博弈 | 服务 | 艺术的个人创造力 | 集体 | 在健康、教育、娱乐方面的生活质量 | 全球化 | 信息 |

## 1.6  服务业的性质

对许多人来说，服务是"奴役"的同义词。提到它，人们会自然联想到服务生端来汉堡包后，站在桌边为你服务。可是，在过去的一个世纪里迅猛发展的服务业已不能用低收入及低技术水平的工作（酒店服务员或快餐店服务生）来准确概括了。相反，如图 1-4 所示，

2014 年，大约 27% 的就业岗位属于高技能服务类别，如职业化和商业化服务、医疗保健和社会援助以及教育服务。从业结构的变化反映了人们的生活、教育需求及对社会而言非常重要的组织结构的变化。工业化对那些只需培训几周就能在机器旁边操作固定程序的半熟练工人有很大需求，而服务业的发展带来了半熟练工人向白领工人的转化。在美国，1956 年是一个转折点，白领工人的数量在工业化社会的历史上第一次超过蓝领工人，而且职业间的差距进一步拉大。最有意思的是，对具备大学教育水平的管理和专业技术领域人才的需求在不断增长。

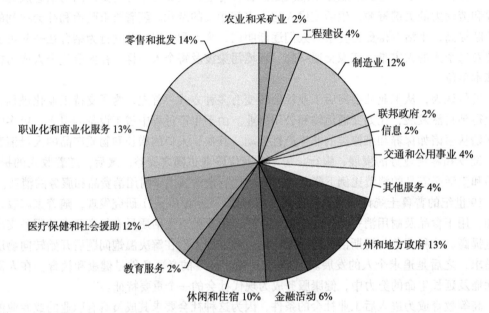

图 1-4　美国工业部门 2014 年的就业分布

资料来源：http://www.bls.gov/emp/ep_table_201.htm.

今天，服务业是居于经济先导地位的发展源泉。过去 30 年中，服务业提供了超过 4 400 万个新的就业机会，吸收了大量的劳动妇女；同时也使制造业就业机会减少的问题得到解决。来自服务业的收入现在占美国国民收入的 70%。考虑到顾客对汽车或食品的需求毕竟有限，这个数字并不令人感到惊奇。而对服务的需求，特别是对新兴服务的需求仍未得到满足。需求较大的服务主要体现在老年人口方面，比如老年人医疗保健服务，以及双职工家庭的服务，如日托服务，等等。

美国在过去的四次经济衰退中（2008 年银行危机除外），服务业的就业机会实际上是增长的，而制造业的就业机会在减少。这表明：顾客虽然有推迟购买商品的倾向，但不会牺牲对基本服务的需求，如教育、电信、金融、医疗保健及消防治安等公共服务。

服务业能够抵御衰退，主要有以下几方面原因。首先它是由服务的本质所决定，服务不能像实体产品一样贮存。服务的消费和生产是同时发生的，人们对它们的需求比制成品的需求更稳定。当经济衰退时，许多服务业仍能继续存在。例如，医院仍像往常一样繁忙，房地产和保险的佣金可能会下降，但大都不必减少雇员。

其次，在经济衰退时，顾客和公司均推迟了资本支出，只是对现存设备加以维修以将就使用。这样一来，设备维护与修理等服务性工作就被创造出来了。

## 1.7 体验经济

　　服务经济的性质正在经历从传统的服务到一种基于体验关系的服务的转型。看看星巴克、迪士尼世界的做法，它们将其各自的业务定义为一种体验。表 1-3 描述了在历史进程中从农业经济到体验经济的特征。为了展示细微的不同，要特别关注描述每一种经济的文字。注意，体验经济已被进一步划分成顾客服务和商业服务。

**表 1-3　经济进化语言**

| 经济 | 农业经济 | 工业经济 | 服务经济 | 体验经济 | |
|---|---|---|---|---|---|
| | | | | 顾客服务（B2C） | 商业服务（B2B） |
| 经济供给 | 食品 | 包装商品 | 商品服务 | 顾客服务（B2C） | 商业服务（B2B） |
| 功能 | 采掘 | 制造 | 传递 | 舞台 | 共创 |
| 本质 | 种类物 | 实体 | 无形 | 难忘的 | 奏效的 |
| 标志 | 天然的 | 标准化 | 个性化 | 个人的 | 成长 |
| 供给方法 | 批量式 | 存货式 | 按需分配 | 随时间推移而展现 | 随时间推移而维持 |
| 卖方 | 商人 | 制造者 | 供应商 | 演员 | 合作者 |
| 买方 | 市场 | 顾客 | 顾客 | 嘉宾 | 合作者 |
| 预期 | 数量 | 特性 | 利益 | 感知 | 能力 |

### 1.7.1　顾客服务体验

　　企业对顾客（B2C）的服务体验用个人的和难忘的方式让顾客参与和与顾客联系，从而创造附加价值。当企业在其搭建的舞台上为顾客提供难忘的情景和经历并为此而明确地收取费用时，也就实现了从服务经济到体验经济的转化。图 1-5 说明了按照顾客参与水平和与环境之间的互动水平表示的顾客体验的四种类型。娱乐业（例如看电影）的参与水平最低，逃避现实者（例如潜水）则需要顾客很大程度的参与。

　　顾客服务体验的设计有五个基本的思路——体验主题、积极提示、消除消极的提示、混合大事记和吸引人的五感官。拉斯维加斯的主题商店的"体验主题"通过罗马式廊柱和销售人员穿着的托加袍（togas）来体现；通过"积极提示"来达到协调感觉的例子是奥黑尔（O'Hare）机场停车场，在那里每层地板上都刷着醒目的颜色，播放着独特的音乐（例如，第一层播放的是摇滚乐，而第二层是古典音乐），这些有助于归来的旅客找到自己停泊的车位；在"消除消极的提示"方面，使用了创造性方法的例子是得克萨斯

| | 与环境的关系 | |
|---|---|---|
| | 全神贯注 | 沉浸 |
| 被动 | 娱乐（电影） | 唯美主义（旅游） |
| 主动 | 教育（语言） | 逃避现实（潜水） |

顾客参与程度

**图 1-5　体验的四种领域**

资料来源：Adapted from James A. Fitzsimmons, Mona J. Fitzsimmons, Sanjeev Bordoloi, Service Management Operations, Strategy, Information Technology, 8th edition, (2014), p.11.

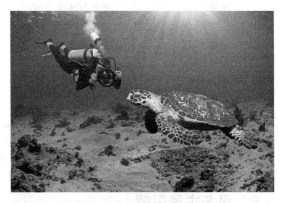

潜水者在水下世界需要特殊设备才能生存。
© Georgette Douwma/Getty Images RF

奥斯汀市 Cinemark 剧院的语音垃圾箱（例如，当有垃圾扔进去时，垃圾箱会提示"谢谢"）；"混合大事记"的一个例子是地中海俱乐部通过给度假者拍摄一组照片来使顾客留下难忘的印象；"吸引人的五感官"的例子是拉斯维加斯雨林咖啡店（例如，森林的声响和湿润的空气）。

### 1.7.2 商业服务体验

对于企业对企业（B2B）服务，价值源于联产或合作性质的关系，如顾问公司。B2B 服务体验有以下三个维度。

价值共创

- 顾客是共同关系中提取价值的合作者。
- 顾客是服务过程的输入体。

关系

- 与顾客的关系极为重要，因为它是创新和差异化的源泉。
- 长期的关系有助于定制服务以满足顾客的需求。

服务产能

- 服务产能在保持服务质量的同时满足需求波动。
- 服务质量基本上由顾客预期来衡量。

B2B 服务的核心体验是一种创造、授权、问题解决及创新地运用信息的体验，这里所运用的信息不会在交换中被损耗掉，而会被其他人进一步使用来保持及提高其可用性。

表 1-4 展示了一份 21 世纪的、同时适用于顾客和商业服务体验的完整清单，这些都依赖于熟练的知识型劳动力。

表 1-4　21 世纪的服务类型

| 核心体验 | 基本特质 | 例子 |
| --- | --- | --- |
| 创造 | 呈现见解 | 广告、戏剧 |
| 授权 | 中介 | 运输、沟通 |
| 经验的 | 顾客出席 | 按摩、主题乐园 |
| 延伸 | 扩展与保持 | 担保、健康检查 |
| 信托 | 合约 | 服务、修理、投资组合 |
| 信息 | 获得信息 | 网络搜索引擎 |
| 创新 | 促成新观念 | 研发服务、产品测试 |
| 问题解决 | 接近专家 | 顾问、咨询 |
| 生活质量 | 改进福利 | 保健、娱乐、旅游 |
| 规章 | 建立规则与制度 | 环境、法律、专利 |

资料来源：Adapted from J.R. Bryson, P. W. Daniels, and B. Warf, *Service Worlds: People, Organizations, Technologies,* New York: Routledge, 2004, p.33.

## 1.8　服务主导逻辑[3]

服务环境非常独特，大家可以质疑传统的基于制造的技术没有进行修改就在服务中的直接应用，尽管许多方法是类似的。忽视制造和服务需求之间的差异将导致失败，但更重要的是，对服务特性的理解将为开明和创新的管理提供深刻的见解。如果不了解为顾客创造体验的服务交付过程，就无法实现服务管理方面的进步。

在此，首先讨论服务的性质及其对运营管理的影响，然后讨论服务主导逻辑范式。服务主导逻辑是描述在经济交换和价值创造中，以服务为中心的范式替代传统以商品为中心范式的一种方法。中心思想是，当服务被定义为通过交换为他人获取利益的能力的应用时，服务是价值创造的基本依据。作为服务的一部分，商品可能涉及交换，但是使用中的价值（由顾客认可和决定的价值）是重要的特性。

表 1-5 包含了服务主导逻辑的 10 个基本前提（FPs）和每个基本前提的简要说明 / 解释。随后，将更详细地研究每个前提。

表 1-5　服务主导逻辑的基本假设

| FP | 前提 | 说明 / 解释 |
| --- | --- | --- |
| 1 | 服务是交换的基础 | 可用资源（知识和技能）、"服务"是所有交换的基础。服务交换服务 |
| 2 | 间接交换掩盖了交换的本质 | 商品、货币和机构掩盖了服务对服务的交换性质 |
| 3 | 货物是提供服务的分配机制 | 商品（包括耐用的和非耐用的）通过使用体现它们的价值（即它们提供的服务） |
| 4 | 运营资源是竞争优势的根本来源 | 引起预期变化的比较能力驱动竞争 |
| 5 | 所有经济体都是服务经济体 | 随着专业化和外包的增加，服务现在变得越来越明显 |
| 6 | 顾客总是价值的共同创造者 | 这个前提意味着价值创造是相互作用的 |
| 7 | 企业不能提供价值，而只能提供价值主张 | 公司可以提供其应用资源并与顾客协同（交互）创造价值，但不能单独创造 / 交付价值 |
| 8 | 以服务为中心的观点本质上是面向顾客的和相关的 | 服务是由顾客决定和共同创造的；因此，它本质上是面向顾客和与顾客相关的 |
| 9 | 所有经济和社会部门都是资源集成者 | 价值创造的背景是网络的网络（资源集成者） |
| 10 | 价值总是独特的，由受益人决定的 | 价值总是与众不同的、能体验的、有来龙去脉的和饱含意义的 |

资料来源：Stephen L. Vargo and Melissa Archpru Akaka, " Service-Dominant Logic as a Foundation for Service Science: Clarifications," Service Science 1, no. 1 (2009), p. 35.

**FP1**：服务被视为一种活动或过程（单数），而不是一种无形的产出单位（商品类中的复数）。服务来源于为另一方利益的应用能力（知识和技能）。

**FP2**：后工业社会的价值创造过程是复杂的，有很多中介系统（如互联网）促进了交换的过程。

**FP3**：虽然商品是能源、材料和劳动力成本的储存手段，但它们只有在使用（例如，提供运输服务的汽车）时才能实现价值。

**FP4**：竞争优势体现在服务公司的智力资本、技能和知识中，这些知识可用于为顾客创造价值。

**FP5**：如果服务是应用于他人获得利益的能力，那么所有的经济活动本质上都是服务，无论经济是农业、工业还是后工业。

**FP6**：如果价值是与顾客共同创造的，那么根据定义，服务活动与顾客的某些能力（例如，心理、身体、财产、信息）存在交互关系。

**FP7**：就像产品在使用前没有内在价值一样，服务只是在顾客激活时才有创造价值的能力（例如，如果飞机上的座位在起飞时是空的，那么它就没有价值）。

**FP8**：因为服务是与顾客共同创建的，所以服务交换必须以顾客为中心。

FP9：当顾客将服务提供商与其他资源集成商（如使用 PayPal 在 eBay 上进行购买）的资源进行整合应用以实现交换时，就创造了价值。

FP10：每个顾客根据个人需求在特定时间（例如，快速午餐或晚餐聚会）和特定环境（例如，单独一人或在一个团队中）决定服务体验的价值或质量。

服务主导逻辑是一个新的研究领域的基础，该领域被称为"服务科学、管理和工程"（SSME），由位于加州圣何塞的 IBM Almaden 研究中心倡导。SSME 是将科学、管理和工程原理应用于一个组织为另一个组织或个人更有利地共同完成任务，目标是使工作共享和风险共享（联合生产）关系中的生产力、质量、性能、合规性、增长和学习改进更容易预测。服务科学的核心是服务系统之间和内部资源的转移和共享。服务系统的规范功能是通过价值主张将人、技术和信息联系起来，目的是为参与系统内部和跨系统资源交换的所有服务系统共同创造价值。

## 1.9 服务运营的独特特征

在服务中，投入和资源是有区别的。对于服务来说，投入是顾客本身，资源是服务管理者所能支配的便利商品、雇员劳动力和资本。因此，要发挥功能，服务系统必须与作为服务过程参与者的顾客进行互动。由于顾客通常是自行决定的，对服务系统有独特的需求，因此将服务能力与需求匹配是一个挑战。

然而，对于某些服务，如银行服务，活动的重点是处理信息而不是人。在这种情况下，信息技术，例如电子资金转移，可以取代实际存入工资支票，因此，顾客出现在银行是不必要的。在讨论服务运营的显著特征时，有些情况值得注意。特别要注意，服务的许多独特特性，如顾客参与和服务易逝性，是相互关联的。

### 1.9.1 顾客的参与

顾客作为服务过程的参与者的存在需要关注传统制造运营中所没有的设施设计。汽车是在一个又热又吵的工厂里制造的，这对最终的购买者来说无关紧要，因为他们第一次看到汽车是在经销商陈列室的舒适环境中。来到服务现场的顾客关注的是工厂里不需要的有服务设施的客观环境。对于顾客来说，服务是发生在有服务设施的前厅的一种体验，如果服务设施是从顾客的角度设计的，服务质量就会得到提高。注意，室内装饰、家具陈设、布局、噪音甚至颜色都会影响顾客对服务的看法。想象自己站在一成不变的公交车站的感觉和自己站在航空公司候机楼的感觉，这两种感觉有没有不同！当然，乘客不允许进入航站楼的后台办公室（例如行李处理区域），后台办公室是在类似工厂的环境中运行的。然而，一些创新的服务已经将后台办公室开放给公众监督，以提高公众对这项服务的信心（例如，一些餐厅可以看到厨房，一些汽车维修站可以通过等候区窗户对外展示）。

在提供服务时，一个重要的考虑因素是对顾客可以在过程中扮演积极角色的认识。以下几个例子将说明顾客的知识、经验、动机甚至诚信都会直接影响到服务系统的性能：

（1）超市和折扣店之所以受欢迎，是因为顾客愿意在零售过程中扮演积极的角色。

（2）病人病历的准确性对主治医师的诊断有效性有很大影响。

（3）学生的教育在很大程度上取决于学生自己的努力和主动性。

快餐店最能说明顾客参与的价值。顾客不仅可以直接从有限的菜单下订单，还可以清理用餐后的桌子。当然，顾客希望更快的服务和更便宜的饭菜来补偿这些参与，尽管如此，服务提供者还是会在许多微妙的方面获益。首先，需要监督的人员和诸如福利之类的东西减少了。第二，更重要的是，顾客在需要的时候提供劳动力。因此，服务能力更直接地随需求而变化，而不是由受雇人员的人数所决定。顾客的行为就像一个临时雇员，在需要履行职责以增加服务人员的工作时起作用。

然而，将顾客排除在流程之外已经成为一种常见的做法。以零售银行为例，鼓励顾客使用在线交易、直接存款和自动借记卡付款，而不是实际前往银行。此外，互联网商务的出现赋予了"橱窗购物"一词新的含义。

## 1.9.2 同步性

服务同时发生和使用，因此无法存储，这是服务管理中的一个关键特性。由于无法对服务进行库存盘存，因此无法使用传统的制造战略，即依靠库存作为缓冲来吸收需求的波动。成品库存是制造商方便的系统边界，将计划和控制的内部操作与外部环境分离开来。因此，制造设备可以在最有效的恒定产量水平上运行。工厂是一个封闭的系统，库存将生产系统与顾客需求分离开来。然而，服务作为开放系统运行，需求变化的全部影响被传输到这个系统。

库存也可以用来分离生产过程中的各个阶段。对于服务，通过顾客等待实现分离。库存控制是制造业运营的一个主要问题，而在服务中，相应的问题是顾客等待或"排队"。选择服务能力、设备利用率和闲置时间等问题都与顾客等待时间相平衡。

同时在服务中生产和消费也消除了许多质量控制干预的机会。产品可以在交付前进行检查，但服务必须依赖于其他措施，以确保交付的服务质量。

## 1.9.3 不可存储性

服务是一种不可存储的商品。想象一个空的航空公司座位，一个空的医院或酒店房间，或者一个没有病人看牙医的空闲。在每一种情况下，对经营者而言，都发生了一次错失的机会。因为服务不能存储，所以如果不使用它，它将永远丢失。因为顾客需求表现出相当大的变化，无法选择建立库存以吸收这些波动，所以充分利用服务能力就成为对管理者的一项挑战。

顾客对服务的需求通常在短时间内表现出高度重复的行为，在高峰和低谷之间有相当大的差异。例如，在中午到下午1点之间吃午餐的习俗使餐馆适应中午的高峰有很大的负担。在公共领域可以找到许多例子，例如，对紧急救护车服务的需求通常在下午6点高峰时段达到顶峰，在凌晨3点城市沉睡时出现暂时的平静。

对于娱乐和交通服务来说，需求的季节性变化会导致活动激增。很多学生都知道，回家的机票往往在春假和年终假期前几个月就被订购了。面对不断变化的需求和所提供服务的不可存储特点，管理者有三种基本选择：

1. 平稳需求
    a. 使用预订或预约。
    b. 使用价格激励（例如，电影院日场的折扣）。

  c. 购物高峰期逆营销（例如，提前做广告，避免圣诞购物高峰期）。

 2. 调整服务能力

  a. 在高峰期使用兼职辅助。

  b. 根据需求安排工作班次以改变员工的需求（例如，呼叫中心的工作人员要配合呼叫需求）。

  c. 增加顾客自助服务内容。

 3. 允许顾客等待

  最后一种选择可以看作是对服务过程的被动贡献，这种服务过程可能会将不满意的顾客拱手让给竞争对手。通过顾客等待，公司可以更充分地利用服务能力，航空公司明确认识到这一点，有时在即将起飞的航班上为待机乘客提供了一个未售出的座位。

### 1.9.4　无形性

  服务是理念和概念；产品是物质。因此，服务创新是没有专利的。为了获得新服务理念的好处，公司必须迅速扩张，抢占任何竞争者的先机。特许经营一直是巩固市场地位、树立品牌形象的载体。特许经营允许母公司将自己的想法卖给当地企业家，从而在保留控制权和降低风险的同时保留资本。

  服务的无形本质也给顾客带来了一个问题。在购买产品时，顾客可以在购买前看到、感觉到并测试其性能。然而，对于服务来说，顾客必须依赖于服务公司的声誉。在许多服务领域，政府都进行了干预，以保证服务表现可接受。通过使用注册、许可和监管，政府可以向顾客保证，一些服务提供商的培训和测试性能符合一定的标准。因此，人们会发现公共建设计划必须获得注册专业工程师的批准，医生必须获得行医执照，电力公司是受监管的公用事业公司。然而，在"保护"顾客的努力中，政府可能会抑制创新，提高准入门槛，并总体上减少竞争。

### 1.9.5　异质性

  服务的无形性这一本质与顾客作为服务交付系统的参与者相结合，导致了服务在顾客之间的变化。然而，在服务中顾客和员工之间的交互创造了一种更令人满意的人类工作体验的可能性。在服务中，工作活动通常是面向人而不是面向事物的。但是，处理信息（例如，通信）或顾客财产（例如，经纪服务）的服务也有例外。在较少的顾客接触服务行业，人们现在可以看到，通过引入自助服务技术而使劳动密集水平大幅降低。

  甚至自动化的引入也可以通过消除相对常规的非人际任务来加强个性化，从而增加对剩余工作的个人关注。与此同时，个人关注为所提供的服务提供了可变性的机会。然而，可变性并不是很糟糕的事，除非顾客察觉到质量上的显著差异。顾客希望得到公平的对待，并得到与他人同样的服务。制定标准和用适当的程序培训员工是确保服务一致性的关键。监控每个员工的产出通常是相当不切实际的，所以顾客反馈在质量控制上起到了至关重要的作用。

  直接的顾客－雇员接触对服务（工业）关系也有影响。众所周知，对公司不满的汽车工人可能蓄意破坏装配线上的产品。可以设想，最终的检查将确保任何这类汽车在交付前都得到纠正。然而，一个心怀不满的服务员工可能会对公司造成不可弥补的伤害，因为员工是公司与顾客的唯一联系。因此，服务管理者必须关心员工的态度以及他们的表现。例如，在度假酒店，不开心的员工很难让客人开心。通过培训和对员工福利的真正关注，组织目标可以内在化。

### 1.9.6 所有权不可转让 [4]

从市场营销的角度来看，服务与商品不同，不涉及所有权的转移。如果顾客在购买服务时没有获得所有权，那么他们购买的是什么？一种观点认为，顾客可以在一段时间内获得资源的使用权或租赁资源，比如在酒店房间过夜或乘坐飞机上的一个座位。服务行业通过分配资源的使用权，在顾客之间共享资源。顾客不购买资产，而是在特定的时间内使用资产，无论是使用人力（如牙医）、技术（如蜂窝网络）还是现实资产（如主题公园）。注意，在每个例子中，顾客通常与其他顾客同时共享服务提供者的资产。表 1-6 列出了五类无所有权服务，并给出了示例。

表 1-6　服务的非所有权分类

| 服务类型 | 顾客价值 | 示例 | 管理挑战 |
|---|---|---|---|
| 租赁货物 | 取得临时专用权 | 车辆、工具、家具、设备 | 选址及维修 |
| 场地及空间租用 | 获得更大空间中某一部分的独家使用权 | 宾馆房间、飞机座位、存储单元 | 房屋管理和实现规模经济 |
| 劳务和专业知识 | 雇用其他人来做一份工作 | 汽车维修、手术、管理咨询 | 专业知识是一种可再生资源，但时间是易逝的 |
| 体育设施使用 | 获准进入设施一段时间 | 主题公园、露营地、健身馆 | 排队和人群控制 |
| 网络使用情况 | 参与进来 | 电力设施、手机、互联网 | 可用性和定价决策 |

在顾客之间共享资源给管理带来了挑战。在货物租赁的情况下，方便地取走和交回租赁办公地点是必不可少的。例如，在机场可以找到租车服务。不过，Enterprise 是个例外，因为它开始为当地居民提供汽车，而不是主要为旅行者提供服务。

维护租赁商品并在顾客租赁的间隙将商品恢复到可接受的状态是一项必要且持续的活动。在场地和空间租赁方面，顾客可以参与到规模经济中来，这种经济来源于与许多用户共享一个更大的空间，同时享受一定程度的分离和隐私。对于航空公司来说，商务舱的超大座位和腿部空间部分解释了相对较高的票价。对于任何共享的设施，房屋管理是在顾客使用期间进行的一项例行活动（例如，在航空公司航班降落时收垃圾，在酒店客人离开时换床品）。

排队管理和人群控制是对实物设施管理者的一个挑战，这些实物设施被大量的顾客共享。例如，迪士尼公司就利用多种技术来科学控制排队等候的队伍，包括娱乐活动和允许客人为提前几个小时的乘车时间预留时段。可用性对于网络服务至关重要，因为顾客依赖和期望 24/7 的访问（每天 24 小时，每周 7 天）。因此，持续的可用性是必不可少的，但是由于使用取决于每天和每周的时间，因此服务的定价必须具有创造性和灵活性。

## 1.10　服务包

服务管理者很难描述他们的产品。这个问题部分是由于服务的无形属性造成的，但是在这个过程中顾客的存在引起了对整个服务体验的关注。考虑下面的例子。对于一家坐下来吃饭的餐厅来说，气氛和用餐一样重要，因为许多用餐者把这种场合视为与朋友聚会的一种方式。顾客对银行的看法可以根据出纳员的高兴程度或排队的时间长短迅速形成。

服务包被定义为带有某些环境中提供的信息的一组商品和服务。服务包含五个特性（如图 1-6 所示），形状像洋葱，核心是服务体验。

1. 配套设施。在提供服务之前必须到位的实物资源，例如高尔夫球场、滑雪缆车、医院和飞机。

2. 辅助商品。买方购买或消费的材料或为顾客提供的物品，例如高尔夫球杆、滑雪板、食品、替换汽车零件、法律文件和医疗用品。

3. 信息。可从顾客或服务提供者处获得的数据，以支持高效和定制的服务，如电子病历，航空公司显示航班上的可用座位，之前访问过的顾客偏好，顾客打车的 GPS 网站位置以及酒店网站上的谷歌地图链接。

4. 显性服务。这种服务的好处是感官能轻易察觉，是由服务的本质或内在特征组成的。例如，牙齿修复时没有疼痛，调整后汽车平稳行驶，以及消防队的反应时间。

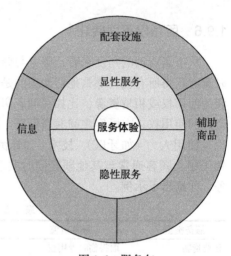

图 1-6　服务包

5. 隐性服务。顾客可能只能隐约感觉到的心理好处，或者服务的非固有特征，如常春藤盟校的学位证书、贷款办公室的隐私以及无忧的汽车维修。

所有这些功能都是由顾客体验的，并形成他对服务的感知的基础。重要的是，服务管理者要为顾客提供与其所需服务包一致的整体体验。以经济型酒店为例，配套设施是一个混凝土砌块建筑与简朴的家具，辅助商品少到只有肥皂、毛巾和纸巾，可根据可用房间信息预订房间。显性服务是干净房间里的一张舒适的床，隐性服务可能包括一个友好的前台职员和一个照明良好的停车场。偏离这个服务包，例如，添加旅店侍员，会破坏讨价还价的形象。表 1-7 列出了评估服务包的标准（带有示例）。

在服务包中辅助商品的重要性可以用来对服务进行分类，从纯服务到不同程度的混合服务。例如，没有辅助商品的精神科咨询将被认为是一种"纯粹"的服务，汽车保养通常比理发要求更多的辅助商品。

因为服务的性质存在这么多差异，对服务管理做一般性的说明是很困难的。但是，了解服务环境的独特特性对于理解服务管理者面临的挑战非常重要。

表 1-7　评估服务包的标准

| 配套设施 | |
| --- | --- |
| 1. 位置：<br>乘公共交通工具去吗<br>它在市中心吗 | 4. 建筑是否合适：<br>大学校园里的文艺复兴建筑<br>蓝瓦屋顶独特的可识别特征<br>市中心银行巨大的花岗岩立面 |
| 2. 室内装饰：<br>合适的氛围建立了吗<br>家具的质量和协调性 | 5. 设施布局：<br>有自然的交通流量吗<br>是否提供足够的等候区<br>是否有不必要的旅行或回溯 |
| 3. 配套设备：<br>牙医用的是机械钻还是气钻<br>包机使用的飞机类型和使用年份是多少 | |

（续）

| 辅助商品 | |
|---|---|
| 1. 一致性：<br>炸薯条的酥脆度<br>份量的控制<br>2. 数量：<br>小杯、中杯或大杯饮料 | 3. 选择：<br>可更换的各种毛巾<br>菜单菜品的数量<br>可租赁的滑雪板 |

| 信息 | |
|---|---|
| 1. 准确：<br>最新的顾客地址<br>正确的信用报告<br>2. 及时：<br>严重的风暴警报 | 3. 有用：<br>X 光检查以确定骨折<br>库存状态 |

| 显性服务 | |
|---|---|
| 1. 服务人员培训：<br>汽车技师是否通过国家汽车服务卓越协会（NIASE）认证<br>辅助专业人员在多大程度上被使用<br>医师委员会是否获得认证<br>2. 全面性：<br>折扣经纪和全面服务相比<br>综合医院与诊所相比 | 3. 一致性：<br>航空公司的即时记录<br>医师专业标准评审组织（PSRO）<br>4. 可用性：<br>24 小时自动取款机服务<br>有网站吗<br>有没有免费电话 |

| 隐性服务 | |
|---|---|
| 1. 服务态度：<br>快乐的空姐<br>警官老练地开出交通传票<br>态度粗暴的餐厅服务员<br>2. 氛围：<br>餐厅的装饰<br>酒吧里的音乐<br>混乱感而非秩序感<br>3. 等待：<br>加入免下车银行队列<br>被搁置<br>在餐厅的酒吧里享受马提尼酒 | 4. 状态：<br>一流的飞行<br>体育赛事的包厢座位<br>5. 幸福感：<br>大型商用飞机<br>明亮的停车场<br>6. 隐私和安全：<br>律师在私人办公室为顾客提供咨询服务<br>酒店房间磁性钥匙卡<br>7. 方便：<br>使用预约<br>免费停车 |

## 1.11　按交付流程区分服务

　　服务管理的概念应该适用于所有的服务组织。例如，医院管理者可以从餐厅和酒店行业中了解自己的业务。咨询、法律和医学等专业服务存在特殊问题，因为这些专业人员接受的培训是提供特定的临床服务（以医疗为例），但不具备企业管理方面的知识。因此，管理专业服务公司为商学院毕业生提供了诱人的职业机会。

　　服务分类计划可以帮助大家组织关于服务管理的讨论，打破共享学习的行业壁垒。就像上文建议的，医院可以从酒店了解客房管理。不那么明显的是，干洗店可以向银行学习——清洁工可以通过提供洗衣袋和下班后的投递箱来适应银行顾客享受的夜间存款的便利。对于专业公司来说，安排咨询业务类似于计划法律辩护或为开胸手术准备医疗团队。

　　为了证明管理问题在服务行业中是普遍存在的，罗杰·施梅纳（Roger Schmenner）在

图 1-7 中提出了服务流程矩阵。在这个矩阵中，服务是跨两个维度进行分类的，这两个维度显著影响服务交付过程的特性。垂直维度衡量的是劳动强度，即劳动成本与资本成本之比。因此，航空公司和医院等资本密集型服务排名靠前，因为它们在工厂和设备上的投资相对于劳动力成本相当可观。像学校和法律援助这样的劳动密集型服务排在最后一排，因为它们的劳动力成本相对于它们的资本要求很高。

图 1-7　服务流程矩阵

水平维度衡量的是顾客交互和定制的程度，这是一个营销变量，描述了顾客个人影响服务交付性质的能力。当服务为标准化而非定制时，顾客和服务提供者之间几乎不需要交互。例如，麦当劳的一顿饭是用现成的食品组装而成的，定制化程度很低，顾客和服务提供者之间的互动很少。相反，医生和病人必须在诊断和治疗阶段充分互动，以取得满意的结果。患者也希望得到单独治疗，并希望得到根据其特殊需要定制的医疗服务。

服务流程矩阵的四个象限已经给出了名称（由两个维度定义），以描述所示服务的性质。服务工厂提供高资本投入的标准化服务，很像流水生产线。服务商店允许更多的服务定制，但它们是在高资本环境下实现的。大众服务的顾客将在劳动密集型的环境中享受到无差别的服务，而那些寻求专业服务的顾客将会得到训练有素的专家的个别关注。

任何类别的服务管理者，无论是服务工厂、服务商店、大众服务还是专业服务，都面临着类似的挑战，如图 1-8 所示。高资本要求的服务（即，低劳动密集度），如航空公司和医院等，需要密切监控技术进步，以保持竞争力。这种高资本投入也要求管理者管理需求以保持设备的利用率。同时，高度劳动密集型服务的管理者，如医疗或法律专业人员，必须专注于人事事务。定制的程度影响着对交付的服务质量的控制以及顾客对服务的感知。解决这些挑战的方法将在后面的章节中讨论。

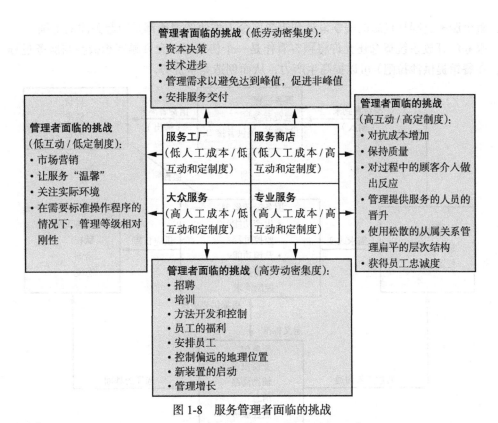

图 1-8　服务管理者面临的挑战

## 1.12　服务运营管理的开放系统观点

服务企业非常独特，因此需要特殊的管理方法，而不仅仅是简单地调整生产产品使用的管理技术。其鲜明的特点意味着要扩大系统观点，要把顾客作为参与者包括在服务过程中。如图 1-9 所示，顾客被看作是一个输入，服务流程将其转换为具有一定满意度的输出。

在一个顾客作为参与者的开放系统中，服务运营经理的角色包括生产和营销的职能。传统的以成品库存为接口的生产与销售职能分离，在服务中既不可能也不合适。营销在日常服务运营中扮演着两个重要的角色：①教育顾客在服务过程中扮演积极参与者的角色；②"平滑"需求以匹配服务能力。这种营销活动必须与安排工作人员的级别以及控制和评价交付过程相协调。服务组织的运营和营销功能必然要结合起来。

对于服务，流程就是产品。顾客在服务过程中的存在否定了制造业中采用的封闭系统的观点。在生产有形商品的孤立工厂中控制经营的技术不适于提供服务。过程不再是机器控制的，输出也不再是符合规范就容易衡量的。相反，顾客到达时对服务有不同的需求；因此，需要不同的对表现的衡量方式。服务人员直接与顾客互动，很少有机会进行管理干预。这就要求对雇员进行广泛的培训，并赋予他们在没有直接监督的情况下采取适当行动的权力。

此外，顾客对服务质量的印象是基于整体服务体验的，而不仅仅是所表现出来的显性服务。关注员工的态度和培训成为确保隐性服务也得到顾客赞赏的必要条件。从顾客的角度来看，整个服务过程从设施的美学设计到等候区令人愉快的消遣都是引起关注的范围。

服务的开放系统概念还允许将顾客看作是一个协作者。允许顾客积极参与服务过程（例如，在餐馆提供沙拉吧）可以提高生产力，从而创造竞争优势。

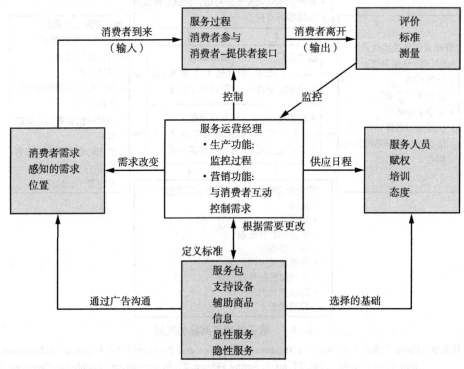

图 1-9　服务运营的开放系统的观点

## ⊙ 服务标杆

### 共享经济的先行者——优步（Uber）和爱彼迎（Airbnb）

互联网、全球定位系统（GPS）和智能手机的融合，让人们有机会分享自己的有形资产以获取收入。例如，优步代表了一种点对点的出租车服务，在这种服务中，人们用自己的私人车辆运送付费乘客。智能手机的位置感知应用程序允许司机和乘客与基于互联网的调度员连接。同样，公寓住户和房主通过使用爱彼迎等在线服务与旅行者分享他们的住所。共享经济的优势包括为顾客省钱，为供应商补充收入，生活方式的灵活性，以及使用智能手机方便地获得服务。对整体经济而言，从所有权到使用权的转变导致新产品销售减少，从而减少对稀缺自然资源的压力，减少排放到大气中的温室气体。

## 本章小结

正如 19 世纪的劳动力在科技发展的推动下由农业转向制造业一样，现在，劳动力则由制造业转向服务业。今天，以信息技术为驱动的体验经济正在兴起，以满足人们对服务业不断提高的期望。服务的独特特征要求采用一种与制造业中的封闭系统有显著不同的管理方法。但是，对于服务来说，流程中顾客的存在为共同创造价值提供了可能。

## 关键术语

**体验经济**（experience economy）经济发展的一个阶段，通过以私人和令人难忘的方式与顾客接触并建立联系来创造附加价值。

**显性服务**（explicit services）容易被感官观察到的基本的或内在的特征（例如，准时出发，饭菜的质量）。

**辅助商品**（facilitating goods）买方购买或消费的材料或顾客提供的物品（如食品、高尔夫球杆）。

**隐性服务**（implicit services）顾客可能只是模糊地感觉到的心理上的好处或外部特征（例如，一个照明良好的停车场的安全性，一个贷款办公室的私密性）。

**工业社会**（industrial society）大生产工业中的工厂作业占主导地位的社会。

**后工业社会**（postindustrial society）人们参与信息、智力或创造性活动的服务社会。

**前工业社会**（preindustrial society）以农业和自给自足生活为中心的农业社会。

**服务主导逻辑**（service-dominant logic）一种观点，认为所有经济体都是服务型经济体，在这种经济体中，价值总是在为另一方做事的交换中共同创造的。

**服务包**（service package）服务包含的五个组件：配套设施、辅助商品、信息、显性服务和隐性服务。

**服务流程矩阵**（service process matrix）基于交互定制程度和劳动强度的服务分类，分为服务工厂、服务商店、大众服务和专业服务四类。

**服务科学**（service science）研究服务系统内部之间资源的转移和共享的领域。

**服务化**（servitization）通过将服务与产品销售捆绑在一起来增加收入（例如，为新车销售融资）。

**配套设施**（supporting facility）在提供服务之前必须具备的实物资源（如高尔夫球场、医院大楼、飞机）。

## 讨论题

1. 解释人的生活方式是如何受其工作类型影响的。例如，对比一下农民、工厂工人和教师。
2. 一国经济是否可能完全建立在服务基础上？
3. 经济中的自我服务价值何在？
4. 根据美国供应链管理学会（ISM）商业网站报告中的网页 https://www.instituteforsupplymanagement.org/ISMReport/ 中的非制造业指数（NMI），判断服务部门目前是在扩张还是在收缩。
5. 在监管、保险和信任方面，共享经济面临哪些挑战？
6. 通过对顾客参与、同步性、不可存储性、无形性、异质性、所有权不可转让等是否同样适合制造产品的争论，评价服务运作的独特性。

## 互动练习

将课堂成员分组。每个小组选出应列入《财富》100 强的服务企业，并按照估计的年收入排序。

## 案例 1-1　　　　沃尔沃村

沃尔沃村是"村里的新贵"。它代表了两名前沃尔沃授权经销商的技工，以合理的成本为超出保修期的沃尔沃汽车提供高质量维修服务所做出的努力。在22年的培训并与当地沃尔沃经销商的合作经验的基础上，他们赢得了令人尊敬的声誉和顾客的满意，使得独立的服务运营成为可能。沃尔沃村占据了一座新的巴特勒大厦，除了办公室、等候区和储藏室外，还有四个工作台。

沃尔沃村的所有者认为，他们的运营模式是为顾客提供当地经销商无法提供的定制汽车保养服务。他们每周都会留出一些特定的时间，让顾客可以开车上门，来享受诸如调车和换机油等快速、常规的服务，但他们鼓励顾客安排预约，以便诊断和解决特定的问题。

在预约时，将在车辆上工作的技工会和顾客讨论他们已经注意到的问题。有时，技工可能会与顾客一起进行短暂的试驾，以确保双方都理解所关注的问题。

技工的另一个信息来源是自定义车辆护理档案（CCVD）。沃尔沃村会把它对每一辆车的护理建立专门档案。车辆护理历史记录可以帮助汽车技工诊断问题，并确认汽车是否返回保修服务的早期维修。沃尔沃村的所有者把自定义车辆护理档案的使用当作"提醒"顾客可能需要定期维修的方式。

在技工做出初步诊断后，服务经理会向车主提供有关费用的估计，以及在没有意外问题出现时，维修工作大致完成的时间。公司政策规定，在商定具体维修工作前，公司都要与车主沟通。虽然顾客在维修过程中可能会与技工交谈，但是服务经理是主要的联系人。服务经理有责任确保顾客了解初步诊断结果，告知顾客有可能出现的意外问题和发生的费用，并在车辆修好可以取车时通知顾客。

沃尔沃村目前没有为顾客提供交通服务的条款。他们正在考虑一天提供两三次班车服务，因为沃尔沃村的所有者认为郊区的位置可能会让一些顾客望而却步。等候室配有电视机、舒适的椅子、咖啡、软饮料自动售

货机、杂志和当地报纸。这种配置几乎只是不适用于那些在"顺道拜访"时间（周三下午3点至5点，周四上午8点至10点）来的顾客，他们需要的是诸如调试和二手车买家检查等快速、常规的工作。

技工在早上7点至8点、下午5点至6点之间不进行维修，因为这段时间是维系顾客的时间。他们认为，与顾客讨论已完成的维修工作与讨论工作完成前存在的问题同样重要。在维修过程中，技工会注意到未来可能需要注意的其他问题（例如，风扇和交流发电机皮带出现磨损，可能需要在大约6 000英里⊖的里程内更换）。这些注意事项会在取车时提醒顾客，并记录在CCVD中，以备日后使用，也有可能会以明信片的形式提醒车主。

所有已经更换的小零件都放在车里的一个干净的盒子里。笨重一些的替换部件会被挑出来放在一边供顾客检查。在整个维修过程中要注意保持汽车的清洁，并且在车主取车之前要礼貌地用吸尘器清扫内饰。修理完成后，车辆将进行一次短暂的试驾。然后把车停好，等待车主取车。

沃尔沃村的所有者认为，他们的责任是为顾客提供即时服务。沃尔沃的所有者已经建立了一个由其他服务提供商组成的网络，这些服务提供商帮助回收使用过的零部件和废旧产品，他们还可以将不属于沃尔沃村服务范畴的工作（如车身工作、校准和装饰）介绍给顾客。沃尔沃的所有者还在考虑每月选一个周六上午提供一个小型课程的可能性，教顾客如何才能获得20万英里的沃尔沃奖牌。

**问题**

1. 描述沃尔沃村的服务包。
2. 沃尔沃村如何体现服务公司的特色？
3. 沃尔沃村如何像一个工厂那样管理自己的后台办公室（例如，维修运营）？
4. 沃尔沃村如何从沃尔沃经销商中脱颖而出？

---

⊖ 1英里 =1 609.344米。

## 案例 1-2　　　　　Xpresso 润滑油公司 [5]

Xpresso 润滑油公司的老板查理·格林（Charlie Green）并不是典型的汽车修理工。他是一个多才多艺的人，在固特异的特殊混合部门工作期间，对换油业务积累了宝贵的知识。查理在成长的过程中也从他的父亲和哥哥那里学到了很多关于汽车的知识，后来又进修了正规的汽车课程。然而，查理和他的技工同事们之间的所有相似之处也就是这些。除此之外，查理还是一位职业音乐家，他会演奏一种直立的贝斯，他还会唱歌，同时他在哥斯达黎加拥有一个咖啡种植园。

当你需要换机油的时候，你只有两个选择——要么自己换，要么付钱让别人换（如经销商，独立的汽车技工，或者一个快速的机油润滑油站）。许多人选择快速换油站是因为这比自己换油更容易，而且通常比去找经销商或独立技工换油更快更便宜。

人们只是想尽快、更经济地进出。大多数提供换油服务的公司是无法区分的，它们的价格差不多，几乎每条大街上都有。大多数人会选择离家近、排队时间短的服务商。快速变化的服务面临的挑战是管理需求。大多数顾客希望在午餐时间、下班时间或周六得到服务。因此，换油业务应该能够尽快地让顾客进出。服务速度是公司区别于竞争对手的方法。

查理还记得上次花钱给汽车换机油是什么时候。他和其他几个顾客在等候室里等待时，润滑油技工进来和一位老太太讨论一个问题。"夫人，看到这个了吗？"技工手里拿着一个 PCV 阀门，摇了摇，发出一阵嘎嘎声。"你听到了吗？这个坏了。我们必须更换这个 PCV 阀门。"老太太看起来很困惑，但她同意技工的意见。不幸的是，她不知道任何一辆车里的 PCV 阀门都会发出嘎嘎声。这件事让查理很沮丧。他认为顾客应该得到良好的服务并被诚实以待，他厌倦了看到人们被"欺骗"。他决定做点什么来解决这个问题，于是开设了自己的公司——Xpresso 润滑油公司，专门从事换油工作。

没有人喜欢换机油时等很长时间，尤其是因为等候现场的设备通常不太好。等候室又小又脏，还配有不舒服的椅子。如果有电视机，它的屏幕小，接收效果又不好。任何杂志都可能是与汽车有关的，而且已经有几个月的历史了。如果有咖啡可喝，它从那天早上起就一直放在一个旧壶里！

查理为他的公司设计了不同于传统换油站的环境。他选择不与其他换油公司正面竞争，而是改变了"游戏"规则。当他把一个老加油站改造成 Xpresso 润滑油公司时，人们告诉他这是行不通的。他们说他有太多的等候区，而且换油点位上有举升机，而不是通常的地沟，所以换油要花很长时间。查理恰恰利用了这些不同寻常的特点打造了自己的优势。

在他的业务发展阶段，查理注意到当地和国家经济中的两件事——意式咖啡吧和换油市场都饱和了。顾客将这些服务视为商品，并根据价格做出购买决定。查理考虑到了这一因素，以及现有换油设施中的不太吸引人的环境，在创业灵感迸发的一刻，他凭着一腔热血，决定将咖啡吧与换油业务结合起来。

Xpresso 润滑油公司以提供独特、愉悦、诚实的体验为宗旨。查理对咖啡和换油业务都很了解，所以这两种经验的结合对他来说是很自然的。事实上，当 Xpresso 润滑油公司开张的时候，他也利用了自己的音乐背景，在晚上请乐队来演奏。随着 Xpresso 润滑油公司的成功，查理不得不因为忙于业务的其他方面而逐步停止了现场音乐演奏。

查理从未忘记别人受到不诚实对待的经历。如今，他的顾客大多是在别处曾经受到不诚实技工伤害的女性，还有大学生。"小老太太们爱我，"查理说，"因为我们赢得了她们的信任。"

巨大的等候区被改造成一个咖啡吧，里面有许多设施，可以让顾客的等待非常愉快。他提供了各种各样的咖啡，并且营造了一种不会让顾客觉得自己是在等候室的氛围。事实上，有些顾客只是来喝咖啡的。地板上铺着地毯，有许多桌子和椅子。当天气宜人的时候，外面的区域也可以被利用起来。立体声系统提供音乐，阅读材料都是最新的，适合不同的兴趣爱好者。

得益于他创造的氛围，查理不必在速度上竞争，这使得 Xpresso 润滑油公司可以使用举升机和两个修车点位。此外，使用举升机让员工有机会告诉顾客，他的车出了问题。顾客可以和技工一起走到车底，真正看到问题所在。其他的换油站没有这样的奢侈品——它们不能让顾客下到地沟里去看他们的车。对任何顾客来说，地沟都是又脏又不安全的地方。因此，顾客必须听取员工关于需要完成额外工作的建议，并希望他没有被骗。

当顾客不想等待时，Xpresso 润滑油公司提供顾客往来的交通服务。这项服务有助于缓解平日下午的需求，所以顾客不会在平日或星期六下午 5 时后扎堆来。交通服务由 Xpresso 润滑油公司后面的汽车服务中心提供，汽车服务中心也属于查理。查理于 1984 年创办的汽车大学是 Xpresso 润滑油公司的前身。汽车大学为许多汽车制造商和汽车模拟商提供汽车维修服务。靠近汽车大学的地段有一个加油站；20 世纪 90 年代初，这家加油站倒闭，查理买下了这家店，并于 1996 年在这里开设了 Xpresso 润滑油公司。Xpresso 润滑油公司现在为这个合资公司提供了 30% 的收入。

奥斯汀是得克萨斯大学的所在地，这是一个蓬勃发展的高科技商业社区，可以说是美国最好的现场音乐之乡。所有这些因素使奥斯汀的人口非常多样化。Xpresso 润滑油公司位于学校附近的大街上，吸引了众多的顾客，但这也意味着顾客在享受换油服务的同时可以步行到当地的许多商店。半价书店、惠斯维尔（Wheatsville）食品商店、艾米的冰激凌和快乐玩具都在步行距离之内。这家公司给查理带来了很大的成就感。"我喜欢来上班，因为每天都有不同的顾客来到我们店里。"

**问题**

1. 描述 Xpresso 润滑油公司的服务包。
2. Xpresso 润滑油公司服务运营的特点是什么？
3. Xpresso 润滑油公司的地理位置对其成功有何贡献？
4. 以 Xpresso 润滑油公司为例，还可以结合哪些服务为顾客"增值"？

## 参考文献

Chase, Richard B., and Uday M. Apte. "A History of Research in Service Operations: What's the Big Idea?" *Journal of Operations Management* 25, no. 2 (March 2007), pp. 375–86.

Ehret, Michael, and Jochen Wirtz. "Division of Labor between Firms: Business Services, Non-Ownership-Value and the Rise of the Service Economy." *Service Science* 2, no. 3 (Sept 2010), pp. 136–45.

Enz, Cathy A., and Rohit Verma. "Introduction to the Cornell Hospitality Research Summit Special Issue: The New Science of Service Innovation in a Multipartner World." *Service Science* 8, no. 2 (June 2016), pp. iv–ix.

Feng, Cong, and K. Sivakumar. "The Role of Collaboration in Service Innovation Across Manufacturing and Service Sectors." *Service Science* 8, no. 3 (September 2016), pp. 263–81.

Froehle, Craig, Anita Tucker, and Stefanos Zenios (eds.). "Special Issue on Healthcare

Operations Management." *Production and Operations Management* 20, no. 3 (May–June 2011), pp. 303–488.

Hatzakis, Emmanuel D., Suresh K. Nair, and Michael L. Pinedo (eds.). "Special Issue on Operations in Financial Services." *Production and Operations Management* 19, no. 6 (Nov–Dec 2010), pp. 633–779.

Heineke, Janelle, and Mark M. Davis. "The Emergence of Service Operations Management as an Academic Discipline." *Journal of Operations Management* 25, no. 2, (March 2007), pp. 364–74.

Kastall, Ivanka Visnjic, and Bart Van Looy. "Servitization: Disentangling the Impact of Service Business Model Innovation on Manufacturing Firm Performance." *Journal of Operations Management* 31, no. 4 (2013), pp. 169–80.

Kwortnik, Robert Jr., and Gary M. Thompson. "Unifying Service Marketing and Operations with Service Experience Management." *Journal of Service Research* 11, no. 4 (May 2009), pp. 389–406.

Machuca, Jose A. D., Maria del Mar Gonzalez-Zamora, and Victor G. Aguilar-Escobar. "Service Operations Management Research." *Journal of Operations Management* 25, no. 3 (April 2007), pp. 585–603.

Medina-Borja, Alexandra. "Editorial Column-Smart Things as Service Providers: A Call for Convergence of Disciplines to Build Research Agenda for the Service Systems of the Future." *Service Science* 7, no. 1 (March 2015), pp. ii–v.

Ostrom, Amy L., et al. "Moving Forward and Making a Difference: Research Priorities for the Science of Service." *Journal of Service Research* 13, no. 1 (February 2010), pp. 4–36.

Sampson, Scott E., and Craig M. Froehle. "Foundations and Implications of a Proposed Unified Services Theory." *Production and Operations Management* 15, no. 2 (Summer 2006), pp. 329–42.

Spohrer, Jim, and Paul P. Maglio. "The Emergence of Service Science: Towards Systematic Service Innovations to Accelerate Co-creation of Value." *Production and Operations Management* 17, no. 3 (May–June 2008), pp. 238–46.

## 注释

1. Colin Clark, *The Conditions of Economic Progress,* 3rd ed. (London: Macmillan Co., 1957).
2. Daniel Bell, *The Coming of Post-Industrial Society: A Venture in Social Forecasting* (New York: Basic Books, 1973).
3. From Steven L. Vargo and Melissa Archpru Akaka, "Service-Dominant Logic as a Foundation for Service Science: Clarifications," *Service Science* 1, no. 1 (2009), pp. 32–41.
4. From Christopher Lovelock and Evert Gummesson, "Whither Services Marketing? In Search of a New Paradigm and Fresh Perspectives," *Journal of Service Research* 7, no. 1 (August 2004), pp. 34–46.
5. Prepared by Rich Ellis, Thomas Prudhomme, and Marly Yanaza under the supervision of Professor James A. Fitzsimmons. Thirty-two years after Charlie began Xpresso Lube, the business is now closed.

# 第2章

# 服务战略

| 学习目标 |

完成本章后，你应该能够：

1. 构想和阐述战略服务愿景。
2. 描述一项服务如何使用三种服务通用战略进行竞争。
3. 使用 SWOT 分析和五力模型分析。
4. 解释合格者、服务赢家和服务输家的含义。
5. 讨论信息在服务中的竞争作用及其局限性。
6. 解释虚拟价值链的概念及其在服务创新中的角色。
7. 讨论服务公司的可持续性和三重基本影响。
8. 解释服务公司的哪些特征导致扩展性经济。
9. 根据竞争阶段对服务公司进行分类。

机械技术曾经导致农业经济转变为工业经济，今天的信息技术正在使工业经济转变为服务经济。计算机和全球通信技术的可用性创造了收集、处理和传递信息的行业。今天，全球每个人都可以与其他人即时交流，这场革命正在以多种方式改变世界社会。考虑私有卫星网络行业的影响，该行业为人员培训、产品介绍、信用支票、票据和财务兑换等方面提供了远距离传送的条件。

凯马特是最早建立私人卫星网络的零售商店之一，使用安装在商店屋顶上的新型小型碟形卫星天线 VSAT（特小口径卫星终端）来接收和传输大量数据。每一家凯马特零售店的 VSAT 都通过 Hughes 网络公司运营的异频雷达收发机连接到公司位于密歇根州特洛伊市的数据中心[1]。通信网络使得凯马特公司能够更好地协调它的多处企业，以便实现更多的利润，大大改善了销售率、库存状态、产品更新以及更重要的顾客信用认证等数据的传送。信用历史记录的即得性大大降低了公司面临的信用卡拒付的风险，也降低了返还零售商的折扣率，单单这笔节余就足够支付卫星网络的成本了。

## 2.1 本章概要

服务战略始于包含企业地位和目的的愿景。战略服务愿景是通过对有关目标市场、服务概念、运营战略和交付系统等问题的分析而构想制定出来的。然而，服务业的竞争性环境显示出一些必须克服的挑战，如低准入障碍、产品替代以及规模经济的有限机会等。

可以使企业超过其他竞争对手的一般性战略有三种：总成本领先、差别化和市场集中。它们是制造业企业和服务业企业都可以采用的赢得竞争优势的战略。然而，无论采用哪种战略，管理者都不能忽视这样一个事实，即只有把目光集中于顾客并满足他们的需要，企业才能赢得忠实的顾客。

在企业进入一个市场前，企业对其相对于竞争对手和其他市场从业者的地位进行分析是明智可取的做法。这种分析一般从著名的五力模型入手，以判定行业的竞争性；之后要通过SWOT 分析来评估优势、劣势、机遇和挑战。在市场中赢得顾客意味着要在几个方面展开竞争。顾客的购买决策受许多变量的影响，如价格、便利、声誉和安全等。决定公司成功的每个变量的重要程度取决于市场竞争和顾客的偏好。

本章也提出了信息对服务企业竞争战略的贡献的基本框架。应用"战略重点"（内部或外部）与"信息的竞争性利用"（联机或脱机）这两个维度，该框架指出了信息的四种战略作用：制造准入障碍、创造收入、增加数据库资产和提高生产力。每一种作用的行业案例说明了公司是如何有效利用信息的。服务产品创新是由建立在从顾客交易中获得的信息数据库基础上的虚拟价值链推动的。这种数据库可用于在原有基础上开发新的服务，进一步为顾客创造价值，但是还存在着一些信息利用的限制因素，包括如何对待隐私、公平、可靠性、数据准确性等问题。

在本章结尾给出了一个框架，应用此框架可以根据服务企业在一些关键运营维度上的竞争力水平而对它们进行分类。

## 2.2 战略服务愿景

服务公司在市场中的目的和地位始于企业家的想法和未满足的需求。表 2-1 提出了在制定战略服务愿景时应该提出的问题形式的框架。从左到右呈现的基本类别是：服务提供系统、运营战略、服务理念和目标细分市场。在每个类别中提供问题以帮助开发该类别。当人们在不同类别之间移动时，会提出一个问题来评估该类别实现战略服务愿景的程度。例如，类别间问题"服务提供系统是否支持运营战略"，解决了服务提供系统对于预期运营战略的适当性。表 2-1 仅限于美国家政服务。在全球范围内应用时，还需要加入其他问题来考虑文化因素。需要添加到此处所示战略服务愿景中的国际要素可以在"服务全球化"一章的表 10-1 中找到。

为了证明该框架的有效性，表 2-2 说明了西南航空公司在得克萨斯州仅有三个城市（即达拉斯、休斯敦和圣安东尼奥）服务时的初步战略服务愿景。对于像西南航空这样的初创公司，最好从目标市场开始，从右到左应用战略服务愿景。

表 2-1 战略服务愿景的要素

| 服务提供系统 | 运营战略 | 服务理念 | 目标市场细分 |
|---|---|---|---|
| • 什么是重要的交付系统功能（即人员、技术等）<br>• 什么是系统容量<br>• 系统如何从竞争对手中脱颖而出（即质量、价格、便利性）<br>• 是否创造了进入壁垒 | • 什么是重要的业务功能（即运营、财务、营销、组织）<br>• 努力和投资集中在哪里<br>• 如何控制质量和成本<br>• 与竞争相比会有什么结果 | • 如何根据顾客的要求对结果做出说明<br>• 目标市场（即顾客和员工）应该如何看待系统<br>• 顾客如何看待服务理念<br>• 在服务的设计、交付和营销方式上需要做出哪些努力 | • 目标市场的共同特征是什么<br>• 如何对目标市场进行细分（即人口统计）<br>• 各个细分市场及其需求有多重要<br>• 这些需求是如何得到满足的（即以何种方式和由谁） |

资料来源：Adapted and reprinted by permission of J. L. Heskett, W. E. Sasser, and L. A. Schlesinger, *The Service Profit Chain* (New York: The Free Press, 1997), p. 9.

表 2-2 西南航空战略服务愿景

| 服务提供系统 | 运营战略 | 服务理念 | 目标市场细分 |
|---|---|---|---|
| • 有趣的客舱氛围，以区分服务<br>• 仅使用波音 737 以控制飞机维修和运营成本<br>• 根据态度雇用机组人员 | • 安检的快速周转带来飞机的高利用率<br>• 不指定座位，奖励准时 | • 短途航班，频繁出发<br>• 供应花生和软饮料<br>• 使用市中心或低流量机场可避免拥堵<br>• 行李随身携带，不托运 | • 得克萨斯州居民<br>• 因航空公司服务不足而开车的商务旅行者<br>• 周末家庭游旅客 |

## 2.3 了解服务的竞争环境

一般来说，服务公司在困难的经济环境中竞争，造成这种困难的原因有很多：

- 整体进入壁垒相对较低。服务创新无法申请专利，在大多数情况下，服务不是资本密集型的。因此，竞争对手很容易复制创新。然而，存在其他类型的进入障碍，例如在岛上最好的海滩位置定位度假酒店（例如，Club Med 在法属波利尼西亚的 Moorea 岛上的旧址）。
- 规模经济的最小机会。许多服务的实际步程限制了市场区域并导致小规模的销售点。特许经营公司可以通过分担购买或广告费用来实现一些规模经济；在其他情况下，使用互联网可以替代现场购买（例如，从 Amazon.com 订购）。
- 不稳定的销售波动。服务需求随着时间和一周中的某一天（有时是季节性）而随机变化。你能想到一些例外吗？
- 在与买家或供应商打交道时没有规模优势。许多服务公司的规模很小，这使它们在与强大的买家或供应商讨价还价时处于劣势。然而，应该想到许多例外情况，例如麦当劳购买牛肉和万豪酒店购买床垫。
- 产品替代。产品创新可以替代服务（例如，家庭妊娠测试）。因此，服务公司不仅要关注其他服务竞争对手，还要预测可能使其服务过时的潜在产品创新。
- 顾客忠诚度。成熟的公司可以使用个性化服务来创建忠诚的顾客群，这成为新服务进入的障碍。例如，医院供应公司可以将自己的订购计算机终端放置在顾客的网站上。这些终端便于安排新订单，从而有效排除竞争对手。
- 退出障碍。边际服务公司可能会继续经营，尽管利润很低，甚至根本不存在。例如，一家私营公司可能会雇用家庭成员，而不是以利润最大化为目标。其他服务公司，如古董店或潜水店，有业余爱好或浪漫的吸引力，为其雇员提供足够的工作满意度，以抵消低经济补偿。因此，以利润为导向的竞争对手会发现很难将这些私有企业从市场上赶走。

对于任何特定的服务行业，有些公司已经克服了这些竞争困难并且繁荣起来。例如，麦当劳通过克服这里列出的许多困难，在快餐业中占据了主导地位。然而，新进入者必须制定服务战略，以阐明各自行业的重要竞争特征。有三种通用战略在提供竞争优势方面取得了成功，服务公司如何使用这些战略是以下叙述的内容。

## 2.4 有竞争力的服务战略 [2]

有三种通用的竞争战略，分别是总成本领先、差异化和集中战略。下面将结合服务企业成功的例子来对三种战略逐一进行描述。

### 2.4.1 总成本领先

总成本领先战略需要有效的规模设施、严格的成本、直接和间接控制以及通常的创新技术。拥有低成本的定位可以防御竞争，因为效率较低的竞争对手将首先受到竞争压力的影响。实施低成本战略通常需要在最先进的设备上进行高额资本投资，制定具有侵略性的价格以及建立市场份额的启动损失。成本领先战略有时可以彻底改变一个行业，麦当劳、沃尔玛和西南航空公司的成功就说明了这一点。此外，服务公司已经能够使用各种方法实现低成本领先。

#### 1. 寻求低成本顾客

如果服务某些顾客比服务其他顾客花费要少，那么，他们就可以成为服务企业的目标顾客。例如，联合服务汽车协会（USAA）在汽车保险业中占据卓越的地位，因为它只为军官服务。此顾客群要求赔偿的风险低于平均水平，为他们服务的费用也较低，因为相对的流动性使他们更愿意用电话、邮件和上网来处理事务并已习惯如此。结果是，USAA 可以用电话和邮件来处理所有业务交易，而不必像传统的保险公司那样聘用高薪的推销人员。另一个例子是低成本零售商，如 Sam 批发俱乐部和 Price 俱乐部，其目标顾客是那些愿意批量购买、追求实惠和不需要服务的人。

#### 2. 顾客服务的标准化

在传统上，准备所得税税单被认为是定制服务。然而，H&R Block 公司却成功地在美国大陆向顾客提供了日常报税服务。类似地，沿街铺面的法律服务机构和家庭保健中心都是以低价提供日常专业服务。这里的关键是"日常性"。然而，替代产品一直是一个威胁（如 TurboTax 软件）。

#### 3. 减少服务交付中人的因素

如果能给顾客带来便利，减少服务交付中人的因素，虽是具有较高潜在风险的战略，却也可以被顾客接受。例如，使用自动柜员机带来的便利性使顾客放弃与出纳员的交互行为，并最终降低银行的交易成本。

### 4. 降低网络费用

需要通过网络将服务提供者与顾客连接起来的服务企业面临着高额的开业成本。一个最明显的例子是电力公司，它们需要在输电线路上投入巨额的固定成本。联邦快递公司通过使用独特的"中心辐射网"降低了网络费用。该公司在孟菲斯设立了装备有先进分拣设备的中心，这样，需要"隔夜送到"的包裹可以通过这个中心送达美国任何一个城市，包括那些城市之间没有直接航线的地区。在网络中添加新的城市时，联邦快递公司只需要增加一条来往于中心的航线即可，而不必在所有城市间都增加航线。客运航空公司也已采用中心辐射网络战略来实现高效率。

### 5. 离线服务作业

许多服务，如外科手术和客运，是固有的"在线"作业。因为只有顾客在现场时才能提供服务。对于那些不一定非要顾客在现场的服务，服务交易和服务作业可以部分地分离为离线作业。例如，修鞋店可以在很多分散的地点设置收取站，然后将鞋子集中到某个修鞋厂甚至是国外的修鞋厂。由于可以享有规模经济和低成本的设施场地，同时避免顾客直接参与服务过程，在现场之外开展服务可以有效地降低成本（例如，美洲航空公司有一个电话中心设置在加勒比地区）。简而言之，如果将服务交易与服务作业分离，服务企业的运作就与工厂类似。

## 2.4.2　差别化

差别化战略的实质是创造一种能被感知的独特服务。实现差别化有许多方式，包括品牌形象（如麦当劳的金拱门）、技术（如 Sprint 公司的光纤网络）、特性（如美国运通的全程旅行服务）、顾客服务（如诺德斯特龙在百货商店业的名声）、经销商网络（如 21 世纪美国房地产公司）以及其他方式。差别化战略并没有忽视成本，但其最主要的目的是培养顾客忠诚。通过差别化改进服务的目的常常是在目标顾客愿意支付的费用水平下实现的。

### 1. 使无形产品有形化

从本质上讲，服务通常是无形的，顾客购买后没有留下能够产生记忆的实体。为了使顾客能回忆起曾经的住宿经历，目前许多饭店提供印有饭店名字的精美盥洗用具。哈特福蒸汽锅炉检查与保险公司（现在是 Munich Re 的一部分）在工业发电厂开展保险业务，但是它已经将服务扩展到常规检查和建议管理者注意解决潜在问题上。

### 2. 将标准产品定制化

对提供定制化的关注可以使企业以很少的花费赢得顾客的欢心。能记住客人名字的饭店经营者可以给客人留下很好的印象并带来回头客。美发沙龙增加了许多个性化的特征（如个人造型、软饮吧、休闲环境、背景音乐），以此与理发店相区别。汉堡王努力推行"点后再做"的定制政策，试图与麦当劳传统的备货快餐服务方式区分开来。

### 3. 降低感知风险

缺乏服务购买信息使许多顾客产生风险感。由于对服务缺乏了解或自信，比如汽车修理服务，顾客会寻求那些愿意花时间解释其所做工作、设施清洁有序并提供服务担保的服务企业（如沃尔沃村）。当信赖关系建立起来后，顾客常常会觉得多花点钱也值。

#### 4. 重视员工培训

投资于全体员工的发展和培训所带来的服务质量的提高是竞争对手难以模仿的竞争优势。处于行业领导地位的企业，其高质量的培训项目在同行中常常也很有名。有些公司已建立了学院式的培训中心（如麦当劳开设于芝加哥附近的麦当劳汉堡包大学）。

#### 5. 控制质量

在劳动力密集型行业，多场所经营的企业要做到质量稳定是一项重大挑战。企业采取了一系列的措施来解决这个问题，包括人员培训、明确的程序、技术、限制服务范围、直接指导、同事间的约束等。例如，为了保证质量的稳定性，Magic Pan 连锁餐馆设计了一种简单易用的机器来生产其著名的烤饼。由于顾客期望与体验之间存在潜在的差距，服务质量问题更为复杂。因此，影响顾客对质量的期望十分重要。第 6 章将对服务质量管理这一重要问题做详细介绍。

### 2.4.3　集中战略

集中战略的基本思想是，通过深入了解顾客的具体需求来更好地为某特定目标市场服务。细分市场可以是一个特定的购买群体（如 USAA 和军官）、服务（如苏第斯医院和疝气病人、第六汽车旅馆和廉价旅游者、联邦快递公司和要求包裹隔夜送到的人们）或地理区域（如沃尔玛和乡村零售商、西南航空公司和其他地区性航空公司）。实施集中战略的前提是，与那些目标市场广泛的其他公司相比，企业可以更有效地服务于范围狭窄的目标市场。结果是，企业通过更好地满足顾客需求或降低成本，在狭小的目标市场内实现了差别化。因此，集中战略是成本领先战略或差别化战略在细分市场中的应用。达维多和厄特尔（Davidow and Uttal）论证了顾客选择对成功实施集中战略的重要性。[3] 他们曾谈到加州帕洛阿尔托一家银行的做法。该银行的目标顾客是富人，于是通过一些政策来阻止其他顾客，例如，若有两次支票被拒付，银行将关闭顾客的账户。达维多和厄特尔提出实施集中战略的三个步骤：细分市场以便设计核心服务，按照顾客对服务的重视程度将顾客分类，使顾客期望略低于服务感知。

## 2.5　战略分析

战略分析从一个明确的目标开始，例如"我们应该进入一个提供新服务的行业吗"。有两个流行的计划工具，一个是波特对目标行业结构的五种力量分析，另一个是 SWOT 分析以评估组织的优势、劣势和市场机会与威胁。

### 2.5.1　波特五力分析 [4]

在行业层面（例如航空公司）使用五力模型来确定竞争强度，从而确定市场的吸引力。这五种力量影响着公司吸引顾客并获利的能力。图 2-1 展示了五力模型及模型内每一部分需要考虑的问题。

以网飞公司（Netflix）进入录像租赁为例，讨论从图中心区域（产业内竞争对抗）开始，来看外力是如何作用的。

- 产业内竞争。这一要素往往是行业竞争水平的一个主要决定因素。对手可能利用激进的价格竞争策略，也可能利用非价格策略，如创新、品牌或是更高的质量水准。同顾客需求相关的行业容量，是一个新进入者是否可以分得一杯羹的重要标准。西南航空是例外，它通过低廉的票价和频繁的航班班次吸引了那些经常开车旅行的潜在顾客。当网飞通过邮件进入了 DVD 租赁市场后，它唯一的对手就是像 Blockbuster 这样的租赁公司。
- 潜在的新进入者。有着高投资回报率的产业往往会吸引新的竞争者进入。例如，沃尔玛曾一度挑战过网飞，但随即因为难以撼动网飞的品牌而退出这一产业。
- 替代品的威胁。对服务而言，替代品往往会取代一个产品。例如，Turbo 税务管理软件可以取代一名税务会计的工作。网飞在某种程度上不受产品替代的影响，但面临来自互联网智能电视的亚马逊 Prime 电影流的竞争。
- 供应商的议价能力。由于产品的特殊性或是独家供货，供应商也会成为牵制企业的一个力量。对网飞而言，最重要的供应商就是 DVD 分销商。但是考虑到批量采购，网飞还是有着较强的议价能力。
- 顾客的议价能力。网飞的顾客可以通过施加价格压力来抵制暴利。在旅行业中，通过使用 Priceline.com 和 Hotwire.com 这两个网站，信息不对称将会转变为顾客的优势。但是，网飞会通过搜集顾客需求的信息，从而为顾客推荐他们感兴趣的影片来刺激需求。

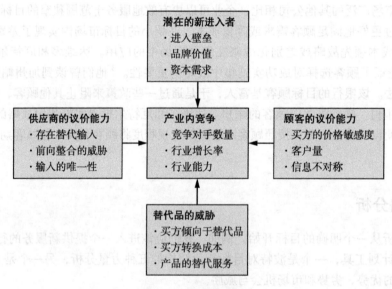

图 2-1　波特五力模型

## 2.5.2 SWOT 分析：优势、劣势、机会、威胁

　　根据行业水平分析，使用五力模型可以对单个公司进行 SWOT 分析。SWOT 分析可以识别组织的内部优势和劣势，以及外部环境中的威胁和机遇。分析的目的是揭示竞争优势，分析前景，对于问题做好准备，并允许制定应急计划。SWOT 分析始于一个明确的目标，终于要维护、建立或利用的优势，需要补救的劣势，优先考虑、捕获或建立的机会，以及需要

去对抗、最小化或者管理的威胁。SWOT 分析是主观的,人们经常会得出不同的最终版本,从而强调协作的价值。表 2-3 给出了 SWOT 分析的四个象限的每一个中可能要问的典型问题样本。

表 2-3 SWOT 分析

| 优势 | 劣势 |
| --- | --- |
| • 贵公司的优势是什么 | • 你能改进什么 |
| • 你比别人做得更好 | • 你应该避免什么 |
| • 你有什么独特的资源 | • 哪些因素导致销售损失 |
| • 你市场中的人们认为你的优势是什么 | • 你的市场中的人可能会认为哪些是弱点 |
| **机会** | **威胁** |
| • 你的竞争对手的漏洞是什么 | • 你面临什么障碍 |
| • 目前的市场趋势是什么 | • 你的竞争对手在做什么 |
| • 技术是否提供新的服务选择 | • 改变技术是否会威胁到你的地位 |
| • 你的组织可以填补市场中的位置吗 | • 你有现金流量问题吗 |

## 2.6 赢得市场中的顾客

顾客根据竞争情况和个人需求,采用下列标准选择服务提供者。下面列出的标准并不奢求涵盖所有方面,因为企业为了实现差别化,可以增加新的做法。例如,美洲航空公司推出的"A 优势"计划,目的是将顾客忠诚因素引入航空业的竞争。

- 可用性。服务的可访问性如何?银行使用 ATM 已经创造了一些银行服务的 24 小时可用性(即超出传统"银行营业时间"的服务)。服务公司使用 800 电话和网站有助于 24/7 全天候访问信息和个人账户。
- 便利性。服务场所的选址决定了那些需要顾客亲临的服务对顾客的便利性。例如,加油站、快餐店、干洗店等服务企业若想成功,其位置必定选择在繁华街区。
- 可靠性。服务的可靠性如何?例如,驱虫剂用完后,害虫在多长时间内又会重现?汽车修理服务方面抱怨最多的是第一次维修时没有完全修好。对于航空公司来说,航班正点情况是联邦航空管理局(FAA)搜集的统计数字。
- 个性化。你是否得到个性化的关注?例如,饭店发现,回头客对直接用名字问候反应良好。无论程度如何,定制可以看成是更为个性化的服务。
- 价格。价格竞争在服务业中并不像制造业那样有效,因为很难客观地比较服务的成本。比较日常服务(如加油)的成本相对容易一些,但对于专业服务,靠价格竞争可能会事与愿违,因为价格经常被认为是质量的象征。
- 质量。服务质量是顾客对服务的先前期望与他在享受服务之中和之后对服务体验的感知之间的关系的函数。与产品质量不同,服务质量由服务提供过程和服务结果来判断。
- 声誉。选择服务提供者时面临的不确定性往往可以通过在决策前与其他有经验的人交谈而消除。与产品不同,低劣的服务经历不能退换。正面的口头传播是最有效的广告形式。
- 安全。安宁和安全是需要考虑的重要因素,因为在许多服务行业,如航空和医疗,顾客是把他们的生命托付给服务提供者。

- 速度。接受服务要等候多长时间？对紧急服务，如火警和匪警，反应时间是主要的行为标准。在其他服务业中，等候可以看成是为得到更为个性化的服务或收费的降低而做出的牺牲。

在有关制造战略的论述中，特里·希尔（Terry Hill）使用"赢得订单的标准"（order-winning criteria）这个术语来指代影响产品销售的竞争因素。他指出，有些标准可以称为'资格标准"，因为这些因素是产品进入市场的起码条件。[5]最后他说，一些资格标准出问题很容易"失去订单"。本书将采用类似的逻辑和上面列出的服务标准来描述服务购买决策。购买决策首先考虑合格的潜在服务企业（例如，附近是否有快餐店），然后在这个范围内用服务优胜标准做出最后选择（例如，他们的汉堡大家认为好吗）。在有了第一次服务经历后，顾客将根据"服务失败标准"决定是否再来（例如，对汉堡质量的失望）。

### 2.6.1 资格标准

服务企业要在市场中成为不容轻视的竞争者，必须在由其他企业规定的每项服务竞争标准上都达到一定的水平。例如，在航空服务业，安全性是一个明显的资格标准，它由飞机的适航性和飞行员的等级决定。在成熟的市场中，如快餐市场，现有的竞争者可能已规定了某一质量水平，如清洁。这样，新的进入者必须至少达到现有要求才能生存。

### 2.6.2 服务优胜标准

服务优胜标准是指顾客用来选择服务提供者的因素，如价格、便利或声誉等。服务优胜标准因顾客在购买时的需要的不同而各异。例如，在寻找吃午饭的餐馆时，顾客关心的可能是方便；而在晚餐时，声誉可能更重要。对于快餐而言，曾经是优胜标准的某个方面，比如设有驾车购买窗口，随着时间推移也可能变成一个资格标准，否则顾客就不会停车用餐。

### 2.6.3 服务失败标准

提供的服务没有达到或超过期望的水平，会导致顾客不满，并永远失去顾客。由于种种原因，可靠性、个性化、速度等因素很容易成为服务失败标准。例如，汽车经销商没能修好机械故障（可靠性），医生粗鲁地对待（个性化）或夜间服务不能及时递送包裹（速度）。

## 2.7 服务的可持续性

大多数普通观察者可能想知道为什么一个服务公司需要担心可持续能力，因为典型的服务设施不会产生污染的烟雾。但仔细观察，服务公司在可持续发展运动中扮演着与制造工厂一样重要的角色。服务公司的责任远不止回收纸张和减少能源使用。可持续性工作中的各种机会和威胁可能会显著影响服务运营。

对于大多数服务公司而言，环境、社会和经济可持续性是长期运营可行性的基本特征。设计有效的流程和实践、培养消除负面环境和社会负面影响以及改善企业形象的企业文化都需要对可持续性做出重大的组织承诺。[6]

促使服务公司将可持续性视为战略的因素包括：

- 法规/立法：美国环境保护署（EPA）概述了保护人类健康和环境的法规。废弃电子电气设备（WEEE）和有害物质限制（RoHS）的指令为所有类型的电子产品和其他有害物质的收集、重新利用和恢复设定了目标。此外，还有一些诸如 ISO 14000 和 ISO 26000 等关于环境保护和社会责任的国际标准。
- 感知/形象建设：服务公司的许多可持续发展努力都迎合了公共关系。顾客经常寻找可持续发展运动中处于领先地位的供应商。
- 经济：可持续经营的某些方面实际上为公司节省了资金，例如减少浪费（作为精益运营的一部分）和价值回收。

## 三重基线（TBL）

"三重基线"（TBL 或 3BL）这个术语被用来评估企业在可持续性方面的社会、经济和环境标准。[7] 不同形式的三重基线概念均是可能出现的。例如，壳牌石油公司推广了"人、地球和利润"这一模型；20 世纪的城市规划师和教育家帕特里克·格德斯（Patrick Geddes）使用了"民间、工作和地方"这一短语，它与今天的 3BL 性质相同。

社会问题包括劳工实践、劳动力多样性、人权和社区外延。经济问题包括资本效率、增长、成本降低和风险管理。环境问题包括清洁空气、水和土地、排放控制和废物管理。除了这些问题，还可以找到三重基线相互重叠的标准。社会经济问题包括创造就业机会、提高技能和商业道德。生态效率是指资源效率和生命周期管理。社会环境问题包括全球气候变化、环境正义和健康安全。如图 2-2 所示，当满足所有三个基本标准时，就真正地可以实现可持续性。

支持服务运营可持续发展的一些因素包括：

- 劳动力、材料和能源成本将继续增长。
- 公众对环境、健康和安全绩效的压力可能仍然很大。
- 顾客对 3BL 公司提供服务的需求可能会增长。
- 存在有关可持续商业实践的强有力的非政府组织（NGO）活动。

除了内部可持续发展的努力，服务公司还需要考虑以下外部因素：[8]

- 涟漪效应：服务公司的最大影响往往不是其服务产品本身，而是公司如何影响其顾客的行为和选择。当银行批准购房者的抵押贷款时，其影响力超出了财务方面，包括可能影响社区生活质量的因素、当地交通流量、居民多样性、房屋保险费用甚至国民经济（回想一下 2008 年的金融危机）。
- 战略威胁：与可持续发展相关的趋势可能会威胁到企业的基础。全球变暖导致几个滑雪胜地缺少积雪、滑雪季节缩短、利润减少。极端气候关系到保险业，因为它会因更具破坏性的风暴而造成严重损失。众所周知，非政府组织会呼吁服务公司履行道德的行为。例如，家得宝公司（Home Depot）受到雨林行动网络的批评，因为它销售生态敏感和非法采伐的古老森林产品。
- 新兴机遇：可持续发展运动为社会做出积极贡献和建立商誉打开了大门。星巴克虽然有时因不道德的商业行为而受到指责，但它以高价、长期合同、环境责任指南（树荫种植，鸟类友好）和社会关注（劳工实践）吸引负责任的咖啡种植者。

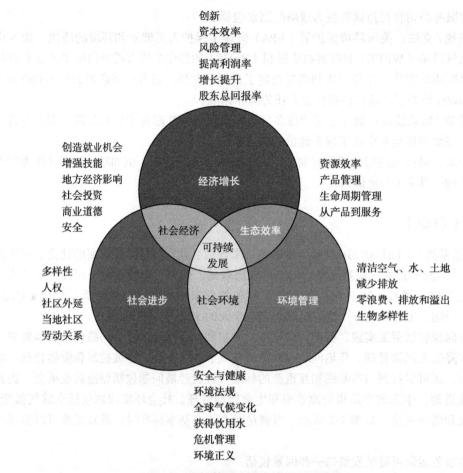

创新
资本效率
风险管理
提高利润率
增长提升
股东总回报率

创造就业机会
增强技能
地方经济影响
社会投资
商业道德
安全

资源效率
产品管理
生命周期管理
从产品到服务

经济增长

社会经济　　生态效率

可持续
发展

多样性
人权
社区外延
当地社区
劳动关系

社会进步　　社会环境　　环境管理

清洁空气、水、土地
减少排放
零浪费、排放和溢出
生物多样性

安全与健康
环境法规
全球气候变化
获得饮用水
危机管理
环境正义

图 2-2　与可持续发展有关的三重基线

资料来源：http://www.conocophillips.com/EN/susdev/commitments/Page/ApproachCommitments.aspx.

大家可以看到耐克和沃尔玛等跨国公司可持续努力的许多例子。沃尔玛前总裁兼首席执行官李·斯科特（Lee Scott）于 2005 年 10 月 24 日发表了他的"21 世纪领导力"演讲，其中列出了三个长期目标：①100% 由可再生能源供应；②创造零浪费；③销售维持资源和环境的产品。在演讲后，沃尔玛开着手消除浪费和提高效率。[9] 例如，它将衣物洗涤剂等产品浓缩成易于包装的小型集装箱；改装的长途卡车配备小型空调，让睡觉的司机关掉柴油发动机；减少塑料和纸板包装；并开始直接从农民那里购买，购买重点是有机食品。通过绿色节约资本是最终目标。

批评者认为，沃尔玛的绿色举措是不可持续的，主要原因是成本过高（每年超过 5 亿美元），产品种类不合理，以及对工厂劳动条件的批评。但沃尔玛声称，由于其可持续性努力，公众的善意和供应保证的改善远远超过产生的直接利润。[10]

由于服务公司的持续努力，美国经济已经出现了就业的新领域，即"绿领"（green-collar）就业岗位。这些工作的突出特点包括对环境的关注，经营可持续企业的技能开发，对能源效率的更高兴趣，以及探索人与环境的联系。绿领工作不是薪酬最高的工作，但它们的吸引力在于社会责任。正如一则座右铭所说：绿色，不贪婪，好！

## 2.8　信息在服务中的竞争作用 [11]

对于服务管理，信息技术有助于确定成功企业的竞争战略。图 2-3 说明了信息技术可以支持服务公司竞争战略的不同作用。以下将使用成功实践的例证来依次探索这些作用。

**有竞争力的信息使用**

|  | 线上（即时） | 离线（分析） |
|---|---|---|
| **外部（客户）** | **创建进入壁垒：**<br>预订系统<br>频繁的用户俱乐部<br>转换成本 | **数据库资产：**<br>销售信息<br>服务开发<br>微观营销 |
| **内部（运营）** | **收入产生：**<br>收益管理<br>销售点<br>专家系统 | **提高生产力：**<br>库存状态<br>数据包络分析（DEA） |

图 2-3　信息在服务中的战略作用

资料来源：Adapted from James A. Fitzsimmons, "Strategic Role of Information in Services," in Rakesh V. Sarin (ed.), *Perspectives in Operations Management: Essays in Honor of Elwood S. Buffa*, Norwell, Mass: Kluwer Academic Publishers, 1993, p. 103。

### 2.8.1　创造进入壁垒

如前所述，许多服务存在于进入壁垒较低的市场中。但是，通过利用规模经济、建立市场份额、创造转换成本、投资通信网络、利用数据库和信息技术获得战略优势，可以创造进入壁垒。这里将讨论三种信息用途，以创造进入障碍：预订系统；常飞旅客或类似计划以获得顾客忠诚度；发展顾客关系以增加转换成本。

#### 1. 预订系统

通过投资于诸如 Expedia 等销售中介机构的在线预订系统，可以创建进入门槛。美国航空公司的 SABRE 系统就是一种由综合性产生的微妙进入障碍的例子。美联航和达美航空以极高的成本复制了这一预订系统，但大多数小型的运输公司都会交费使用 SABRE 系统。在线预订系统的竞争重要性在 1982 年年底变得明显。此时，民用航空委员会（CAB）和美国司法部开始联合调查航空公司预订系统可能违反反托拉斯法的行为。在此次调查中，Frontier 航空公司指控美联航在使用其 Apollo 计算机化预订系统时不公平地限制竞争。

#### 2. 常飞旅客俱乐部

美国航空公司在其庞大订票系统的基础上又向前迈进了一小步，它通过加入旅客账号和累计里程积分，而对常飞旅客进行奖励。这些授予免费旅行和其他奖项的计划在旅行者中创造了强烈的品牌忠诚度，特别是那些由公司付费的商务旅行者。因此，新竞争者的折扣票价对这些旅行者没有吸引力。然而，近年来，航空公司的常飞旅客利益变得非常有限。例如，由特定旅行产生的积分大大减少，"免费"航班所需的积分大大增加，实施期限很短的到期日，以及免费旅行的座位急剧减少并经常降级。因此，识别廉价票的在线搜索引擎的出现可能会导致对常飞旅客的限制，从而侵蚀他们的忠诚度。

### 3. 转换成本

建立顾客关系会以转换成本的形式产生成本，这会给顾客切换到另一个提供商带来不便。想一想在安排支票账户自动支付账单后更换银行会有多大的麻烦！

在线计算机终端形式的信息技术已经用于医疗用品行业，以将医院直接连接到供应商的分销网络。美国医院供应公司和药品经销商 McKesson 都在医院安装了在线终端，以便在需要时购买药品。这种安排建立了显著的转换成本，因为医院能够降低库存成本并且拥有在线订购补充的便利性。供应商通过降低销售成本而受益，因为竞争对手很难吸引已经加入其系统的顾客。

## 2.8.2 创造收入

专注于内部运营的实时信息技术可以在增加收入机会方面发挥竞争作用。收益管理的概念作为充分利用服务能力（例如，航空公司航班上的座位）的收入最大化策略而被很好地理解。智能手机和平板电脑的出现为创新的销售点建设创造了机会，可由现场笔记本电脑访问的专家系统允许维护人员提供现场顾客服务。

### 1. 收益管理

通过使用其 SABRE 预订系统，美国航空公司率先实现了所谓的收益管理的潜力。通过不断监控即将到来的航班和竞争对手在同一航线上的航班的状态，美国航空公司在未售出的座位上做出定价和分配决策。因此，可以调整分配给特定航班的超级经济舱（Supersaver）机票的额度，但不会以全价票为代价，以确保剩余的空座位有可能被售出。这种实时定价策略通过确保寻求低价的顾客的需求所预留的座位将不会空置，同时为愿意支付全额票价的迟到者预留一些座位而最大化每次航班的收入。

因此，收益管理是信息的应用，由改善随时间而消逝的资源（如航空公司座位和酒店房间）而产生收入。美国收益管理的成功并未被其他服务行业所忽视，如万豪酒店拥有全美范围的收益管理系统，以提高入住率。此外，美国航空公司正在通过向非竞争性行业（如法国国家铁路公司）出售其收益管理软件来充分利用其创新。第 11 章中更详细地介绍了收益管理的主题。

### 2. 销售点

在中国，沃尔玛为折扣购物者推出了一款新玩意儿：录像手推车 VideOcart。当购物者推着录像手推车逛商店时，附近的商品会闪现在附加的视频屏幕上。购物车还能显示各销售部门所列出的数百种产品，然后显示商店的地图，帮助顾客在商店中查找商品。再举一个例子，考虑一下 iPad 的商业应用。使用该设备，餐馆中的服务器可以同时将订单直接发送到厨房监视器并将账单发送给收银员。这节省了不必要的步骤，并允许有更多时间进行联想性销售。

### 3. 专家系统

奥的斯电梯公司将专家系统与笔记本电脑或平板电脑放在维护人员手中，以加快现场维修。多年来收集有关其电梯运行的信息已经形成了一个融入专家系统的知识库。使用计算机，现场的维修人员可以访问驻留在服务器上的系统，并在识别问题根源时接受诊断帮助。结果，在更少的维修人员的情况下，电梯迅速恢复使用。专家系统的一些早期应用已经在医学领域助力疾病诊断。另一个例子是，石油勘探专家系统能够为一家大型石油公司确定有前景的钻井现场。

### 2.8.3 数据库资产

服务公司拥有的数据库可以成为具有战略重要性的隐性资产。组装和维护大型数据库的费用本身就是竞争对手进入的障碍。然而，更重要的是，数据库可以用于定制"购买习惯"的概况，这些为开发新服务提供了机会。

#### 1. 销售信息

邓白氏（Dun & Bradstreet）通过出售其商业信用信息数据库创建了一项业务。American Home Shield 是家庭取暖、管道和电气系统的服务合同提供商，它发现它在数据库中拥有宝贵的资产，积累了多年的维修经验，现在可以邀请制造商访问该数据库以评估其产品的性能模式。美国运通有关于持卡人消费习惯的详细信息，现在可以向零售顾客提供顾客消费模式的细分。

#### 2. 开发服务

Club Med 是一家全包式度假公司，在全球设有办事处，已经发展成为能够反映其会员成熟度的公司。通过研究会员特征数据库，Club Med 意识到随着时间的推移，其曾经摇摆不定的单身成员已经结婚并有了孩子。为了继续捕捉未来的假期访问，Club Med 修改了部分地点，使其可以容纳有小孩的家庭。现在，父母可以享受海滩和水上运动，而他们的孩子则可以在附近儿童公园的 Club Med 被辅导员照顾。最近，Club Med 已经将游轮添加到其度假的项目中，以吸引不再对水上运动感兴趣的更高级成员。如此例所示，在初次购买时捕获顾客数据的服务公司有机会建立终身顾客关系，并有可能为将来的购买创建新的或修改的服务。

#### 3. 微观营销

今天，我们可以看到一个可瞄准真正专注服务的战略。微观层面顾客的条形码和结账扫描仪技术创造了大量的顾客购买信息，可用于精确定位顾客。对该数据库的分析使营销人员能够确定其广告和产品分布。为了增加销售额，Borden 公司已经使用这些信息来选择以优质意大利面酱为特色的商店。卡夫美国公司将其口味与特定商店购物者的口味相媲美后，其奶油奶酪的销售量有所增加。美国运通通过细致地分析顾客信息及其不断变化的消费模式，甚至可以判断他们何时结婚。

### 2.8.4 提高生产力

信息收集和分析方面的新发展提高了公司管理多站点服务运营的能力。通过使用条形码信息，可以每天管理零售库存，通过将显示的产品与销售相匹配来更好地利用货架空间。收集关于多站点单元性能的信息可用于识别最有效的生产者，当这些成功的来源与其他站点共享时，系统范围内的生产力就会得到增强。这样就建立了学习型组织的基础。

#### 1. 库存状态

使用平板电脑，Frito-Lay 销售代表已经取消了纸质表格。他们每天通过互联网将其路线上收集的数据下载到得克萨斯州普莱诺总部，然后公司使用这些数据来跟踪库存水平、定价、产品促销以及退货商品。这些关于销售、制造和分销的日常更新使新产品在整个系统中流动，满足顾客的需求。对于像薯片这样易腐烂的产品，保持其正确的位置和适当的数量对于 Frito-Lay 的成功至关重要。

### 2. 数据包络分析

数据包络分析（DEA）是由亚伯拉罕·查尔斯、威廉·W.库珀和爱德华多·罗兹开发的线性规划技术，用于评估非营利组织和公共部门组织。随后，它在营利性服务组织中找到了应用。 DEA 将每个服务交付单元与多站点组织的所有其他服务单元进行比较，并计算基于资源输入与输出的比率的效率等级。用多个输入（如工时、材料）和多个输出（如销售、推荐）测量一个单位的效率是可能的和值得采用的。线性规划模型使用此信息来确定基于那些以 100% 效率生产的单元的效率边界。通过比较有效单位的操作实践与效率较低单位的操作实践，可以确定需要改进的领域。共享有效率单位和低效率单位的管理实践为后者的整体系统生产力的改善和提高提供了机会。反复使用 DEA 可以建立组织学习的氛围，从而推动成本领先的竞争策略。

在一个案例中，将 DEA 应用于 60 个单位的快餐连锁店，发现有 33 个单位是高效的。它使用了三种产出（即早餐、午餐和晚餐的食品销售）和六种投入（即供应和材料、劳动力、商店年龄、广告支出、城市与农村地区以及存在驾驶窗口）。值得注意的是，输入包括可控变量和不可控变量（例如，城市 / 农村地区的人口统计变量，该单位是否有汽车购物窗口）。第 7 章的附录更详细地介绍了数据包络分析的主题。

## 2.9 物联网（IoT）

欢迎来到你的新世界。你的闹钟在今天早上设定的时间前 15 分钟响了，到底是怎么回事？原来是在你睡觉的时候，你的时钟帮你监视上班路线途中的交通状况，并预判你必须提前 15 分钟出发才能按时到达。在离开家之前，你需要在电饭煲中加水和米饭，当晚上下班回家时，电饭锅会记下时间，自动确定自己的开启时间，这样当你到家时饭就准备好了。当你准备离开家时，雨伞架的手柄闪烁着蓝色，提醒你今天会下雨（红灯表示炎热的天气，白色表示下雪，绿色表示天气将是晴朗），你需要拿伞。

曾几何时，这种情况可能在科幻小说里才会出现，但今天，由于物联网的存在，它可以运用技术完成这些过去难以做成的事情。物联网是物理设备、车辆、建筑物以及嵌入电子设备、软件、传感器、执行器和网络连接的许多其他物品的网络互联。这些嵌入式功能的一些主体能够通过互联网收集和交换可以对其进行远程感知和控制的数据。因此，它们为物理世界与基于云计算的虚拟世界更直接的集成创造了机会。如图 2-4 所示，物联网建立在通信技术进步的轨道上，从射频识别（RFID）开始，首先在世纪之交用于标记供应链中的库存。

物联网背后的理念是创造一个环境，将一切都连接到互联网，在其他普通设备（如雨伞架、烤面包机、电饭煲、微波炉和汽车）上创建"群体智能"。这些设备能够使用传感器和执行器彼此直接对话。传感器是收集信息然后通过互联网发送数据以进行处理的设备。执行器是由传感器发送的指令触发的输出设备。

物联网涉及多种技术的融合，包括无线通信、实时分析、机器学习、商品传感器和嵌入式系统。使用物联网，企业可以更快地将产品推向市场，在高度移动的员工队伍中实现监管要求，并适应不断变化的顾客需求和不断变化的供应链动态。

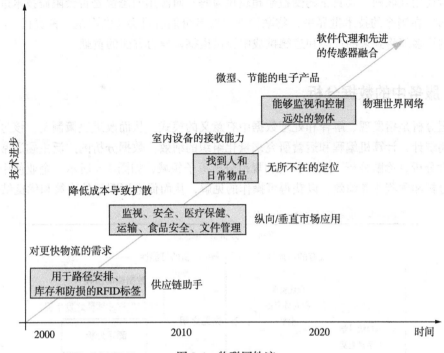

图 2-4　物联网轨迹

资料来源：https://en.wikipedia.org/wiki/Internet_of_things.

在医疗保健领域，医疗物联网（IoMT）正在取得进展。此功能涉及通过在线计算机网络连接到医疗保健 IT 系统的医疗设备和应用程序。配备 Wi-Fi 的医疗设备允许与亚马逊网络服务等云平台相连的机器对机器通信，可以存储和分析捕获的数据。[12]

IoMT 的实例包括远程监控患有慢性病的患者，跟踪患者的药物订单以及定位入院的患者。患者佩戴可以向护理人员发送信息的腕带等设备。连接到分析仪表板和医院病床的输液泵是用于测量患者生命体征的传感器，是 IoMT 技术的另一个实例。使用 IoMT 设备远程监控家中病人的做法也称为"远程医疗"，远程医疗的使用使患者在出现医疗情况或健康状况发生变化时不需要前往医院或医生办公室。

IoMT 的缺点主要包括医生获取过多的数据，会分散他们对治疗患者的注意力。此外，医院和保险机构必须不断调整其安全政策，以跟上技术进步。

物联网涉及隐私问题，因为它通过互联网开放私人活动以进行公共访问。互联网是一个庞大的开放式发布平台，虽然技术本身只是一个推动因素，但它绝对会被别有用心的第三方滥用。大规模存储功能，特别是云存储，以及强大的数据挖掘工具的出现，可以搜索和公开个人数据，供全世界查看。在 Facebook 上发布你的派对照片是一回事，但对于一个未经申请的第三方来讲，挖掘你私密的生活方式和病史是完全不同的性质。

最近关于通过互联网进行计算机黑客攻击以及诸如维基解密等群体泄露个人信息的事件表明，物联网仍然是一个具有风险的冒险事业。合同义务条款包含在大多数商业企业中，可以与外部各方甚至包括政府和警方共享很多信息。面对恐怖主义威胁或国家安全，是否放弃对个人信息隐私的控制？关于这个问题的法律、社会和道德讨论肯定会继续下去。

确定适当的物联网水平将是未来几年争论的主题。仅仅因为存在控制家用设备的技术从远程位置使用互联网，其真正的受益会超越风险吗？对滥用的恐惧是否会阻碍技术进步对生活的改善？在当今的技术世界中，物联网的实践者可能有机会（也许是一种责任？）为在技术产生的许多即将到来的社会和道德挑战中提供道德领导力方面的贡献。

## 2.10 服务中的数据分析

数据分析是指发现、解释和处理数据中有意义的模式，从而改进决策制定。该过程涉及同时应用统计、计算机编程和运营研究来量化组织的绩效。数据分析的广泛主题通常被分解为描述性分析、诊断分析、预测分析和规范分析等子领域，如图 2-5 所示。企业使用分析来描述、分析和预测业务绩效，以获得可操作的见解，从而促进更明智的决策和优良结果。

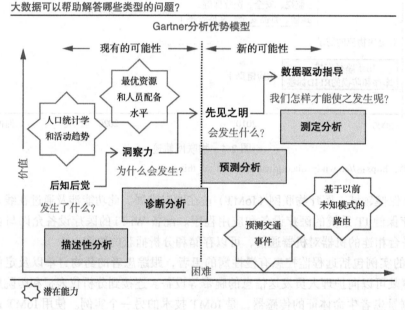

图 2-5 大数据

资料来源：http://www.fdot.gov/ planning/statistics/symposium/ 2014/bigdata-industry.pdf, p.10。

数据分析和大数据是相关术语。大数据是非常大且复杂的数据集，可以通过计算分析来揭示模式和趋势。重要的是将普通数据与有用信息区分开来以获得相关知识，分析师 Nate Silver 称之为从噪声中提取信号。传统的数据信息知识三层模型扩展到当前数据、信息、知识、智慧的四层成熟度模型。本书提供了一个数据、信息、知识、事实、证据的五层模型。这个五层模型筛选普通数据以获取可用于创建新知识的信息，然后使用计算方法来确定可以定量证明并能为商业目的提供证据的事实。

如表 2-4 所示，分析的使用在各个行业中已经司空见惯。比如，可以回想一下好莱坞是如何使用分析来为书中的奥克兰·A 和电影 Moneyball 等角色进行设计的。

分析可能具有挑战性，因为企业必须跟上大数据的四个组成部分——数据量、种类、速度和变化。这些组成部分变化很快，需要特殊的优化技术和计算能力来管理它们。

在顾客服务领域，由于多种原因（包括缺乏顾客服务的不同阶段的集成），数据分析的使用远非最佳，其中包括对不同阶段顾客服务的整合以及工作努力的重复。例如，呼叫中心充分利用数据分析可以实现顾客体验的个性化，从而提高顾客满意度和成本效率。通过包括跨越整个顾客旅程的数据收集，更好地了解顾客需求，使用预测分析和机器学习来预测重要事件，以及使用顾客反馈来持续调整分析平台。[13]

在任何一家典型的公司，有必要对日常活动进行一些最低限度的数据分析，以保证基础运营顺畅。例如，在医疗保健中，这些分析一般包括诸如人力资源系统、基本患者记录、零件供应和患者账单等领域。然而，如果医疗保健公司可以通过使用电子健康记录（EHR）集成系统（如 EPIC 软件）、移动医疗设备、手术室监控和实时医疗警报等远程医疗功能来利用技术和定量分析实现转型变革，则可以从实现更高级别的分析中得到真正好处，使健康分析领域有可能降低治疗成本、预测流行病的爆发、避免可预防的疾病并提高整体生活质量。这种复杂性的本质将使大数据和业务分析成为创新、竞争和生产力的下一个前沿。

**表 2-4　服务业数据分析的应用**

| 服务业 | 数据分析应用 |
| --- | --- |
| 航空公司 | 投资银行的经营业绩和定价模型 |
| 投资银行 | 项目组合管理和风险评估 |
| 保险 | 健康评估 |
| 医院 | 住院护理 |
| 酒店 / 餐饮 | 收益管理 |
| 营销公司 | 销售和盈利能力的提高 |
| 赌场 | 顾客忠诚度计划 |
| 零售商 | 供应链管理 |
| 体育特许经营 | 起草运动员和比赛期间的规则 |

## 2.11　虚拟价值链[14]

如今，企业在两个世界中竞争：人与物的世界，称为市场；虚拟的信息世界，称为市场空间。例如，在巴诺书店（Barnes and Noble）开设网站之后，它在互联网创建的虚拟市场空间中建立了地位，但它也继续保持其作为市场领先书店的竞争地位。需要顾客信息进行订单履行的市场空间的性质还使服务提供商能够收集有用的信息，例如顾客购买行为和地址。市场空间信息还可用于改善服务交付流程并创造顾客价值。

长期以来，创造价值的过程被描述为连接在一起形成价值链的阶段。传统的实物价值链，如图 2-6 顶部所示，由一系列阶段组成，从制造开始到销售给顾客结束。虚拟价值链如图 2-6 底部所示，传统上被视为支持实物增值元素的信息，但不作为价值来源本身。例如，管理人员使用库存水平信息来监控流程，但他们很少使用信息本身为顾客创造新价值。对于突破性服务公司而言，情况已不再如此。例如，FedEx（联邦快递）现在利用其信息数据库，允许顾客使用互联网上的公司网站自行跟踪包裹。UPS（联合包裹）和 USPS（美国邮政）也纷纷效仿。现在，顾客可以通过输入空运单号码找到运输中的包裹，他们甚至可以识别在交付时收件人的签名。方便跟踪包裹增加了顾客价值，并从最开始便将 FedEx 与竞争对手区分开来。

为了通过信息创造价值，管理者必须关注市场空间。虽然市场空间的价值链可以反映市场的价值链，但增值过程首先必须收集经过处理并最终分发的原始信息。增值步骤是虚拟的，因为它们是通过信息执行的。在虚拟价值链的任何阶段创造价值涉及五个活动，它们的顺序是：收集、组织、选择、合成和分发信息。

通过利用虚拟价值链，为军事人员及其家属提供金融服务的联合服务汽车协会（USAA）

已成为世界级的竞争者。USAA 在从市场转移到市场空间实现了四个阶段的演变。

| 生产 | 分销 | 零售 | 顾客 | 实物价值链 |
|---|---|---|---|---|

应用信息世界的通用增值步骤：
· 收集
· 组织
· 选择
· 合成
· 分发
为每个身体活动创造虚拟价值。

| 新流程<br>（第1阶段） | 新知识<br>（第2阶段） | 新知识<br>（第3阶段） | 新知识<br>（第4阶段） | 虚拟价值链 |
|---|---|---|---|---|

图 2-6　利用虚拟价值链

### 2.11.1　第一阶段（新进程）

第一阶段涉及通过信息更有效地查看实际操作。USAA 成为一种"无纸化操作"，因为它从手动纸质文件系统转变为基于中央计算机化数据库的系统，可通过桌面终端访问。

### 2.11.2　第二阶段（新知识）

在第二阶段，用虚拟替代品替代实际活动。USAA 安装了信息系统，以实现保险销售和承保的核心业务自动化。在此过程中，USAA 捕获了有关该协会成员的大量信息。与典型的保险公司不同，USAA 没有旅行销售人员，其所有业务都是通过电话、邮件或互联网进行的。所有联系会员的员工都经过培训，他们可以评估会员的需求并提供适当的产品和服务。因此，USAA 已经能够为其成员建立一个数据库，这些成员习惯于通过相对较少的人机交互来开展业务。

### 2.11.3　第三阶段（新产品）

在此阶段，将分析会员信息作为发现新产品需求和提供价值的方法。随着数据库的积累，USAA 准备了会员风险概况和定制政策。分析沿着虚拟价值链收集的信息流，特别是其会员的老龄化，USAA 制定了针对会员不断变化的需求产品，如财产和意外伤害保险、银行产品和服务、人寿和健康保险、共同基金和退休社区。"以事件为导向的服务"预测个人会员的需求，例如需要汽车保险的十几岁的孩子等。当今，会员可以使用 USAA 网站管理他们的金融投资组合。

收集有关观影的反馈可以提供有针对性的建议。
©M4OS Photos/ Alamy Stock Photo.

### 2.11.4 第四阶段（新关系）

在最后阶段，探索了共同创造价值的顾客协作机会。USAA 的退休和现役会员需要财务规划，作为回应，USAA 创建了基于网络的投资规划工具和频繁的在线互动研讨会来处理当前的财务问题。

## 2.12 可扩展性经济学

可扩展性是指公司在销售量增加时提高利润率（收入 − 可变成本）的能力。只有在为额外顾客提供服务的可变成本为零时，才能实现无限可扩展性。可扩展性有三个来源：①仅进行信息或数据传输服务（例如，在线百科全书）；②允许顾客自己服务（例如，在线预订）；③让顾客服务于其他顾客（例如，在线拍卖）。

如表 2-5 所示，服务的功能决定了可扩展性程度。请注意，Kbb 代表 Kelly Blue Book，它是新车和二手车价格的来源。InfoHub 是有"特殊兴趣"的旅行者和提供者之间的联络方。BlueApron 是一家餐饮服务公司，向订户提供包装的食材，以及将这些食材转化为晚餐的食谱。亚马逊凭借其促进云业务管理的能力进一步向零售业迈进。

表 2-5　可扩展性和电子商务

| 范围 | 高 | ←——— 可扩展性 ———→ | | 低 |
|---|---|---|---|---|
| 电子商务统一体 | 售后信息（电子服务） | 销售增值服务 | 用商品销售服务 | 销售商品（电子商务） |
| 信息与商品内容 | 信息占主导 | 有一些服务的信息 | 有支持服务的商品 | 商品占主导地位 |
| 顾客服务内容 | 自助服务 | 呼叫中心备份 | 在线订购 | 呼叫中心订单处理 |
| 标准化与定制 | 大规模分销 | 一些个性化的服务 | 有限的定制 | 填写个别订单 |
| 运费和手续费 | 数字资产 | 邮件 | 运输 | 运输、订单履行和仓储 |
| 售后服务 | 未使用 | 回答提问 | 膳食信用 | 可以退货 |
| 示例服务 | 二手车价格 | 网上休闲旅行社 | 膳食成分和食谱 | 网上零售商 |
| 示例公司 | Kbb.com | InfoHub.com | BlueApron.com | Amazon.com |

可扩展性是不够充分的，因为没有差异化，服务可以带来只有价格领先者才能生存的商品化。可以通过利用"网络效应"来实现差异化。诸如在线拍卖（例如 eBay），当任何一个顾客的价值随着顾客总数的增长而增加时，人们就会体验到网络效应。此外，培养有效人为干预的声誉可以带来战略优势。由于呼叫中心的顾客经常需要帮助，因此响应迅速、有效且善解人意的呼叫中心代理人员可以培养顾客忠诚度。

当然，支持互联网的服务是在家中提供的自助服务。人们可能会对顾客对互联网服务的满意程度感到惊讶。在表 2-6 中，互联网服务（互联网零

表 2-6　顾客满意度分数

| 序号 | 服务业 | 顾客满意度 0～100 |
|---|---|---|
| 1 | 有限服务餐厅（chick-fil-A） | 86 |
| | 超市（Wegmans） | 86 |
| 2 | 全方位服务餐厅（Cracker Barrel） | 83 |
| | 互联网零售（Amazon.com） | 83 |
| 3 | 顾客运输（FedEx） | 82 |
| | 百货商店（Nordstrom） | 82 |
| 4 | 酒店（Hilton） | 81 |
| | 互联网旅行（Priceline） | 81 |
| | 专卖店（Costco 和 L Brands） | 81 |
| 5 | 航空公司（JetBlue） | 80 |
| | 互联网投资服务（Vanguard） | 80 |

资料来源：American Customer Satisfaction Index, University of Michigan, Ann Arbor, Michigan, http://www.theacsi.org。

售、互联网旅行和互联网投资）与其他服务公司相比是优秀的公司，因为他们有卓越服务的声誉。

选择列入表 2-6 的公司是各自行业顾客满意度的领军者。自助服务已成为数字服务中受欢迎的交付模式。

## 2.13 信息使用的限制

到目前为止，使用信息作为竞争战略的好处已经论述。然而，其中一些战略产生了公平、侵犯隐私和反竞争的问题。此外，如果这些战略被滥用，结果可能会伤害顾客。

### 2.13.1 反竞争

为了设置进入障碍，预订系统和频繁项目程序的使用已被确定为潜在的反竞争。例如，如何考虑给予常飞旅客免费旅行奖励？特别是以公司费用开展业务的旅客。美国国税局正在考虑将免费旅行作为实物收入征税，公司认为免费机票应属于公司。然而，这一税负长期的实施确实影响了航空旅行中的价格竞争。

### 2.13.2 公平

最简单的可能引起骚乱的方法是向航班乘客询问他们的机票费用是多少。在收益管理下，票价每小时都会发生变化，因此，价格是一个移动的目标，票务过程就像购买彩票一样。追根究底，收益管理是公平公正的还是每个服务价格总是可以谈判的？顾客是刚刚意识到他们的购买力吗？

### 2.13.3 侵犯隐私

微营销的概念有可能引发顾客最强烈的反对意见，因为他们认为这会侵犯隐私。当你在当地超市的每次购买记录与希望了解的制造商共享时，可能会产生非常有操纵性的销售行为，例如针对竞争对手软饮料的购买者，诱惑其购买替代品。莲花（Lotus）开发公司宣布向所有拥有 PC 和调制解调器的人提供 MarketPlace 家庭数据库后，很多顾客提出不满。莲花收到了超过 30 000 个顾客的愤怒投诉，希望从这个数据库中删除个人信息。莲花随后取消了其普遍可用性的提议，但继续向大公司出售数据库访问权限。该公司于 1995 年被 IBM 收购。

### 2.13.4 数据安全

允许信息落入他人手中以供不当使用对于美国国税局等政府机构来说是一个重大问题；然而，未经患者同意而向保险公司或潜在雇主发布个人医疗记录则是更为常见且具有破坏性的行为。一些企业列出了已提交工人赔偿索赔或医疗事故诉讼的人员名单，此类数据库可用于持反对意见的雇员或患者。

### 2.13.5 可靠性

数据准确吗？保留在个人身上的数据可能会被破坏并对人们的生活造成严重伤害。例如，新法律要求信用报告机构允许个人审查其信用记录的准确性，从而改善这种困境。

## 2.14　使用信息对顾客进行分类 [15]

服务公司已经变得越来越精通信息的使用，以瞄准那些因为大量购买而值得额外呵护的顾客，而忽略了只是偶然购买的其他顾客。以下流行技术可用于根据顾客对公司的盈利能力为顾客提供服务：

- 编码技术根据顾客的业务盈利程度对顾客进行评级。每个账户都有一个代码，其中包含服务人员如何处理每个类别的说明。
- 路由技术被呼叫中心用来将顾客置于基于 cuss 代码的不同队列中。高顾客可以找到高级别的问题解决者，其他人可能都是与机器对话。
- 定位技术允许选择顾客享受免除手续费等小费，以及根据其业务价值获得其他隐藏折扣。无价值的顾客可能甚至不知道存在这种促销。
- 共享技术把你的交易历史与其他公司共享，作为一种收入来源。在你走进店门之前你就可能被列入名单，因为你的购买潜力已经被测度了。

## 2.15　服务企业竞争力的阶段 [16]

如果服务公司要保持竞争力，生产力和质量的持续改进必须成为其战略和企业文化的一部分。表 2-7 中显示的框架由 Chase 和 Hayes 开发，用于描述运营在服务公司战略发展中的作用。该框架也可用于说明生产力和质量改进的许多来源（新技术只是一个来源）。此外，该框架还提供了一种衡量和评估公司服务提供系统发展进度的方法。它根据服务提供的竞争力将服务公司分为四个不同的发展阶段，并且在每个阶段，将公司的管理实践和态度在关键业务方面进行比较。应该指出的是，服务不需要从第 1 阶段开始，但在其生命周期中，它们如果在前面被忽视，则还可以恢复到第 1 阶段。例如，有人可能会争论说，联邦快递开始把服务作为第三阶段的竞争者，因为其创新的中心辐射网络概念，所有分拣都在孟菲斯的单一枢纽完成（从而保证隔夜交付）。

### 2.15.1　初级服务

一些服务公司特别是政府服务属于这一类，因为它们认为运营是以最低成本执行的不得已而为之的事情。这些公司或政府机构寻求提高质量的动力很小，因为顾客往往没有其他选择。工人需要直接监督，因为他们的技能有限，而且由于培训投入最少，可能导致业绩不佳。除非关系到生存问题，他们一般不会对新技术进行投资（例如，联邦快递航空管理局在采用多普勒雷达进行空间交通控制上就多次推诿）。此类企业本质上是非竞争性的，它们在面临竞争之前只会停留在这个阶段。

### 2.15.2　熟练工

在经历了第 1 阶段的庇护后，服务公司可能面临竞争，因此可能被迫重新评估其交付系统。然后，运营经理必须采用行业惯例来保持与新竞争对手的平等，并避免重大的市场份额损失。例如，如果所有成功的快餐店都有驾车购物窗口，那么新进入者可能会倾向于采用同样的做法。在这种情况下，运营的贡献变得中立，因为该行业的所有公司都采用了类似的做法，甚至看起来彼此相似。

当企业不参与运营效率竞争时，它们往往在竞争的其他方面具有创造性（例如，产品线广泛、外围服务、广告）。劳动力遵守标准程序，并且在出现异常情况时不会采取任何主动行动。这些公司尚未认识到运营对公司竞争力的潜在贡献。

### 2.15.3 取得了显著的竞争力

第3阶段的公司很幸运地拥有了能把握为顾客创造价值的因素的高级管理人员，而且他们了解运营经理在提供服务时必须发挥的作用。例如，斯堪的纳维亚航空公司（SAS）的前任首席执行官简·卡尔松（Jan Carlzon）意识到，要重新抓住在激烈竞争已经失掉的商务旅行者市场，他们需要提高准时起飞的绩效。为了实现这一目标，他不得不发挥领导作用，促进运营创新。例如，即使飞机尚未离开登机口，也不允许迟到的乘客登机。

运营经理是公司持续改进（六西格玛）的典型倡导者，并率先建立服务保障、授权和服务增强技术。这些组织中的工作人员经常受到交叉培训，并得到必要时采取主动行动的鼓励，以实现早已明确说明的业务目标，如联邦快递的隔夜送达。据说当联邦快递的员工得知一个远方的旧通讯塔将要中断运行时，马上雇了一架直升机飞到充满积雪的科罗拉多山顶进行维修。

## ⊙ 服务标杆

### 箱子外面

你可能会认为西南航空公司的创始人兼前任首席执行官赫布·凯莱赫（Herb Kelleher）拥有所有答案。他的公司几乎在所有方面都是美国最成功的航空公司：盈利，准时出发，减少行李丢失，飞行的乘客里程最多，顾客满意度高。

然而，只是通过在箱子内（公司内部）举行董事会会议和头脑风暴会议，西南航空公司并没有获得这种崇高的地位。公司规划人员走到了"箱子外面"。例如，为了改善航班的周转时间，他们参加了比赛，特别是印第安纳波利斯500的比赛。然而，他们没有观看比赛，而是观察维修人员为车辆提供燃料和服务的速度。这种观察使他们深入了解设备、处理零件和团队合作，从而促进更好的准时服务。这些仅仅通过观察其他航空公司的运营是无法获得的，通常，需要在比赛中感悟到。

**表 2-7 服务企业竞争力的四个阶段**

| | 1. 初级服务 | 2. 熟练工 | 3. 实现了独特的能力 | 4. 世界级服务交付 |
|---|---|---|---|---|
| **声誉** | 顾客光顾服务公司的原因不是绩效 | 顾客既不寻求也不回避公司 | 顾客基于公司满足顾客期望的声誉而寻求公司的服务 | 公司的名称是服务卓越的同义词。它的服务不仅仅满足顾客，还让他们感到高兴，从而将顾客的期望扩大到竞争对手无法达到的水平 |
| **运营** | 运营至多是反应性的 | 以平庸、无灵感的方式运营 | 通过人事管理和以顾客为中心的管理系统，使运营不断优化和加强 | 运营具有快速学习和快速创新的机能，公司掌握了服务交付流程的每一个步骤并提供了优于竞争者的能力 |
| **服务质量** | 辅助成本，变数很大 | 能满足一些顾客的期望，在一两个方面能协调一致 | 超越顾客期望，在多个方面保持一致 | 提高顾客期望并寻求挑战；不断改进 |

（续）

| | 1. 初级服务 | 2. 熟练工 | 3. 实现了独特的能力 | 4. 世界级服务交付 |
|---|---|---|---|---|
| 后台 | 会计室 | 贡献服务，在整体服务中发挥重要作用，得到重视，被人关注，但仍是一个孤立的角色 | 得到与前台同等的重视，发挥一体性作用 | 积极主动，发展自己的能力，并创造机会 |
| 顾客 | 未指定的，以最低成本满足 | 理解基本需求的细分市场 | 顾客群的需求改变 | 刺激、创意和机会的来源 |
| 新技术引进 | 为了在胁迫下生存 | 当确认能节省成本时 | 当承诺加强服务时 | 先发优势的来源，创造能力去做竞争对手做不到的事 |
| 劳动力 | 负面约束 | 有效的资源，守纪律，按程序行事 | 允许在备选程序中进行优选 | 创新，创建流程 |
| 一线管理 | 控制工人 | 控制过程 | 倾听顾客的意见，指导和帮助员工 | 高层管理者新想法的来源，指导员工的职业发展 |

### 2.15.4　世界级服务交付

世界级公司将那些顾客未被满足的期望扩展到竞争对手难以满足的水平。管理层积极主动地通过倾听顾客的需求来提高绩效标准并发现新的商机。迪士尼和万豪等世界级服务公司所定义的质量标准广泛地被其他企业采用。

新技术不再被视为降低成本的手段；它被认为是一种不容易重复的竞争优势。例如，FedEx 开发了 COSMOS（顾客运营服务主在线系统），以提供跟踪从提货到交货的系统。使用互联网和 FedEx 网站的顾客可以获得有关其包裹的确切位置的信息。该系统还可用于告诉驾驶员在途中让顾客取件。

在世界一流的公司工作被认为是特别的事情，公司鼓励员工认同公司及其使命。例如，迪士尼垃圾收集器被认为是帮助游客享受体验的"演员"。

在整个交付系统中保持卓越的性能是一项重大挑战。然而，在多个站点复制服务，特别是在海外，是对世界级竞争对手的真正考验。

## 本章小结

本章首先考察了战略服务愿景，并回答了一些在实施服务之前的问题，然后讨论转向服务业竞争的经济性质。服务业相对比较分散，存在许多中小型企业，这为初露头角的企业家提供了丰富有利的环境。

本章还介绍了总成本领先、差异化和集中这三种通用竞争战略并用它们来概括创造性服务战略的种类。由于服务公司之间概念的可转移性，在一个行业中成功的战略可能会对在其他服务行业竞争的公司获取竞争优势有指导作用和应用价值。

接下来，着眼于服务竞争的几个方面，重点考察了服务优胜标准、资格标准和失败标准及获胜者、资格者和失败者的概念并把它们作为竞争标准。

信息在服务战略中的战略作用分为四类：创建进入壁垒、创造收入、数据库资产和提高生产力。针对每个类别说明了基于信息的竞争战略。

虚拟价值链的概念提供了服务创新的视野，这种视野能启发人们通过使用在为顾客提供服务时收集的信息来创造价值。对信息使用限制的讨论表明，服务管理者必须始终对他们所服务的公众对其行为的看法保持敏感。

本章最后讨论了基于运营维度的服务公司竞争力的各个阶段。

## 关键术语

**数据包络分析**（data envelopment analysis）：一种线性规划技术，用来测量系统的性能，以确定内部基准的效率边界。

**差异化**（differentiation）：一种被认为是独一无二服务竞争策略。

**专家系统**（expert system）：利用知识库和决策规则进行推理的计算机程序。

**五力模型**（five forces model）：对行业结构的一种分析，这种结构考虑了竞争对手、新进入者、替代者以及供应商和经营者的议价能力。

**集中**（focus）：通过满足顾客的具体需求，围绕着为特定目标市场提供良好服务的理念，建立起竞争优势。

**物联网**（Internet of Things, IoT）：实体设备与通过互联网控制的电子执行器的互联。

**总成本领先**（overall cost leadership）：以高效运作、成本控制和创新技术为基础的竞争战略。

**限定条件**（qualifiers）：顾客用来创建符合最低绩效要求的服务企业的子集的限定条件。

**服务失败者**（services losers）：代表未来提供的服务达到或超过预期的水平，导致不满意的顾客永远失去。

**服务胜者**（service winners）：顾客在竞争对手做出最终采购决定时使用的服务胜者标准。

**战略服务愿景**（strategic service vision）：透过解决有关目标市场、服务概念的问题而制定的战略性服务愿景。

**可持续发展**（sustainability）：服务企业的长期生存能力。

**转换成本**（switching cost）：为顾客切换到另一个供应商带来的不便成本。

**SWOT 分析**（SWOT analysis）：评估公司的优势、弱点、机会和威胁。

**三重基线**（triple bottom line）：公司对社会、经济和环境标准的评估。

**虚拟价值链**（virtual value chain）：在顾客关系中的虚拟价值链阶段，信息被收集、组织、选择、合成和分发以创建一个虚拟交付平台。

**收益管理**（yield management）：一种信息系统，试图使具有时效性的服务（如航空公司、旅馆）的收入最大化。

## 讨论题

1. 举例说明服务公司同时使用集中和差异化战略以及集中战略和总成本领先战略的情形。

2. 与微营销相关的道德问题是什么？

3. 对于三种通用战略中的每一种（即总成本领先、差异化和集中），信息的四种竞争用途中哪一种最为强大？

4. 举例说明一家公司是世界级的，并且一直属于这一类。

5. 能将"世界级服务提供"竞争阶段的公司称为"学习型组织"吗？

6. 比较和对比服务运营和制造业的可持续性行为。

7. 通过确定其促进可持续发展运动的社会、经济和环境属性，对医院进行三重基准评估。

全班分组对"常飞旅客奖励计划是反竞 争的"这一命题进行辩论。

## 案例 2-1　　　　　　联合商业银行和 El Banco 银行 [17]

本案例讲述的是两家特殊银行的故事，最初是由 2007 年的学生编写的。当时，学生们被两家银行的理念所吸引，这两家银行分别制定了服务于两个利基市场的战略。当你第一次读这个故事时，问自己，每家银行可能出了什么问题？另外，当你阅读时，列出你所看到的可能导致这两家银行目前状况的因素（当一回事后诸葛亮）。你将了解到这个故事在案例结束时的结局。

### 学生的故事

随着美国变得越来越多样化，根据特定民族的需要和偏好定制服务变得越来越重要。事实上，美国最大的零售银行——美国银行（Bank of America），是在 1906 年旧金山地震后不久由 A.P. 贾尼尼 (A.P. Gianini) 创立的意大利银行（Bank of Italy），目的是服务于意大利裔美国人社区。

如今，针对少数族裔社区服务的、最具创意的两家银行都位于美国。联合商业银行（United Commercial Bank）是旧金山最大的服务于亚裔美国人社群的银行，这家著名的企业集团主要从事商业和房地产贷款业务。最近，El Banco 银行为亚特兰大蓬勃发展的拉美裔社群创立了一个独特的零售银行业务。这两个社群都具有快速增长、独特的产品需求以及与普通银行市场不同的文化特征。

### 服务华人社群：联合商业银行

联合商业银行是一家总部位于旧金山、以美籍华人社群为业务重点的银行，资产总值为 63.2 亿美元，市值约 14 亿美元。这家银行在加利福尼亚有 46 家分行。服务于亚洲市场的竞争对手包括华美银行（East West

Bancorp）、奈良银行（Nara Bancorp）、韩美银行（Hanmi Bancorp）、国泰万通金控（Cathay General Bancorp）和威尔希尔银行（Wilshire Bancorp）。

UCB 成立于 1974 年，是一家以定期存款为主要产品的储蓄机构。该行已发展成为服务亚洲社群的最大的（或许也是运营最好的）银行，其分支机构主要分布在旧金山和大洛杉矶。其部分使命宣言如下：

我们所有在 UCB 的人都认同你们的价值观，即努力工作、存钱和接受教育。我们致力于提供高度个性化的服务，以及广泛的消费和商业银行产品和服务，来帮助您、您的家庭和您的企业实现您的"美国梦"。

UCB 主要向华裔美国人及其家庭所有的企业提供贷款。几乎 90% 的贷款是房地产贷款（40% 是多户贷款，60% 是商业贷款），剩下的 10% 主要是商业和工业贷款（比如正常的企业贷款）。UCB 的平均房地产贷款约为 96 万美元，多户家庭平均贷款为 60 万美元。

如图 2-7 所示，UCB 的储蓄账户和定期存款所占比例高得异乎寻常。这种策略是针对美籍华人希望在银行而不是经纪公司储蓄的需求。对储蓄账户和信用违约互换的依赖，使 UCB 在所有银行中排名第 95 位。联合商业银行的利息支出在所有大型银行中排名第 71 位，这就毫不奇怪了。

这些财务事实突出了联合商业银行提供的独特服务。首先，美籍华人顾客主要要求储蓄账户和高利率的存单。无息存款账户仅占 UCB 资产的一小部分。

这些顾客关注的是储蓄账户和信用违约互换，同时也看重银行整体稳健和安全的感觉。联合商业银行对此的回应是，它承诺一种高度保守的房地产贷款策略。例如，该行商业地产贷款的平均贷款价值比为58%，而其他银行的平均贷款价值比约为80%。

联合商业银行实际上赢得了美籍华人社群中最安全、最好的顾客，因为它收取的账户费用比其他银行低得多。银行将商业或零售账户的费用收入划分为"非利息收入"，这是大多数银行收入的主要组成部分。联合商业银行收取的费用相当于资产的0.32%，而大型银行收取的费用平均相当于资产的1.70%。因此，UCB的非利息收入在银行总体收入中排名第五。由于很少收取手续费，而且往往退还以前收取的手续费，UCB的

银行服务与众不同，以至于在赢得顾客方面非常成功。

UCB发现许多美国华裔企业都在从事从中国进口商品的业务，所以UCB设立了一个功能齐全的贸易财务部，出具信用证，并提供其他服务来促进进出口业务。

此外，UCB对东亚文化高度重视。开立支票或储蓄账户余额较高的顾客可以获赠茶叶罐或茶具。该银行的网站可以让访问者向朋友发送以中国新年为主题的动画电子贺卡。最重要的是，UCB的每一位顾客都知道，每个分支机构都有许多会说中文的业务代表服务于他们的业务。

| 存款分析<br>（截至2004年12月31日） | 联合商业银行 | | 所有银行①<br>百分比 |
|---|---|---|---|
| | 金额 | 百分比 | |
| 存款总额 | 5 222 672 | 100.0 | 100.0 |
| 交易账户 | 133 083 | 2.5 | 14.6 |
| 货币市场账户 | 1 288 595 | 24.7 | 34.3 |
| 储蓄账户 | 946 165 | 18.1 | 15.2 |
| 　货币市场账户和储蓄账户总额 | 2 234 760 | 42.8 | 49.5 |
| 10万美元以下的定期存款 | 916 077 | 17.5 | 16.8 |
| 10万美元以上的定期存款 | 1 610 270 | 30.8 | 17.4 |
| 　定期存款总额 | 2 526 347 | 48.4 | 34.2 |
| 外国办事处存款 | 328 572 | 6.3 | 1.7 |

①所有资产在10亿~100亿美元之间的商业银行。

图2-7 联合商业银行存款

## 服务拉丁美洲市场：El Banco 银行

El Banco 银行是 Nuestra Tarjeta 公司的子公司，该公司为西班牙裔顾客提供银行的金融服务。El Banco 银行是一家由现有银行授权特许经营的机构，成立于2002年1月，是佐治亚州亚特兰大市旗帜银行（Flag Bank）的一家分行。成立银行的这一想法源于一位自然人与一家支票兑现公司以及一位拉美裔银行家的合作。El Banco 银行的分

支机构提供一系列零售金融服务，包括开设银行账户、支票兑现和抵押贷款。目前，El Banco 银行在亚特兰大有6家分行，这意味着 El Banco 银行正在从2002年的第一家分行迅速成长起来。

El Banco 银行的实体店面向西班牙裔顾客。用首席执行官德鲁·爱德华兹（Drew Edwards）的话说，"El Banco 银行的设计理念是用靓丽的颜色方案，从地板到天花板

全方位吸引拉美顾客：西班牙语报纸、动感的拉丁音乐、舒适的休息区、儿童玩耍区域、零食、电话、电子邮件站，当然，还有说西班牙语的银行员工（其中许多人不会说英语）。"这与传统零售银行形成了鲜明对比。传统零售银行的目标是营造一种暗示着稳健和财富的保守的商业气氛。El Banco 银行的分支机构是拉美裔人经常光顾的位于购物中心的临街店面。这些分行不提供免下车服务，因为商业顾客不是目标顾客。对于那些在异国他乡感到不自在的拉美人来说，El Banco 银行的非正式氛围颇具吸引力。

El Banco 银行专注于收费服务。大多数零售银行偶尔会将第三方支票兑换成现金作为一种礼貌，但这种服务的目的并不是产生收入。然而，El Banco 银行关注这一需求，这是拉美裔顾客无论是否拥有银行账户，都希望得到的一项基本金融服务。对于某些类型的支票（例如，高安全性工资支票），兑现支票的费用从 1.5% 开始计算；该业务收入占 El Banco 银行总收入的 1/3。该公司还收取其他服务费用，如空头支票和低账户余额。总的来说，服务费收入占 El Banco 银行总收入的 50% 以上，而零售银行的这一比例还不到 30%。

El Banco 银行还向无证件个人（非法外国人）提供住房抵押贷款。很少有金融服务提供商会为非法外国人的住房提供融资——

人民银行（Banco Popular）是全美唯一提供此类服务的银行。拉美裔社群主要是低收入群体，但这个社群仍然包括成千上万的人，他们可以购买价值 10 万～15 万美元的住房，但他们是没有登记的非法移民。El Banco 银行通过基于"个人纳税人识别号"（ITINs）的抵押贷款申请，解决了这一市场的问题。因此，El Banco 银行的 ITIN 抵押贷款利率介于 8.0%～9.5% 之间，根据 Bankrate.com 的数据显示，佐治亚州的平均利率约为 4.86%。

最后，作为一种顾客获取战略，El Banco 银行选择模仿西联汇款。西联汇款是拉美裔人群最信任的金融服务品牌之一，通过可靠地完成拉美裔美国人向海外亲友的国际资金转账，赢得了顾客的深厚忠诚度。El Banco 银行有意识地借助西联汇款，既提供主要基于收费的服务，也模仿西联汇款的标识。

如图 2-8 所示，El Banco 银行比传统银行更早获得顾客。首先吸引顾客的是 El Banco 银行的支票兑现服务，这项服务通常只由非银行零售商提供。随着这些顾客日益富裕，他们会寻求更多的银行服务（如储蓄账户、信用卡、融资），而 El Banco 银行也准备满足这些日益增长的需求，以避免顾客流失到其他机构。

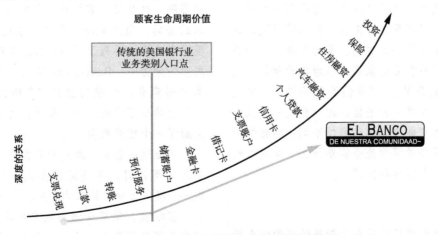

图 2-8　El Banco 银行的顾客生命周期价值进程

## 后记

以下是两个银行中最先失败的银行，它倒闭了。你认为哪一个失败了？为什么？你的清单可能包括许多观察到的细节，其中包括：

- UCB 提供高利率和许多"福利"——这些能持续下去吗，尤其是在 2008～2009 年的银行危机期间？
- El Banco 银行服务的顾客大多不富裕，在某些情况下在美国也没有登记，这些顾客是否有足够的资源支持一家专门服务于这个利基市场的银行？

2016 年，El Banco 银行幸存了下来，或许是凭借集体的力量。自成立以来，El Banco 银行的大部分时间都依赖于与其他金融机构的合作关系。正如学生论文所指出的，El Banco 银行一开始是为"银行存款不足"的西班牙裔顾客服务的，这些顾客最初最需要的是兑现支票的服务。El Banco 银行为其特定的人口填补了这项需求并开发了其他服务，包括实体现金银行。实体现金银行在 2007 年成为一个独立的业务类型，称为 CHEXAR®（2014 年改名为

英戈货币）。

美国联邦调查局（FBI）旧金山分部于 2011 年 8 月 11 日宣布，联合商业银行的两名高管已被起诉，罪名是"共谋隐瞒贷款损失，对外部审计人员撒谎，误导监管机构和投资大众"。[18] 他们还被美国证券交易委员会（SEC）指控违法。2009 年，两名高管辞职，联邦存款保险公司（FDIC）将该行并入加州华美银行。两名高管在首次出庭时均否认有罪，有关此案的进展报告定于 2012 年 6 月 7 日在美国地方法院加州北区（旧金山）提交。2014 年，其中一名高管同意认罪[19]，2015 年另一名被判 7 项重罪[20]。

### 问题

1. 比较并对比一下 El Banco 银行和联合商业银行的战略服务愿景。
2. 从 El Banco 银行和联合商业银行中识别出服务成功的地方、服务合格的地方和服务失败的地方。
3. 主要服务于族裔群体的银行有哪些与众不同的特点？

---

**案例 2-2**         阿拉莫影院[21]

阿拉莫（Alamo）影院是另一种类型的生意，你叫它酒吧、餐厅还是电影院都行。是卖汉堡的电影院还是放映电影的酒吧？阿拉莫影院整合了多种服务，并在若干方面进行折中，以实现组合工作。阿拉莫影院的顾客一边看电影一边吃喝。蒂姆和妻子凯莉共同拥有并经营着这家店。他坦率地承认，这家店的服务很差："我们的服务很差，但是故意的。这是一种妥协，因为我们希望我们的服务尽可能少。这和餐馆不同，在餐馆里你想让服务员问你是否需要什么。在这里我们依靠顾客告诉我们。"

### 历史

蒂姆和凯莉在得克萨斯州休斯敦的莱斯

大学相识，当时蒂姆主修机械工程和艺术，而凯莉则在学习生物学和法语。毕业结婚后，两人在加州 Bakersfield 开办了第一家电影院。这是第一家放映艺术电影和现场音乐的公司。虽然它不是最初主要的关注点，现场音乐比电影赚了更多的钱。剧院是一个失败的地方——Bakersfield 没有足够多的艺术电影观众，剧院的位置"在错误的轨道上"也导致了它的失败。最后，这家公司被卖给了一个福音教会。

带着这一教训，这对夫妇搬到了得克萨斯州的奥斯汀，并决定再尝试一种新的方式——提供食物和酒精的剧院。

在欧洲，供应啤酒的电影院非常普遍，但在美国就不那么常见了，因为美国有更严

格的饮酒法规。然而，它们已经在许多城市出现，包括达拉斯、华盛顿特区和俄勒冈州波特兰市。

在阿拉莫影院开幕之前，蒂姆和凯莉参观了几家这样的剧院。这对有事业心的夫妇注意到了这些剧院的几个问题。一些影院不提供影院内服务，迫使想要饮料或食物的顾客去大厅。其他剧院提供的服务太多，服务员不断询问顾客是否需要什么。这些干扰使许多顾客不胜其烦。蒂姆和凯莉意识到观众首先想看电影，而好的服务意味着他们必须设计一个更好的系统。

## 设施布局和交付系统

阿拉莫影院于 1996 年在奥斯汀市中心的娱乐区开业。阿拉莫影院酒店是一个单一屏幕的电影院，提供各种各样的啤酒和葡萄酒，并提供一个菜单，菜单上有开胃菜、热三明治、一人份比萨饼、意大利面和甜点。服务员在电影放映前和放映期间接受订单、上菜、收账单。传统的电影院也有小吃，顾客可以在大堂选择自助服务。

阿拉莫影院和大多数影院一样，有好几排席位。但与大多数影院不同的是，影院的排数较少，所以排与排之间有足够的空间容纳又长又窄的桌子，顾客可以在上面放食物和饮料。还有足够的空间，员工可以在不引人注目的情况下接受订单和服务，顾客可以在需要的时候溜到大堂。由于这样的布局，阿拉莫影院只提供了几乎一半的观众席座位，可容纳 215 名顾客。

每次电影放映前，服务员都会拜访顾客，向他们解释阿拉莫影院的服务系统是如何运作的。桌子上有纸、铅笔和菜单，顾客可以在纸上写下他们点的菜，然后把纸条放在一个金属架子上，这样在过道尽头的服务员就能看到纸条了。服务员溜进来，拿起纸条，然后到厨房去为顾客填单。当订单准备好时，服务员将它交付给顾客。所有这一切都可以在不说一句话的情况下完成，将对电影观众的干扰降到最低。

奥斯汀是一个快速发展的高科技城市，拥有极其年轻和受过教育的劳动力。每年 3 月得克萨斯大学的春假期间，以电影业为中心的奥斯汀电影节（Austin Film Festival）与现场音乐节——西南偏南（South-by-Southwest）会同时举行，主要在奥斯汀市中心举办。

## 节目安排

阿拉莫影院的节目安排分为两类：二次播放和特殊活动。阿拉莫影院的大部分节目都是二次播放的，每周 25 场放映中约有 20 场是二次播放的。这些电影都经过精心挑选，以迎合阿拉莫的顾客群：25 岁至 40 岁之间的聪明观众，他们对电影有着成熟的品位。属于这一类的电影有 Bowling for Columbine、The Italian Connection 和 The Manchurian Candidate。不幸的是，阿拉莫影院在某种程度上受制于好莱坞的这种节目安排，偶尔会被迫播放一些不是蒂姆和凯莉想要的那种吸引观众的电影。在每个周末，蒂姆和凯莉挑选下一周上映的电影。

特殊活动以三个月为一个时间段。它们可以分为两类：奥斯汀电影协会活动（通常是经典或艺术片）和邪典电影。电影协会的活动通常取代了一周内的第二轮放映的电影，邪典电影在周四、周五和周六午夜放映。邪典电影吸引的是一个不同的（但相互重叠的）群体：18 ～ 30 岁的年轻人，主要是男性，他们是酒类的常客，也是不太主流、独立于特定行业的视频租赁店（如 Vulcan Video 和 I Luv Video）的顾客。阿拉莫影院平均每周放映 25 场，其中约有 5 场是特别活动。蒂姆把这些特别的活动看作是一个创意的宣泄口，例如意大利西部片（通常被称为"意大利面西部片"），以吃到饱的意大利面条为特色，以及由当地乐队现场伴奏的无声电影。

奥斯汀蓬勃发展的电影制作社区一直

是特别活动节目的一大福音。蒂姆经常邀请电影制作人在特别活动上发言。光临影院的客人包括罗伯特·罗德里格斯（Robert Rodriguez），他导演了《马驰奇遇记》（El Marciachi）的一个特别的双人片，以及该片在中国香港的一个片段。《低俗小说》（Pulp Fiction）导演昆汀·塔伦蒂诺（Quentin Tarantino）在阿拉莫举办了一年一度的邪典电影节。

## 收入和成本

蒂姆把阿拉莫影院的门票销售看作是吸引人们来这里消费食物和饮料的一个亏本生意，他把门票价格保持在低水平，通常是 4 美元。这个价位低于典型的奥斯汀影院观看首映的成本（6.5～7.00 美元），但高于去廉价影院观看第二轮影片的成本（1.00～1.50 美元）。阿拉莫影院的顾客平均每场花费 5～12 美元。购票后，顾客在食品和酒类上的花费分别为 55% 和 45%。为了增加顾客的开支，自开业以来，他们偶尔提高菜单价格，并在可供选择的菜品中增加更多的高价菜。特殊活动占总收入的 1/3。

## 广告和促销

为了推广阿拉莫影院，蒂姆和凯莉采用了几种低成本的方法。他们在奥斯汀最受欢迎的三份报纸上刊登广告，其中包括得克萨斯大学学生报《得克萨斯日报》。他们还会创建列出特殊事件的三个月日历。即将

上映的电影会在每一部电影之前宣布。他们与娱乐出版物《奥斯汀纪事报》（Austin Chronicle）建立了密切的关系，并因此获得了大量免费的公共关系曝光，这些曝光是通过预展他们的特别活动的文章形式进行的。

蒂姆还参与了一些廉价但有效的忠诚度建设。他管理阿拉莫影院的网站，亲自回复每一封电子邮件。他还会在每场演出前宣布即将上映的电影和特别活动，并在演出结束后逗留，回答观众提问，与顾客交谈。他非常乐于接受建议，并利用这些建议策划特别活动和修改菜单。他提出，在奥斯汀电影协会和邪典电影群体中，培养忠诚度要有效得多。

### 问题

1. 市场分析师使用市场定位图来直观地显示顾客对公司与其竞争对手的两种看法。以"食物品质"及"影片选择"为中心，为阿拉莫影院拟一份市场定位图。
2. 使用"战略性服务愿景"架构，以目标细分市场、服务概念、营运策略及服务提供系统等范畴描述阿拉莫影院。
3. 识别阿拉莫影院的服务合格的地方、服务成功和失败的地方。阿拉莫影院的购买决策标准是否适用于多厅影院市场？你的结论是什么？
4. 使用波特的五力模型来评估阿拉莫德影院在"娱乐产业"中的战略地位。
5. 进行 SWOT 分析，识别内部的优势和劣势，以及外部环境中的威胁和机会。

## 参考文献

Christensen, Clayton M., et al. *Competing Against Luck: The Story of Innovation and Customer Choice.* New York: Harper Business, 2016.

Da Xu, We He, and Shancang Li. "Internet of Things in Industries: A Survey." *IEEE Transactions of Industrial Informatics* 10, no. 4 (2014), pp. 2233-43.

Diao, Y., et al. "Service Analytics for IT Service Management." *IBM Journal of Research and Development* 60, no. 2-3 (2016), pp. 1-13.

Goyal, Praveen, Zillur Rahman, and A.A. Kazmi. "Corporate Sustainability Performance and Firm Performance Research: Literature Review and Future Research Agenda."

*Management Decision* 51, no. 2 (2013), pp. 361–79.

Jung, Hosang, Chi-Guhn Lee, and Chelsea C. White III. "Socially Responsible Service Operations Management: An Overview." *Annals of Operations Research* 230, no. 1 (2015), pp. 1–16.

Katzan, Harry Jr. "Cloud Software Service: Concepts, Technology, Economics." *Service Science* 1, no. 4 (Winter 2009), pp. 256–69.

Kumar, Vikas, Luciano Batista, and Roger Maull. "The Impact of Operations Performance on Customer Loyalty." *Service Science* 3, no. 2 (Summer 2011), pp. 158–71.

McEwen, Adrian, and Hakim Cassimally. *Designing The Internet of Things.* United Kingdom: John Wiley, 2014.

Rosenzweig, Eve D., Timothy M. Laseter, and Aleda V. Roth. "Through the Service Operations Strategy Looking Glass: Influence of Industrial Sector, Ownership, and Service Offerings on B2B E-Marketplace Failures." *Journal of Operations Management* 29, no.1 (January 2011), pp. 33–48.

Rowley, Jennifer. "The Wisdom Hierarchy: Representations of the DIKW Hierarchy." *Journal of Information and Communications Science* 33, no. 2 (2007), pp. 163–80.

Voss, Christopher, Aleda V. Roth, and Richard B. Chase. "Experience, Service Operations Strategy, and Services as Destinations: Foundations and Exploratory Investigation." *Production and Operations Management* 17, no. 3 (May–June 2008), pp. 247–66.

Wolfson, Adi, et al. "Better Place: A Case Study of the Reciprocal Relations between Sustainability and Service." *Service Science* 3, no. 2 (Summer 2011), pp. 172–81.

Zhang, Jie, Nitin R. Joglekar, and Rohit Verma. "Exploring Resource Efficiency Benchmarks for Environmental Sustainability in Hotels." *Cornell Hospitality Quarterly* 53, no. 3 (2012), pp. 229–41.

## 注释

1. http://www.prnewswire.com/news-releases/hughes-network-systems-provides-kmart-with-the-broadband-direcpc-enterprise-system-to-upgrade-corporate-network-73559002.html.

2. Adapted from James L. Heskett, "Positioning in Competitive Service Strategies," in *Managing in the Service Economy* (Boston: Harvard Business School Press, 1986).

3. William H. Davidow and Bro Uttal, "Service Companies: Focus or Falter," *Harvard Business Review,* July–August 1989, pp. 77–85.

4. Michael E. Porter, *Competitive Advantage: Creating and Sustaining Superior Performance* (New York: The Free Press, 1985).

5. Terry Hill, *Manufacturing Strategy* (Homewood, Ill: Irwin 1989), pp. 36–46.

6. Paul Kleindorfer, Kalyan Singhal, and Luk N. Van Wassenhove, "Sustainable Operations Management." *Production and Operations Management* 14, no. 4 (December 2005), pp. 482–92.

7. John Elkington, "Towards the Sustainable Corporation: Win-Win-Win Business Strategies for Sustainable Development." *California Management Review* 36, no. 2 (1994), pp. 90–100.

8. Darcy Hitchcock and Marsha Willard, *The Business Guide to Sustainability,* 2nd ed. (London: Earthscan, 2009).

9. Orville Schell. "How Walmart Is Changing China," *The Atlantic,* December 2011, p. 86.

10. Erica Plambeck. "The Greening of Wal-Mart's Supply Chain," *Supply Chain Management Review,* July 1, 2007, pp. 18–25.

11. Adapted from James A. Fitzsimmons. "Strategic Role of Information in Services." In Rakesh V. Sarin (ed.), *Perspectives in Operations Management: Essays in Honor of Elwood S. Buffa* (Norwell, MA: Kluwer Academic Publishers, 1993).

12. http://internetofthingsagenda.techtarget.com/definition/IoMT-Internet-of-Medical-Things, October, 2016.

13. https://www.altocloud.com/blog/four_steps_using_data_analytics_in_customer_solutions, April 2014.

14. Adapted from Jeffrey F. Rayport and John J. Sviokla, "Exploiting the Virtual Value Chain," *Harvard Business Review,* November–December 1995, pp. 75–85.

15. Adapted from Diane Brady, "Why Service Stinks," *BusinessWeek,* October 23, 2000, p. 124.

16. Adapted from Richard B. Chase and Robert H. Hayes, "Operations' Role in Service Firm Competitiveness," *Sloan Management Review* 33, no. 1 (Fall 1991), pp. 15–26.

17. Prepared by Bryan R. Bradford, Will Reale, Brian Barrow, Jason Dillee, and Chris McClung under the supervision of Professor James A. Fitzsimmons.

18. Press Release, San Francisco Division, Federal Bureau of Investigation, October 11, 2011.

19. http://www.sfgate.com/business/networth/article/Ex-United-Commercial-Bank-officer-agrees-to-plea-5742713.php.

20. https://www.justice.gov/opa/pr/former-united-commercial-bank-chief-sentenced-over-eight-years-felony-fraud.

21. Prepared by Robert Ferrell, Greg Miller, Neil Orman, and Trent Reynolds under the supervision of Professor James A. Fitzsimmons.

# 2

# 构建服务型企业

在已经明确了服务愿景和竞争战略的基础上，本书第二篇将注意力转向服务设计问题。第 3 章题为"新服务开发"，从新的服务开发过程开始讨论。服务蓝图是一种将前台和后台操作用可见线分隔开的服务流程图表。这一章还探索了包括信息授权的服务设计的通用方法。

顾客、服务机构和联系人三者之间的关系在第 4 章"服务接触"中展现。服务利润链将内部顾客（员工）与满意而忠诚的外部顾客联系起来。设施结构本身创造的美学和环境将使用第 5 章"支持设施和流程"中的服务视图框架来解决。通过顾客期望与交付服务的感知之间的差距来衡量的服务质量是第 6 章"服务质量"的主题。该章研究了几种管理服务质量的方法，包括测量问题、设计服务质量以及发生故障时的服务补救。第 7 章"过程改善"描述了持续改进质量和生产力的工具，强调精益服务和六西格玛方法。

对于从实物设施提供的服务而言，位置问题至关重要，因为服务地点确定了供应市场。用以尽量减少旅行时间或最大化竞争收入的定位模型，将在第 8 章"服务设施定位"中提出。以上即为第二篇讨论的主要内容。

# 第 3 章

# 新服务开发

通过本章学习，你应该能够：

1. 描述服务业增长的来源。

2. 描述服务创新的基本特征。

3. 描述与采用新技术相关的管理问题。

4. 解释和区分服务流程的差异性和复杂性。

5. 描述新服务开发流程的筹划顺序和助推因素。

6. 设计服务蓝图。

7. 比较四种服务系统设计的异同：生产线方法、顾客作为合作生产者、顾客接触以及信息授权。

8. 解释知识产权是如何保护服务品牌的。

设计服务交付系统（service delivery system）是一项富有创造性的工作。它从提供一种与竞争对手有所不同的服务概念和战略开始。企业在做任何决定之前，都应对不同的可选择方案进行充分的认证与分析。设计服务交付系统涉及一系列问题，诸如地点，应对顾客和工作流程更加有效的设施设计和布局，服务人员的工作程序和工作内容，质量保证措施，顾客参与程度，设备的选择，足够的服务生产能力。设计过程永远不会结束，且系统开始运转后，在条件允许的情况下，要不断地对其进行修正。

例如，联邦快递公司保证隔夜将包裹和信件空运送抵目的地的服务系统颇具创新性。这是该公司创始人史密斯在大学时的一篇课程论文中提出来的一个想法。当时，他得到的成绩是 C，因为在别人看来他的想法太荒谬了。可是，联邦快递公司却因此而成为该行业的典范。

传统的观点认为，空运既慢又不可靠。当时，空运主要承担人员的运送，信件只是航空公司的次要业务。作为一名电子工程师，史密斯的天才之处在于：他认识到了空运货物类似于由多个接口与一个功能盒相连接的电子网络。基于这种观点，诞生了联邦快递公司的"中心—辐射"传递网络，将孟菲斯市作为公司的大本营，负责分发所有的包裹。从美国的任何一个城市夜间飞抵孟菲斯市的飞机卸下货物后，只需等待大约两个小时，就可以装上已准备好次日早晨运走的包裹并飞回所在城市。因此，从洛杉矶发往圣地亚哥的包裹要先空运到孟菲斯市，再飞抵圣地亚哥。除了极为恶劣的天气和分发出错外，网络设计保证了所有的包裹都能在一夜之间运到目的地。因此，服务交付系统设计本身就具有战略优势，而该优势正是联邦快递公司与其他空中货运公司的区别所在。今天，该公司已经延伸出了若干个中心（如纽瓦克和洛杉矶），并用卡车在临近的大城市间运送包裹（如波士顿和纽约）。

## 3.1 本章概要

新服务开发的话题由创新和开发流程展开，同时会注意在服务中采用新技术所带来的独特挑战。大家将看到一个包括技术、人员和系统各要素的新服务开发流程的模型。接下来，通过讨论采用和准备接受新技术的挑战来解决服务技术创新问题。服务设计包括四个结构性和四个管理性因素，在后面的内容里都会谈到。顾客价值等式是用来保持以顾客为中心来开发服务流程的过程。对服务流程结构的熟练使用可以获取在市场中的战略定位。

服务蓝图是一种有效描述服务交付过程的可视技术。它用一条可视线将传递系统的前台工作和后台工作分开。前台能够与顾客直接接触，因此，工作环境和有效性就显得尤为重要（例如银行大厅）。后台是顾客无法看到的，它更像一个高效率的工厂（例如银行的支票分拣系统）。

在讨论了服务过程设计的分类后，本章还重点分析了考察传递系统设计的四种方式——生产线方法、顾客作为合作生产者、顾客接触以及信息授权。每种方式都有各自特殊的原则，对它们的特点本章也将予以分析。

## 3.2 服务业增长来源

信息技术的进步、创新以及人口的变化创造了新的需求，推动了服务业的增长。信息技术对数字服务的发展具有重大而不可或缺的影响。图 3-1 显示了信息（数字）服务如何发展到这样的地步——"信息部门"占 GDP（国内生产总值）的 53% 而主导了美国经济。图中两个轴上的箭头显示了经济中服务和信息部分的预计增长方向。请注意信息服务（象限 D）是如何以失去实物产品（象限 A）为代价而增长的。

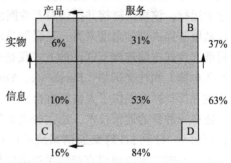

| 部分 | 描述 | 例子 |
| --- | --- | --- |
| A | 实物产品 | 汽车、钢铁、化学 |
| B | 实体服务 | 运输、零售 |
| C | 数码产品 | 电脑、DVD、电视、电话 |
| D | 信息服务 | 金融、电信 |

图 3-1　美国经济 2007 年的 GDP 分布

资料来源：Karmarkar Uday and Uday M. Apte. "Operations Manage ment in the Information Economy: Information Products, Processes, and Chains," *Journal of Operations Management* 25 no. 2 (January 2007), p. 440.

### 3.2.1 信息技术

小型化信息技术设备（如可以连接互联网的智能手机）的使用消除了服务对实际距离的需求，并允许其以别的形式实现。例如，银行业已经通过在线接入个人账户而成为一种电子服务，可以实现转账、支付或财务管理等功能。在医疗领域，X 光被数字化并可离岸传输以供放射科医师理解。因此，信息技术影响了服务提供的过程，创造了新的服务价值链，并提供了新的商业机会，例如创业中心。关于信息技术，Uday Karmarkar 和 Uday Apte 提出以下三个见解：[1]

- 未来，美国 GDP 的主要部分将由"信息链"而非供应链产生，大多数管理人员将在信息部门就业。
- 这些信息链和部门的管理与流程经济学及其对信息链、流程的配置和运作的影响有很大关系。
- 技术发展奠定了流程和价值链的经济基础并推动其发展。

### 3.2.2 作为服务助推器的互联网

互联网是全球可公开访问的互联计算机网络的网络，它使用标准因特网协议（Internet protocol, IP）来传输数据。这个"网络"是一个"网络的网络"，它由诸如学术网（.edu）、商业网（.com）、非营利组织网（.org）和政府网（.gov）组成，它们共同携带各种信息和服务，例如电子邮件、在线聊天、文件传输、流媒体、互联网协议语音（VoIP）和访问万维网（www）。[2]

互联网和万维网（World Wide Web）不是同一个概念：互联网是一系列互联的计算机网络，通过铜线、光纤电缆和无线连接相连；万维网是互联文档和其他资源的集合，由超链接和统一资源定位符（URL）连接在一起。万维网通过超文本传输协议（HTTP）在 Internet 协议之上运行，该协议链接并提供对万维网的文件、文档和其他资源的访问权限。

从服务提供商的角度来看，互联网是以经济高效的方式与顾客建立联系的理想工具。截至目前，台式电脑连接互联网的方式仅是电话、有线电视或卫星。现代无线通信（智能手机和平板电脑）和社交网络（Facebook、YouTube、LinkedIn 和 Twitter）的出现为与顾客建立联系或寻找新顾客提供了大量新机会。

还有一种新的通信技术，通用分组无线业务（GPRS），这是一种面向分组的移动数据服务，可供从 3G 到 5G 蜂窝通信系统的用户使用。截至 2016 年年底，6G 和 7G 系统已经在开发中。GPRS 系统可以直接向手机提供数据，从本质上来讲，这些手机是一直在线的。这些新型手机适用于即时消息（例如，有家星巴克就在街角）或警告（例如，您的航班延误或您的车停在前面两个街区）。在未来，服务公司可以向顾客推送信息，而不是被动地等待查询。如何接受这种入侵又将是一个问题！

### 3.2.3 创新

由技术和工程驱动的产品开发模型可称为推动创新理论。新产品的概念在实验室中萌发，科学发现成为寻找问题的解决方案。3M 的便利贴实验就是这一创新过程的实例。实验室的发现是一种不良的粘合剂，产生一种创造性的用途——可以将笔记临时粘贴在物体上而不会在移除时留下痕迹。

然而，新产品技术的引入确实对服务创新产生了附带影响。例如，DVD 播放器催生了一个视频租赁业务，并创造了对旧电影的新需求。另一个创新是网飞（Netflix）的诞生，它可以通过邮件将 DVD 传送到您的家中。现在可以通过互联网流媒体在笔记本电脑和电视屏幕上观看电影。

互联网和万维网最初是作为用于军事和科学文件共享的连接计算机的强大网络而开发的。网络悄悄地开始，可现在已成为电子商务的重要推动者，并且最近发展为社交平台如 Facebook 和 LinkedIn 等，当然还有 Google 带来的搜索知识世界的能力。

对于服务来说，美林银行（Merrill Lynch）推出的现金管理账户是服务带动创新理论的一个例子。在 20 世纪 80 年代高利率的时代，个人投资者由于有兴趣获得高于目前银行存款的利率，而会为公司提供短期资金。

意外事件也可以催生创新服务。2011 年初在埃及发生的"阿拉伯之春"运动使许多旅行者远远超出了预定的出发日期而被"困"在那里。全球范围内的这种动荡已经为一些保险公司创造了一个有利市场——为其顾客提供危险情况下的"安全疏散"，其中也包括自然灾害。

新的服务理念通常源于反应敏捷的员工，他们可以识别出顾客需求。例如，酒店可能会提供机场班车服务，因为礼宾人员注意到顾客对出租车服务的高需求。

服务创新也可以通过利用其他活动提供的信息来实现。例如，汽车零件商店的销售记录可用于识别特定车型的频繁故障区域。这些信息对于要完成工程变更的制造商和诊断顾客问题的零售商都有价值。此外，信息的创造性使用可以是新服务的来源，也可以为现有服务增加价值。例如，由一个金融机构提供的年度交易汇总表会在所得税计算时提供价值。

服务创新者在测试他们的服务理念时面临着一个难题，产品开发过程包括了在全面生产之前需要构建用于测试的实验室原型。汉堡王在这方面的努力提供了一个例子，汉堡王在迈阿密购买了一个仓库，用于封装其标准产品。这个模拟餐厅用于试验引入新功能（如直通窗口服务）所需的布局变化和推出早餐菜单。

### 3.2.4 人口特征的变化

法国大革命为社会变革如何导致新的服务业提供了一个有趣的历史案例。在革命之前，巴黎只有两家餐馆，之后却有超过 500 家。无依无靠的贵族被迫解雇他们的私人厨师，而厨师们发现开设自己的餐厅正是解决他们失业问题的有效措施。

对未来服务需求的主要影响是美国人口的老龄化。随着美国婴儿潮一代进入退休阶段，对医疗保健和金融服务的需求将会增加。人们的寿命更长，对医疗保健服务的需求增加，以维持积极的生活方式。用定额供款计划 [401（k）计划 ] 取代养老金计划会产生对投资咨询和财务管理服务的需求。最后，休闲活动的新时代将反映在对航空旅行、海洋游轮、餐馆和酒店房间的需求上。

## 3.3 服务创新

美国国家科学基金会曾经将"研发"定义为三种类别：
● 基础研究是针对知识增加和繁殖的研究，包括增加对现象的基本方面以及对流程或产品没有明确付诸应用的可观察的现实的认知。这种研究仅限于联邦政府、大学和非营利部门。

- 应用研究是针对一种特别需要的知识的研究。
- 开发是一种对产品生产、服务和方法等知识的系统应用，包括原型和流程的设计与开发，而不包括质量控制、日常产品测试和生产。[3]

根据美国国家科学基金会的定义，服务创新是应用研究和开发计划的产物，包括以下一个或多个目标：

- 从事对新知识的有计划性的研究，不管该研究是否将被明确应用。
- 将现有知识应用于解决在创建新服务或流程时出现的问题，包括评估可行性的工作。
- 将现有知识应用于解决有关改善现有服务或流程相关的问题。

根据美国国家科学基金会的报告，2013 年美国非制造业的份额占到全部工业研发的31%，[4] 外包应用的增加部分地解释了工业化国家所拥有的大份额。例如，药物公司借助服务公司来进行药物研发的测试，以及大部分制造型企业将软件开发外包给信息服务提供商。

很多创新流程的基本特点是不同于产品和服务的。服务创新的独特性挑战包括：[5]

- 保护知识产权技术的能力：服务系统的透明使得模仿更简单，而专利权很难获得。
- 创新渐进的本质：由于顾客参与到服务系统，创新趋向于进化而不是激进地让顾客接受。
- 要求整合的程度：服务创新要求人员、产品及技术间进行互动，并且需要系统性的整合。
- 在一个受控的环境中构建原型或进行测试的能力：除了汉堡王示例之外，服务无法在隔离的实验室中进行实际测试，因此它们在启动时可能会面临失败或性能不佳的风险。

创新不仅是形成新事物的过程，它还是实际的产品或成果。对服务来讲，创新的结果不仅是成果，更应该是对已有服务的改进。表 3-1 给出了根据两种主要特性对服务创新所进行的分类：根本性创新是那些以前的顾客无法获得的或现有服务的新传递系统（如巴诺书店的网站）；渐进型创新是对现有服务的改变，其价值在于改进（例如在快餐店增加游乐园）。

创新是传统的毁灭者，因此，需要仔细规划以确保成功。必要时，新技术的生产力效益将改变工作的性质。任何新技术的引入都应让员工熟悉，以便为新任务做好准备，并为技术界面的设计提供输入（例如，是否需要打字技能，或者员工只需指向并点击）。对于服务，新技术的影响不仅限于后台，可能需要改变顾客在服务过程中所扮演的角色。顾客对通过焦点小组或访谈确定的新技术的反应也为设计提供了参考，以避免未来的验收问题（例如，考虑在自动柜员机上加装监控摄像头）。例 3-1 描述了区块链（一种新兴的突破性技术）对数字时代服务交付的影响。

**表 3-1　服务创新水平**

| 新服务类别 | 描述 | 实例 |
|---|---|---|
| **根本性创新** | | |
| 主要创新 | 市场的新服务尚未确定。这些创新通常由信息和基于计算机的技术驱动 | 富国银行网上银行于 1995 年 5 月推出 |
| 开始业务 | 市场上已经有企业提供的新服务 | Mondex USA 是万事达卡国际的子公司，为零售交易设计和分销智能卡 |
| 目前市场上的新服务 | 为组织的现有顾客提供的新服务（尽管这些服务可能已经由其他企业提供） | 独立银行分行或信息亭位于超市或其他零售设施（例如，在星巴克咖啡店中的富国亭） |

（续）

| 新服务类别 | 描述 | 实例 |
|---|---|---|
| | 渐进型创新 | |
| 服务范围延伸 | 增加现有服务项目，例如添加新菜单项、新路线和新课程 | 新加坡航空公司为头等舱旅客提供的特别休息室 |
| 服务提升 | 当下服务的功能变化 | 达美航空公司用类似于 ATM 的机器分配食品 |
| 风格变化 | 所有"新服务"中最常见的，这些是可见的变化形式，对顾客的感知、情绪和态度产生影响。样式更改不会从根本上改变服务，只会改变其外观 | 葬礼之家，如洛杉矶的 Calvary Mortuary，现在提供简短的仪式庆祝生命，而不是哀悼死亡，全方位服务的花店，以及更多粉彩，更明亮的墙壁，更多的窗户和灯光的设施 |

资料来源：Reprinted with permission from S.P. Johnson, L.J. Menor, A.V. Roth, and R.B. Chase, "A Critical Evaluation of the New Service Development Process," in J.A. Fitzsimmons and M.J. Fitzsimmons (eds.), *New Service Development* (Thousand Oaks, Calif.: Sage, 2000), p.4.

## ⊙ 例 3-1

### 区块链 [6]

区块链（blockchain）是数字货币比特币的技术创新和基础，它作为所有交易或区块的公共分类账。而复式会计系统至少需要两个会计分录（信用卡和借记卡）来记录每个金融交易。为了确保完整性，总负债必须等于每次交易的总资产。

考虑买房，这是涉及银行、律师、产权公司、保险公司、测量师、评估师和建筑检查员的复杂交易。各方都保持独立的记录，验证和记录每个步骤的成本很高，导致平均大约需要两个月的时间。区块链为所有参与者提供可信的、不可变的数字分类账，显示每笔交易。

区块链是一种安全的全球分布式分类账，运行在数百万台个人计算机设备上（没有中央计算机可以入侵），并且对任何可以访问互联网的人开放。在不断增长的链中，每笔交易都与另一笔交易相关联。每个数据记录或块包含时间戳和前一个块的链接。分类账不仅包含财务数据，还包含任何有价值的数据（如文件、合约、音乐或艺术品），并且可以安全和私密地移动和存储。通过区块链可建立点对点信任，而不是像银行或政府这样强大的中间人（两者都曾被黑客入侵），通过大规模协作、智能代码，尽管极为费力但不是不可能被篡改。区块链确保陌生人之间的完整性和信任，因为在不改变链中的每个连续块的情况下不能改变单个块，这可以无限期地继续。

区块链技术已经超越数字货币进入了所有有价值的交易。例如，区块链上的智能合约（自我执行复杂交易的软件程序）将降低签约、执行合同和付款的成本。区块链上的自治代理（智能合约捆绑）承诺消除代理和协调成本，甚至可能导致高度分散的企业很少或根本没有管理。

区块链同样应用在金融服务行业中，例如，美国银行/美林证券与微软合作创建了一个更有效的贸易交易平台。[7] 传统股票交易的结算时间可能需要一周或更长时间才能完成，并留下一条脆弱的关联。

图 3-2 中所示的三个事务区块链的原理图将用于简化区块链的技术方面。每个交易（块）包括区块链中的先前块的分解（加密函数），两者的链接反过来形成一个链。加密散列函数是将任意大小的数据映射到固定大小的位串的数学算法，其被设计为单向函数（即，不可逆

的函数）。每个块都包含前一个块的哈希值（hash）。这具有从第一块到当前块创建块链的效果。保证每个块按时间顺序排在前一个块之后，否则将不知道前一个块的散列。每当一个块在链上存在了一会儿，它就必须被及时计算修改，因为它之后的每个块也必须被重新生成。

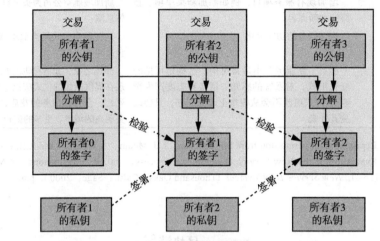

图 3-2 区块链示意图

资料来源：Satoshi Nakamoto, Bitcoin: "A Peer-to-Peer Electronic Cash System," posted on the Internet November 2008, p.2. https://ihb.io/2015-08-11/news/word-cloud-the-original-satoshi-nakamoto-bitcoin- white-paper-5638.

该事务的每个所有者创建一对加密密钥：可以广泛传播的公钥和仅有所有者知道的私钥。这种安排（类似于访问保险箱的 2 键系统）支持两种功能：①使用公钥来验证发起的消息来自配对的私钥的持有者；②用公钥加密消息，以确保只有配对的私钥的持有者才能解密它。在公钥加密系统中，任何人都可以使用接收器的公钥来加密消息，但是这样的消息只能用接收者的私钥解密。为了使其工作，用户必须在计算上能容易地生成用于加密和解密的公钥和私钥对。私钥/公钥加密系统的强度依赖于从其对应的公钥确定正确生成的私钥的难度（无法计算）。安全性则仅取决于保持私钥是私有的，并且可以在不损害安全性的情况下发布公钥。所有者使用电子签名功能签署任何交易。

### 3.3.1 服务业中应用新技术的挑战

对于服务，"流程就是产品"，因为顾客直接参与服务交付。因此，技术创新的成功，尤其是前台的成功，取决于顾客的接受程度。对顾客的影响并不总是局限于失去个人关注，顾客还可能需要学习新技能（例如，如何操作自动柜员机或汽油泵），或者他们可能不得不放弃一些好处（例如，通过使用电子资金转移而失去流动性）。在服务交付系统中进行更改时，必须考虑顾客作为服务流程中的主动参与者或联合生产者的贡献。

作为内部顾客，员工也受到新技术的影响，并且经常需要再培训。与习惯打字机的秘书采用文字处理方式相比，零售店采用扫描方式的例子较少。

不直接影响顾客的后台创新可能会引发不同类型的复杂化。例如，考虑在银行业中使用磁墨水字符识别（MICR）设备。这种技术创新根本不影响顾客，相反，它使"隐藏"的支票清算过程更具生产力。然而，在所有银行同意使用通用字符代码印记其支票之前，无法实现全部利益。如果没有这样的协议，不合作银行的检查将需要手工分类，这将严重限制该技术的有效性。当美国所有银行最终同意在支票上使用相同的 MICR 印记时，支票清算程序变得更加有效。美国银行在获得这一概念的接受方面发挥了领导作用，但银行的自身利益是主要动机。检查处理量超过了他们的手动分拣能力。

然而，服务创新的动力受到阻碍，因为很多创意都不能获得专利。创新的预期回报会减少，因为许多创新可以自由模仿并在竞争中迅速实施。

### 3.3.2　迎接新技术 [8]

技术准备是指一个人在生活或在工作中为了实现他的人生目标的倾向接受和使用新技术的倾向。对人们对技术的反应的研究发现了八个与技术相关的悖论：控制 / 混乱，自由 / 奴役，新生 / 过时，有能力 / 无能，高效 / 低效，满足需求 / 创造需求，同化 / 隔离以及参与 / 脱离。这些悖论意味着技术可以引发积极和消极的感受。例如，能力 / 无能的悖论可以促进智力和功效的感受，或导致无知和无能的感觉。

管理人员在引入新技术时面临挑战。首先，受新技术服务影响的顾客群的整体准备程度如何？一旦评估了这种准备程度，就可以实现实施的程度和适当的技术，实施的步伐以及协助顾客所需的支持。其次，了解员工的技术准备对于在设计，实施和管理员工界面方面做出正确选择非常重要。技术准备问题对于联系员工尤为重要，顾客可以在问题出现时向他们寻求帮助。对人际关系技能和技术准备率高度评价的员工可能是技术支持角色的良好候选人。

## 3.4　新服务开发

新服务创新的创意有多种来源：可能由顾客提出建议（如饭店增加菜单）；训练一线员工倾听顾客意见（即潜听哨）；挖掘顾客数据库以获得可能的服务扩展（如附加的金融服务）；顾客统计趋势也会使人们注意提供新的服务（如长期医疗服务）和技术的提高。这些创意形成了图 3-3 新服务开发流程（NSD）的开发阶段的投入部分。

在新服务的开发阶段，新想法被筛选，而盈利的概念由于其实际性而得到开发和测试。通过了开发和测试的概念在分析阶段被认为是有潜质作为营利性商业投机的一部分。在项目得到授权后，成功的概念就到了设计阶段。足够的时间和金钱将投入设计中以创建一种新的服务产品和流程，并且能够通过恰当的个人培训和在特定城市或地区中的市场竞争来在领域中得到测试。最终，一种得到证明的新服务得以在全美或世界范围内全面实施。

新服务开发流程有几种驱动：多功能条款、电子数据表之类的工具以及一个接受革新文化的组织环境。

在图 3-3 的中心部分，是包括人员、系统和技术的服务产品。人员由雇员和顾客构成。雇员必须经过招聘、培训、授权（如，通过计算机浏览在巴诺书店网站销售的图书）以传递产品中包含的服务优势。顾客的角色需要用恰当的动机来定义以促进期望的行为（如，在凯悦酒店使用自助服务来登记入住）。

请注意在以上事例中为完成需要的任务而对系统的需求。一些系统（例如健康诊疗部的患者记录系统）存储在后台办公处以帮助雇员更好地服务顾客。在线酒店预订是前台系统的一个例子，因为它直接与顾客关联。

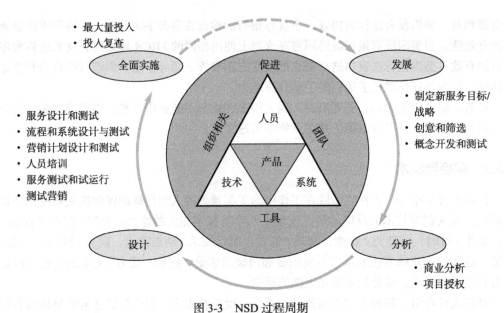

图 3-3 NSD 过程周期

资料来源：S. P. Johnson, L. J. Menor, A. V. Roth, and R. B. Chase, "A Critical Evaluation of the New Service Development Process," in J. A. Fitzsimmons and M. J. Fitzsimmons (eds.), *New Service Development* (Thousand Oaks, Calif.: Sage, 2000), p. 18.

技术进步通常是服务创新的基础。表 3-2 给出了不同来源（如动力 / 能量、实体设计、材料、方法、信息）的技术拉动服务创新的案例和对行业的影响。因此，一家服务企业要保持其竞争地位，就必须关注技术。像亚马逊网络书店的例子就说明，技术的先行者能够建立一个忠诚的顾客群体和巨大的竞争优势。

表 3-2 技术驱动的服务创新

| 技术来源 | 服务示例 | 服务业影响 |
| --- | --- | --- |
| 动力 / 能量 | 喷气式飞机 | 允许国际飞行 |
| | 核能 | 对化石燃料的依赖性降低 |
| 实体设计 | 酒店中庭 | 宏伟壮观的感受 |
| | 封闭式体育场 | 全年使用 |
| 材料 | 变色玻璃 | 节能减排 |
| | 合成机油 | 换油次数减少 |
| 方法 | 准时制生产（JIT） | 减少供应链分类 |
| | 六西格玛 | 质量的制度化 |
| 信息 | 电子商务 | 开拓全球市场 |
| | 卫星电视 | 替代有线电视 |

## 服务设计元素

首先请大家来考虑一栋建筑物，其建筑过程始于建筑设计师的脑海中，而后被"翻译"为由各种建筑系统（包括基础、结构、探测、核电力）构成的建筑设计图。与此设计过程类似的是具有两类系统元素的服务概念：结构（交付系统、设施设计、位置、能力规划）和管理（信息、质量、服务境遇、能力和需求管理）。 这些设计要素必须设计成能够持续提供为达成战略服务愿景的服务。服务设计要素是同时向顾客和员工传达他们应该期望得到和传送什么样的服务的板块。

下面将以坐落在加拿大多伦多的一家仅承担腹股沟疝气手术的医院的成功案例，来说明服务概念中的每个因素对战略使命达成的贡献。苏第斯医院是一家私人医院，它以特殊的手术程序来成功治疗腹股沟疝气而著称，因其复发率低而获得了良好的声誉。

苏第斯医院在支持其解除腹股沟疝气病人痛苦的战略服务中的结构性因素为：

- 交付系统。苏第斯医院在服务流程的各个方面都体现出顾客参与的特点。例如，病人在术前自己刮除体毛，自己从手术台走回恢复区，在术后的晚上医院鼓励病人与新病人讨论自己的经历以消除后者的术前恐惧。
- 设施设计。在设施上有意识地进行设计以鼓励锻炼，使病人在四天内迅速恢复，它所提供的恢复到正常状态的活动锻炼时间是传统医院的大约 1.5 倍。在医院的房间里完全没有如电话和电视之类的令人方便和享受之物，病人必须自己步行去休闲室、淋浴室和自助餐厅。
- 地点。苏第斯医院坐落于具备优良航空服务的大都市多伦多，这使它能够与国际市场接轨。同时，当地的巨大人口也为该医院提供了病人的来源，病人能够在短期预约的时间表上做登记，这样就可以在有人取消预约时及时递补治疗。
- 能力设计。由于疝气手术是选择性程序，因此根据手术可以进行的时间将病人们分批进行手术，这样一来就使医院的治疗能力得到了最大化的利用。这种手术时间安排上的便利性使得苏第斯医院在经营上像一个客满的酒店，这就使医院中如总务和食品服务的支持性活动被充分利用起来。

苏第斯医院的服务思想中的管理性因素同样支持其提供高质量的医疗过程的战略：

- 信息。苏第斯服务的一个独一无二的特征在于其每年的院友联谊会，这表现出医院与其病人之间连续不断的关系。保有病人的信息使得苏第斯建立起一个忠实的顾客基础，这是一个有效的口碑广告。提供每年免费的身体检查也使苏第斯为其治疗程序建立起一个独一无二的数据库。
- 质量。其最重要的质量特征是，所有医师对苏第斯医院疝气治疗方法的坚持降低了病人的复发率。另外，当病人遇到困难的时候，医院会把他们安排给承担过其治疗过程的医生。病人感知到的质量通过在苏第斯的经历得到了强化，这种经历比起传统的住院治疗更像是一个短暂的假期。
- 服务境遇。医院通过员工和病人共同就餐的形式来加强培养家庭氛围的服务文化。医院的所有员工都能得到向病人进行鼓励以帮助病人迅速康复的培训。已经做完手术的病人会被鼓励在早餐时与那些第二天才做手术的病人进行讨论，以消除后者术前的恐惧心理。
- 能力和需求管理。医院通过病人邮寄回的问卷来对病人进行安排，并只接受预约。由此，病人有关时间性和适当性的要求就能够被有效地控制。像前面提到过的那样，在等候名单上的自行来医院治疗的或当地的病人可以填补由于取消预约而出现的空缺。因而，医院能力的全部利用便得到了保证。

## 3.5 通过流程结构实现战略定位

流程中的步骤和顺序显示了服务交付结构的复杂程度，它可以由服务蓝图反映，并由步骤的数量和复杂度衡量。例如,在快餐馆里准备一份外卖要比在一个高级法国餐厅里准备一顿晚餐简单得多。服务人员提供定制服务时所能用到的判断和自由程度便是每个服务步骤中所允许的差异化程度。例如,与一般的法律服务相比,辩护工作是高度差异化的,因为与当事人的交互需要判断力、谨慎性并与环境相适应。

H&R 公司通过向寻求标准退税帮助的人提供低差异的报税服务,赢得了大量的中产阶级纳税人。由于低差异,企业可以雇用不太熟练的员工从事重复性工作,其结果是保持一致的质量并降低了成本。

为男士提供发型服务的沙龙代表了高度差异化的战略,改变了传统的理发业。高度差异化的特征是,作为一种市场利基战略,它面向那些愿意多花钱以追求个性化的顾客。

通过专业化来缩小服务范围是一种导致低复杂性的重点战略。近年来,零售业出现了一些只经营一种产品(如咖啡、冰激凌和点心)的专业商店。这种战略得以顺利实施的原因在于,服务或产品具有独特之处或很高的质量。

为了增强市场渗透力或使从每个顾客身上获取的收入最大化,企业增加服务项目,因此创造出高复杂性的结构。例如,超市通过增设银行业务、药品销售、花店、书店、录像带出租和餐厅而演变为超级商店。

重新定位不必局限于流程结构的一个方面(差异性或复杂性程度)。例如,一个家庭餐馆可能要在复杂性和差异性方面同时变动,见表 3-3。

**表 3-3　一个家庭餐馆的结构性选择**

| 低复杂性 / 差异性 | 当前流程 | 高复杂性 / 差异性 |
| --- | --- | --- |
| 无预订 | 预订 | 可挑选具体座位 |
| 自己就座,自取菜单 | 入座,送菜单 | 背诵菜单;描述主菜和特价菜 |
| 自取水 | 提供酒水甜点 | 各种各样的热面包和开胃小菜 |
| 顾客自己填单 | 点菜 | 侍者站立一边记菜名 |
| 预先制备的;没有选择 | 沙拉台 | 沙拉(4 种选择) |
| 将主菜限制为 4 种选择 | 主菜(6 种选择) | 扩展到 10 个选择;加入火锅、梭鱼 |
| 圣代冰激凌吧,自助 | 甜点(6 种选择) | 扩展到 12 个选择 |
| 咖啡,茶,牛奶 | 饮料(6 种选择) | 添加进口的咖啡、葡萄酒单、利口酒 |
| 沙拉和菜一起上,饮料和账单一起上 | 上菜顺序 | 分类上菜 |
| 离开时仅能用现金支付 | 现金或信用卡 | 多种结账方式,提供薄荷糖 |

资料来源:Reprinted with permission of the American Marketing Association: G. Lynn Shostack, "Service Positioning through Structural Change," *Journal of Marketing* 51, January 1987, p. 41.

## 3.6　服务蓝图 [9]

根据服务概念中包含的主观想法来开发新的服务,需要付出昂贵的代价和失败的教训才能将想法变成现实。例如,设计一座大楼时,人们把建筑图纸称为蓝图,这是因为这种图纸是用蓝线特别绘制的。这些蓝图展示了产品的样图和制造过程中的一些具体规范。同样,可以以类似的方式设计服务交付系统,重点在于显示员工和支持服务之间的交互的顾客处理流程。举个例子,考虑去看旧金山巨人队的棒球比赛,要从北部开车去看旧金山巨人队的比赛,你可以选择在 Larkspur 停车并乘坐渡轮直接穿过海湾到达旧金山海滨的 AT & T 公园。下面首先开发由顾客所经历的事件序列。

⊙ **例 3-2**

### 观看旧金山巨人队的比赛

所有服务蓝图都以模板开头，如图 3-4 所示。顶线描述了顾客将要看到的"实体证据"（例如，标牌）和体验（例如，平稳航行）。第二行"顾客行动"要首先填写，因为这是从服务体验的开始到结束驱动蓝图的顾客流程。在活动之间省略了箭头以节约空间，但是操作序列为从左到右进行，以创建随后的列。

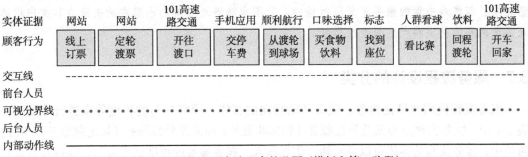

图 3-4　旧金山巨人队比赛的蓝图（模板和第一阶段）

顾客操作和台上联系人之间的交互虚线显示了面向顾客的活动点（例如，食品供应商）。在将"前台联系人"（例如，票务收集者）与"后台联系人"（例如，地面管理员）分开的蓝图的中间显示了顾客看不到的虚线。内部交互的最后一行虚线将上述活动与"支持流程"（例如，网站）分隔开来。

图 3-5 显示了观看旧金山巨人队比赛经历的完整蓝图。在构建蓝图时，从顶行向模板的下方进行。当完成顾客操作和实体证据后，接着插入顾客全视图中的前台联系人的活动。垂直箭线穿过"交互线"，作为描绘顾客与组织员工之间直接联系的双向箭头（例如，填写食物订单）。接下来，继续插入"可视分界线"以下的活动，以显示后台联系人在顾客看不到的地方的活动（例如，食物准备），并用箭头指向蓝图中较高的适当活动。"内部互动线"之下的活动包括支持流程（如停车电话的应用）。最后，在可能发生问题的活动旁边显示"可能的失败点"（例如，渡轮错过了比赛）。

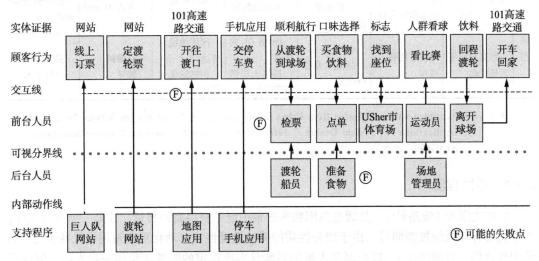

图 3-5　旧金山巨人队比赛的蓝图（最终产品）

服务蓝图是一种有用的管理工具，用于评估服务流程并建议可能的顾客体验改进。从实体证据开始，可能会询问证据是否与顾客的期望一致（例如，网站是否易于导航）；是否有可以消除的顾客行为（例如，同一网站上的机票和渡轮销售）或自助服务（例如，离开停车场）；对于前台联系人、收票员、食品机和玩家，是否需要不同的人际交往能力。后台联系人的问题涉及适当的人员配置，以避免在台上造成不必要的延误。失败点会引起对意外事件的预先计划的需求。

总的来说，服务蓝图是对服务交付系统的准确定义，它使得管理者在进行任何实际的承诺之前，都能对书面的服务定义进行检验。蓝图也能够通过辨别出潜在的失败点和突出机遇来方便问题的解决和产生创造性思维。

## 3.7 服务流程设计的分类

服务流程使用差异化概念、服务活动指向的客体、顾客参与的程度等来进行分类。在表 3-4 中，服务大致分为低差异性服务（如标准服务）和高差异性服务（如定制服务）。在这两类中，服务流程的客体可以是货物、信息和人。顾客参与的程度从无参与、间接参与直至直接参与（可进一步分为自助服务和与侍者人际交互）。

表 3-4 服务流程分类

| 顾客参与的程度 | | 低差异性服务（标准服务） | | | 高差异性服务（定制服务） | | |
|---|---|---|---|---|---|---|---|
| | | 产品加工 | 处理信息或图像 | 人员处理 | 产品加工 | 处理信息或图像 | 人员处理 |
| 无顾客参与 | | 干洗<br>自动贩卖机 | 检查流程<br>信用卡结账 | | 汽车修理<br>定制衣服 | 程序设计<br>建筑设计 | |
| 间接参与 | | | 家用电脑购物<br>电话查询账户余额 | | | 由空中交通管制员监督着陆<br>在电视拍卖会上竞标 | |
| 直接参与 | 没有顾客与服务人员互动（自助服务） | 经营自动售货机<br>组装预制家具 | 从自动柜员机提取现金<br>在照相亭拍照 | 操作电梯<br>乘自动扶梯 | 在自助晚餐上采样食物<br>包装货物 | 记录诊所的病史<br>在库中搜索信息 | 驾驶出租车<br>使用健身俱乐部设施 |
| | 顾客与服务人员互动 | 在餐厅用餐<br>洗车 | 做演讲<br>处理日常银行交易 | 提供公共交通<br>提供大规模疫苗接种 | 家居地毯清洁<br>园林绿化服务 | 肖像画<br>辅导 | 剪发<br>外科手术 |

资料来源：Reprinted with permission from Urban Wemmerlov, "A Taxonomy for Service Process and Its Implications for System Design," *International Journal of Service Industry Management* 1, no.3(1990), p.29.

### 3.7.1 差异程度

标准化服务（低差异性）是通过范围狭窄的集中服务获得高销售量。这是一项常规工作，工作人员有较低的技能即可。由于服务性质的简单重复性，自动化更多地用来代替人力（如使用售货机、自动洗车）。减少服务人员的判断是实现稳定的服务质量的一种方法，但这可能会产生一些负面影响。这些概念在后面的讨论中被称为"服务设计的生产线方法"。

对定制服务（高差异性）来说，完成工作需要较多的灵活性和判断力。另外，在顾客和服务人员之间需要进行更多的信息沟通。此类服务过程无固定模式可循，且未被严格界定，因此需要高水平的技巧和分析技能（如咨询服务、景观美化）。为了使顾客满意，服务人员应被授予一定的自主性和决断力（也就是说服务人员被授权）。

### 3.7.2 服务流程的对象

当产品被处理时，一定要分清楚它是属于顾客的，还是由服务公司提供的（如辅助产品）。例如干洗或汽车修理，服务作用的客体是属于顾客的，因此工作人员一定要注意不要让衣物或汽车有任何损坏。在另外一些服务中，服务企业（如餐馆）提供辅助产品，并将其作为服务包的重要组成部分。因此，必须考虑这些辅助产品适当的库存和质量，如麦当劳餐厅对食品购买的关注。

所有服务系统都会处理信息（即接收、处理和操纵数据）。在某些情况下，这是后台活动，例如银行的支票处理。对于其他服务，信息通过电子方式间接传达，如电话查账。在这些情况下，服务人员可能会在电脑前花上若干小时来进行例行的工作，同时激励也就成了一种挑战。然而，存在诸如咨询之类的服务，顾客与工作人员之间进行直接接触以进行信息交流。对于那些高技能的员工，处理非常规问题的挑战以获得工作满意度是非常重要的。

人员处理过程涉及实体形态的变化（如理发或手术）或地理位置的变化（如乘车及租用小汽车）。由于这类服务的"高接触"性，服务人员不但要掌握技术方面的技巧，还要掌握人际沟通技巧。对于服务设施设计和选址也应注意，因为顾客要参与到服务系统中。

### 3.7.3 顾客参与的类型

顾客参与服务交付系统可以有三种基本的方式。第一，在服务创造的过程中，顾客实际参与并与服务提供者直接互动。在这种情况下，顾客会对服务环境有彻底的了解。第二，顾客在家中或办公室通过电子媒介间接参与。第三，有的服务可以在完全没有顾客参与的条件下完成。银行是这三种方式都存在的例子。例如，提出一项汽车贷款申请需要与负责人直接会晤，贷款的支付可以通过电子转账完成，而贷款的财务记账则由银行后台人员独力完成。

直接顾客参与又可分为两类：与服务人员无互动（自助服务）和与服务人员有互动。自助服务很有吸引力，因为顾客要在必要的时候提供必要的劳动。许多能够节约成本的技术在服务中的应用，如直接拨号和自动取款机，取决于那部分愿意使用这种设备的顾客。当顾客愿意与服务人员直接互动时，上面所讨论的人员处理过程（即人际关系技巧的培训和设施的定位、布局和设计）对于保证服务成功变得十分重要。顾客亲自出现在服务过程中会导致许多新的管理问题的出现（如管理等候以避免产生消极形象）。

具有间接顾客联系或没有顾客联系的服

快餐店希望顾客看到整洁的厨房。
©Dynamic Graphics Group/Creatas/Alamy

务流程不需要受到顾客参与服务系统所引起的问题的约束。由于顾客与服务交付系统分离，因此可以采用制造业的方法。关于现场位置、设施设计、工作安排和员工培训的决策都可以通过有效的方式来实现。实际上，没有顾客参与和产品处理的组合通常可以看成是制造活动。例如，干洗是加工过程，汽车修理是作坊。

这种服务流程分类提供了一种组织服务系统中遇到的各种流程的方法，并帮助大家理解服务的设计和管理。服务分类也为服务过程提供战略定位图，并能为服务系统的设计与再设计提供帮助。

## 3.8 服务系统设计的一般方法

第1章将服务包定义为顾客体验的一组属性。该服务包包括五个功能：配套设施、辅助商品、信息、显性服务和隐性服务。凭借精心设计的服务系统，这些功能可根据所需的服务包进行调整。因此，服务包的定义是设计服务系统本身的关键。可以通过多种方式处理此设计。

比如，可以通过生产线方法提供常规服务。通过这种方法，在受控环境中提供服务，以确保一致的质量和操作效率。另一种方法是鼓励顾客积极参与流程。允许顾客在服务过程中发挥积极作用可以为顾客和提供者带来许多好处。居于两者之间的方法将服务划分为高顾客参与和低顾客参与两种操作。这样，在低顾客参与的条件下，服务过程的设计可以以技术为核心，与顾客分开来考虑。信息技术的进步推动了信息赋权方法的发展。

必须注意，这几种方法也可以结合起来使用。例如，银行将支票处理过程与顾客隔离，使用自助柜员机，同时还提供个性化的贷款服务。

### 3.8.1 生产线方法

人们倾向于把服务视为个体行为，即一个人直接为其他人服务。这种人文主义的理解具有极大的限制性，可能会阻碍对服务系统设计的创新。例如，有时大家会从高技术的服务交付系统中受益。制造系统的设计时刻都在考虑对过程的控制。由于产出受机器速度的影响，每份工作都有明确的任务和职责。为提高生产效率，要使用许多特殊的工具和设备。采用这类生产线方式的服务企业可以获得成本领先的竞争优势。

麦当劳公司是将生产线方式应用到服务业的典范。原料（如汉堡包配料）在其他地方经过测量和预包装处理，员工不必为原料的多少、质量和一致性而操心。此外，专门有储存设施来处理半成品，在服务过程中不需要对酒水饮料和食品提供额外的存放空间。

法式薯条的生产表明了对细节设计的关注。薯条经过预制、半加工及冷冻。用于烹制的锅的尺寸被设计为可以炸制准确数量的薯条。薯条的数量不能太多，否则会使存放的薯条变得潮湿，也不能太少，以免过于频繁地需要烹制新批次的薯条。薯条要放在靠近柜台的一个大且平的浅盘里，这样设计是为防止装过多的薯条而掉到地板上造成浪费，以及弄脏环境。使用一个特制的宽嘴的漏勺来保证售货数量的恒定。这样细心的设计可使员工既不弄脏手，又不弄脏薯条，还保持了地面清洁，并且每份数量都大致一样。最后，看起来十分丰盛的薯条由一位面带微笑的员工快速高效地送到顾客手中。

整个系统从头到尾，即从汉堡包的预包装到能使顾客方便清理餐桌的废料盒，每一个细节都进行了仔细的策划与设计。服务系统设计的生产线方式试图将成功的制造业观念引入服务业。下列一些特征是这种方法成功的关键所在。

### 1. 个人有限的自主权

汽车装配线上的工人任务明确并使用指定的工具来完成工作。员工拥有一定程度的自主权会生产出更具个性的汽车，但会丧失汽车总体的一致性。标准化和质量（被定义为规格上的一致性）是生产线的优势所在。对于标准化的常规服务，服务行为的一致性受到顾客关注。例如，消音器替换和害虫控制等专业服务，广告中宣传在任何一个特许经营店都能获得同样高质量的服务。因此，顾客便希望在任意一个特许场所能获得相同质量的服务（如巨无霸汉堡包彼此一致），就像同一厂家生产的产品是无差异的一样。然而，如果需要更多的个性化服务，对员工的授权就变得十分必要。给予员工在决策和承担责任上更多的自由的概念将在第 4 章服务接触中讨论。

### 2. 劳动分工

该生产线法建议将总工作分解成简单的任务组。这种分工使得员工可以发展专门化的劳动技能（即并不是每一位麦当劳员工都需要成为厨师）。另外，劳动分工的同时实行按劳取酬。当然，这会招来不少批评，许多服务工种被认为是工资最低、没有前途和低技能的就业机会。例如，考虑一种医疗概念，病人要经过一系列诊断病情的固定的医学检查，这些检查是由医师使用复杂的设备完成的，但因为整个过程被分成了日常工作，所以没有高薪医师也是可以完成这些检查的。

### 3. 技术替代人力

设备取代人力的系统替代已经是制造业取得发展的源泉。这种方法也可以应用于服务中，例如人们对自动取款机替代银行收银员的接受。然而通过系统的"软"技术可以实现很多事情。考虑一下在飞机的厨房放置镜子的用处。这个有利的装置为飞机上的乘务员提供了一个提醒物和机会，使他们能够保持令人愉快的外表和客气的态度。另一个例子是贺年卡展览，它有一个内置的存货补给和再订货装置，当存货变少的时候，带颜色的卡片会显示出来以提醒经销商再订货。使用笔记本电脑，保险代理可以使他们的建议个性化，并且阐明货币累积的价值。

### 4. 服务标准化

在麦当劳，有限的菜单保证了快速的汉堡包供应。有限的服务选择为公司创造了预测和提前准备的机会；服务成了一个由定义明确的常规任务和有序的顾客流组成的过程。由于过程比较易于控制，标准化也能够帮助提供一致的服务质量。特许服务能够从标准化中获益，来建成一个全国性组织，从而克服需求被局限于服务场所周围地区的问题。

## 3.8.2 顾客作为合作生产者

对于大多数服务系统，当顾客出现时，服务才能开始。顾客并不是被动的旁观者，当需要的时候，顾客也可以转化成积极的劳动力，这样就有可能通过将某些服务活动转移给顾客而提高生产率（即将顾客变成合作生产者）。此外，顾客参与也可以提高服务定制的程度。例如，必胜客的午间自助餐允许顾客自己选择沙拉和按块（而不是整张）选购比萨饼。厨师们接连不断地烹制卖得好的比萨饼，而不需要按照每位顾客的要求烤制。如果一家公司把目标集中在那些愿意进行自我服务的人群，那么，让顾客参与到服务过程中来便能以某种程度的定制来支持成本领先竞争战略。

按照顾客参与的程度，可以提出一个从自我服务到完全依赖服务提供者的服务交付系统连续图谱。以房地产代理服务为例，业主个人有出售房屋的选择权，还有将此权利完全委托给代理而自己置身事外的权利。一种折中的选择是房屋展示，对一套公寓（如支付 6% 的固定费用），业主可将房子的情况在展台中展示，购房者可以根据需求参观展览室，并根据爱好来选择房子的图纸及询问房子的具体情况。如果业主与买方定下了会晤时间，接着就要安排面谈日程了。买主负担自身的交通费用，业主展示房屋，展室代理人负责完成最后的交易及安排付款等。这样，通过劳动分工提高了效率。房地产代理商需要专门的训练和技能，而业主和买方共同分担其他的活动。

### 1. 自助服务

以顾客劳动来代替个性化的服务劳动是减少经营成本的一个方法。例如，阿拉斯加航空公司转向使用自助服务技术，以应对低成本的西南航空公司侵占其太平洋海岸网络的竞争。阿拉斯加被誉为第一家引入自动值机亭和通过互联网销售电子机票的航空公司。

如今的顾客已经成为服务的合作生产者，他们通过自己的劳动从方便中获益。有趣的是，一部分顾客实际上很欣赏这种自助服务，例如，沙拉吧台的流行就是允许顾客根据个人爱好选择沙拉的数量和种类的结果。最后，在需要的时候顾客提供了额外的服务，从而合作生产也减轻了供求不平衡的矛盾。

### 2. 理顺服务需求

服务能力随时间消逝。例如，对诊所而言，衡量服务能力的合适标准是会诊时间而不是医生数目的多少。这种方法强调：如果没有顾客的需求，就会造成服务提供者的服务能力的永久损失。然而，服务需求明显地随时间变化，一天中随小时变化（如餐馆），一周中随日期变化（如剧院），一年中随季节变化（如滑雪胜地）。如果能够理顺需求变化，就可以降低所需的服务生产能力，并更加充分和统一地使用服务能力，最终使服务生产率得以提高。

要实施理顺服务需求的策略，顾客必须被动地作为合作生产者参与进来，调整他们的需求时间以与可获得的服务相匹配。要达到这种目的，典型的方式是预约或预订，以减少顾客的等待时间，也可在服务需求低谷期通过价格刺激来吸引顾客消费（例如，在晚上 9 点以后降低电话费，在滑雪胜地每周中期对各种门票和缆车费打折）。

如顺应需求的努力失败，也可通过要求顾客等待来达到较高的服务能力利用率，因为顾客等待有助于更大限度地利用资源。或许可在等候厅展示如下标语："你们的等待会是我们低价的保证！"

要作为服务过程积极的参与者来承担新的、更具独立性的角色，顾客需要"接受培训"。服务提供者应扮演"教育者"的角色，这在服务业还是一个全新的观念。从传统来看，服务企业往往只依赖服务人员而忽略了顾客。

### 3. 顾客生成的内容

互联网已经开启了顾客合作生产的新机遇——所产生的内容能为其他人所用。例如，考虑在线百科全书维基百科吸引了对其有关内容感兴趣的虚拟社区。网络的自我监控，使其涵盖了独立个体添加的内容和批评材料，从而使其内容比传统的仅仅是一家之言的百科全书要丰富得多。另一个例子是 Craigslist.com，一种直接和报纸征求广告的方式相竞争的成功的商业模式，它提供了一个平台，允许顾客免费在线展示照片和描述，以在其社区内销售物品。

### 3.8.3　顾客接触方式

产品的制造在受控环境中进行，流程设计完全专注于在没有顾客参与的情况下连续有效地把输入转换为产品。通过库存，生产企业可以将生产过程与顾客需求的变化分离开来，由此可以按照满负荷能力编制生产计划。

当顾客参与流程时，服务管理者如何设计流程以实现高效率的生产？一种方法是将服务交付系统分成高级和低级接触的顾客操作。低接触或后台操作像工厂一样运行，所有生产管理概念和自动化技术都可以用于工厂。将作业活动进行这样的分类可以让顾客感受到个性化的服务，同时又可通过批量生产实现规模经济。

这种方法的成功取决于服务生产过程中需要的顾客接触的程度，以及在低接触作业中分离核心技术的能力。从前面介绍的服务过程分类方法看，这种服务设计方法似乎最适合于产品处理情况（如干洗店服务是作用于顾客的衣物的）。

#### 1. 顾客接触程度

顾客接触是指顾客亲自出现在服务系统中。顾客接触程度可以用顾客出现在服务活动中的时间与服务总时间的百分比表示。在高度接触的服务中，顾客通过直接接触服务过程而决定了需求的时机和服务的性质。服务感知质量在很大程度上由顾客的感知决定。而在低接触系统中，顾客因不在过程中直接出现而不会对生产过程产生直接影响。即使在高度接触系统中，企业也有可能将一些像工厂一样运作的部门封闭起来，不让顾客接触。例如，公共运输系统的维修和医院的洗衣房都是一个服务系统中类似工厂的部分。

#### 2. 高接触和低接触操作的分离

当服务系统分为高接触和低接触后，可以单独设计每个区域以实现更高的服务。显然，高接触需要员工具有良好的人际交往能力。在这些活动中，服务的水平和任务是不确定的，因为顾客决定了服务的需求并在一定程度上决定服务本身。然而，低接触作业可以与高度顾客接触作业在实体上完全分离。不过，其中仍有沟通的需要，以便跨越可视线跟踪顾客订单及财产的发展与变化情况（例如，一个小售货亭设置的收鞋处堆放着等待运往远处的工厂修理的鞋子）。分离的优势在于，这些后台操作可以像工厂一样安排，以高效使用生产能力。

航空公司在其运营中有效地利用了这一方法。地勤人员和机组人员着装统一，并就如何为乘客提供更好的服务接受培训。行李处理人员很少被见到，而飞机的维修保养在一个很远的地方进行，像工厂一样运转。

#### 3. 销售机会和服务交付选择

图 3-6 中服务设计矩阵显示了运营效率和销售机会之间的权衡。销售机会是对销售增加的可能性的测量，也是通过与每位顾客接触来增加收入的可能性的测量。其终端的含义是非常显著的。面对面的顾客定制服务需要高度培训的员工，但是开发忠诚顾客关系的机会是巨大的（如财务计划）。然而，一个网站可以以极低的成本接触到很多潜在的顾客，但是由于

顾客的耐心以及网站的质量等问题，销售机会却是有限的。甚至使用电子扫描技术的自助结算服务都被指出减少了销售机会。

由此不应该得出只能选择唯一一种服务交付方式的结论。为了避免忽略市场细分，必须考虑多服务渠道。例如，零售业务银行使用图 3-6 中的全部交付选择。

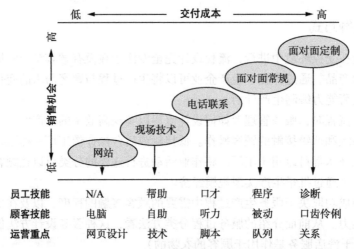

图 3-6　销售机会和服务设计

资料来源：Adapted from R. B. Chase and N. J. Aquilano, "A Matrix for Linking Marketing and Production Variables in Service System Design," *Production and Operations Management*, 6th ed., Richard D. Irwin, Inc., Homewood, IL, 1992, p.123.

### 3.8.4　信息授权

忘记"水瓶座时代"——这是信息的时代，无论喜欢与否，人们都是它的一部分。信息技术（IT）不再仅仅是计算机"书呆子"。信息技术不再仅仅是微机技术，IT 每天都与人们发生关系。餐桌上的谷类早餐不仅仅代表松饼、薄片和谷物脆片，你可以假设它们是叫 Snap、Crackle、Pop 的三个长相滑稽的小家伙，它们既不负责为你处理和包裹米饭，也不是会往每个葡萄干小麦片盒里放两勺葡萄干的精灵。IT 能帮你处理稻田和麦田，帮你播种、收获、运输谷物，甚至帮你处理、包装并送到市场和餐桌上（在家和市场之间的这些交通灯是由信息技术控制）。必要的服务，如火警和匪警，都要应用 IT。家中的电力和自来水也是 IT 带来的。事实上，IT 已成为全世界日常生活的基本组成部分，要找到 IT 未涉及的领域恐怕很难。

当然，没有 IT，当今的任何服务都不能生存。成功的管理者会发现，IT 所能提供的并不仅仅是方便地保存记录，实际上，IT 最重要的作用是员工和顾客的授权。

#### 1. 员工授权

IT 最早应用于保存记录。一家企业可能已经建立了包括顾客姓名和地址等的计算机数据库，也可能建立了包含提供产品和服务的供应商姓名和地址的数据库。利用这些各式各样的数据库，企业能较容易地使股东和税务局感到高兴。虽然可以更快、更精确地保存记录，但是秘书仍旧只是录入数据，采购员只是订购货物和服务，一线服务人员、生产人员依旧如常。高层决策者有责任将这些工作综合起来。

　　然而，关系数据库的发展改变了一切。关系数据库或集成数据库意味着任何人都可以使用来自各个方面的信息。服务人员可以从库存中申请必要的物资，甚至可以在不必通过采购办公室的情况下发出替换库存的订单。员工授权的时代已经到来。

　　当然，计算机是维护这些数据库的关键。这些机器是一种功能强大的记录姓名与数字的工具。但是，当它们开始彼此"对话"时，便出现了新的革命。现在，员工可以通过计算机接口互相影响，甚至可与其他公司的员工实时联系。例如，当达美公司的航班取消时，它的代理人不仅可以通过终端将滞留的乘客安排到本公司其他航班上，还可以安排给其他航空公司。代理商和乘客不必再为一个座位急匆匆地从一个柜台跑到另一个柜台。

**2. 顾客授权**

　　在前面的讨论中，我们研究了计算机和 IT 技术如何赋予员工权力，从而为顾客提供更好的服务。顾客也可以直接由 IT 授权。将全世界联系在一起的互联网是一种强有力的工具。顾客不再完全依赖本地服务提供商，有医疗问题的人可以在世界各地寻找答案，人们可以在世界各地购物。要是你有一部让当地最好的修理人员挠头的马自达汽车，不妨访问网址：http://www.mx6.com/forums，在网上寻求答案。

　　IT 使顾客以其他的方式积极地参与到服务过程中。例如，可进入联邦快递公司的主页，然后输入由该公司承运的空运包裹清单号码，就可以查到包裹现在确切的位置。如果包裹已被运到，还可以知道谁取走了包裹。大家现在可以在网上预订旅行航线，得到有关目的地的信息，由此扩大旅游的范围。

　　人们的日常生活越来越受到 IT 的影响，并且这种影响将以日或周而不是以年来衡量。目前，在许多超市中，顾客可以通过自己给选中的产品称重及贴上标签来加快结账速度。有时，顾客把粘在黄瓜上的条形码标签揭下来，多功能结账机会自动称重、读数，给出价钱。另外一种情况是，顾客将柠檬放在货品架的秤上，柠檬上的标签给出了它的项目号，购买者输入这个货架的标号，这时机器会吐出一个粘贴标签，并标出全部价钱。有些电子秤使用起来十分方便，已经在不同商品的按钮上贴好标签，因此，顾客并不需要记住各种商品货架的代码。除了称重和定价自选的产品外，顾客还会自行扫描所有超市购物，扫描自己的信用卡，以及打包货物。（有些人可能会认为顾客授权太过分了！）

## 3.9　知识产权

　　新服务开发通常会产生需要保护其创意不被竞争者复制的措施。没有这种保护，发明者就不会意识到该创意的利益所在。知识产权是对创意的专有权利，包括发明、文学和艺术作品、图标、名称、图像以及商用设计的专有权。它允许知识产权的所有者在某段时间内独得利益，以激励与研发相关的创造性的活动及相关成本。

　　知识产权分为以下几类：①用于商业目的的工业所有权，且拥有专利权以保护其在一定时间内不被其他无许可证的人所使用的发明（如人工心脏）；②商标（如麦当劳的金色拱门）是一种独具特色的、以在市场中区别于其他产品的标志；③工业设计权（如星巴克的店面环境）保护外观、风格或是设计免受侵权；④商业机密（如肯德基炸鸡面糊的配方）是与业务的行为实践和所有权知识相关的信息。

　　定义顾客所期望的服务后，保护相关的知识产权也就保护了一家服务公司的声望和品牌。例如，麦当劳有一起针对其竞争对手的著名诉讼，缘于其对麦当劳"金色拱门"商标的使用。这是个很严肃的事件，因为被欺骗的顾客到其竞争对手处就餐，但可能会因对方差劲的服务而迁怒于麦当劳。

## ⊙ 服务标杆

### 谷歌已经发现了 10 件事

1. 专注于用户，其他一切随后。
   所有变化必须有利于用户。
2. 最好把一件事做得真真正正的好。
   专注于你的能力并实践持续改进。
3. 快好于慢。
   顾客想要立即获得结果而不拖后。
4. 网络民主。
   让用户社区成为服务价值的判断者。
5. 你不必在办公桌上要答案。
   Web 移动技术现在能够进行信息传递。
6. 你可以在不作恶的情况下赚钱。
   与受众相关性强的广告是很有用的。
7. 那里之外总是有更多的信息。
   找到不易获得的信息需要创造力。
8. 需要跨越国界的信息。
   人们生活在一个拥有多种语言的全球社区。
9. 不穿西装仍然可以严肃认真。
   工作应该充满乐趣和挑战。
10. 很好还不够好。
    通过创新和迭代，实现好上加好。

资料来源：http://www.google.com/corporate/ten-things.html/.

## 本章小结

除了改变人口的变化和信息技术外，互联网已经成为服务业增长和创新的使能器。服务创新可以是激进的，也可以是渐进的，通常源于技术的进步。在服务开发之后，服务交付系统的设计被体现在称为服务蓝图的可视化图中。该图中的可见线引入了服务系统的前台和后台分区的概念。服务提供系统的竞争定位是使用复杂性和结构性差异的维度来完成的。本章还根据差异化的概念、服务的对象以及顾客接触的程度来研究服务分类，提出了四种通用的服务提供系统的设计方法：生产线方法、顾客作为合作生产者、顾客接触和信息授权。

## 关键术语

**应用研究**（applied research）：该活动旨在获得满足特定需求的知识。

**区块链**（blockchain）：分布式数据库，用于维护不断增长的链接记录（块）列表，防止篡改和修改。

**基础研究**（basic research）：针对没有具体应用的知识增加。

**复杂性**（complexity）：服务流程结构的一个维度，用于衡量流程中步骤的数量和复杂程度。

**合作生产者**（coproducer）：顾客在服务交付过程中可以发挥的高效作用。

**顾客接触**（customer contact）：衡量系统中顾客的实际存在量占总服务时间的百分比。

**发展**（development）：系统化使用针对产品、服务或方法的生产的知识。

**差异化**（divergence）：是服务流程结

构的一个维度，用于衡量服务员工允许的定制或决策程度。

**知识产权**（intellectual property rights）：对艺术和商业创造的合法权利。

**可见线**（line of visibility）：是在服务蓝图上绘制的一条线，显示前台和后台活动的分离。

**生产线法**（production-line approach）：是一种服务设计，类似于严格控制，使用低技能劳动力和提供标准服务的制造系统。

**服务蓝图**（service blueprint）：服务流程图，显示活动、流量、实体证据以及可见性和交互线。

## 讨论题

1. 生产线服务方法的限制是什么？

2. 给出一个技术核心不可分离的服务的例子。

3. 增加顾客参与服务流程有哪些缺点？

4. 在服务交易中会出现哪些促销的伦理问题？

## 互动练习

把课程班分成小组，为沃尔沃村准备一份服务蓝图。

## 案例 3-1　　　　100 日元寿司店[10]

Sang M.Lee 讲述了他在日本的一段经历。为了筹划一个关于研究日美管理系统的日美联合会议，他在东京与两个日本商人会面。到了午餐时间，东道主很高兴地告诉他，要向他展示"日本最有生产力的运作方式"。

Lee 描述了这个场景："他们带我去了东京新宿地区著名的 100 日元寿司店。寿司是日本最受欢迎的小吃。它是一种简单的菜肴，使用醋饭混合不同的东西，如干海藻、生金枪鱼、生鲑鱼、生红鲷鱼、煮熟的虾、章鱼、煎蛋等。通常来说，每个寿司都大小合适，以便用筷子放入口中。用姜丝将寿司做得香又好看，寿司本身就是一门艺术。"

"100 日元寿司店不是普通的寿司店，它是日本生产力的终极展示。当我们进入商店时，会听到 Iratsai 的声音，店里工作的人——厨师、女服务员、主人和他的孩子都会等着欢迎您。房子中间有一个椭圆形的服务区，里面有三四个厨师忙着准备寿司。服务区周围可能有 30 个凳子。我们在柜台就座，服务员给每人迅速配上一杯 Misoshiru（这是一种豆沙汤）、一双筷子、一杯绿茶、

一个盛放自制酱汁的小盘子，还有一个瓷筷子架。到目前为止，还看不出与其他寿司店的服务有什么不同，之后，我发现一些特别的东西。椭圆形服务区周围有一条传送带，就像玩具火车轨道一样。在上面，我看到一串寿司盘子。你可以找到任何你能想到的寿司——从最便宜的海藻或章鱼类到昂贵的生鲑鱼或虾类菜肴。但是，价格是统一的，每盘 100 日元。我盯着旋转的盘子持续观察，发现便宜的海藻盘里有四块，而更昂贵的生鲑鱼盘里只有两块。我坐下来，看着柜台的其他顾客，他们一边阅读报纸或杂志，一边享受着寿司和汤。

"我看到一个面前有八个盘子整齐叠在一起的男人。当他起身离开的时候，收银员看了看说，'请付 800 日元'。收银员没有收银机，因为她可以简单地计算盘子数，然后乘以 100 日元。当顾客离开时，我们再一次听到所有员工的合唱 Arigato Gosaimas（谢谢）。"

Lee 继续观察寿司店的经营情况："在 100 日元寿司店，田村教授（东道主之一）向我解释了这个家庭餐厅的效率。店主通常

都具有很强的组织能力，面对顾客服务、对社会的贡献或为社区的福祉。此外，组织的目的是靠被视为"家庭"的所有组织成员的长期努力来实现的。

"店主每日的工作是建立在细致的信息分析基础上的。店主有一个关于不同寿司需求信息的概要，因此他确切地知道他应该准备多少种寿司盘以及何时准备。此外，整个操作基于重复制造原理，具有及时性和质量控制系统。例如，商店的冰箱容量非常有限（我们可以在柜台前面的玻璃室中看到几条整鱼或章鱼）。因此，商店使用即时库存控制系统。该公司没有通过购买新的制冷系统来增加冷藏能力，而是与鱼类供应商达成协议，每天多次运送新鲜鱼类，以便材料准时到达以用于寿司制作，从而使库存成本最低。"

在100日元寿司店，工人和他们的设备位置非常接近，寿司制作是手工传递而不是独立的操作。仓库间没有墙，这样，店主和工人都可以参与到整个制作过程中，从欢迎顾客到为顾客送上他们点的寿司。他们的任务紧密相关，每个人都可以赶到出问题的地方，以防止问题在整个工作过程中产生连锁效应。

"100日元寿司店是一项劳动密集型的运作，主要基于简单性和常识而非高科技，与美国人的观点正好相反。我印象非常深刻。当我吃完第5盘时，我看到同样的一个章鱼寿司盘已经转过第30次。或许我已发现了系统的缺陷，因此，我问老板，当一个寿司盘整天旋转时他如何处理卫生问题，是否会有一个不幸的顾客吃掉长期未售出的一盘寿司并可能食物中毒。他带着歉意的笑容说道，"好吧，先生，我们不会出售30分钟还未售出的寿司"，然后他挠挠头说道，"每当我们的一名员工休息时，他可以取下未售出的寿司盘，吃掉它们或扔掉它们。我们相当重视寿司的质量问题。""

**问题**

1. 为100日元寿司店的运营准备一份服务蓝图。
2. 100日元寿司店的服务系统有哪些特点使其与竞争对手区别开来，它们有哪些竞争优势？
3. 100日元寿司店如何将"准时制"纳入其运营中？
4. 举出其他可采纳100日元寿司店经营概念的服务行业。

## 案例 3-2　　　"为通勤人员洗衣"——一份新企业建议书[11]

"为通勤人员洗衣"的服务愿景是为有职业或其他工作而没有足够时间去传统干洗店的个人提供干洗服务。该公司的目标是提供可靠和方便的高品质干洗服务。

公司的目标市场包括居住在大都市郊区的上班族。该服务将主要销售给单身男女以及双职业夫妇，因为这部分人最需要优质的干洗服务，但没有时间去传统的干洗店。目标城市是那些被郊区包围、有很多通勤人员的城市，服务设施将位于通勤者乘坐火车或公共汽车进入市区（即停放和乘坐地点或通勤火车站）的地点。对于每个城市，有必要确定谁拥有这些中转站以及如何从所有者处

租用土地。在某些地方，已经存在可以租用空间的设施，服务设施的位置是现成的，而另一些地方没有任何服务设施，因此需要建立一些服务亭。收集衣物的服务亭不必很大，只要能挂下所有的干净衣服便可。

最初，可能有必要将服务限制为洗涤商务衬衫，因为它们是所有衣物中最容易清洁的，也可以简化操作。通常情况下，男性或女性每个工作日都需要一件干净的衬衫，因此存在很大的需求。一个缺点是顾客便利性降低，因为干洗衣服需要专门送到传统的干洗店。但是，如果外包干洗，则可以非常快速地提供全面洗衣服务，因为不需要购买工

厂和设备。

除此之外，还要决定是当日取衣还是次日取衣。该决定的一个因素是该地区的竞争对手是否提供当日服务。当日取衣的承诺面临的严重问题是，他们必须很早开业，很晚关门，以方便顾客。最重要的是，只有在可以始终如一地履行承诺的情况下才应提供当日服务。

所有广告都将包含一个电话号码，潜在顾客可以打电话询问该服务。当顾客打电话时，他可以请求该服务。同一天，顾客将可以拿到一个通勤洗衣的洗衣袋，上面有顾客的姓名和账号以及一个标有账号的会员卡。

服务系统将是一个中心辐射系统，类似于联邦快递用于处理包裹的系统。顾客可以方便地在众多社区通勤站下车。所有的干洗衣物将被收集并运送到一个中央工厂，一旦衬衫清洁，他们将返回到顾客的服务站。从早上 8:00 开始接送服务，并在下午 5:00 之前完成返程，可提供当日服务。

顾客将把脏衬衫在家里打包，然后在上班途中将袋子留在服务站。服务站工作人员将在包裹上贴上彩色标签，以识别衬衫取得的位置，以便将它们送回同一车站。收衣路线要能经过每一个服务站，并将它们送到中央工厂。衣服包到达中央工厂后，将计算物品的数量并将数字输入计费数据库。衬衫清洁完毕后，将衣服放在衣架上，并附上顾客的洗衣袋。清洁过的衬衫将根据需要返回的位置进行分类，然后按照交付路线的相反顺序放在卡车上。顾客将向车站工作人员提供他的会员卡，该会员卡将用于识别和检索顾客的衣服和包裹。因为所有顾客都将按月交费，所以洗衣时间会缩短并避免等待。

最初，清洁将外包给有多余能量的大型干洗店。由于预计业务量很大，需求集中，收发简便，应与其商谈一个有利的折扣价。清洁合同将减少建造工厂和购买设备所需的初始资本投资，还将为企业提供时间来建立支持专用清洁工厂的顾客群。此外，如果概念失败，合同将削弱财务风险。如果清洁外包，则无须雇用和管理他人来进行清洁；因此，管理层可以专注于建立顾客群，而不是监督后台活动。合同制也使在洗涤业之外提供干洗服务变得可行，除了洗衣服务之外，还可提供甩干业务。

然而，从长远来看，合同清理可能会限制潜在的盈利能力，使企业面临质量问题，并且无法将清洁工厂的运营重点放在收取和交付概念上。理想情况下，当这种通勤人员洗衣服务建立了庞大的顾客群并且可以获得大量资金时，所有清洁工作都将在公司内部进行。

大多数招聘将针对本地区大学生。最初，转运站设施需要两班工人，但在任何给定时间只需要一名货车司机。随着业务的扩展，将购买额外的货车并雇用额外的司机。收货站工作人员的第一班工作将在早晨 6:00 开始，并在上午 9:00 结束，此时，面包车司机将物品从收货站点运送到清洁站点。所需的驾驶员数量和工作时间将取决于存在多少接送站点、距离、清洁工厂的位置以及制定有效路线计划的能力。第二班司机将在下午 3:30 至 5:00 之间将清洁件运送到中转站。第二班中转站的工作将在下午 5:00 开始，并在最后一班火车或公共汽车到达时结束，通常是晚上 8:30 左右。一旦清洁结束，工厂的工作人员可以拿起衣物并送到车站。这将使通勤洗衣能够雇用一些全职员工，这也将使后台员工更贴近顾客，以便他们更加了解问题和顾客需求。

大学生将是最佳的工作候选人。因为他们的日程安排不同，课程通常在当天中午进行，从上午 10 点到下午 3 点。此外，根据课程压力，一些学生可能每天只有三个小时的工作时间，而其他学生可以选择在第一班和第二班工作。他们的薪金要略高于典型的钟点工，以减少人员的流动。

当通勤洗衣首次进入城市时，将需要额外的临时工来管理顾客查询以开展服务。在推出该服务的前一周，代表将在办公设施处回答问题并向感兴趣的顾客开展服务，做必要的书面准备工作。由于所有广告都包含顾客服务号码，因此需要有其他代表来配置电话以处理查询。所有员工都将拥有"顾客服务代表"的称号来强调他们的工作职能。这些工作人员被鼓励去了解他们的顾客，并与他们达成知名道姓的基础。

当顾客启用服务时，他们会受到鼓励开设月度结算账户，而不是每次付费。此时，顾客服务代表将收集所有必要的信息，包括姓名、地址、电话号码、通勤地点和信用卡号。如果顾客需要，欠款将每月从信用卡中扣除。这是最理想的付款方式，因为它效率高，不用担心延迟付款。这种方法也变得越来越普遍，因为人们现在已经习惯和乐意使用信用卡账单。公司每个月都会向所有顾客发送包含交易的报表，以核实账单并向不使用信用卡的顾客索取应付款。如果顾客延迟付款，客服代表将打电话询问他是否愿意使用信用卡付款。屡次拖欠的顾客将被要求在取货时付款，这一规定将包含在顾客的初始服务协议中。客服代表将负责回答所有顾客咨询，包括启动服务。客服代表将负责顾客账单。每天，送到工厂的衣物将被输入一个数据库，该数据库累积每个顾客当月的交易。

为了创造稳定的工作量，平滑整个星期的需求，可能需要采取行动来控制需求的波动并避免工作量的不平衡。控制需求的一种方法是通过价格特价和促销。在一周中的某些日子提供折扣是干洗店的常见做法，另一种方法是为不同的顾客群提供特价以吸引他们在指定的日期申请洗衣业务。

例如，星期五可能是一周中最繁忙的一天，星期一和星期二是最闲的。在这种情况下，可以划分顾客群（例如，按字母顺序），并且对每个群在特定日期提供折扣价格。其他办法，包括周一为任何来到洗衣店的人提供一杯免费咖啡。一旦观察到需求波动，就可以实施这些促销。还必须注意假期，这可能会造成业务暂时激增或暂停。

**问题**

1. 准备一份通勤洗衣的服务蓝图。
2. 通勤洗衣说明了服务系统设计的哪个方法，这种设计提供了哪些竞争优势？
3. 使用表 3-5 中的数据，如果预计每月需求为 20 000 件衬衫，与清洁工厂签订的合同规定每件衬衫收费 0.50 美元，计算每件衬衫的盈亏平衡价格。
4. 评价经营理念，提出改进建议。

表 3-5　通勤洗衣经济分析

| 费用项目 | 每月金额（美元） | 假设 |
| --- | --- | --- |
| 中转站租金 | 2 800 | 7 个位置，每个 400 美元 |
| 送货车 | 500 | 1 个小型货车（包括租赁付款和保险） |
| 中转站客服代表 | 5 544 | 7 个地点，每班 2 个班次，平均 3 个小时，每小时 15 美元 |
| 司机 | 528 | 1 名司机，2 班，每班平均 2 小时，每小时 15 美元 |
| 汽油 | 165 | 每班 30 英里，12 英里每加仑①，每加仑 2.75 美元 |
| 商业保险 | 100 | |
| 办公室客服代表 | 4 000 | 每个办公室工作人员每人每年支付 24 000 美元 |
| 洗衣袋 | 167 | 1 000 个洗衣袋的成本为每个 2 美元，摊销超过一年 |
| 每月总费用 | 13 804 | 一个月 22 天 |

① 1 美制加仑 =3.785 立方分米。

## 案例 3-3　Amazon.com[12]

像许多企业家一样，亚马逊创始人杰　　夫·贝佐斯（Jeffrey Bezos）有了一个想法，完成了他的功课，并开发了一项新服务。亚马逊于 1995 年 7 月开放虚拟大门。从那时起，该零售商已为全球数百万顾客提供服务，2015 年通过其零售业务创造了超过 1 000 亿美元的年销售额，并通过其网络服务（AWS）业务盈利近 100 亿美元。[13] 许多人认为亚马逊是互联网的"黄金孩子"。然而，与许多企业家不同，贝佐斯并不满足于仅仅因为他最初的概念而获得市场份额。亚马逊成立 20 多年后，仍在开发新服务。

这位年轻的 CEO 创办了亚马逊，旨在建立一个强大的品牌，并将其用于其他产品。他首先推销书籍，因为他认为它们是理想的网络产品。顾客不需要与产品进行太多实际交互，也不需要让销售人员帮着挑选购买书籍。因此，书籍非常适合通过网络进行营销。

亚马逊的一个关键成功因素是它通过关注顾客需求来捕捉市场份额并培养品牌忠诚度。贝佐斯认为，过分关注短期收益意味着忘记长期顾客满意度，失去这种长期顾客关注是有代价的。

尽管销售额增长令人印象深刻，亚马逊并没有迅速实现盈利，也没能阻止它成为在线零售业的主导力量。除了书籍，亚马逊网站现在还包括其他商家的产品和服务，如电子产品、音乐、软件、玩具、服装和 B2B 服务。某些商品可从亚马逊的库存中获得，其他产品和服务则由第三方卖家通过其市场渠道功能提供。事后，这些卖家将部分收入支付给亚马逊。亚马逊还生产和销售多个版本的 Kindle 电子书阅读器，这使得亚马逊成为电子书销售的领导者。

## 亚马逊的指导力量——顾客

亚马逊的指导思想是为顾客提供卓越的服务。贝佐斯和他的管理团队花了一年的时间创建了一个网站和数据库程序，这些程序在一开始就推动了亚马逊的发展。他们试图建立一个不需要高水平计算机知识的亲切的网站。

贝佐斯认识到，互联网商务将把权力平衡转向顾客。因此，亚马逊通过定制其服务，将其网站访问者纳入服务以及创建社区精神来建立顾客关系。关注顾客仍然是发展顾客忠诚度的基石。

## 顾客作为合作生产者和定制者

亚马逊以多种方式将顾客集成到服务交付流程中。顾客可以查看他们购买的商品并回答其他顾客的问题。"希望清单"是亚马逊提供的另一项服务。例如，顾客可以将他想要的书籍输入个人愿望清单。想要给该顾客一本书作为礼物的朋友可以从希望清单中进行选择。

亚马逊还向个人顾客提供个性化建议。其中一些建议基于顾客过去的购买，而其他建议则基于过去顾客的行为，这些顾客的购买类似于另一些顾客。例如，如果顾客购买一本关于阿米什棉被的书籍，亚马逊的软件将搜索所有购买同一本书的人。使用由亚马逊开发的名为"基于项目的协同过滤"的数学过程，该软件确定了阅读相关主题的人所喜爱的其他书籍。然后，顾客根据此信息接收建议的标题列表。亚马逊使用这种技术提供与当地实体书店操作相同的友好和个性化的阅读建议，但它以较低的成本实现了更高的准确性和便利性。

这种早期协同过滤的一个缺陷是它无法区分礼品购买。例如，有人为他的母亲购买一本关于绗缝的书，尽管他本人缺乏个人兴趣，但也会收到关于这个主题的建议。亚马逊通过在订单页面上添加一个复选框解决了这个问题，顾客可以在该框内指出该商品是不是礼品。由于协同过滤的强大功能基于顾客的历史，因此可能会出现另一个问题。如果某人经常更改电子邮件地址并使用新的亚马逊账号，则所有数据都将丢失。

除协同过滤外，该公司还使用其他策略来实现其使命。当顾客再一次登录到网站时，个性化的网页会按名称招呼顾客，并允许他查看协作过滤工具提出的新建议。贝佐斯将这个个性化的首页与"走进你最喜欢的商店，只在门口的货架上找到你想要的商品"进行了比较。亚马逊还允许顾客在公司的安全服务器上存储信息。

例如，顾客可以授权亚马逊记录他们的信用卡和邮寄地址。这种称为"1-Click"的技术简化了服务，使顾客无须在每次购物时重新输入信息。

亚马逊不会等待顾客来到其网站提供服务。顾客会收到定期电子邮件，鼓励他们访问 Amazon.com，并提供项目建议清单，以便在下次访问时查看。

### 为顾客提供其他独特的技术

亚马逊不仅使用技术来个性化顾客体验，在设计其网站时也考虑了顾客。这些页面易于理解和使用。该网站避免了大型图形，这可能需要很长时间才能加载。

强大的搜索引擎是亚马逊的另一个独特功能。该公司采用"我的意思"（do what I mean，DWIM）搜索功能。该网站识别顾客经常发生的拼写错误，并更改搜索功能以解决这些错误。例如，如果顾客将作者姓名 Fitzsimmons 拼错为 Fitzsimons，亚马逊仍会显示"服务管理"一书。

### 不仅仅是友好的技术

亚马逊的技术不仅帮助访问该网站而且与网站互动的忠实顾客，它还是一个活跃的涉及顾客的虚拟社区。

如上所述，该公司鼓励访客和顾客在网站上发布任何书籍或产品的评论。此审核流程涉及顾客在网站上开发内容并为其他网站访问者创建信息工具。为了帮助其 Kindle 用户，亚马逊拥有一个顾客论坛网站，顾客可以在该网站上提问、回答问题并参与在线讨论。

亚马逊员工竭尽全力为顾客提供服务，并将其视为社区的一部分。一位顾客高兴地报告说，亚马逊为他找到了他父亲的书，该

书已经绝版了 20 年。

联盟计划将这个"社区"扩展到亚马逊直接控制的网站之外。亚马逊允许注册的网站，如 Yahoo.com，Drugstore. com 和 Zappos.com 使用超链接向访问者推荐特定的书籍、CD、视频和其他亚马逊产品。如果顾客遵循超链接并在 Amazon.com 上购买产品，这些员工将获得适度的佣金。

亚马逊声称"成千上万"的员工正在参与其计划，这扩大了亚马逊在网络上的存在和宣传，但这也意味着亚马逊可能会失去对其品牌和形象的控制权。亚马逊过去曾遇到过其他一些问题。一位记者曾透露，亚马逊正在向一些喜爱的书籍的出版商出售空间。亚马逊还被指控在网站上销售作者额外的电子邮件支持以获得各种头衔。[14] 该公司充斥着愤怒的电子邮件，只好停止所有付费促销活动以应对强烈抗议。这一事件提出了一个问题：亚马逊的忠诚顾客群或任何其他电子服务是否会容忍被用于获取经济利益？

能够无缝且一致地为数百万顾客提供广泛的服务取决于非常复杂的技术，其中大部分是由亚马逊工程师和架构师开创的。迎合回头客的高度个性化的页面包含数百个软件逻辑，并且证明了他们的工作。在谈到软件和技术能力时，贝佐斯在 2010 年年初发给股东的一封信中称，"我们面临的许多问题都没有教科书解决方案，所以我们——愉快地发明新方法。"[15]

### 不再仅是一个书商

亚马逊网络服务（AWS）是公司产品的关键补充。该计划大约 10 年前作为一个简单的云存储系统开始，为其他所有企业提供基于网络的平台，用于所有业务。事实上，亚马逊是大型和小型企业云支持技术的最大单一供应商。该公司的云计算服务于 2015 年在全球 12 个地理区域提供。除基本的基础设施技术外，亚马逊 2015 年度报告称该公司提供 70 多项相关服务。这些服务

包括一个新的数据库引擎 Aurora 和一个托管数据仓库服务 Redshift。其他新产品包括 QuickSight，一种新的商业智能计算能力；EC2，一个集装箱服务；以及 Lambda，一个先锋的服务器减少计算服务。[16] 亚马逊称"开发商和系统管理员可以收集和跟踪指标，获取洞察力并立即做出反应，以确保他们的应用程序和业务顺利运行。"[17]

与 Viacom 结盟，该公司提供在线访问许多娱乐场所，于 2012 年初宣布。[18] 该联盟允许亚马逊 Prime 会员享受媒体电视节目和商业免费活动。[19] 亚马逊已超越此服务并正在制作自己的视频节目供顾客接连。

根据他坚定的信念——成功的企业家必须长期看待他们的业务和世界，贝佐斯成立了 Blue Origin，这是一家致力于（并确定）提供负担得起的亚轨道和轨道太空旅行的公司。[20] 早在 2016 年，贝佐斯就预测该公司可能会在 2018 年短途旅行中为游客付费。[21] 在其短暂的生命中，Blue Origin 已经品尝了成功与失败的滋味，而他的研究人员总是向前看、向上看、向造就亚马逊的成就看。

## 它是一只鸟，它是一架飞机，不——它是亚马逊

亚马逊从一开始就是零售和顾客服务的领导者。从早期开始，它就开创了许多服务，最近的业务是 AmazonWebServices（AWS），它为企业和一些实体店提供云技术。还有什么可以做的？想想无人机，人们可能嘲笑无人机将书或狗食送到家门口的想法，但亚马逊并不把这种可能性当作笑话。航运是亚马逊零售业成功的支柱，因此对公司运营的这一部分进行大量关注并不奇怪。亚马逊现在拥有自己的运输卡车车队、机器人动力仓库以及第一批运输机。这些新的能力可能对 UPS 在送货上门领域的长期统治

地位构成威胁。而且，公司也在探索使用无人机的方法。

## 亚马逊展望未来——它会成为互联网的沃尔玛吗

亚马逊自 2004 年以来一直非常成功地获利。亚马逊的个性化顾客服务和在线社区战略运作良好。该公司声称其电子书的销售额已超过其印刷书籍的销售额，并且是网络上最大的视频和音乐销售商。[22] 早期的怀疑论者认为价格敏感的买家会不断搜索网络最低的价格，并因没有任何定价权或品牌忠诚度而离开公司。亚马逊并没有遭遇这种预测模式，部分原因在于它对业务有着长远的看法，并在创建忠诚的顾客群方面投入了大量资金。

快速扩展到各个零售领域，加强了亚马逊成为互联网上一站式购物网站的目标。2012 年，一些消息人士表示，亚马逊可能会通过建立苹果型商店来销售其 Kindle 电子阅读器，进军实体店，并且还可能推出智能手机。[23] 这一预测已成现实。亚马逊的第一个实体店位于华盛顿州西雅图，第二家店将在加利福尼亚州圣地亚哥开业。西雅图商店出售书籍和电子设备，包括 Kindles 和 Echo，这是一种家庭伴侣，可以回答主人的问题，在你最喜欢的餐厅预订晚餐，但不需要照顾或浇水。未来的商店可能会销售其他类型的产品。[24] 至于智能手机，亚马逊文化既珍惜成功也珍惜失败。

### 问题

1. Amazon.com 如何展现了服务增长的来源？从信息技术、互联网推动力、创新、人口结构的变化这几点进行说明。
2. Amazon.com 的服务设计采用哪些通用方法？说明这个设计带来的竞争优势。
3. Amazon.com 会是零售业未来的典范吗？

## 参考文献

Chen, Ja-Shen, Hung Tai Tsou, and Astrid Ya-Hui Huang. "Service Delivery Innovation: Antecedents and Impact on Firm Performance." *Journal of Service Research* 12, no.1 (August 2009), pp. 36–55.

Eisingerich, Andreas, Gaia Rubera, and Matthias Seifert. "Managing Service Innovation and Interorganizational Relationships for Firm Performance: To Commit or Diversify?" *Journal of Service Research* 11, no. 4 (May 2009), pp. 344–56.

Frei, Francis X. "Four Things a Service Business Must Get Right." *Harvard Business Review* 86, no. 4 (April 2008), pp. 28–41.

Lim, Chie-Hyeon, and Kwang-Jae Kim. "Information Service Blueprint: A Service Blueprinting Framework for Information-Intensive Services." *Service Science* 6, no. 4 (December 2014), pp. 296–312.

Menor, L. J., et al. "New Service Development Competence and Performance: An Empirical Investigation in Retail Banking." *Production and Operations Management* 17, no. 3 (May–June 2008), pp. 267–84.

Patricio, Lisa, Raymond P. Fisk, and Joao Falcao e Cunha. "Designing Multi-Interface Service Experiences: The Service Experience Blueprint." *Journal of Service Research* 10, no. 4 (May 2008), pp. 318–34.

Tang, Christopher S. "The Past, Present, and Future of Manufacturing & Service Operations Management." *Manufacturing & Service Operations Management* 17, no. 1 (2015), pp. 1–3.

Tapscott, Don, and Alex Tapscott. *Blockchain Revolution*. New York: Penguin, 2016.

Trinh, T. H., Voratas Kachitvichyanukul, and D. B. Khang. "The Coproduction Approach to Service: A Theoretical Background." *Journal of the Operations Research Society* 65, no. 2 (2014), pp. 161–68.

## 注释

1. Uday S. Karmarkar and Uday M. Apte, "Operations Management in the Information Economy: Information Products, Processes, and Chains," *Journal of Operations Management,* 25, no. 2, (March 2007), p. 438–53.

2. Adapted from http://en.wikipedia.org/wiki/Internet.

3. http://www.nist.gov/director/prog-ofc/report05-1.pdf Planning Report 05-1, "Measuring Service-Sector Research and Development," prepared for National Science Foundation and National Institute of Standards & Technology by Research Triangle Institute, March 2005, p. 2.2.

4. Company R&D expenditures in the United States increased 6.7 percent in 2013. August 21, 2015, Press Release 15-094, https://www.nsf.gov/news/news-summ.jsp?ntn_id=136026.

5. "Planning Report 05-1, Measuring Service-Sector Research and Development," prepared for National Science Foundation and National Institute of Standards & Technology by Research Triangle Institute, March 2005, pp. 3.3–3.4, http://www.nist.gov/director/prog-ofc/report05-1.pdf.

6. Don Tapscott and Alex Tapscott. "The Impact of the Blockchain Goes Beyond Financial Services," *Harvard Business Review* (May 2016).

7. https://www.thestreet.com/story/13753305/1/bofa-merrill-lynch-bac-stock-rises-developes-blockchain-platform-with -microsoft.html.

8. Adapted from A. Parasuraman, "Technology Readiness Index (TRI): A Multiple-Item Scale to Measure Readiness to Embrace New Technologies," *Journal of Service Research* 2, no. 4 (May 2000), pp. 307–21.

9. Mary Jo Bitner, Amy L. Ostrom, and Felicia N. Morgan, "Service Blueprinting: A Practical

Technique for Service Innovation," *California Management Review* (Spring 2008), pp. 66–94.

10. Reprinted with permission from Sang M. Lee, "Japanese Management and the 100 Yen Sushi House," *Operations Management Review* (Winter 1983), pp. 46–48.

11. Prepared by Mara Segal under the supervision of Professor James A. Fitzsimmons.

12. Students Laura Bennett, Sarah Bird, and Matt Rhone contributed to this case under the supervision of Professor James A. Fitzsimmons.

13. http://phx.corporate-ir.net/phoenix.zhtml?c=97664&p=irol-reportsAnnual. April 2015 Annual Report.

14. Peter DeJonge, "Riding the Perilous Waters of Amazon.com," *New York Times Magazine,* March 14, 1999.

15. 2010 Letter to Shareholders, April 27, 2011, http://phx.corporate-ir.net/phoenix.zhtml?c=97664&p=irol-reportsAnnual.

16. April 2015 Annual Report, http://phx.corporate-ir.net/phoenix.zhtml?c=97664&p=irol-reportsAnnual,

17. http://aws.amazon.com/cloudwatch/, © 2012, Amazon Web Services LLC.

18. http.//phx.corporate-ir.net/phoenix.zhtml?c=176060&p=irol-newsArticle&ID=165838.

19. The Amazon Prime membership is available for an annual fee and provides several perks in addition to the LiveVideo streaming, such as free two-day shipping for product purchases.

20. http://www.blueorigin.com/about/about.html.

21. http://www.nytimes.com/2016/03/09/science/space/jeff-bezos-lifts-veil-on-his-rocket-company-blue-origin.html?emc=etal.

22. http://businessweek.com/news/2011-05-19/amazon-com-says-kindle-e-book-sales-surpass-printed-books.html.

23. "Taking the Long View," *The Economist Technology Quarterly,* March 3, 2012.

24. http://www.nytimes.com/2016/03/12/business/media/a-virtual-trip-through-amazons-physical-store.html?emc=etal.

# 第 **4** 章

# 服务接触

## |学习目标|

经过本章的学习，你应该能够：

1. 描述在服务接触中技术的五个作用。
2. 使用服务接触三元组合描述一家服务型公司的服务交付过程。
3. 能够区分对员工进行授权的四个组织控制系统。
4. 准备一些抽象的问题，并把它描写成情景小品用于筛选新员工。
5. 可以根据顾客的态度和期望，描述四种顾客的分类。
6. 描述一种道德风气的创造是如何提高工作满意度和服务质量的。
7. 探讨脚本在顾客合作生产中的作用。
8. 描述服务利润链中的元素是如何使收入增长和产生盈利能力的。

  大多数服务企业的基本特征是服务提供者和顾客之间发生接触。这种决定顾客头脑中对服务质量优劣评价的交互作用被称为"关键时刻"（moment of truth）。通常，这种短暂接触的时间往往是顾客评估服务和形成对服务质量好坏的评价的一瞬间。一位顾客往往拥有很多与形形色色的服务供应商打交道的经验，每次的关键时刻都是影响顾客对服务质量评价的一次良机。例如，乘客乘飞机旅行可以有一系列的服务接触，从开始打电话预订机票（包括在网络上的在线接触）到在候机厅里接受行李检查，以及在乘机过程中的服务体验，到达目的地后取回行李，以及最后航空公司给顾客的积分卡。

  SAS公司总裁简·卡尔松认为，关键时刻对获取高质量的声誉起着至关重要的作用。SAS公司正是由于关注这些接触的过程才形成了具有鲜明特色且富有竞争力的高质量服务。按照卡尔松先生的观点，组织存在的目的就是支持那些直接与顾客接触的一线员工。他具有革命性的思想是，摒弃将与顾客接触的员工置于组织结构最底层的传统做法，而将其放在组织结构的最顶端。组织中每个员工的职责都是为这些一线员工服务，后者直接为顾客服务。改变组织结构图表明对顾客满意的关注，同时也是对关键时刻管理的重视。有趣的是，实行这种理念通常要求将企业分解成不同的利润中心，允许那些接近顾客的管理人员根据自己的想法做出相应的决策[1]。

## 4.1 本章概要

本章开始讨论在服务接触中面向顾客的技术服务的作用。服务接触被描述为由顾客、服务组织及接触顾客的员工三者相互作用形成的三角形。在服务接触过程中，每位参与者都试图控制服务的进程，从而导致了对灵活性和接触顾客员工的授权的需求。然后，本章讨论了服务组织的文化，通过举例说明了成功的服务企业的创始人是如何通过建立一系列价值观和期望来鼓励员工关注于传递出色服务的。

接下来，本章论述了选择和培训接触顾客的员工的一些活动，进一步探讨了顾客的期望和态度以及顾客作为合作生产者的概念。接触顾客的员工和顾客对服务质量感知具有高度的相关性，它能促进在员工中以顾客服务为导向愿望的发展。对接触顾客的员工投资创造了一条服务利润链，这条链将感知服务价值与顾客忠诚度联系在一起，并最终实现盈利。

每位顾客和接触顾客的员工互动时的关键时刻

©Rob Melnychuk/Getty Images RF

## 4.2 服务接触中的技术[2]

通信与信息技术的发展在顾客与服务提供者间产生了深远的影响。例如，互联网与机场值机柜台已经改变了旅客的期望与行为方式。旅客不再需要等待预订或者在机场柜台处排队换登机牌。通常的人与人之间面对面的交流已经被技术所取代。图 4-1 展示了技术的五种模式在服务接触中的贡献。

A 模式被称为"无技术型服务接触"。顾客与服务提供者间保持着接近并产生互动。这种模式代表了传统的高接触服务。例如人们在美发沙龙中做头发或者做脊椎按摩时，技术没有起到任何直接的作用。大部分的个人护理服务都可以归到这一类中，还有一些专业的服务如法律、咨询和精神治疗。

B 模式被称为"技术支持型服务接触"。因为只有服务提供者可以接触到该技术来辅助面对面服务的传递。许多健康检查的过程属于这个模式。例如在验光师的诊所做眼部的检查或者在牙医那里做全牙的 X 光片检查。过去，飞机客服人员利用电脑终端为所有的乘客办理登记手续，这种接触属于典型的 B 模式。但是如今，航空公司鼓励乘客使用值机柜台或在网上办理登记手续，这种模式属于 E 模式中的一种。

C 模式被称为"技术促进模式"。因为顾客与技术提供者都可以接触到同样的技术。例如，理财师在对顾客提供咨询时，可以通过自己的笔记本电脑参考一种财务模式来分析不同的风险预测下的投资回报。

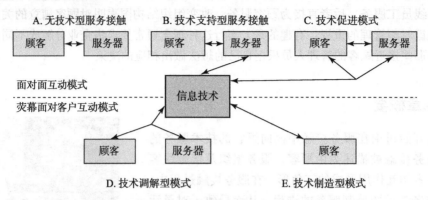

图 4-1 服务接触中技术的作用

资料来源：James A. Fitzsimmons, Mona J. Fitzsimmons, Sanjeev Bordoloi, *Service Management Operations, Strategy, Information Technology*, 8th edition, (2014).

D 模式被称为"技术调解型模式"。顾客与服务提供者不在一个地方，因此，服务接触不再是传统的面对面的接触。顾客可以通过电话交流来获得服务。比如预订餐厅，或者通过遥远的呼叫中心寻求技术帮助。通用汽车在其所有的汽车中使用了"OnStar"远程监控系统。该系统运用了 GPS（全球定位系统）技术，保证遇到困难的驾驶者在一路上可以得到帮助。

E 模式被称为"技术制造型服务接触"。服务提供人员完全被技术所取代。顾客可以自己进行自助服务（换句话说，把工作外包给顾客）。这种模式变得越来越普遍。因为公司希望可以缩减提供服务的费用。普遍存在的例子如 ATM 机、自助扫描购物机、自助值机办理台、网上预订以及呼叫中心的交互式语音应答技术。

## 4.3 自助服务的兴起

⊙ 例 4-1

### 自助服务小插曲 [3]

冲一个醒神澡，烤一个冷冻华夫饼，伴随着闹铃声，艾玛的一天开始了。在去机场前，艾玛打开了航空公司的官网。数周前，艾玛通过该网站购买了机票，并选好座位、打印好登机牌。在机场高速入口处，一台扫描仪通过扫描艾玛车窗上的付款条形码开始了高速计费。在机场的长期停车场，艾玛使用自己的信用卡直接把车停了进去。在机场内，艾玛检查了一个包裹，然后束好一条行李提取确认带，随后放在行李安检传送带上进行安检。飞机落地后，艾玛查看了一下租车服务的电子显示屏，随后找到已经停放在租车停车场的汽车。在去市区的路上，艾玛一键拨入电话会议，通过电话留言传达了几条信息。在自助售餐台，艾玛点了一杯饮料、一个三明治作为午餐。晚餐则是在一家自助咖啡厅，艾玛选好食品，用信用卡付款，随后找了一个餐桌用完晚餐。用完餐后，她自行收拾好餐具。完成了全天的会议后，艾玛将租来的汽车停放在规定泊车点，前往机场，并在机场自助打印好登机牌。落地后，艾玛从停车场开车离开，同时扫描仪完成了扫描工作，自动将停车费计入艾玛的信用卡。在回家的路上，艾玛选择在一家便利店买了些东西，在自助结算台用信用卡完成付费。

回家后，艾玛查看了一下当天的股市，卖出了一部分业绩糟糕的股票。

在这样一次典型的差旅过程中，向大家展示了非常多的自助服务的商业空间，一旦能够提供明显的用户引导以及便利，自助服务业务会有更大的提升空间。自助服务的核心要素是降低了低产出的人工成本。例如，话务中心解决一个顾客疑问的成本是 7 美元，但如果通过线上自助完成，则只需 10 美分。其中影响顾客接受程度以及对服务提供模式的选择顺序通常基于以下四点：个性化、服务精准度、便利性和效率。

服务的概念，已经从互动性（服务人员）逐渐转型为能够提供随时随地便利服务的电子化时代。上述变化的发展轨迹，与工农业经济变革过程中机器快速取代人力的过程极为相似。表 4-1 展示了自助服务技术（SST）在服务业中的发展过程。

表 4-1　自助服务的演变

| 行业名称 | 涉及的人工角色 | 机器支持 | 互联网参与环节 |
| --- | --- | --- | --- |
| 银行业 | 柜台出纳 | ATM | 线上银行业务 |
| 便利店 | 结算柜员 | 自助结算 | 线上下单 / 提货 |
| 航空公司 | 代理 | 自助业务台 | 打印登机牌 |
| 餐厅 | 等位引导员 | 自助点餐机 | 线上下单 / 取餐 |
| 电影院 | 售票处 | 自助取票 | 按观影次数付费 |
| 书店 | 引导台 | 库存核查终端 | 线上购物 |
| 教育 | 老师 | 电脑培训课程 | 远距离教学 |
| 博彩 | 发牌员 | 计算机扑克 | 线上博彩 |

资料来源：James A. Fitzsimmons, "Is the Future of Service Self-service?" Managing Service Quality 13,no.6 (2003),p.444.

自助服务的目标是那些没有附加价值或有提升附加价值空间的交易类型，这是因为通过引入自助服务可以大幅度降低人工成本。例如在 25 年前银行大规模引入 ATM，降低了银行柜台出纳的人工成本，并为顾客提供了随时随地使用银行服务的便利性。零售商通过为读码器增加全新的近距离无线通信技术（NFC），可以识别顾客存储在智能移动硬件中的信用卡信息，进行移动支付。这项技术帮助零售商保存顾客的购物行为信息，提供了向顾客推送更多促销信息的渠道。由于享受到了此服务带来的便利，顾客更愿意增加消费频率（如星巴克提供的个人口味化的拿铁咖啡），降低等待服务时间，进而提高服务效率。

从定义上看，诸如健康服务、消防、牙医等高端定制化服务无法全面实现自助服务，但是部分的引入还是有可能的。举例来说，患者可以在家使用血压仪测量血压，并把血压信息自动通知牙医办公室内的自助信息接收器。

自助服务的大力发展对社会有着深远的影响。低收入、缺乏技术性、低附加价值的服务类岗位将会消失。新的服务业岗位将会更加倾向技术含量高（例如健康维护）、智能化（例如专业服务）以及富有创造力（例如娱乐业）的岗位。最终，经济行为需要如何构成的话题将会由自助服务的重新定义进行全新解构。

## 4.4　服务接触中的三元组合

服务的独有特征之一是顾客主动参与服务生产过程。每一个关键时刻都涉及顾客和服务提供者之间的互动，双方在服务组织所设计的环境中扮演不同角色。图 4-2 描述了服务接触中的三元组合，反映了三个要素中的两两关系，并提出了冲突的可能来源。

一个以利润为目标的服务组织，其管理人员为了维持边际利润和保持竞争力，会尽可能地提高服务交付的效率。而非营利性组织可能以其工作效果来代替效率，但是，它的工作仍需控制在预算之内。为了控制服务交付过程，管理人员常常会利用规定或程序来限制直接接触顾客的员工在服务顾客时的自主权和判断。这些相同的规定和程序也限制了为顾客提供的服务，导致服务缺乏针对性，从而导致顾客不满。最后，员工和顾客都试图对互动过程实施可感知的控制。员工希望通过控制顾客的行为使其工作易于管理并轻松自如，而顾客希望控制服务接触的进程来获得更多的利益。

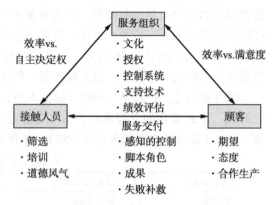

图 4-2　服务接触的三元组合

理想的情况是，服务接触中的三要素协同合作，从而创造出更大的利益。然而，真实的情况往往不是那么尽善尽美，常常是其中一个要素为了自身的利益而控制了整个服务接触的进程。下面的例子说明了组织、员工和顾客各自在服务接触进程中起支配作用所引发的冲突。

登机亭的便利受到了商务旅客的欢迎。
©Thinkstock/Getty Images RF

### 4.4.1　服务组织支配的服务接触

出于提高效率或者实施成本领先战略的考虑，组织可能通过建立一系列严格的操作规程使服务系统标准化，结果却严重地限制了员工与顾客接触时所拥有的自主权。顾客只能从仅有的几种标准化的服务中选择，而不存在个性化服务。例如，麦当劳、Jiffy Lube 和 H & R Block 等特许服务企业通过一套结构化的服务接触成功地对特许店实施了控制。它们的成功主要是告诉顾客它们不提供什么样的服务。然而，顾客在与其他企业接触中所感受到的大多数不快，或被人们蔑称为"官僚作风"的东西，主要源于与顾客接触的员工缺乏自主权而不能满足顾客的特殊需求。这些组织中的员工虽然同情顾客的处境，但是必须执行"规定"，而他们的工作满意度也随之降低。

### 4.4.2　与顾客接触的员工支配的服务接触

一般来讲，服务人员大多希望降低其服务接触的范围，从而减少在满足顾客需求中所遇到的压力。如果与顾客接触的员工被赋予足够的自主权，他们就会感到自身对顾客具有很大程度的控制权。由于服务提供者具有一定的专业知识，因而顾客可能非常信赖他们的判断力。医生和患者之间的关系很好地说明了这种员工支配的服务接触的不足，甚至不能被称为"顾客"的患者处于对接触过程毫无控制的从属位置。不仅如此，作为一个联合的组织，处于上述情形下的医院，往往受制于那些不关心效率却对医院有诸多要求的医生。

### 4.4.3 顾客支配的服务接触

极端的标准化服务和定制服务代表了顾客对服务接触控制的机会。对于标准化服务来说，自助服务是使顾客可以完全控制外界提供的有限服务的选择。例如，在一个装有信用卡读取机的自助加油站，顾客不需要和任何人接触就可自己完成加油。这种高效的服务方式在提供很少"服务"的情况下就能够使顾客感到非常满意。然而，类似于在一个犯罪案件中法律辩护这样的定制化服务，不仅要调动组织的所有资源，还要花费很高的成本。

在线接触日益流行，如图 4-2 中，把"接触人员"替换成网站。设计一个能够吸引回头客的网站对于服务组织而言是一个挑战。为了测量网站的效果，人们开发了一个叫作"E-S-QUAL"的测量工具。[4] 22 个调查项目构成 4 个维度：效率（例如，网站易于浏览），系统可利用性（例如，网站不会崩溃），执行（例如，订的产品能够迅速到达），保密性（例如，能保护信用卡）。

满意和有效的服务接触应该保证三方控制需要的平衡。当接触顾客的员工受到合适的培训，同时在服务交付过程中，顾客的期望以及角色得到有效的沟通时，组织为了保持经济有效性而对效率的需求也可以得到满足。下面对服务接触的管理首先从服务组织谈起。

## 4.5 服务组织

服务组织为服务接触提供了具体的场景。顾客与接触顾客的员工间的互动发生在组织文化背景及其实体环境中。

### 4.5.1 文化

为什么人们会在一家公司而非另一家公司应聘工作或寻找服务？这经常是基于该公司在工作和购物方面的良好声誉。这种声誉是基于组织的文化或者身份。下面给出的文化的定义表明了传统和信仰能为组织创造出一个独特的身份。

- 文化是组织成员共同遵循的信仰或共同的理想，它生成了有力地约束组织中个体或群体行为的准则。
- 文化是一种使组织区别于其他组织的传统和信仰，它赋予组织构架以活力。
- 组织文化是能够产生凝聚力并赋予组织鲜明个性的共有的导向系统。

无论是有意的还是无意的，服务企业的创始人或高级管理者都要创造一种文化或氛围，即指导企业员工决策的行为规范或价值体系。例如，"服务大师"（Service Master）公司是一家盈利性很好的服务企业，该公司为医院及其他单位提供保洁服务。Carol Loomis 在研究该公司时发现，该公司确实名副其实。

服务大师公司的始创人是玛丽昂·E. 韦德（Marion E.Wade），一位虔诚的浸礼会教友。该公司称自己严格遵循宗教信仰原则。公司的第一个目标是所做的一切是为了让上帝感到光荣。在服务大师公司郊区总部自助餐厅的墙上，赫然写着"欢乐的感觉从早晨开始"。虽然周围没有"清洁仅次于信仰"的标语，但整洁干净的办公室却展现了这一准则。[5]

选择语言是体现公司价值取向的又一渠道，在这方面，迪士尼公司给大家做出了一个很好的榜样。由于迪士尼公司是一家商业性娱乐公司，在它的主题公园中使用的是"表演"术语。公司不用"人事"而用"剧组"。为了注入恰当的思维方式，员工被称为"剧组演员"。员工无论从事"前台"还是"后台"工作，都要求当作在"演出"。

上述例子表明，当管理层使用持续一致的沟通时，组织的价值理念可赋予与顾客接触的员工很大的自主权，因为他们的判断根植于共有的价值观。这些价值观经常通过一些关于员工如何为公司和顾客的利益勇于承担个人风险的故事或传说而流传。联邦快递公司就是以"绝对隔夜送到"为座右铭的，它有许多关于卓越的

语言和符号用来传递组织文化。
©Carl & Ann Purcell/ CORBIS via Getty Images FR

员工为维护服务保障而立下大功的故事。例如，一位取货司机在遇到邮件箱不能打开的情况时，他不会将其置于大街上不理或是等待别人来修理，而是尽力把整个邮件箱放到他的车上，运送到公司，把所有的邮件取出来以保证第二天邮件能按时送达。

组织得益于共有的价值观念，因为与顾客接触的员工有权自己决策而不需要传统的监督。按照传统观念，只有管理层有权代表组织行动。

### 4.5.2 授权

授权并不是始于委托，而是通过无条件地信任员工的内在动力去评价选择和执行具有创意的决定。授权能让每一个人有机会去产生影响，而这种影响是不能给予或被带走的。委托是作为另外一个人的代表来执行特定的任务。它不是权力，而是一种常常可给予又可免除的许可。

目前出现了一种新型的服务组织，其结构可大致描述成倒"T"形。在这种组织中，管理层大幅缩减，因为与顾客接触的员工可以得到培训、激励和计算机信息系统的及时支持，凭借这些因素，他们可以在服务交付的地点管理服务接触。

简·卡尔松，SAS 公司富有创新精神的总裁，他曾经说过：

手册只能提供给员工有限的知识，而另一方面，信息会给他们提供机会及可能性……要使人们从严格的控制政策及指令中解放出来，赋予人们对自己的想法、决策及行为负责的自由，可以释放那些有可能被埋没的潜在资源……拥有信息的人不会推卸责任。[6]

也许，塔可钟（Taco Bell）成为员工授权的新的服务典范会使大家感到意外。其他一些公司，诸如 Service Master、万豪酒店（Marriott）和 Dayton Hudson 都在采用这种新的模式。这些公司的高管都深信人们希望做好工作，如果给予机会，员工会做得更好。因此，他们采取了如下行动：①在人力方面的投资等同于甚至多于在机器上的投资；②使用技术来支持与顾客接触的员工而非监督或更换他们；③认为对那些与顾客接触的员工的招聘及培训对公司的成功至关重要；④在所有层次上把员工的表现与报酬挂钩。在这种类型的公司中，大量削减后的中层管理者不再扮演传统的管理者的角色，取而代之的是，中层管理者成为一线或者

与顾客接触的员工的辅助人员。更为重要的是，在计算机信息系统方面的投资十分必要，它具有向一线人员提供解决所遭遇问题的能力，从而确保服务质量。

### 4.5.3 控制系统

表 4-2 描述了四种组织控制系统，并以此来鼓励对那些具有创造性的员工进行授权。信仰系统会因为清晰的组织文化而变得相对容易。边界系统在没有创造消极思想的环境下限制了员工的自主决断权限（如员工决策不能导致组织承担超过 1 000 美元的负债），而这种消极思维环境常常产生于常规操作流程中。判断系统规定了可测量的实现目标（如准时完成的绩效达到 90%），互动系统最适合于咨询公司等"知识产业"，这是因为此类公司的生存完全取决于员工能否向顾客提供创新的解决方案。

表 4-2　员工授权的组织控制系统

| 控制系统 | 信仰 | 限制 | 判断 | 互动 |
| --- | --- | --- | --- | --- |
| 目标 | 贡献 | 顺从 | 实现 | 创造 |
| 雇员挑战 | 对目标不明确 | 压力或诱惑 | 缺乏聚焦 | 缺乏机遇并惧怕冒险 |
| 管理挑战 | 核心价值和使命的沟通 | 明确并执行规则 | 建立并支持明晰目标 | 关键绩效变量 |
| 关键问题 | 识别核心价值 | 规避的风险 | 关键绩效变量 | 战略模糊 |

资料来源：Adapted from James A. Fitzsimmons, Mona J. Fitzsimmons, Sanjeev Bordoloi, *Service Management Operations, Strategy, Information Technology*, 8th edition, (2014).

被授权的与顾客接触的员工必须受到激励并得到充分的信息，同时具有竞争力和承担责任的能力，也必须受过良好的教育。一线的工作人员应当展示良好的能力，如承担责任的能力、自我管理的能力以及应对顾客压力的能力。

### 4.5.4 顾客关系管理

通过研发顾客管理系统，商业机构可以更好地管理顾客以及销售行为的关系。作为信息工业的专有名词，顾客关系管理（CRM）集合了方法论、计算机软件以及互联网，以此来帮助企业进行系统化管理。例如，企业可以通过建立顾客行为数据库，便于企业管理层、销售团队、服务提供方，甚至顾客自身，进行购物行为、消费需求、历史数据的回顾与匹配。概括地讲，CRM 的目标是发现、吸引并获取新用户，维系存量用户，唤醒沉睡用户，同时降低相关市场费用。CRM 具备以下能力：

- 帮助市场部门确认优质顾客，有针对性地开展市场活动，为销售团队提供销售机会。
- 形成与顾客的个性化顾客关系，提升顾客满意度，并通过为顾客提供高质量服务进而实现利润最大化。
- 获取顾客信息，帮助相关团队更好地了解顾客行为及需求；在企业内部、外部顾客以及合作伙伴之间构建有效的顾客关系网络。
- 通过对多元化信息的整合，对提升销售管理水平给予支持，并提升销售业绩，同时对社交媒体进行监督，便于及时解决可能出现的顾客投诉。

## 4.6　与顾客接触的员工

理想的情况是，与顾客直接接触的员工应该具备灵活性，对顾客含糊言辞的宽容，根据情景监督并改变行为的能力，应设身处地为顾客着想等个人品质。其中，最后一种品质（设身处地为顾客着想）比年龄、教育、知识、培训和才智更重要。

一些人发现，一线服务非常枯燥且具有重复性，但另一些人却看到，这种工作提供了一种接触和联系各色人等的机会。那些具备必要的人际技能的员工可能移向高接触频率的工作岗位，但是，挑选过程对于保证高质量的关键时刻仍是重要的。

### 4.6.1 挑选

还没有一种完全可靠的测评人的服务导向的方法，不过，大量的面试技巧被证实是有用的。抽象提问、情景小品、角色扮演等都可用于评估潜在的一线员工。

#### 1. 抽象提问

在抽象面试中所提的问题为开放式的，它们可以用来评估申请人将当前的服务情形与以往的经验信息相联系的能力。评估一位申请人对接触细节是否关注的问题可以是，"从你过去的工作经验来看，哪种顾客最难应付？为什么"。判断申请人是否主动搜集信息，可以这样提问："顾客最主要的抱怨是什么？"评估申请人的人际关系风格的最后提问可以是，"你怎样处理顾客要求"和"应付那种类型顾客的理想方式是什么"。

抽象提问可以用来解释一个人的适应意愿。一位有效的员工会注意他个人生活和工作中的细节。能考虑周围事件并能够描述它们意义的人一般会更快地学到更多东西。

由于性格和对面试的准备，一些申请人能比其他人更多地谈论他们过去的经验。面试官仔细倾听并探查抽象提问答案的实质，有助于降低被"吹牛者"欺骗的可能性。最后，对过去事件反思的能力并不能保证对事物的敏感性和灵活性能转移到新的工作中。

#### 2. 情景小品

情景小品式的面试要求求职者回答有关特定情景的问题。例如，考虑如下情形：

在向一个大型聚会提供食物后的一天，一位顾客退回了一些小蛋糕，声称蛋糕不新鲜。尽管此人要求退款，但他口气并不坚决且胆怯，以致隔着柜台的你几乎听不到他在说什么。你知道蛋糕并非你公司制作的，因为蛋糕看起来不像是出自你们厨师的手艺，你应该做些什么呢？

提供这样的一个情景可以昭示出有关求职者的本能、人际关系能力、常识及判断方面的信息。为了得到更多求职者在适应能力方面的信息，关于情景的进一步问题会问及，"如果顾客突然变得很恼火和固执，你应该如何对待他？你应该采取何种步骤来补救这种情形"。

情景小品方式提供了一个机会来确定求职者是否能够"以他人的立场思考"。即使是具有良好沟通能力的求职者，也不能清楚地显示出服务顾客的真正愿望或理解他人的本性。另外，面试者需极其注意求职者反应的本质及其表达方式。

#### 3. 角色扮演

角色扮演是一种面试技巧，它要求求职者参与到一个模拟的情景中，并且面试者要表现出这种服务环境是真实的。角色扮演通常在招聘的最终阶段使用，需要机构中的其他人合作，作为情景中的"演员"。

角色扮演为面试者观察压力下的求职者提供了一种方法。面试者运用此技术可以随着进程来探求且改变情景。这种方法考虑到了比抽象提问或情景小品面试更多的现实的反应。求职者对此时的情景使用自己的语言做出反应而不是描述情景。

尽管角色扮演提供了一个好机会来观察在现实与顾客交往中求职者的优点或缺点，但是直接比较求职者依然很困难。角色扮演的确需要精心策划，同时"演员"也需要在面试前进行彩排。

## 4.6.2 培训

大多数培训手册及员工手册用于解释与顾客接触的员工在工作中需要使用的技术或技巧。例如，手册上经常详细地说明如何填写顾客报告，如何使用现金收款机，如何穿着得体及加强安全要求，但是缺少如何以快乐及微笑服务等与顾客互动技巧的简单说明。

顾客与员工在互动过程中的困难可分为两类：问题顾客和服务失败，如表 4-3 所示。[7]

### 1. 不合理的顾客期望

大约 75% 所报告的沟通困难不是由技术服务失灵引起的。这些困难的出现涉及顾客不现实的期望，即服务交付系统不能满足的期望。例如，携带超大行李登机的旅客或打着响指呼喊侍者的用餐者。不现实的顾客期望可分为以下五种类型。

| 表 4-3 与顾客接触的员工所面临的挑战 | |
| --- | --- |
| 问题顾客 | 服务失败 |
| 1. 不合理的要求 | 1. 不可得的服务 |
| 2. 侮辱或敌对态度 | 2. 行动迟缓 |
| 3. 不恰当的行为 | 3. 不可接受的服务 |
| 4. 不曾预料的要求 | |
| 5. 与政策相悖的要求 | |

（1）不合理的要求。顾客要求在不适当的时间给予关注，这不属于企业提供的服务范围（例如，我要携带所有的行李登机；请坐在我旁边，我害怕飞行）。

（2）侮辱或敌对态度。顾客用粗暴的语言及行为对待员工（例如，"白痴，我们的酒在哪"；用餐者殴打侍者）。

（3）不恰当的行为。顾客喝醉或行为不适当（例如，一位喝醉的乘客在飞行过程中试图离开飞机；客人在酒店游泳池中裸泳）。

（4）不曾预料的要求。对于有医疗需求或语言障碍的顾客给予特别的关注（例如，"我妻子分娩了"或德语"它的成本是多少"）。

（5）与政策相悖的要求。由于安全规定、法律或公司政策等原因而无法满足的要求（例如，我已等待起飞一个小时，我必须抽烟；我们组中 10 个人要求对这顿饭分别记账）。

### 2. 服务失败

服务交付系统中的失败增加了与顾客接触员工的沟通负担，但在服务补救中也给员工提供了展现服务创新和灵活性的独特机会。服务失败分为三种情况。

（1）不可得的服务。正常情况下可实现的服务而当前不能提供（例如，我预订了一个靠窗的位子；为何 ATM 机出了故障）。

（2）行动迟缓。服务出奇迟缓，导致大量顾客等候（例如，为何我们的飞机还未到达？我们已在这儿等了一小时，但是没人理）。

（3）不可接受的服务。未达到可接受标准的服务（例如，我们的座位不能倾斜，或我的汤内有根头发）。

由于不可避免地存在与顾客沟通的困难，因此公司要求员工接受培训并提高人际技能，以防止将不好的情形变得更糟。公司应开发出必要的项目来培训员工在特定情景下的反应。

例如，对于不合理的要求，如"请坐在我旁边，我害怕飞行"的情形，服务人员可借助顾客公平的感觉，指出如果满足了他的要求，其他顾客的利益可能受到损害。事先准备应答来演练预期的情景。例如，对于"我要携带所有行李登机"的反应，员工只须说："对不起，联邦安全条例规定，一位旅客只允许携带两件可置于座位下或头上行李舱的小件行李。我可以帮您托运大件行李吗？"

角色扮演可以提供一个理想的环境来增加应对服务失败的经验。这种方法可以帮助员工预测他们可能遇到的沟通类型，提高反应技能，并制定决策规则以辅助员工选择特定情景下适当的反应。受过良好培训的员工能够以专业的方式控制服务情景，最终提高顾客满意度并减少服务提供者的压力和挫折感。

### 4.6.3 创造一种良好的道德氛围

社会已经产生了这样一种变化，即在市场上已经不能像以前那样指望组织能够自我约束。除了法律、医药和会计行业，像银行和保险这样的金融公司，它们曾经把自己视为具有公共责任的私营部门参与者。实际上，律师仍然被称为"法院的官员"。从历史的观点说，他们带着一种管理的感觉做事情，不仅想要发展他们的事业，而且想要界定什么是属于整个系统的适当行为。对于律师，这意味着他们会建议顾客不去做费时的诉讼或盲目的并购。19世纪后期纽约律师的领袖 Elihu Root 曾经说："一位好的律师大约一半的时间在告诉他的潜在顾客，不要干傻事，应该停止。"[8]

那些没有被密切监督的与顾客接触的员工的工作，经常是被放在一个可能需要同时对多个相互矛盾的要求妥协的道德标准下进行。表 4-4 举例说明了员工如何通过做不道德的行为来掩盖他们的错误、增加公司收入（例如通过不正当的交叉销售）或满足苛刻的顾客。为了防止不道德的机会主义造成的消极后果，并建立信任和诚信的文化，管理者必须有一种在员工中灌输道德行为的方法。

表 4-4 在接触顾客的环境中不道德行为的例子

| 服务本质的错误描述 | 操纵顾客 | 一般的诚实和正直 |
| --- | --- | --- |
| 当到处都不能吸烟时，承诺一个无烟室 | 放弃担保预订 | 不公平或粗鲁地对待顾客 |
| 使用手段引诱顾客购买高价商品 | 做不必要的服务 | 对顾客的需求不予回应 |
| 创建一个虚假的服务需要 | 账单中加入隐性费用 | 未能遵循公司规定的政策 |
| 服务提供者提供失实的凭证 | 掩盖顾客财产的损坏 | 窃取顾客信用卡信息 |
| 夸大提供特殊服务的好处 | 使其难以使用顾客保证 | 与第三方分享顾客信息 |

资料来源：Adapted from Charles H. Schwepker, Jr. and Michael D. Hartline, "Managing the Ethical Climate of Customer-Contact Service Employees," *Journal of Service Reasearch* 7, no. 4(May 2005), p.378.

Schwepker 和 Hartline 主张的正式控制（道德准则的执行和违反道德的处罚）和非正式控制（伦理的讨论、道德准则的内化和道德氛围）是提升伦理道德的重心，它会影响对服务质量的承诺和工作满意度。正式控制需要给认为可接受的行为设置一个边界。社会和文化风气通过非正式控制确保员工个人或在工作组内能监督和规范自己的道德行为。[9]

## 4.7 顾客

每次购买对顾客都很重要，但是，同样的交易对于服务提供者则通常是例行公事。在自助加油站购买汽油或在汽车餐厅购买汉堡和薯条通常很少牵扯到情感，但是，去国外度假或寻求医疗服务的顾客则完全不同，他们会扮演很个性化和戏剧性的角色。遗憾的是，对于疲倦的员工，他们由于在一周内接待了数百名顾客，要保持相应的情感投入是非常困难的。

### 4.7.1 预期及态度

顾客购买服务的动机与购买产品的动机类似，他们的预期左右着他们的购买态度。格雷戈里·斯通（Gregory Stone）提出了一个现在很著名的理论，即将购买产品的顾客分为四类。[10] 结合服务的特点做适当修正，可将这种分类用于服务产品顾客的划分。

（1）经济型顾客。顾客想从投入的时间、努力和资金中得到最大的价值。这些人往往有些挑剔，他们对价值的追求将检验服务企业在市场中的竞争力。这些顾客的减少提供了潜在竞争威胁的早期信号。

（2）道德型顾客。顾客觉得有道德上的义务光顾社会责任感强的企业。那些在社区服务方面具有良好声誉的企业可以拥有这类忠实的顾客。例如，麦当劳公司面向住院治疗儿童的计划帮助麦当劳树立了良好的形象。

（3）个性化的顾客。顾客在服务体验中需要人际间的满足感，诸如认可和交谈。在家庭式餐馆中，通常直呼顾客的名字可以迎来大批的邻里顾客。在许多其他类型的企业中，如果一线员工运用巧妙，计算机化的顾客档案也可以给顾客留下类似的个性化经历。

（4）方便型顾客。这类顾客对选购过程中的服务不感兴趣，而方便是吸引他们的重要因素。方便型顾客常常愿意为个性化的服务或无争端服务额外付费。亚马逊尊享（Prime）服务的成功证实了这一观点。

当顾客在自助服务和传统全方位服务之间选择时，就顾客的需要来控制服务接触的态度是一个研究顾客决策过程的主题。[11] 被采访的顾客似乎在购买决策中会使用下面一些标准：①花费的时间；②顾客对状态的控制；③过程的效率；④涉及人际接触的数量；⑤涉及的风险；⑥涉及的努力；⑦顾客对他人的依赖程度。

通常，对自助服务感兴趣的顾客对第2个标准（例如，顾客对状态的控制）最重视。这项研究涵盖了许多服务领域，包括银行、加油站、旅馆和航空公司等。实行低成本战略的服务企业可以利用这一发现来使顾客成为合作生产者，从而降低成本。

### 4.7.2 脚本在合作生产中的作用

在服务接触中，服务提供者和顾客都在服务交易中扮演着重要角色。社会规定了顾客应承担的特定任务，如在银行中兑换现金支票所需的程序。在一些餐馆中，就餐者可能要承担各种生产性角色。例如，在餐厅就餐时，顾客自己取食物并放到自己的餐桌上；在沙拉吧内自己挑选食物或餐后将自己的餐桌清理干净。在每个例子中，顾客都学会了一系列适合于特殊情形的举止。顾客参与到服务交付过程中，承担部分服务人员的角色。这种角色是由社会习俗规定的或由特殊的服务设计所暗含的。

顾客学到了各种脚本，这些脚本可用于各种服务接触，遵从这些脚本，顾客和服务提供者皆能预测各自的行为。这样，每位参与者在服务接触中都有某种程度的控制。因此，每一位参与者都希望在服务接触中有一些可感知的控制元素。如果顾客滥用他们的脚本就会产生问题。例如，在一家快餐店就完餐，顾客应该清理他的桌子，但是如果顾客不遵循脚本，那么员工就一定要做。

用餐者自己为自己提供服务，享受一个定制他们饭菜的机会。
©Fuse/CORBIS/Getty Images RF

接受取代人力服务接触的新技术在顾客学习新的脚本时可能会花费一些时间。曾经是一个"无意识的"日常服务接触，现在需要顾客花费一些精力来学习一个新的角色。例如，在超市和家庭装修店推出自动扫描结账机时，需要一名服务员在附近帮助顾客学会使用这种新的方法。当顾客学会他们的新脚本并渐渐认可缩短结账队列时，专职的服务员可能就不再需要了，而且自动扫描结账机投资的全部收益将会实现。

如果交易是对过去行为逻辑的改变，教顾客适应新角色就比较容易。公众接受了微机视窗系统可归因于这种事实，即所有应用场合接触到的是同样的界面，因此人们只要学习一种角色即可。

## 4.8 创建顾客服务导向 [12]

一项关于 23 个分支银行的研究表明，顾客和服务人员对服务质量的感知高度相关。图 4-3 中的每个点代表着取自不同分支处的数据，服务人员被问询，"你认为你们单位的顾客会如何看待他们从你们这里得到的总体服务质量"。顾客被问询，"请描述你从该分支处得到的总体服务质量"。每个组以相同的 6 点制对服务打分。

进一步的分析表明，顾客感知服务较好的分支处是那些服务人员有如下特点的单位：

（1）更重视热情的服务；

（2）分支处经理重视职员履行其职责；

（3）努力保住所有顾客，而不只是大顾客；

（4）具有充足的、训练有素的出纳员；

（5）设备维护良好，供应充足。

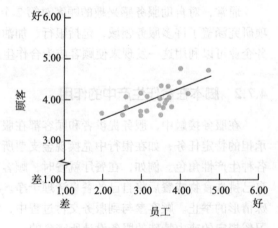

图 4-3　顾客与员工对顾客服务感知之间的关系

资料来源：Benjamin Schneider, "The Service Organization: Climate Is Crucial," *Organizational Dynamics*, Autumn 1980, p. 62. Copyright by Benjamin Schneider. All rights reserved.

另外，对于那些职员把他们的分支处描述为管理者重视顾客服务的单位，顾客不仅认为其服务是一流的，而且更具体的是：

（1）出纳员有礼貌且很有能力；

（2）服务人手足够；

（3）分支处管理良好；

（4）出纳员流动率低；

（5）职员具有积极的工作态度。

此项研究表明，当职员有强烈的服务导向时，顾客觉得其服务是一流的。创造顾客服务导向使顾客能够观察到一流的服务实践及程序，且符合员工对于接待顾客方式的看法。因此，尽管员工与顾客从不同的角度看待服务，但他们对组织有效性的感知是正相关的。

表 4-5 以"满意度双元性"的形式说明了顾客和员工之间的关系。例如，当银行员工认识某位顾客以后，顾客服务的成本就降低了，这主要是因为节省了身份识别的时间并能对需求进行预测（例如，在货币市场收支差额过剩时购买存款保证书）。忠实的顾客重视改良的生产力和更多的个人服务。人际关系满意度的提高对参与服务的双方都有好处。

表 4-5 满意度双元性

| 更高的顾客满意度 | | 更高的员工满意度 |
| --- | --- | --- |
| 更多的重复购买 | ←→ | 对顾客的需求和满足他们的方式更加熟悉 |
| 对服务失误的投诉有加重的趋势 | ←→ | 更多的机会进行错误补救 |
| 更低的成本 | ←→ | 更高的生产力 |
| 更好的结果 | ←→ | 服务质量提高 |

满意度双元性对管理也有借鉴作用。外部顾客如何被对待反映了对与顾客接触的员工（或内部顾客）的管理方式。

## 4.9 服务利润链[13]

服务利润链提出了一系列相关因素之间的关系，如获利性、顾客忠诚度、员工满意度、能力和生产率，如图 4-4 所示。利润和回报的增长来自忠诚的顾客，顾客忠诚又源于顾客满意，而顾客满意受感知服务价值的影响。服务价值是由那些满意的、尽职的、有能力的、生产性的员工创造的。满意的和忠诚的员工来源于挑选和培训，但是需要提高信息技术和支持其他工作场所的投资，允许员工在服务过程中有决策的自由度。

（1）内部质量驱动员工满意。内部服务质量描述了员工的工作环境，它包括员工的挑选和开发、奖酬和认可、对服务信息的获得、技术和工作设计。例如，USAA 是一家面向军官的金融服务公司，电话服务代表得到了一套复杂先进的信息系统的支持。当一位顾客拥有会员号码后，该系统就能在显示器上添上顾客完整的信息档案。该公司总部位于圣安东尼奥郊区，很像一所学校的校园。该公司拥有专门用于培训的 75 间教室。得到最新技术发展水平的相关工作培训是每位员工所预期的工作经历的一部分。

（2）员工满意度影响员工保留率及生产率。在大多数服务工作中，员工跳槽的真正成本是生产率的损失和顾客满意度的降低。在个性化的服务企业中，低员工流动率是与高顾客满意度密切相关的。例如，证券公司中失去一位有价值的经纪人的损失可以用顶替他的人与顾客建立关系期间所损失的佣金来衡量。员工的满意度对生产率也有影响。西南航空公司一直是利润最高的航空公司，部分原因是该公司拥有较高的员工保留率，它低于 5% 的员工流动率在该行业是最低的。

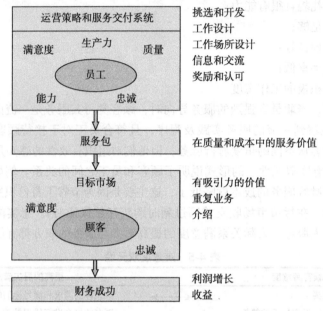

图 4-4 服务利润链

资料来源：Adapted from James A. Fitzsimmons, Mona J. Fitzsimmons, Sanjeev Bordoloi, Service Management Operations, Strategy, Information Technology, 8th edition, (2014).

（3）员工保留率和生产率影响服务价值。尽管西南航空公司不指定座位、提供餐饭、与其他航线共用预订系统，但是顾客对该公司的评价仍很高。顾客看中的是频繁的离港班次、准时服务、友好的员工及低票价。该公司可以实行低票价的部分原因是，训练有素的、灵活性强的员工可以执行几种类型的工作，并能够在 15 分钟或以内转向另一架次的班机。

（4）服务价值影响顾客满意度。对于顾客来说，服务价值可以通过比较获得服务所付出的总成本与得到的总利益来衡量。"前进公司"，一家灾害保险公司，通过让保单持有者毫不费力地快速办理手续和赔付为顾客创造价值。例如，一旦出现保险事故，该公司的理赔员迅速飞抵事故现场，马上办理赔偿，提供支持性服务，减少了法律费用，实际上让受损方得到了更多实惠。

（5）顾客满意度影响顾客忠诚度。施乐等公司对其顾客进行过一次调查，使用的是 5 分制，从"非常不满意"到"非常满意"。调查发现，"非常满意"的顾客再次购买施乐产品和服务的可能性是"满意"顾客的 6 倍。该公司称这些非常满意的顾客为"传道者"，因为他们会转变那些不接受公司产品的人的看法。另一极端为"恐怖分子"，这些对产品非常不满意的顾客会产生不好的口碑。

（6）顾客忠诚度影响获利性与成长。因为顾客忠诚度增加 5%，利润可以增长 25% ～ 85%，因此，市场份额的质量可根据顾客忠诚度来衡量，应得到与市场份额的数量一样的关注。例如，Banc One 是总部设在俄亥俄州哥伦布市的一家盈利很好的银行，2004 年与摩根大通合并，它开发了一个复杂先进的系统来跟踪顾客的忠诚度。忠诚度通过顾客使用的服务数量以及他们与银行之间关系的深度来衡量。

## ⊙ 服务标杆

### 曼纳小姐对抱怨的处理

曼纳小姐观察到，标准的服务接触通常涉及两个必需的角色，一个抱怨者和一个通常代表着商业机构利益的接受抱怨的人。

一个人会说一些像这样的话，"这是曾经发生过的最无耻的事情，我无法想象这里的每个人会这样愚蠢，我将准确地找出这是怎么发生的。相信我，我将立即就此事采取一些行动"。

另外一个人会说，"瞧，发生了点小过失（错误），并不很严重，心烦意乱也没有任何用处，因为这些事情总是在发生，真的不是任何人的过错"。

现在就有了一个特殊的情景：那个被抱怨的人选择了他所中意的角色，抱怨者只好去选择另外一个角色扮演。

曼纳小姐意识到这是一个难题。确实是这样，因为那些被迫接受抱怨的人，或是偶尔作为一种消极的方式来谋生，并不理解可能发生的剧情变化。

下面是一般的发展态势：

抱怨者（用不大正常的声音，同时措辞有些尖锐）："这是不道德的行为。"

被抱怨者（用厌倦的语调）："噢，平静一点，不是任何人的过错，这仅仅是偶然发生的，现在做任何事（来补救）都晚了。"

抱怨者（尖叫）："你的意思是以前也发生过？这里的每个人都是白痴？我一生中也没见过这种拙劣的工作。这事没有任何借口，无论任何人也没有借口。"如此等等，并继续不停地抱怨。

同样的情况，只是被抱怨者决定不接受辱骂，于是就在这事上先发制人。

被抱怨者（用可怜的近乎绝望的语调）说："当然，我不能想象这怎么会发生，你应该确信我一定会对此事采取行动。我无法给你足够的道歉，我们以我们做的事正确而自豪，这个过错是无法容忍的，请给我另外一个机会——让我看看我能采取什么样的补救方法。"

抱怨者（起初挺勉强的，但最终还是放弃继续用同一语气威吓，他为被抱怨者的想法打动了）："噢，那好，我们都会犯错误，并不是那么严重。"

实现这种转变的基本要素是道歉并做些补救的承诺，但使它起作用的是语调，两人不会坚持像前两位那样幼稚地争吵。

曼纳小姐很惊讶，竟然只有很少的人会利用这个简单的技巧来避免令人作呕的事情发生。

资料来源：Judith Martin，"complaint-Handling Requires a Deft 'Switcheroo'，" Associated Press as printed in *Austin American Statesman*, November 1, 1992, P. E14.

## 本章小结

互联网和其他技术对顾客与服务公司产生了深远的影响，从而导致了自助服务的出现。服务接触可以看成是三元组合，其中顾客与服务人员对处于由服务组织界定的环境中的服务过程实施控制。满足顾客需要时的灵活性，其重要性促使许多服务组织对顾客服务人员授权，赋予他们更多的自主权。

给予员工更多的决策权要求挑选过程能够识别出具有人际行为适应潜力的求职者。与顾客沟通的困难即使在最好的环境中也会产生。不切实际的顾客期望和未预料到的服务失败出现时，顾客接触人员必须及时处理。为员工进行预计会发生情况的相关培训和开发应对问题的"脚本"，是有助于服务提供者解决问题的两种重要的方法。

可以根据服务期望对顾客分类。那些具有控制需求的顾客是自助服务的候选者。将顾客视为合作生产者，建议使用顾客"脚本"，脚本使服务交付变得更容易，并且在

接触中提供了一些行为的预报。

本章结合一项关于银行的研究讨论了顾客服务定向的概念。在该项研究中发现，顾客和与顾客接触的员工对传递的服务质量持类似的看法。

本章包含了对服务利润链的讨论，为服务提供者内部能力的选择、开发和忠诚的顾客所带来的企业的利润和成长提供了解释。

## 关键术语

**抽象提问**（abstract questioning）：一个开放式的问题，用于通过展示候选人的适应能力和人际技巧，筛选有潜力的员工。

**合作生产**（coproduction）：把顾客看作服务交付过程中的生产资源，他们需要发挥作用（例如，让他们午餐后清理自己的餐桌和遵循脚本如使用 ATM）。

**文化**（culture）：分享组织的信仰和价值观，指导雇员在公司的决策和行为。

**授权**（empowerment）：给接触人员提供培训和信息，使其能在没有密切监督时为公司做决策。

**服务接触三元组合**（service encounter triad）：用三角形描述服务组织、接触人员和顾客三者目标的平衡。

**情景小品**（situational vignette）：一个服务接触的情景，它可以测试一位候选人设身处地为他人着想和良好判断力的能力。

## 讨论题

1. 如何在自助服务失败时设计自我补救？
2. 将顾客看作"部分员工"，这在组织上和营销方面有什么意义？
3. 从对服务接触感知控制的角度，评价"一

对一"服务和"一对多"服务的不同动力。
4. 如何将服务脚本与服务质量相联系？
5. 如果顾客角色是由文化规范规定的，那么怎样对外出口服务呢？

## 互动练习

将班级分为几个小组，每一组举出四种组织控制系统中的一个例子（即信仰、限

度、判断和互动）。

## 案例 4-1　　　　　　　　艾米冰激凌[14]

艾米冰激凌始建于得克萨斯州奥斯汀市，现在在奥斯汀有 12 个分店，在休斯敦和圣安东尼奥各有一个分店。当被问及它的推动力时，生产经理 Phil Clay 解释道："产品质量上乘且拥有独一无二的口味，最根本地说，冰激凌就是冰激凌。人们可以很容易

地去 Swensen 商店或 Marble Slab 商店买到有名的冰激凌，服务是使艾米与其他企业有所区别并且使顾客不断光顾的原因。"确实，艾米的服务是独一无二的。

艾米·米勒（Amy Miller），作为企业的所有者和创立者，当她为波士顿的史蒂夫公

司工作时就开始了她制作冰激凌的生涯。史蒂夫公司的产品宣传是将麦芽汁浇在冰激凌的顶部。她想起了哈佛大学和麻省理工学院的毕业生是怎样在商店工作的。明显地，除了高收入和较好的福利待遇以外，还有其他原因，她迅速意识到这是一个能使顾客开心的事业，在冰激凌商店工作是一个"感觉良好"的职业，吸引了许多几乎能在任何一个地方轻易赚到更多钱的聪明员工。

当她于1984年10月开办第一家艾米冰激凌店时，她有两个信条；其一是雇员必须从他所做的事情中得到快乐；另一条是服务和冰激凌必须使顾客微笑。这些信条为一个20年以后地位牢固和繁荣的企业打下了基础。

刚开始时，戏剧和艺术专业的大学生经常受雇为服务员，因为享受他们所做的事情与赚钱对于他们一样具有吸引力。这些外向型、极富创造力的雇员们熟练地通过柜台表现出他们丰富多彩的个性。他们在工作的同时，一边与顾客互动一边开玩笑。顾客被玩笑和多种多样的服务所深深吸引，他们将其描述为"冰激凌戏院"，而且一旦被吸引，顾客就一次又一次地返回并要求再次表演。

艾米店怎么招聘那些会表演的新雇员的呢？最初，招聘申请表格并不正式，只是简单的手写和油印的表格。克莱先生曾记得，有一天他用尽了所有的表格，突然来了一个粗犷的男人索要一份表格。当那男人听说表格用完时变得有些愤怒。于是，克莱先生拿出一个白纸袋——那是柜台下唯一能书写的东西，并将它作为一个"替代"的表格递给了对方。

申请人十分满意并将它拿去完成。当克莱先生将这个故事讲给艾米听时，她说白纸袋会很好用。这样白纸袋就成为新的"正式"申请表格。实际上，它被证明是一个很好的指示器，表明申请人是否想要或能够既容易又创造性地展现自我。使用袋子的人只是写下普通的个人简历（如姓名、地址、社会安全号码等），可能并不像一个雕刻家在一个木偶或热气球上工作那样有趣，但在艾米店得到一个硬纸袋具有全新的意义，通过硬纸袋测试的申请人就可以进行面试。

新雇员需要经历一个工作现场培训过程，这个培训的一部分内容涉及冰激凌的生产过程，以便使服务员可以提供始终如一的产品。培训的另一部分内容是教他们如何在柜台后表现自我，包括哪些顾客喜欢嬉闹，哪些顾客希望独处，也要明白对不同顾客玩笑可以开到什么尺度。一般情况下，雇员们可以自由地与那些乐于这样做的顾客们戏剧性地开玩笑。

早期艾米店的利润率大约为3%，所以，服务员的薪水很低。因此，服务员只获得最低工资，并且大约80%的人是非全职员工，他们没有额外的福利。实际上，多数经理年收入低于15 000美元，最高水平为30 000美元，包括艾米。虽然报酬低，但艾米冰激凌店为何总能招募到那些能使顾客满意的高素质员工呢？

他们能以成本价得到艾米冰激凌T恤衫，并且能吃所有的冰激凌！然而最主要的原因很可能是它的自由导向而不是它的制度导向。工作人员必须穿的唯一制服是：一件围裙，它的主要功能是在柜台后面设计出一种连续的感觉；一顶帽子，但是雇员们可以自由地选择任何款式的帽子，只要它能有效地扎住头发。此外，人们还可以穿着任何款式的衣服去配合他们的心情，只要它不是脏的、带有政治倾向的或太暴露的。

雇员们可以把他们的音乐带拿来，记住他们的顾客类型，在商店里播放。例如，一家坐落在闹市区的艾米店吸引了大批年轻狂热的轻松音乐爱好者，而另一家位于大型商场的艾米店则吸引那些喜欢安静一些的音乐的顾客。

每一家商店的设计及其陈列的艺术品都追求多样化和随意化，但是雇员们却能自由地做出他们的贡献。艾米店雇用一名当地的艺术家为其装饰所有的商店，当然，各商店的经理可以充分发表他们的意见，即什么样的装修对于商店所处的位置最理想。这些艺术品往往体现了当地艺术家的成果。

艾米店的每一位员工都要做店里需要做的每一件事。如果地板需要清洁，经理就会像清洁工一样将地板擦干净。店里洋溢着强烈的团队合作精神和友情。员工会议通常在凌晨1点召开，此时正好是最后一家艾米冰激凌店关门之后，公司设立 Door 奖来鼓励员工的参与。

很明显，来艾米店工作是一种生活方式的选择。这些雇员是这样的一群人：他们不要那种在工作中必须穿特定的工作服，有固定的工作时间，没有丝毫乐趣的"真正的工作"。显然，钱不是他们工作的主要动机，而没有大笔的钱则可能成为一种力量，它把所有的员工凝聚在一起。

艾米冰激凌店已经创造了一种被定义为"非主流环境"的东西，许多人认为正是它使成千上万的顾客感到快乐，而正是这些快乐的顾客使企业保持繁荣发展。

### 问题

1. 描述艾米冰激凌店的服务组织文化。
2. 艾米冰激凌店所要寻找的雇员，其性格特点是什么？
3. 使用抽象提问、情景小品和角色扮演的方法，为艾米店设计一个雇员挑选程序。

## 案例 4-2　汽车租赁企业[15]

ERAC 租车公司在汽车租赁业坚守着独一无二的销售主张，可描述为"个人服务的最好想法"。这种主张建立在 ERAC 租车公司运作的每一个方面，从点对点的汽车运输到 427 000 辆的租赁车队。这可以由其总裁安迪·泰勒（Andy Taylor）在公司网站上（www.enterprise.com）的欢迎词中感受到：

他们说最伟大的想法就是最简单的想法。他们是对的，我们最伟大的想法就是个人服务。它是如此容易，因为它仅仅需要我们像人们一样做。要像对待邻居一样在商业环境中对待你的顾客。你看，我们的业务就是用这个理论塑造的。对待顾客像对待好朋友或邻居可以使我们达到这样的高度：我们的汽车运营收入以10亿美元计，几十万辆轿车和卡车的队伍、几千名雇员，都效力于提供个人服务。[16]

### 背景

ERAC 公司作为一家租赁公司于1957年在密苏里州圣路易斯市创立，刚开始时拥有17辆车。创始人杰克·泰勒（Jack Taylor）很快发现，当顾客对长期租用的汽车进行维护或维修时，他们需要短期租赁。尽管这是个相对成功的业务，但到了20世纪70年代还是取消了。那时法庭裁决，意外事故保险对于投保的车主在无车使用时的损失有责任予以赔偿。

几乎在一夜之间，ERAC 公司成为主要的参与者，到1977年车队迅速增长到10 000 辆汽车。到1993年，ERAC 开始发展加拿大的业务并参与国际竞争。此时，ERAC 已经拥有覆盖1 500个地区的超过200 000项业务。一年以后海外业务扩展到英国，将总业务提高到在2 500多个地区提供300 000多项短期租赁和50 000多项长期租赁。现在，ERAC 在全球30多个国家经营着1 200多家办事处，公司在国内拥有1 200 000多辆汽车，年收入达到138.8亿美元。

目前，ERAC 公司已经以其车队的规模和市场占有率成为业界领袖。公司的美国国内市场已经趋于饱和，其管理层面临着保持这种成绩的挑战。

## 服务概念

目前的首席执行官暨创始人的儿子安迪·泰勒经常说："我父亲将他的经营理念慢慢灌输给我，那非常简单。当我的父亲开始创业时，他说你要把顾客放在第一位，因为如果他们满意，就会再光顾。接着是员工，要确定他们都很愉快，知识丰富，是团队的一部分，他们可以提供最好的服务。将顾客和员工放在第一位，这就是底线。"[17]

公司宣称会提供完善的租赁服务，这以目前著名的打包租车为标志。这种形式对顾客有三点重要的好处：

（1）距离很近，方便顾客在家和办公室存退车辆或免费维修。

（2）经营战略能够造就完美的价格。

（3）适合每种场合的多种汽车选择。

从租赁业务的第一天开始，ERAC就把市场定位于本地的短期租赁市场，而不是像之后的"suits&shorts"那样，强调已有企业经营的商用和假期市场。这种"家乡"租赁市场目前包括替代细分市场（例如，顾客由于事故、常规检查或被盗而需要租用汽车）和变动细分市场（例如，短期商务活动、休闲旅游或其他特殊情况）。ERAC依靠对服务的选择和放弃与竞争者相区别。目前，公司的网络可以在15分钟内覆盖90%的美国人口，这就提高了便利性。

ERAC目前已开始进入贸易市场，公司在机场有固定的站点，通过这些站点，占据了Alamo Rent A Car 和 National Car Rental的份额，这与其原有的市场定位相一致。发掘顾客后，将其信息送回办事处建立文件后再分派车辆。对于泰勒来说，关注的仍然是顾客，他说："毕竟，其他租赁公司和售卖的汽车与ERAC相比，没有太大区别。不同在于，它们的业务是车而我们是人，这可以解释为什么我们把精力主要用在招聘、雇用和培训上"。[18]

## 文化

与众不同的雇用准则和相对严格的内部提升制度的结合驱动了公司文化。事实上，所有的员工都是大学毕业生，公司宣称ERAC是全美雇用大学毕业生数量最多的公司。这一特征与寻求把工资保持在工会低标准的劳动密集的汽车租赁业不一致。

雇用本身也是相当不符合传统的。"有头脑但内向的人不要申请"，ERAC的首席生产经理唐纳德·L.罗斯（Donald L.Ross）这样说，"我们从大学生班里较好的一半学生里雇用员工，"他还说："我们需要运动员，兄弟般友爱的人，尤其是友爱的总裁和主管们。"[19] 公司发现主管可以造就好的店员，因为他们更愿意和服务管理者聊天，使那些刚刚从遭到严重破坏的汽车里出来的人平静下来。

对运动员的关注也对公司的文化有明显的冲击，因为它在提高竞争氛围的同时强调了团队合作。ERAC公司在美国各地的员工起薪不同，奖励系统也符合其竞争策略，即员工不会定期增加工资。他们根据所在店铺的利润得到部分补偿，每一个人都可以看到各家店铺和各地区的财务结果，这可以进一步加强竞争。

学生中"较差的一半"在工作理念上也产生了一种热情和改变，因为他们由于缺乏工作机会而变得清醒。Jeffrey M. Brummett，负责日常租车业务的副总裁，以前是半职业的棒球运动员，他说："没有人念大学是打算将来从事汽车租赁业的（这是公司员工经常重复的一句话）。但是当出现这样一个机会时，你就应该抓住它。"[20]

迎接新的管理实习生的是长期的严格训练，他们几乎将所有的时间都用于洗车和为顾客送车上。几乎所有的员工，包括最高决策人员，都是这样开始的。这形成了一种有意识的规定，按照规定，高级管理人员要参与一些苦活，甚至首席执行官安迪·泰勒也要使用吸尘器进行清扫。他说，"我们去视察伯克利的一家办事处，它被围攻了，所以我开始清理车辆，我不知道这是不是浪费时间，但是这对士气的影响是巨大的。"[21] 尽管如此，还是有些人在几星期内就辞职了。

在公司里，泰勒将许多决策交给罗斯（公司的高级执行副总经理和首席生产经理）和 William F. Holekamp（公司的执行副总裁）。罗斯和 Holekamp 在新员工招聘工作中担任关键角色，无论员工是从洗车还是从顾客服务开始，最终当他们决定承担风险以及在新的地区开设 ERAC 办事处时，企业运作的成功证明了他们可以依据泰勒的经营理念领导公司。

## 成长

ERAC 对于本地市场的关注使其不断扩大市场份额并持续盈利。在航空市场以每年 3% ～ 5% 的速度增长的同时，本地市场正以 10% ～ 15% 的速度增长。根据 Jon LeSage（《汽车租赁新闻》总编）的说法，"本地汽车租赁市场比公众估计的更为重要。这一业务的实际增长正在向本地市场转移。"[22]

由于公司有遍布美国全国的租赁办事处，ERAC 很可能继续从这种增长中盈利。首席执行官泰勒没有发现减速的迹象。此外，公司在过去几年内还以每年超过 20% 的速度增长。

双职工家庭也促进了这一市场的发展：当夫妻二人都工作时，他们都需要汽车，一旦少了一辆汽车，ERAC 提供的较低价格的租车就成为很自然的选择。因此，即使在家庭汽车运行良好时，人们也愿意从 ERAC 租车。"我们把它叫作虚拟车辆，"泰勒说，"当小企业需要比自己的车更好的车时，顾客会和我们联系；而打算长途旅行又不信任公交车或只想使用私家车时也会想到我们。"[23]

通常，一旦附近的办事处拥有超过 100 辆汽车时，就会开设一家新的办事处。新的办事处开张以后，员工要去附近的社区与这一地区所有大型修车设施的服务管理者建立联系。ERAC 明白，服务管理者的推荐对于忙于维修汽车的顾客有很重的分量。ERAC 的员工携带比萨饼和油炸圈给附近修车厂的工人，已经成为其星期三的惯例了。事实上，近期增长的大部分来自于汽车代理人，他们在汽车修理期间为顾客提供一种免费或者便宜的替代方式。ERAC 与许多代理人在提供替代汽车方面有协议，但大部分情况是，ERAC 的员工把车停在外面，一天内在修车厂内工作几个小时。新泽西 West Long 分店的一个保时捷、奥迪和路虎的代理商说："这家企业的员工实际上是我的员工的一部分。"[24]

## 运作

ERAC 将商业汽车租赁和公司车队管理这两项主要业务的运作分开。公司从美国、日本和欧洲的制造商那里购买各种各样的汽车。为了降低成本，它的汽车的行车时间比 Hertz 和 Avis 都要多出六个月。

### 租赁业务

ERAC 的 4 000 家办事处通过唯一的 1-800 电话相联系，它将顾客和全世界最先进和方便的办事处定位系统相连，它允许顾客通过一个简单的号码与北美任何一家办事处联系。它装备了自动租赁管理系统（ARMS），该系统提供了电子化界面，允许主要顾客，例如保险公司，可以以最有效的风格管理预订、结账和支付。

ERAC 的服务概念在租赁业务中是明显的。无论在家里还是在维修站，ERAC 都可以把车提供给顾客。尽管这是高度个性化的服务，ERAC 的出价通常比它的竞争者低 30%。从雪佛兰乐骋到林肯城市，从福特翼虎到凯迪拉克凯雷德，ERAC 提供超过 60 种汽车来满足顾客需求的多样性。多样性同样是替换车辆市场的主要利益驱动者。ERAC 认为需要运输工具的顾客不会对价格争论不休，当一辆小型的 GEO Metro 的价格为每天 16 美元时（即许多保险规定的补偿费的数额），大约 90% 的人会愿意多付些钱获得一辆大一点的车。

### 车队管理业务

它来源于长期租赁，但是 ERAC 通过提供完整的、终端对终端的车队管理，允许顾客企业将整个运输业务资源外包，从而扩展了车队管理服务的范围。一个专业的、本地的企业账目服务代表管理着顾客车队的所有业务，包括买入、保险服务、注册、售后市场的设备、融资、燃料管理和报告、全面的维护管理、公司租赁程序和处理。

### 竞争

ERAC 面临着来自许多渠道的竞争者，它们中最值得注意的是传统的机场汽车租赁公司，例如 Avis、Hertz、Budget，不过，ERAC 与这些公司在汽车租赁市场中的定位不同。传统的公司致力于短期为旅行者提供定点服务，但是 ERAC 关注的是本地市场。

因而，它最直接的竞争来源于汽车代理机构的服务替代车队。目前，当一名顾客将汽车送去修理时，许多代理商都会提供服务替代品，这就减少了 ERAC 公司提供服务的机会。

竞争领域的形势也随着健康汽车业的发展和不断提高的汽车价格而改变。当小的经营者发现他们已经不能承受更高的资本和费用时，企业合并就会发生。归属于福特公司的 Hertz 和 Budget 这样的联盟企业的现金储备，是独资企业最大的威胁之一。尽管存在负债、外部控股和赤字，ERAC 仍然是这个十分不安全的行业内最安全的公司之一。

### 问题

1. ERAC 公司如何定义它的服务以区别于典型的汽车租赁公司？
2. ERAC 业务概念的哪些特征使其能够与已经存在的国有汽车租赁公司展开有效的竞争？
3. 使用服务利润链解释 ERAC 的成功。

## 参考文献

Ba, Sulin, and Wayne C. Johansson. "An Exploratory Study of the Impact of e-Service Process on Online Customer Satisfaction." *Production and Operations Management* 17, no. 1 (January–February 2008), pp. 107–19.

Bone, Sterling A., and John C. Mowen. "'By-the-Book' Decision Making: How Service Employee Desire for Decision Latitude Influences Customer Selection Decisions." *Journal of Service Research* 13, no. 2 (May 2010), pp. 184–97.

Buell, Ryan W., Dennis Campbell, and Frances X. Frei. "Are Self-service Customers Satisfied or Stuck? *Production and Operations Management* 19, no. 6 (November–December 2010), pp. 679–97.

Coelho, Flilpe, and Mario Augusto. "Job Characteristics and the Creativity of Frontline Service Employees." *Journal of Service Research* 13, no. 4 (Nov 2010), pp. 426–38.

Czepiel, J. A., M. R. Solomon, and C. F. Surprenant (eds). *The Service Encounter.* Lexington, MA: Lexington, 1985.

Evanschitzky, Heiner, et al. "How Employer and Employee Satisfaction Affect Customer Satisfaction: An Application to Franchise Services." *Journal of Service Research* 14, no. 2 (May 2011), pp. 136–48.

Grandey, Alicia A., Lori S. Goldberg, and S. Douglas Pugh. "Why and When Do Stores with Satisfied Employees Have Satisfied Customers?: The Roles of Responsiveness and Store Busyness." *Journal of Service Research* 14, no. 4 (November 2011), pp. 397–409.

Grougiou, Vassiliki, and Simone Pettigrew. "Senior Customers' Service Encounter Preferences." *Journal of Service Research* 14, no. 4 (November 2011), pp. 475–88.

Henning-Thurau, Thorsten, et al. "The Impact of New Media on Customer Relationships." *Journal of Service Research* 13, no. 3 (August 2010), pp. 311–30.

Heskett, James L., W. Earl Sasser, Jr., and Leonard A. Schlesinger. *The Service Profit Chain.* New York: Free Press, 1997.

Lariviere, Bart. "Linking Perceptual and Behavioral Customer Metrics to Multiperiod Customer Profitability: A Comprehensive Service-Profit Chain Application." *Journal of Service Research* 11, no. 1 (August 2008), pp. 8–21.

Osarenkhoe, Aihie, et al. "Technology-Based Service Encounter—A Study of the Use of E-Mail as a Booking Tool in Hotels." *Journal of Service Science and Management* 7, no. 6 (2014), pp. 419–29.

Porath, Christine, Deborah Macinnis, and Valerie S. Folkes. "It's Unfair: Why Customers Who Merely Observe an Uncivil Employee Abandon the Company." *Journal of Service Research* 14, no. 3 (August 2011), pp. 302–17.

Reinders, Machiel J., Pratibha A. Dabholkar, and Ruud T. Frambach. "Consequences of Forcing Consumers to Use Technology-Based Self-Service." *Journal of Service Research* 11, no. 4 (May 2009), pp. 107–23.

Robertson, Nichola, and Robin H. Shaw. "Predicting the Likelihood of Voiced Complaints in the Self-Service Technology Context." *Journal of Service Research* 12, no. 1 (August 2009), pp. 100–16.

Roels, Guillaume. "Optimal Design of Coproductive Services: Interaction and Work Allocation." *Manufacturing & Service Operations Management* 16, no. 4 (2014), pp. 578–94.

Schneider, Benjamin, and David E. Bowen. "Modeling the Human Side of Service Delivery." *Service Science* 1, no. 3 (Fall 2009), pp. 154–68.

Seck, Anne Marianne, and Jean Philippe. "Service Encounter in Multichannel Distribution Context: Virtual and Face-to-Face Interactions and Consumer Satisfaction." *The Service Industries Journal* 33, no. 6 (2013), pp. 565–79.

Sharma, Piyush, Jackie L. M. Tam, and Namwoon Kim. "Demystifying Intercultural Service Encounters: Toward a Comprehensive Conceptual Framework." *Journal of Service Research* 12, no. 2 (November 2009), pp. 227–42.

van Beuningen, Jacqueline, Ko de Ruyter, and Martin Wetzels. "The Power of Self-Efficacy Change During Service Provision: Making Your Customers Feel Better About Themselves Pay Off." *Journal of Service Research* 14, no. 1 (February 2011), pp. 108–25.

Verhoef, Peter C., Werner J. Reinartz, and Manfred Krafft. "Customer Engagement as a New Perspective in Customer Management." *Journal of Service Research* 13, no. 3 (August 2010), pp. 247–52.

Yee, Rachel W. Y., Andy C. L. Yeung, and T. C. Edwin Cheng. "The Impact of Employee Satisfaction on Quality and Profitability in High-Contact Service Industries." *Journal of Operations Management* 26, no. 5 (September 2008), pp. 651–68.

## 注释

1. Jan Carlzon, *Moments of Truth* (Cambridge, MA: Ballinger, 1987).

2. Adapted from Craig M. Froehle and Aleda V. Roth, "New Measurement Scales for Evaluating Perceptions of the Technology-Mediated Customer Service Experience," *Journal of Operations Management* 22, no. 1 (February 2004), pp. 1–21.

3. Adapted from James A. Fitzsimmons, "Is Self-Service the Future of Services?" *Managing Service*

*Quality* 13, no. 6 (2003), pp. 443–44.

4. A. Parasuraman, Valarie A. Zeithaml, and Arvind Malhotra, "E-S-QUAL: A Multiple-Item Scale for Assessing Electronic Service Quality," *Journal of Service Research* 7, no. 3 (February 2005), pp. 213–33.

5. Carol J. Loomis, "How the Service Stars Managed to Sparkle," *Fortune,* June 11, 1984, p. 117.

6. W. E. Sasser, Jr., C. W. L. Hart, and J. L. Heskett, *The Service Management Course* (New York: The Free Press, 1991), p. 97.

7. Adapted from J. D. Nyquist, M. J. Bitner, and B. H Booms, "Identifying Communication Difficulties in the Service Encounter: A Critical Incident Approach," in J. A. Czepiel, M. R. Solomon, and C. F. Surprenant (eds.), *The Service Encounter* (Lexington, MA: Lexington Books, 1985), chap. 13, pp. 195–212.

8. Cited by Fareed Zakaria, "The Capitalist Manifesto: Greed is Good (To a Point)," *Newsweek,* June 22, 2009, p. 44.

9. Adapted from Charles H. Schwepker, Jr. and Michael D. Hartline, "Managing the Ethical Climate of Customer-Contact Service Employees," *Journal of Service Research* 7, no. 4 (May 2005), pp. 377–97.

10. Gregory P. Stone, "City Shoppers and Urban Identification: Observations on the Social Psychology of City Life," *American Journal of Sociology,* July 1954, pp. 36–43.

11. John E. G. Bateson, "The Self-Service Consumer: Empirical Findings," in L. Berry, L. Shostack, and G. Upah (eds.), *Marketing of Services* (Chicago: American Marketing Association, 1983), pp. 76–83.

12. Adapted from Benjamin Schneider, "The Service Organization: Climate Is Crucial," *Organizational Dynamics,* Autumn 1980, pp. 52–65.

13. Adapted from J. L. Heskett, T. O. Jones, G. W. Loveman, W. E. Sasser, Jr., and L. A. Schlesinger, "Putting the Service-Profit Chain to Work," *Harvard Business Review,* March–April 1994, pp. 164–74.

14. Prepared by Bridgett Gagne, Sandhya Shardanand, and Laura Urquidi under the supervision of Professor James A. Fitzsimmons.

15. Prepared by Yair Almagor, Jason Hearnsberger, Gijun Kim, and Michael Sebold under the supervision of Professor James A. Fitzsimmons.

16. Andrew C. Taylor, "Welcome Message," http://www.enterprise.com, accessed on March 20, 1998.

17. "Enterprising Growth with a Hometown Flavor," *St. Louis Commerce,* June 1996.

18. Dan Callahan, "Enterprise's Strategy of Local Domination," *Auto Rental News,* December/ January 1994.

19. Brian O'Reilly, "The Rent-A-Car Jocks Who Made Enterprise #1," *Fortune,* October 28, 1996.

20. Ibid.

21. Ibid.

22. Ibid.

23. Ibid.

24. Ibid.

# 第 **5** 章

# 支持设施与流程

## | 学习目标 |

通过本章学习，你应该能够：

1. 描述服务场景对顾客行为和员工行为的影响。
2. 辨识并讨论服务场景的三个环境维度。
3. 识别服务支持设施的六个关键设计特征。
4. 制作服务过程的泳道流程图、流程图解表和甘特图。
5. 计算绩效度量，如生产时间和直接劳动成本效用。
6. 识别产品规划过程中的瓶颈作业，进行步骤重组以生成可以提高整体服务能力的新工作。
7. 使用操作序列分析来规划各部门的相对位置以减小总流动距离。

设施设计中的细节差异非常重要。以两家互为竞争对手的家装商店家得宝（Home Depot）和劳氏（Lowe's）为例。家得宝的目标顾客群是年龄较大的夫妇，它传递的是"卷起袖子，让我们自己动手"的理念。它的店铺设计特征是走廊很窄，一排排堆至屋顶的商品，采用工业照明设施，结账柜台前往往会排很长的队。而市场新进入者劳氏最初采用与家得宝同样的策略，但它很快就改变了竞争方式，可以看到如今的劳氏商店里有宽敞的走廊和明亮的灯光，商品的陈列方式更有利于顾客浏览商品，并启发顾客产生更多的装修想法。劳氏的战略在一段时间内非常有效，但竞争已使两家公司的绩效都发展到锁定阶段。[1]

劳氏成功地使用设施设计使其与竞争对手差异化。把设施设计作为差异化战略的一部分是非常普遍的现象。例如，IHOP（International House of Pancakes，国际薄饼屋）餐厅的 A 字外形和蓝色屋顶就代表着煎饼早餐，如同麦当劳的金拱门标志就代表着汉堡午餐一样，商家常用这种方式来吸引顾客。

使用标准化或者"公式化"的设施设计是总成本领先战略的一个重要特征。例如，主要的汽油零售商都在使用这种战略来设计加油站，它们会使用简便的施工方法（通常两周便能完工）且成本较低，这些加油站的设计一致性向顾客传递了一种可靠稳定的品牌认知度，以此来吸引顾客。

对于主题餐厅和酒吧（如西部酒吧、爱尔兰酒吧），设施设计则是它们瞄准特定市场，建立竞争优势的集中战略的关键。零售店首先必须吸引顾客，然后在吸引顾客注意力的愉悦环境中引导他们浏览醒目的产品。以苹果商店为例，它的店面设计很像现代艺术博物馆，白色的墙壁、明亮的灯光、整洁的店面设计为顾客展示全生产线的各种产品。然而与博物馆不同的是，商店里所有的电脑都正常运行且连接互联网，顾客可以随意地触摸、试用他们感兴趣的商品。商店里还有配备专业人员的"天才吧"，他们会回答顾客的问题和为顾客提供简短的产品使用教程。

## 5.1 本章概要

本章开篇讨论环境心理学在服务设施和布局设计中的应用，其目标是避免顾客进入不熟悉的场景时感到迷惑和沮丧。服务场景的概念是基于有形环境会对处于服务过程中的顾客和员工的行为、感知产生影响这一理念。设施设计强调注重服务的目的、空间需求、灵活性、美观因素以及环境因素。设施布局强调关注物流、空间规划和避免不必要的运输。我们把工业工程师所使用的过程流动分析的概念加以修正而应用于服务生产，并用抵押服务的例子加以阐释，其中对所有的流程条款都进行了评估。

生产制造中的传统产品和过程布局需有对应的服务，可以通过流水线平衡技术和相对位置分析技术对服务进行研究。

## 5.2 环境心理和定向 [2]

定向是人们进入一个地方时的第一行为需要。它包括地点定向问题（如"我在哪里"）和功能定向问题（如"这个组织是怎样运作的，我下一步该做什么"）。当进入某一环境时，顾客可以利用空间线索以及先前的经验进行判断，确定他们在哪里、将要去哪里，以及他们需要做什么。如果空间线索不存在或者先前经验无法用来避免定向障碍，可能会导致顾客焦虑和无助。服务环境中的定向障碍可以通过将先前经验、设计的易识别性和定向帮助等融入各项设施设计中来减弱。

使用统一设施设计，特许经营服务可以消除顾客定向的焦虑，使顾客更易融入服务环境。假日饭店进一步地运用了这一理念，它宣称客人们在任何一个下属连锁饭店都不会感到陌生，充分利用熟悉度来吸引回头客。

便于对整个服务空间进行观察的设施设计可以帮助顾客定向。凯悦酒店（Hyatt Hotel）的布局采用内部中庭设计，顾客可以一目了然地观察和概念化整个空间，而且这种布局还可方便顾客观察他人的行为作为定向线索。

诸如标有"你在这里"的地图一类的定向帮助和标志，如果恰好能够在使用者的视野内（如标志的"上部"刚好在使用者的正前方）并且完全与地标成一排，也是有效的。有策略地放置植物和艺术品能够起到参考点的作用。带有颜色编码的地铁路线与相应颜色编码的箭头标志在自助服务和提高交通流量方面有突出作用。

## 5.3　服务场景[3]

支持服务设施的实物环境或服务场景对服务中的顾客和员工的行为、感知都会产生影响，设计服务场景必须结合与服务概念一致的图像和感觉。表 5-1 根据服务场景的参与者和服务场景的复杂程度说明了服务场景的类型。

表 5-1　服务场景类型

| 服务场景的参与者 | 服务场景的复杂性 | |
| --- | --- | --- |
| | 复杂型服务场景 | 精简型服务场景 |
| 自助服务（仅涉及顾客） | 高尔夫球场<br>博物馆 | 高尔夫练习场<br>画廊 |
| 交互服务（顾客与员工） | 度假酒店<br>主题餐厅<br>迪士尼乐园<br>航线候机楼 | 经济型汽车旅馆<br>快餐打包店<br>郡县集市<br>公交车站 |
| 远程服务（仅涉及员工） | 教授的办公室 | 助教的小隔间 |

资料来源：Adapted from Mary Jo Bitner, "Servicescapes: The Impact of Physical Surroundings on Customers and Employees," *Journal of Marketing* 56, April 1992, p. 59.

由于工作人员不在场，自助服务场景中标识的使用（例如，下一个开球区的导向标志）和界面的直观设计（例如，网站上的热键）在引导顾客行为中起到重要作用。对于远程服务，由于顾客实际并未到达现场，员工满意度、激励效果和工作效率则是设计的主要目标。然而，在提供专业服务的办公室，例如律师和医生的办公室，则应该显示出其能力和权威。交互服务是最具挑战性的，因为服务场景要为员工与顾客之间以及顾客与顾客之间的社交提供便利。例如，迪士尼乐园的服务场景就以为顾客营造梦幻之旅和为员工（如剧组成员）提供舞台而著名。

观察插图中两家饭店的服务场景，注意观察其桌面摆设、家具配置、室内装饰，甚至顾客的衣着，都向顾客和员工传达着不同的期望。

饭店通过服务场景影响顾客和员工的预期和行为。

©Andersen Ross/Blend Images LLC RF; ©Steve Mason/Getty Images RF

### 5.3.1 服务场景中的行为

公司的服务设施反映了它的价值，是它实现战略的工具。没有言辞，大厦也在向顾客和雇员传递着信息。一座大厦可以传达现代化、先进或是舒适、安全与便利等特性信息。显然，设施设计应该支持组织目标而且经过深思熟虑，因为此处正是服务实现的地方。

如图 5-1 所示，由环境条件、空间/功能和标志/符号/人工制品组成的环境维度的混合描述的服务视图，被顾客和员工视为整体环境。

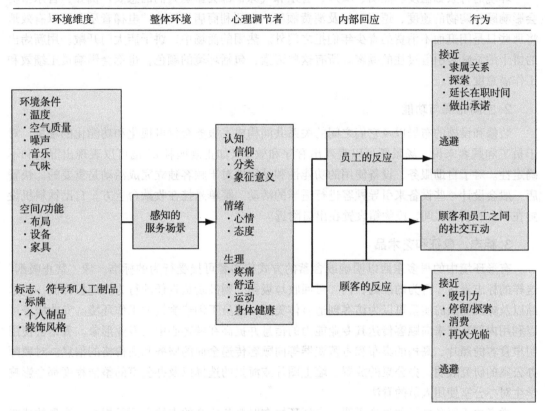

图 5-1　服务场景构架图

资料来源：Adapted from Mary Jo Bitner, "Servicescapes: The Impact of Physical Surroundings on Customers and Employees," *Journal of Marketing* 56 (April 1992), p. 60.

员工和顾客对服务场景的反应行为要么是接近，要么是逃避。寻求刺激者享受并不断寻找高水平的刺激环境（如明亮喧闹的迪斯科舞厅），而刺激逃避者更钟情于低刺激水平的环境（如安静的博物馆）。内部反应由认知（如保证标识）、情绪（如音乐的镇静效果）和生理（如照明不佳的不适感）这些心理属性调节。服务场景的设计目的是调动顾客与雇员间的互动。

一个构思巧妙的服务场景可以同时吸引员工（如承担责任和愿意留在公司）与顾客（如愿意探索、消费并再次光顾）。

既然有形环境会引起情绪反应并影响行为，服务设施的设计就可以有意地塑造参与者的行为以支持组织目标。同时，不愉快的环境带有高刺激性（刺激、噪声和混乱），应予以避免。

### 5.3.2 服务场景的环境维度

有形环境的维度包含所有的企业可控且能够增强员工和顾客行为及服务感知的客观要素。尽管这些维度将单独讨论，但要认识到人们是从整体上回应所处环境的。简而言之，人们所有感官的综合结果就形成了对服务场景的感知。

#### 1. 环境条件

环境的背景如温度、照明、噪声、音乐和气味，都会影响人们的感观。例如，音乐节奏会影响顾客购物的速度、逗留时间及消费额度。在便利商店里播放"电梯音乐"可以有效地将那些只是闲逛而不消费的青少年们拒之门外。热闹的商场中，饼干店大门开敞，用新烤出的饼干的香味吸引着过往的顾客。所有这些因素，包括环境的颜色，也都会影响员工绩效和工作满意度。

#### 2. 空间布局与功能

装修和设施的布局以及它们之间的关系共同构成了服务交付可视化和功能化的场景。对于员工和顾客来说，场景既可以表现出有序和效率（如正规园林），也可以表现出混乱和不确定性。对于自助服务，设备使用的功能性和易用性对于顾客独立完成活动是重要的。快餐店一般会设计一些设备来引导顾客进行适当的活动。菜单悬挂在收款台上方，自助饮料机设置在柜台和餐桌之间，废物箱设置在出口附近。

#### 3. 标志、象征和艺术品

有形环境中的很多东西以明确或含蓄的方式传递着可接受行为的标准。像"禁止吸烟"这样的标志表达了行为的准则，而"可回收垃圾箱"则鼓励负责任的行为。地板饰面、艺术品以及陈设物品的质量可以为访客创造整体美感，为员工创造愉快的工作环境。专业服务可以利用内部装修来向顾客传达其专业能力的信息并提高在顾客心中的专业形象。餐馆会使用明星食客的照片、高档的桌布和古董瓷器等向顾客传递全面的服务和高价格的信息。对教师办公室的研究表明，办公桌的放置、墙上图片或海报的选择以及办公室的整洁程度都会影响学生对办公室使用人员的看法。

学者关于服务场景的讨论说明，有形环境在对服务概念的支持方面承担着一系列的战略任务。第一，服务场景是组织提供的服务的一种可视化表现。与产品包装类似，服务场景的环境维度也形成一个包装，给人们传递着关于服务的潜在用途、相关质量和目标市场细分的信息。回到对家得宝和劳氏的比较，前者以其橘色、裸露的地板、工业化的照明和杂乱的整体观感显示出其建筑业的男性形象；而后者采用淡蓝色、整洁的通道、有吸引力的产品展示，显示出其为改善顾客家居环境的友好的女性形象。

第二，服务场景可以借助人们用来导航的"寻路"技术来帮助顾客定位。在建筑设计中使用的"寻路"技术是指标牌和其他图形通信（如使用彩色编码地铁线路），建筑有形空间中固有的线索（如地毯和绿植），逻辑流程规划，听觉辅助和为特殊需求用户提供服务。适当"寻路"提示可以减少顾客的焦虑，改善整体服务体验。当谷歌地图嵌入零售网站时，"寻路"成为一种视觉方法而不是有时难以遵循的书面指示。在虚拟世界中，"寻路"有助于在网站内导航，并最大限度地减少了用户找到搜索主题所需的点击次数。

美国平面艺术学院（AIGA）、设计专业协会与美国运输部合作，设计了一套适合乘客／

行人使用的标识，该设计被运用于全球的现代交通和生活场合中（如机场、火车站、国际奥林匹克比赛等）。你可以从网页 http://www.aiga.org/symbol-signs 中找到这一套总共 50 个标识。

第三，服务场景可以鼓励顾客之间的社交。如，在等候室将座椅分组围绕桌子摆放，这可以为顾客之间交流提供方便，使等候时间可以愉快地度过。

第四，有形环境可以作为微妙的工具来帮助员工专注地工作。哥伦比亚中部地区的医疗中心的设计就比较关注员工入口。员工专用通道被设计成五星级酒店标准的中庭。员工们可以在座椅充足、摆设着盆栽植物、绘画并播放着鼓舞人心的音乐环境中享用自助早餐。这一精心设计旨在为员工一天的工作营造良好的心情，并鼓励员工将其个人忧虑和纷扰留在门外。

## 5.4  设施设计

服务运营会直接受到设施设计的影响。例如，餐馆的通风设施不足，就会失去很多不吸烟的顾客。相反，设有轮椅通道的理疗健身中心可能因此扩大业务，吸引新顾客的到来。

设计和布局代表服务包装的支持设施要素。无论所有的设施是否都一起被使用，但它们都共同影响着服务设施的使用方式。回顾一下在第 3 章讨论过的多伦多苏第斯医院的例子，疝气治疗的高成功率源于精心的设施设计和布局。例如，手术室被集中在一起以便外科医生们能够在手术过程中相互咨询。由于术后尽早活动利于康复，医院提供了充足的散步场所，甚至鼓励病患爬几步台阶。餐食仅在公共餐厅供应而不能在病房里提供，这样一来病人就需要更多的走动，附带的好处是可以使病人聚集在一起交流经验。在功能性和舒适性方面，病房不设电视之类可能会使病人待在床上的多余物品。

另外一些设计和布局的要素可能是"紧急的"。一般情况下大多数公共建筑内女用洗手间数量不足，尤其是在举办大众娱乐活动的时候。在下一场音乐会或下一幕表演开始前的间歇，观察一下女人和男人使用洗手间的时间。你能找到"如厕平等"的任何证据吗？另外，数一数教学楼里男女洗手间的数量。从机会上看，虽然男女卫生间便池数量是相等的，但这不足以说明男性和女性使用便池的机会也是相同的。

显然，良好的设计和布局可以从吸引顾客到使他们感到舒适、感到安全（例如，充足的光线、防火安全出口、危险器材的合理放置）等方面来保障服务。设施设计还影响服务包装的隐性服务要素，尤其是隐私、安全、气氛和幸福感等方面。

下列因素会影响设施设计：①服务组织的性质和目标；②店址的可得性和空间的需要；③灵活性；④安全性；⑤美学因素；⑥社区和环境。

### 5.4.1  服务组织的性质和目标

核心服务的性质应该决定其设计的参数。例如，消防站的结构必须有足够的空间安置消防车辆、方便 24 小时轮班；医生的办公室虽然形状和大小各异，但其设计必须能在某种程度上保护病人的隐私。

除了这些基本的需要，设施设计还能对定义服务做出进一步的贡献。它可以提高品牌辨识度，就像麦当劳的金拱门或 IHOP 的蓝屋顶那样。外部设计也可以为服务的内在性质提供暗示。人们会期望看到殡仪馆修饰平整的地面、新刷的油漆、大理石柱子，如果可能，门前最好有一处喷泉。而学校可以在建筑的表面装饰彩色瓷砖，当然附近应该有运动场所。

设计得当同样重要。加油站可以用色彩亮丽的金属预制板建造。但是，你会把钱存到用拖车作为临时支行的银行里吗？

### 5.4.2 店址的可得性和空间的需要

用于服务设施的土地资源通常受到很多限制，比如成本、规划要求以及实际面积。良好的设计必须考虑所有这些限制。在市区，土地是非常珍贵的，建筑物只能向上发展。为了有效利用相对较小的空间，组织必须在它们的设计中表现出巨大的创造性和灵活性。例如，在一些市区（如哥本哈根），麦当劳已经扩建了第二层阁楼以增加就餐面积。

郊区和农村通常能提供更多、更廉价的土地，空间限制也比市区少。许多地方，尤其是在城市里，关于土地的使用有规划方面的严格法令，对于建筑的外观和结构也有相应的管理条例。街边停车场的空间也需要预留出来。无论在何种情况下，都应为将来的扩展留出空间。

### 5.4.3 灵活性

成功的服务机构是可以适应需求数量和性质变化的动态组织。服务对需求的适应能力在很大程度上取决于当初设计时赋予它的灵活性。灵活性也可以称为"为未来而设计"。在设计阶段提出的问题可能是：怎样设计才能满足当前服务的未来扩展？怎样设计设施才能适用于未来新的不同的服务。例如，许多早期设计为仅提供堂食的快餐店，已不得不改造原有设施而设置驾车点餐的窗口来满足顾客需求。

由于设计者没能预测到乘客数量的迅速增长以及放松管制后轮辐航线网络的出现，使一些机场当前面临设施问题，其结果是旅客们不得不携带随身行李走过迷宫般的长通道方能到达他们所乘飞机的登机口。另外，旅客们还面临需要到行李处取回行李的麻烦，而这项作业是为 20 世纪 60 年代的乘机旅客设计的。

面向未来的设计常常能够转化为财务上的节约。例如，一个位于增长型社区的教堂，目前没有足够的资源建造它需要的庇护所以及必要的辅助设施。良好的设计可能是先建造折中结构的房屋来作为临时性的圣殿，但未来可以经过简单经济的改造用作聚会厅、周日学校甚至是日托设施，以满足增长型社区的需要。

另一方面，面向未来的设计最初可能需要一些额外的花费，但它会在长期运作中节约财务资源。事实上，没有这种远见，未来的增长就会受到约束和限制。例如，一些城市经常投资于超大型水厂和污水处理厂，以应对未来的增长。

### 5.4.4 安全性

自 2001 年 9 月 11 日恐怖主义袭击美国以后，凡是乘坐商用飞机的旅客都会在机场发现一些变化。有些安全技术设施对乘客来说是显而易见的（更加复杂的手提包裹式 X 线扫描仪，能检测包裹表面残留毒品或爆炸物的"擦布"或"纸巾"，以及手提式磁场探测器等），另一些安全设施是旅客们看不到的。信息技术在提供潜在恐怖分子档案方面发挥着重要作用，尽管使用这些档案还存在某些问题。根据政府指令，不管是人工扫描检视还是某种自动化扫描透视，在美国机场所有的包裹和行李都要通过透视检查。还有一些航空公司通过使用某些"智能设施"来识别磁性 ID 卡，以便控制旅客进入，还可用更先进的眼睛扫描技术来确定乘客身份。

安全性可以通过安装监视摄像得以提高。例如，在银行和便利店，可以通过安装监视摄像来威慑那些蠢蠢欲动的盗贼，或者分辨出那些胆大妄为的盗贼。"老人监护器"可以使家属监视送到监护室的病人是否得到所需的护理，而"保姆监视器"可以帮助父母们监视保姆在家中对婴儿的照料。

还有一些有关设施安全性的例子，你甚至可以在邻居家的泳池看到。游泳池边有高高的篱笆，在游泳池边上的很多地方放置有救生圈和安全钩。再比如在监狱和生物安全四级实验室，这两处设施都有很多层次的加强以确保"坏东西"不泄露。

在许多零售商店可以看到不那么突兀的安全措施，比如用来预防行窃的商店门口的混凝土柱和挂在衣物上的防盗标签及小仪器。试想也许有一天"橱窗购物"会成为一种怀旧的消遣，因为更多的商店为了预防入室盗窃而不再使用大橱窗。人们对安全的需求已经爆发，也许有一天梅西百货商店的假日橱窗也会消失。

### 5.4.5　美学因素

比较两家经营良好的大型服装商场的购物过程。首先，顾客到大型的 Nordstrom 百货商场。走进女装部，会看到脚下铺着地毯，衣架间有宽敞的空间，衣架上展示的裙装并不拥挤，柔和的灯光以及着装精致、随时准备为顾客提供服务的销售员。试衣间与服装展示区分离，宽敞且铺着地毯，三面墙上都有镜子以便顾客能够欣赏到试穿衣服后的每个侧面。店铺内的所有设计都给人一种优雅而又关注顾客需求的感觉。

随后，人们来到艾迪·鲍尔（Eddie Bauer）的工厂直销店。刚进门几步就是高高地堆放着各种服装的柜台。墙和柜台之间的衣架上挂着多得不能再多的服装，只能看到一条狭窄的、迷宫中小径般的过道。售货员们站在结账柜台处，只有在你找到他们时才会为你服务。试衣间就设在展示区，像个小"马厩"，里面只有一面镜子（对那些带着一个同伴来购物的人倒是很有帮助，因为它可以让你的同伴做"参谋"）。这是一个大型的仓储式商场而不是那种规模适中、宁静高雅的购物场所。但不管怎样，这家门店的廉价交易使人能够忍受环境不舒服和招待不周的损失。

上述两家商场都提供有吸引力、质量可靠的服装。人们会感到两者间存在着很大的不同，不管怎样，它们独具特色的设计在塑造顾客态度的过程中起着重要的作用。显然，设计的美学因素对顾客的预期和行为有着显著的影响；同时，它们也影响着雇员及其提供的服务。在设计阶段对美学因素的忽视带来的是恶劣服务而不是"微笑服务"。

### 5.4.6　社会与环境

对服务设施来说，最重要的莫过于其对社会和环境的影响。设计中的教堂将有足够大的地方用于停车吗？或者是它会在教堂举办活动期间影响周边居民的出入吗？能否设计一种板式狗屋从而使邻近的公司不受难闻气味和噪声的干扰？一个社区怎样才能设计一个既能为被收容者提供足够的卫生和福利，又能保证城市居民安全的收容设施呢？当地的干洗店老板是否已经在其设施设计中保证有害的化学物质不会影响到当地的环境？

这些问题阐述了设施设计对一项服务在取得社会接受时是多么重要。规划法规和许多公益组织对于服务设施的设计也能提供与社会及环境相容方面的指导。

## 5.5 流程分析

### 5.5.1 流程类型

制造业的学生早就发现，想要提炼出可以适用于不同行业的相似流程的一般管理学原理，先对流程进行划分是很有用的。例如，所有手机和个人电脑装配业都共享着"流水线"的特征。表 5-2 列示了传统制造业的流程类型，大家会发现，为识别管理中会面临的挑战，服务业也可以按照流程进行划分。例如，包含了"批量生产"这一流程的所有服务业都会面临管理易逝资产（未使用容量）的挑战，如飞机上的座位、未使用的酒店房间或是游轮上的空舱。识别各流程的类型后，作为流程分析的第一步，就可以画出流程图了。

表 5-2 面临挑战的服务流程类型

| 流程类型 | 服务案例 | 特征 | 面临的管理挑战 |
|---|---|---|---|
| 项目 | 咨询 | 一对一服务 | 人员配置和进度安排 |
| 加工车间 | 医院 | 很多专业化的部门 | 平衡资源使用和安排病人日程 |
| 批量生产 | 航空业 | 同时接待各种顾客群 | 易逝资产的定价（席位控制） |
| 流水线 | 自助餐厅 | 固定的操作顺序 | 根据需求波动来安排员工 |
| 不间断生产 | 电力企业 | 不间断的产品交付 | 维护和产能规划 |

### 5.5.2 流程图

绘制流程图、识别瓶颈操作以及确定系统容量是管理和提高服务质量的基本技能，一个众所周知的说法是："如果你不能把它画出来，那么你就无法真正地理解它。"

图 5-2 是一幅典型的大学录取过程的泳道流程图。泳道流程图用图展示出所关注的在泳道间切换的跨职能（如泳道）的组织活动。在画流程图的过程中，最难的任务就是让所有人对"流程应该是怎样的"达成共识。然而，最终的图表对于培训、帮助协调部门间的活动以及促进完善创新思想还是有用的。例如，从申请者的角度来看，大学该怎样改善流程呢？也许，一个在线咨询系统就能帮助申请者来完成流程，这样当各种文件还不完备时，就可以少雇用负责"联系申请者"的工作人员。

图 5-2 流程图中使用的标准符号如下：

终端：椭圆形是过程的起止点。

作业：长方形是流程和行动步骤。

决策：菱形中是问题和分支。

等待：三角形中表示的是推迟或货物清单。

流向：箭头代表顾客、货物或信息流动的方向。

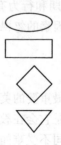

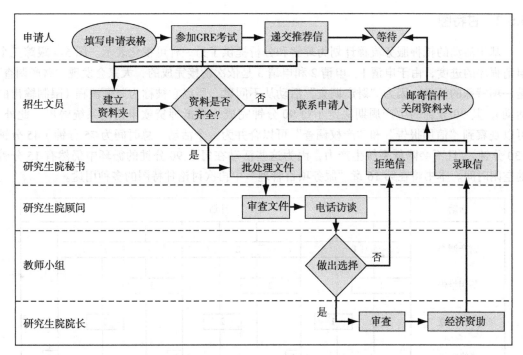

图 5-2　研究生院录用泳道流程图

## ⊙ 例 5-1

### 抵押服务

购买房地产常常涉及对某项财产进行抵押，借贷机构要求准确地描述该项财产并且有足够的证据表明该财产已获得留置权，另外还要确定购买者的偿还能力。众多独立的抵押担保公司都提供此项服务。

图 5-3 为简化的抵押申请流程图。由于此处希望用此例子解释流程术语，如瓶颈运作和整个生产时间，因而在图中列出每个活动的周期时间（如完成一项活动的平均时间，以分钟计）。

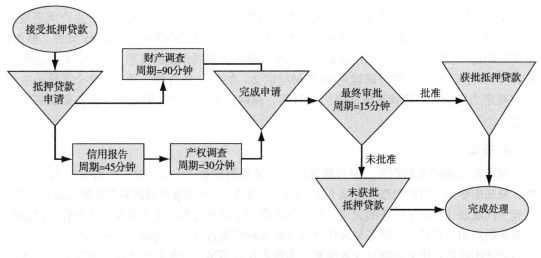

图 5-3　抵押服务的流程

### 5.5.3 甘特图

基于活动的抵押服务流程计划为理解和分析提供了另一种可视化表示。图 5-4 跟踪三个申请程序的进度，由于申请 1、申请 2 和申请 3 是依次衔接完成的，大家会发现"财产调查"是一项特殊的活动。因为"财产调查"活动从不间歇，所以它被称为瓶颈流程（限制输出的活动），其 90 分钟的生产周期决定了每 90 分钟完成一个抵押贷款申请的系统输出。此外，可以观察到"信用报告"和"产权调查"可以合并为一个活动，总时间为 75 分钟（45 分钟+30 分钟），且不会降低系统生产力，因为这些活动在每个 90 分钟的循环中仍然有 15 分钟的空闲时间。本书将在第 16 章"服务项目管理"中再次讨论甘特图的多种用途。

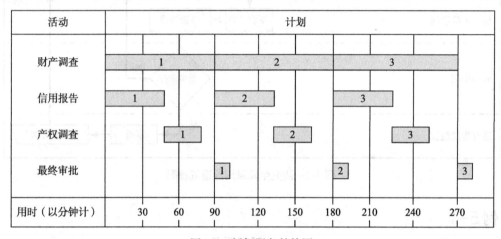

图 5-4 抵押服务甘特图

### 5.5.4 流程术语

下面的流程分析术语借用抵押服务流程的例子（例 5-1）来定义和解释，假设每个操作分配一名员工，并且无限制地提供抵押贷款申请。

#### 1. 生产周期（或节拍）

生产周期（CT）是完成连续单元之间所需的平均时间。对一项作业来说，生产周期是完成一项活动的平均服务时间，在本例中，为一份资信报告提供担保平均需要 45 分钟。然而，生产周期也可以应用到同一工作区域几名工作人员完成相同作业的情形，例如，如果请两名检验师，财产调查的工作时间就是 90 分钟除以 2，也就是 45 分钟。最后，整个系统的生产周期确定为在繁忙时段顾客依次退出的时间。在确定系统生产周期之前，首先要识别瓶颈作业。

#### 2. 瓶颈

瓶颈是限制产量的作业。通常瓶颈作业是最慢的作业（或最长的生产周期），如在本例中，瓶颈作业是"财产调查"这项工作（CT=90 分钟）。正如瓶颈限制瓶中液体的流动一样，过程中的瓶颈也限制了任务的完成，瓶颈作业限制了整个流程的生产周期。瓶颈作业限制整个系统的产出，它可以由除了最慢作业以外的几种原因造成，如劳动力的可得性、信息以及顾客到达率这些对服务影响最大的因素。为防止作业不足，确保服务产量，排队或等候区域通常安排在瓶颈作业之前。切记，瓶颈作业处耽误一个小时就等于整个系统延误一个小时。理解瓶颈在工程作业中的作用是《目标》（Goal）这部小说的主题，它是项目运营经理的必读书目。

### 3. 产能

产能是当满额运转（如，活动是不停止的）时对单位时间输出的测量。任何运作的无约束产能通过 1/CT 计算。例如，"产权调查"的产能是每小时完成 2 个申请，每个申请要花 30 分钟。整个流程的产能取决于瓶颈作业的产能。"财产调查"是抵押服务流程的瓶颈作业，其生产周期是 90 分钟。这样，整个服务流程的产能就是（60 分钟 / 小时）×（1/90 分钟）= 2/3 个，即每小时 2/3 申请者或每天 8 小时 5.33 个申请者。

### 4. 产能利用率

产能利用率是指相对于满额运转，实际输出量的测量指标。假如一天完成 5 个抵押服务，那么这一天的产能利用率是 5/5.33=93.75%。在第 12 章"排队管理"中将讨论，由于每天的顾客数量以及完成服务的时间不同，服务企业要想达到 100% 的产能利用率是不可能的。值得注意的是，对于无瓶颈操作的作业，追求 100% 的产能利用率只会导致不必要的工作而不是更多的系统输出。产能利用率，特别是单项作业的产能利用率，是高风险的管理内容，在实际管理中应特别注意。

### 5. 服务总时间

服务总时间是顾客从到达到离开完成全部过程所花费的时间。总时间是关键路径操作时间加上等待的平均时间的总和。将在第 16 章"服务项目管理"中讨论的关键路径，是指整个流程从开始到结束时间最长的路径。在抵押贷款一例中，关键路径以终端符号标示的接受抵押开始，以终端符号标示的完成处理结束，这条线路上仅包含"财产调查"和"最终审批"两项活动。

$$服务总时间 = 抵押申请排队的平均时间 +$$
$$财产调查时间（90 分钟）+$$
$$完成申请时排队的平均时间 +$$
$$最终审批时间（15 分钟）$$

注意，在图 5-4 中信用报告和资格调查总共需要 75 分钟，它们与资产调查同时进行，因而不在由瓶颈作业——资产调查所定义的关键路径上。排队的平均时间可以用附录 D 所给的排队时间公式进行计算，也可以通过计算机进行计算，但不管怎样，都要受到抵押申请顾客数量的影响。

### 6. 紧急订单时长

紧急订单流时间是在没有任何排队时间的情况下，从开始到结束完成整个系统流程的时间（即，零等待时间的服务总时间）。在本例中，紧急订单流时间是经过关键路径的总时间 105 分钟，即财产调查 90 分钟与最终审批 15 分钟之和。

### 7. 直接劳动总量

直接劳动总量是完成服务所消耗的实际工作时间（即接触时间）的总和。在专业服务中，直接劳动总量特指"可计费"时间。间接劳动力时间（维护与管理时间）不包含在计算之内。

在抵押服务一例中，直接劳动总量是 90+45+30+15=180 分钟。

### 8. 直接劳动利用率

直接劳动利用率是员工实际对服务贡献价值的时间占总时间的百分比。本例中直接劳动利用率计算如下：

$$直接劳动利用率 = \frac{直接劳动总量}{(服务周期时间)\times(员工数量)} = \frac{180}{(90)\times(4)} = 50\%$$

## 5.6 设施布局

除了设施设计之外，服务交付系统的布局或布置对于顾客以及服务提供商的便利性也是重要的。进一步说，劣质的布局可能会为服务人员增添非生产性活动从而浪费大量的时间。

### 5.6.1 流程布局和工作分配问题

有些标准服务可以分解为所有顾客必须经历的一系列固定的步骤或操作。这与在流水线上以固定的步骤顺序组装产品的流程布局最为相近。最明显的例子是自助餐厅，就餐者在那里一边推动他们的盘子，一边搭配自己这一餐的食物。为这一类服务进行人员配置时，需要尽量使每位人员分配到的任务消耗近似相等的时间。为每个顾客花费时间最多的工作就是瓶颈，它限定了该服务的产能。服务产能的任何变化都要注意瓶颈作业。这里有几种可行的方法：为这项工作增加工人，提供援助以减少作业时间或者重组任务以形成新的作业分配平衡的生产线。一条良好的、平衡的生产线应该使所有工作的持续时间接近相等，以避免在工作转移过程中出现不必要的空闲和不公平。如例 5-2 所示，服务流水线这一方法还具有便于劳动分工和利用专用特殊设备的附加优势。

## ⊙ 例 5-2

### 机动车驾照办公室

州机动车驾照办公室面临着提高工作效率以应对每小时 120 名申请人的压力，而在目前只能增加一名办事员。当前的执照更新过程是按一条服务线设计的，顾客要按照表 5-3 所列的固定步骤申请驾照。必须由作业 1（即检查申请书的正确性）开始，而以作业 6（即签发临时驾照）为最后一步。而且根据州政策，驾照应该由一名穿制服的官员来颁发。作业 5（即为申请人拍照）需要一架昂贵的照相机和彩色打印机。

表 5-3 驾照更新程序及时间表

| 活动编号 | 程序 | 周期（分钟） |
| --- | --- | --- |
| 1 | 检查申请书的正确性 | 15 |
| 2 | 处理和记录付款情况 | 30 |
| 3 | 检查违规记录和限制条件 | 60 |
| 4 | 视力检查 | 40 |
| 5 | 为申请人拍照 | 20 |
| 6 | 签发临时驾照（由州警察颁发） | 30 |

如图 5-5a 所示，当前服务过程的流程图确认瓶颈作业（即每小时流动速度最慢的作业）为作业 3（即检查违规记录和限制条件），限定当前的产能为每小时 60 人。如果只盯着瓶颈，可能会认为增加 1 名办事员来从事作业

3 会使通过瓶颈的流量加倍，从而达到每小时接待 120 名申请人的目标。而结果是，这个系统的流量不会超过每小时 90 人，因为瓶颈将会转移到作业 4。

如图 5-5b 所示，计划的程序设计有 7 名办事员，能够达到每小时 120 人的理想能力。因为作业 1 和作业 4 已经被组合到一起，生成了一项能更好平衡办事员之间任务的新工作（即检查申请书的正确性和视力检查）。怎么知道要把这两项工作组合在一起呢？首先要记住过程中的每一个步骤都必须达到每小时至少 120 人的流量。由于作业 2 和作业 6 已经在这个速率下运作了，所以无须进一步考虑。增加的 1 名办事员应去执行作业 3，因为只有 2 名办事员平行工作，才有可能获得每小时 120 人的综合流量。接下来，一定要看看合成作业所需的完成工作的时间是否可能为 60 秒或更少（即达到每小时至少 60 人的流速）。通过合并需要 15 秒的作业 1 和需要 40 秒的作业 4，可以得到一项每名申请人需要 55 秒的工作（即每小时 65 人的流速）。注意，这种解决方案需要购置一台视力测试仪。另一种解决方法是合并作业 4 和作业 5，以生成一项流速为每小时 60 人的工作。这样一来就需要额外购置一架昂贵的照相机。你能再想出一种既满足能力目标又使顾客和员工感受到更人性化服务的流程设计吗？

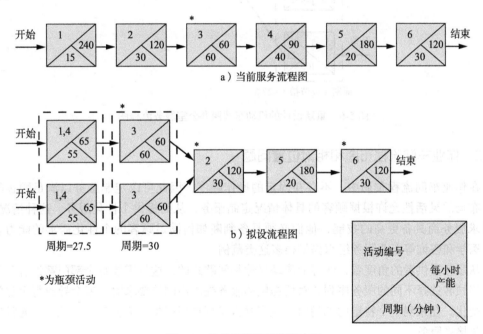

图 5-5　机动车驾照的流程布局

机动车驾照办公室的例子促使人们深刻反思产品布局。如果有足够的钱用来购置电脑、视力测试仪和照相机，那么整个过程就可以重组。如果训练每名办事员执行合计时间为 165 秒的全部 5 项作业，可达到每小时大约 22 个顾客的单独流动速度。现在，每个顾客将从平行工作的 6 名办事员中做出选择，如图 5-6 显示的那样。这个系统对顾客来说是有吸引力的：因为一名办事员就会处理全部事务，这样一来，顾客就不必从一名办事员转到另一名办事员，也就不需要在二者之间等待了。此外，总时间有望缩短，因为不再需要像以前那样对信息重复处理。最后，可以灵活地进行人员配置，因为只需要依照预期需求来配置办事人员的数量就可以了。这种劳动力的节约可以通过 6 个工作站的图示很容易地得到证明。

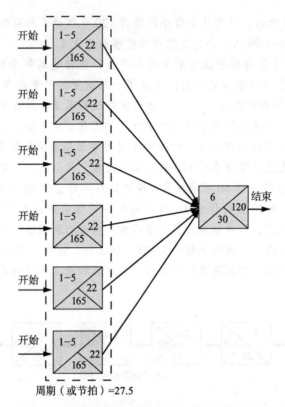

周期（或节拍）=27.5

图 5-6 重新设计的机动车驾照办公室服务流程图

## 5.6.2 作业车间流程布局和相对位置问题

在作业车间流程布局中，不存在固定的操作顺序，因此可以定制服务以满足顾客的需求。布局的灵活性允许根据顾客的具体情况定制服务，从而提供个性化服务。这种情况下，就要求服务商具备更高的技能，他们必须具备判断如何满足顾客的个性化需求的能力。法律、医学和咨询等专业服务组织提供很多这类范例。

从服务提供者的角度看，顾客的流动显然是间歇式的，这就需要每个部门都设有等待区域。当顾客选择不同的服务序列并对所提供的服务提出不同的要求时，就会导致每个部门需求的变化。在来到一个特定的部门时，顾客常常发现那里很忙，因而需要排队——通常先到达的先接受服务。

关于服务流程布局的一个生动而具体的例子是大学校园，校园中每栋建筑都具备不同的功能或者用于特定学科的教学，学生根据自己选择的课程自主地去不同的地点学习。相对位置的问题在校园布局中就可以体现出来。为了学生和教职员工的方便，往往会希望使工程学院和物理学院彼此相邻，可能的话，经济系和工商管理系最好一起坐落在其他区域，而图书馆和行政办公室常位于校园的中心部位。选择这样一种布局的目的是减少教职员工和学生在校园中走动的总距离。尽管有许多不同的可能布局，而事实上，如果确定有 $n$ 个部门要被安排在 $n$ 个位置，那么就有 $n$ 的阶乘（$n!$）种可能的布局（例如，对 10 个部门来说，就有 3 628 800 种布局）。由于从这些可能中找到最佳布局是完全列举法不能完成的，下面将使用例 5-3 给出的探试法来找出好的布局。

## ⊙ 例 5-3

### 海洋世界主题公园

在海王星王国主题公园获得成功后，设计师正着手制订路易斯安那州新奥尔良市外的第二个海洋主题公园的开发计划。由于夏季的气候酷热潮湿，因此主题公园的设计不得不考虑减小游客在各景点之间的行走距离的问题。表 5-4 给出了在典型的一天中圣地亚哥各景点之间游客流量的数据，这些数据将用于此次布局规划中。

**表 5-4　景点之间的游客日流量**（单位：百人）

| | A | B | C | D | E | F | | | A | B | C | D | E | F |
|---|---|---|---|---|---|---|---|---|---|---|---|---|---|---|
| A | ✕ | 7 | 20 | 0 | 5 | 6 | | A | ✕ | 15 | 30 | 0 | 15 | 6 |
| B | 8 | ✕ | 6 | 10 | 0 | 2 | | B | | ✕ | 12 | 40 | 10 | 8 |
| C | 10 | 6 | ✕ | 15 | 7 | 8 | 净流量 | C | | | ✕ | 20 | 8 | 8 |
| D | 0 | 30 | 5 | ✕ | 10 | 3 | | D | | | | ✕ | 30 | 6 |
| E | 10 | 10 | 1 | 20 | ✕ | 6 | | E | | | | | ✕ | 10 |
| F | 0 | 6 | 0 | 3 | 4 | ✕ | | F | | | | | | ✕ |

流量矩阵　　　　　　　　　　　　　　　　　三角矩阵

注：A=食人鲸馆，B=海狮馆，C=海豚馆，D=滑水，E=水族馆，F=水上漂流。

这里将使用名为"操作序列分析"的探试法来解决相对位置问题，并确定最好的布局方案。这种方法用各部门间流量的矩阵作为输入，用标注了中心地理位置的网格进行景点位置分配。在表 5-4 中，由于只需要总流量数据，因此用初始流量矩阵生成了一个三角形的表格，用以对各个方向上的流量求和。

探试法由图 5-7a 网格上显示的初始布局开始。这个初始布局是任意的，但是也可以根据判断和过去的经验作为基础。表 5-4 建议那些日游客流量高的景点应彼此相邻。比如，我们不会看到让 A 毗邻 D 这样的需要，而让 A 靠近 C 则是合适的。

对于不相毗邻的景点，它们之间的流量要乘以隔开景点的网格的数量。需要注意的是，这里已假定斜线的长度大致等于一个网格边的长度而不是去使用毕达哥拉斯定理。对于这个初始布局来说，这些乘积的和达到了总流动距离为 124。考虑到景点 A 和 C 之间的距离对总和做出了较大的贡献，因此决定将 C 移动至毗邻 A 的位置，形成如图 5-7b 所示的修正布局，其总流动距离为 96。图 5-7c 所示的修正布局是交换景点 A 和 C 位置的结果。这个交换使景点 C 的位置毗邻景点 D、E 和 F，所以总的流动距离减小到 70。然而，考虑不动产的问题，图 5-7c 的非矩形布局是不被接受的，图 5-7d 所示的最终布局是通过交换景点 B 和 E 以及移动景点 F 形成的矩形，交换 B 和 E 使 E 和 F 保持相邻，同时移动 F 以形成更紧凑的空间。通过使高流量景点相邻，将最终的不相邻流量距离减少到最终场地计划的 58，当向右旋转 90° 时，如图 5-8 所示。

操作序列分析的部门交换逻辑被设计成为称作"CRAFT"（设施相对分配计算机技术）的计算机程序。[4]CRAFT 需要如下输入：部门间的流动矩阵、成本矩阵（例如，成本、单位和单位移动距离）以及由确切部门大小填充有效空间的初始布局。CRAFT 可以加入一些限制，如固定一个部门的位置。图 5-9 所示的程序逻辑显示了探试的增量特性，每次迭代时选择两个部门，如果这两个部门交换，将会在减少流动距离方面进行最大的改进。CRAFT 已广泛运用于服务组织的布局规划中,如保险公司办公室、医院、电影院和大学。

这个方法除了使行走距离最小外,也可以适用于服务布局设计。例如,如果你有一个附带几个附属公司的核心公司,你就会想要一个鼓励顾客在这些附属区域浏览的布局。回想一下赌场的布局,客人们必须走过时尚商店林立的走廊,并必须经过老虎机区域,方能到达酒店的电梯或餐厅。

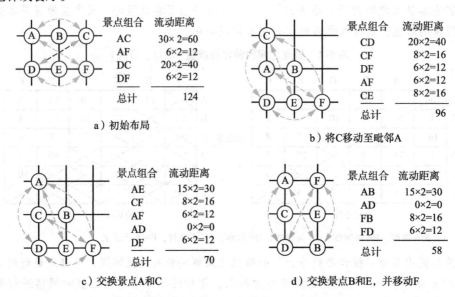

| 景点组合 | 流动距离 |
|---|---|
| AC | 30×2=60 |
| AF | 6×2=12 |
| DC | 20×2=40 |
| DF | 6×2=12 |
| 总计 | 124 |

a) 初始布局

| 景点组合 | 流动距离 |
|---|---|
| CD | 20×2=40 |
| CF | 8×2=16 |
| DF | 6×2=12 |
| AF | 6×2=12 |
| CE | 8×2=16 |
| 总计 | 96 |

b) 将C移动至毗邻A

| 景点组合 | 流动距离 |
|---|---|
| AE | 15×2=30 |
| CF | 8×2=16 |
| AF | 6×2=12 |
| AD | 0×2=0 |
| DF | 6×2=12 |
| 总计 | 70 |

c) 交换景点A和C

| 景点组合 | 流动距离 |
|---|---|
| AB | 15×2=30 |
| AD | 0×2=0 |
| FB | 8×2=16 |
| FD | 6×2=12 |
| 总计 | 58 |

d) 交换景点B和E,并移动F

图 5-7 运用操作序列分析制定的海洋世界规划

图 5-8 海洋世界主题公园的最终现场计划

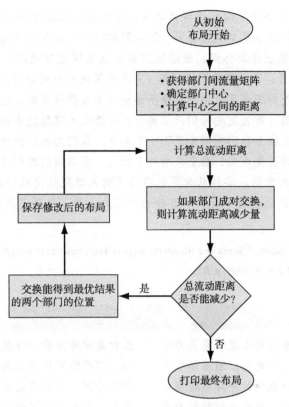

图 5-9　CRAFT 逻辑流量图

## ⊙ 服务标杆

### 天啊，我们应该往哪里走

机场是世界各地的人们进行伟大冒险的通道。然而，寻找通道本身就是冒险。

据《华尔街日报》报道，布丽奇特·奥布赖恩（Bridget O'Brian）观察了机场外的标志。[*]她列举了几项存在的问题，如缺乏必要实用的标志，词或短语表达模糊，标识不够醒目，标识放置位置不当。这些低劣的标识往往导致旅客心情糟糕、错过航班甚至可能造成交通事故和死亡。

为了解决这些问题，美国已经提出了机场标识的国家标准。这些标准如果被广泛采用，将代表着重要的服务突破。

然而，前往机场只是冒险的一部分。机场内的标牌经常为旅行者带来更多挑战。试想两位经验丰富的乘客预订了达美航空公司从加州奥克兰到得克萨斯州奥斯汀的机票。当他们抵达奥克兰国际机场后，旅行社的人员通知他们预定航班已被取消。旅行社为他们提供了美国航空公司的机票单据，并解释说他们仍可乘坐达美公司从达拉斯至奥斯汀这段 30 分钟的航班。之后，他们前往美国航空的柜台领取登机牌，直到抵达达拉斯 - 沃斯堡国际机场，这次旅行还算平安无事。

当他们到达 C 区 22 号门时，很快发现出发 / 到达信息屏只显示美国航空公司的航班信息；机场张贴的"地图"显示有 A、B 和 C 区，并未显示还有其他区域。前往另外两个区域的列车指示牌将两位乘客带到了底层的有轨电车站。

一列火车到另外两个大厅的标识将两名乘客指向较低层的电车站。他们发现 A 区和 B 区也只有美国航空公司的登机口和信息屏。除美国航空公司的航班信息外，他们没有找到任何航空公司或机场运输服务的标识。最后他们向 A 区美国航空代理处询问，得知他们需要从对面的 21A 号门离开，下楼搭乘机场列车（不是美国航空公司的列车）前往 E 区。楼下没有标识，而区域出口处的工作人员由于英语不够好而无法提供帮助。他们终于找到了一个电梯，到达了较低的一层，而且发现他们必须离开这座建筑才能到达车站。然而当他们到达时发现车站已关闭，标记指示他们向右走至下一个车站。他们向指示的方向走去，尽管还是看不到另一个车站。这时已是夜间，路上没有一个行人，直到他们看到了一名保安人员，他告诉他们下一站在相反的方向。实际从美国航空公司的入口到达美航空公司的入口不超过 10 分钟的路程，但由于缺乏适当的标识和有经验的工作人员，导致了这次换乘用时超过了一小时。

资料来源：Bridget O'Brian, "Signs and Blunders: Airport Travelers Share Graphic Tales," *The Wall Street Journal*, March 28, 1995, p. B1.

## 本章小结

服务设施设计和布局的心理含意是为避免顾客迷惑并为服务行为定型。服务场景的概念用于阐释在服务设施设计中环境特征对顾客和雇员的行为影响。设施设计被视为塑造服务体验的计划，其包含了灵活性、安全性和美学等功能。流程分析从构建流程图开始，流程图可用于识别系统瓶颈并确定整个作业时间。本章将设施布局分为产品和流程两类，并引入了用于分析的图形工具。

## 关键术语

**瓶颈（bottleneck）**：生产活动中，花费时间最多的一项作业，也因而由它定义整个过程的最大流量。

**产能（capacity）**：满负荷下单位时间内的产出。

**产能利用率（capacity utilization）**：衡量在满负荷运营时，相对于过程产能实际达到的输出量。

**CRAFT（Computerized Relative Allocation of Facilities Technique）**：设施位置分配的计算机技术，是一个运用部门交换逻辑来分析运营顺序以解决相关布置问题的计算机程序。

**周期时间（或节拍）（cycle time）**：生产 2 件产品之间的时间间隔。可以通过测量取平均值得到。

**直接劳动利用率（direct labor utilization）**：工人实际为服务贡献价值的时间百分比。

**流程布局（flow process layout）**：以固定的步骤序列执行的标准化服务布局（如自助餐厅）。

**作业车间流程布局（job shop process layout）**：活动顺序由顾客自己确定，允许定制的服务布局（如游乐场）。

**操作顺序分析（operation sequence analysis）**：通过安排部门的相对位置来改善过程布局中的流动距离。

**紧急订单时长（rush hour flow time）**：从头至尾无须等待而完成整个服务系统过程的时间。

**服务场景（servicecape）**：影响顾客

和服务人员的行为和感知的服务设施有形环境。

**服务总时间**（throughout time）：从开始到结束完成一次服务的全部时间。

**直接劳动总量**（total direct labor content）：生产时间总和。

## 讨论题

1. 从美学的角度比较你拜访过的不同的接待室，你的情绪是如何受到不同环境影响的？

2. 从顾客感知的角度，列举出支持服务理念和削弱服务理念的服务场景实例，分析其成功或失败的原因。

3. 选择一项服务，讨论设施的设计和布局如何从店址的可得性和空间需要、灵活性、安全性、美学以及社会与环境这五个方面来满足组织的性质和目标的需求。

4. 在例5-3"海洋世界主题公园"中，请给出支持不把热门景点设置在一起这一论点的论据。

5. "CRAFT"程序是用试探法解决问题编程方法的一个例子。请说明为什么"CRAFT"可能无法发现布局问题的最优解。

## 互动练习

将班级分成若干小组，一半的小组根据自己的工作经验来举例说明从工作满意度和生产力方面的支持性的工作场景，另一半小组从工作满意度和生产力方面举出不利的工作场景的例子。

## 例题

### 1. 产品布局的工作分派
#### 问题陈述

一名旅客从海外到达纽约的JFK机场，需要办理一系列的移民检查和海关申报手续才能登上回家的国内航班。下表列出了这些手续以及它们所需的时间。除了行李认领，其他手续必须按注明的顺序办理。哪项是瓶颈活动，每小时最多能有多少人办完手续？对于改善这个过程的平衡，你有何建议？

| 活动 | 平均时间（秒） |
|------|--------------|
| 1. 下飞机 | 20 |

（续）

| 活动 | 平均时间（秒） |
|------|--------------|
| 2. 移民检查 | 16 |
| 3. 行李认领 | 40 |
| 4. 海关 | 24 |
| 5. 行李检查 | 18 |
| 6. 国内航班登机 | 15 |

#### 解答

首先，画出流程图并确认瓶颈活动。最慢的活动是"行李认领"，它限制了整个系统的能力为每小时90人。

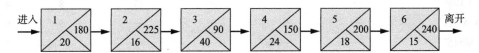

提高系统能力的一个建议是：扩大行李认领区域的面积一倍，同时将移民检查和海关区域组合在一起。这种新的服务布局由下面的流程图表示，其结果是系统能力倍增至每小时180名旅客。

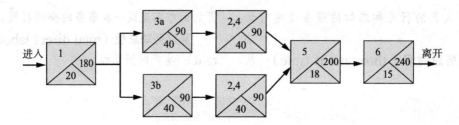

### 2. 流程分析

**问题陈述**

如上面 JFK 机场海外抵达的流程图所示，计算系统能力、直接劳动总量、紧急订单时长及直接劳动利用率。

**解答**

流程分析的第一步要识别瓶颈，在这个案例中是每件行李认领 40 秒。系统能力由瓶颈决定，可计算为（60 分钟 / 小时）（60 秒 / 分钟）（1/40 秒）=90 名乘客每小时。假设两项活动间无时间浪费，紧急订单时长为总活动时间之和：20+16+40+24+18+15=133 秒。流程内只有一条路径，直接劳动总量为所有活动时间之和即 133 秒。直接劳动利用率为直接劳动力总量除以系统流程周期时间（瓶颈 CT）与工人数量的乘积。

$$直接劳动利用率 = \frac{133}{40 \times 6}(100) = 50\%$$

### 3. 流程布局的相对位置

**问题陈述**

新本科生图书馆的设计师想要设计出方便用户使用的楼层平面布置。基于对老图书馆的调查数据，下面的表格注明了学生每月在不同区域间的数百次走动。准备一个良好的初始矩形布局，最大限度地减少不相邻区域之间的总流动距离，然后使用操作序列分析来改善这个布局。

| 图书馆区域 | A | B | C | D | E | F |
|---|---|---|---|---|---|---|
| A 存储室 | — | 5 | 9 | 3 | 7 | 1 |
| B 参考文献室 | 3 | — | 8 | 2 | 6 | 2 |
| C 复印室 | 1 | 1 | — | 7 | 2 | 3 |
| D 书架区 | 2 | 2 | 10 | — | 2 | 5 |
| E 期刊室 | 1 | 2 | 6 | 3 | — | 2 |
| F 计算机室 | 1 | 1 | 1 | 4 | 2 | — |

**解答**

首先，通过对角线上的流量求和来创建一个三角形的总流量矩阵。

| 图书馆区域 | A | B | C | D | E | F |
|---|---|---|---|---|---|---|
| A 存储室 | — | 8 | 10 | 5 | 8 | 2 |
| B 参考文献室 | | — | 9 | 4 | 8 | 3 |
| C 复印室 | | | — | 17 | 8 | 4 |
| D 书架区 | | | | — | 5 | 9 |
| E 期刊室 | | | | | — | 4 |
| F 计算机室 | | | | | | — |

其次，根据高流量区域相邻的原则在矩形布局的草图上划分图书馆的区域。

```
A --------------- C --------------- D
|                 |                 |
|                 |                 |
B --------------- E --------------- F
```

接下来，如下表计算每对不相邻区域之间总的流动距离。

| 不相邻区域 | 流动 | | 距离 | | 总和 |
|---|---|---|---|---|---|
| AD | 5 | × | 2 | = | 10 |
| AF | 2 | × | 2 | = | 4 |
| BD | 4 | × | 2 | = | 8 |
| BF | 3 | × | 2 | = | 6 |
| | | | | | $\Sigma=28$ |

最后，通过交换一对不相邻的配对区域寻求改进。由于没有改进的可能，所以接受上述布局。

## 练习题

1. 到达机场登机口的乘客必须先排队等候，通过登机牌认证才能登机。如果登机牌与离港航班不匹配，则会将乘客引导至适当的登机口。随身行李过大的乘客会被要求办理行李托运。持有匹配的登机牌和适当大小的随身行李的乘客方可登机。绘制登机流程图，如何改进这一流程以避免延误？

2. 考虑图 5-3 所示的抵押服务流程，并假设资格调查的周期改为 60 分钟。
   （1）瓶颈作业是哪一项？相应的系统产能是多少？
   （2）紧急订单时长是多少？
   （3）如果同一个人完成信用报告和资格调查活动，那么系统的产能是多少？

3. 重新回顾机动车驾照办公室这个案例。
   （1）图 5-5a 所示直接劳动利用率是多少？
   （2）图 5-5b 所示直接劳动利用率是多少？
   （3）图 5-6 所示直接劳动利用率是多少？
   （4）从上述计算中能得出什么结论？

4. 重新回顾机动车驾照办公室这个案例，假设之前的投资建议中有几项被采纳。例如，"检查违规记录和限制条件"将使用一个计算机终端来执行，这样此项活动只需 30 秒而非 60 秒。然而，未额外采购视力测试仪或照相机。
   （1）假设每个活动分配了一个办事员，那么瓶颈活动是哪项？每小时能审核的最大申请人数是多少？
   （2）如果重新安排这 6 名办事员的分工，将服务能力提升至每小时 120 名申请者，请给出你的方法建议，并指出还需要投资些什么。

5. 去医生办公室进行身体检查包括一系列的活动。下表列出了这些活动和它们需要的平均时间。这些活动的顺序可以随意安排，但医生的诊断必须是最后一项。3 名护士被分配来执行工作 1、工作 2 和工作 4。

| 活动 | 平均时间（分钟） |
|---|---|
| 1. 测量血压、体重、体温 | 6 |
| 2. 医疗记录 | 20 |
| 3. 医生检查 | 18 |
| 4. 化验 | 10 |
| 5. 医生诊断 | 12 |

   （1）哪项是身体检查中的瓶颈活动？最多每小时能检查多少位病人？
   （2）仍然只用这 4 名工作人员，请给出一个通过重新分配活动从而提高服务能力的建议，并绘制其产品流程图。改进后的系统产能是多少。

6. 一个由 5 个人运营的学校自助食堂，其相关活动及平均时间如下：

| 活动 | 平均时间（分钟） |
|---|---|
| 1. 供应沙拉和甜点 | 10 |
| 2. 供应饮品 | 30 |

（续）

| 活动 | 平均时间（分钟） |
| --- | --- |
| 3. 供应主菜 | 60 |
| 4. 供应蔬菜 | 20 |
| 5. 结算和收款 | 40 |

（1）哪一项是瓶颈活动？每小时最大的服务能力是多少？

（2）假设只用 4 名工作人员，请给出一个通过重新分配活动从而提高服务能力的建议，并绘制其产品流程图。改进后的系统产能是多少？

（3）如果只用 3 名工作人员，怎样做才能维持问题（2）中的系统产能？

7. 每年秋天，志愿者们都会在当地超市为市民进行流感疫苗注射。该工作涉及以下四个步骤：

| 活动 | 平均时间（分钟） |
| --- | --- |
| 1. 接待 | 30 |
| 2. 询问药物过敏史 | 60 |
| 3. 填写表格并签署弃权说明书 | 45 |
| 4. 接种疫苗 | 90 |

（1）哪一项是瓶颈活动？每小时最大的服务能力是多少？

（2）如果指派第 5 名志愿者帮助接种疫苗，那么现在哪些活动成为瓶颈？这种安排会如何影响系统的服务能力？

（3）假设有 5 名志愿者，请给出一个通过重新分配活动从而提高服务能力的建议，并绘制其产品流程图。改进后的系统生产能力是多少？

8. 重温海洋世界主题公园案例，并使用例中景点之间的每日访客流量进行一个不同的分析。

（1）设计一个新的景点布置方案，使游客在不同景点间的总行程达到最大。

（2）这种布局可以让"海洋世界主题公园"的所有者获得哪些好处？

（3）对于使用表 5-4 中的数据设计海洋世界主题公园的新布局方法，你还有哪些保留意见？

9. The Second Best Discount 商店正在考虑重新安排其库房以改善顾客服务。目前，捡货员根据顾客的订单从仓库内的 6 个区域捡取货物，这些区域间的运动情况标注在下面的流动矩阵中。

| | A | B | C | D | E | F |
| --- | --- | --- | --- | --- | --- | --- |
| A | — | 1 | 4 | 2 | 0 | 3 |
| B | 0 | — | 2 | 0 | 2 | 1 |
| C | 2 | 2 | — | 4 | 5 | 2 |
| D | 3 | 0 | 2 | — | 0 | 2 |
| E | 1 | 4 | 3 | 1 | — | 4 |
| F | 4 | 3 | 1 | 2 | 0 | — |

利用下面的初始布局，运用操作序列分析以确定最小化非相邻区域之间总流动的布局。计算出你对流动的改进量。

10. 一家便利店正在考虑改变其布局以刺激顾客冲动型购买。下面的三角流动矩阵给出了不同产品组（如啤酒、牛奶、杂志）之间的关联度量。加号（+）表示高度关联，例如啤酒和花生之间的关联；减号（−）表示排斥，例如啤酒和牛奶之间的排斥；用零（0）表示没有关联。

| | A | B | C | D | E | F |
| --- | --- | --- | --- | --- | --- | --- |
| A | | + | + | 0 | 0 | — |
| B | | | + | 0 | — | — |
| C | | | | + | + | 0 |
| D | | | | | + | + |
| E | | | | | | + |
| F | | | | | | |

利用下面的初始布局，运用操作序列分析，通过把高度关联的商品摆放在相邻的位置来刺激冲动型购买。

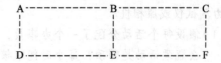

11. 最近获得一块土地的一所社区学院正在准备其场地计划。他们打算在一条林荫路的两侧各建三栋建筑，每栋建筑将会分配一个专业学科。根据注册信息，学生们在这六栋建筑之间的日常流量如下所示（以百人计）。

|  | A | B | C | D | E | F |
|---|---|---|---|---|---|---|
| A 心理学 | — | 6 | 4 | 8 | 7 | 1 |
| B 英语 | 6 | — | 2 | 3 | 9 | 5 |
| C 数学 | 6 | 1 | — | 12 | 2 | 4 |
| D 经济学 | 3 | 2 | 10 |  | 3 | 5 |

（续）

|  | A | B | C | D | E | F |
|---|---|---|---|---|---|---|
| E 历史 | 7 | 11 | 2 | 1 | — | 6 |
| F 生物 | 6 | 2 | 8 | 10 | 3 | — |

利用下面的初始布局，运用操作序列分析，确定该社区学院的场地建设计划，该计划应能最大限度地减少学生在课间行走的距离。

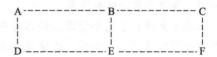

---

**案例 5-1　　　　　　健康维护组织（A）**

2012 年 1 月，纽约州布法罗市人寿保险公司健康维护组织（HMO）的管理员琼·泰勒对在得克萨斯州奥斯汀市新的门诊保健中心的选址感到非常满意（用来选址的程序将在第 8 章中讨论）。该中心不仅可以作为急症诊所，还可以作为预防保健服务中心。

HMO 的一个重要目标是为会员提供保持健康的相关项目。已经计划了各种方案，包括戒烟、适当营养、饮食和运动。由此他们也设计出了很多项目，包括戒烟计划、营养饮食计划、瘦身饮食计划和运动计划等。

健康中心用很大的比例空间来开设诊所，尽管如此，在设计中仍然要考虑很多限制条件。急症病人必须与健康的顾客分隔开，此外，联邦安全法规禁止射线照相部门与主候诊室相邻。

对于泰勒女士来说，最小化患者和HMO 工作人员的行走距离是非常重要的。下面的表格按每天 35 名病人，给出了不同部门之间的流动情况。

|  |  | A | B | C | D | E | F |
|---|---|---|---|---|---|---|---|
| 接待处 | A | — | 30 | 0 | 5 | 0 | 0 |
| 候诊室 | B | 10 | — | 40 | 10 | 0 | 0 |
| 检查室 | C | 15 | 20 | — | 15 | 5 | 5 |
| 化验室 | D | 5 | 18 | 8 | — | 6 | 3 |
| X 光检查室 | E | 0 | 4 | 1 | 2 | — | 4 |
| 小手术室 | F | 2 | 0 | 0 | 0 | 1 | — |

**问题**

1. 从一个良好的初始布局开始，使用操作序列分析法来优化布局，以最小化诊所不同区域之间的步行距离。

2. 请根据最小化步行距离以外的特性，来说明这个最终布局的优势。

---

**案例 5-2　　　　　　健康维护组织（B）**

人寿保险公司健康维护组织（HMO）的管理者泰勒女士急需在得克萨斯州奥斯汀新诊所开业之前解决潜在的问题。最初设于纽约州布法罗市的诊所，其药房从开业起就非常繁忙，病人需要花很长时间等待取药，这是一个非常现实的问题。

布法罗市 HMO 的药房非常现代化、宽敞且设计精美。取药的高峰时段是从上午 10 点到下午 3 点。在此期间，处方会不断产生积压，等待时间会增加。下午 5 点之后，工作人员将减少为一名药剂师和一名技师，虽然只有两名员工，但在整个晚上都可以为病人提供非常及时的服务。

泰勒女士接到了几个投诉，投诉者都抱怨等待时间超过了一个小时。这使泰勒女士意识到等待时间过长的问题亟待解决。该药房在 5 点前有五名工作人员当班。

泰勒女士亲自研究了每名药房员工的工作任务。处方由两名技术员和三名药剂师以流水线的方式按配方为病人配药，每人只

执行一项任务，每项任务所需的时间列于下表。

| 活动 | 平均时间（秒） |
| --- | --- |
| 1. 接收处方 | 24 |
| 2. 打印标签 | 120 |
| 3. 配药 | 60 |
| 4. 核对处方 | 40 |
| 5. 发放药品 | 30 |

注：配药、核对处方和发放药品必须由注册过的药剂师完成。

**问题**

1. 哪项活动是瓶颈活动？请说明在仅用两名药剂师和两名技工的情况下如何提高该系统的服务能力。

2. 除了节约人力成本外，这种安排还有哪些好处？

## 案例 5-3　　Esquire 百货商店

老亚瑟·巴比特于 1996 年创立的 Esquire 百货公司最近销售出现下滑。商店经理小亚瑟·巴比特发现顾客在部门间的流动下降。他认为目前商店布局是以让相关商品部门彼此毗邻为原则，而这一布局导致了顾客不会在商店中逗留足够长的时间。老巴比特并不赞同这一观点，经营了 20 年商店的他辩解道：忠诚的顾客不可能简单地因为商店的布局而放弃购物。他认为顾客流失的真正原因是城外新开的工厂直销商场，折扣价格对顾客来说颇具吸引力。

小巴比特解释说，顾客在商品部门之间走动的距离越长，其浏览的商品就越多。虽然顾客在购物时通常会有一些特定的东西需要购买，但接触更多商品可能会刺激额外的购买。对于小巴比特来说，这个问题的最佳答案便是改变目前的布局以便顾客接触到更多的商品。他认为当今的环境与 1996 年的环境不同，商场必须更好地展示商品以刺激

冲动型购买。

老巴比特打断了他的话："儿子，对于商店的布局你有自己的观点，但在花钱开始改变这里之前，我还需要一些数据。你能告诉我，开发新的商店布局，可以使顾客逗留在商店中的时间增加多少吗？"

小巴比特回到办公室翻阅了他收集的可用于布局修改的相关信息。据估计，平均每小时有 57 名顾客进入商店。该商店每天运营 10 小时，每年运营 200 天。当前布局的图纸及部门如图 5-10 所示，各部门之间顾客的流动见表 5-5。

**问题**

1. 请使用 CRAFT 开发出一个新布局，以使顾客在商店逗留的时间最大化。

2. 以上开发出的布局可使顾客在商店中花费的时间增加百分之多少？

3. 在考虑相关部门间的布局时，还应该考虑顾客行为的哪些方面？

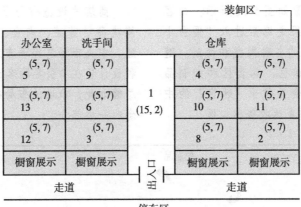

图 5-10 Esquire 百货商店当前布局（括号中的数字代表行和列）

表 5-5 商场内顾客流动情况表（单位：千人）

|  | 1 | 2 | 3 | 4 | 5 | 6 | 7 | 8 | 9 | 10 | 11 | 12 | 13 |
|---|---|---|---|---|---|---|---|---|---|---|---|---|---|
| 1 | 0 | 32 | 41 | 19 | 21 | 7 | 13 | 22 | 10 | 11 | 8 | 6 | 10 |
| 2 | 17 | 0 | 24 | 31 | 16 | 3 | 13 | 17 | 25 | 8 | 7 | 9 | 12 |
| 3 | 8 | 14 | 0 | 25 | 9 | 28 | 17 | 16 | 14 | 7 | 9 | 24 | 18 |
| 4 | 25 | 12 | 16 | 0 | 18 | 26 | 22 | 9 | 6 | 28 | 20 | 16 | 14 |
| 5 | 10 | 12 | 15 | 20 | 0 | 18 | 17 | 24 | 28 | 30 | 25 | 9 | 19 |
| 6 | 8 | 14 | 12 | 17 | 20 | 0 | 19 | 23 | 30 | 32 | 37 | 15 | 21 |
| 7 | 13 | 19 | 23 | 25 | 3 | 45 | 0 | 29 | 27 | 31 | 41 | 24 | 16 |
| 8 | 28 | 9 | 17 | 19 | 21 | 5 | 7 | 0 | 21 | 19 | 25 | 10 | 9 |
| 9 | 14 | 8 | 13 | 15 | 22 | 18 | 13 | 25 | 0 | 33 | 27 | 14 | 19 |
| 10 | 18 | 25 | 17 | 19 | 23 | 15 | 25 | 27 | 31 | 0 | 21 | 17 | 10 |
| 11 | 29 | 28 | 31 | 16 | 29 | 19 | 18 | 33 | 26 | 31 | 0 | 16 | 16 |
| 12 | 17 | 31 | 25 | 21 | 19 | 17 | 19 | 21 | 31 | 29 | 25 | 0 | 19 |
| 13 | 12 | 25 | 16 | 33 | 14 | 19 | 31 | 17 | 22 | 15 | 24 | 18 | 0 |

注：1——出入口；    4——珠宝；    7——女士服装；    10——体育用品；    13——家具。
     2——家用电器；    5——厨房用品；    8——男士服装；    11——女士内衣；
     3——立体声电视；    6——化妆品；    9——童装；    12——鞋履；

## 案例 5-4    中央市场[5]

最初的中央市场位于得克萨斯州奥斯汀的海德公园区，它与一般的杂货连锁店完全不同，这是一家通过标准化和无差别地提供类似产品从而提高购物效率的商店。中央市场试图将整个杂货店购物体验从以库存产品为导向转变为以购物方式、顾客服务、商店布局和提供的辅助服务为导向。创始人希望通过提供高品质的新鲜产品来打造农贸市场的观感，同时营造出充满活力的互动氛围，旨在改变人们吃饭及准备餐食的方式。当顾客穿梭在美妙的商品迷宫时，鼓励他们探索和发现。

中央市场的前庭有一个咨询台和一个小咖啡吧。向里走，顾客就会走入一个全景的欧洲风格城镇市场，蜿蜒曲折的通道两侧摆着琳琅满目的商品。中央市场称这是一种力量流,其平面布置如图5-11所示。顾客穿过曲折的新鲜蔬果走廊后进入"蛋白小巷",在那里可以选购各种肉类和海鲜。随后是酒类区域、烘焙区、熟食区和奶制品区。罐装和散装类食品位于"迷宫"的中心。商店的逃生通道直达收银出口区。

商店的设施布局更像一席精制的正餐,依次品尝蔬菜、肉食、葡萄酒、面包和奶酪。中央市场总经理布莱恩·克罗宁指出这种设计旨在"引导顾客通过核心产品区域"。尽管如此,市场的布局也仅是传递其服务理念的一小部分。

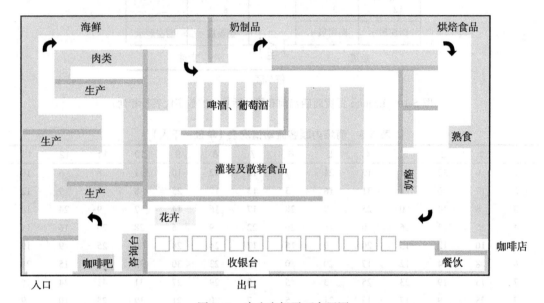

图 5-11 中央市场平面布置图

中央市场的外观和感觉与农贸市场极其相似。控制温度主要是为了确保产品质量。生产部门和肉类区保持在20℃,而食品准备区域的温度设定在10℃,商店的其他部分大约21℃。当顾客走过商店时,咖啡、新鲜农产品、鱼和烘焙食品的香气会一路相伴。因为食品都是当日运到的,新鲜度得以保证。

市场的空间和功能区域同样与农贸市场的概念相同,商品陈列丰富,商品销售后可及时得到补充以保持陈列的美观。店内通道可以允许至少两辆推车同时通行。店内最能体现其战略目标(如提升盈利能力)的是酒类商品区,它将啤酒和葡萄酒分列在通道两旁,以便增加浏览和冲动型购买的机会。

店面设计非常灵活,会根据季节性和顾客需求增减摆放的商品。例如,花卉区域在2月情人节期间会扩大,而在收银台需求高的节假日会缩减。

咖啡店区位于快速结账处附近,在此排队的顾客往往对时间比较敏感,而这个排队系统可以缩短平均服务时间。购买较多物品的顾客使用一般结账柜台,并可以参与比赛。排队等候的感觉往往比实际延迟更容易让顾客感到不满;因此,将花店设置在收银台后面有机会分散顾客注意力,还可以刺激冲动型购买。

标识、符号和装饰也都契合农贸市场的主题。标识是由商店艺术团队手工绘制的。标识和咖啡馆里巨大的餐具雕塑以及整个商店都使用了柔和的色彩。颜色编码用于识别有机和本地种植的农产品。中央市场运用这些环境维度来吸引顾客逗留更长时间并购买更多的商品。

中央市场的购物体验是对顾客感官的有力攻击。顾客可以看到、闻到、感觉甚至品尝各种产品。产品来自世界各地，品种繁多，同时设施设计主导了顾客的路径，每当顾客看到以前未曾见过的商品时，就会在店中花费额外的时间。

一般购物者在中央市场平均花费 45 分钟，而到了周末，顾客会因为各种商品展示和推广以及店内的拥挤而逗留更长的时间。在中央市场的购物体验似乎让人上瘾，事实上，中央市场是奥斯汀的第二大旅游目的地。

即使中央市场不销售软饮、薯片、纸制品和清洁用品这些标准杂货，但顾客通常在此花费的比预期要多。行业内顾客的平均花费约为 20 美元，而中央市场的指标要明显高出许多。一是由于其独特性、新鲜度和高质量使产品的成本更高。再是由于其设施设计在花卉、葡萄酒和烘焙食品等吸引人的产品区域附近形成了瓶颈和等待区域，从而为顾客的冲动型购买提供了更多机会。

顾客对中央市场最大的抱怨也是其布局，他们通常不得不在重复购买的过程中弄清商品摆放的位置。店内很少有方向和地图一类的标识，这种定位缺失并不是商家的疏忽，毕竟中央市场的理念就是请顾客去发现。要是顾客掌握了每种产品的位置，他们还怎么去探索呢？

**问题**

1. 如何从服务场景环境维度的角度解释中央市场的成功？
2. 请说明服务场景如何影响顾客和员工的行为。

## 参考文献

Baron, Opher, et al. "Strategic Idleness and Dynamic Scheduling in an Open-Shop Service Network: Case Study and Analysis." *Manufacturing & Service Operations Management* 18 (October 2016).

Bordoloi, Sanjeev K. "Agent Recruitment Planning in Knowledge-Intensive Call Centers." *Journal of Service Research* 6, no. 4 (2004), pp. 309–23.

Chang, Kuo-Chien. "Effect of Servicescape on Customer Behavioral Intentions: Moderating Roles of Service Climate and Employee Engagement." *International Journal of Hospitality Management* 53 (February 2016), pp. 116–28.

Dean, Dwane H. "Visual Antecedents of Patronage: Personal and Professional Items in the Servicescape." *Services Marketing Quarterly* 35, no. 1 (2014), pp. 68–83.

Goldratt, Eliyahu M., and J. Cox. *The Goal.* New York: North River Press, 2004.

KC, Diwas Singh. "Does Multitasking Improve Performance? Evidence from the Emergency Department." *Manufacturing & Service Operations Management* 16, no. 2 (2013), pp. 168–83.

Nilsson, Elin, and David Ballantyne. "Reexamining the Place of Servicescape in Marketing: A Service-Dominant Logic Perspective." *Journal of Services Marketing* 28, no. 5 (2014): pp. 374–79.

Parish, Janet Turner, Leonard L. Berry, and Shun YinLam. "The Effects of the Servicescape on Service Workers." *Journal of Service Research* 10, no. 3 (February 2008), pp. 220–38.

Vilnai-Yavetz, Iris, and Anat Rafaeli. "Aesthetics and Professionalism of Virtual Servicescapes." *Journal of Service Research* 8, no. 3 (February 2006), pp. 245–59.

Wright, Juli, and Russ King. *We All Fall Down: Goldratt's Theory of Constrainst for Healthcare Systems.* London: Ashgate, 2006.

## 注释

1. http://www.fool.com/investing/2016/09/16/better-buy-the-home-depot-inc-vs-lowes.aspx.
2. Richard E. Wener, "The Environmental Psychology of Service Encounters," in J. A. Czepiel, M. R. Solomon, and C. F. Surprenant (eds.), *The Service Encounter* (Lexington, MA: Lexington Books, 1985), pp. 101-13.
3. Mary Jo Bitner, "Servicescapes: The Impact of Physical Surroundings on Customers and Employees," *Journal of Marketing* 56 (April 1992), pp. 57-71.
4. E. S. Buffa, G. C. Armour, and T. E. Vollmann, "Allocating Facilities with CRAFT," *Harvard Business Review* 42, no. 2 (March-April 1964), pp. 136-59.
5. Prepared by Charles Morris, Allison Pinto, Jameson Smith, and Jules Woolf under the supervision of Professor James A. Fitzsimmons.

# 第 6 章

# 服 务 质 量

## | 学习目标 |

通过本章学习，你应该能够：

1. 描述和说明服务质量的五个维度。
2. 使用服务质量差距模型诊断服务企业的质量问题。
3. 说明如何在服务质量设计中运用 poka-yoke 方法。
4. 构建"质量屋"作为质量机能展开项目中的一部分。
5. 构建服务作业中的统计过程控制图。
6. 描述无条件服务保证的特征及其管理意义。
7. 实施步行穿越调查（WtA）。
8. 解释服务补救的含义以及它的重要性。

　　微笑服务可以使大多数顾客感到满意。但是，今天一些服务企业是通过提供服务保证来区别于其他企业的。产品保证是承诺对不良产品进行修理和退换。与产品保证不同，服务保证是向不满意的顾客提供补偿、折扣或免费服务。经过与顾客沟通，加利福尼亚第一州际银行的管理层发现，他们正被大量重复发生的问题所困扰，比如有误账单和自动柜员机（ATM）故障。在银行实行对顾客提出一条服务失误奖励 5 美元后，利润增加了。更令人惊奇的是，服务保证对员工具有激励作用。当一个分支机构的 ATM 机出现故障时，员工们决定不关店门，一直到晚上 8:30 ATM 机被修好。

　　服务保证另一个潜在的好处是鼓励顾客反馈。现在，顾客有理由和动机向公司诉说，而不是向他们的朋友诉说。

　　服务保证除了宣传企业对质量的保证外，还通过明确地定义绩效标准，使员工成为焦点。更重要的是，它有助于建立忠诚的顾客群。汉普顿旅店（Hampton

Inn）是较早承诺百分百满意的企业，它的经验表明，超出平均水平的质量是一种竞争优势。对经历过服务保证的 300 名顾客进行调查后发现，超过 100 人又一次下榻于汉普顿旅店。据连锁酒店统计，在不满意的顾客身上每花费 1 美元将获得 8 美元的回报。[1]

## 6.1　本章概要

服务质量是一个复杂的话题，它需要五个维度的定义。服务质量的五个维度是：可靠性、响应性、保证性、移情性和有形性。以此为基础，我们来介绍服务质量差距的概念。这个概念是指顾客期望的服务与感知的服务之间的差距。利用问卷调查来测量服务质量的一种工具叫 SERVQUAL，它是建立在服务质量差距概念的基础上的。

质量始于服务交付系统的设计。一些用于制造业的概念（如田口方法、poka-yoke 方法和质量机能展开）被用于服务交付系统的设计。统计过程控制被用于监测服务业绩衡量标准的变化，同时显示什么时候需要干涉。步行穿越调查（WtA）是一种顾客满意度调查工具，它建立在顾客是服务过程的参与者的假设之上。

然而，服务失败是确实存在的，利用无条件服务保证可以起到与产品保证相同的意义。因为顾客在服务交付的现场，服务补救策略可以用于服务失败。

## 6.2　定义服务质量

对服务企业而言，质量评估是在服务交付过程中进行的。每一次的顾客接触都是一个使顾客满意或者不满意的机会。顾客对服务质量的满意可以定义为：对接受的服务的感知与对服务的期望之间的比较。当感知超出期望时，服务被认为具有卓越的品质，也就是一种高兴和惊讶。当没有达到期望时，服务注定是不可接受的。当期望与感知一致时，质量是令人满意的。如图 6-1 所示，服务期望受到口碑、个人需要和过去经历的影响。

### 6.2.1　服务质量的维度

图 6-1 给出了服务质量的维度。这些维度是营销研究人员在对几类不同的服务进行充分研究后识别出来的。这些服务包括机械修理、零售银行、电话服务、证券经纪业务和信用卡。他们确定了顾客按相对重要性由高到低、用来判断服务质量的五个基本方面：可靠性、响应性、保证性、移情性和有形性。[2]

可靠性是可靠地、准确地履行服务承诺的能力。可靠的服务行动是顾客所希望的，它意味着服务以相同的方式、无差错地准时完成。举例来说，考虑一下你对送到家的比萨的期望。可靠性也可以延伸至后台办公室，在那里要求准确地开列账单和记录。

响应性是指帮助顾客并迅速提供服务的愿望。让顾客等待，特别是无原因的等待，会对质量感知造成不必要的消极影响。出现服务失败时，以专业的精神迅速解决问题会给质量感知带来积极的影响。例如，在误点的航班上提供免费饮料可以将旅客潜在的不良感受转化为美好的回忆。

保证性是指员工表达出的自信与可信的知识、礼节和能力。保证性包括如下特征：完成服务的能力，对顾客礼貌和尊敬，与顾客有效地沟通，将顾客最关心的事放在心上的态度。

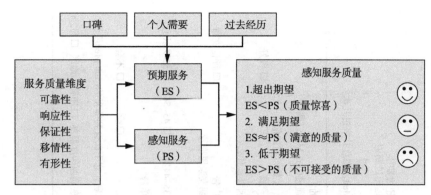

图 6-1 感知服务质量

资料来源：Reprinted with permission of the American Marketing Association: adapted from A. Parasuraman, V. A. Zeithaml, and L. L. Berry, "A Conceptual Model of Service Quality and Its Implications for Future Research," *Journal of Marketing* 49, Fall 1985, p. 48.

移情性是设身处地地为顾客着想和对顾客给予特别的关注。移情性有下列特点：接近顾客的能力、敏感性和努力地理解顾客需求。例如，登机口服务员为误机的顾客着想并努力找出解决问题的方法。

有形性是指有形的设施、设备、人员和通信器材等。有形的环境条件是服务人员对顾客细致的照顾和关心的有形表现。对这方面的评价（如洁净）可延伸至其他正在接受服务的顾客的行动（如旅馆中隔壁房间喧哗的客人）。

顾客从这五个方面将预期的服务和获得的服务相比较，最终形成自己对服务质量的判断。期望与感知之间的差距是服务质量的量度。从满意度看，既可能是正面的，也可能是负面的。

## 6.2.2 服务质量差距

测量服务期望与服务感知之间的差距是那些领先的服务企业了解顾客反馈的例行过程。例如，Club Med 是一家在全球范围从事乡村度假业务的国际性连锁旅店，它使用图 6-2 所示的调查问卷来收集顾客反馈。这些问卷在客人从 Club Med 离开后就被立即寄出，让旅客评价他们所经历的服务质量。其中第一个问题就明确地要求旅客评价他的期望与在 Club Med 的实际经历间的差距。

在图 6-3 中，顾客的服务期望与服务感知间的差距被定义为差距 5，顾客满意取决于服务交付过程相关的 4 个差距的最小化。

市场调查差距是顾客期望与管理者对这些期望的感知之间的差距。导致差距 1 的原因是，管理者对顾客如何形成他们的期望缺乏了解。顾客期望的形成来源于广告、与该公司及其竞争者过去的经历、个人需要和朋友介绍。缩小这一差距的战略包括：改进市场调查，增进管理者和员工间的交流，减少管理层次。

设计差距指管理者没有构造一个能满足顾客期望的服务质量目标并将这些目标转化到工作计划书中。差距 2 由以下原因造成：缺乏管理者对服务质量的承诺或对满足顾客期望的实用性的认识。然而，设定目标和将服务交付工作标准化可弥补这一差距。

一致性差距是因为服务的实际交付不符合管理人员设置的服务标准。许多原因会引起差距 3，如缺乏团队合作、员工选择不当、训练不足和工作设计不合理等。

## G.M.调查问卷

Club Med村落：

住宿时间：＿＿＿＿＿ 年/月/日 至＿＿＿＿＿ 年/月/日

姓名：

地址：

市：＿＿＿＿＿ 州：＿＿＿＿＿ 邮编：＿＿＿＿＿ 会员号码：

| | 极好 | 一般 | 很好 | 清洁与舒适 | 地点与环境 | 友善 | 娱乐 | 工作效率 | 食品质量 | 工作人员的反应 | 员工的态度 | 膳食与服务 | 表演 |
|---|---|---|---|---|---|---|---|---|---|---|---|---|---|
| 极好 | 6 | 6 | 6 | 6 | 6 | 6 | 6 | 6 | 6 | 6 | 6 | 6 | 6 |
| 很好 | 5 | 5 | 5 | 5 | 5 | 5 | 5 | 5 | 5 | 5 | 5 | 5 | 5 |
| 好 | 4 | 4 | 4 | 4 | 4 | 4 | 4 | 4 | 4 | 4 | 4 | 4 | 4 |
| 一般 | 3 | 3 | 3 | 3 | 3 | 3 | 3 | 3 | 3 | 3 | 3 | 3 | 3 |
| 差 | 2 | 2 | 2 | 2 | 2 | 2 | 2 | 2 | 2 | 2 | 2 | 2 | 2 |
| 很差 | 1 | 1 | 1 | 1 | 1 | 1 | 1 | 1 | 1 | 1 | 1 | 1 | 1 |

您的评语：

1. Club Med达到您的期望了吗？
   □ 远低于期望
   □ 稍低于期望
   □ 符合期望
   □ 超过期望
   □ 远超过期望

2. 如果这不是您第一次来Club Med，您总共来过几次？

3. 您是如何预订Club Med客房的？
   □ 通过旅游代理
   □ 通过Club Med订票处

4. 您认为预订过程的质量如何？（旅行前的信息）
   □ 很差 □ 差 □ 一般 □ 好 □ 极好

5. 您选中Club Med度假的主要因素是什么？
   □ 曾来过 □ 广告 □ 评论文章
   □ 旅行社推荐 □ 朋友亲属推荐

6. 您的年龄？
   □ 25岁以下 □ 25~34岁 □ 35~44岁 □ 45~54岁 □ 55岁以上

7. 您婚否？
   □ 已婚 □ 单身

8. 您是否会再来Club Med度假？
   □ 会 □ 不会

9. 如第8题回答"会"，请答此题。您下次会到哪里的Club Med度假？
   □ 美国 □ 墨西哥 □ 法属西印度群岛 □ 加勒比地区 □ 欧洲
   □ 其他：

图6-2 顾客满意问卷

资料来源：Club Med, 40 West 57th Street, New York, NY 10019.

当顾客感知的服务与企业预期交付的服务不一致时，就会产生沟通差异。当运营管理未能在服务交付时管理现场（顾客体验的所有方面）时，就会产生差距 4。差距 4 可能是由于缺乏控制或员工培训不到位造成的。

对差距从 1～5 的排序体现了在一项新的服务过程设计中必须遵照的步骤（即市场调查、设计、一致性、沟通和顾客满意）。本章其他各节将讲述缩小服务质量差距的方法。我们从讨论测量服务质量的方法开始。

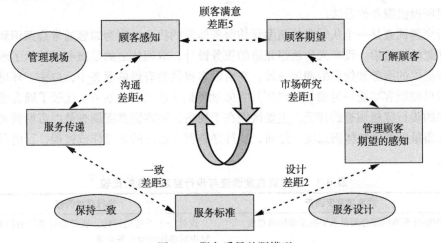

图 6-3　服务质量差距模型

资料来源：经得克萨斯大学 Uttarayan Bagchi 教授许可使用。

## 6.3　测量服务质量

测量服务质量是一项挑战，因为顾客满意是由许多无形因素决定的。与具有有形特性的、客观可测的物质产品不同（如装配和完成一辆汽车），服务质量包括许多心理因素（如饭店的气氛）。另外，服务质量的影响不仅限于直接的接触，如医疗服务对人的未来生活质量会产生影响。SERVQUAL（service quality 的缩写）是以服务质量差距模型为基础的调查顾客满意程度的有效工具，在该方法中包括了服务质量的多个重要方面。

### 6.3.1　SERVQUAL[3]

图 6-3 中所示的服务质量差距模型的发明者开发出一个叫作 SERVQUAL 的多项量表来测量服务质量的五大维度（可靠性、响应性、保证性、移情性、有形性）。这个由两部分组成的工具，可以在 McGraw-Hill 的学生资源网站上找到，它将期望语句与相应的感知语句配对。通过利用李克特 7 点量表（Seven-point Likert scale），记录下顾客的满意与不满意的水平。调查表中的 22 条陈述分别描述了服务质量的五个方面。

服务质量的得分是通过计算问卷中顾客期望与顾客感知之差得到的。这个得分用来表示差距 5，如图 6-3 所示。其他四个差距的得分可用类似方法得到。

这种方法已经在多种服务情境中被设计和验证。作者介绍了 SERVQUAL 的多种用途，但最主要的功能是通过定期的顾客调查来追踪服务质量的变化趋势。在多场所服务中，管理者可以用 SERVQUAL 判断是否有些部门的服务质量较差（得分低）。如果有的话，管理者可进一步探究造成顾客不良印象的根源，并提出改进措施。SERVQUAL 还可用于市场调研，与竞争者的服务相比较，确定企业的服务质量在哪些地方优于对手，哪些地方逊于对手。

### 6.3.2　步行穿越调查

服务的交付从开始到结束都应该符合顾客的期望。由于顾客是服务过程的参与者，他对服务质量的印象受到许多观察的影响。环境调查可以是一种主动的管理工具，用于系统地评估顾客对所提供服务的看法。

步行穿越调查是一个从顾客的角度评估服务体验的机会，因为顾客通常会意识到员工和经理可能忽略的线索。没有天生就很先进的服务设计，取而代之的是服务设计给了顾客一个暗示，即提供的服务和他们的期望一致。在给顾客提供的有形的服务中，口头、环境和可感知的暗示可使顾客享受一种愉悦的经历并且鼓励他们下次再来。表 6-1 比较了顾客满意度调查和相关的步行穿越调查的特征。主要区别在于视角。顾客满意度调查是以市场营销为导向的，旨在衡量顾客的整体满意度。然而，步行穿越调查面向的是操作或过程，目的是发现改进的机会。

表 6-1　顾客满意度调查与步行穿越调查的比较

| | 顾客满意度调查 | 步行穿越调查 |
| --- | --- | --- |
| 目的 | 根据整体现有的服务质量水平决定整体满意度 | 设计一个系统的评价，从开始时整体的满意度，到结束时整体评价服务质量 |
| 重点 | 评价顾客对服务质量的态度及观点 | 测量顾客对服务交付过程每一阶段有效性的观点 |
| 步骤 | 1. 识别重点顾客服务需求以及质量维度<br>2. 对顾客的样本进行设计、测试和管理调查问卷<br>3. 总结分析问卷结果，重点分析和先前的问卷比较评分比较低以及变化的部分<br>4. 确定需要改进的地方，完成改正缺陷的设计<br>5. 重复这项工作以达到质量持续进步的目的 | 1. 从顾客角度制作服务交付过程流程图<br>2. 设计、测试以及管理样本顾客，管理层或标杆组织中顾客的问卷<br>3. 总结分析问卷结果，关注得分低于标杆企业的部分以及管理层与顾客之间的差距<br>4. 确定缺陷并完成改进<br>5. 重复以实现持续改进 |
| 特征 | 1. 问卷可以在顾客接到服务后任意时间内完成<br>2. 管理层可以和一些顾客一起就常见的服务维度设计构建问卷结构（例如，有效性、实践性、反应性、便捷度）<br>3. 相关问卷经常由市场部人员完成<br>4. 重点在于评估顾客对于服务总体印象的关键因素 | 1. 问卷是在顾客接受服务中或者之后立刻完成的<br>2. 服务包中所有五个维度的顾客服务体验的综合审核（例如，支持设施、商品、信息、显性服务、隐性服务）<br>3. 通常由调查人员引导完成<br>4. 重点在于顾客对每个服务阶段的评价以及组织表现的整体印象 |

资料来源：Elsa Lai-Ping Leong Koljonen and Richard A.Reid," Walk-though Audit Provides Focus for Service Improvements for Hong Kong Law Firm," *Managing Service Quality* 10(1),2000,p.35.

菲茨西蒙斯夫妇为全方位服务的坐席餐厅开展了这样的步行穿越调查。[4] 调查包括 42 个问题，涵盖了顾客在餐馆就餐的整个经历。问题始于从停车场接近餐厅，进入餐厅被招待，寻找餐位，入座，点菜和上菜，最后用餐结束并支付账单。问题包括九类变量：①维护项目，②一对一服务，③等待，④餐桌和场所设置，⑤氛围，⑥食物介绍，⑦检查介绍，⑧促销和暗示性销售，以及⑨小费。由此，该调查从始至终地追踪了整个顾客体验。与图 6-4 中显示的简短的整体顾客满意度调查不同，WtA 侧重于服务交付流程的细节，如图 6-5 所示。此调查可以超过一整页，并使用李克特量表进行回复。

作为你的顾客，我想告诉你：

| | 非常好 | 好 | 一般 | 差 |
|---|---|---|---|---|
| 食物质量 | | | | |
| 服务速度 | | | | |
| 服务关注性 | | | | |
| 清洁度 | | | | |
| 环境 | | | | |

姓名 _____
地址 _____
城市 _____ 州 _____ 邮编 _____
电话 _____ 日期 _____

图 6-4 饭店满意度调查表

你好，我们来自赫尔辛基经管学院，正在进行一次社会调查，以发现人们如何看待参观赫尔辛基艺术和设计博物馆时的服务体验。请回答如下问题。

**该问卷中的所有信息将严格保密！**

| 1. 到达该博物馆是否很容易？ | □是 | | □否 | | |
|---|---|---|---|---|---|
| 2. 该博物馆的开放时间是否合适？ | □是 | | □否 | | |
| 3. 你是单独还是与他人一起来博物馆参观？ | □单独 | | □与他人一起 共几人：_____ | | |

4. 你是如何得知本次展览活动的：（从下面的选项中选择，可选多项）

  □报纸　　　　　□互联网
  □杂志　　　　　□朋友或亲戚介绍
  □旅行指导　　　□路边广告
  □收音机　　　　□其他（请注明）：_____

5. 你来博物馆是为参观

  □外交胸饰
  □葡萄酒—上帝的甘露
  □圣十字架
  □常规展览
  □所有展览

| 6. 你是否使用了如下设施？ | □咖啡馆 | | □礼品店 | | □休息室 |
|---|---|---|---|---|---|
| 7. 你在该博物馆参观了多长时间？ | | | 小时 | | |

| 8. 购票 | 强烈反对 | 反对 | 无法判断 | 赞同 | 完全赞同 |
|---|---|---|---|---|---|
| a. 很容易就能看到票价 | 1 | 2 | 3 | 4 | 5 |
| b. 票价是物有所值的 | 1 | 2 | 3 | 4 | 5 |
| c. 你不喜欢在排队买票时等太长时间 | 1 | 2 | 3 | 4 | 5 |
| d. 你愿意通过电话或互联网提前买票 | 1 | 2 | 3 | 4 | 5 |
| 9. 信息 | 强烈反对 | 反对 | 无法判断 | 赞同 | 完全赞同 |
| a. 指示牌清楚地指明了展览的位置 | 1 | 2 | 3 | 4 | 5 |

图 6-5 赫尔辛基艺术设计博物馆步行穿越调查

| | | | | | |
|---|---|---|---|---|---|
| b. 到达展览现场后，你能找到有关本次展览的足够信息 | 1 | 2 | 3 | 4 | 5 |
| c. 提供信息的方式符合你的语言习惯 | 1 | 2 | 3 | 4 | 5 |
| d. 可以享受到向导服务 | 1 | 2 | 3 | 4 | 5 |
| e. 展览物信息充足 | 1 | 2 | 3 | 4 | 5 |
| f. 关于展览物的说明非常清楚 | 1 | 2 | 3 | 4 | 5 |
| g. 你喜欢看各种媒体所提供的解释 | 1 | 2 | 3 | 4 | 5 |
| h. 你希望使用自助参观指导器材，如磁带播放器 | 1 | 2 | 3 | 4 | 5 |
| i. 你希望获得展览物创造过程的更详细的信息 | 1 | 2 | 3 | 4 | 5 |
| j. 你希望在参观期间学到更多的知识 | 1 | 2 | 3 | 4 | 5 |
| k. 很容易就可以从工作人员那里得到其他信息 | 1 | 2 | 3 | 4 | 5 |
| l. 为你提供帮助的员工非常友好 | 1 | 2 | 3 | 4 | 5 |

| 10. 经历 | 强烈反对 | 反对 | 无法判断 | 赞同 | 完全赞同 |
|---|---|---|---|---|---|
| a. 参观展览的路径非常清晰 | 1 | 2 | 3 | 4 | 5 |
| b. 展览室有足够的空间供游客来回走动 | 1 | 2 | 3 | 4 | 5 |
| c. 光线充足 | 1 | 2 | 3 | 4 | 5 |
| d. 播放着令人愉快的背景音乐 | 1 | 2 | 3 | 4 | 5 |
| e. 背景声音令人愉快 | 1 | 2 | 3 | 4 | 5 |
| f. 不同展览物间有充足的间隔 | 1 | 2 | 3 | 4 | 5 |
| g. 有充足的机会与展览物进行接触 | 1 | 2 | 3 | 4 | 5 |
| h. 摸到的、闻到的、听到的一切都使参观经历非常难忘 | 1 | 2 | 3 | 4 | 5 |
| i. 你也喜欢触摸这些展览物 | 1 | 2 | 3 | 4 | 5 |

| 11. 设施 | 强烈反对 | 反对 | 无法判断 | 赞同 | 完全赞同 |
|---|---|---|---|---|---|
| a. 有关于各类设施的清晰指示 | 1 | 2 | 3 | 4 | 5 |
| b. 洗手间易于到达 | 1 | 2 | 3 | 4 | 5 |
| c. 洗手间很干净 | 1 | 2 | 3 | 4 | 5 |
| d. 食物鲜美 | 1 | 2 | 3 | 4 | 5 |
| e. 食物和饮料种类齐全 | 1 | 2 | 3 | 4 | 5 |
| f. 食物价格物有所值 | 1 | 2 | 3 | 4 | 5 |
| g. 在餐馆中应允许抽烟 | 1 | 2 | 3 | 4 | 5 |
| h. 所供选择的礼品（包括书籍）能满足你的需求 | 1 | 2 | 3 | 4 | 5 |
| i. 礼品价格物有所值 | 1 | 2 | 3 | 4 | 5 |

| 12. 满意 | 强烈反对 | 反对 | 无法判断 | 赞同 | 完全赞同 |
|---|---|---|---|---|---|
| a. 这里的服务满足了你的需求 | 1 | 2 | 3 | 4 | 5 |
| b. 我认为这里的服务总体来说非常优秀 | 1 | 2 | 3 | 4 | 5 |
| c. 我可能还会来该博物馆参观 | 1 | 2 | 3 | 4 | 5 |
| d. 我会向我的朋友推荐该博物馆 | 1 | 2 | 3 | 4 | 5 |
| e. 我们是否可以改进服务以更好地满足你的预期 | 1 | 2 | 3 | 4 | 5 |

13. 评论

_____

图 6-5 （续）

资料来源：Prepared by Eivor Biese, Lauren Dwyre, Mikes Koulianos, and Tina Hyvonen under the supervision of Professor James A. Fitzsimmons.

### 1. 设计步行穿越调查

设计 WtA 的第一步是准备顾客与服务系统交互的流程图。赫尔辛基艺术设计博物馆的 WtA（如图 6-5 所示）分为五个主要的服务交付流程（比如票务、信息、体验、设施和满意度）。在每一部分中，都有一些陈述是关于顾客可能提出的意见（例如，标识清楚地说明了展品的地点）。这些陈述必须用陈述句而不是疑问句来表达。李克特五点量表用于衡量顾客的感知（1 = 非常不同意，5 = 非常同意）。正如图 6-5 中 WtA 所阐述的，管理人员感兴趣的其他问题也包括在内，例如，"您从哪里得知该事件"以衡量广告的有效性。评论的最后一部分可以提供问题中没有涵盖的顾客的想法。为了避免让顾客不堪重负，WtA 应该打印为连续两页。

WtA 可以通过多种方式进行管理（例如，邮件、电话面试、当面），但最有效的方法是在服务结束后立即当面进行调查。回访时奖励顾客礼券或礼金将大大提高参与度。调查设计上的问题，如样本容量和根据顾客的类型对样本分层，应该考虑进去。

### 2. 步行穿越调查是一种诊断性工具

步行穿越调查是评估顾客和管理者对服务交付系统感知上差距的一种有用的诊断工具。顾客不像管理者那样经常到服务现场来，所以他们对细微的变化（如剥落的油漆和用旧的地毯）更加敏感，而管理者每天都会看到这些设施，可能就会忽视支持设施的逐渐老化。顾客服务的质量也可能恶化，而服务人员和管理者可能察觉不到。

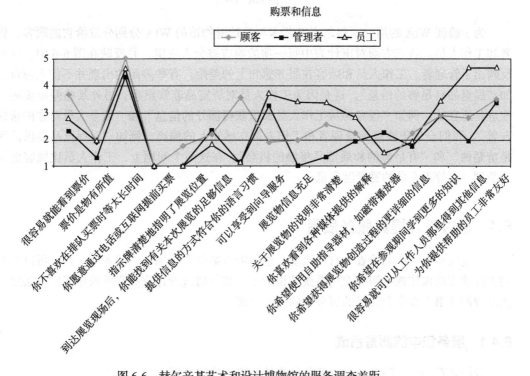

图 6-6　赫尔辛基艺术和设计博物馆的服务调查差距

资料来源：Prepared by Eivor Biese, Lauren Dwyre, Mikes Koulianos, and Tina Hyvonen under the supervision of Proffessor James A. Fitzsimmons.

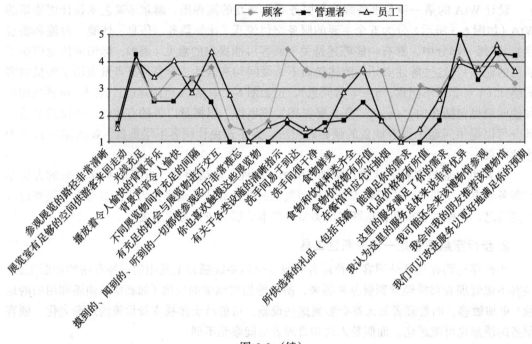

图 6-6 （续）

为了验证 WtA 的用处，赫尔辛基艺术与设计博物馆的 WtA 分别分发给它的顾客、管理者和工作人员。这三方面对审计表中每一项的响应被分入三组，并反映在图 6-6 中。这个图反映出了管理者、工作人员和顾客在服务感知上的差距。有些差距的出现并不使人惊奇，比如"展览品有足够的信息"，这是因为工作人员对展览品非常熟悉。另外某些差距说明一些改进是适宜的，例如"很容易从工作人员那里获得额外的信息"和"服务人员对你的帮助很友善"。我们会乐于注意到管理者和工作人员在感知上的偏离，例如"对展览品提供的解释是清楚的"和"有足够的和展览品接触的机会"，在这两个问题上，工作人员比顾客更加表示赞同，而管理人员的赞同度最低。

## 6.4 通过设计提高服务质量

质量既不能在产品检查中自动改变，也不能以某种方式加入，服务也一样，所以对质量的关注首先应该体现在服务交付系统的设计上。如何通过设计提高服务质量呢？方法之一是借助我们在第 1 章中介绍过的服务包的五个方面。

### 6.4.1 服务包中的质量合成

我们来看一个采用全面成本领先战略的经济型旅馆的例子。

（1）配套设施。从建筑学上讲，建筑物应设计成由各种不需维护的材料构成，如水泥块。自动喷淋系统给场地浇水；各房间独立使用的空调，使空调和供热系统分散化，以确保任何一个失灵时仅影响一个房间。

（2）辅助物品（或商品）。房间家具易于清洁且耐用（为方便打扫地毯，把床头柜从墙边移开），使用能随意放置的塑料杯来代替价格贵、需要洗刷的玻璃杯，否则就会模糊"经济型"的形象。

（3）信息。一台在线电脑可以跟踪顾客订单、预订、登记的过程。保留顾客的历史信息可以提高之后顾客办理入住手续的速度，避免账单错误，同时预测顾客需求（如无烟房）。这样的系统允许顾客快速办理付账手续，并在客房闲置时自动通知客服清理房间。入账时间的确定可以允许酒店更早安排客房服务，并先于竞争对手统计闲置房间。

（4）显性服务。训练服务员用标准化的方式打扫和整理房间。每个房间有同样的外观，包括窗帘这样的细节。

（5）隐性服务。聘用相貌端正和有良好人际关系技巧的人员做服务台的前台职员。进行标准作业程序训练，确保同等地对待每一位顾客。

表 6-2 说明了经济型酒店是如何利用这些设计特征来构建一个与设计要求保持一致的质量体系的。这种方法是基于质量就是"与要求相一致"的定义。这个例子说明，用可测量的方法清楚地定义是什么构成了需求的一致性是很必要的。质量被视为一项行动导向的活动，当不一致发生时需要有矫正的方法。

表 6-2　经济型旅店的质量要求

| 服务包特征 | 要求 | 测量方法 | 不一致时的矫正行动 |
| --- | --- | --- | --- |
| 配套设施 | 建筑外观 | 无漆片脱落 | 重新粉刷 |
| | 地面 | 绿地 | 浇水 |
| | 空调和供暖 | 温度保持在 68°F（上下波动 2°F） | 修理或更换 |
| 辅助物品（或商品） | 电视机 | 白天接收清楚 | 修理或更换 |
| | 香皂 | 每床两块 | 提供 |
| | 冰块 | 每间房一满罐 | 加满 |
| 信息 | 顾客喜好 | 完全的 | 升级 |
| | 房间清洁 | 地毯无污渍 | 清洗 |
| 显性服务 | 游泳池里的水是洁净的 | 池底的标识清晰可见 | 更换滤芯并检查化学药剂 |
| | 房间外观 | 窗帘拉至 3 英尺宽 | 指导服务员 |
| 隐性服务 | 安全 | 周边所有灯光良好 | 更换坏的灯泡 |
| | 良好的气氛 | 对每一位顾客说"祝您今日愉快" | 指导服务台职员 |
| | 等候回房 | 没有顾客需等候 | 检查房间打扫时间表 |

### 6.4.2　田口式方法

经济型酒店的例子讲述了田口式方法的应用，这种方法是以田口的名字命名的。田口倡导产品要"超强设计"，以保证在不利的条件下，产品具有适当的功能。[5] 其基本观点是：对一个顾客而言，产品质量最有力的证明是当它被滥用时的表现。比如，电话机的设计要比要求得更耐用，因为它会被不止一次地从桌上拉下来。在经济型旅店的例子中，建筑由水泥块构成并使用耐用的家具。

田口也将超强概念用于制造过程（比如，能够承受环境的变化）。比如在奶糖制造中，重新设计奶糖配方，使之更柔软、更耐揉，并对烘烤的高温不敏感。同样，经济型旅店使用在线电脑，自动提醒服务员在房间没人的时候去清扫。让服务员标出哪一个房间可以打扫，使这一工作在全天任何时候都可以进行，从而避免了突然闯入有客人的房间而引起的质量下降。

田口认为，通过专注于特定目标，而不仅仅是在目标规格的可接受范围内满足性能，可以最好地实现产品质量。图 6-7 中的顾客成本函数表明，在顾客接受范围内与目标性能水平的任何偏差都被指定为零成本（下限和上限之间的性能）。然而，使用田口二次成本函数，内部成本是在偏离绩效目标的基础上分配的；也就是说，低质量的内部成本是通过偏离目标的平方来衡量的。

以我们的经济型酒店为例，如果我们使用房间等待时间的性能指标（目标为零分钟），我们仅使用图 6-7 的右半部分，因为顾客等待不能小于零。上限可以设置为等待时间，该等待时间将导致顾客离开，其成本等于放弃的收入（例如，20 分钟的上限将转换为 69 美元，一个房间的成本为一晚）。

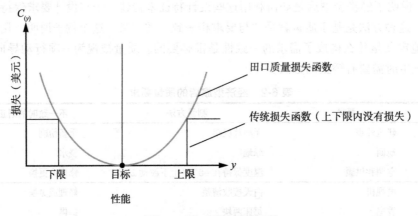

图 6-7 田口质量成本函数

相应的田口二次成本函数将使用对数 $[a = \log C(y) / \log(y)]$，形式为 $C(y) = y^a$，求解 $[C(y) = 69, y = 20]$ 的交集，产生二次成本函数 $C(y) = y^{1.414}$ 以测量内部质量成本。成本罚款可以作为前台员工的一种激励措施，以避免顾客在办理登记手续时出现延误。这解释了对经济型酒店使用的标准操作程序（SOP）的关注，以促进对客人的统一待遇和空出房间的便利准备。

### 6.4.3 Poka-Yoke（故障保护）

新乡重夫（Shigeo Shingo）坚信，通过低成本的过程质量控制机制和员工在工作中采用的日常工作程序，可以在不需要昂贵的检查的情况下达到高质量。他注意到，发生错误不是由于员工不合格，而是因为他们注意力不集中或工作被打断。他倡导采用 poka-yoke 方法，可被直译为"傻瓜也会做"的方法。poka-yoke 方法使用避免工人出错的检查表或手册。[6] 正如蔡斯和斯图尔特注意到并在表 6-3 中总结的那样，服务错误不仅来源于服务者，也来源于顾客。因此，poka-yoke 方法必须强调这两种来源。[7]

服务提供商的错误可分为三类：任务、处理和有形物。麦当劳餐厅使用炸薯条勺来测量一致的土豆供应，这是一个 poka-yoke 任务，它也提高了清洁度，因此提高了服务的隐含质量。银行发明了一种新型的 poka-yoke 处理工具，要求出纳员将顾客眼睛的颜色记录在核对表上，确保在交易开始时他们和顾客有目光接触。一个 poka-yoke 有形物工具的例子是，在员工休息室安放一面镜子以提醒回到顾客区的员工注意仪表。微软 Outlook 软件的自动拼写检查功能也保证直到错误被校正后才将电子邮件发出去（例如，cam 和 can）。

由于顾客在服务交付中扮演了一个积极的角色，他们也要努力避免犯错误。这些错误分为三类：准备、接触和结果。坐落在加拿大多伦多市的苏第斯医院只对疝气手术进行预先准备。所有的潜在病人都要填写一份全面的医疗调查表，这是一种准备 poka-yoke 工具，以确保苏第斯的医疗条件是合适的。一些接触 poka-yoke 工具很不显眼，例如在赛马中使用高度栏以确保骑手超过高度限制。结果 poka-yoke 工具可以在结束服务时对顾客的行为进行塑造，例如快餐店策略性地在出口处设置托盘回收处和垃圾箱。

表 6-3　服务失败的分类

| 服务者错误 | 顾客错误 |
|---|---|
| **任务：** | **准备：** |
| • 不正确地做工作 | • 没有携带必要材料 |
| • 做不需要的工作 | • 错误理解在交易中的角色 |
| • 按照错误的顺序工作 | • 没有从事正确的服务 |
| • 工作速度太慢 | |
| **处理：** | **接触：** |
| • 理解顾客错误 | • 没有记住步骤 |
| • 聆听顾客失败 | • 没有依据系统流程 |
| • 反应不适当 | • 没有充分说明期望 |
| | • 没有理解说明 |
| **有形物：** | **结果：** |
| • 工具不整洁 | • 没有注意服务失败 |
| • 制服不清洁 | • 没有从实践中学习 |
| • 控制环境因素失败 | • 没有调整期望 |
| • 没有校对文件 | • 没有进行接触后活动 |

通过有形的设计来控制员工和顾客的判断力是一种重要的避免错误的抢先战略。因为对管理者而言，干涉服务过程或强加一个质量评估体系是很困难的（如检查和考核）。限制行使判断和具体的 poka-yoke 方法为无错误的服务提供了便利。观察一下这些设计特征如何在没有丝毫强迫的暗示下规范服务行动是非常有意思的，就好像很多人在使用微软的 Word 时所经历的，当你敲入一个错误的键后会听到"嘟"的一声。

### 6.4.4　质量机能展开

为在产品设计阶段提供顾客投入，日本人开发出一种称为"质量机能展开"（QFD）的过程，并被丰田汽车公司及其供应商广泛采用。利用这个过程，可以为特定的产品提出一个将顾客需求与工程特点相联系的矩阵，即质量屋。简言之，质量机能展开的中心思想是，产品应该依据顾客的期望和偏好来设计。因此，市场营销、设计、工程和制造职能必须有机地结合在一起。质量屋为将顾客满意度转化为可识别和可测量的产品与服务设计规范提供了框架。[8]

尽管 QFD 是为产品规划而开发的，但如案例 6-1 所示，它也适用于服务交付系统的设计。

## ⊙ 例 6-1

### 沃尔沃村的质量机能展开

回忆一下第 2 章讲过的沃尔沃村的案例。沃尔沃村是一家专门从事沃尔沃汽车维修并与其他沃尔沃经销商竞争相独立。沃尔沃村决定通过与其他沃尔沃经销商的服务交付系统的比较来评估自身的服务交付系统，识别可改进其竞争地位的领域。所采取的步骤包括实施质量机能展开项目和构建质量屋。

（1）确立项目目标。在这个例子中，项目的目标是沃尔沃村的竞争地位。在第一次构思新服务系统时，也可以使用 QFD。

（2）确定顾客期望。在项目目标的基础上，确定要满足的顾客群体并决定他们的期望。对沃尔沃村来说，目标顾客是那些需要非例行修理的沃尔沃车主（本例不包括例行保养），可以通过面谈、小组访谈或调查问卷来了解顾客期望。在图 6-8 中，这些是质量屋矩阵的行。在更加复杂的 QFD 项目中，顾客期望被分解成基本的、次级的和更详尽的三级水平，如可靠性的基本期望可以进一步细化为第二级水平的精确性和第三级水平的正确诊断问题。

（3）描述服务要素。质量屋矩阵的列包括了管理者能操纵的、用来满足顾客期望的服务要素。对于沃尔沃村，我们选择了训练、态度、能力、信息和设备。

（4）标出服务要素间的相关强度。质量屋的屋顶用来表示每对服务要素之间的相关强度。我们标注了相关强度的三种水平：*= 强、·= 中等、Ø = 弱。可以预期，我们在训练和态度之间标注了强相关。标注这些要素间的相关性可以为改进服务质量提供有用的支点。

（5）标出顾客期望与服务要素间的联系。矩阵的主体包括 0～9 之间的数字，表示某种服务要素与对应的顾客期望间的联系强度（9 表示非常强的联系）。这些数字由项目小组共同讨论，根据不同的服务要素影响公司满足不同顾客期望的能力来决定。

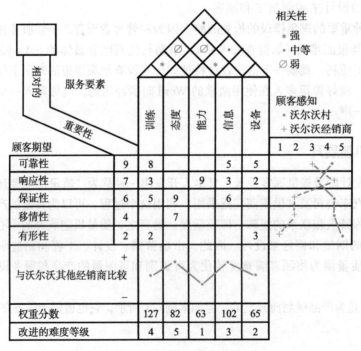

图 6-8 沃尔沃村质量屋

（6）赋予服务要素权重。这一步主要衡量顾客评价服务要素的重要性。质量屋的烟囱部分列出了每一种顾客期望的权重。权重范围为 1~9，表示顾客认为他们的每一期望的重要性，这些数字可由顾客调查来确定。用顾客期望的权重乘以矩阵主体中的相关强度，在每项要素下标出该要素的加权得分。例如，训练要素加权分计算如下：

$$(9)(8)+(7)(3)+(6)(5)+(4)(0)+(2)(2)=127$$

加权分被填入质量屋的基座部分，代表每一服务要素对满足顾客需求的重要性的衡量指标。对得出的结果应小心对待，因为它们有赖于对权重和相关强度不确定的估计。

（7）服务要素改进的困难等级。质量屋的最底层是改进每一服务要素的困难等级，1 表示最困难。能力和设备是最高等级，因为它们对资本的需求大。这个练习表明，即使某服务要素用户给了一个高等级，公司也有可能无法提供这样的服务。

（8）评估竞争者。为了比较顾客对其他经销商的服务感知和对沃尔沃村的感知，对沃尔沃经销商的服务进行了一项调查。调查结果（针对同时接受过双方服务的顾客）使用 5 分制评分，画在矩阵右边。基于对经销商的了解（可能来自于技师），将对每一服务要素的相对水平的比较（+，−）画在矩阵下方。这些信息将用来评估沃尔沃村的竞争优势及劣势。

（9）战略评估和目标的设定。从完成的质量屋，沃尔沃村将看到它与其他经销商相比的战略优势和劣势。除了响应性外，顾客对其他方面都满意。但必须小心看待这个结果，因为整个结果来源于对沃尔沃村的顾客调查，与其他经销商服务要素的比较和加权分仅指出了在服务中可能的改进方向。在态度和信息方面，沃尔沃村处于领先地位，但是在能力训练和设备上暴露出某些问题。训练得到最高加权分，意味着第一批投资目标应是训练。另外，这样也就找到了支点，因为从强到弱，训练与态度、能力和设备都有关。最后，对训练而言，改进困难等级在五个中仅排到第四。

## 6.5 实现服务质量

对顾客而言，在接受服务以前很难评估服务。我们已经注意到，服务是无形的，并且在生产的同时就被消费。这对服务管理者提出了挑战。因为与制造过程不同，在顾客和员工之间插入质量检查环节是不可取的。

### 6.5.1 质量成本

"购物者当心"，这样的话已经过时。美国的公司在 20 世纪 80 年代末和 90 年代初发现，不近人情的服务、有缺陷的产品和不守信用都会付出代价。一个非常明显的例子是 2008 年金融危机后银行支付的巨额罚款。质量低劣会导致 Chipotle 在经历因污染的沙拉配料而发生中毒事件之后损失许多市场份额。向顾客不恰当地交叉销售产品这种不道德的行为可能破坏富国银行的声誉。

产品可以被退回、更换或修理，但是，一个没有得到良好服务的顾客会做出什么反应呢？诉诸法律！没有服务可以免于起诉。例如，拉斯维加斯饭店，因为顾客在房间中遭到袭击时没能提供有效的安全防范而被起诉。一位提供申报所得税税单的服务人员如果不了解或无视国内税务局的规则和条例而少报税的话，将被处以每张申报单 500 美元的罚金。

一位著名的质量专家约瑟夫·M. 朱兰（Joseph M. Juran）曾倡导建立质量成本会计系统，使高层管理者认识到强调质量的必要性。[9] 他识别出四类成本：内部失败成本（在装运前发现的缺陷），外部失败成本（装运后发现的缺陷），检查成本（检查购买的原料和在生产过程中的检查），预防成本（在第一地点阻止缺陷产生）。朱兰发现，在大多数制造企业中，内部及外部失败成本占总质量成本的 50%~80%。因此，为使总质量成本最少，他倡导应更多地关注预防——在预防上投入 1 美元，可以减少 100 美元的检查成本和 10 000 美元的失败成本。

在表 6-4 中，我们将朱兰的质量成本系统用于银行服务中。在预防成本一行，招聘和选择服务人员被视为避免质量不良的方法。识别人们的态度和人际技巧，有利于招聘到那些具有天然直觉的人，这种直觉对更好地为顾客服务是必要的。检查包括在检查成本一行中，但它通常只在后台的服务活动中执行。因为对顾客而言，服务是一种经历，所以任何失败都会成为顾客向他人诉说的故事。服务管理者必须认识到，不满意的顾客不仅会转向他处，还会向他人诉说他们不愉快的经历。这会造成未来业务的严重损失。

**表 6-4 服务质量成本**

| 成本项 | 定义 | 以银行为例 |
|---|---|---|
| 预防成本 | 与避免失败发生或检查成本最小化有关的活动和工作的费用 | 质量计划<br>招聘和选择<br>培训项目<br>质量改进计划 |
| 检查成本 | 检查服务状况，确定是否符合质量标准所发生的费用 | 定期检查<br>过程控制<br>检查、平衡、证实<br>搜集质量数据 |
| 内部失败成本 | 在交付前改正不符合标准的工作所发生的费用 | 废弃的表格和报告<br>返工<br>机器停机时间 |
| 外部失败成本 | 在交付后改正不符合标准的工作所发生的费用 | 利息惩罚的赔付<br>调查时间<br>法律的评判<br>负面的口碑<br>未来业务损失 |

资料来源：Adapted from C.A. Aubry and D.A. Zimbler, "The Banking Industry: Quality Costs and Improvement," *Quality Progress*, December 1983, pp.16-20.

### 6.5.2 统计过程控制

服务绩效常通过关键指标来判断。例如，一所高中的教育质量可以通过学生的教育能力测试（SAT）得分来衡量；警察局遏制犯罪计划的有效性可通过犯罪率来确认；银行出纳员的工作绩效可以通过每天结账的准确性来判断。

当服务过程的绩效达不到预期水平时应该怎么办？通常来讲，需要开展调研以识别问题的原因并提供纠正方案。但是，绩效的变化可能是由随机事件引起的，或没有明确原因。决策者要探明服务质量下降的真正原因并避免与不良服务相关的成本损失。另一方面，应尽量避免对良好系统做不必要的改动。如表 6-5 中显示的那样，在控制质量中有两类风险。这些风险根据受损害一方来命名。如果系统运行正常而被认为失控时，这时发生 I 类错误，即生产者风险；如果系统运行不正常而被认为正常，这时发生 II 类错误，即顾客风险。

表 6-5　质量控制决策风险

| 服务真实状况 | 质量控制决策 | |
| --- | --- | --- |
| | 采取纠正措施 | 不采取措施 |
| 过程在控制中 | 第 I 类风险（生产者风险） | 正确决策 |
| 过程失控 | 正确决策 | 第 II 类风险（顾客风险） |

统计过程控制是使用控制图来监控过程性能测量，该测量指示何时需要干预。称为"控制图"的视觉显示用于绘制性能测量值（例如，救护车响应时间）随时间的平均值变化，以确定过程是否保持在控制中（即，性能均值和方差未改变）。图 6-9 中显示了用于监控救护车反应时间的 $\overline{X}$ – 控制图。这是日常绘制的平均反应时间图，可以用来监控那些不正常的与标准偏离的情况。当测量值落于控制限外，高于控制上限（UCL）或低于控制下限（LCL）时，就认为过程失控了。这时，需要关注系统。以急救为例，前 7 天所有观测均值都呈现预期值，处于控制内，而到了第 10 天，观察值超出了 UCL，是不太正常的现象，需要进行根源分析。

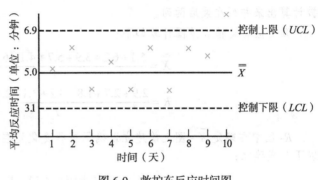

图 6-9　救护车反应时间图

构建控制图与确定样本平均值的置信区间相似。回忆一下统计学，根据中心极限定理，样本平均值趋向正态分布（虽然统计量的分布可以是任何形式的，但其平均值服从于正态分布）。我们从标准正态分布表中可知，正态分布的 99.7% 落在 3 倍标准差之内。使用具有代表性的历史数据可以确定一些系统绩效的平均值和标准差。这些参数被用来构建绩效测量平均值的 99.7% 的置信区间。我们希望，将来随机搜集的样本均值落在这个置信区间内。如果没有落在这个区间，我们可断言，过程变化了，真实的平均值移动了。

构建和使用质量控制图的步骤概述如下：

（1）决定服务系统绩效的测量方法。

（2）搜集有代表性的历史数据来计算总体平均值、系统绩效测量方差。

（3）决定样本大小，使用总体平均值和方差计算 3 倍标准差的控制限。

（4）将控制图绘制成样本平均值时间的函数。

（5）标出随机搜集的样本平均值，并按下列方式说明结果：

　　1）过程在控制中（样本平均值落于控制限内）。

　　2）过程失控（样本平均值落于控制限外或连续 7 个点落于平均值一侧），此时：

　　　　① 评估现状；

　　　　② 采取矫正措施；

　　　　③ 检查行动结果。

（6）定期更新控制图，并且加入最新数据。

根据绩效测量方式的种类将控制图分为两类。变量控制图（$\overline{X}$ - 图和 R- 图），如案例 6-2

所示，记录允许测量值为小数，如长度、宽度和时间。控制图（$p$-图）的特征是记录离散的数据，如缺陷数和以百分比表示的错误数，如案例 6-3 所示。

## ⊙ 例 6-2

### 变量控制图（$\overline{X}$-图和 $R$-图）

$\overline{X}$-图的目的是发现一种连续变量在流程平均值中的变化（例如救护车的响应时间）。用于连续变量的 $R$-图测量流程的离散程度。表 6-6 包括了一辆救护车具有代表性的 7 天的反应时间的历史数据。四次电话应答会在任何一天的任意时间发起，可能在早班、中班、晚班和夜晚的任一班。每一天的平均应答（依据 4 个观察样本）和范围（即最高值和最低值之差）被计算出来并列在最后两列。

预计应答均值和范围计算如下：

$$\overline{\overline{X}} = \frac{5.1+6.2+3.9+5.7+4.1+6.1+4.3}{7} = 5.0$$

$$\overline{R} = \frac{2.9+2.7+1.8+3.2+3.1+2.0+2.8}{7} = 2.6$$

$R$-图常在确定 $\overline{X}$-图之前建立以确保流程变化处在控制中。用于范围的控制图可以通过以下公式建立：

$$控制上限(UCL) = D_4\overline{R} \tag{6-1}$$

$$控制下限(LCL) = D_3\overline{R} \tag{6-2}$$

式中，$\overline{R}$ 表示总体全距；$D_4$ 表示从表 6-7 中根据样本大小 $n$ 查得的 $UCL$ 值；$D_3$ 表示从表 6-7 中根据样本大小 $n$ 查得的 $LCL$ 值。

#### 表 6-6 救护车的响应时间（分钟）

| 天 | 1 | 2 | 3 | 4 | 5 | 6 | 7 |
|---|---|---|---|---|---|---|---|
| 上午 | 3.6 | 4.5 | 2.9 | 7.1 | 4.3 | 6.7 | 2.8 |
| 中午 | 5.2 | 6.3 | 4.7 | 6.2 | 2.8 | 5.8 | 5.6 |
| 下午 | 6.5 | 7.2 | 3.8 | 3.9 | 5.9 | 6.9 | 3.8 |
| 晚上 | 4.9 | 6.9 | 4.3 | 5.6 | 3.2 | 4.9 | 4.9 |
| $\overline{X}$ | 5.1 | 6.2 | 3.9 | 5.7 | 4.1 | 6.1 | 4.3 |
| 范围 | 2.9 | 2.7 | 1.8 | 3.2 | 3.1 | 2.0 | 2.8 |

在救护车案例中，使用表 6-7 中的数据计算样本数为 4 的全距控制限：

$$UCL = D_4\overline{R} = 2.282 \times 2.6 = 6.0$$

$$LCL = D_3\overline{R} = 0 \times 2.6 = 0$$

由于在表 6-6 最后一列的所有范围值落入 $R$-图的 7 天 $UCL$ 和 $LCL$ 区间，因此流程的变化性得到了控制，并且我们能够开始创建 $\overline{X}$-图。

用于计算控制极限的 $\overline{X}$-图的恰当公式，用表 6-7 中的 $A_2$ 和 $\overline{R}$ 作为控制流程离散的测量。

$$UCL = \overline{\overline{X}} + A_2\overline{R} \tag{6-3}$$

$$LCL = \overline{\overline{X}} - A_2 \overline{R} \tag{6-4}$$

对 4 个样本的控制极限计算如下：

$$UCL = \overline{\overline{X}} + A_2 \overline{R} = 5.0 + 0.729 \times 2.6 = 6.9$$

$$LCL = \overline{\overline{X}} - A_2 \overline{R} = 5.0 - 0.729 \times 2.6 = 3.1$$

图 6-9 显示了救护车响应时间的 $\overline{X}$-图，$\overline{\overline{X}}$（$\overline{X}$ 平均值）=5.0，UCL=6.9，LCL=3.1。表 6-6 中前 7 天的样品 $\overline{X}$ 平均值在表中列出，明确地描述了本周的表现，以在开始使用控制图之前，明确该流程是受到控制的。从前 7 天中可以看出，所有的观察结果落入 UCL 和 LCL 区间，因为该流程得到了控制。但在第 10 天，样品平均值超过了 UCL。因此，系统需要给予关注。假定我们的救护车样本代表了佛罗里达罗德岱堡市的数据，春假时早上 8 点开始上班，则延长的海滩游能够解释较长的应答时间。救护车春假期间在海滩的重新定位也许可以改进其表现。

表 6-7　变量控制图常数

| 样本容量 | $\overline{X}$-图 | R-图 | | 样本容量 | $\overline{X}$-图 | R-图 | |
|---|---|---|---|---|---|---|---|
| n | $A_2$ | $D_3$ | $D_4$ | n | $A_2$ | $D_3$ | $D_4$ |
| 2 | 1.880 | 0 | 3.267 | 10 | 0.308 | 0.223 | 1.777 |
| 3 | 1.023 | 0 | 2.574 | 12 | 0.266 | 0.283 | 1.717 |
| 4 | 0.729 | 0 | 2.282 | 14 | 0.235 | 0.328 | 1.672 |
| 5 | 0.577 | 0 | 2.114 | 16 | 0.212 | 0.363 | 1.637 |
| 6 | 0.483 | 0 | 2.004 | 18 | 0.194 | 0.391 | 1.608 |
| 7 | 0.419 | 0.076 | 1.924 | 20 | 0.180 | 0.415 | 1.585 |
| 8 | 0.373 | 0.136 | 1.864 | 22 | 0.167 | 0.434 | 1.566 |
| 9 | 0.337 | 0.184 | 1.816 | 24 | 0.157 | 0.451 | 1.548 |

资料来源：引自费城美国测试与材料协会 1976 年版 ASTM *Manual on Presentation of Data and Control Chart Analysis* 的表 27。

## ⊙ 例 6-3

### 特性控制图（p-图）

在有些情况下，系统绩效被划分为"好"或"坏"，但重要的是较差绩效的百分比。例如，邮局中一个机械化分拣设备的操作员必须读包裹上的邮政编码，根据这个编码在城市中的位置，用传送带将包裹送到合适路线的卡车上。根据以往记录，熟练操作员的出错率约是 5%，用小数表示为 0.05。管理者想设计一个控制图来监控操作员，以确定不能胜任的人。使用式（6-5）和式（6-6）来构建百分比图（p-图）。应熟悉以下这些公式，因为它们代表百分比图的 ±3 个标准差的置信区间。

$$UCL = \overline{p} + 3 \sqrt{\frac{\overline{p}(1-\overline{p})}{n}} \tag{6-5}$$

$$LCL = \overline{p} - 3 \sqrt{\frac{\overline{p}(1-\overline{p})}{n}} \tag{6-6}$$

式中，$\sqrt{\dfrac{\overline{p}\left(1-\overline{p}\right)}{n}}$ 表示百分比标准差；$\overline{p}$ 为总体百分比；$n$ 表示样本数。

用式（6-5）和式（6-6）并从发运卡车中随机抽取 100 个包裹样本，计算分拣员的 $p$- 图控制限。注意，如果计算出的控制下限是负数，将 $LCL$ 取 0。

$$UCL = 0.05 + 3\sqrt{\frac{0.05 \times 0.95}{100}} = 0.05 + 3 \times 0.0218 = 0.1154 \approx 0.11$$

$$LCL = 0.05 - 3\sqrt{\frac{0.05 \times 0.95}{100}} = 0.05 - 3 \times 0.0218 = -0.0154 \left[\text{取}0\right]$$

图 6-10 表示这位分拣员的 $p$- 图。已知这个新人有 9 天试用经历，你能判断这个人适合分拣工作吗？

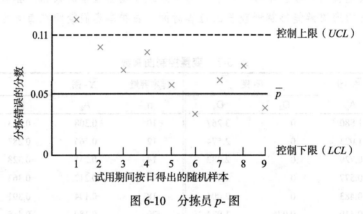

图 6-10 分拣员 $p$- 图

### 6.5.3 无条件服务保证 [10]

无论何时，当你购买一件产品时，都希望有质量保证书。可是对服务的保证呢？不可能！事情不是这样。根据克里斯托弗·哈特（Christopher Hart）的观点，服务保证是存在的，如图 6-11 所示，它具有五个重要特征：

（1）无条件。顾客满意是无条件的，没有例外的。L. L. Bean，缅因州的一家邮购商行，无条件接受退货并提供更换、退款和信用。

（2）容易理解和沟通。顾客应以可测量的方式明确地知道他们能从保证中得到什么。比如，Bennigan 承诺：如果午餐在 15 分钟内没有送上，晚餐可免费得到一个菜。

（3）有意义。对顾客而言，金钱上和服务上的保证是重要的。达美乐比萨店保证：如果下单后 30 分钟还未送到，顾客可少交 3 美元而不是得到一份免费比萨。因为对顾客而言，他们更希望得到折扣。

**Seller's Realty Group**

Seller's Realty Group 坚信我们的服务是一流的，我们以无条件的保证自豪地支持我们的服务。

本保证允许您在任何时候以任何理由取消您的上市协议。

在收到您取消我们协议的请求后，我们将在一个工作日内把您的房屋从我们所有的市场营销和多重上市服务以及草坪标志中移除。

图 6-11 Seller's Realty Group 无条件服务保证

资料来源：经 Selle's Realty Group 许可使用。

（4）容易实行。不满意的顾客不应为填写表格或写信要求担保而烦恼。城市旅行是花旗银行的一项服务，它保证机票价格最低，否则退还多收款。要确认较低的价格和获得退款，所要做的只是给代理处打个免费电话。

（5）容易调用。最好的保证是当场解决问题，像达美乐比萨店和 Bennigan 所做的那样。

服务保证有显著的市场需求。但重要的是，通过设定质量标准，服务保证能为一个行业重新定义服务的含义，如联邦快递对小包裹隔夜送到的保证。服务保证在下述几方面促进了组织效率：

（1）关注顾客。服务保证使公司必须明确顾客的需求。英国航空公司在对旅客的一项调查中发现，旅客根据四个方面判断它的服务质量：关心和关注、主动性、问题解决和做错事时改正，后者出乎航空公司意料。

（2）设立明确的标准。一项对顾客具体的、有雄心的保证也为组织设定了明确的标准。联邦快递保证"上午 10:30 前绝对送到"，确定了全体员工的职责。

（3）保证的反馈。接受保证的顾客可以为评估质量提供有价值的信息。现在，不满意的顾客有动机来抱怨并引起管理者的注意。一家名为 Manpower 的临时工代理商，采取主动的办法，在次日打电话给顾客，取得顾客是否满意的反馈。

（4）促进对服务交付系统的理解。在做出保证之前，管理者必须确定系统中可能失败的地方和可控制的限制因素。Burger Bug Killers 是佛罗里达一家除虫服务公司，只有在顾客采用推荐的设施改良（如密封门窗阻止昆虫进入）后，他们才提供保证或接受工作。联邦快递采用中心辐射网来确认所有包裹在晚上被送到孟菲斯贮存，并在每天夜里空运走，以确保包裹在次日上午 10:30 前送到。

（5）建立顾客忠诚。服务保证降低了顾客风险，使期望更加明确，留住了因不满意而转向竞争对手的顾客，巩固了市场占有率。

### 6.5.4　质量开发阶段

在本节中，我们研究了服务质量最重要的问题。服务组织中的质量保证的某些方面可能同时发生，但是以系统的方式查看开发是有用的。图 6-12 所示的服务质量阶梯总结了质量开发的渐进步骤。检查显示为第一个梯级，因为组织通常从这里开始首次尝试解决质量问题（例如，清洁后检查酒店房间）。质量机能展开（quality function deployment）显示为顶级，因为质量应被视为必须纳入服务交付流程设计的基本顾客需求。

## 6.6　服务补救

即使企业非常关注服务质量，也还是会出现服务失败。这时候企业应该怎么办？表 6-8 包含了一些对不满意顾客的统计数据，它告诉我们：尽快解决服务

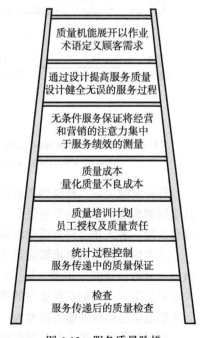

质量机能展开以作业
术语定义顾客需求

通过设计提高服务质量
设计健全无误的服务过程

无条件服务保证将经营
和营销的注意力集中
于服务绩效的测量

质量成本
量化质量不良成本

质量培训计划
员工授权及质量责任

统计过程控制
服务传递中的质量保证

检查
服务传递后的质量检查

图 6-12　服务质量阶梯

失败是建立顾客忠诚的重要途径。因为顾客参与服务交付过程，一位经过训练的、灵活的员工可以采用服务补救技术将一位潜在的不满意顾客变为一位忠实顾客。

通过授权一线员工"将事情做对"，可以将服务失败转化为服务惊喜。例如，当一架满载焦急旅客的飞机因一些小的机械故障而晚点时，在飞机上提供免费饮料是有利的。更多的"英雄式"的努力已传为佳话，比如联邦快递的员工雇用一架直升机修复在暴风雪中被压坏的电话线的故事。与那些可能出现的、不利的小道消息相比，完成这种补救的费用简直是九牛一毛，况且传颂的是一个关于员工如何多跑几英里路来满足一位顾客的动人故事。训练员工的服务补救技术是防止失去顾客和"坏的口碑"的第一道防线。

**表 6-8 顾客反馈和口碑**

- 通常，在对产品和服务不满意的顾客中只有 4% 会直接对公司讲。在 96% 的不抱怨的顾客中，25% 有严重问题
- 抱怨的 4% 顾客比不抱怨的 96% 顾客更可能继续购买
- 如果问题得到解决，那些抱怨的顾客中有 60% 会继续购买。如果尽快解决，这一比例将上升到 95%
- 不满意的顾客将把他们的经历告诉 10~20 人
- 抱怨被解决的顾客会向 5 个人讲他的经历

图 6-13 中的服务补救框架是以 Club Med 为例，它是一个涵盖一切服务的度假胜地，其顾客只须充分放松和享受。但是，天气是一个不可控的变量，暴风雪可能会毁掉人们在海滩上晒太阳的期望。

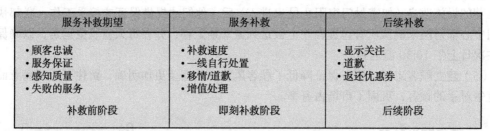

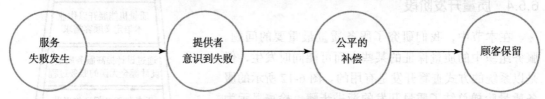

图 6-13　服务补救阶段

资料来源：Adapted from Janis L. Miller, Christopher W. Craighead, and Kirk R. Karwan, "Service Recovery: A Framework and Empirical Investigation," *Journal of Operations Management* 18, 2000, p. 388.

服务失败之后，在提供者意识到问题之前发生的补救前阶段中，顾客的服务补救期望由几个因素构成：失败的严重性，以前的服务质量体验，顾客忠诚度和服务保证。在天空中形成乌云时，客人知道户外活动将被取消，于是他们希望 Club Med 有其他活动计划。

立即恢复阶段就要求酒店员工在恶劣的天气条件下主动为客人提供愉快的体验。服务补救的质量取决于几个因素：员工的同理心，适当的反应，补救的速度和一线的自由裁量权。关于对恶劣天气的创造性反应的故事比比皆是，例如组织团体游戏和舞台表演。工作人员为客人创造难忘体验的能力被称为"Club Med 魔术"。

在后续阶段，客人会收到假期的照片和小饰品，并且在严重的情况下，可以享受回访的

折扣。由于顾客受到关注，良好的服务补救可以留住顾客并提高忠诚度。

### 6.6.1　服务补救的方法 [11]

服务补救有四种基本的方法：逐件处理、系统响应、早期干预和替代服务补救法。

（1）逐件处理法强调顾客的投诉各不相同。这种方法容易执行且成本较低，但是它也具有随意性。例如，最固执或者最好斗的投诉者经常会得到比通情达理的投诉者更令人满意的答复。这种方法的随意性会产生不公平感。

（2）系统响应法使用规定来处理顾客投诉。由于采用了识别关键失败点和优先选择适当补救标准这一计划性方法，它比逐件处理法更加可靠。只要响应规定不断更新，这种方法就非常有益，因为它提供了一致和及时的响应。

（3）早期干预法是系统响应法的另一项内容，它试图在影响顾客以前干预和解决服务流程问题。例如，一名发货人发现由于卡车故障影响了出货，他就可以马上通知顾客，在必要时顾客可以采取其他方案。

（4）替代服务补救法通过提供替代服务进行服务补救，从而利用竞争者的错误去赢得其顾客。有时，处于竞争中的企业会支持这种做法。例如，在一家超额预订酒店的工作人员将顾客送到与其竞争的酒店。如果对手可以提供及时和优质的服务，它就可以利用这个机会。由于竞争者的服务失败通常是保密的，因此这种方法实行起来比较困难。

## ⊙ 服务标杆

### Bronson 教会医院

Bronson 教会医院（Bronson Methodist Hospital，BMH）是密歇根西南部的一家地区性医院，相对于大多数公立医院胜出一筹。鲍德里奇国家质量项目如此评价，美国健康和人类服务部门也这样评价，HealthGrade 公司这家国家主导健康等级评定的公司也这样评价，美国医院协会也这样评价，财富杂志也这样评价，最重要的是，它的病人们也这样评价。

这家革新的医院结合了多个愿景：提供出色的健康关怀，其护理哲学和三个企业战略（卓越的临床诊疗、高运营效率和优秀的顾客服务），使其在健康关怀交付上成为国家性的行业样本。在不同的质量标准测量下，Bronson 一直被视为健康关怀机构的"最佳实践"。例如，该医院受评为国家的 5 星等级，很大可能是因为其心脏病发作和臀部替代的医疗实践。

一项民意投票报告指出，在住院病人、门诊病人外科和化验上，病人对相关调查的 97% 的服务感到满意。这种显著的成就是致力于病人需要的多种努力的结果：门诊外科、出院后的电话回访、病灶小组、社区服务、由 BMH 的管理者和病人关系小组成员进行的巡房，以及对员工支持的明确承诺。

BMH 保持了顾客服务标准和期望程序，其阐述了每位员工为每位病人提供卓越关怀的个人义务。员工被视作颇有价值的资源。例如，该医院有一个正式的计划以开发和保留其劳动力，其中包括支持为员工开展的持续教育和奖励给员工子女的高级教育奖学金的战略。员工还会收到有偿福利，如个人讲授、信息治疗、戒烟和减肥计划。该医院的员工支持文化已经显著地降低了员工周转率，例如，在最近的一次报告上，注册护士的空闲职位比国家最佳实践少了一半。

除了提供卓越的医疗关怀，Bronson 也将其承诺融入其环境和社区。医院员工自愿花费相当多的时间满足社区健康需求服务，并且，该医院还因其减少浪费和污染而获得了环境主导奖。

资料来源：http://www.quality.nist.gov/PDF_files/Bronson_Profile.pdf; http://100tophospitals.com/top-national-hospitals/; http://www.bronsonhealth.com/AboutUs/page5345.

### 6.6.2 投诉处理原则 [12]

顾客投诉应该被视为一份礼物。投诉的顾客愿意花费时间而使一家公司意识到一个缺陷是因为他对此公司在意。因而公司必须抓住这个机会，不要局限于满足该顾客的要求，而要和某些人建立一种关系，使他们成为该公司的拥护者。投诉处理原则应该包含在对所有接触顾客的员工进行培训的过程中。投诉处理原则应该包括以下特点：

- 把每一条投诉都视为礼物。
- 我们欢迎投诉。
- 我们鼓励顾客投诉。
- 我们让投诉更方便。
- 我们快速处理投诉。
- 我们以公平的方式对待投诉。
- 我们授权我们的员工处理投诉。
- 我们有友好的顾客和员工系统处理投诉。
- 我们对较好处理投诉的员工予以奖励。
- 我们记录投诉并且从中学习。

## 本章小结

在开始讨论服务质量问题时，我们指出：顾客是服务价值的最终裁判。市场营销研究人员识别出顾客评价服务质量的五个方面，顾客在这些方面做出自己的判断。这种判断是基于顾客对服务的预期与对实际传递服务的感知所做的比较。然后，我们考察了顾客期望与实际感知不一致时出现的几种差距。

然后，我们转向服务质量测量问题。在各种服务中，步行穿越调查和 SERVQUAL 是测量质量常用的两种方法。

我们介绍了质量设计的必要性，还分析了田口的超强设计概念、poka-yoke 失败－安全战略，以及在设计质量时使顾客要求具体化的质量机能展开方法。

质量成本分为失败成本、检查成本和预防成本三类。为在服务中避免高的失败成本，我们介绍了统计过程控制的应用。

最后，由于切实存在服务失败，我们考察了服务补救和无条件保证的概念。

## 关键术语

**控制表**（control chart）：具有控制上限和控制下限的图表，周期性地绘制样本均值，以便在过程失控时直观显示。

**poka-yoke**：一个"防犯错误"的设备

或清单，以帮助员工避免错误。

**质量机能展开**（quality function deployment）：构建一个"质量屋"并将顾客需求纳入服务流程设计的过程。

**服务补救**（service recovery）：将不满意顾客转化为忠诚顾客。

**SERVQUAL**：用于测量服务质量差距的顾客调查工具。

**统计过程控制**（statistical process control）：使用控制图来监控过程性能测量，该测量指示何时需要干预。

**田口方法**（Taguchi methods）：服务流程设计的方法，确保"强势"或在不利条件下运作的能力。

**无条件服务保证**（unconditional service guarantee）：公司为顾客提供的服务保证。

**步行穿越调查**（walk-through audit）：一项面向过程的调查，针对顾客、雇员和经理，用来评估顾客服务体验的感知。

## 讨论题

1. 服务质量的五个维度与产品质量有何不同？
2. 为什么测量服务质量如此困难？
3. 阐明你选择的服务的质量成本中的四个组成部分。
4. 为什么服务公司不愿意提供服务保证？
5. 如何从服务失败中恢复并获得顾客的喜爱？

## 互动练习

将班级分成多个小组。每个小组成员分享一下自己经历的最差的服务体验和最佳服务体验，并讨论有关服务质量的知识。

## 例题

### 1. 变量控制图（$\overline{X}$- 图和 R- 图）
**问题陈述**

为了提高工作效率，Resort International 公司制定了电话接线员与度假者共同制定旅游安排的时间标准。为确定平均时间和全距控制及建立控制图，公司搜集了接线员与顾客通话时间的数据。下表记录了在具有代表性的一周内，每天观察一次每个接线员接听顾客电话所用的时间，以分钟为单位。第五行包含每天的平均值（$\overline{X}$），最后一行包含每天的全距（最高与最低之差）值（例如，周一最长时间是 14 分，最短是 5 分，全距是 9 分）。

| 职员 | 周一 | 周二 | 周三 | 周四 | 周五 |
|---|---|---|---|---|---|
| 爱丽丝 | 5 | 11 | 12 | 13 | 10 |
| 比尔 | 6 | 5 | 12 | 10 | 13 |
| 贾尼斯 | 14 | 13 | 10 | 9 | 9 |
| 迈克 | 8 | 6 | 9 | 12 | 14 |
| 平均值 | 8.25 | 8.75 | 10.75 | 11 | 11.5 |
| 全距 | 9 | 8 | 3 | 4 | 5 |

**解答**

第一步，用 5 天的样本结果，计算总体平均值和全距。

$$\overline{\overline{X}} = (8.25+8.75+10.75+11.0+11.5)/5 = 10.05$$
$$\overline{R} = (9+8+3+4+5)/5 = 5.8$$

第二步，当每天对每个接线员接听电话随机取样 4 次时，使用式（6-1）和式（6-2）计算 R- 图的控制限。为了方便起见，选取样本为 4。

$$UCL = D_4\overline{R} = (2.282)(5.8) = 13.2$$
$$LCL = D_3\overline{R} = (0)(5.8) = 0$$

第三步，使用式（6-3）和式（6-4），建立 $\overline{X}$- 图，为这些大小为 4 的样本建立接听时间的全距控制限。

$$UCL = \overline{\overline{X}} + A_2\overline{R} = 10.05 + (0.729)(5.8) = 14.28$$
$$LCL = \overline{\overline{X}} - A_2\overline{R} = 10.05 - (0.729)(5.8) = 5.82$$

绘制平均接听时间图，该接听时间基

于每天对每位接线员的接听时间随机记录 4 次，用于考察每位接线员的绩效。如果接线员的平均接听时间落于控制限外，就需要解释原因。如果平均值高出控制上限（UCL），预订用时过长，这将导致低效；如果平均时间落于控制下限（LCL）下，接线员介绍得太简短，给顾客以不负责任的感觉。

### 2. 特性控制图（p- 图）
#### 问题陈述

一家地方航空公司关注航班正点率。孟菲斯中心一周中每天都有 20 架航班。公司记录了前 10 天的正点班次：17、16、18、19、16、15、20、17、18、16。用 p- 图来检测每日正点率情况。

**解答：**

第一步，计算正点率的期望值，用 10 天的正点航班总和除以 10 天总航班数：

$$\overline{p} = \frac{(17+16+18+19+16+15+20+17+18+16)}{(10)(20)} = 0.86$$

第二步，使用式（6-5）和式（6-6）确定样本大小为 7 的控制限：

$$UCL = \overline{p} + 3\sqrt{\frac{\overline{p}(1-\overline{p})}{n}} = 0.86 + 3\sqrt{\frac{0.86(1-0.86)}{20}} = 0.86 + 3 \times 0.078 = 1.09 \text{[设为1]}$$
$$LCL = \overline{p} - 3\sqrt{\frac{\overline{p}(1-\overline{p})}{n}} = 0.86 - 3\sqrt{\frac{0.86(1-0.86)}{20}} = 0.86 - 3 \times 0.078 = 0.63$$

在 p- 图的例子中，单侧限制被设为等于极值（UCL=1.00 或 LCL=0.0）。本例中，计算出每周平均正点率，当这一比率低于 63% 时（20 班中超过 7 班误点），应采取行动，调查出现异常的原因。

## 练习题

1. 在例 6-1 中，沃尔沃村要测试 QFD 行动结果对顾客期望权重变化的敏感性。设顾客期望权重相等（如 5），重新计算加权得分。这种变化会改变先前做出的关注培训的结论吗？

2. 在例 6-2 中，假定救护车监督员决定将每天抽取的反应时间样本增加一倍，即抽取 8 次。计算变化后 $\overline{X}$- 图的控制上限和下限。如果在某周记录得到如下的日平均反应时间：5.2、6.4、6.2、5.8、5.7、6.3 和 5.6，你会进行干涉吗？

3. 在某汽车旅馆，收拾床铺的时间应在认可的时间范围内。选取 4 名服务员，每天在 3 种不同场合观察她们收拾床铺的时间，并记录如下：

| 服务员 | 服务时间 | | |
|---|---|---|---|
| | 样本 1 | 样本 2 | 样本 3 |
| 安娜 | 120 | 90 | 150 |
| 琳达 | 130 | 110 | 140 |
| 玛丽 | 200 | 180 | 175 |
| 米切尔 | 165 | 155 | 140 |

① 求样本大小为 4 的 $\overline{X}$- 图及 $R$- 图的控制上限和下限。

② 建立控制图后，记录 4 次观察到的时间为 185、150、192、178，单位为秒。请问是否需要采取纠偏行动。

4. Diners Delight 连锁餐馆的管理者正在为服务员接待顾客的时间制定质量控制图。管理者认为，为提高服务质量，接待顾客的时间应控制在一定范围内。选取 6 名服务员，分 4 次观察他们接待顾客的时间，确定他们的活动。记录接待顾客所用时间如下：

| 服务员 | 服务时间 | | | |
|---|---|---|---|---|
| | 样本 1 | 样本 2 | 样本 3 | 样本 4 |
| 1 | 200 | 150 | 175 | 90 |
| 2 | 120 | 85 | 105 | 75 |
| 3 | 83 | 93 | 130 | 150 |
| 4 | 68 | 150 | 145 | 175 |
| 5 | 110 | 90 | 75 | 105 |
| 6 | 115 | 65 | 115 | 125 |

① 求样本大小为 6 的 $\overline{X}$- 图及 $R$- 图的控制上下限。

② 绘出控制图后，观察 6 个人的活动，记录接待顾客所用的时间，以秒计 6 人分别为：180、125、110、98、156、190。请问需要采取改进措施吗？

5. 对本职工作熟悉后，例 6-3 中的分拣员现在平均分拣 100 个包裹仅有 2 起地址错误。请为熟练的分拣员绘制 $p$- 图。

6. 最近，Gotham 城警察局收到一些关于城市街道塞车事件的抱怨。抱怨将交通停滞的原因归结为信号灯缺乏时间的一致性。信号灯由主计算机系统控制，调整这个程序将花费巨大。因此，在没有明确的证据

之前，控制员不愿意改变现状。在过去一年里，警察局已经搜集了 1 000 个十字路口的数据，数据按月编辑，列于下表：

| 月份 | 塞车事件 |
|---|---|
| 1 | 14 |
| 2 | 18 |
| 3 | 14 |
| 4 | 12 |
| 5 | 16 |
| 6 | 8 |
| 7 | 19 |
| 8 | 12 |
| 9 | 14 |
| 10 | 7 |
| 11 | 10 |
| 12 | 18 |

① 根据数据，画出 $p$- 图。

② 在后面的三个月内，这 1 000 个路口塞车事件记录如下，是否应该调整系统？

| 月份 | 塞车事件 |
|---|---|
| 1 | 15 |
| 2 | 9 |
| 3 | 11 |

7. Speedway 临床实验室是一所专业血液检测机构，它接收当地医院和诊所的样品。血液经过几道自动检测，中心计算机负责读取和储存检测样品的信息并打印检测结果。管理者非常关心所提供的服务质量，想建立质量控制限作为衡量检验质量的方法。这项管理活动十分重要，因为错误的检验结果会导致医生诊断错误，诊断错误会危及患者的生命。因此，每天随机抽取 100 个检测过的血样，重新进行人工检测，结果如下：

| 天 | 分析错误 | 天 | 分析错误 |
|---|---|---|---|
| 1 | 8 | 6 | 2 |
| 2 | 3 | 7 | 9 |
| 3 | 1 | 8 | 6 |
| 4 | 0 | 9 | 3 |
| 5 | 4 | 10 | 1 |

(续)

| 天 | 分析错误 | 天 | 分析错误 |
|---|---|---|---|
| 11 | 4 | 16 | 1 |
| 12 | 6 | 17 | 0 |
| 13 | 5 | 18 | 6 |
| 14 | 10 | 19 | 3 |
| 15 | 2 | 20 | 2 |

① 建立 p- 图，评价上述服务的质量。

② 平均而言，每百个样品中检验错误的期望数量是多少？

③ 稍后，另外抽取 100 个样品，经过准确检验发现 10 个样品分析错误。你对这一服务质量有什么评价？

8. Long Life 保险公司的销售人员要把购买保险申请单送到公司，并接受如何向新顾客推销保险的训练。在收到申请后，用计算机处理申请，只要不与公司政策抵触，计算机可以随时运行并打印所需信息。公司关注销售人员所接受训练的准确性，并且当员工表现低于某个标准后，公司会将他们召回重新训练。从特定市场中选取 5 个，每个市场抽取 20 份申请表，检查结果如下：

① 求样本大小为 20 的 p- 图的控制上下限。

② 建立控制限后，取样发现 4 份申请有错，我们能得出什么结论？

| 样本 | 有误的申请表 |
|---|---|
| 1 | 2 |
| 2 | 2 |
| 3 | 1 |
| 4 | 3 |
| 5 | 2 |

## 案例 6-1　　　Clean Sweep 公司

Clean Sweep 公司（CSI）从事保洁服务，承包办公场所的清洁任务。虽然与主要的竞争对手相比，Clean Sweep 不算是一家大公司，但 CSI 却有几份为州政府机关服务的主要合同。为了进入保洁行业并生存下去，CSI 采取了少雇员、高质量、快速反应的战略。目前，管理者觉得 CSI 拥有比竞争对手效率更高的员工。管理者承认，这一因素是公司成功的关键。所以，保持员工的高效率是至关重要的。

公司将员工分为 4 组，每组有 1 名组长和 6~9 名成员。所有成员都在组长的直接指挥下工作。

在州政府众多的办公楼中，有 9 座纳入了 CSI 的服务合同。表 6-9 中给出了为保持成员间工作量平衡所做的清扫分配方案（以平方英尺⊖/人计）。

表 6-9　工作分配表

| 小组 | 成员人数① | 办公楼安排及面积（平方英尺） | 总面积（平方英尺） |
|---|---|---|---|
| 1 | 6 | A 楼 30 000, C 楼 45 000, F 楼 35 000 | 110 000 |
| 2 | 8 | B 楼东侧 95 000, H 楼 55 000 | 150 000 |
| 3 | 9 | B 楼西侧 95 000, G 楼 85 000 | 180 000 |
| 4 | 8 | D 楼 40 000, E 楼 75 000, I 楼 42 000 | 157 000 |

① 排除小组组长。

人员的日常工作包括完成下列任务，不分重要顺序：①吸扫铺有地毯的地面；②倒垃圾桶并将垃圾放入工业垃圾车内；③擦干、擦亮大理石地面；④打扫休息室；⑤打扫快餐区；⑥擦去办公桌上的尘土。

每人每天工作 8.5 小时，包括 30 分钟的无薪午餐时间和两个 15 分钟的有薪休息时间。经组长同意，每个人可在一定范围

---

⊖　1 平方英尺 =0.093 平方米。

内选择休息及午餐时间。第 2 组和第 3 组的组长最严厉，第 1 组和第 4 组的组长不太严厉。

CSI 的管理者清楚地知道，州政府的一个部门定期抽查服务合同的执行情况并评估 CSI 的工作。这个部门也经常收到办公人员对于服务公司的抱怨。表 6-10 是在 CSI 合同期内每月的评估和收到的抱怨数。几个月后，CSI 要进行续签合同的谈判，公司管理者打算在剩下的几个月内保持高水平的服务来加强其竞争的地位。

表 6-10　对清洁小组的抱怨及评估

| 月份 | 大楼 | | | | | | | | | |
|---|---|---|---|---|---|---|---|---|---|---|
| | A | B 楼东侧 | B 楼西侧 | C | D | E | F | G | H | I |
| 1 | 2 | 5 | 7 | 3 | 2 | 3 | 2 | 4 | 3 | 4 |
| | 7 | 5 | 3 | 6 | 7 | 5 | 6 | 5 | 4 | 5 |
| 2 | 1 | 6 | 8 | 2 | 1 | 1 | 2 | 3 | 2 | 5 |
| | 7 | 5 | 3 | 6 | 6 | 5 | 6 | 5 | 5 | 4 |
| 3 | 0 | 6 | 8 | 1 | 0 | 0 | 2 | 4 | 0 | 1 |
| | 8 | 5 | 4 | 6 | 8 | 5 | 6 | 6 | 6 | 7 |
| 4 | 1 | 5 | 4 | 1 | 0 | 1 | 1 | 4 | 1 | 3 |
| | 7 | 5 | 5 | 8 | 8 | 6 | 7 | 5 | 6 | 6 |
| 5 | 1 | 3 | 2 | 2 | 0 | 1 | 1 | 3 | 1 | 2 |
| | 6 | 6 | 6 | 7 | 8 | 6 | 7 | 5 | 6 | 6 |
| 6 | 2 | 5 | 3 | 0 | 1 | 0 | 0 | 2 | 1 | 0 |
| | 7 | 6 | 6 | 7 | 7 | 8 | 6 | 5 | 5 | 7 |
| 7 | 0 | 4 | 2 | 1 | 0 | 0 | 0 | 0 | 0 | 1 |
| | 8 | 7 | 7 | 6 | 6 | 8 | 8 | 6 | 7 | 7 |
| 8 | 1 | 2 | 4 | 2 | 1 | 0 | 1 | 2 | 1 | 1 |
| | 6 | 6 | 5 | 7 | 7 | 8 | 7 | 5 | 6 | 7 |
| 9 | 1 | 2 | 4 | 1 | 1 | 0 | 1 | 1 | 3 | 0 |
| | 7 | 5 | 5 | 6 | 7 | 8 | 6 | 5 | 5 | 8 |

注：月份对应的第一行为每月收到的抱怨数；第二行为每月评估得分，10 分制，低于 5 分表示感觉很差，高于 8 分表示良好。

**问题**

1. 绘制抱怨的 $\overline{X}$ - 图和 $R$- 图，标出 9 个月间每座楼对每组的平均抱怨。同样，画出评估的 $\overline{X}$ - 图。这种分析暴露出 CSI 小组服务质量的什么问题？

2. 讨论改进服务质量的可能方法。

3. 提出减少 CSI 员工问题的一些潜在战略。

**案例 6-2**　　　　　　　　　　　　抱怨信

有部分问题是通过服务过程中服务人员与顾客之间的直接沟通来解决的。但是，有时候顾客在遇到不满后，会直接向高层经理提出意见并进行更详细的反馈。

**抱怨信**

1986 年 10 月 13 日

123 号大街波士顿，马萨诸塞州

Gail and Harvey Pearson

Foliage Pond 退休公寓

Vacationland，新罕布什尔州

亲爱的皮尔逊太太、皮尔逊先生：

　　这是我第一次写这样的信，但我和太太被你们的服务人员弄得心烦意乱，以致我们不得不让你们知道都发生了些什么事。我们以我妻子的名字，伊莱恩·洛林医生，在退休公寓预订了 10 月 11 日星期六的 4 人晚宴。我们准备宴请我的内弟夫妇，他们从佐治亚州的亚特兰大来探访我们。

　　晚上 7 点，我们在前台左边的餐厅就座。这时餐厅里至少有 4 张空桌。服务员先给我们送来了菜单、酒单、冰水、餐巾和黄油。我们一直坐了 15 分钟才有鸡尾酒服务员问我们喝什么酒。我内弟的太太说："我要一杯加橄榄的伏特加马爹利。"服务员随即答道："我又不是速记员。"我内弟的太太又重复了一遍。

　　不久，侍者来了，告诉我们晚上的特别要求。我没有记住他的名字，但他戴着眼镜，有点矮胖，袖子卷到了胳膊上。大约10 分钟后，他又回来了，可这时我们的饮料还没有到。我们还没定下来要什么主菜，可是点了点儿开胃酒。他回答我们，没有定下主菜前不能点开胃酒。于是我们决定不要开胃酒了。我们的饮料送来了，侍者又回去了。

　　7:30 我们点了主菜。当侍者请我妻子点菜时称她为"年轻的女士"，当他为她布菜时又叫她"亲爱的"。

　　7:50 时，我们要求尽快将沙拉端上来。接下来我要求侍者的助手再为我们拿些餐巾纸来（当我们就座时曾送过一次）。她问道："谁要餐巾纸？"四下看着，我们一桌人挨个回答"要"或"不要"，这样她可以准确知道要送多少餐巾纸来。

　　7:55，我们的沙拉送来了。8:25，我们要求上主菜。8:30，主菜端了上来，这时距我们进入餐厅已经 1.5 个小时了。在这段时间里，餐厅有 1/3 的空位。我还不得不多次要求添水、换黄油等。

　　公正地讲，菜不错，餐厅气氛愉快。即使这样，晚餐简直是个灾难。我们感到被这段经历烦恼和侮辱了。你们的雇员没有受过良好的训练，他们太粗鲁了，没有一点儿礼貌和风度。这些与你们试图营造的气氛和你们餐厅的收费格格不入。现在我想让你们知道我们的感觉，首要的就是尽快离开。过去很多次，我们曾盼望把在退休公寓进餐作为在新罕布什尔度周末的一部分。

　　我们很难再去你们的餐厅了。请相信，我会将我们的经历告诉我们的家人、朋友和商业伙伴。

**忠诚的威廉·E. 洛林医生**

---

　　经验告诉我们，抱怨信会受到各方关注。一些信会引起公司快速而主动的回应，一些信则没有回音。在这个案例中，餐馆对抱怨信的反应是：

**餐馆的回信**

Foliage Pond 退休公寓
Vacationland，新罕布什尔州
1986 年 11 月 15 日

威廉·E. 洛林医生
123 号大街
波士顿，马萨诸塞

亲爱的洛林医生：

我和我的丈夫因为我们的餐馆发生的这件不愉快的事而苦恼。我们非常感谢您花时间和精力将最近在这里发生的事告诉我们。我十分理解和同情您的感受，并愿意将这里的有关情况向您介绍一下。

在过去的四五年间，中北部湖泊地区因极低的失业率和由此导致的可悲的劳动力储备而臭名昭著。今年，本地区的商业界发现这种局面已恶化到非常危险的地步。获得充分的帮助、能力或其他什么已变得几乎不可能！在这个季初，我们预计问题会多起来，我们试图多招些人，但没有成功。在本地，即使没有推荐信，人们也可以随时随地找到工作，而且不会因为缺乏能力而被解雇，因为根本没人能替代他们。本地的雇员对这种情况了如指掌并将此作为他们的资本。您可以想象，这种态度在雇员中的流行和它对雇主的打击，特别是对像我们这些努力保持高标准的雇主。不幸的是，我们不能选择我们所需要的人，再加上高的离职率，适当的训练不仅是花费不菲的，更重要的是，在这个时候根本无法进行。

很不凑巧，您在退休公寓用餐的那天，10 月 11 日，是传统上一年中最繁忙的晚上之一。虽然在您就座时还有不少空桌，尽管事实至少有 4 名服务员在这个重要时刻没能很好地服务，也没能提醒我们注意，但我向您保证，那天晚上我们接待了 150 名顾客。如果他们能将这个情况告诉我们，我们就可以限制预订的人数，从而将损害减少到最低限度。但是这种损害发生了，我们、我们的顾客以及努力弥补这一切的员工都不得不忍受超乎寻常的服务延迟。

您接受服务的有关人员已经被解雇。劳动力状况从没有像现在这样糟糕。如果您能在当时就将情况告诉我们，会对我们有更实际的帮助——那将比我们在事后讨论给员工留下更长久的印象。现在我们正处于相对平静的时期，使我们有时间来适当地培训新人，我们希望是更好的新人。

请相信，我们和您一样强烈地感到，那个晚上的服务是无法接受的，并且没有达到我们的正常水准。我们希望能防止此类事情的再次发生。但实际上，必须清楚地认识到，即使在最好的餐馆，也会有不好的事情出现。相信我，这样说并不是因为我们不关心和不重视。

您提到我们的价格。恕我直言，如果您比较一下，您就会发现：我们的价格仅是大多数城市和人们常去的地区、同样烹饪水平和气氛的餐馆中您愿意支付价格的一半。我们设定的这个价格是为了同本地区的其他餐馆竞争，尽管大多数餐馆无法提供与我们相同质量的食物和气氛，当然更无法超过我们。我希望这个解释（不能误认为是借口）能说明一些问题，并希望您能接受我们对您及您的朋友所遭受到的不愉快所表示的深深遗憾和歉意。如果有一天您能光临我们的餐馆，使我们有机会为您提供其他顾客在此所享受到的快乐和满意的用餐经历，我们将深感高兴。

**忠诚的盖尔·皮尔逊**

## 问题

1. 简述洛林医生信中的抱怨和赞扬。

2. 评论盖尔·皮尔逊给洛林医生的回信。信函的优缺点是什么？

3. 从盖尔·皮尔逊的角度准备一封更好的回信。

4. 从这个事件看，盖尔·皮尔逊将采取哪些进一步的行动？

## 案例6-3　　艺术与设计博物馆 [13]

艺术与设计博物馆是位于芬兰赫尔辛基市中心的一家小型的私人博物馆。它建于19世纪，是一座漂亮的三层小楼，曾经是一所学校。博物馆擅长设计和工艺，成立于20世纪初，其最初的目的在于教育大众有关设计的知识。50年代芬兰式设计大行其道，博物馆即聚焦在芬兰式设计上。然而，近来博物馆变得更加注重外部视野，并经常组织国际展览。该博物馆的主旋律纵贯过去和未来。

该博物馆生产自己的展品，也邀请芬兰及国外其他博物馆的展品参展。它每年力争展出3～4个拳头展品，另外也为一些小的展品和自己的私人收藏提供一些空间。博物馆有一个私人的咖啡店和隶属于博物馆基金会的礼品店。博物馆的顾客包括专业设计人员和施工人员，典型的参观者是中年女性，但是随着博物馆日益增强的文化重点，它也吸引了范围更加广阔的参观者。近来，随着博物馆建筑所经历的重大革新，它的新常务董事聘请了一位沟通经理。博物馆以前从没有设置过从事公共关系的人员，这一年的广告费用等是其过去20年的总和。博物馆为了提高其知名度所做的新努力使其参观者的纪录超过了100 000人，在芬兰1 000家博物馆中只有5家吸引过这么多人来参观。

博物馆是由其基金会私人拥有的，但是它预算的60%来自于政府的资金，预算的40%来自于经营收入。除了入场券的销售收入外，其他的收入来自于咖啡店、礼品店和与博物馆组织展出的展览品有关的活动。例如，有关酒的讲座和品酒晚会的召开与其举办的酒展览会相联系。博物馆还拥有一个被称为"博物馆朋友"的紧密的社会关系网，它们为博物馆购买私人收藏品提供资金。博物馆主要的竞争来自于专业博物馆：设计论坛、设计博物馆大学和芬兰国家博物馆，后者要在赫尔辛基市开办一个人种学博物馆。

### 步行穿越调查

对该博物馆的步行穿越调查由赫尔辛基经济与管理学院的MBA学生们进行。步行穿越调查是从顾客体验的角度评价服务的问卷调查。同样的调查也用于管理者和工作人员，目的是发现管理者和顾客之间在感知上的差距。步行穿越调查是一种用于发现在服务交付过程中顾客感知上的差异的诊断工具。

测试团队访问了博物馆4名工作人员，然后生成了一份提供给参观者填写的问卷。32位参观者回答了问卷，其结果如本章图6-5所示。博物馆的管理者和与参观者接触的工作人员（初级导游）也填写了问卷，在回答时他们将自己看作参观者。测试团队对结果进行了统计分析，发现了博物馆工作人员（包括管理者和与参观者接触的工作人员）对服务的感知和顾客感知之间的差距。

## 差距分析

根据问卷调查的情况，测试团队将博物馆工作人员和顾客感知上的差距分为数类。差距涉及参观者如何得知展品、信息和体验，参观者是否单独前来，以及辅助设施。差距情况在图6-6中已经给出了。

### 1. 对展品的了解

参观者主要是从报纸上得到有关展品的信息，也有的是口耳相传。管理者原认为报纸对参观者得到信息起的作用较小，但是他们对杂志影响的认识是正确的。管理者将口头消息和无线电广播的重要性高估了。

### 2. 信息

两种有关信息的差距也被发现了。第一个差距与博物馆管理者以及服务接触人员有关，他们相信参观者对自身的服务非常了解。他们认为自己是顾客易获得的信息源，然而参观者并不这样认为。这个差距的存在可能是由于与顾客接触的管理者没有感知到顾客发现问题并要和他们交流。

关于第二个差距，管理者在清晰度的评价、信息的准确性和展品的解释上更加严格，而顾客在这些方面更加积极。参观者似乎对自助的设备没有什么兴趣（如耳机），而博物馆的工作人员则认为拥有这些设备是有必要的。他们可能认为参观者更偏爱人性化的接触。

### 3. 体验

顾客欣赏多维的展览，如音乐，然而管理者低估了顾客注意到和欣赏这些维度的程度。与顾客接触的工作人员比管理者更加能够接触到顾客关于展览间隔的看法。无论是参观者，还是博物馆工作人员，都对试验新

的具有更多交互作用和演示过程的体验不以为然，如那些包含感觉的体验。可能这是由于对这些类型的交互作用还不熟悉。

### 4. 参观者习惯

博物馆工作人员认为参观者大都独自前来，实际上并非如此，大量的参观者是两人或三人结伴而来。他们在参观者对展览品兴趣上的感知也与实际有所差异，尽管管理者认为参观者会参观所有的展品，但是实际上只有38%的人这样做，其他的参观者一般只到主要展厅之一去参观，并不在其他展品上花费时间。不变的展品吸引的顾客数目最小（只有13%，并且包括3名外国游客）。不难总结出每一件展品吸引着不同的参观者。

### 5. 设施

参观者对设施的看法比博物馆的管理者和工作人员更加满意，对食品的质量、可选择的礼品、指示服务、休息室的整洁程度尤其满意。可能顾客对这些的期望并没有管理者和工作人员认为的那样高。

### 6. 语言

从博物馆的管理者和与顾客接触的工作人员所获取的信息看来，大部分顾客是芬兰和瑞典人。在对32位参观者的调查中发现，只有3个人不讲当地语言，因此大部分人不认为语言是一个问题。但是在夏季的旅游季节，博物馆将面对更多的参观者，这时可能会发现只提供芬兰语和瑞典语颇有局限性。

### 问题

1. 对步行穿越调查差距分析进行评论。对差距是否还有别的解释？
2. 对缩小在步行穿越调查中发现的差距提出建议。

参考文献

Basfirinci, Cigdem, and Amitava Mitra. "A Cross-Cultural Investigation of Airlines

Service Quality Through Integration of SERVQUAL and the Kano model." *Journal of Air Transport Management* 42 (2015), pp. 239–48.

Choo, Adrian S., Kevin W. Linderman, and Roger G. Schroeder. "Method and Context Perspectives on Learning and Knowledge Creation in Quality Management." *Journal of Operations Management* 25, no. 4 (June 2007), pp. 918–31.

Collier, Joel E., and Carol C. Bienstock. "Measuring Service Quality in E-Retailing." *Journal of Service Research* 8, no. 3 (February 2006), pp. 260–75.

Dagger, Tracey S., and Jillian C. Sweeney. "Service Quality Attribute Weights: How Do Novice and Longer-Term Customers Construct Service Quality Perceptions?" *Journal of Service Research* 10, no. 1 (August 2007), pp. 22–42.

—, —, and Lester W. Johnson. "A Hierarchical Model of Health Service Quality: Scale Development and Investigation of an Integrated Model." *Journal of Service Research* 10, no. 2 (November 2007), pp. 123–42.

DeWitt, Tom, Doan T. Nguyen, and Roger Marshall. "Exploring Customer Loyalty Following Recovery: The Mediating Effects of Trust and Emotions." *Journal of Service Research* 10, no. 3 (February 2008), pp. 269–87.

Eisingerich, Andreas B., and Simon J. Bell. "Perceived Service Quality and Customer Trust: Does Enhancing Customers' Service Knowledge Matter?" *Journal of Service Research* 10, no. 3 (February 2008), pp. 256–68.

Evanschitzky, Heiner, Christian Brock, and Markus Blut. "Will You Tolerate This? The Impact of Affective Commitment on Complaint Intention and Post-Recovery Behavior." *Journal of Service Research* 14, no. 4 (November 2011), pp. 410–25.

Gabbott, Mark, Yelena Tsarenko, and Wai Hoe Mok. "Emotional Intelligence as a Moderator of Coping Strategies and Service Outcomes in Circumstances of Service Failure." *Journal of Service Research* 14, no. 2 (May 2011), pp. 234–48.

Hays, Julie M., and Arthur V. Hill. "An Extended Longitudinal Study of the Effects of a Service Guarantee." *Production and Operations Management* 15, no. 1 (Spring 2006), pp. 117–31.

Heim, Gregory R., and Joy M. Field. "Process Drivers of E-Quality: Analysis of Data from an Online Rating Site." *Journal of Operations Management* 25, no. 5 (August 2007), pp. 962–84.

Hogreve, Jens, and Dwayne D. Gremler. "Twenty Years of Service Guarantee Research: A Synthesis." *Journal of Service Research* 11, no. 4 (May 2009), pp. 322–43.

Karande, Kiran, Vincent P. Magnini, and Leona Tam. "Recovery Voice and Satisfaction after Service Failure: An Experimental Investigation of Mediating and Moderating Factors." *Journal of Service Research* 10, no. 2 (November 2007), pp. 187–203.

Lapre, Michael A. "Reducing Customer Dissatisfaction: How Important Is Learning to Reduce Service Failure?" *Production and Operations Management* 20, no. 4 (July–Aug 2011), pp. 491–507.

Măgdoiu, Alex, and Constantin Oprean. "Broadening the Concept of Poka-Yoke Beyond the Automotive Industry." *ACTA Universitatis Cibiniensis* 65, no. 1 (2014), pp. 52–57.

Molina, Luis M., Javier Llorens-Montes, and Antonia Ruiz-Moreno. "Relationship between Quality Management Practices and Knowledge Transfer." *Journal of Operations Management* 25, no. 3 (April 2007), pp. 682–701.

Parasuraman, A., Valarie A. Zeithaml, and Arvind Malhotra. "E-S-QUAL: A Multiple-Item Scale for Assessing Electronic Service Quality." *Journal of Service Research* 7, no. 3 (February 2005), pp. 213–33.

Posselt, Thorsten, Eitan Gerstner, and Dubravko Radic. "Rating E-Tailers' Money Back Guarantees." *Journal of Service Research* 10, no. 3 (February 2008), pp. 207–19.

Rafaeli, Anat, Lital Ziklik, and Lorna Doucet. "The Impact of Call-Center Employees' Customer Orientation Behaviors in Service Quality." *Journal of Service Research* 10, no. 3 (February 2008), pp. 239-55.

Reimann, Martin, Ulrich F. Lunemann, and Richard B. Chase. "Uncertainty Avoidance as a Moderator of the Relationship between Perceived Service Quality and Customer Satisfaction." *Journal of Service Research* 11, no. 1 (August 2008), pp. 63-73.

Sajtos, Laszio, Roderick J. Brodie, and James Whittome. "Impact of Service Failure: The Protective Layer of Customer Relationships." *Journal of Service Research* 13, no. 2 (May 2010), pp. 216-29.

Shanmugasundaram, Palani, and Prathyusha Vikram. "Total Quality Management, Process Analytical Technology, Five Basic Principles, and the Pharmaceutical Industry: An Overview." *Total Quality Management* 8, no. 6 (2015), pp. 178-85.

Sila, Ismail. "Examining the Effects of Contextual Actors on TQM and Performance through the Lens of Organizational Theories: An Empirical Study." *Journal of Operations Management* 25, no. 1 (January 2007), pp. 83-109.

Smith, Jeffery S., and Kirk R. Karwan. "Empirical Profiles of Service Recovery Systems: The Maturity Perspective." *Journal of Service Research* 13. no. 1 (February 2010), pp. 111-25.

—, —, Gavin L. Fox, and Edward Ramirez. "An Integrated Perspective of Service Recovery: A Socio-Technical Systems Approach." *Journal of Service Research* 13, no. 4 (November 2010), pp. 439-52.

Theokary, Carol, and Zhon Justin Ren. "An Empirical Study of the Relations between Hospital Volume, Teaching Status, and Service Quality." *Production and Operations Management* 20, no. 3 (May-June 2011), pp. 303-18.

## 注释

1. Daniel Pearl, "More Firms Pledge Guaranteed Service," *The Wall Street Journal,* July 17, 1991, p. B1.

2. A. Parasuraman, V. A. Zeithaml, and L. L. Berry, "SERVQUAL: A Multiple-Item Scale for Measuring Consumer Perceptions of Service Quality," *Journal of Retailing* 64, no. 1 (Spring 1988), pp. 12-40.

3. Ibid.

4. J. A. Fitzsimmons and G. B. Maurer, "Walk-through Audit to Improve Restaurant Performance," *Cornell HRA Quarterly,* February 1991, pp. 95-99.

5. G. Taguchi and D. Clausing, "Robust Quality," *Harvard Business Review,* January-February 1990, pp. 65-75.

6. Shigeo Shingo, *Zero Quality Control: Source Inspection and the Poka-Yoke System* (Stanford, CT: Productivity Press, 1986).

7. R. B. Chase and D. M. Stewart, "Make Your Service Fail-Safe," *Sloan Management Review,* Spring 1994, pp. 35-44.

8. J. R. Hauser and D. Clausing, "The House of Quality," *Harvard Business Review,* May-June 1988, pp. 63-73.

9. J. M. Juran and F. M. Gryna, Jr., *Quality Planning and Analysis* (New York: McGraw-Hill, 1980).

10. From Christopher W. L. Hart, "The Power of Unconditional Service Guarantees," *Harvard Business Review,* July-August 1988, pp. 54-62.

11. T. C. Johnston and M. A. Hewa, "Fixing Service Failures," *Industrial Marketing Management* 26, 1997, pp. 467-77.

12. Private communication from Ms. Jeanne Zilmer, lecturer at Copenhagen Business School, Denmark.

13. Prepared by Eivor Biese, Lauren Dwyre, Mikes Koulianos, and Tina Hyvonen under the supervision of Professor James A. Fitzsimmons.

# 第 7 章

# 过程改善

## | 学习目标 |

经过本章的学习，你应该掌握：

1. 使用质量工具进行过程分析和解决问题。
2. 描述和对比公司的质量改善项目。
3. 领导一个团队进行过程改善计划。
4. 衡量过程能力。
5. 进行六西格玛流程分析。
6. 精益服务的基本原理。
7. 了解数据包络分析（DEA）。

过程改善是成本领先战略的基本原则。新的 Sleep Inn 连锁酒店正在考虑将节省劳动力的想法纳入计划，从而减少经营酒店的单位劳动力成本。例如，将洗衣机和烘干机放在前台桌子的后面，这样员工可以在值夜班时，放入或取出衣物。为了减少清洁整理的琐事，床头柜是用螺栓固定在墙上的，这样清洁员就不需要用真空吸尘器打扫家具的底部；淋浴间是圆的，以防止灰尘集中在角落里。另外，电子安全系统的使用，不再需要房间钥匙，客人可以使用他们的信用卡进入房间；计算机的使用也可以减少能量消耗，当客人进入或离开的时候，加热器或空调能够自动打开或关上；此外，计算机还可以记录清洁员打扫每一间房间的时间。因此，创造性的设施设计、人力的有效使用和计算机的创新利用对服务业生产力的提高产生了重大的影响。

## 7.1 本章概要

本章聚焦在服务组织中生产率的主动提升和质量方面的不断改进。世界一流的服务公司以其不断改进顾客服务的承诺而著称，从而提高了行业的优秀标准。持续改进是一种需要融入企业文化的思维方式。

持续改进的原理来源于 W. 爱德华·戴明的计划 – 执行 – 检查 – 行动（PDCA）循环。本章使用了航空业的一个例子来描述和说明这个分析和解决问题的质量工具。在这个理论基础上，组织实践又使连续改进包含了其他的内容，如人才发展计划、鲍德里奇国家质量奖、针对过程质量的 ISO 9000 标准，以及最近被公司广泛使用的六西格玛和精益服务等方案。

最后，可以在本章附录中找到一个被称为"数据包络分析"（DEA）的线性规划模型。DEA 是一种通过比较一个单位和其他所有单位来测量服务交付单位效率的检验方法。通过共同学习为单位的性能比较分析提供了一个持续改进的机会。

## 7.2 质量和生产力的改进过程

### 7.2.1 持续改进的基础

持续改进的观念是基于 W. 爱德华·戴明的学说和理念。由于戴明帮助日本企业从第二次世界大战中恢复过来，而且执行了一种价格可被接受的、高质量的商品出口战略，使他享誉全球。此前，这种高质量和低成本的结合被认为是不可能的，因为人们理所当然地认为高质量只能以高成本实现。戴明学说的基础由三条原则构成：

（1）顾客满意。以满足顾客的需求为焦点在员工的心目中应该是至高无上的。这需要一种将顾客放在首位的工作态度和将该原则作为工作目标的信念。

（2）事实管理。为鼓励科学思考，管理者进行决策时必须搜集客观数据，并以这些客观数据为决策依据。该方法要求企业的质量改进小组进行正规的数据搜集和统计分析。

（3）对人的尊重。全公司范围的质量改进计划假定所有的员工都有自我激励和创新思维的能力。给予员工支持，并且在一个相互尊重的环境中征求他们的意见。

### 7.2.2 计划 – 执行 – 检查 – 行动（PDCA）循环

戴明的质量方法认识到，把质量考查设在质量检验或检查环节为时已晚，应注重过程。戴明的方法是用一个环代表，包括四个步骤：计划，选择和分析问题；执行，贯彻解决方案；检查，改变的结果；行动，解决方案的标准化和反思学习。如图 7-1 所示，戴明环（PDCA 循环）是一个不断重复的循环，质量上的改进来自于持续不断的、增加的戴明环的运转。

**计划（Plan）**。计划始于问题选择。问题随着重要顾客指标的变化而出现，如流失率、抱怨率。可以缩小项目的焦点并描述改进的机会，用流程图绘出流程的当前状况并搜集数据。通过头脑风暴法寻找可能的原因，然后利用搜集到的数据在根本原因出自何处这一点上达成共识。开发一个行动计划，包括解决方案、成功性指标、公认的执行目标。

**执行（Do）**。在试验的基础上执行计划方案或者是流程变革。通过各种手段监督计划的执行情况，如搜集绩效指标数据，将执行进展情况与原来设定的阶段性目标进行比较。

**检查（Check）**。回顾、评价变革结果。检查制定的方案能否产生期望的效果，并指出执行该方案时可能出现的任何没有预测到的结果。

**行动（Act）**。参照已经学到的经验执行方案。如果取得成功，将流程变革进行标准化，就新方法所需的培训与所有相关的员工进行沟通。在一些情况下，执行中还需要外部参与者，如顾客、供应商，庆祝已经取得的成功，并针对其他的问题重复 PDCA 循环。

### 7.2.3 问题解决

解决问题的系统方法是质量和生产力持续改进中员工授权计划的核心。持续改进的主要目标是消除问题的成因，以便问题不再发生。表 7-1 描述了以戴明的 PDCA 循环为基础的问题解决方法。

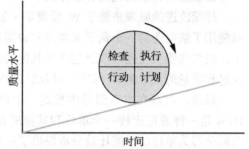

图 7-1　戴明的质量改善环

#### 表 7-1　PDCA 循环问题解决的步骤

| | |
|---|---|
| 第一步 | **识别问题并分配优先权**<br>在问题识别阶段，管理层基于多种信息源并以一般的术语描述组织面临的问题 |
| 第二步 | **组建质量改进团队**<br>创建一个跨学科团队，该团队由与组织所面临问题联系较为紧密的个人构成，并授权该团队解决问题。管理层参与制定该团队的焦点任务，并对该团队找到一个解决问题的可执行方案表示支持 |
| 第三步 | **定义问题**<br>问题解决团队首先必须清晰地定义组织所面临的问题及其范围。在这一步，经常可用帕累托分析来界定需要重点调查的领域 |
| 第四步 | **开发绩效指标**<br>流程变革的有效性只有通过比较流程变革前后的绩效指标才能得到确认 |
| 第五步 | **分析问题 / 流程**<br>为充分理解相关各方的错综复杂关系，本阶段的首要步骤是画出流程图。在该阶段搜集到的信息将有助于确定潜在的解决方案 |
| 第六步 | **确定引发问题的可能原因**<br>因果图在识别引发问题的可能原因时特别有用。问题解决团队可利用因果图集体寻找引发问题的根本原因。在进行头脑风暴的过程中，领导者应鼓励每位团队成员提出新建议，其他成员不得对该建议进行评论。即，该过程专门用来找出引发问题的可能原因，而不允许对某一建议进行争论、批评或评价。在识别出引发问题的各种可能原因之后，用检查表、散点图、直方图、走向图将这些数据进行组织，以发现引发问题的根本原因 |
| 第七步 | **选择方案、执行方案**<br>这是一个最令人激动的阶段，但是必须抵制立即提出方案的诱惑。方案选择的标准包括：聚焦于根本原因、预防问题的再次发生、成本效益和及时性 |
| 第八步 | **后续措施：评价方案**<br>方案执行一段时间后，还应对流程进行检查，以确定问题是否已经得到解决。在对历史绩效数据与当前绩效数据进行比较时，走向图非常有用 |
| 第九步 | **确保绩效稳定**<br>需要建立新方法并对员工进行培训。在对流程进行监视以确保流程保持稳定时，可以使用控制图 |
| 第十步 | **持续改进**<br>正如图 7-1 中的戴明环所显示的那样，只有随着戴明环的连续滚动，生产力和质量才能沿着斜坡向上移动。一旦一个问题解决了，另外的机会就被看成是新一轮的改进分析 |

资料来源：From D. C. S. Summers, *Quality*, 2nd ed., Upper Saddle River, N. J.：Prentice Hall, 2000, pp. 64-109.

## 7.3 分析、解决问题的质量工具

质量改进团队在 PDCA 循环过程中需要使用多种工具。这些工具可协助数据分析并为决策制定提供基础。我们引入中途航空公司面临的问题，随之介绍分析、解决质量问题的八个工具。中途航空公司是一家地区性的运输公司，直到 1991 年被西南航空接管，它一直为商务旅客提供从芝加哥的中途机场到其他机场的运输服务。中心辐射网需要飞机准时起飞，以免由于晚点而降低旅客运输服务的效率。中途航空公司通过监视飞机起飞晚点发现，公司整个系统的准时性一直在恶化，这使商务旅客非常生气。下面将按问题解决过程的顺序来介绍各种质量工具。

| 月份 | 问题领域 | | | | |
| --- | --- | --- | --- | --- | --- |
| | 行李丢失 | 起飞晚点 | 机械故障 | 超额预订 | 其他 |
| 1 | 1 | 2 | 3 | 3 | 1 |
| 2 | 3 | 3 | 0 | 1 | 0 |
| 3 | 2 | 5 | 3 | 2 | 3 |
| 4 | 5 | 4 | 4 | 0 | 2 |
| 5 | 4 | 7 | 2 | 3 | 0 |
| 6 | 3 | 8 | 1 | 1 | 1 |
| 7 | 6 | 6 | 3 | 0 | 2 |
| 8 | 7 | 9 | 0 | 3 | 0 |
| 9 | 4 | 7 | 3 | 0 | 2 |
| 10 | 3 | 11 | 2 | 3 | 0 |
| 11 | 2 | 10 | 1 | 0 | 0 |
| 12 | 4 | 12 | 2 | 0 | 1 |
| 总计 | 44 | 84 | 24 | 16 | 12 |

图 7-2 Excel 检查表

### 7.3.1 检查表

检查表记录的是历史观察记录，它为着手进行问题分析和问题识别提供了数据源。最初时，检查表仅仅是一张用来列出潜在问题的纸面表格，企业员工每天在恰当的列做出标记以记录某一问题发生的频率。如今，问题发生频率的数据可直接在线输入 Excel 电子表以便于数据整理分析。图 7-2 是一张 Excel 电子表，该表记录了中途航空公司在上一年所面临的问题。

### 7.3.2 走向图

走向图记录的是某个重要流程变量在一段时间内的变化，以探求绩效变化的趋势、方向和周期。走向图非常直观，而且可用来预测未来趋势。项目团队可利用走向图来比较某一方案执行前后的绩效指标。如图 7-3 所示，中途航空公司的飞机起飞晚点的次数一直在稳步增长。

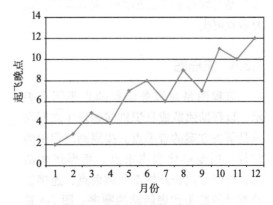

图 7-3 起飞晚点的走向图

### 7.3.3 直方图

直方图以条形图的形式表示了一段时间内所搜集数据的频率分布。使用 Excel 中的图表命令可做出检查表中数据的分布图。如不具有对称性或偏斜等，这些异常的特征在该图上变得非常明显。如果分布图有两个波峰或是双模式的（bimodal），就表明这些数据代表的是两个具有不同均值的分布。对于航空公司而言，航班起飞晚点的双模式分布可归因于季节性气候条件的影响。图 7-4 是中途航空公司"行李丢失"的直方图。请注意，该分布不对称，而且倾向于发生率越来越低。

### 7.3.4 帕累托图

帕累托图按照相对发生频率以降序条形图的形式为各类问题排序，以便将努力集中在改进潜力最大的问题上。19 世纪的意大利经济学家维尔弗雷多·帕累托（Vilfredo Paredo）观察到，相对较少的几个要素常常可以解释总体的绝大部分（如，全国 80% 的财富为 20% 的市民所拥有）。在很多情况下，这一规律重复出现，被称为"80/20 法则"。例如，零售商 80% 的销售额是由 20% 的顾客创造的。图 7-5 以帕累托图的形式展示了本年度各种问题的发生率，我们可以从该图中看出"起飞晚点"是与顾客相关的最为严重的问题，需要重点解决。

### 7.3.5 流程图

流程图是对服务流程的直观图形表示，以帮助团队成员识别问题发生之所在或是解决方案的着手点。按照画流程图的常规，用菱形代表决策点，矩形代表活动，椭圆形代表开始点和结束点，连接各种符号的箭头代表活动的顺序。图 7-6 是机场登机口的流程图，从该图可以捕捉到

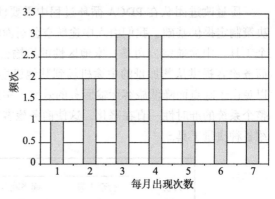

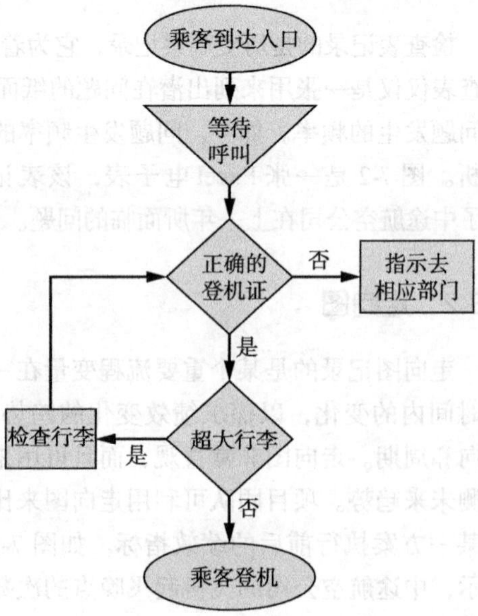

图 7-4 行李丢失的直方图

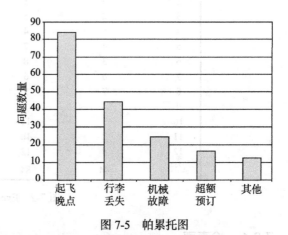

图 7-5 帕累托图

图 7-6 机场登机口流程

造成飞机起飞晚点的潜在原因，如顾客登机时所带行李超重。

## 7.3.6 因果图

因果分析是一种结构化的方法，可用于由简到详地识别、探索或用图形展示造成某一问题的所有潜在原因，以最终发现问题的根本原因。因为其类似于鱼骨的外形，因果图也称作"鱼骨图"，因果图还随其创始人被称为"石川图"。图 7-7 是飞机起飞晚点的因果图。从结构上讲，该图以鱼头部的问题为出发点，沿着鱼脊柱追溯造成问题的各类主要原因。对于服务企业，问题的类别有信息、顾客、物资、程序、人员和设备。头脑风暴法可为各大类和子类提供更加详细的原因。通常可通过提问"谁、什么、哪儿、何时、为什么、如何"等问题来发现原因。借助鱼骨图，机场人员可以通过讨论来消除飞机起飞晚点的原因，其他的一些可能性则成为进一步数据搜集的目标。

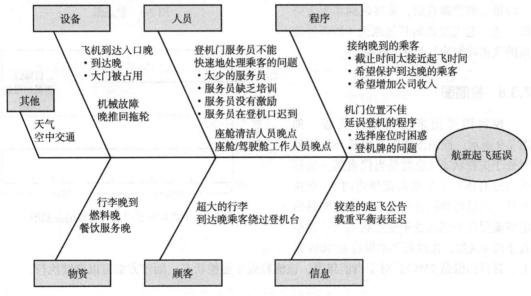

图 7-7 飞机起飞晚点的因果图

例如，表 7-2 是造成问题可能原因的帕累托图。请注意，大约 88% 的飞机起飞晚点可由四个根本原因来解释。最后，鱼骨图成了因果关系的记录，并经常粘贴在工作区以征求意见。

表 7-2 飞机起飞晚点原因的帕累托分析　　　　　　　　　　　　（单位：%）

| 原因 | 事件发生的百分比 | 累计百分比 |
| --- | --- | --- |
| 乘客晚点 | 53.3 | 53.3 |
| 等待延时起飞的飞机 | 15.0 | 68.3 |
| 等待加燃油 | 11.3 | 79.6 |
| 载重平衡表延误 | 8.7 | 88.3 |

## 7.3.7 散点图

散点图直观地显示了两个变量间的关系。在坐标系中绘出潜在的原因变量与问题构成的点，能够识别两者之间是否存在强相关关系（也就是散点形成了一条趋势非常明显的线）。

如图7-8所示，从旅客迟到与飞机起飞晚点间的散点图可以确认，顾客迟到是造成飞机起飞晚点的根本原因之一。

因此，允许迟到的旅客登机是飞机起飞晚点的一个根本原因。登机口管理员为了避免迟到旅客的抱怨而使飞机起飞晚点，但这又为严守时刻的旅客带来不便。作为一个解决方案，中途航空公司制定并宣传按时起飞政策。按照这一政策，即使飞机停在登机口，也仍然拒绝迟到的旅客登机。在旅客认识到中途航空公司在这一政策上的严肃性后，旅客迟到率大大降低。造成起飞晚点的其他原因（如等待晚点的飞机或加油）也得以解决。

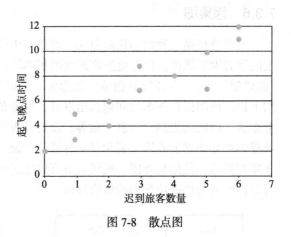

图7-8 散点图

### 7.3.8 控制图

控制图可用来监视某一流程。如图7-9所示，控制图能够显示某一流程何时处于失控状态（也就是当代表某一指标的点没有落在上年度的范围内时）。在执行某一问题的解决方案之后，控制图是确定该流程是否仍然处于受控状态的一种检查手段（例如，按时起飞率保持在90%以

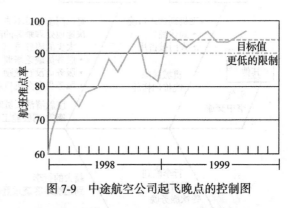

图7-9 中途航空公司起飞晚点的控制图

上，其目标值是95%）。对于当前年度，该流程处于受控状态，则该方案可以继续执行。

## 7.4 标杆管理

一家公司绩效的考核可以通过将其绩效与行业内最好的公司的绩效进行比较而得到，这种过程被称为"标杆管理"。例如，新加坡航空公司以一流的舱内服务，联邦快递以一致的隔夜送达，汉普顿旅馆以干净的房间，Nordstrom百货商场以有吸引力的售货员而闻名。对每一个质量维度，如果一些公司都能够以最高等级而著称，那么这些公司就是比较的基准。然而标杆管理并不仅限于比较统计，还包括到领先企业去访问学习它们的管理者是如何实现一流绩效的第一手资料。很明显，标杆管理经常要求企业跨越本身的领域。例如，一些制造企业在汽车赛时到赛车坑道去考察减少生产线转变所需时间的方法，还有企业访问达美乐比萨店来了解它是如何在30分钟内为顾客提供定制的产品的。

标杆管理过程有五步：①选择一个需要改善的关键过程；②找到一个过程很优秀的组织；③联系标杆公司，进行一次参观，学习其过程；④分析所见；⑤相应改善你的过程。

举一个典型的例子，某电器公司寻求增强采购功能的方法。公司组成了一个研究小组，

他们访问福特公司，学习缩减供应商数目的方法；与丰田公司讨论处理与供应商的关系；到瑞恩电气公司考察采购过程。小组不仅带回了定量评价这些公司出色表现的方法，还有如何实现这些方法的知识。

航空公司已经从赛车赛道的团队作业中学到了如何减少登机时间。
资料来源：U.S. Air Force/Senior Airman Mike Meares.

## 7.5 服务质量改进计划

服务质量始于人。所有用统计控制图来发现不一致之处的努力都无法提供高质量的服务。服务始于组织内所有人员积极态度的调动。如何能使员工有积极的态度呢？通过协调员工招聘、培训、最初的工作安排和职业发展等方面，可以建立其积极的态度。为了防止自满情绪，需要制订持续的质量改进计划。这些计划的重点在于预防不良质量，个人对质量负责，建立一种高质量是可以实现的态度。

### 7.5.1 戴明的 14 点计划

W. 爱德华·戴明因在日本极成功地开创了质量革命而广受称赞。按戴明的观点，管理者应对全部质量问题的 85% 负责。因此，必须率先改变产生问题的系统和过程。管理者应将焦点重新对准顾客需求的满足和保持竞争领先的持续改进。他的理念被概括为"14 点计划"。

（1）为改进产品和服务质量建立永久目标。管理者必须停止偏见并要为未来规划，期望在所有业务领域进行创新。

（2）采纳新理念。拒绝普遍认同的低水平工作、延误和松弛的服务理念。

（3）停止大量的检查。检查来得太迟了并且太浪费，而集中关注改进过程本身。

（4）停止仅靠价格奖励商务活动。采购部应该根据质量统计结果发起采购，而不应根据价格，应该以缩减供应商数量、签订长期合同作为对供应商的奖励。

（5）持续永久地改进生产和服务系统。不断搜寻系统中的问题，寻求改进方法。不论前台还是后台，必须在每项业务活动中减少浪费、改进质量。

（6）建立岗位培训的现代方法。重新构建培训，确定可接受的工作水平。要使用统计方法评估培训效果。

（7）建立现代监督方法。将监督集中于帮助工人更好地工作，为增加工人的自豪感提供工具和技术。

（8）驱走恐惧。通过鼓励交流问题和表达思想来消除恐惧。

（9）打破部门间的障碍。鼓励通过团队和使用质量控制环解决问题。

（10）消除为员工设置的数字目标。应当消除用目标、口号和标语引诱工人提高生产率。这种激励会造成工人不满，因为大多数必要的变化超出了他们的控制能力。

（11）消除工作标准和数量配额。生产配额集中于数量，这会导致不良的质量。质量目标，比如可接受缺陷的百分比，不能刺激工人进步。应使用统计方法持续提高质量和生产率。

（12）消除阻碍小时工的障碍。工人需要得到对他们工作质量的反馈，必须移去所有阻碍人们工作自豪感的障碍。

（13）制订强有力的教育和培训计划。技术的变化和人员的流动要求所有的员工都进行持续的培训和再培训。所有培训都必须包括基本的统计技术。

（14）在最高管理层建立能够每日推行上述 13 条的结构。为在质量和生产率方面不断改进，明确确定管理层的永久承诺和投入。

## 7.5.2 ISO 9001

ISO 9001 系列质量管理体系标准正在迅速成为许多行业的标准。ISO（从希腊语"不变"派生出来）是由国际标准化组织所确定的一系列质量标准。它是全世界工业化国家的国际性协议。它在国际上的广泛采用使它成为一个严格的商业标准，并且用来度量一个合格者的状况。因此，无论企业是否期望获得或相信持续改进，它们都努力争取达到标准。

获得 ISO 9001 认证就表明企业具备质量管理系统，并且能够保证产出质量的一致性。因为系统根植于程序当中，故 ISO 9001 的要求可以理解为"如何做就如何说，说到就要做到"。ISO 9001 有几个重要的特征：①它不只是特殊的实践；②它不会直接描述产品或服务本身的质量；③认证由高度分散化的审计和鉴定团体给出。ISO 本身仅设计和更新标准，并不做认证。

过程文件和一致的表现是 ISO 标准的关键要素。ISO 9000 要求企业通过一个由三个要素组成的循环来达到这一点。

（1）计划。所有会影响质量的活动必须事先计划，确保目标、权利、责任被准确定义和理解。

（2）控制。所有会影响质量的活动必须受到控制，确保所有规范都得到满足。预测并防止问题的发生，纠偏行动是有计划的并要切实执行的。

（3）文件。所有会影响质量的活动必须记录下来，确保理解质量目标和方法，协调组织内部平稳的相互作用，为计划循环提供反馈，同时作为质量体系性能的客观证据。

欧洲经济共同体已采用此标准作为其成员国进行商务活动的要求，由此可以看出，推行 ISO 9001 质量标准认证的动机大增。但是，许多公司执行并采用 ISO 9001 质量标准并不是出于这些强制要求。它们发现，实施标准的过程和从质量改进中带来的收益十分显著，这充分说明这一努力是有道理的。

### 7.5.3 六西格玛

20 世纪 80 年代中期，摩托罗拉的工程师想通过强调质量问题来推动过程改善，从而决定每百万产出中的不合格品的水平。摩托罗拉采用了这种标准，并实施了一种称为"六西格玛"的方法，由最高管理层在组织内部创造一种文化变革。这些努力的结果是，根据摩托罗拉的文件记录，当时节省了 160 亿美元，使成本直接降至底线，这和从均衡增加的收入中减去产品成本不同。这个财务表现并没有被忽视，世界上许多公司采用六西格玛作为一种经营方式。例如，有这样一个传闻，联合信号公司（现在的霍尼韦尔公司）的拉里·博西迪（Larry Bossidy）和通用电气公司的杰克·韦尔奇（Jack Welch）在一起打高尔夫，杰克和拉里打赌，他会在通用电气公司比拉里在联合信号公司更快地实施六西格玛，并且能取得更好的效果。结果，通用电气公司的财务结果远远超过预期，六西格玛变成杰克·韦尔奇传奇的奠基石。随着时间的流逝，六西格玛变得不再只是一个质量体系，而成为一种经营方式，它被视为一种愿景、一种哲学、一个标志、一个度量标准、一个目标和一种方法论。

变化是任何过程的一部分——从图 7-10 的航空公司准时到达的图形分析中可以看出这一点。组织经常用平均值来形容它们的努力，比如平均的循环时间，但是这样做会由于忽略了变化而隐藏了问题。六西格玛的目的在于在一定程度上减少或缩小绩效上的变化，使得六项标准差能够被挤压进顾客规定的限制条件内。这些限制被定义为一个规格上限（USL）和一个规格下限（LSL）。图 7-10 显示出，通常的偏离大大超出了顾客对规定起飞或到达时

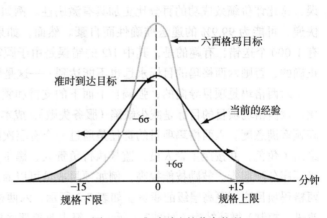

图 7-10 准时到达的分布状况

间正负 15 分钟的偏离期望值。当过程去除了足够的偏离时，六西格玛的目的就实现了，于是正负 15 分钟的范围就会跨越正负六个标准差（$\sigma$）的目标分布区。

努力减少可变性需要一种关于达到规格目标的过程衡量方法。过程能力指数是在实现目标的过程中，计算有多少过程变化被减少的一种统计方法。当均值只集中在规格限定的范围内时，使用过程能力指数 $C_p$：

$$C_p = \frac{USL - LSL}{6\sigma} \tag{7-1}$$

对于六西格玛标准，$C_p \geq 2.0$ 被认为是可以接受的过程能力指数。以图 7-10 准时到达的分布图为例，我们可以看到，$\sigma = 15/6 = 2.5$ 是满足六西格玛目标变化的最低水平。

$$C_p = \frac{USL - LSL}{6\sigma} = \frac{+15 - (-15)}{6(2.5)} = 2.0$$

当均值没有集中在规格限定的范围内时，使用过程能力指数 $C_{pk}$：

$$C_{pk} = \min\left[\frac{USL - \mu}{3\sigma}, \frac{\mu - LSL}{3\sigma}\right] \qquad (7\text{-}2)$$

回到图 7-10，让我们假设准时到达的均值的变化范围从 $\mu=0$ 到 $\mu=+1$，标准偏差 $\sigma$ 仍然是 2.5。

$$C_{pk} = \min\left[\frac{USL - \mu}{3\sigma}, \frac{\mu - LSL}{3\sigma}\right] = \min\left[\frac{15 - 1}{3(2.5)}, \frac{1 - (-15)}{3(2.5)}\right] = \min\left[1.87, 2.13\right] = 1.87$$

除非增加 USL 的值到 16，以反映一个新的平均值，否则我们将没有一个过程能够满足 $C_{pk} \geqslant 2.0$ 的六西格玛的期望值。

六西格玛是一个严格的经过训练的方法论，它使用数据和统计分析的方法来测量和改进公司的经营绩效，识别和改正缺陷以加强顾客满意度。六西格玛要求一个组织具有这样的组织文化：组织中各个层次的员工都有持续改进的愿望，其最终目的是获得每 100 万顾客中只有 3.4 个错误出现的实质性的完美结果。在统计学中，如果假设一个过程变量是正态分布，那么六个标准差在分布的尾部定义了一个 0.000 003 4 的概率。六西格玛的重点在于报告错误，这比评价绩效成功的百分比更加具有激励性。例如，一家隔夜送达的快递公司，如联邦快递，可能为 99.9% 的递送准确性而自豪。然而，如果它一天内送 100 万个包裹，那么将有 1 000 个送错！有趣的是，其中 1/2 的错误是由于顾客的误导造成的，除非顾客的投入是正确的，否则六西格玛的目标永远也不能达到——这是服务质量的一个传统问题。

六西格玛是项目导向的，强调自上而下的支持和领导，以识别机会从而使财务效益最大化。六西格玛项目的目标是减少缺陷（服务失败）、成本、工艺过程的变化，提高生产力，提高顾客满意度。六西格玛项目的责任是通过一个有层次的培训和职责的分配构建的。图 7-11 给出了角色，并按照主管人员、监督执行负责人、黑带大师、黑带、绿带和项目成员这个层级顺序分配职责。鼓励技能提高，例如项目成员可以通过培训提升为绿带，再到承担组织六西格玛项目这一更高层级的职责。如表 7-3 所示，六西格玛使用 DMAIC(定义、测量、分析、改进、控制) 循环结构 (如例 7-1 所示)，努力改善那些执行得未达到期望的现有流程。

图 7-11 六西格玛的组织角色和职责

表 7-3　六西格玛 DMAIC 的过程步骤

| 步骤 | 解释说明 |
| --- | --- |
| 定义 | 明确项目的目标和内外部顾客 |
| 测量 | 测量当前的绩效水平 |
| 分析 | 确定当前问题的成因 |
| 改进 | 找到改进过程的原因以消除问题 |
| 控制 | 制定改进的过程控制机制 |

## ⊙ 例 7-1

### 大特克斯汉堡（Big Tex Burgers）

大特克斯汉堡是一家以其巨型汉堡而闻名的快餐连锁店。最近，一家顾客组织批评该餐厅，声称其汉堡包含的肉饼少于 16 盎司[⊖]。你是餐厅的质量保证经理，老板要求你调查此事。这是你闪光的机会，因此你决定使用六西格玛的 DMAIC 步骤来评估情况。

**步骤 1：定义**

肉饼的重量是肉饼的关键质量特性。

**步骤 2：测量**

为了评估问题的严重程度，我们首先需要为汉堡的质量特性（肉饼的重量）设定可接受的限制。因此，将质量限制设置为广告中所说的重量的 ±5%。

$$容许上限 =16+(0.05)(16)=16.8$$
$$容许下限 =16-(0.05)(16)=15.2$$

接下来要回答的问题是，汉堡中肉含量低于 15.2 盎司的比例是多少。请注意，即使顾客可能不反对在汉堡中摄入超过 16.8 盎司的肉类（即高于容许上限），但你必须将其视为内部错误，因为它会影响利润。

**步骤 3：分析**

接下来，随机采集汉堡样品并称重。你发现样品的平均值为 15.8 盎司，标准偏差为 0.5 盎司。即使 15.8 盎司的平均重量低于 16 盎司的广告重量，我们也不能自动暗示错误是显著的，并将系统视为"有缺陷"。要将系统归类为有缺陷，你需要确定是否有很大比例的汉堡包低于 15.2 盎司的可接受限度。

使用标准正态分布，

$$Z = \frac{x-\mu}{\sigma} = \frac{(15.2-15.8)}{0.5} = -1.2$$

使用附录 A 中的标准正态分布表，或使用 Excel 命令，我们发现负尾区域为：

$$NORMSDIST (Z) = NORMSDIST (-1.2) = 0.115\ 1$$

现在，你可以推断出 11.51% 的汉堡重量可能少于 15.2 盎司。

**步骤 4：改进**

你的老板认为 11.51% 的不良率是不可接受的，公司的业绩需要提高。你确定了三种实

---

⊖　1 盎司 =28.350 克。

现所需改进的方法：①减少偏差；②调整16盎司的基准；③提升规格。

首先，假设通过工艺改进，标准偏差可以从0.5盎司减少到0.4盎司。于是，

$$Z = \frac{x-\mu}{\sigma} = \frac{(15.2-15.8)}{0.4} = -1.5$$

NORMSDIST $(-1.5) = 0.066\ 8$ 或 6.68%

或者，当前标准偏差为0.5盎司时，假设过程可以调整（居中），使新的平均值正好为16盎司。于是，

$$Z = \frac{x-\mu}{\sigma} = \frac{(15.2-16)}{0.5} = -1.6$$

NORMSDIST $(-1.6) = 0.054\ 8$ 或 5.48%

第三种可能性是与顾客组织协商，将可接受的范围扩大到15～17盎司之间。于是，

$$Z = \frac{x-\mu}{\sigma} = \frac{(15-15.8)}{0.5} = -1.6$$

NORMSDIST $(-1.6) = 0.054\ 8$ 或 5.48%

因此，你发现使用三个选项中的任何一个，"缺陷"率都可以从当前的11.51%降低到5%～7%的范围。如果所有三个选项同时使用，则，

$$Z = \frac{x-\mu}{\sigma} = \frac{(15-16)}{0.4} = -2.5$$

NORMSDIST $(-2.5) = 0.006\ 2$ 或 0.62%

这一共同努力使只有不到1%的汉堡包超出可接受的下限。

### 步骤5：控制

在获得所需的改进之后，必须持续地控制质量标准。回顾第6章"服务质量"中的内容，使用控制图可以实现过程的统计质量控制。因为你对控制汉堡的重量感兴趣，所以使用 $\bar{x}$ 图和 $R$ 图是合适的。你决定构建一个控制图，预期重量 $\bar{x}$ 为16盎司，预期范围 $R$ 为2盎司。每小时抽取4个汉堡，计算平均值和范围。根据第6章中的表6-7，样本量为4，我们发现 $A_2 = 0.729$，$D_3 = 0$，$D_4 = 2.282$。使用第6章中的公式（6-1）和（6-2），可以发现范围的控制极限为：

$$UCL = D_4R = (2.282)(2) = 4.6$$

$$LCL = D_3R = (0)(2) = 0$$

使用第6章中的公式（6-3）和（6-4），你可以发现样本平均值的控制极限是：

$$UCL = \bar{x} + A_2R = 16 + (0.729)(2) = 17.5$$

$$LCL = \bar{x} - A_2R = 16 - (0.729)(2) = 14.5$$

由于你的工作，大特克斯汉堡将实施每小时随机抽样4个汉堡的做法，记录重量范围，并计算平均值。该信息将记录在两个单独的图表上，范围图表和重量图表，其中绘制了 UCL 和 LCL 线。超出这些控制限值的记录值说明应采取措施找出重量控制损失的根本原因。

### 7.5.4 精益服务

精益服务是精益原理的延伸，由丰田生产系统（TPS）开创。它聚焦于消除浪费、持续不断流动和顾客需求拉动，在制造业被称为"准时制生产"。精益服务过程的目标是通过价值增值过程的持续快速流动来满足顾客的需要。精益体系有三个指导原则。

（1）通过只做那些在顾客眼中增加价值的活动来满足顾客需要。

（2）通过流程图表示过程来定义"价值流"，以确定价值增值和非增值的活动。

（3）消除浪费。在价值流中的浪费是指顾客不愿意支付的活动。

精益服务是一个实现完美过程的方法，它有三个目标：正确的目的（价值）；最好的方法（过程）；最高的成就感（人）。正确的目的主要由顾客价值活动引导，它是有资格的（例如，六西格玛），可用的（例如，员工水平），能胜任的（例如，接受过培训的员工），灵活的（例如，员工的判断力）。最佳过程具有少量多品种流动能力，能对顾客需求的拉动做出快速反应。过程是使员工满意，因为他们有一种提供有价值的服务和获得个人满足感的意识。

价值流程图（VSM）是精益服务的核心工具，它通过使用精益管理概念来规划流程以发现改进机会。该工具识别增值过程（例如，服务员向餐桌递送餐食）和非增值过程（例如，服务员步行到收银台处理信用卡）。服务提供系统的总效率为总增值时间除以产出时间的比率。价值流程图的好处有：从顾客的角度查看系统，在图形表示中捕获关键流程和活动时间，以及识别改进机会。

## ⊙ 例 7-2

### 小企业贷款审批

一家农村社区的区域银行向顾客提供小企业贷款。图 7-12 中的流程图捕获了顾客从进入银行到建立贷款账户离开的活动顺序。对 VSM 的分析产生以下结果：

（1）增值总时间为 95 分钟

（2）非增值总时间为 45 分钟

（3）处理贷款的产出时间（95 + 45）为 140 分钟

（4）总体效率（总增值 / 产出时间）95/140 = 68%

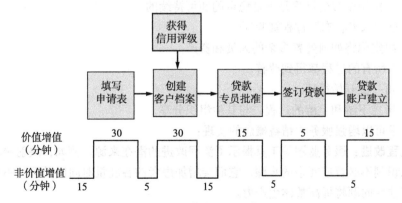

图 7-12 小企业贷款审批价值流程图

假设银行正在考虑使用可以消除分支机构中"填写申请表"步骤的在线申请。这也将消除"填写申请表"之前 15 分钟的等待时间和"创建顾客档案"之前的 5 分钟等待时间，因为在顾客档案准备好后，贷款申请人将被邀请到分行与贷款专员会面。修订后的价值流程图将产生以下结果：

（1）增值总时间现在为 95−30=65 分钟

（2）非增值总时间现在是 45−15−5=25 分钟

（3）处理贷款的吞吐量时间（65+25）现在为 90 分钟。

（4）整体效率 65/90=72%，提高了 4%！

以下步骤为实现精益服务提供了指导。

（1）在你的组织里识别关键的过程。

- 哪些是主要的？
- 哪些是支持者？
- 哪些对于顾客是最重要的？
- 哪些是组织成功最重要的？
- 哪些是最困扰你的员工的？

（2）选择最重要的过程，按照重要性排序。

- 成立一个团队，包含顾客在内各过程涉及的人员。
- 创建一张"当前状态"的过程价值流程图。

（3）分析过程如何能朝着完美的方向改变。

- 创建一张"未来状态"的改善过程价值流程图。

（4）需要什么变化以支撑"未来状态"的过程。

- 设立一个新的过程经理的位置。
- 重新安排现有的部门和职能。
- 结合部门和职能的表现引进一个新的度量标准。

（5）落实必要的改变，以创建"未来状态"过程。

- 与"当前状态"比较，衡量表现有何不同。
- 引入必要的变化以调整过程。
- 确定调整过的过程是不是稳定的和可持续的。

（6）一旦"未来状态"过程被验证。

- 决定你将如何处置多余的人员和资产。

（7）一旦所有的过程都得到改善。

- 再一次开始循环。
- 考虑下游和上游的过程，与其他组织分享。

以下技术可以增强服务中精益概念的实现：

（1）**流程改进**：服务蓝图等工具揭示了流程改进的潜在来源。例如，映射患者流经医院的流程可以识别不必要或冗余的步骤，它们会增加患者的吞吐量时间以及医院不必要的资源使用。纠正这些问题将提高整体生产力。

（2）**内部质量改进小组**：与每周会面的同事组成小型持续改进小组，以确定本地问题、评估解决方案和实施解决方案，如此将能节省大量成本。这些团队的典型名称是精益团队、改善团队或质量圈。

（3）**更好的内务管理**：对清洁敏感的服务，如餐厅和医院，可以通过实现卓越的客房管理来增强顾客对质量的认知。例如，为了提高对展示和维护其财产的自豪感，许多城市用金扫帚奖来表彰这些机构。

（4）**提高服务质量**：麦当劳等食品连锁店和万豪（Marriott）等酒店连锁旨在通过标准化整个连锁店的服务交付流程，将一致性作为一种质量衡量标准。随后的可预测性会提升服务质量和资源效率，从而使公司更加精简。

（5）**资源灵活性**：资源使用的灵活性使公司能够利用共同资源进行多种操作。挑战在于操作之间的快速转换以避免延误。这种能力可以通过灵活的工艺技术实现范围经济。例如，医院的手术室通常需要在患者之间建立不同类型的医疗技术。

（6）**拉动系统实施**：精益服务企业可以采用顾客驱动的需求拉动系统。例如，一些温蒂（Wendy's）餐馆的厨房正对着停车场入口，这样当汽车进入停车场时，厨师们就可以开始在烤架上加工新鲜的牛肉饼。

（7）**生产线平衡**：服务公司可以通过适当管理供需来平衡资源利用率。例如，麦当劳提供有限的早餐菜单，更好地利用了人力资源，同时缩短了顾客等待时间。

（8）**布局改进**：服务中的精益实施通常会带来更好的空间管理。在医院中，一个更好的布局计划可以改善病人和工作人员的流动以及物资流动，从而节省生产时间和病人等待时间。

（9）**卓越的供应商管理**：服务公司供应商可以是具有执行特定操作所需技能的人力资源供应商。例如，临时介入的供应商应尽早与顾客进行检查，以确定其员工绩效是否可接受。

（10）**在服务中寻找"Muda"**："Muda"是日本不同类型废物的术语。例如，在医院中，可以将"废物"识别为过度的患者等待和不良的信息交换。

## ⊙ 服务标杆

### 当有什么东西坏了的时候——有时只需要用锤子砸它！

我丈夫有一个小的带滚轮的行李箱，我们几年前从 L.L.Bean 那里买的。这是一个很好的小箱子，但最近伸缩把手卡在箱子里，拔不出来。我们尝试用不同程度的力量对它进行拉扯，然后四处寻找，看看我们是否可以在没有切开任何东西的情况下把它拉到机械装置上，但没有成功。今天，他给 L.L.Bean 发了电子邮件，询问有关修理或更换箱子的情况。以下是他收到的答案：

"感谢您联系 L.L.Bean 了解我们的滚动行李箱。解决把手问题的最好方法是好好地敲一下。说真的，有时候在搬运行李时，加长杆会被卡住。我建议先试试橡胶锤，如果它不起作用，那就把行李箱退给我们换货或退款。我们的产品在各方面保证 100% 的满意度，如果不是这样，欢迎随时退回您购买的任何物品。我们不希望您从 L.L.Bean 得到任何不完全满意的东西。感谢您今天联系 L.L.Bean。我知道我的回答可能听起来有点疯狂，但它应该会奏效。"

我们当然很高兴知道我们可以进行退货。但首先，我丈夫确实用橡胶锤对箱子的背面用力一击。很快，把手能够正常工作了。无论如何，向 L.L.Bean 致敬，为他们出色的售后服务和幽默感。

*资料来源：来自顾客的私人通信。*

## 本章小结

持续过程改进的基础是建立在戴明的PDCA循环之上的。改善过程使用7个质量工具：检查表、走向图、直方图、帕累托图、流程图、散点图和鱼骨图。组织中的任何人都可以使用这些工具为过程改善做贡献。尽管如此，高层仍然需要为推广质量改进项目提供领导支持。就像杰克·韦尔奇在通用电气公司推动采用六西格玛一样。最近的改进项目，如精益服务和六西格玛，在摩托罗拉、联合信号等公司取得了显著的成绩。

## 关键术语

**标杆管理**（benchmarking）：和业内被认为最好的公司的绩效进行比较的做法。

**因果分析**（cause-and-effect analysis）：使用形状类似鱼骨的图去发现服务质量问题的根本原因。

**ISO 9001**：一个国际化的程序，保证公司因为有质量管理体系而能够确保一致的产出质量。

**精益服务**（lean service）：一种基于消除没有价值的附加活动基础上的过程改善理念。

**帕累托图**（Pareto chart）：按照相对发生频率以降序条形图的形式呈现问题。

**PDCA 环**（PDCA Cycle）：一个由计划、执行、检查和行动四个步骤组成的持续改善过程。

**过程能力指数**（process capability index）：衡量满足规格的一个过程能力。

**六西格玛**（Six Sigma）：一个严格的、经过训练的方法论，通过消除过程缺陷而改善公司运营绩效。

**价值流程图**（value-stream mapping）：区分服务流程中的增值活动和非增值活动。

## 讨论题

1. 讨论为什么美国公司拒绝戴明的 14 点计划，但是第二次世界大战以后的日本公司会接受。

2. 解释 PDCA 环的应用如何支持一个成本领先的竞争战略。

3. 标杆管理的局限性是什么？

4. 解释为什么 3M 公司引入六西格玛被指责是扼杀创造力。

5. 重新考虑图 7-12，小企业贷款审批流程的价值流程图。如果整个过程是在线进行的，那么可以消除哪些增值活动？在线流程的总体效率是多少？

## 互动练习

班级准备一张熟悉的服务程序流程图（价值流程图），鉴别出没有价值的附加活动，提出消除浪费的建议。

## 案例 7-1　　　　　Senora 县治安官

Senora 县位于北加利福尼亚，以葡萄酒和崎岖的太平洋沿线而众所周知。Senora是一个农村县，仅有一个主要的城市圣丽塔，人口大约 150 000 人。Senora 州立大学坐落在圣丽塔，学生大约有 12 000 人。县治安官保留着以前各年度她所在部门每月执法活动的记录，它们是按照事件记录的，如 表 7-4 所示。她正为最近入室盗窃案件的明 显增加而困扰着。

表 7-4　事件检查表

| 月份 | 事件 | | | | |
| --- | --- | --- | --- | --- | --- |
| | 殴打 | 入室盗窃 | 妨碍治安 | 酒后驾驶 | 盗窃 |
| 1 | 2 | 2 | 3 | 6 | 6 |
| 2 | 2 | 1 | 1 | 2 | 4 |
| 3 | 1 | 3 | 2 | 4 | 5 |
| 3 | 2 | 2 | 1 | 2 | 6 |
| 5 | 2 | 4 | 2 | 3 | 7 |
| 6 | 3 | 5 | 4 | 4 | 5 |
| 7 | 2 | 4 | 5 | 3 | 3 |
| 8 | 1 | 7 | 4 | 4 | 5 |
| 9 | 3 | 9 | 2 | 3 | 5 |
| 10 | 2 | 8 | 1 | 2 | 4 |
| 11 | 1 | 10 | 2 | 4 | 5 |
| 12 | 1 | 13 | 2 | 7 | 6 |

**问题**

1. 为每一个事件准备一张走向图。治安官知道入室盗窃的原因吗？哪些变量可能引起入室盗窃？创建一张散点图，以确定一种可能的解释。

2. 月份报告中的妨碍治安和酒后驾驶这两类事件有什么不一样的地方？这种行为的解释是什么？县治安官如何解决这一格局以减少事件的数量？

3. 你是否推荐为殴打和盗窃事件绘制控制图？为什么推荐或不推荐？

4. 根据去年的事件总数绘制一张帕累托图。为什么县治安官没有根据帕累托图的结果在减少事件发生上做一个优先排序？

**案例 7-2　　　　　　　　Mega Bytes 饭店**

Mega Bytes 是一家招待商务旅行者的饭店，它有一个自助式午餐柜台。为了测量顾客满意度，管理者组织了一次问卷调查。在三个月的期限内把问卷分发给就餐者。如图 7-13 所示帕累托图概括的结果，午餐的主要问题是顾客等待就座的时间太长。

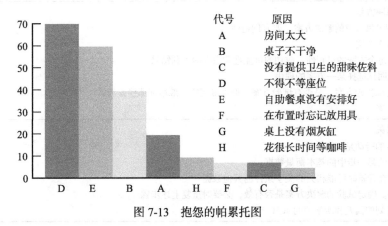

| 代号 | 原因 |
| --- | --- |
| A | 房间太大 |
| B | 桌子不干净 |
| C | 没有提供卫生的甜味佐料 |
| D | 不得不等座位 |
| E | 自助餐桌没有安排好 |
| F | 在布置时忘记放用具 |
| G | 桌上没有烟灰缸 |
| H | 花很长时间等咖啡 |

图 7-13　抱怨的帕累托图

他们成立了一个员工小组去解决这个问题。小组成员们决定采用"七步法"（SSM），它是由威斯康星州麦德逊的 Joiner Associates 公司最先开发的一种结构化的解决问题和改进流程的方法。SSM 引导小组按一个符合逻辑顺序的步骤来推动对问题、潜在原因和可能的解决方案的彻底分析。由

SSM 所规定的结构有助于团队把重点放在正确的问题上，避免在无关的问题上分散精力或做适得其反的努力。SSM 致力于分析而不是列举研究。一般地，分析法注重原因和结果及论断，而列举法注重现有的对象。

应用于 Mega Bytes 的 SSM 七步法见表 7-5。

### 表 7-5 七步法

**第一步　界定项目**

1. 把问题界定为是什么和应该是什么之间的差距（如"顾客反映差错太多，小组的目标是减少差错数量"）
2. 解释为什么这个问题是很重要的，以致必须对它开展研究
   - 解释你如何获知它是一个问题，提供你可能有的任何支持你的数据
   - 列出顾客质量的关键特征，说明弥补这个差距将如何在这些特征方面使顾客受益
3. 确定你用来衡量改进的数据
   - 确定你将使用的数据以提供一个底线，根据它可以衡量改进的结果
   - 提出任何搜集数据所需的操作的定义

**第二步　研究现在的状况**

1. 搜集基本数据并绘制成图（有时可以用历史数据）。通常要用一个变动趋势或控制图来展示基本数据。确定你如何在变动趋势图上描述这些数据，确定你将如何标示坐标轴
2. 制定程序的流程图
3. 提供任何有帮助的概述或视觉辅助物
4. 识别任何对问题有意义的变量。考虑这些变量："是什么""在哪里""多大程度"和"谁"。关于这些变量的数据将被搜集起来以确定问题
5. 设计数据搜集方法
6. 搜集数据，概括你所了解到的变量对问题的影响
7. 确定当前有用的额外信息。重复上述分步骤 2～7，直到再也没有额外有用的信息

**第三步　分析潜在原因**

1. 确定造成现有状况的潜在原因
   - 用第二步搜集的数据和人们的经验来识别可能导致问题的条件
   - 就这些条件绘制因果图
   - 通过查验第二步的数据和人们的经验确定最可能的原因
2. 确定是否还需要更多的数据。若是，重复第二步中的分步骤 2～7
3. 如果可能的话，通过观察或直接控制变量来验证原因

**第四步　实施解决方案**

1. 提出一系列可供考虑的解决方案，要有创造性
2. 决定试用哪个方案
   - 仔细评估每个方案的可行性、成功的可能性和潜在的不利结果
   - 清楚地说明你选择某一方案的理由
3. 确定如何实施优先方案。是否有试验方案，谁负责实施，谁培训那些参与者
4. 实施优先方案

**第五步　检查结果**

1. 确定第四步的行动是否有效
   - 搜集更多的第一步中的基本衡量数据
   - 搜集任何在开始时可能相关的关于条件的其他数据
   - 分析结果。确定试验的解决方案是否有效，必要时重复上述步骤
2. 描述偏离计划的偏差和所学到的东西

（续）

---

**第六步　把改进标准化**

1. 把改进措施制度化
   - 提出把改进制度化的策略并分派责任
   - 实施策略并检查以保证它的成功
2. 确定改进措施是否应在别的地方运用并制订计划

---

**第七步　制订未来计划**

1. 确定你的未来计划
   - 决定差距是否还应再缩小，若是，决定另外一个方案如何实行，将涉及谁
   - 识别有关的应解决的问题
2. 总结项目小组的活动所获的经验，并对将来的项目小组提出建议

---

资料来源：Reprinted with permission from M. Gaudard, R. Coates, and L. Freeman, "Accelerating Improvement," *Quality Progress* 24, no. 10, October 1991, p. 82.

**步骤 1**：界定项目。Mega Bytes 公司的调查结果显示，顾客等待就座的时间太长。大多数顾客是商务旅行者，他们希望能快速就餐或在就餐时能有商讨业务的机会。小组思考了几个诸如"什么时候等待开始的""什么时候结束的""怎样测量"的问题，然后把要解决的问题界定为"等待就座"。

**步骤 2**：研究现在的状况。小组收集了基本数据并把它们绘制成图（见图 7-14）。同时，小组编制了一个安置一批人就座的流程图，还画出了 Mega Bytes 的店堂布局图（见图 7-15）。

基本数据显示，在每周的前几天中等待的顾客的比例比后几天高。然而，因为 Mega Bytes 的大多数顾客是商务旅行者，这个发现在预料之中。一拨就餐者的人数看上去不是什么因素，而把等待超过 1 分钟的

人数的直方图按早晨的不同时间标绘在一起时，发现在高峰时间等待的顾客比清闲时的更多，这一点儿也不奇怪。

但是，等待的原因却很有趣。大多数人一直在等候，既不是因为没有桌子可用，也不是因为在他们喜欢的地方没有桌子。顾客极少因为没有服务员安排他们就座或他们中有人还未到而等候。在这点上，很容易轻率地得出这样的结论：这个问题仅仅通过在每周的早些时候和高峰时期增加一些雇员就能解决。

但是，小组成员们认为需要更多的信息。为什么这些餐桌不能使用，以及座位偏好如何影响候餐时间？随后的数据说明，不能使用的餐桌通常是由于它们需要清理，而不是因为被就餐者占用。数据还显示：大多数的等待者对非吸烟区有偏好。

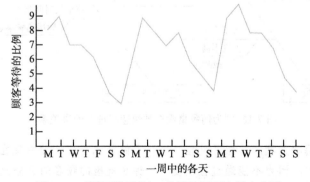

图 7-14　等候时间超过 1 分钟的顾客比例走向图

资料来源：Reprinted with permission from M. Gaudard, R. Coates, and L. Freeman, "Accelerating Improvement," *Quality Progress* 24,no. 10, October 1991, p. 83.

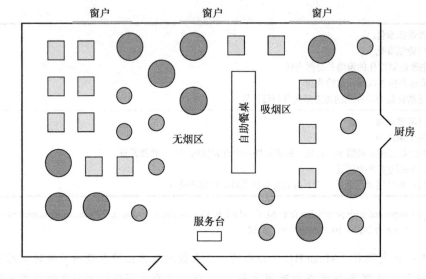

图 7-15 饭店楼面布置图

**步骤 3：分析潜在原因**。制作一个关于"为何餐桌没有被快速清理"的因果图（见图 7-16）。小组得出结论，两个问题（即未清理的餐桌和等候非吸烟区餐桌）最可能的原因可归结为餐桌与厨房的距离，也许还包括现有吸烟与非吸烟餐桌的比例。

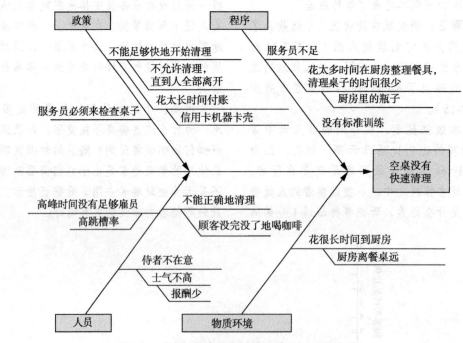

图 7-16 "为何餐桌没有被快速清理"因果关系

**步骤 4：实施解决方案**。小组开发出一系列可能的解决方案。因为不能通过控制变量来验证其结论，小组选择了易于检验的一个方案：在非吸烟区设立临时的工作岗位。不做其他变化，搜集现在候餐时间超过 1 分钟才就座的顾客的百分比数据。

**步骤 5：检查结果**。小组分析了步骤 4 在一个月中搜集的数据结果。如图 7-17 所

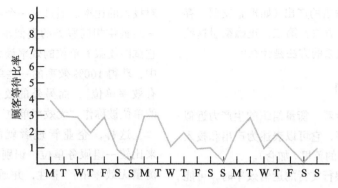

图 7-17　实施方案后等候超过 1 分钟的顾客比率走向图

示，改善很显著。

**步骤 6：把改进标准化。**用永久的工作岗位代替临时的。

**步骤 7：制订未来计划。**小组决定解决顾客抱怨的帕累托图中次高的障碍，即供应快餐的柜台没有被很好地组织。

**Mega Bytes** 案例来源文章的作者写道，在各种情况下运用 SSM 的管理者们发现，这种方法的焦点和约束很有价值，因为它组织得当、有逻辑性而且很透彻。这种方法使用数据而非观点，这也给管理者们留下了印象。他们称赞这一点减少了小组内的争吵，促进了小组成员间的合作和信任。

虽然 SSM 很有价值，但它确实存在一些难点。例如，项目小组已经发现，在前两个步骤中的几个概念很难确立。尤其是小组可能在阐明问题时遇到麻烦，因为存在把解决方案想象成问题的倾向。在 Mega Bytes 案例中，小组必须避免把问题等同于服务员太少、"餐桌不够"或"服务员要更快地工作"。实际的问题应被正确地认识为"顾客必须等待很长时间"。

另一个令研究小组感到棘手的概念是集中，它是一个把焦点对准的问题变得越来越小的关键点的过程。这个概念开始时就被证明是困难的，因为小组成员们还没有把"改善应由顾客需求驱动"的观念内在化。

一些研究小组经历了其他各种各样的困难。有时，小组成员认识不到搜集精确数据的好处，或者他们不知道怎样用基本数据来验证一个方案。一些成员难以保持开放的思维，结果是：对于他们感到无关的变量，他们就排斥对这些变量的效果做调查。在有些情况下，成员们必须学习新技能。例如，怎样用委婉的方式从系统中的工人身上获得信息。最后，组织问题也同样需要解决，诸如安排会议的时间和获得合作者的支持。

**问题**

1. SSM 与戴明的 PDCA 循环有什么不同？
2. 准备一份关于问题的因果图或鱼骨图，例如"为何顾客等很长时间咖啡才能来"，你的鱼骨图必须和图 7-16 相似，分析的主要原因为：政策、程序、人员和物质环境。
3. 你如何解决研究小组运用 SSM 时遇到的困难？

**附录 7A**

## 数据包络分析（DEA）

企业管理者如何评估快餐分销店、银行支行、健康诊所或小学的生产力？衡量生产力有

三重困难：第一，什么是系统适当的投入（如劳动力时间、材料金额）及其度量方法？第

二，什么是系统适当的产出（如现金支票、存款凭证）及其度量方法？第三，正确衡量这些投入与产出之间关系的方法是什么？

## 衡量服务生产力

从工程学角度看，衡量组织的生产力近似于衡量系统的效率，它可以表述为产出和投入的比率（如机动车的英里/加仑）。

例如，评估银行支行的运营效率时，可能用一个会计比率，如每笔出纳交易的成本。相对于其他支行，一家支行的比率较高，则可认为其效率较低。但是较高的比率可能是源于一个更复杂的交易组合，如从事开户业务又同时销售 CD 的支行就比只经营简单交易（如存款和兑现）的支行每笔交易要花更多的时间。运用简单比率的问题就在于产出组合没有明确。关于投入组合，也能做出同样的评论。比如，一些支行除了雇用出纳员外，可能还有自动柜员机，这项技术的应用可能会影响每笔出纳交易的成本。

泛基础上的指标，如盈利性或投资回报，和全面绩效评估高度相关，但它们不足以评估服务单位的运营效率。比如，人们不能得出如下结论：一家盈利的支行必定在雇员和其他投入的使用上是有效率的。盈利性业务的比率高于平均水平比资源运用的成本效率更能解释其盈利性。

### 7A.1.1 DEA 模型

幸运的是，目前已开发出了一项技术，通过明确地考虑多种投入（即资源）的运用与多种产出（即服务）的产生，它能够用来比较提供相似服务的多个服务单位之间的效率。这项技术称为"数据包络分析"（DEA）。它围绕开发每项服务的标准成本的需要，因为它可以把多种投入和多种产出转化为效率比率的分子和分母，而不用转换成相同的美元单位。因此，效率的 DEA 衡量可以清晰地说明投入和产出的组合，从而，它比一套经营比率或利润指标更具综合性，更值得信赖。

DEA 是一个线性规划模型，表示为产出对投入的比率。通过对一个特定单位的效率和一组提供相同服务的类似单位的绩效的比较，它试图使服务单位的效率最大化。在这个过程中，获得 100% 效率的一些单位被称为"相对有效率单位"，而另外的效率评分低于 100% 的单位被称作"无效率单位"。

这样，企业管理者就能运用 DEA 模型来比较一组服务单位，识别相对无效率单位，衡量无效率的严重性，并通过对无效率和有效率单位的比较，发现降低无效率的方法。Charnes、Cooper 和 Rhodes 用公式表示了 DEA 线性规划模型，该模型被称为"CCR 模型"。

### 1. 定义变量

设 $E_k$（$k=1, 2, \cdots, K$）为第 $k$ 个单位的效率比率，这里 $K$ 代表评估单位的总数。

设 $u_j$（$j=1, 2, \cdots, M$）为第 $j$ 种产出的系数，这里 $M$ 代表所考虑的产出种类的总数。变量 $u_j$ 用来衡量产出价值降低一个单位带来的相对的效率下降。

设 $v_i$（$i=1, 2, \cdots, N$）为第 $i$ 种投入的系数，这里 $N$ 代表所考虑的投入种类的总数。变量 $v_i$ 用来衡量投入价值降低一个单位带来的相对的效率增加。

设 $O_{jk}$ 为一定时期内由第 $k$ 个服务单位所创造的第 $j$ 种产出的观察到的单位的数量。

设 $I_{ik}$ 为一定时期内由第 $k$ 个服务单位所使用的第 $i$ 种投入的实际的单位数量。

### 2. 目标函数

目标是找出一组伴随每种产出的系数 $u$ 和一组伴随每种投入的系数 $v$，从而给被评估的服务单位最高的可能效率。

$$\max E_e = \frac{u_1 O_{1e} + u_2 O_{2e} + \cdots + u_M O_{Me}}{v_1 I_{1e} + v_2 I_{2e} + \cdots + v_N I_{Ne}} \quad (7-3)$$

式中，$e$ 是被评估单位的代码。

这个函数满足这样一个约束条件：当同一组投入和产出的系数（$u_j$ 和 $y_i$）用于所有其他对比服务单位时，没有一个服务单位将超过 100% 的效率或超过 1.0 的比率。

约束条件：

$$\frac{u_1O_{1e} + u_2O_{2e} + \cdots + u_MO_{Me}}{v_1I_{1e} + v_2I_{2e} + \cdots + v_NI_{Ne}} \leqslant 1.0 \quad (k = 1, 2, \cdots, K) \tag{7-4}$$

式中，所有系数值都是正的且非零。

为了用标准线性规划软件求解这个有分数的线性规划，需要进行变形。要注意，目标函数和所有约束条件都是比率而不是线性函数。通过把所评估单位的投入人为地调整为总和 1.0，这样式（7-3）的目标函数可以重新表述为：

$$u_1O_{1k} + u_2O_{2k} + \cdots + u_MO_{Mk} - (v_1I_{1k} + v_2I_{2k} + \cdots + v_NI_{Nk}) \leqslant 0 \quad k = 1, 2, \ldots, K \tag{7-7}$$

式中

$$u_j \geqslant 0 \qquad j = 1, 2, \ldots, M$$
$$v_i \geqslant 0 \qquad i = 1, 2, \ldots, N$$

**3. 样本量**

服务单位的样本数量问题是由在分析中比较所挑选的投入和产出变量的数量所决定的。

$$\max E_e = u_1O_{1e} + u_2O_{2e} + \cdots + u_MO_{Me} \tag{7-5}$$

满足以下约束条件：

$$v_1I_{1e} + v_2I_{2e} + \cdots + v_NI_{Ne} = 1 \tag{7-6}$$

对于各服务单位，式（7-4）的约束条件可类似地转化为：

下列关系式把分析中所使用的服务单位数量 $K$ 和所考虑的投入种类数 $N$ 与产出种类数 $M$ 联系起来，它是基于实证研究和 DEA 实践的经验：

$$K \geqslant 2(N + M) \tag{7-8}$$

## ⊙ 例 7-3

### Burger Palace

一家创新的只服务于驾车路过顾客的汉堡包连锁店已经在几个不同的城镇建立了六家分店。各家分店坐落于狭长形购物中心的停车场。它们只提供包括一块汉堡包、煎炸食品和一杯饮料的标准餐。管理者决定用 DEA 来识别哪家分店最有效地使用资源，然后让效率不高的分店分享其经验和知识，从而提高生产力。表 7-6 概括了两种投入的数据：在典型的午餐时间内制作 100 份快餐的产出所花费的劳动工时和材料金额。通常，各服务单位的产出是不同的。但在本例中，我们使产出相等以便把各店生产力图表化。如图 7-18 所示，服务单位 $S_1$、$S_3$ 和 $S_6$ 连接起来形成了运用劳动工时和材料资源制作 100 份快餐的各种可选择方法的效率—生产力边界。可见，那些有效率的单位定义了一个包括所有无效单位的包——这就是称这种处理为"数据包络分析"的原因。

对于这个简单的例子，我们可以通过检验、观察无效率单位所运用的超额投入来识别有效率的单位（如 $S_2$ 如果少用 50 美元材料就会像 $S_3$ 一样有效率）。然而，为了获得对 DEA 的理解，我们将用公式表示每个单位的线性规划问题，然后解出它们来确定效率评分和其他信息。

**表 7-6 Burger Palace 投入产出概括**

| 服务单位 | 所售餐数 | 工时 | 材料金额（美元） |
|:---:|:---:|:---:|:---:|
| 1 | 100 | 2 | 200 |
| 2 | 100 | 4 | 150 |
| 3 | 100 | 4 | 100 |
| 4 | 100 | 6 | 100 |
| 5 | 100 | 8 | 80 |
| 6 | 100 | 10 | 50 |

首先我们用式（7-5）、式（7-6）和式（7-7）来描述第一个服务单位 $S_1$ 的线性规划公式。

$$\max E(S_1) = u_1 100$$

约束条件为：

$$u_1 100 - v_1 2 - v_2 200 \leqslant 0$$
$$u_1 100 - v_1 4 - v_2 150 \leqslant 0$$
$$u_1 100 - v_1 4 - v_2 100 \leqslant 0$$
$$u_1 100 - v_1 6 - v_2 100 \leqslant 0$$
$$u_1 100 - v_1 8 - v_2 800 \leqslant 0$$
$$u_1 100 - v_1 10 - v_2 50 \leqslant 0$$
$$v_1 2 + v_2 200 = 1$$
$$u_1, v_1, v_2 \geqslant 0$$

关于其他服务单位相似的线性规划问题也用公式表示出来（或修改 $S_1$ 线性规划问题更好），并且用适当的产出函数代替目标函数，

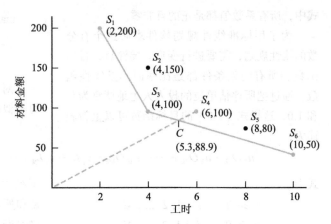

图 7-18 Burger Palace 的生产力边界

用适当的投入函数代替最后一个条件。约束条件 1～6 把所有的服务单位都限制在不超过 100% 效率范围内，它们在所有问题中都维持不变。

通过每次运行的间隙编辑数据文件，这一组 6 个线性规划问题用 Excel Solver 7.0 来求解用不了 5 分钟。因为所有服务单位的产出都是 100 份快餐，只是最后一个条件必须修改，用表 7-6 中被评估单位的适当的劳动力和材料投入值替换。

使用 "Linear Programming Excel Add-in" 时，Burger Palace 的单位 1 的数据文件如图 7-19 所示。各单位的线性规划结果如表 7-7 所示，表 7-8 概括了这些结果。

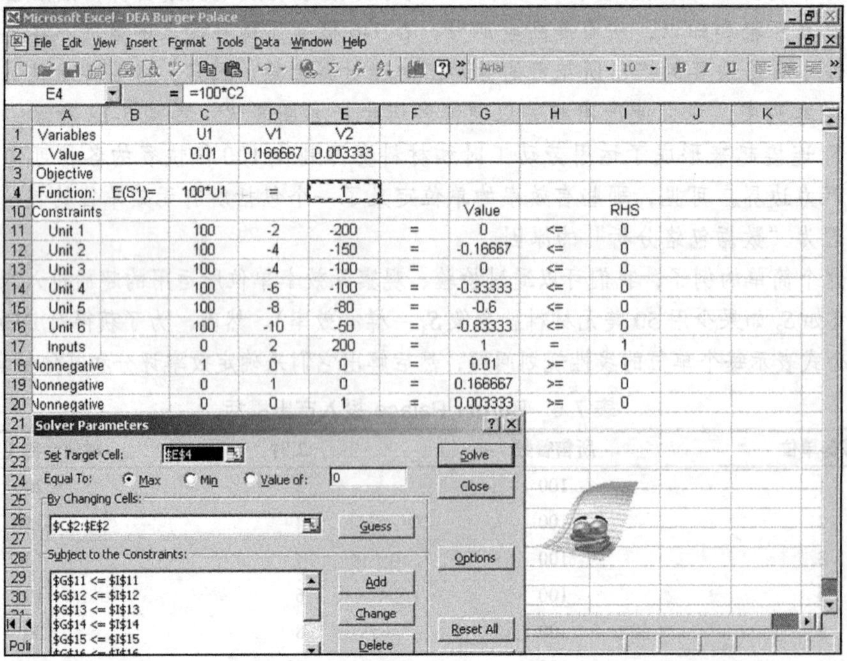

图 7-19 Burger Palace 中单位 1 的 DEA 分析 Excel 数据文件

表 7-7　Burger Palace DEA 研究的 LP 解

| | | | | | | | |
|---|---|---|---|---|---|---|---|
| 单位 1 的结果概述 | | | | | | | 第 1 页 |

| 变量 | | 解 | 机会成本 | 变量 | | 解 | 机会成本 |
|---|---|---|---|---|---|---|---|
| 编号 | 名称 | | | 编号 | 名称 | | |
| 1 | U1 | +1.000 000 0 | 0 | 6 | S3 | 0 | 0 |
| 2 | V1 | +.1666 666 7 | 0 | 7 | S4 | +33.333 336 | 0 |
| 3 | V2 | +.0033 333 3 | 0 | 8 | S5 | +60.000 000 | 0 |
| 4 | S1 | 0 | +1.000 000 0 | 9 | S6 | +83.333 336 | 0 |
| 5 | S2 | +16.666 670 | 0 | 10 | A7 | 0 | +100.000 00 |

目标函数最大值 =100　　　　迭代 =4

| | | | | | | | |
|---|---|---|---|---|---|---|---|
| 单位 2 的结果概述 | | | | | | | 第 1 页 |

| 变量 | | 解 | 机会成本 | 变量 | | 解 | 机会成本 |
|---|---|---|---|---|---|---|---|
| 编号 | 名称 | | | 编号 | 名称 | | |
| 1 | U1 | +0.857 142 87 | 0 | 6 | S3 | 0 | +0.714 285 73 |
| 2 | V1 | +0.142 857 15 | 0 | 7 | S4 | +28.571 430 | 0 |
| 3 | V2 | +0.002 857 14 | 0 | 8 | S5 | +51.428 574 | 0 |
| 4 | S1 | 0 | +0.285 714 30 | 9 | S6 | +71.428 574 | 0 |
| 5 | S2 | +14.285 717 | 0 | 10 | A7 | 0 | +85.714 287 |

目标函数最大值 =85.714 29　　　　迭代 =4

| | | | | | | | |
|---|---|---|---|---|---|---|---|
| 单位 3 的结果概述 | | | | | | | 第 1 页 |

| 变量 | | 解 | 机会成本 | 变量 | | 解 | 机会成本 |
|---|---|---|---|---|---|---|---|
| 编号 | 名称 | | | 编号 | 名称 | | |
| 1 | U1 | +1.000 000 0 | 0 | 6 | S3 | 0 | +1.000 000 0 |
| 2 | V1 | +0.062 500 00 | 0 | 7 | S4 | +12.500 000 | 0 |
| 3 | V2 | +0.007 500 00 | 0 | 8 | S5 | +10.000 001 | 0 |
| 4 | S1 | +62.500 000 | 0 | 9 | S6 | 0 | 0 |
| 5 | S2 | +37.500 008 | 0 | 10 | A7 | 0 | +100.000 00 |

目标函数最大值 =100　　　　迭代 =3

| | | | | | | | |
|---|---|---|---|---|---|---|---|
| 单位 4 的结果概述 | | | | | | | 第 1 页 |

| 变量 | | 解 | 机会成本 | 变量 | | 解 | 机会成本 |
|---|---|---|---|---|---|---|---|
| 编号 | 名称 | | | 编号 | 名称 | | |
| 1 | U1 | +0.888 888 90 | 0 | 6 | S3 | 0 | +0.777 777 79 |
| 2 | V1 | +0.055 555 56 | 0 | 7 | S4 | +11.111 112 | 0 |
| 3 | V2 | +0.006 666 67 | 0 | 8 | S5 | +8.888 889 3 | 0 |
| 4 | S1 | +55.555 553 | 0 | 9 | S6 | 0 | +0.222 222 24 |
| 5 | S2 | +33.333 340 | 0 | 10 | A7 | 0 | +88.888 885 |

目标函数最大值 =88.888 89　　　　迭代 =3

| | | | | | | | |
|---|---|---|---|---|---|---|---|
| 单位 5 的结果概述 | | | | | | | 第 1 页 |

| 变量 | | 解 | 机会成本 | 变量 | | 解 | 机会成本 |
|---|---|---|---|---|---|---|---|
| 编号 | 名称 | | | 编号 | 名称 | | |
| 1 | U1 | +0.909 090 88 | 0 | 6 | S3 | 0 | +0.454 545 47 |
| 2 | V1 | +0.056 818 18 | 0 | 7 | S4 | +11.363 637 | 0 |
| 3 | V2 | +0.006 818 18 | 0 | 8 | S5 | +9.090 910 0 | 0 |
| 4 | S1 | +56.818 180 | 0 | 9 | S6 | 0 | +0.545 454 50 |
| 5 | S2 | +34.090 916 | 0 | 10 | A7 | 0 | +90.909 088 |

（续）

| 目标函数最大值 =90.909 09 | | | | | | 迭代 =4 | |
|---|---|---|---|---|---|---|---|
| 单位 6 的结果概述 | | | | | | | 第 1 页 |
| 变量 | | 解 | 机会成本 | 变量 | | 解 | 机会成本 |
| 编号 | 名称 | | | 编号 | 名称 | | |
| 1 | U1 | +1.000 000 0 | 0 | 6 | S3 | 0 | 0 |
| 2 | V1 | +0.062 500 00 | 0 | 7 | S4 | +12.500 000 | 0 |
| 3 | V2 | +0.007 500 00 | 0 | 8 | S5 | +10.000 001 | 0 |
| 4 | S1 | +62.500 000 | 0 | 9 | S6 | 0 | +1.000 000 0 |
| 5 | S2 | +37.500 008 | 0 | 10 | A7 | 0 | +100.000 00 |
| 目标函数最大值 =100 | | | | | | 迭代 =4 | |

**表 7-8　DEA 结果概述**

| 服务单位 | 效率评分 (E) | 效率参照集 | 相对工时值 ($V_1$) | 相对材料值 ($V_2$) |
|---|---|---|---|---|
| $S_1$ | 1.000 | N.A. | 0.166 7 | 0.003 3 |
| $S_2$ | 0.857 | $S_1$ (0.285 7) | 0.142 8 | 0.002 8 |
| | | $S_3$ (0.714 3) | | |
| $S_3$ | 1.000 | N.A. | 0.062 5 | 0.007 5 |
| $S_4$ | 0.889 | $S_3$ (0.777 8) | 0.055 5 | 0.006 7 |
| | | $S_6$ (0.222 2) | | |
| $S_5$ | 0.901 | $S_3$ (0.454 5) | 0.056 8 | 0.006 8 |
| | | $S_6$ (0.545 4) | | |
| $S_6$ | 1.000 | N.A. | 0.062 5 | 0.007 5 |

在表 7-7 中我们发现，DEA 识别出了和图 7-18 所示的相同的有效率单位。单位 $S_2$、$S_4$ 和 $S_5$ 在不同程度上是无效率的。表 7-7 还给出了和每个无效率单位相关的效率参照系。每个无效率单位都有一批与之相联系的有效率单位，它们限定了其生产力。如图 7-18 所示，把有效率单位 $S_1$、$S_3$ 和 $S_6$ 连接成一条线从而决定了效率边界。从原点到无效率单位 $S_4$ 画一条虚线，它和边界相交，因而，定义了 $S_4$ 为无效率的单位。在表 7-8 中，和每个效率参照系的组相对的圆括号中的值（即，0.777 8 对 $S_3$，0.222 2 对 $S_6$）代表了计算 $S_4$ 的效率等级时赋予该效率单位的相对权数。这些相对权数就是在线性规划方案中与各自的效率单位约束条件相联系的影子价格（注意表 7-7 中，对于单位 4，这些权数表现为 $S_3$ 和 $S_6$ 的机会成本）。

与劳动工时和材料投入相关联的 $v_1$ 和 $v_2$ 的值分别用来衡量每个单位减少投入量所带来的效率相对增量。对于 $S_4$，每个单位减少劳动工时引起效率增加 0.055 5。单位 $S_4$ 要成为有效率的，它必须使其效率等级增加 0.111 点，这可以通过减少 2 小时的劳动力使用来达到（即 2 小时 ×0.055 5=0.111）。注意，通过减少劳动工时，单位 $S_4$ 就等同于有效率单位 $S_3$ 了。另一个可选择方案是通过减少 16.57 美元的使用材料（即，0.111 / 0.006 7=16.57）来达到。这两种方式的任意线性组合都可使 $S_4$ 达到由连接有效率单位 $S_3$ 和 $S_6$ 的线段所限定的生产力边界。

表 7-9 包含假设单位 C 的计算。C 是一个复合参照单位，是由参照系 $S_3$ 和 $S_6$ 的加权投入决定的。图 7-18 中的这个复合参照单位 C 就位于生产力边界和原点至 $S_4$ 的虚线的交点。这样，与参照单位 C 比较，无效率单位 $S_4$ 使用超额的投入：0.7 个劳动工时和 11.1 美元材

料金额。

DEA 提供了许多机会，使一个无效率单位相对于其效率单位参照系而言是有效率的。在实践中，管理者基于对成本、实践性和可行性的评估，会选择一个特定的方案。但是，寻求变化的动机是清楚的（即别的单位确实能用较少的资源取得相似的产出）。

**表 7-9　单位 $S_4$ 超量投入的计算**

| 产出和投入 | 参照集 | | 复合参照单位 C | 超量投入 |
|---|---|---|---|---|
| | $S_3$ | $S_6$ | $S_4$ | |
| 快餐数 | $(0.777\,8) \times 100 + (0.222\,2) \times 100 = 100$ | | 100 | 0 |
| 工时 | $(0.777\,8) \times 4\ \ + (0.222\,2) \times 10 =\ \ \ 5.3$ | | 6 | 0.7 |
| 材料（美元） | $(0.777\,8) \times 100 + (0.222\,2) \times 50 =\ \ \ 88.9$ | | 100 | 11.1 |

### 7A.1.2　DEA 和战略规划

与盈利性分析结合使用时，DEA 可以更有效地用于多场所服务企业的战略规划（例如，连锁酒店）。

图 7-20 给出了一个矩阵，表示将效率和盈利性结合的四种可能性。

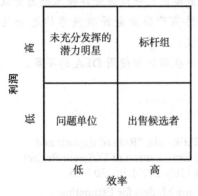

图 7-20　DEA 战略矩阵

矩阵的左上象限（即未充分发挥的潜力明星）提示我们：高利润经营的单位可能缺乏效率，因而，它们具有未实现的潜力。把它们与类似单位做对比，有效率单位能提示更有效率的运营从而带来更多利润的方法。

明星在右上象限（即标杆组）。这些有效率的单位同时也是高盈利的，因而，以它们作为榜样可供其他单位从经营效率和产生高收入的市场成功两方面仿效。

右下象限（即出售候选者）是有效率但无盈利的单位。它们在盈利潜力上有限，也许是因为选址太差。应该卖掉它们，为在新地区扩展业务提供资金。

对于左下象限（即问题单位）采取何种战略则不清楚。若利润潜力有限，对有效率的经营单位的投资可能产生一个未来的出售候选者。

---

练习题

1. 对 Burger Palace 做一个对单位 $S_2$ 的效率改进可选方案的完整分析，并确定一个复合参照单位。

2. 对 Burger Palace 做一个对单位 $S_5$ 的效率改进可选方案的完整分析，并确定一个复杂参照单位。

3. 对于例 Burger Palace，若去掉一个无效率单位（如 $S_2$），对分析有何影响？

4. 对于例 Burger Palace，若去掉一个有效率单位（如 $S_6$），对分析有何影响？

---

案例 7-3　　　　　　　　中大西洋巴士公司

中大西洋巴士公司是由 Trailways 公司的一群管理人员在其公司被 Greyhound 公司收购时建立的。在重要滨海城市之间，从宾夕法尼亚的费城直至佛罗里达的杰克逊维尔，他们开始了一流的快速巴士服务。通过雇用被 Trailways 公司解雇的司机、租用客车，他们在每个城市授予当地企业特许经营权。这些当地企业拥有经营一个中大西洋巴士站的权力。巴士站的经营者可以留存一定比例的顾客票款和货物费以弥补其成本并创造利润。经过几个月的运作，一些特许经营商抱怨利润不多，并威胁要关闭其巴士站，但是，其他特许经营商对他们的生意很满意，于是公司对所有巴士站的运营进行了调查。表 7-10 列出了在几周内搜集到的平均每日的经营情况。

**表 7-10 中大西洋巴士公司的产出和投入**

| 巴士站 | 服务的城市 | 车票收入 | 货物收入 | 工时 | 设施费（美元） |
|---|---|---|---|---|---|
| 1 | 费城 | 700 | 300 | 40 | 500 |
| 2 | 巴尔的摩 | 300 | 600 | 50 | 500 |
| 3 | 华盛顿 | 200 | 700 | 50 | 400 |
| 4 | 里士满 | 400 | 600 | 50 | 500 |
| 5 | 拉里 | 500 | 400 | 40 | 400 |
| 6 | 查尔顿城 | 500 | 500 | 50 | 500 |
| 7 | 萨凡纳 | 800 | 500 | 40 | 600 |
| 8 | 杰克逊维尔 | 300 | 200 | 30 | 400 |

**问题**

1. 用 DEA 识别有效率和无效率的巴士站。将该问题写成一个线性规划模型，然后用计算机软件运算，如允许在运行中输入文件进行编辑的 Excel 规划求解。

2. 确定合适的参照巴士站作为参考，对每个无效率的巴士站就资源投入提出建议。

3. 就提高产出对最没有效率的巴士站提出建议。

4. 讨论在该例中使用 DEA 的不足。

## 参考文献

Anand, Alan Gopesh, Peter T. Ward, and Mohan V. Tatikonda. "Role of Explicit and Tacit Knowledge in Six Sigma Projects: An Empirical Examination of Different Project Success." *Journal of Operations Management* 28, no. 4 (July 2010), pp. 303–15.

Banker, Rajiv D., A. Charnes, and W. W. Cooper. "Some Models for Estimating Technical and Scale Inefficiencies in Data Envelopment Analysis." *Management Science* 30, no. 9 (September 1984), pp. 1078–92.

Brenner, Mary J., and Francisco M. Veloso. "ISO 9000 Practices and Financial Performance: A Technology Coherence Perspective." *Journal of Operations Management* 26, no. 5 (September 2008), pp. 611–29.

Chakraborty, Ayon, and Tan Kay Chuan. "An Empirical Analysis on Six Sigma Implementation in Service Organisations." *International Journal of Lean Six Sigma* 4, no. 2 (2013), pp. 141–70.

Cooper, W. W., L. M. Seiford, and K. Tone. *Introduction to Data Envelopment Analysis with DEA-Solver Code and References.* New York: Springer, 2006.

Drotz, Erik, and Bozena Poksinska. "Lean in Healthcare from Employees' Perspectives." *Journal of Health Organization and Management* 28, no. 2 (2014), pp. 177–95.

Gabow, Patricia A., and Philip L. Goodman. *The Lean Prescription: Powerful Medicine for Our Ailing Healthcare System.* London: CRC Press, 2014.

George, Michael L., David Rowlands, and Bill Kastle. *What Is Lean Six Sigma?* New York: McGraw-Hill, 2003.

LaGanga, Linda R. "Lean Service Operations: Reflections and New Directions for Capacity Expansion in Outpatient Clinics." *Journal of Operations Management* 29, no. 5 (July 2011), pp. 422-33.

Martinez-Costa, Micaela, et al. "ISO 9000/1994, ISO 9001/2000 and TQM: The Performance Debate Revisited." *Journal of Operations Management* 27, no. 6 (December 2009), pp. 495-511.

Nair, Anand, Manoj K. Malhotra, and Sanjay L. Ahire. "Toward a Theory of Managing Context in Six Sigma Process-Improvement Projects: An Action Research Investigation." *Journal of Operations Management* 29, no. 5 (July 2011), pp. 529-48.

Psychogios, Alexandros G., Jane Atanasovski, and Loukas K. Tsironis. "Lean Six Sigma in a Service Context: A Multifactor Application Approach in the Telecommunications Industry." *International Journal of Quality & Reliability Management* 29, no. 1 (2012), pp. 122-39.

Schroeder, Roger G., et al. "Six Sigma: Definition and Underlying Theory." *Journal of Operations Management* 26, no. 4 (July 2008), pp. 536-54.

Shah, Rachna, and Peter T. Ward. "Defining and Developing Measures of Lean Production." *Journal of Operations Management* 25, no. 4 (June 2007), pp. 785-805.

Singh, Prakash J., Damien Power, and Sum Chee Chuong. "A Resource Dependence Theory Perspective of ISO 9000 in Managing Organizational Environment." *Journal of Operations Management* 29, no. 1 (January 2011), pp. 49-64.

Staats, Bradley R., David James Brunner, and David M. Upton. "Lean Principles, Learning, and Knowledge Work: Evidence from a Software Service Provider." *Journal of Operations Management* 29, no. 5 (July 2011), pp. 376-90.

White, Sheneeta W., and Sanjeev K. Bordoloi. "A Review of DEA-based Resource and Cost Allocation Models: Implications for Services." *International Journal of Services and Operations Management* 20, no. 1 (2014), pp. 86-101.

Wickramasinghe, Nilmini. "Lean Principles for Healthcare." In *Lean Thinking for Healthcare*. Eds. Nilmini Wickramasinghe et al. New York: Springer, 2014. pp. 3-11.

Zu, Xingxing, Lawrence D. Fredendall, and Thomas J Douglas. "The Evolving Theory of Quality Management: The Role of Six Sigma." *Journal of Operations Management* 26, no. 5 (September 2008), pp. 630-50.

## 注释

1. David Wessel, "With Labor Scarce, Service Firms Strive to Raise Productivity," *The Wall Street Journal,* June 1, 1989, p. 1.
2. Michael Brassard and Diane Ritter, *The Memory Jogger II* (Methuen, MA: GOAL/QPC 1994), pp. 115-31.
3. D. Daryl Wyckoff, "New Tools for Achieving Service Quality," *Cornell HRA Quarterly* 25, no. 3 (November 1984), pp. 78-91.
4. W. Edwards Deming, *Quality, Productivity, and Competitive Position* (Cambridge, MA: MIT Center for Advanced Engineering Study, 1982).
5. http://www.isixsigma.com.
6. http://www.leanmanufacturingtools.org/551/creating-a-value-stream-map/.
7. James P. Womack, "An Action Plan for Lean Services," presentation at Lean Service Summit, Amsterdam, June 23, 2004.
8. Reprinted and selectively adapted with permission from M. Gaudard, R. Coates, and L. Freeman, "Accelerating Improvement," *Quality Progress* 24, no. 10 (October 1991), pp. 81-88.
9. A. Charnes, W. W. Cooper, and E. Rhodes, "Measuring the Efficiency of Decision Making Units," *European Journal of Operations Research* 2, no. 6 (November 1978), pp. 429-44. (The "CCR" Model.)

第 **8** 章

# 服务设施定位

**│ 学习目标 │**

通过本章学习，你应该能够：

1. 解释竞争集群和市场饱和度的差异。
2. 解释互联网对选址决策的影响。
3. 描述地理信息系统是如何运用于选址决策中的。
4. 区分欧几里得法和都市测距度量方法之间的区别。
5. 用交叉中值法定位单一设施。
6. 用哈夫零售选址模型来评估一个潜在地点的收入和市场份额。
7. 用集合覆盖模型定位多项设施。

　　获取组织数据并应用于地理定位的能力增强了决策能力，也是 MapInfoPro™ [一个由 Pitney Bowes 提供的地理信息系统（GIS）] 所说的"地理商业智能"。将定位整合到日常运营中有助于组织获得显著的分析优势和运营优势。地理商业智能可以帮助回答例如下一间店应该开在哪里，哪里的市场更易受到竞争影响以及像手机信号基站或者 ATM 机等设施应该设置在哪里的问题。

　　当特许经营人投资一项新的业务时，合同里会标明他的特许经营区域和区域内的住宅数量。特许经营区域和相关的采购价格由区域内可接触到的家庭数量和社会经济数据决定。无论如何，精确的地理数据对解决势力范围侵权纠纷至关重要。比如，MapInfoPro™ 能够快速验证地址的准确性并且解决特许经营区域的纠纷。此外，最新的街道信息让达美乐比萨能够通过计算新增住房来提升运送范围，从而专注于直销业务。通过使用最新的地址信息，达美乐的调度员能够直接将订单电话转移到最近的门店，从而减少递送时间。该项目的实施也让达美乐能够快速管理和更新自己的商业势力范围。未知的地址已经成为过去。真正的赢家是拥有了提升的订购体验和快速送达的顾客。[1]

## 8.1　本章概要

本章首先讨论战略定位的问题，如运用竞争集群或饱和营销战略吸引顾客到服务网点。其他的服务交付战略如使用营销中介和互联网，可使顾客不需要出行，不过，地点位置的选择要考虑诸如成本和有技能的工人的可用性等因素。地理信息（例如，分布在整个市场区域的需求特点）是要考虑的关键定位模型。本章包括了建立模型要考虑的内容，并温习了单一和多设施系统情况下的若干设施定位技术。

## 8.2　战略定位

在对 La Quinta 汽车旅馆的研究中，我们发现了为什么一些旅馆能够成功，而有的却失败了。成功旅馆的战略定位有以下特点：灵活性、竞争力定位、需求管理和聚焦。[2]

选址的灵活性用于服务行业对经济状况影响程度的度量，因为位置的选择是对未来长期的资本密集流动的保证，选择一个能反映未来经济趋势、人口流动、文化和竞争变化方向的地点是非常必要的。例如，把地址定在某些州能够降低由于金融危机导致区域经济下滑带来的风险。这种多点选址的投资组合方式能够增加周围的无弹性需求（例如把宾馆的位置选择在会议中心旁边）。

竞争力定位是指公司通过与竞争对手比较来建立自身优势的方式。多点选址能够通过建立企业的竞争地位和市场意识来设置一个竞争障碍。在市场还没有发展起来的时候，获取和持有黄金地段能够保持获取这些理想地段的优势，并人为地制造进入该市场的障碍（类似于一个产品专利）。

需求管理是一种控制产品质量、数量和需求时段的能力。例如，宾馆的运营能力是一定的，因为内部设施本来就是固定的，但是宾馆却无法依靠预测一个提供稳定需求的市场来控制市场变化的需求，还需要考虑经济条件、一周中具体时段、季节等因素。

聚焦这个概念的意思是很多网点提供了相同的较为专一化的服务。许多设有多个网点的服务公司研发设计了一个标准的便利网点，可以用来复制，而这个千篇一律的办法对于公司扩张很有利，位置比较靠近的网点很容易从对方那里吸引业务量。但如果这家公司建立一个理想的增长模式服务于多点布局的话，这个问题就能够避免。

下面我们要讨论另一个战略定位的问题，即竞争集群（它通常用于选购品）与饱和营销战略。其他一些战略方式是对服务营销的延伸，并超越了一定的地理范围。例如运用市场营销中介，避免购物出行的沟通替代品，前台和后台办公的物理区隔，最终通过互联网把它们组合起来实现全球服务的功能。

### 8.2.1　竞争集群

"竞争集群"是对顾客在众多竞争对手之间选择时所表现出来的消费行为的反应。当顾客购买像新旧汽车这样的商品时，他们喜欢进行比较。为了便利，他们更乐意在众多竞争者集中的地区进行搜寻。

通过对像 La Quinta 这样的汽车旅馆的观察发现，定位于众多竞争者集中地区的旅馆比在相对孤立地区定位的旅馆有更高的客房入住率。对部分服务业来说，在竞争者附近场所定位以获得非常利润的策略看起来有些让人惊奇。

### 8.2.2 饱和营销

Au Bon Pain 是一家以其独特的三明治、法国面包和月形面包出名的咖啡店，它采纳了曾在欧洲广为流行的饱和营销策略。该策略的主导思想是，在城市和其他交通流量大的地区集中定位许多相同的公司或商店。该公司单在波士顿的闹市区就开设了 25 家快餐店，其中许多店铺面积不足 100 平方英尺⊖。实际上，仅在 Filene 公寓商厦的不同楼层就开了 5 家店铺——具备了降低广告费用、便于监督以及便于顾客识别等优势，特别是当这些优点集中在一起时，将会提高竞争能力，远远比那些劣势更有价值。这种策略在一些人口密集区或闹市区的定位中会发挥出更大作用，采取这种定位方式的商店更能在有限的时间内将顾客"拉"去购物或吃饭。[3]

夏天我们参观芬兰的赫尔辛基期间，发现这种方法的成功得到了更为明显的印证。在当漫步街头时，我们注意到，几乎在闹市的街头巷尾都有同一家公司的冰激凌贩卖车。对于路人来说，看到这种贩卖车的第一眼，心里就有了消费的念头，当再一次见到时，消费几乎就无可避免了。

聚集在一处的汽车销售商之所以能吸引顾客远道而来，是因为它们提供了便利的一站式比较购物的服务。
©Bob Daemmrich/The Image Works

### 8.2.3 营销中介

服务的生产和消费同时发生，从而导致从有形产品生产所开发出来的"分销渠道"的概念必须加以扩充。因为服务是无形的，而且不能存储或运输，服务的地理区域受到限制。然而，服务的分销渠道可以利用存在于生产商和顾客之间的不同组织中介来扩展。

詹姆斯·H. 唐纳利（James H.Donnelly）列举了许多实例来说明一些服务如何开创出不受地理限制的业务领域。[4]一家开展银行信用卡业务的零售商就是信用卡的分销中介。花旗银行并不限制其 VISA 卡在好市多的使用，它得到了全世界商人的尊敬。一个健康维护组织（HMO）通过增加一站式服务的适用性和方便性起到了从业者和病人之间的中介作用，在病

---

⊖ 1 平方英尺 =0.093 平方米。

人和执业医生之间起到一个媒介的作用。由雇主和工会共同签署的集体保险就是保险行业利用中介开展分销服务的实例。

### 8.2.4 通信对运输的替代

一个颇吸引人的、能够将人从一个地区带到另一地区的选择就是电信的应用。一个成功的建议是使用遥感技术在偏远地区扩展健康护理服务。护理人员或护士利用通信手段和远距离的医院取得联系，无须运送病人即可提供护理。此外，银行业一直在鼓励员工把工资直接存储起来，允许员工将他们的工资直接存到银行的账户上。通过授权给雇主，把工资存储起来，员工节省了去银行的行程，银行也因此减少了账单处理的文书工作，降低了出纳设施的拥挤程度。

### 8.2.5 前后台办公的分离

对于很多服务企业来说，前台和后台办公并不需要定位于同一地点（如干洗店、修鞋店、银行）。如表 8-1 所示，把前台与后台办公分离的做法可以给企业带来战略收益。

如果前后台不需要一起办公的话，那么就给创新服务的设计带来了机会。例如，当你向得克萨斯州的一家麦当劳预订一份快餐时，处理订单的工作人员可能在位于爱荷华州的呼叫中心。几家店的订单集中在一个中心位置，让当地的员工集中填写订单。而地理位置的决策不仅要考虑内部（员工）建议，还要考虑外部（顾客）的想法，这样才能增强自助服务和电子媒介的替代作用，顾客也不需要亲自到店里。注意，前台的战略作用是要设计一个无形障碍避免顾客进入，后台才能实现成本的节约。

表 8-1 对前台和后台办公定位的思考

| | 前台办公室 | 后台办公室 |
| --- | --- | --- |
| 外部顾客（顾客） | 是外出接近顾客还是顾客来到办公地点<br>定位能否构成进入壁垒<br>电子界面是否可以替代顾客的行程 | 是由人还是机器完成服务<br>有共同定位的必要吗<br>沟通是如何实现的 |
| 内部顾客（员工） | 是否可获得劳动力<br>自我服务能否实现 | 规模经济是否可能<br>员工可否在家办公<br>可否选择离岸外包 |

### 8.2.6 互联网对服务定位的冲击

随着 20 世纪 90 年代中期互联网的引入，电子商务的潜在优势变成了一个现实：顾客可以在家庭办公桌上购物，也可以随时访问任何一个喜爱的主页。网站变成了纯粹的电子商务公司的虚拟场所（例如，亚马逊网上书店）或者现存企业可选的配送渠道，被称为"点击"零售商（例如，巴诺书店）。市场范围的界限通常被定义为顾客为去该场所愿意行进的里程数，然而在互联网这一虚拟世界并不存在身体的移动。不过，定位依旧是必须运送产品的电子商务零售商关注的问题。夜间的托运人驱动了业务的发展（例如，联邦快递在孟菲斯设立仓库）。电子化服务的互联网供应商，像中介（例如，Fidelity.com），很少依赖于真正的办公室，而网上拍卖公司（如 eBay.com）则主要依赖于所有者的个人偏好或者有才能的员工。最后，互联网能够使来自世界各地的顾客在 24 小时之内随时呼叫服务中心，每个中心（例如，印度、爱尔兰、牙买加）都有受过英语文化教育的低工资工人来保证正常的轮班。

电子距离的概念，由内部和外部导航所创造的障碍，使顾客产生了到网站上去购买的愿望。例如，一个没有被发现的网站与顾客之间的距离就显得非常遥远，并且有 90% 的顾客的点击率不超过 5 次。网站导航是一个缩短这种距离的工具，网页开发人员通常使用两次点击原则，即顾客从网站主页开始应该不超过两次点击便能到达目的网站。搜寻和获取网址是距离的另一个方式，假如顾客利用搜索引擎，他也要通过阅读、比较分析，再选择一个链接到达目的网址。

Julie Kendall 报道的一项研究是在新泽西州南部的一些小型百老汇剧院难以发挥“竞争集群”的战略优势，因为它们彼此之间过于分散，区域内没有一个核心的剧院。[5] 这些剧院分布在 8 个县，而且难以获取潜在顾客，这使它们意识到生存是个巨大的挑战。然而，一个共享的网站可以让潜在的顾客任意浏览每一家剧院的曲目，并且随意去订票和选择座位。共享的网站使顾客从搜寻若干家独立的剧院网站到只搜索一个公共的网站就可以了，这减小了两方的电子距离。最终，这个竞争集群战略的虚拟应用使所有的剧院都提高了吸引力。

### 8.2.7 网点的考虑

现成可用的房地产资源是制约最终网点选择的主要因素。而且，网点的选择需要对当地的环境（例如，当地是否有很多的豪华高档酒店）进行实地考察。表 8-2 列出了需要考虑的要素，例如，进入通道、能见度、交通情况等条件都是吸引顾客到达网点的重要因素。附近有竞争者也是件好事，正如我们前面提到的，形成一个竞争集群是有利的。另外，还要考虑周围是否有相应的配套服务，例如将一家餐厅定位在汽车旅馆的附近。

如果顾客不需要出行到网点来的话，那么上面提到的这些物理属性可能就不是很重要了，但是要考虑是否能够雇用到现成可用的劳动力。例如，在印度班加罗尔的服务性企业有一个相同做法就是找一个呼叫中心，因为那里可以很容易找到低成本、有能力、又能说英语的雇员。

表 8-2　位置选择考虑因素

| | |
|---|---|
| 1. 进出：<br>到高速公路出口和道路入口的便利性<br>有公共交通 | 6. 环境：<br>能说明完成服务工作的周围条件 |
| 2. 可视性：<br>与街道的距离<br>标牌置放 | 7. 竞争性：<br>竞争对手的定位 |
| 3. 交通：<br>能够表明潜在购买能力的交通流量<br>妨碍交通的障碍物（如消防站） | 8. 政府：<br>区域限制<br>税收 |
| 4. 停车：<br>充足的路边停车位 | 9. 劳动力：<br>拥有适宜技能的劳动力的可得性 |
| 5. 扩展性：<br>便于扩展的空间 | 10. 互补企业：<br>附近可提供互补服务的店 |

## 8.3　地理信息系统 [6]

海上大农场（The Sea Ranch，TSR）在一个暴风雨来袭的黑暗夜晚，某处水管破裂了。这没什么大不了的，你说……只要尽快解决这个问题就行，使这个位于加利福尼亚北部海岸的 10 平方英里<sup>⊖</sup>环境规划社区的 1 305 名居民可以在第二天早上享用咖啡或茶。但是，这一事件发生在 2007 年，而不是 2017 年。这次破裂引发了海上大农场水务公司办公室的警报，这反过来激发了该公司的首席水务人员兰迪·伯克（Randy Burke）。伯克和其他紧急救援人员聚集在办公室，平息了警报，注意到社区储水箱中的水位正在急剧下降。然后，他们不得不前往现场探查超过 2 000 英亩<sup>⊜</sup>的土地以确定破裂地点。他们钻进一辆四驱车，在大部分未铺路的地方穿梭，定期停下来听漏水的声音。尽管他们付出了巨大的努力，但居民还是错过了早晨的咖啡和茶。

快进到 2017 年。类似于 2007 年的大泄漏事件仍然会引发警报，伯克先生和他的同事仍将聚集在水务公司的办公室里，但事件的相似之处到此为止。在大泄漏之后的几年里，该社区已经在其每个运营区域采用并整合了地理信息系统（GIS）。如图 8-1 所示，当整个系统启动并运行时，它将显示包括海拔、水文、运输、土壤、地质、所有权、站点数据和图像等八个层次的数据。

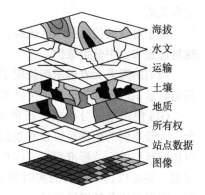

图 8-1　海上大农场的 GIS 数据层次

多年前，环境研究所（ESRI；www.esri.com）推出了一种名为 ArcView 的 GIS 工具，它把将不同的人口统计数据绘制在地图上，将其转化为非常有用的数据。例如，企业可以使用此类映射数据来确定目标市场的位置，分析需求并改进交付服务。

然而，近几十年来信息技术的巨大进步带来了更加复杂的 GIS 工具。例如，在 ESRI，ArcView 已经发展成为 ArcGIS，它可以应用于所有服务，包括私人、公共、非营利、政府和军事部门。今天的 GIS 工具还具有跨越单个组织内所有操作区域的应用程序。任何放在电子表格上的数据都可以被映射。

在 ArcGIS 系统下，假如发生了新的大泄漏，伯克先生和他的团队则可聚集在计算机周围，拿出 GIS 地图，显示每条水线和阀门的地理坐标，以及修复泄漏需要考虑的所有其他因素。如果海上大农场安装压力敏感阀和数据逻辑控制器，GIS 地图将允许他们在办公室就能够精确定位泄漏。仅此绘图功能就可以节省大量成本，因为在破裂定位和修复之前减少了工时和水的损失。然而，事情并未到此而止。

社区的设计、施工和环境管理（DCEM）委员会正在将 GIS 纳入其运营。DCEM 负责审查所有初步建筑计划并确保遵守规定的社区标准。除了考虑拟议结构本身的设计和外观之外，委员会还必须考虑"看不见的"因素，例如渗滤场的位置、雨水渠、基础地质结构和地下公用设施。这些载有不同数据的 GIS 地图可以叠加，以提供建筑工地的全面图层，不仅适用于 DCEM，还适用于房主、建筑师、建筑商和房地产人员。

---

⊖　1 平方英里 =2 589 988 平方米，约合 2.59 平方公里。

⊜　1 英亩 =4 047 平方米。

DCEM 还参与管理 2 000 英亩公共财产的景观。在这里，GIS 再次被证明是一种非常有用且节省时间和成本的工具，因为它将公共和私人区域的边界以及所有与建筑相关的信息精确地放在决策者的指尖上。其他数据，例如筑巢鸟类种群、植物病害和燃料管理问题等，也可以纳入 GIS 仪器。

海上大农场面临三大灾害威胁：野火、地震和海啸。此类灾害的第一响应者包括安全人员、TSR 志愿消防部门人员，CalFire（一个位于 TSR 组织边界内的国家消防部门），以及一支经过装备、培训和整合的能够即时响应的医疗和非医疗海上大农场主干部队。

在任何这些灾难中，信息意味着拯救生命。考虑寻找被地震撕裂的地下公用设施管线（水或电）；选择储存医疗用品、饮用水和食物的场所；提供野火或海啸的疏散路线。现在，考虑在一个 10 英里⊖长的社区中解决所有这些因素，从海岸悬崖到沿海山脉的红杉林山脊只有 1 英里宽，只有一条主要道路，太平洋海岸公路可能无法保持通行。一条两车道的县道从高速公路开出，一直延伸到山脊，开出森林需要两个小时的车程。那些受灾民众知道逃离灾难并不总是最佳选择，所以他们依靠 GIS 的准备和响应，在没有外界帮助的情况下可以生存几周。

基于对新的信息技术的依赖，TSR 已经采用了三层数据安全系统。备份数据在本地、非现场位置和云中分别维护。

我们的海上大农场示例说明了组织如何在规划和分析、资产和数据管理、跨组织边界提高运营意识以及促进现场单位的工作中使用 GIS。

GIS 使用空间分析来提高预测和管理变化的能力，并为观察和传播结果提供了一个平台。大量不同的数据可以以直观的、基于地图的格式显示。GIS 可以维护数据的完整性，可以访问组织的行业标准模板。GIS 应用程序可以针对从高管到现场工作人员的特定用户进行配置，还可以提供信息的实时提要、自动分析和警报工具。这些数据便于现场工作人员使用，可以支持各种现场项目。

从我们的 TSR 示例中可以看出，GIS 通过在线数据地图为所有用户提供最新信息，从而促进更好的决策制定并更好地利用资源。

## 8.4 设施位置建模的注意事项

传统上，位置决策是基于直觉的混合结果。虽然选址往往是基于机会主义因素，如场地可用性和有利的租赁，但定量分析可以避免严重的错误。许多因素决定了服务设施的定位。图 8-2 对将用于指导讨论的位置问题进行了分类。广泛的类别包括地理位置、设施数量和优化标准。

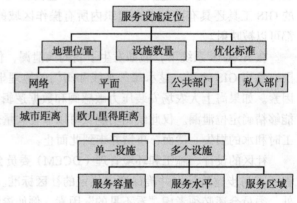

图 8-2　服务设施定位情况的分类

### 8.4.1 地理位置

传统选址问题的分类是基于采用何种地理模式进行的。位置的选择和距离可以在平面或

---

⊖　1 英里 =1 609.344 米。

者网络上表述。平面上的位置可以概括为在一个具有无限扩展性的空间里，设施位于平面上的任一区域，并且可以通过一个 $x$，$y$ 二维的笛卡尔坐标来鉴别（或者在一个地球仪中，通过经纬来鉴别），如图 8-3 所示。不同位置之间的距离可以通过两条途径之一来测量。其一为欧几里得距离或向量，按毕达哥拉斯定理，行进距离定义为：

$$d_{ij} = [(x_i - x_j)^2 + (y_i - y_j)^2]^{1/2} \qquad (8\text{-}1)$$

式中　$d_{ij}$——点 $i$ 和点 $j$ 之间的距离；

　　　$x_i$，$y_i$——第 $i$ 个点的坐标；

　　　$x_j$，$y_j$——第 $j$ 个点的坐标。

例如，如果始点为 $(x_i, y_i) = (2, 2)$ 并且终点为 $(x_j, y_j) = (4, 4)$，那么

$$d_{ij} = [(2-4)^2 + (2-4)^2]^{1/2} = 2.83$$

另一种方法是城市距离，例如，城市中的南北与东西方向距离，其距离定义为：

$$d_{ij} = |x_i - x_j| + |y_i - y_j| \qquad (8\text{-}2)$$

用上面同一例子，采用城市距离计算出的距离为：

$$d_{ij} = |2-4| + |2-4| = 4.0$$

网络上的位置特征是，所有位置都用网络节点来表示。例如，一个公路系统可视为一个网络，主要的公路交叉点均可看作节点，网络节点之间的弧代表了行进距离（或时间），它是按最短路径法计算出来的。

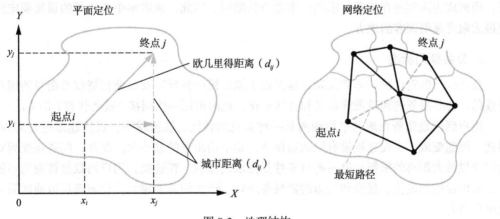

图 8-3　地理结构

地理描述和距离表示方法的选择经常受环境问题以及数据收集经济性的影响。网络可以更加准确地显示地理上独一无二的东西（例如，由带有几座桥的小河或山脉地形所引起的距离限制）。遗憾的是，收集节点之间行进时间所需的费用导致某些做法变得不可行。当在平面上进行城区定位时，经常使用直角距离，因为一些城市的街道被安排为东西方向和南北方向。欧几里得制和直角距离制都需要对平均速度进行评估，以便把距离转变为时间。

### 8.4.2　设施数量

总体上讲，单一设施的定位基本上可以毫不费力地用数学方法来处理。遗憾的是，当设施定位数量增多时，用于单一设施定位的方法不能保证用于多设施时可以同样取得理想的结果。通过给每个位置分配节点来寻找独一无二的位置组合非常复杂（例如，定义每个位置的

服务区域），如果每个位置上的服务能力不同，那么问题将会更加复杂。此外，像健康护理这样的一些服务，还会存在等级。私人医生和诊所提供最基本的护理；大的医院除提供基本护理外，还提供住院服务；健康中心则提供特殊服务。因此，可提供服务的选择在复合定位研究中是变化的。

### 8.4.3　优化标准

私人部门和公共部门的定位问题在追求某种利益最大化的目标方面近乎一致。然而，由于"所有权"不同，可供选择的优化标准也不相同。在私人部门内部，位置的选择受成本最小化（例如，分销中心）或利润最大化（例如，零售定位）的支配。相比较而言，我们认为公共设施的决策是由整个社会的整体需要决定的。然而，作为公共决策目标的社会利益最大化很难进行量化。

#### 1. 私人部门标准

传统的私人部门的定位分析集中于设施的建造、运营成本以及运输成本之间的权衡。大量的论著已经论述了这个问题，这一问题对于产品分销来说是适当的（例如，仓库的定位问题）。当对顾客提供服务时（例如，咨询、审计、警卫以及草坪清理服务等），这些模型可以在这些服务中加以应用。当顾客必须亲临设施现场时，对生产者不会产生任何直接成本。相反，距离成为限制潜在消费需求和产生收益的障碍。因此，像零售中心这样的设施要定位于能最大限度吸引顾客的地方。

#### 2. 公共部门标准

公共部门的定位决策非常复杂，这是由于缺乏统一目标以及设施投资收益衡量的困难性造成的。公共服务的利益很难定义和直接量化，此时可用一些间接（或者代替）的方法。

用户到达设施所在地的平均距离是一种常见的替代。数值越小，设施越接近它的顾客。因此，问题变成了在设施数量有限的前提下，总平均距离的最小化。此外，问题还受到对于用户来说最大距离的限制。另一种可能性是需求的弹性。在这里，用户的数量被视为不固定的，它由设施的定位、规模和设施的数量等决定。产生的需求越大，设施满足该地区需求的效率就越高。

效用替代的使用随着投资限制而达到最优化。成本效率分析通常被用来检测投资与效用的替代。替代的转化是：①每增加1 000美元的投资所引起的平均距离的减少；②每增加1 000美元的投资所引起的需求的增加。

#### 3. 定位标准的功效

优化标准的选择将影响服务设施的定位。例如，威廉·J. 阿伯内西（William J. Abernathy）和约翰·C. 赫尔希（John C. Hershey）曾对一个服务于三个城区的健康中心的定位进行研究。[7] 在部分研究中，他们注意到，健康中心的定位效果和下列定位标准相关。

（1）最大程度的利用，使来中心就医的人数最大化。

（2）每个区距离最小化，使每个人到最近健康中心的平均距离最小化。

（3）每次距离最小化，平均每次到最近的健康中心的距离最小化。

问题之所以被提出来，是因为每个城市都有一个具有不同健康护理特征的消费人群。这些特征可以从两个角度去衡量：①距离作为一个障碍对健康护理的影响；②健康护理中心就近的利用率。图 8-4 显示了在三个不同的标准中的任一标准下，三个城区和单一健康护理中心定位的关系图。因为三个城区具有不同的行为模式，三个标准形成了三个不同的定位。就标准 1 来说，健康中心定位于城区 C，因为这个城区拥有大量的老年人，对他们而言，距离是一个重要的障碍。对应于标准 2，城区 B 是最佳选择，因为这个城区位于两个大城区之间。城区 A 是最大的人口中心，并且拥有大量流动的健康护理顾客，因此，按标准 3，城区 A 是最佳选择。

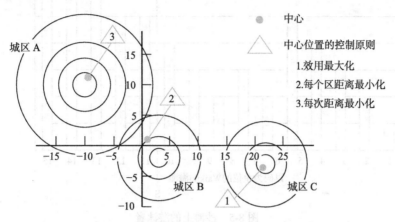

图 8-4　一家健康中心对于三种不同标准的定位

资料来源：W. J. Abernathy and J. C. Hershey, "A Spatial-Allocation Model for Regional Health-Services Planning." Reprinted with permission from *Operations Research* 20, no. 3, 1972, p. 637, Operations Research Society of America. No further reproduction permitted without the consent of the copyright owner.

## 8.5　设施定位技术

可以从在一条线上定位单一设施来获得对设施定位的理解。例如，考虑这样一个问题，沿海岸线定位一处海岸特许使用场地。假设你希望在海岸线上的任一位置到你的定位点的平均距离最短；此外，假设你拥有表明沙滩上要游泳者密度的数据，且该数据与旅馆的规模和位置相关。这种游泳者的分布如图 8-5 所示。

目标是：

$$最小化 \ Z = \sum_{i=0}^{s} w_i (s - x_i) + \sum_{i=s}^{n} w_i (x_i - s) \tag{8-3}$$

式中　$w_i$——沙滩上第 $i$ 个需求点的相应权重；

　　　$x_i$——沙滩上第 $i$ 个需求点的定位；

　　　$s$——特许使用场地的定位。

让总距离函数 $Z$ 对 $s$ 的导数为 0，于是：

$$\frac{\mathrm{d}Z}{\mathrm{d}s} = \sum_{i=0}^{s} w_i - \sum_{i=s}^{n} w_i = 0 \ 或 \sum_{i=0}^{s} w_i = \sum_{i=s}^{n} w_i \tag{8-4}$$

这个结果表明，最佳位置应该位于游泳者分布密度的中间。也就是说，位置应该定在每一边各有 50% 的潜在需求处（例如，图 8-5 中的 29 处）。我们也许本应定位于此，因为中间位置有这样一个属性，在此位置引起的绝对偏离最小。

　　利用城市距离，我们可将沿线定位的结果推理到在平面上的定位。如果选择的位置对于 $x$ 和 $y$ 的交叉点按密度的分配对等，那么此点的总消耗距离是最小的。我们称这种方法为"交叉中值法"。

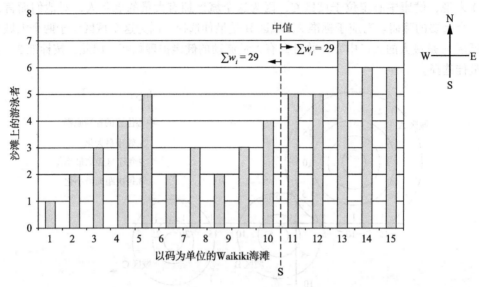

图 8-5　沙滩上的游泳者

　　如图 8-2 中所述，解决技术的选择是由问题的特性决定的。我们不打算对定位技术进行详尽的讨论，但是要介绍一些技术以说明解决问题的不同途径。

　　所介绍的技术同样也说明了解决不同特征问题的方法：单一设施定位或多设施定位，平面定位或网络定位，公用优化标准或私用优化标准。

### 8.5.1　交叉中值法的单一设施

　　在平面上用城市距离定位单一设施以求整个消耗距离 $Z$ 最小化，可直接用交叉中值法。目标函数为：

$$最小化 Z = \sum_{i=1}^{n} w_i \left\{ |x_i - x_s| + |y_i - y_s| \right\} \tag{8-5}$$

式中　$w_i$ —— 第 $i$ 点的近似权重（例如人口）；

　　　　$x_i, y_i$ —— 第 $i$ 个需求点的坐标；

　　　　$x_s, y_s$ —— 服务设施的坐标；

　　　　$n$ —— 需求点的数目。

　　注意，目标函数可以被重新表达为两个独立的表达式：

$$最小化 Z = \sum_{i=1}^{n} w_i |x_i - x_s| + \sum_{i=1}^{n} w_i |y_i - y_s| \tag{8-6}$$

　　回想我们前述的海岸特许经营的例子中，之所以选择离散系列数值的中间是因为它的绝对偏差最小。因此，最佳位置需符合以下两个条件：①在 $x$ 方向，$x_s$ 位于 $w_i$ 数值的中间；②在 $y$ 方向，$y_s$ 位于 $w_i$ 数值的中间。因为 $x_s$、$y_s$ 或者两者可能是唯一的，也可能在一个范围内变动，最佳位置可能在一点上、一条线上或者一个区域内。

## ⊙ 例 8-1

### 复印服务

一家复印服务公司要在城市的中心商业区开设一间办公室。管理者已经找出四处能开发主要商业活动的场所，图 8-6 表明了 $xy$ 坐标系统上需求点的分布情况。每一点的权重已经标出，并且表明了每个月在数百个订单中潜在的需求。管理者想选择一个中心位置，使每个月顾客来享受复印服务的所需距离最小。

对于城市定位来说，城市距离是最恰当的。解决这个问题可以运用中值法。首先，中值可用式（8-7）来计算：

$$中值 \sum_{i=1}^{n} \frac{w_i}{2} \tag{8-7}$$

从图 8-6 中，我们得出中间值为（7+1+3+5）/2=8。为了鉴别 $x$ 坐标上的中间值 $x_s$，我们把在 $x$ 坐标方向上的 $w_i$ 由东到西和由西到东汇总起来。根据图 8-6，在表 8-3 的上部按递增的顺序列出了由西到东的需求点（如，1、2、3、4）。将每个需求点的权重按递增顺序汇总，直到中间值达到 8 或者超过 8。当位置 2 处的权重加上位置 1 处的权重时，正好达到 8。因此，第一个 $x$ 坐标上的中值应建立在 2 英里处（$x$ 定位点的坐标 2 被圈了起来）。

命令需求点从东到西，继续重复同样的步骤，如表 8-3（例如 4、3、2、1）下半部分所示，按递减排列，第二个 $x$ 方向上的中值点应建立在 3 英里处（定位点的 $x$ 坐标 3 被圈定）。

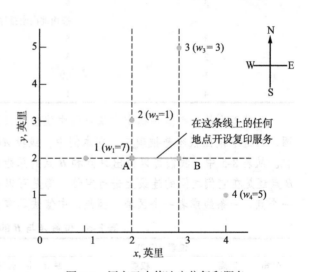

图 8-6　用交叉中值法定位复印服务

表 8-4 介绍了用同样的程序来确定 $y_s$ 在 $y$ 坐标上的中值点。根据图 8-6（即 4、1、2、3），表 8-4 的上半部分由南向北按递减顺序列出了各个需求点。其中，中值第一次超出 8 是在位置 1 处，这时候，位置 1 的权重加上位置 4 的权重等于 12。$y$ 方向上的中值点应建立在 2 英里处（把 $y$ 坐标上的定位点，即位置 1 处的符号"2"圈起来）。再次根据图 8-6（即 3、2、1、4），在表 8-4 的下部，按递减顺序由北向南列出各需求点。中值 8 首次超出是在位置 1 处，这时位置 1 处的权重加上位置 3 处和位置 2 处的权重达到 11。因而，$y$ 坐标上的中值点应建立在 2 英里处。

### 表 8-3　$x_s$ 的中值

| 点 $i$ | 位置 $x_i$ | $\sum w_i$ |
|--------|-----------|-----------|
| 按由西向东排序→ | | |
| 1 | 1 | 7 = 7 |

（续）

| 点 $i$ | 位置 $x_i$ | $\sum w_i$ |
|---|---|---|
| 2 | ② | 7+1= 8 |
| 3 | 3 | |
| 4 | 4 | |
| | 按由东向西排序← | |
| 4 | 5 | 5 = 5 |
| 3 | 3 | 5+3= 8 |
| 2 | ② | |
| 1 | 1 | |

表 8-4　$y_s$ 的中值

| 点 $i$ | 位置 $y_i$ | $\sum w_i$ |
|---|---|---|
| | 按由南向北排序↑ | |
| 4 | 1 | 5 = 5 |
| 1 | ② | 5+7=12 |
| 2 | 3 | |
| 3 | 5 | |
| | 按由北向南排序↓ | |
| 3 | 5 | 3 = 3 |
| 2 | 3 | 3 +1= 4 |
| 1 | ② | 3+1+7=11 |
| 4 | 1 | |

　　从范围内的四个点中确定中值点的中值法可以保证：如果存在一个恰当的定位点变化范围，则这个范围很容易被确定。在本例中，线段 $AB$ 上的任一位置都能保证距离消耗的最小化。从表 8-5 中，我们可以得出 $A$ 点和 $B$ 点的总距离权重都是 35 英里；因此，无论在 $A$ 点、$B$ 点还是在它们之间的连线上进行定位，都是可以接受的。此例说明，一个目标位置可以是一个点、一条线或者一个区域。因此，中值法具有很大的灵活性。

表 8-5　位置 $A$ 与 $B$ 的总加权距离

| 位置 $A$(2,2) | | | | | 位置 $B$(3,2) | | | | |
|---|---|---|---|---|---|---|---|---|---|
| 公司 | 距离 | | 权重 | 总计 | 公司 | 距离 | | 权重 | 总计 |
| 1 | 1 | × | 7 | = 7 | 1 | 2 | × | 7 | = 14 |
| 2 | 1 | × | 1 | = 1 | 2 | 2 | × | 1 | = 2 |
| 3 | 4 | × | 3 | = 12 | 3 | 3 | × | 3 | = 9 |
| 4 | 3 | × | 5 | = 15 | 4 | 2 | × | 5 | = 10 |
| | | | | 35 | | | | | 35 |

## 8.5.2　哈夫模型对零售商铺的作用

　　当对一个像超级市场这样的零售店定位时，目标是利润最大化。因此，必须对不同定位的各种数据进行评估以寻找利润最大的定位点。

　　"引力模型"可用来估测顾客需求。这个模型是以物理类比为依据的。也就是说，两个物体之间的万有引力与它们的质量大小成正比，而与它们之间的距离成反比。对于某一服务来说，设施的吸引力可表示为：

$$A_{ij} = \frac{S_j}{T_{ij}^{\lambda}} \tag{8-8}$$

式中　$A_{ij}$——设施 $j$ 对顾客 $i$ 的吸引力；

　　　$S_j$——设施 $j$ 的大小；

　　　$T_{ij}$——顾客 $i$ 到设施 $j$ 的时间；

　　　$\lambda$——一个用经验估计的参数，它反映了各种购货顾客行走时间的效应（例如，一个大规模的购物中心其 $\lambda$ 值为 2，而一个便利店的 $\lambda$ 值为 10 或更大一些）。

戴卫·L. 哈夫（David L. Huff）利用"引力模型"建立了一个零售场所定位模型来预测一位顾客从具有特定规模和位置的商场所能获得的利益。[8] 由于必须考虑其他竞争商店的吸引，他提供了一个比率 $P_{ij}$。假设有 $n$ 家商店，$P_{ij}$ 表明了一个来自 $i$ 统计地区的顾客到特定购物场所 $j$ 的可能性或概率。

$$P_{ij} = \frac{A_{ij}}{\sum_{j=1}^{n} A_{ij}} \tag{8-9}$$

估测值 $E_{jk}$ 表示在某一商店 $j$，所有顾客每年在产品等级 $k$ 的商品上的消费支出总和，它可以用下式估算：

$$E_{jk} = \sum_{i=1}^{m} \left( P_{ij} C_i B_{ik} \right) \tag{8-10}$$

式中　$P_{ij}$——顾客从特定地区 $i$ 到设施地 $j$ 的可能性，可通过式（8-9）计算；

　　　$C_i$——$i$ 地区的顾客数量；

　　　$B_{ik}$——$i$ 地区的顾客消费等级为 $k$ 的产品的平均总预算值；

　　　$m$——统计地区数值。

于是，用 $M_{jk}$ 表示商店 $j$ 在产品等级为 $k$ 的销售份额，可估算为：

$$M_{jk} = \frac{E_{jk}}{\sum_{i=1}^{m} C_i B_{ik}} \tag{8-11}$$

我们可以用一个可重复程序来计算在某一位置上，潜在的各种规模商场的预期年利润。税前净经营利润可根据商场规模调整的销售额的百分比来计算，其结果是得出一系列某一规模的商场具有最大利润的潜在定位点。余下的工作即就能带来最大利润的场地与房地产商谈判。

## ⊙ 例 8-2

### 复印服务—哈夫分析

假设例 8-1 的复印服务定位于点（$x = 2, y = 2$），如图 8-6 中所示，最佳定位线上最左边的 $A$ 点。进一步假设每个顾客订单表明其预算接近 10 美元。因为，便利对于顾客来说是一个非常重要的标准，假定 $\lambda = 2$。如果我们希望在位置（$x = 3, y = 2$，即在最佳定位线上最右边的 $B$ 点）处开一家新的商店，新店的作业能力相当于现在复印中心的两倍，那么我们预期将得到的市场份额是多大呢？将表 8-6 中的距离数据输入哈夫模型，将得到表 8-7 至表 8-9 的计算结果。

此例说明了一种具有良好财务状况的国有连锁店的扩张性定位策略的结果。

**表 8-6　以英里为单位的距离数据（$T_{ij}$）（使用城市距离）**

| 定位点（$j$） | 顾客位置（$i$） | | | |
|---|---|---|---|---|
| | 1 | 2 | 3 | 4 |
| 计划（3，2） | 2 | 2 | 3 | 2 |
| 已存（2，2） | 1 | 1 | 4 | 3 |

**表 8-7　引力（$A_{ij}$）**

| 定位点（$j$） | 顾客位置（$i$） | | | |
|---|---|---|---|---|
| | 1 | 2 | 3 | 4 |
| 计划（$S_1$=2） | 0.5 | 0.5 | 0.222 2 | 0.500 |
| 已存（$S_2$=1） | 1.0 | 1.0 | 0.062 5 | 0.111 |
| 总引力 | 1.5 | 1.5 | 0.284 7 | 0.611 |

**表 8-8　可行性（$P_{ij}$）**

| 定位点（$j$） | 顾客位置（$i$） | | | |
|---|---|---|---|---|
| | 1 | 2 | 3 | 4 |
| 计划 | 0.33 | 0.33 | 0.78 | 0.82 |
| 已存 | 0.67 | 0.67 | 0.22 | 0.18 |

**表 8-9　每月消费额（$E_{jk}$）和市场份额（$M_{jk}$）**

| 定位点（$j$） | 顾客位置（$i$）（单位：美元） | | | | 每月总计 | 市场份额（%） |
|---|---|---|---|---|---|---|
| | 1 | 2 | 3 | 4 | | |
| 计划 | 2 333 | 333 | 2 340 | 4 100 | 9 106 | 0.57 |
| 已存 | 4 667 | 667 | 660 | 900 | 6 984 | 0.43 |
| 总计 | 7 000 | 1 000 | 3 000 | 5 000 | 16 000 | 1.00 |

### 8.5.3　多设施集合覆盖定位

对公共设施定位的评估决策困难引发了对替代性测度的研究和设施定位效果的评估测量。一种测度就是顾客到达设施所必需的最远距离测量。这就是人们所知的设施最大服务距离。我们想研究发现的是，在一些特定的最大服务距离内，能满足所有需求点的设施的最小需要数量和设施的定位，这就是选址的覆盖面问题。

## ⊙ 例 8-3

### 农村医疗诊所

一个州的健康部门在关注农村地区医疗护理缺乏的问题，选了 9 个社区进行试验项目研究，以便开设医疗诊所来满足基本的健康护理需要。基本要求是，在每个社区方圆 30 英里范围内至少有一家诊所。设计人员应当决定所需诊所的数量及其位置，除社区 6 外（不允许在社区 6 设置诊所），每个社区都可以作为潜在诊所的所在地。图 8-7 显示了用圆圈数字表示的社区网络，两个位置之间的连线是用英里表示的两地距离。对每一个社区，首先确定距它 30 英里之内的其他社区。从社区 1 开始，在图 8-7 里可以看出，社区 2、3、4 都在距其 30 英里的极限范围内。

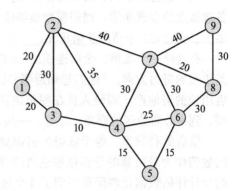

图 8-7　农村地区距离网络

在表 8-10 的第 2 列中列出了用同样方法得出的对特定任一社区距离在 30 英里内的社区。另有一个相同的表述，即对某一社区而言，这是一个除去它不能提供服务的任何社区之外的社区集合。这个集合代表了行进距离不超过 30 英里即可到达该特定社区的所有社区。可称这个集合为 30 英里之内可以覆盖该特定社区之集合。比如，对社区 5 来说，定位在社区 3、4、5 处均可满足最大服务距离的限制。

表 8-10　潜在位置的服务范围

| 社区 | 从定位点能够服务的社区集合 | 能够服务该社区的潜在定位点集合 |
| --- | --- | --- |
| 1 | 1, 2, 3, 4 | 1, 2, 3, 4 |
| 2 | 1, 2, 3 | (1, 2, 3)[2] |
| 3 | 1, 2, 3, 4, 5 | 1, 2, 3, 4, 5 |
| 4 | 1, 3, 4, 5, 6, 7 | 1, 3, 4, 5, 7 |
| 5 | 3, 4, 5, 6 | (3, 4, 5)[2] |
| 6[1] | 不适用 | 4, 5, 7, 8 |
| 7 | 4, 6, 78 | (4, 7, 8)[2] |
| 8 | 6, 7, 8, 9 | 7, 8, 9 |
| 9 | 8, 9 | (8, 9)[2] |

① 社区 6 不能作为医疗定位点。
② 潜在定位点子集。

表 8-10 的第 3 列代表能够覆盖某一给定社区的潜在定位点的集合，其中的部分集合被括起来，这是因为它们仅代表其他潜在定位的子集合。例如，因为社区 2 仅仅能够由位置 1、2、3 提供服务，必须从其中选取一个作为诊所定位点。鉴别这些子集可以在保证满足条件的前提下减少那些有问题的定位。

因为我们设计的目标是覆盖所有社区并使诊所数目最少，任何一个等同于其他两个或更多子集的位置都是一个可供选择的位置。在这个例子中，位置 3、4、8 是候选位置。通过观察我们发现，如果选择位置 3 和 8，所有子集都可以兼顾到。因此，在这两个地区开诊所，所有的社区都可以覆盖到。同时，我们也可鉴别出每个诊所的服务地区范围，位于社区 3 的诊所可以为社区 1～5 服务，而位于社区 8 的诊所可以为社区 6～9 服务。

定位覆盖问题往往可以得出一个以上的解。在这个例子中，如果最大距离设定在 40 英里，下列五种定位组合都能完成覆盖：(3, 8)，(3, 9)，(4, 7)，(4, 8)，(4, 9)。

## 8.6 定位决策中的回归分析

当一家公司囤积了很多设备想要扩张的时候，要依赖大量充分的信息来预测现有设施在备选地点的表现业绩。回归模型能够给予很多独立的变量（如厂址的规模大小、附近竞争者多少、交通等）来预测业绩状况。

有这样一个案例，全国连锁的 La Quinta 汽车旅馆的管理人员委托一个研究机构来分析其扩张的努力方向。[9] 他们想知道哪些因素决定着能够盈利的酒店位置，从而考虑筛选新酒店用地的房地产。调研人员在圈定的位置上搜集相关数据，比如交通流量、附近企业的类型、到中心商业区的距离，等等，一共 35 个因素作为独立的变量进行分析。

旅店的利润率，等于获得的折旧费用和利息费用加上利润的总和再除以总收入，得到的数值作为最可靠的分析依据或者因变量 Y，以此为基础进行预测。表 8-11 中的所有变量的统计评估数据让调研员识别了 4 个最关键的因素——经营状态、价格、收入和高校数量，这 4 个变量用于预测模型中。回归模型包括一些带有负系数的自变量需要解释一下。经营状态是指每家酒店即时入住的人数，反映了酒店的品牌知名度情况。这个变量越小，表明 La Quinta 汽车酒店在该州的密度越高，并且品牌的认知度也高。收入变量代表家庭平均收入，是衡量地区的富裕程度，也是选址的重要指标，由于 La Quinta 汽车酒店的目标顾客是商务出行者，所以选址定位在非居民区会比较受欢迎。

调研人员搜集的自变量方面的数据能够推测出营运利润率，对于建议宾馆选址和适当的战略调整很有作用。

营运利润率 $Y = 39.5 + (-5.41)$ 经营状态 $+ 5.86$ 价格 $+ (-3.09)$ 收入 $+ 1.75$ 高校数量 （8-12）

研究结果证明该模型能够很好地预测出一家新的汽车旅馆选址成功的可能性。

**表 8-11 旅馆选址需要考虑的因素**

| 名称 | 描述 |
| --- | --- |
| **竞争因素** | |
| 小旅馆费率 | 小旅馆报价 |
| 报价 | 小旅馆房价 |
| 费率 | 平均竞争性房价 |
| 房间数—1 | 1 英里内旅馆房间数 |
| 房间数—总数 | 3 英里内旅馆房间数 |
| 房间数—小旅馆 | 小旅馆房间数 |
| **需求激发因素** | |
| 民众 | 基地文职人员 |
| 学院 | 学院录取人数 |
| 医院数—1 | 1 英里内医院床位数 |
| 医院数—总数 | 4 英里内医院床位数 |
| 重工业 | 重工业雇工数 |
| 轻工业 | 轻工业占地面积 |
| 商场 | 购物中心面积 |
| 军事基地 | 封锁的军事基地 |
| 军队 | 基地军事人员 |
| 军队综述 | 军事人员 + 文职人员 |

（续）

| 名称 | 描述 |
|---|---|
| 办公室—1 | 1 英里内办公空间 |
| 办公室—总数 | 4 英里内办公空间 |
| 办公室—商务区 | 中央商务区办公空间 |
| 旅客 | 乘飞机的机场旅客 |
| 零售 | 零售活动的规模排名 |
| 游客 | 年度游客数量 |
| 交通 | 交通量调查 |
| 货运 | 机场货运 |
| **区域人口** | |
| 雇用率 | 失业人口比例 |
| 收入 | 家庭平均收入 |
| 人口 | 当地人口数 |
| **市场认知** | |
| 年头 | 小旅馆开业年数 |
| 最近距离 | 最近的旅馆距离 |
| 州 | 每家旅馆分摊的州人数 |
| 城区 | 每家旅馆分摊的城区人数 |
| **物理属性** | |
| 接近 | 可接近性 / 可达性 |
| 干线 | 主要交通要道 |
| 距离—市中心 | 与市中心距离 |
| 视觉效果 | 标志可视性 |

## ⊙ 服务标杆

### 无处不在的面包店

商业群落或饱和营销的理念已经发展得很成熟，并且 Au Bon Pain、贝纳通和星巴克等企业都非常热衷此道。猛然一看，在一个很小的区域，有时甚至在一条街上，来自一家公司的几家商店聚集在一起的想法非常危险，但是对于 Au Bon Pain 这样的以特制三明治和面包食品而著名的连锁店聚集在一起，其优势明显超过劣势。

饱和营销降低了广告的必要性，这是因为当顾客还没走出一条街道，有时还没走出一家百货店的一层楼就遇到另一家贝纳通服装店或星巴克咖啡店，这种情形还有必要做广告吗？Au Bon Pain 同时发现将商店聚集在一起更有利于监督。饱和营销在人口密度高的城区更容易成功，特别是对于像星巴克和 Au Bon Pain 这种并非顾客最终目的地的商店。顾客常常在去其他商店的同时光顾此类商店。

对于商业群落模式，"公司所有"的商店似乎比"个人所有"的连锁店运转得更好。如果一家"公司所有"的商店从自己的一家商店中争抢了一点生意，它不会影响公司的整体收益。然而，对于一家"个人所有"的商店，这样的问题就很严重，因为它使个体老板处于非常不利的处境。

## 本章小结

设施位置通过其对灵活性、竞争定位、需求管理和聚焦效应等竞争维度的影响，在服务公司的战略中发挥着重要作用。竞争性集群等策略对于选购商品来说很常见，而饱和营销在一些小型零售店已经取得了成功。

此外，营销中介的使用可以使提供者与顾客脱钩。如果不需要服务器和顾客之间的面对面交互，如互联网服务，可以用电子通信代替实物运输。

设施定位技术的讨论始于单一设施问题。交叉中值法确定了最小化顾客行驶总距离的最佳位置。哈夫利用重力模型，根据一家零售店的规模和位置预测其对顾客的吸引力，研究了一家零售店的位置以实现利润最大化。对于多设施位置问题，选址的覆盖面的概念使用最大服务距离作为识别候选位置的约束条件。

## 关键术语

**竞争集群**（competitive clustering）：一群相互距离比较近的竞争者（例如汽车经销商），以方便顾客购物时能够有个比较。

**交叉中值法**（cross-median）：定位单一网点时用这种方法，即通过大众标准值加权出行的距离，从而得出一个最小值。

**电子距离**（E-distance）：在网页设计中通过前后台设置的一个障碍。

**哈夫模型**（Huff model）：一个零售网点的选址模型，就像通过求天体的地心引力一样，类推网点对顾客的吸引力。

**选址的覆盖面**（location set covering）：找到最小的选址面积来进行设施的定位，并能够服务于在规定的最大出行距离内的所有需求点。

**营销中介**（marketing intermediaries）：存在于分销渠道之中连接终端顾客和服务供应商的一个商业实体（例如，银行通过信用卡来扩展零售顾客的信用业务）。

**城市距离**（metropolitan metric）：出行时要经过的一个直角位移（例如，城市区域内的南北和东西距离）。

**饱和营销**（saturation marketing）：公司的个别网点之间的位置很接近，但正是因为它们的存在才吸引了更多顾客的关注（例如，冰激凌供应商）。

## 讨论题

1. 选择一种特定服务，试列举其在定位问题上的缺陷。

2. 对于一家分支银行来说，如何利用哈夫零售定位模型靠经验评估出参数 $\lambda$？

3. 替代传统运输的电子服务具有什么样的特性？

4. 在服务分销渠道中使用营销中介会带来什么样的收益？

5. 在谷歌上搜索"地理商业智能"（location intelligence）的定义。地理信息有什么用处呢？

## 互动练习

班级同学一起讨论谷歌地球所带来的商业机会。

## 例题

### 1. 交叉中值法定位问题

**问题陈述**

拟在得克萨斯州西部开设一家服务当地农村的健康护理诊所，服务区域包含以下四个以英里为单位，用 $x$、$y$ 二维坐标表示的社区：$A$（6，2）、$B$（8，6）、$C$（5，9）、$D$（3，4），相对应的人口为 2 000、1 000、3 000 和 2 000。试用交叉中值定位法解决该诊所的定位问题，使用城市距离表示的总行进距离最小。

**解答**

首先，估计人口中值（单位：千），中值 =（2+1+3+2）/2=4。

其次，在地图坐标格中用以千为单位的人口作为下标划分出四个社区。

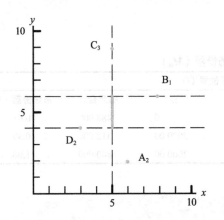

第三步，在方格图上从左到右移动，把权重相加，直到总和等于或超过中值（如 $D_2+C_3=5$）。画出 $x$ 坐标的中值点线（一条竖线），结果得到在 $x=5$ 处的一条竖线。如按从右往左移动，用同样的方法（如 $B_1+A_2+C_3=6$），其结果得到在 $x=5$ 处的同一条竖线。

第四步，在图中从上到下移动，把权重相加，直到总和等于或超过中值（如 $C_3+B_1=4$）。画出 $y$ 坐标的中值点线，结果是在 $y=6$ 处得到一条水平线。如果从下往上，将权重相加，直到总和等于或超过中值（$A_2+D_2=4$），其结果是在 $y=4$ 处得到另一条中值线。最后建议的定位结果就是如图中所示从（5，4）到（5，6）的粗线表示的线段。

### 2. 使用"哈夫"模型定位零售场所

**问题陈述**

在上题中，西得克萨斯地区的社区 $D$ 已经有一家杂货店在经营，现考虑在社区 $C$ 处建立一个比社区 $D$ 处杂货店大两倍的杂货店的定位问题。假设每位顾客的每月平均花费为 100 美元，而且使用城市距离方式行进，$\lambda=2$。请使用哈夫模型评估社区 $C$ 处杂货店开业后，对社区 $D$ 处杂货店每月消费额及其市场份额的影响。

**解答**

首先，使用城市距离确定行进距离。

**行进距离（$T_{ij}$，利用城市距离）** （单位：英里）

| 位置（$j$） | 社区（$i$） | | | |
|---|---|---|---|---|
| | $A$（6，2） | $B$（8，6） | $C$（5，9） | $D$（3，4） |
| 建议的 $C$ 店（5，9） | 8 | 6 | 0 | 7 |
| 已存在的 $D$ 店（3，4） | 5 | 7 | 7 | 0 |

第二步，在 $\lambda=2$ 的情况下，使用公式（8-8）计算出引力矩阵。例如，社区 $A$ 对社区 $C$ 拟建店的引力计算如下（$S=3$）：

$$A_{ij} = \frac{S_j}{T_{ij}^{\lambda}} = \frac{S_1}{T_{11}^2} = \frac{3}{8^2} = \frac{3}{64} = 0.0469$$

注意，如果定位在同一地区，则吸引力

认为是∞，因为 $T_{ij}=0$。

**引力（$A_{ij}$）**

| 位置（$j$） | 社区定位（$i$） | | | |
|---|---|---|---|---|
| | A | B | C | D |
| 建议店 $S_1=3$ | 0.046 9 | 0.833 3 | ∞ | — |
| 已存店 $S_2=1$ | 0.040 0 | 0.020 4 | — | ∞ |
| 总引力 | 0.086 9 | 0.853 7 | | |

第三步，使用式（8-9），利用总吸引力作为分母，评估可能性。例如，社区 A 的居民去定位于社区 C 的杂货店购物的可能性为：

$$P_{ij} = \frac{A_{ij}}{\sum_{j=1}^{n} A_{ij}} = \frac{A_{11}}{A_{11}+A_{12}} = \frac{0.0469}{0.0469+0.04} = 0.54$$

**可能性（$P_{ij}$）**

| 位置（$j$） | 社区位置（$i$） | | | |
|---|---|---|---|---|
| | A | B | C | D |
| 建议店 | 0.54 | 0.98 | 1.0 | 0 |
| 已存店 | 0.46 | 0.02 | 0 | 1.0 |

最后，利用式（8-10），每月消费额可以计算出来，利用式（8-11），市场份额也能确定了。例如，社区 A 的居民在拟定位于社区 C 杂货店的消费额可以计算如下：

$$
\begin{aligned}
E_{jk} &= \sum_{i=1}^{m} \left( P_{ij} C_i B_{ik} \right) \\
&= P_{11} C_1 B_1 \\
&= (0.54)(2\,000)(100) \\
&= 10\,800 \text{ 美元}
\end{aligned}
$$

**月消费额（$E_{jk}$）和市场份额（$M_{jk}$）**

| 位置（$j$） | 社区位置（$i$） | | | | | |
|---|---|---|---|---|---|---|
| | A | B | C | D | 每月合计 | 市场份额（%） |
| 建议店 | 108 000 | 80 000 | 300 000 | 0 | 488 000 | 0.61 |
| 已存店 | 920 00 | 200 00 | 0 | 2000 00 | 312 000 | 0.39 |
| 合计 | 200 000 | 100 000 | 300 000 | 2000 00 | 800 000 | 1.00 |

## 练习题

1. 回顾在例 8-1 中谈到的复印服务问题。假设在数年后，来自这四个顾客群的每月需求增加到如下水平：$w_1=7$，$w_2=9$，$w_3=5$，$w_4=7$。如果我们原来将复印设施定位于图 8-6 中的 A 点，那么现在的定位又将如何呢？

2. 一家临时救援机构想在一个大城市的郊区建立一个办公室，已经认定五家大的合作公司作为潜在顾客，这些公司在以英里为单位的 $x$，$y$ 二维坐标上的位置如下：$c_1=(4,4)$、$c_2=(4,11)$、$c_3=(7,2)$、$c_4=(11,11)$、$c_5=(14,7)$，预期这些顾客需

求的权重为 $w_1=3$、$w_2=2$、$w_3=2$、$w_4=4$、$w_5=1$。该机构对于员工因工作而发生的交通费用给予补偿，因此，为了使因工作需要用城市距离表示的交通总距离最小，试确定该机构的定位（用 $x$，$y$ 坐标表示）。

3. 位于同一地区内的四家医院欲联合建立中央血库，以便为所有医院提供服务。医院在该地区 $x$，$y$ 二维坐标图上的位置如下：$H_1=(5,10)$、$H_2=(7,6)$、$H_3=(4,2)$、$H_4=(16,3)$，每月由血库中心发往各医院的血量的预计值分别为 450、1 200、

300、1 500，用城市距离行进方式确定血库的位置，使由各医院到血库中心的总距离最小。

4. 一家比萨饼送货服务中心决定在某大学校园学生宿舍附近开一家分店，项目经理已经选定位于城市西北部的五个学生公寓，在以英里为单位的 $x$, $y$ 坐标图中，它们的位置如下：$C_1=(1, 2)$、$C_2=(2, 6)$、$C_3=(3, 3)$、$C_4=(4, 1)$、$C_5=(5, 4)$；预计其权重为：$w_1=5$、$w_2=4$、$w_3=3$、$w_4=1$、$w_5=5$，用城市距离行进方式，试确定保证总行进距离最小的比萨饼分店的定位。

5. 一个小城市的机场有四条航线，航线的候机厅非常分散，其在 $x$, $y$ 坐标图上的位置分别是 $A=(1, 4)$、$B=(5, 5)$、$C=(8, 3)$、$D=(8, 1)$。每天的航班次数几乎等于其最大服务能力，分别为 $A=28$、$B=22$、$C=36$、$D=18$，现筹建一个新的行李中心。用城市距离行进方式，为保证行李中心到各候机厅距离最小，确定行李中心的位置。

6. 有人向你咨询在一个城市的中心商业区开设一家饮食服务场所的定位问题，潜在顾客在 $x$, $y$ 二维坐标上的位置如下：$P_1=(4, 4)$、$P_2=(12, 4)$、$P_3=(2, 7)$、$P_4=(11, 11)$、$P_5=(7, 14)$，预计各自的需求数量为 $w_1=4$、$w_2=3$、$w_3=2$、$w_4=4$、$w_5=1$。用城市距离方式，考虑在服务顾客权重距离最小的情况下，该饮食场所的定位。

7. 回顾例 8-2 中用哈夫模型分析的复印服务问题，现假定在位置 $B$ 处建立新的服务中心，而且其规模是 $A$ 处机构的 3 倍，需求的数量如例 8-1 所示，重新计算新建中心的消费额及其市场份额。

8. 一家地方商场从它的五个地区内分别抽出两位顾客进行调查，估计其用于家庭设施的消费。据估计，这些顾客是该店所服务的 10 000 名顾客中非常有效的样本。每个地区的顾客人数如下：$C_1=1 500$、$C_2=2 500$、$C_3=1 000$、$C_4=3 000$、$C_5=2 000$。通过调查发现，各地两个样本顾客表明每年家庭设施消费预算（单位：美元）为 $B_{11}=100$、$B_{12}=150$、$B_{21}=75$、$B_{22}=100$、$B_{31}=125$、$B_{32}=125$、$B_{41}=100$、$B_{42}=120$、$B_{51}=120$、$B_{52}=125$。

a. 利用哈夫定位模型估计该商场每年的销售额。

b. Bull's-Eye 是一家连锁店，在上题中提到的商圈附近开了一家分店，Bull's-Eye 的分店比地方拥有的连锁店大 3 倍，从五个地区到这两个店以分钟表示的时间如下（$j=1$ 表示地方连锁店；$j=2$ 表示的是 Bull's-Eye 的分店）：$T_{11}=20$、$T_{12}=15$、$T_{21}=35$、$T_{22}=20$、$T_{31}=30$、$T_{32}=25$、$T_{41}=20$、$T_{42}=25$、$T_{51}=25$、$T_{52}=25$，在 $\lambda=1$ 的情况下，利用哈夫零售店定位模型分别评估两家店每年家庭设施的销售额。

9. 某社区由一家自动服务天然气站用 6 条管道提供服务。一个竞争者想要建立一个穿过城镇并拥有 12 条管道的气站。表 8-12 列示了从社区四个不同的地方到这一气站以分钟计的所需时间和每个地区的顾客数量。

a. 使用哈夫零售店定位模型（$\lambda=2$）估算顾客从不同地区到各气站的可能性。

b. 估算原老气站对于新竞争者来说丢失的市场份额。

10. 回顾例 8-3 中的农村医疗诊所。假设每个社区里诊所的距离最多不超过 25 英里，那么将至少需要多少个诊所？请说明如何定位，以及各处所有可行的方案。

11. 银行基本要求如图 8-8 所示，为保证任一社区到最近的自动柜员机的时间低于20分钟，确定银行所需自动柜员机的最少数量及其定位。

12. 为图8-8中所示社区提供无偿服务的消防部门刚刚从邻近城市购买了两套拍卖的二手消防设备。

　　a. 在确保到任一社区所需时间不超过30分钟的前提下，选择所有可行的两个社区的组合。

　　b. 在 a 中问题解决的情况下，做最后的定位选择还需要考虑什么？

**表 8-12　到煤气站的访问时间**

| 地区 | 1 | 2 | 3 | 4 |
|------|-----|-----|-----|-----|
| 老气站 | 5 | 1 | 9 | 15 |
| 新竞争者 | 20 | 8 | 12 | 6 |
| 顾客数量 | 100 | 150 | 80 | 50 |

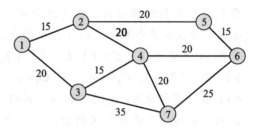

图 8-8　服务区域网络

# 健康维护组织（C）

　　琼·泰勒是位于纽约布法罗的一家保险公司的管理者，她受命在得克萨斯州的奥斯汀市建立一个健康维护组织的卫星诊所。该组织的意义是在奥斯汀居民传统的有偿医疗护理服务之外提供一种新的选择。任何个人都可以自愿在该组织注册，交付固定费用，从而享受该组织的健康护理，但费用应当提前支付。泰勒夫人认真计划了在奥斯汀建立

新诊所所需的基本工作，当她到达奥斯汀时，大多数准备工作已经完成。然而，流动健康中心（诊所）的位置尚未确定，健康护理组织潜在注册顾客估计的原始数据可由人口普查来确定，并且这些数据在表8-13中已经列出，请使用交叉中值法和人口普查图8-9来考虑诊所的定位问题。

**表 8-13　每个户口普查区的估计潜在注册人员数量表**

| 人口普查区 | 注册人员数量（千） | 人口普查区 | 注册人员数量（千） |
|------|------|------|------|
| 1 | 5 | 13.02 | 4 |
| 2 | 4 | 14 | 5 |
| 3 | 3 | 15.01 | 6 |
| 4 | 4 | 15.02 | 4 |
| 5 | 2 | 15.03 | 5 |
| 6 | 1 | 16.01 | 3 |
| 7 | 4 | 16.02 | 2 |
| 8 | 1 | 18.03 | 5 |
| 9 | 2 | 20 | 2 |
| 10 | 4 | 21.01 | 4 |
| 11 | 2 | 21.02 | 3 |
| 12 | 2 | 23.01 | 4 |
| 13.01 | 3 | | |

图 8-9　得克萨斯州奥斯汀地区的人口普查图

## 案例 8-2　　　　Athol 家具公司[10]

　　Athol 家具公司是一家正在成长壮大的地区连锁店，主要经营旧家具和大型家具。该公司已经制定了下一个目标，在布拉夫湖城这样的小城市开设小零售店。尽管此城的总人口仅有 21 000 人，但由于该城市周围山区采矿业的增长，预计下一个 10 年内，该地区将得到迅速发展。公司的营销部门已经对一个进入布拉夫湖城潜在的市场扩展做了一个综合的分析，但是把该店最佳选址的任务交给了 Carlos Gutierrez 先生。在获得了关于布拉夫湖城的市场数据后，Gutierrez

先生决定利用哈夫模型为公司管理层提供一个参考建议，这是因为有几个现存的竞争者和几个潜在的位置可供考虑。

　　图 8-10 是一张标明主要街道、铁路（公司会通过铁路将设施从 800 英里外的地区仓库运达该市）、高速公路、水晶河、布拉夫湖以及居民街区群（从 1 号到 12 号）分布的地图。表 8-14 给出了每个街区群的家庭数目、每家年均收入、每家的家具或大型家庭设施的年消费额。

表 8-14　市场数据

| 街区群 | 家庭数量 | 年平均收入（美元） | 每户家居年均消费（美元） |
| --- | --- | --- | --- |
| 1 | 730 | 65 000 ~ 70 000 | 180 |
| 2 | 1 130 | 45 000 ~ 50 000 | 125 |
| 3 | 1 035 | 80 000 ~ 85 000 | 280 |
| 4 | 635 | 150 000 以上 | 350 |
| 5 | 160 | 25 000 ~ 30 000 | 75 |

（续）

| 街区群 | 家庭数量 | 年平均收入（美元） | 每户家居年均消费（美元） |
|---|---|---|---|
| 6 | 105 | 20 000 ~ 25 000 | 50 |
| 7 | 125 | 20 000 ~ 25 000 | 60 |
| 8 | 470 | 40 000 ~ 45 000 | 115 |
| 9 | 305 | 30 000 ~ 35 000 | 90 |
| 10 | 1 755 | 85 000 ~ 90 000 | 265 |
| 11 | 900 | 75 000 ~ 80 000 | 215 |
| 12 | 290 | 150 000 以上 | 370 |
| 合计 | 7 640 | | |

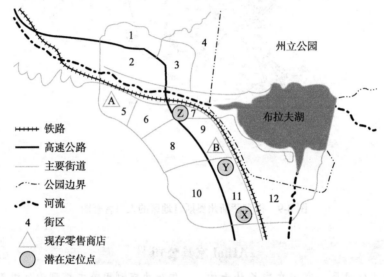

图 8-10 布拉夫湖域

在图 8-10 中，字母 A 和 B 表明 Athol 家具公司现存两个竞争者的位置。表 8-15 表明了销售面积接近 5 000 平方英尺（$1\text{ft}^2 = 0.093\text{m}^2$）已存店的规模。图 8-10 中字母 X、Y、Z 表明了 Carlos 感觉 Athol 家具公司零售店的可能定位。表 8-16 给出了任一潜在定位位置的最大限制规模。

**表 8-15　竞争者商场的规模**

| 商场 | 销售面积（平方英尺） |
|---|---|
| A | 10 000 |
| B | 15 000 |

**表 8-16　公司不同位置上商场的最大限制规模**

| 位置 | 最大销售面积（平方英尺） |
|---|---|
| X | 15 000 |

（续）

| 位置 | 最大销售面积（平方英尺） |
|---|---|
| Y | 20 000 |
| Z | 10 000 |

在分析从城市计划部门得到的各主要街道和高速公路速度的基础上，Carlos 提出了现存以及潜在零售店位置到各居民区行进时间的矩阵模型，行进时间数据在表 8-17 中已经标明。

通过 Athol 家具公司以往定位的经验，Carlos 先生已经给出了商场规模与边际销售额、费用以及税前净经营利润之间关系的精确描述，这些描述信息已标在表 8-18 中。

表 8-17　以分钟为单位的商店到居民区的行进时间

| 位置 | 街区群 | | | | | | | | | | | |
|---|---|---|---|---|---|---|---|---|---|---|---|---|
| | 1 | 2 | 3 | 4 | 5 | 6 | 7 | 8 | 9 | 10 | 11 | 12 |
| A | 7 | 5 | 5 | 9 | 1 | 3 | 4 | 5 | 7 | 10 | 14 | 17 |
| B | 10 | 8 | 8 | 10 | 7 | 3 | 3 | 2 | 1 | 4 | 2 | 5 |
| X | 16 | 14 | 14 | 16 | 13 | 8 | 7 | 6 | 4 | 3 | 2 | 2 |
| Y | 12 | 10 | 10 | 12 | 9 | 5 | 4 | 3 | 2 | 3 | 2 | 4 |
| Z | 7 | 5 | 5 | 7 | 4 | 2 | 1 | 1 | 3 | 8 | 10 | 13 |

表 8-18　商场规模与边际销售额、费用以及净经营利润的关系

| 销售面积（平方英尺） | 经营数据 | | |
|---|---|---|---|
| | 边际销售额 | 费用 | 税前净利润（占销售额百分比） |
| 10 000 | 16.2 | 12.3 | 3.9 |
| 15 000 | 15.6 | 12.0 | 3.6 |
| 20 000 | 14.7 | 11.8 | 2.9 |

## 问题

1. 利用哈夫定位模型（λ=1.0）的电子表格版，为 Athol 家具公司制定商场的定位及规模。假设 Athol 家具公司不考虑销售面积小于 10 000 平方英尺的商场，为每个潜在位置估计达到最大销售面积的商场规模（以增加 5 000 平方英尺为基础）。

2. 你建议筹建的商场，其每年税前经营净利润是多少？市场占有率是多少？试说明你建议的根据。

3. 试给定另外两个 λ 值（例如 0.5 和 5.0），测量你推荐定位的顾客成行的敏感性。

4. 简述哈夫模型的缺点。

## 参考文献

Baron, Opher, Joseph Milner, and Hussein Naseraldin. "Facility Location: A Robust Optimization Approach." *Production and Operations Management* 20, no. 5 (September–October 2011), pp. 772–85.

Castillo, Ignacio, Armann Ingolfsson, and Thaddeus Sim. "Social Optimal Location of Facilities with Fixed Servers, Stochastic Demand, and Congestion." *Production and Operations Management* 18, no. 6 (November–December 2009), pp. 721–36.

Chanta, Sunarin, Maria E. Mayorga, and Laura A. McLay. "Improving Emergency Service in Rural Areas: A Bi-objective Covering Location Model for EMS Systems." *Annals of Operations Research* 221, no. 1 (2014), pp. 133–59.

Ehsani, Amir, Abolfazl Danaei, and Mohammad Hemmati. "A Mathematical Model for Facility Location in Banking Industry." *Management Science Letters* 4, no. 9 (2014), pp. 2097–100.

Fernández, José, and Eligius MT Hendrix. "Recent Insights in Huff-like Competitive Facility Location and Design." *European Journal of Operational Research* 227, no. 3 (2013), pp. 581–84.

Fitzsimmons, James A., and B. N. Srikar. "Emergency Ambulance Location Using the Contiguous Zone Search Routine." *Journal of Operations Management* 2, no. 4 (August 1982), pp. 225–37.

Min, H. "Location Planning of Airport Facilities Using the Analytic Hierarchy Process."

*Logistics and Transportation Review* 30, no. 1 (March 1995), pp. 79–94.

Schmenner, Roger W. "The Location Decisions of New Services." In *New Service Development,* Eds. J. A. Fitzsimmons and M. J. Fitzsimmons. Thousand Oaks, CA: Sage Publications, 2000, pp. 216–38.

## 注释

1. http://www.pitney-bowes.com/us/location-intelligence/case-studies/dominos-pizza.html.

2. S. E. Kimes and J. A. Fitzsimmons, "Selecting Profitable Hotel Sites at La Quinta Motor Inns," *Interfaces* 20, no. 2 (March 1990), pp. 12–20.

3. Suzanne Alexander, "Saturating Cities with Stores Can Pay," *The Wall Street Journal,* September 11, 1989, p. B1.

4. James H. Donnelly, "Marketing Intermediaries in Channels of Distribution for Services," *Journal of Marketing* 40, January 1976, pp. 55–70.

5. Julie E. Kendall, "E-distance and the Theatres of South Jersey," *Decision Line,* March 2003, pp. 13–15.

6. Information provided by Michael Lane (geologist, PHD, TSRA GIS coordinator), Sara Windsor (information technology manager), Lisa Scott (DCEM director), Randy Burke (TSR Water Company director), and Louise deWilder (security and emergency management director).

7. W. J. Abernathy and J. C. Hershey, "A Spatial-Allocation Model for Regional Health Services Planning," *Operations Research* 20, no. 3 (May–June 1972), pp. 629–42.

8. David L. Huff, "A Programmed Solution for Approximating an Optimum Retail Location," *Land Economics,* August 1966, pp. 293–303.

9. S. E. Kimes and J. A. Fitzsimmons, "Selecting Profitable Hotel Sites at La Quinta Motor Inns," *Interfaces* 20, no. 2 (March 1990), pp. 12–20.

10. This case was prepared by James H. Vance under the supervision of Professor James A. Fitzsimmons.

# 3

第三篇

# 服务运营管理

我们将发现，由于存在顾客—供应商之间的二重性，服务供应链事实上是关系管理中的一个挑战。接下来，我们将讨论当今全球竞争环境中服务的增长。服务的日常运营始终是一项挑战，因为我们必须在不断变化的环境中同时管理组织的目标、顾客的需求并保持对服务提供商的关注。我们通过超额预订、工作班次调度和收益管理等技术探索匹配能力和需求的策略。然而，服务企业很少能够达到完美的匹配效果，只能是让顾客等待。因此，排队管理对于避免让顾客产生一个很差的服务经历的预期是很重要的。我们可以用排队模型的应用来总结第三部分，这一模型可以用来规划适当的服务能力，来平衡顾客等待的成本和提供服务的成本。

# 第9章

# 服务供应关系

## |学习目标|

通过本章学习，你应该能够：

1. 比较实体产品供应链与服务供应关系。
2. 描述电子商务中全渠道供应链的角色。
3. 认识在服务供应关系中资源的价值。
4. 探讨二重性关系的管理者暗示。
5. 认清推动专业服务公司盈利的三个因素。
6. 根据服务的核心和外包的重要性对服务业分类。
7. 探讨由外包服务产生的管理者的思考。

供应链管理是将产成品传递至最终用户的一种总体的系统方法。使用信息技术去协调从供应商到零售商的供应链的所有环节，可以实现一定水平上的整合，这是一种在传统物流系统中无法获得的竞争优势。

例如，惠普公司决定生产一款桌面激光打印机，并且允许分销商通过附加适当的手册和电源线实现打印机的本地化。这一决策的结果是最终产品清单的显著减少，这是因为需求都已经归结到单一的打印机，消除了对于不同国家采用不同产品清单的需求。由于通用的打印机能够密集包装，因而也大大地节约了运输成本。[1]

塔可钟（Taco Bell）采用了类似的供应链方式。第一阶段是由农产品组成的（例如，肉类、蔬菜、调味品和粮食）。这些产品被大量购进，并且储存在地区配送中心以供应给各零售店。由于最终需求难以预测，零售店浪费了相当数量的食品。将厨房从零售店迁移到一个中心位置可以巩固需求并减少浪费。零售店里的生产流程由按订单生产变为按订单装配。由于等候时间缩短了，设施更加清洁，场地更加开阔，顾客也满意了。

## 9.1　本章概要

制成品的供应链管理提供了从产品设计到售后顾客服务的整个价值链系统视图所获得的优势。信息技术一直是协调独立公司通常执行的许多相互关联活动的能力的驱动力。然而，对服务供应管理的最好描述是关系而不是行动链，这是以服务为基础的顾客—供应商的二重性决定的。家庭健康护理的案例被用于描述服务管理关系中的价值资源。本章探讨了专业服务的特征、服务外包以及对相关管理事务的思考。

## 9.2　供应链管理

供应链管理的挑战在于，在维持生产和库存成本的条件下，满足固定的以及即时的顾客配送需求。供应链模型使管理者可以去评估哪一种选择可以以合理的成本实现顾客满意度的最大提高。供应链是一个网络化的模型，它表现了资产成本（例如，存货和设备）和顾客服务的时间范围特征（例如，顾客传递的响应性和可靠性）之间的关系。

### 9.2.1　网络模型

实物供应链可以看成一个由原料加工阶段组成的增值网络，包括供应输入、原料转换和需求输出。如图 9-1 所示，这些阶段（供应商、生产、分销、零售和再循环）用箭头相连，描述了在每一阶段之间伴随着库存的实物流。制造阶段代表这样的操作：从外部供应商获得原料，原料通过转换或配置获得升值，并形成产成品库存，之后分销并零售给顾客。

对于环境持续性的关注唤醒了生产商对产品生命周期管理的需要。然而，在产品生命的终期，我们会看到设计成可以回收利用或是再生产的产品数量在增加，以替代设计成会遭到遗弃的产品。例如，由于存在价值，老式的打印墨盒会被再生产，铝罐会被回收利用。几个欧洲国家的政府要求将汽车设计成各部件的材料能够很容易回收利用的形式。

如图 9-1 所示，由虚线显示的信息传递向上移动，包括了供应商活动、流程和产品设计以及售后服务。源于供应链协调的重要好处就是可以对下游信息进行利用。例如，汽车制造商通常在售后服务时会发现设计上的一些缺陷。在零售商销售点的数据能够被汇集到经销商处，以提醒生产商在制订生产计划时避免库存积压或是销售上的损失。

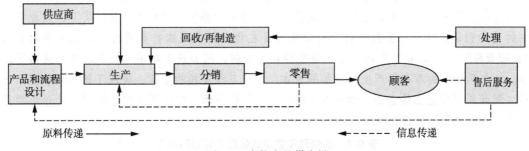

图 9-1　实物产品供应链

只有在整个供应链的参与者之间建立有效的伙伴关系和合作时，才能取得成功。在一个不协调的供应链中会产生"长鞭效应"——随着我们将供应链向分销商并最终向制造商转移，零售订单的微小变化最终会被放大。供应链中的独立阶段，由于不了解最终需求的真实性质，会对下游顾客的订单反应过度。此外，填补订单的延迟会在上游的库存中产生振荡。供应链协调的缺乏导致了自我强加的系统不稳定，进而导致库存在某一个时间点出现积压，随后出现缺货。

### 9.2.2 管理不确定性

除了由供应商的表现、生产的可靠性和顾客需求产生的不确定性外，管理供应链是简单的。库存被用来弥补这些不确定性。为实现顾客服务水平的目标（例如，脱销的时间少于5%），保留一些额外的原料或安全库存可以在上游工序发生问题时完成交付。

以下事件中的任何一个都会影响供应商准时配送：风暴引起的运输延误、质量问题、机器故障或者原材料供应延迟。另外，每个供应商都可以通过及时、准确的配送来赢得谈判，因为供应商越可靠，那么用于满足下游运作所需的安全库存就越小。影响供应商可靠性的所有因素都会影响生产的可靠性。另外，由于共享资源的生产能力引起的内部计划延迟问题（例如，在一家机械商店的吊车）也会影响生产的可靠性。总体的不确定性是由准时配送的历史概率分布决定的。顾客需求的易变性是最难确定的因素。然而，在短暂的产品生命周期里，几乎没有时间去建立历史需求分布状况。市场调查和过去类似产品的经验可以用来预测未来的需求分布状况。

战略创新可以减少不确定性的冲击，提高顾客服务。例如，全面质量控制技术工具，如统计流程控制，可以提高生产的可靠性；企业也可以投资于更可靠的运输方式。产品设计的变化允许在生产作业中存储半成品并将最终定制延迟，以提高对于顾客订货的响应性。我们可以看一下宝洁公司和沃尔玛的战略。

## ⊙【例 9-1】

### 宝洁公司和沃尔玛

宝洁公司和沃尔玛在提高其生产和分销系统方面的有效性和盈利性方面目标是一致的，但彼此独立、自我服务的方式又时不时地有损于所在的产业。表 9-1 的"前"栏显示了很多供应链中的供应商和零售商所面对的问题。例如，当宝洁公司采取价格促销方式来刺激帮宝适产品的市场占有率时，沃尔玛会以较低的成本将帮宝适产品囤积起来。沃尔玛的意图就是通过在折扣期间购进产品，在折扣结束后再以正常的价格出售（称作"买期货"），以此提高它的边际利润。这种相互独立行为的结果就是在供应链中造成自身诱发的成品库存水平的"长鞭效应"。"买期货"引起了生产额度的巨大动荡，因为沃尔玛不可能在几个月里再下订单。沃尔玛持有的库存所产生的增加的成本，生产日程安排的中断，促成了沃尔玛和宝洁公司之间开展供应链上的合作，如表 9-1 中的"后"栏所示。宝洁同意停止促销，沃尔玛则开创了"天天低价"的营销口号。

表 9-1 沃尔玛和宝洁的供应链管理的冲击

| 内容或相关项 | 前 | 后 |
| --- | --- | --- |
| 渠道关系 | 独立的和竞争的；许多相互竞争的供应商和经销商 | 互相依赖；许多供应商和分销商作为合作伙伴 |
| 物流 | 推动式 | 拉动式 |

（续）

| 内容或相关项 | 前 | 后 |
|---|---|---|
| 信息流（上游） | 拉动式，不完善的，局部的，手工的；被供应链中的人员所阻碍；缓慢的；按周或月的订单工作；不能得到近期的下游需求数据和生产时间表 | 推动式，有计划的，适当的，自动的；供应链中的所有成员都具有高水平的连通和透明性；能够访问最新的下游需求数据和生产时间表 |
| 信息流（下游） | 极少或完全没有产品跟踪信息通知 | 产品跟踪（几乎）是实时的；提前运送 |
| 业务过程 | 主要是内部的；效率的本地最优化 | 内部进行关键作业，为提高弹性，其他都采用资源外包；完整和同步地实现供应和需求的匹配 |
| 需求管理 | 用于能力计划的反应性的预测；分段 | 预先管理以减少变动性；顾客关系管理 |
| 库存 | 大量的；作为防止不确定性和信息缺乏的缓冲；通常会有长鞭效应 | 少量的；由于透明度，信息的互通性降低了库存缓冲；更有效地使用延期的差别化以实现风险共担并进一步降低库存；使供应链上的库存更好确定 |
| 产品 | 缺乏弹性的；较长的交付周期；由物料需求计划（MRP）支配；推动式；为库存生产 | 有弹性的；交付周期缩短；拉动式（例如，JIT）；大规模定制（供应链中将产品的公用组件安装在适当位置以适应顾客交付周期）；为订单生产 |
| 分销 | 传统的库存网络；将 MRP 扩展到销售；销售需求计划；推动式 | 把推动式思想中的像快速反应、持续补给这样的概念扩展到销售；卖主管理库存；分销中心和持续入库；更灵活的直接运输 |
| 产品设计 | 没有来自制造或销售输入的产品设计 | 更强调制造和供应链管理的设计 |
| 定价 | 着重强调促销定价 | 更强调复合定价；天天低价（EDLP） |

## 9.2.3　全渠道供应链

历史上专注于为商店补货的仓库现在被用于支持电子商务。无论渠道如何，公司都越来越多地寻求仓库库存的可见性。这样公司可以通过需求整合以及更低的库存水平，用更低的成本来实现更高的服务水平，还允许顾客检查他们的订单状态。从 Amazon.com 购买，跟踪和接收货物的顾客体验——"亚马逊效应"，已经迫使各地的零售商采用这种全渠道供应链。

图 9-2 显示了全渠道供应链如何使用中央库存池或仓库来控制库存管理和订单履行的过程。这使供应链掌握在顾客手中，因为中央仓库充当了来自订单和分销业务的可见清算中心。这些订单有各种不同的来源，分销业务也有许多不同的渠道。全渠道供应链允许顾客通过各种渠道进行浏览、购买和退货，而不仅限于传统的店内体验。

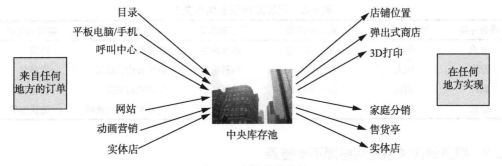

图 9-2　全渠道供应链

### 9.3 服务供应关系[2]

#### 9.3.1 顾客—供应商的二重性

由于服务本身所产生的顾客—供应商的二重性，导致在服务供应关系的物体转换过程中，包含的人为要素要比在产品供应链中多。服务能够作用于人的意识（如教育、娱乐、宗教）、身体（如交通、住房、保健）、财产（如汽车修理、干洗、银行）和信息（如税收咨询、保险、法律保护），因此，所有的服务都作用于顾客的提供物。这就意味着，在服务交换过程中顾客也是供应商。这就是所谓的顾客—供应商的二重性。图 9-3 展示了服务提供企业其供应商和顾客之间的双向关系。

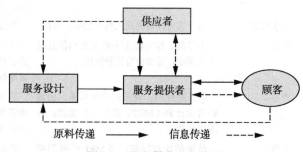

图 9-3 服务供应双向关系

表 9-2 给出了基本的单层双向服务供应关系（如不包括供应商）的例子。每个例子中，服务提供者直接向顾客提供服务，不需要任何辅助供应商。例如，病人因为牙疼看牙医，医生为他修补坏牙。

表 9-2 单层双向服务供应关系

| 服务种类 | 顾客—供应者 | 投入和产出 | 服务提供者 |
|---|---|---|---|
| 意识 | 学生 | 意识和知识 | 教授 |
| 身体 | 病人 | 牙和补牙 | 牙医 |
| 财产 | 投资者 | 金钱和利益 | 银行 |
| 信息 | 代理人 | 文件 /1040 | 纳税服务 |

表 9-3 给出了双层双向服务供应关系的例证，如图 9-3 所示。在每一个例子中，服务提供者必须在第三方供应商的帮助下才能完成服务。例如，病人去看医生，医生给病人抽血，血液被送到实验室进行分析，医生根据实验室所给的血液分析报告诊断病情。

顾客—供应商的双重性和双向关系是理解服务关系本质的核心。为了清楚服务供应关系管理的含义，需要展开一些观察。

表 9-3 双层双向服务供应关系

| 服务种类 | 顾客—供应者 | 投入和产出 | 服务提供者 | 投入和产出 | 辅助服务者 |
|---|---|---|---|---|---|
| 意识 | 病人 | 混乱和治愈 | 临床医生 | 处方和药 | 药房 |
| 身体 | 病人 | 血和诊断 | 内科医生 | 血样和化验结果 | 实验室 |
| 财产 | 司机 | 轿车和修理 | 修理工 | 发动机和更换 | 设备商店 |
| 信息 | 购房者 | 财产和贷款 | 抵押公司 | 位置和所有权清晰 | 确认地契 |

#### 9.3.2 服务供应关系是网络而不是链条

对于大部分的一般供应关系来说，生产和消费是同时进行的。例如，当人们去牙医那里洗牙时，供应关系是牙和牙医之间的一个简单的传递过程。正如我们在表 9-3 中看到的，在这个供应链中可以增加一个供应者，然而超过两层的供应关系是很少见的。事实上，之所以说服务供应关系更像一个网络，是因为当服务需要由外部供应者完成时，服务提供者成为顾客的代理商。定义为网络比链条更准确，这是因为与实体产品供应链相比，服务供应关系更不容忍延迟，信息更容易获得。服务提供者和它的供应者之间的合作或者资源获得是同步的，因为这样可以节约成本，提高效率（如内科医生和实验室）。

### 1. 服务能力类似于库存

在产品供应链中，库存用于调节顾客的最终需求和企业生产能力间的差额。对于服务来说，由于顾客对及时服务的期望，顾客会随机产生一些服务需求。例如，去快餐店吃饭的顾客一般不需要等待。因为服务不能被储存，所以为了满足顾客的期望，剩余服务能力就必须掌握在手中。如果可以选择，存储系统会为匹配产能去安排顾客到达的时间。

### 2. 顾客投入的质量能够改变服务

顾客的投入是不完全的（如纳税文件）、无准备的（如学生）或是没有实际希望的（如肺癌患者）。由于顾客的投入不稳定，当其投入不可信时，对于服务提供者的交付承诺就产生了挑战。这就产生了有效交流的成本。在提供服务之前，与顾客就他们附加价值的期望进行充分的交流能够避免误解。

## 9.4　管理服务关系

⊙【例 9-2】

### 家庭健康护理行业的服务关系管理

护理成本的不断增长促进了一种新的低成本护理方法的产生。家庭护理是通过在家里为病人提供服务来管理护理成本的一种方法。这种方法可以免除住院治疗或者护士的服务，从而降低成本。这种家庭护理服务关系还产生了流动服务，因为服务提供者（如护士、营养学家和医生）要到病人的家里提供服务。

如表 9-4 所示，通过对"后"栏中服务关系管理良好的方法和"前"栏中传统方法的比较，总结出了一些特征。服务供应关系管理的价值源于三个方面：双向最优化、生产能力管理和易逝性管理。

**表 9-4　家庭健康护理中的服务关系管理的影响**

| 内容 | 前 | 后 |
| --- | --- | --- |
| 接受服务 | 被动性 | 作为合作生产者的积极性 |
| 服务流 | 等待需求 | 积极探索需求 |
| 信息流（上游） | 拉动式：需求数据的人工报告导致了管理响应性的延迟 | 推动式：具有高水平的连通性和透明度，可以快递或者即时地访问最近的需求数据 |
| 信息流（下游） | 极少或完全没有资源配置理论 | 实时跟踪和分派业务过程 |
| 需求管理 | 局限于预订和预约 | 提前将顾客纳入时间表以获得双向的最优化 |
| 能力管理 | 局限于使用临时工 | 创造性地使用员工的交叉训练、资源外包和顾客自我服务 |
| 服务交付 | 缺乏弹性的；标准化和不具个性的 | 有弹性的；根据可能的定制实现个性化 |

（续）

| 内容 | 前 | 后 |
|------|-----|-----|
| 路径和时间表 | 静态的；固定的每日时间表 | 动态的；基于系统互联和流程的透明化 |
| 新服务设计 | 根据企业对顾客需求理解的营销策略 | 使用驱动新服务的顾客数据库信息来设计虚拟价值链 |
| 定价 | 固定的 | 可变的；收益管理形成非高峰需求并且避免能力空闲 |

### 9.4.1 双向最优化

双向最优化意味着在服务企业达到最优的同时做到顾客认为最好的可能性。在家庭护理中，病人是服务的积极参与者。直接顾客参与促进了双向最优化，使某种服务的供给和需求同时达到最优。这种为病人提供高度个性化服务的转化对组织来说，其成本效用是合算的。

对于流动服务，要提供一个"时间窗口"使每一位顾客都可以获得服务员工提供的其所需的服务。顾客认为一般的实时窗口非常不方便，是为了没有效率的服务提供商的利益而浪费顾客的时间。典型地，服务企业的经理请顾客光顾临时增加的时间窗口（例如，中午和下午 5 点），因为路径、顾客顺序和通常服务提供者的工作状况的更新并不能把一个功能集成信息系统包括在内。服务链管理使用预测数据为每一位员工构造最初的日常计划，在一个特定的地区内，对所有服务员工采用基于一个优化解决方案的预先优化计算，从而为顾客提供许多选择。这种优化解决方案的计算认为，应该把顾客偏好和服务需求（例如，语言、员工技能、员工许可以及车辆供应）与地理信息结合，例如服务员工在刚完成特定顾客的预约后应该优先为那里的其他顾客提供服务。

家访需要动态追踪以避免无效的旅途时间。
©Terry Vine / Blend Images LLC RF

### 9.4.2 生产能力管理

关于流动员工生产能力的主要考虑是各项工作之间所花费的时间，这和各项工作之间的距离有密切关系。由于价值主要在流动员工处于顾客所在地期间创造的，因而将时间花费在顾客所在地之间的移动上就是生产能力的损失。通过更好地管理服务链，可以挤出更多的时间使员工和顾客在一起，这就创造了大幅度提高劳动力生产能力的机会。提高服务员工生产能力的战略包括传输、替代和培养。

### 1. 传输

传输是一种使顾客获得知识的方法，它使价值能够以低成本进行转换。一个例子就是基于 Web 的常问问答（FAQ）数据库。可以使用这种信息转换工具代替昂贵的人力资源，而且在任何时候都可以获得。例如，病人能够访问一个网站的疾病—药物区，并获得关于药物副作用的信息、症状的解释或遵循的程序。

### 2. 替代

替代是关于人力资源替代技术的战略。血压检测就是一个例子。病人一天需要检测血压三次，一个自动的检测系统可以代替护士的工作。一台数字血压检测仪可以方便地供病人使用，并且比家庭健康护理护士的一次登门服务便宜。

### 3. 培养

培养顾客进行自我服务的技术是增强家庭健康护理系统生产能力的第三种战略。在很多情况下，可以教会一名病人或其家庭成员了解外科包扎。顾客技术的培养首先需要额外的护理时间，但是它显著降低了以后护理资源的使用。例如，如果伤口是长期的，并且需要在很长一段时间内每天换药，在这种情况下，一个护士可以每三天检查一次伤口愈合情况而不是每天，这可以将护理病人所需的时间降低 66%。

## 9.4.3　易逝性管理

对易逝性的管理采用服务链管理的方法，可以在生产能力范围内配置服务劳动力，从而使闲置时间最小化。服务员工的生产能力受限于他们所服务的顾客对服务场景下正确使用工具、技术和知识的需要及偏好。

对流动员工来说，易逝性管理有两个重点。首先，基于对员工的最佳使用而为顾客提供时间窗口的时间分配系统。在使用动态时间最优化软件的服务链管理系统中，日程表是结构化的，并且在派出员工去完成工作之前的最后时刻还可以修改。没有通信基础的服务系统需要在每个工作日开始时为每一名流动员工提供固定的日程表；具有动态数据通信的服务系统则可以生成一个实时的日程表，使员工可以在完成当前工作以后再去了解下一项安排。工作的动态分配可以使闲置时间（例如，易逝性）最小化。

其次，易逝性管理还包括培训、精练的过程和员工技术及能力的拓展。当员工潜在的闲置时间被用于培训活动时，生产能力就可能产生预期改变。服务储存保护战略通过在闲置时间段开展技术提高活动而给企业带来好处，它使员工在培训中也可以工作，而不像传统培训那样消耗生产能力。拥有移动数据通信工具的流动员工能够拥有组合式的、基于计算机的培训及证书并可在线检查材料（使用服务车辆的移动数据终端），进而使这种保护战略效果最大化。

## 9.5　服务中的社交媒体

社交媒体的兴起显然改变了服务类企业商业运作的模式。社交媒体指的是一种基于网络与移动的技术，能够把通信转化为互动对话。社交媒体有助于将技术和社交互动融合在一起，共同创造价值。截至 2016 年 11 月，Facebook 拥有超过 17.9 亿用户，超过谷歌每周在美国的流量。一位消息人士称，在美国结婚的每八对夫妇中，就有一对在社交媒体上相遇。[3]

公司正在使用社交媒体或 Web 2.0，其方式与第一代 Web 1.0 应用程序不同。例如，沃尔玛利用互联网通过改善供应链库存管理来降低价格，银行通过使用在线账户和电子邮件通信来减少文职人员数量。Web 1.0 是关于自动化日常流程的，Web 2.0 则是关于建立顾客关系，促进远程组织中的联系，以及在产品开发中共同创造的。[4]

对服务公司有用的社交媒体的特征包括：

- 广泛的范围，分散、较少的层次，并有多个生产和消费点。
- 容易获得，对公众来说基本可以免费或很少花钱就能获取。
- 容易使用，不需要特殊的技巧或是训练，或者只需要对现有技能进行适度的重新解释。
- 直接性，允许即时回复。
- 灵活性，允许通过评论或编辑几乎立即改变信息。

社交媒体不再只是服务公司开展业务的一个好选择而已，现在它更是顾客在需要联系服务公司时转向的第一个地方。2011 年由顾客体验分析公司 ClickFox 进行的一项研究确定了人们使用社交媒体（如零售、电话、旅游和酒店、有线电视和银行）寻求顾客服务的前五大行业组织。[5]

当顾客在塔吉特（Target）购买衬衫时，零售商会小心翼翼地接受顾客可能在产品上发出的任何反馈或评论。顾客发现很容易在 Twitter 或其他媒体上提供反馈并寻求有关大多数服务的信息，而无须花费很长时间来打电话。

有效利用社交媒体及其营销潜力需要深入了解顾客在哪里，他们正在寻找什么以及他们遇到了什么问题。公司在社交媒体中可以做的最重要的事情之一就是提供有关他们服务的资源和信息。

### 9.5.1 作为竞争策略的社交媒体

由于服务创新通常无法申请专利，因此该行业在社交媒体领域面临很大的竞争压力，同业之间可以相互学习从而有更好表现。公司需要不断检查对方的线上策略，并在必要时重新调整自己的策略。使用社交媒体的公司的另一个问题则涉及广告和营销法规。电子营销服务顾问 Onmark Solutions 在一份报告中建议企业采取五种策略，将线下移动业务成功地转移到社交媒体竞争中来：[6]

**收听提醒**：顾客可以从与服务相关的定期提醒中受益。提醒可能是在 Facebook 或 Twitter 上发布的纳税申请日期提醒或牙科预约提醒。

**网络空间里相通的做法**：公司提供的沟通渠道越开放，顾客就越能感受到服务。公司需要确定顾客遇到的问题或反馈实时上网的位置，然后使用这些社交渠道进行回复。

**引领人群**：公司可以在服务之外建立关系，从而促成推荐。社交媒体提供了传播商品的最快方式——说好话（有时也说坏话）。

**顾客教育**：公司除销售服务以外，也可以培养顾客产生关于与其服务产品间接对齐的"生活方式"。例如，保险公司可以使用社交媒体来促进安全驾驶。

**始于线上，终于线下**：通常，顾客可能会在网上提出涉及敏感信息的问题。在这种情况下，客服代表可以直接致电顾客 / 或邀请顾客到办公室讨论解决办法。

### 9.5.2　社交媒体与顾客便利

服务公司已经找到了使用社交媒体和技术进步的创新方法，以增加顾客的便利性。当顾客用智能手机拍下支票照片并将其发送给银行时，银行会接受支票存款。航空公司向乘客的智能手机发送登机牌，随后他们可以在机场安检时进行扫描，无须打印登机牌。保险公司在Facebook、Twitter 和其他网站上挖掘顾客信息的数据，使得索赔专业人员能够跟踪个人的生活方式、经历和习惯。例如，保险业可以识别顾客支付历史与风险驾驶行为之间的联系。[7]这种数据挖掘的危险当然是对顾客隐私的侵犯。正如新的谚语所说："拉斯维加斯发生过的情况，如今仍然存在……就像 Facebook、Twitter、Flickr、YouTube……"

一家名为" Flip.to"的社交媒体服务公司将酒店客人转变为了品牌拥护者。[8] Flip.to 称其服务为"磁力营销"，声称品牌与顾客之间联系最紧密的时候就是顾客准备确认购买行为时。Flip.to 在购买周期的这个阶段利用社交媒体来了解顾客行为并利用顾客参与。该研究表明，顾客在预订酒店房间时所发布的每个正面帖子平均带来 8 个新预订。服务公司现在使用"顾客生成媒体"（consumer-generated media, CGM）这一术语来指代社交媒体的推广力量。社交媒体顾问 Radian6 为金融企业准备了一本使用社交媒体的电子书，其中推荐了一些社交媒体礼仪，要求服务提供者避免"三个 D"（披露、诽谤和歧视）并多做"三个 R"（互惠、尊重和可靠性）。[9]

### 9.5.3　为了组织和共同价值创造的社交媒体

使用社交媒体在地理位置分散的组织中建立联系可以促进学习并培养创造力。例如，当Red Robin 推出其 Tavern Double 汉堡时，它就转向了内部社交网络，而不是让其商店经理发力营销。家庭办公室主管对商店网站的个人访问被开放式虚拟讨论所取代。这些讨论和视频在几天内就制作出了经过厨房测试的食谱，大大减少了创意到柜台流程的时间。公司正在使用社交网络解决问题，共享信息，甚至在产品设计中借助顾客的力量。例如，戴尔计算机公司使用其 IdeaStorm 网站向顾客提供产品改进的想法，如背光键盘。该公司还在网站上提出了新产品的想法，以便在发布之前征求顾客的反馈意见。[10]

社交媒体将继续存在。社交媒体的经济学创造了一个名为" socialnomics"[11]的新领域。服务公司发现有必要使用社交媒体进行品牌推广、招聘、建立意识、信息共享、网络，而最重要的是用于倾听顾客。今天，公司先倾听，然后销售。社交媒体一代不再自己寻找产品和服务——他们希望产品和服务能够找到他们。

## 9.6　专业服务机构 [12]

专业服务机构因为知识上的挑战性、潜在工作成长机会和高收入而颇具吸引力。一些专业服务提供者包括建筑咨询师、律师、顾问、财务咨询师以及工程承包人员等。专业服务机构管理了一个特殊的知识群体，他们经常要通过一门可以证明自己实力、成为其成员并获得证书的考试（如 CPA 注册会计师考试）。一些专业服务者从事独立的实践活动，但是更多人选择加入单一学科或者多学科的群体实践活动。作为我们讨论的目标，专业服务提供者指的是拥有并管理专业机构的合伙人和那些初级专业人员，他们受雇领取薪水并立志成为合伙人。

### 9.6.1 专业服务机构的属性

"专业服务"是指由知识劳动者提供的服务，有四个明显的特征。第一，所涉及的工作是一项高水平的专业化和定制化的工作。这些高专业化和定制化所产生的管理问题与那些发生在大宗商品市场、标准化途径下的服务问题是不同的。更重要的是，管理一个专业服务机构，需要那些在其他业务中没有被验证过的活动和信息的管理能力。

第二，面对面地与顾客交互的频繁性与重要性在于，可以就特定关注的问题进行互动。面对面工作的本质改变了感知和测量服务质量及水平的方法。此外，行为技巧，例如顾客管理，可能和技术本身一样重要。

第三，这种专业服务是通过那些受过高等教育的专业人员来交付的，他们代表了服务机构的资产。组织必须对服务的两端都给予高度关注：投入（例如，招聘）和产出（例如，顾客）。

第四，根据詹姆斯·布赖恩·奎因（James Brian Quinn）、菲利普·安德森（Philip Anderson）和悉尼·芬克尔斯坦（Sydney Finkelstein）提出的，真正的专业机构要拥有以下日益重要的四方面能力：[13]

**认知知识**（知道是什么）是通过众多的培训和获取证书后，达到专业所需的基础。这项知识是必需的，但不足以取得成功。

**先进技能**（知道如何）是将书本知识变成有效的执行力，这种能力要求将专业规则应用到复杂的真实世界问题当中，具有更广泛创造价值的专业技术水平。

**系统理解**（知道为什么）是指相关专业具有因果关系的深层次知识的网络，专业人士通过知道为什么，可以预见那些微妙的相互作用和意想不到的后果。

**自我激励创新**（关心为什么）包含了对成功的期望、动机和适应性。没有自我激励创新，学术领袖们将由于自满而失去他们的知识优势。

因此，在不断的教育中，由合伙人和投资者对员工进行辅导，是那些加入专业咨询机构的员工所希望的。

### 9.6.2 服务咨询

服务业咨询市场稳步增长。当公司面临其内部能力无法应对的挑战或机遇时，就会寻求服务咨询。咨询业普遍存在的服务业领域包括医疗保健、金融服务、物流和酒店业（酒店、餐馆和迪士尼等娱乐公司）。服务范围咨询涵盖广泛的运营，如人员配置、计费、办公自动化、劳动力调度、流程改进、质量保证、排队管理和呼叫中心管理。越来越多的非营利机构和政府机构也在寻求外部咨询的咨询服务，主要服务咨询公司包括埃森哲、贝恩、博思艾伦汉密尔顿（Booz Allen Hamilton）、德勤咨询公司和IBM全球服务公司。服务咨询的有效性通常依赖于提高公司运营效率及其维持稳定业务流的能力。

考虑以下几个用来开展服务业咨询商务的方法，可归纳为发展战略上的5P运营：

- 人员（People）：工作压力管理、生产力提升和员工决策。

- 过程（Process）：过程提升、办公自动化和过程再造。
- 项目（Program）：质量提升和精益 / 改善项目。
- 培植（Plant）：服务设施和布局计划。
- 计划与控制系统（Planning and control system）：调度、企业资源计划（ERP）和闭环系统。

一个标志性的服务咨询项目包括以下几个不同比例的部分的组合。标志性咨询合约的层次如图 9-4 所示。

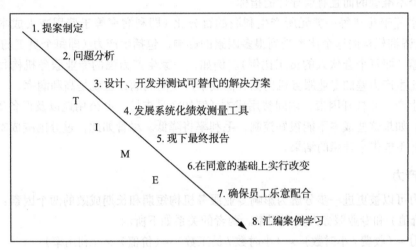

图 9-4 标志性咨询合约的层次

无论业务性质如何，此咨询周期的一般步骤都具有可比性，但在每个阶段使用的工具和重点可能会有所不同。Rasiel 提供了一些使用麦肯锡模型成功咨询的有用技巧：[14]

- 承诺不足和过度投入——非常仔细地决定你对顾客的承诺。
- 80-20 法则——80% 的麻烦来源于你 20% 的不足。
- 不要好高骛远——选择你能赢的战役。
- 运用"电梯法则"——彻底了解你的解决方案，以便你可以在 30 秒的坐电梯时间向顾客解释。
- 采摘低悬的果实——即使在项目中期，也要能轻松实现快速改进。
- 单打策略——不要在每个阶段都去做本垒打；相反，采取较小的步骤接近你的目标。
- 每天制作一张图表——以视觉方式展示你的发现。
- 顾客参与——你的顾客的持续参与可以使项目保持运转并避免停滞。

一个典型的咨询公司可以被认为是一个金字塔，有四个级别，分别是"寻找者""思想者""粘合剂"和"磨床"。寻找者是确保新业务机会的公司合作伙伴。思想者是整个项目涉及的中层管理人员。粘合剂是具有非常高水平的人际技能的人，是顾客关系中的高手，负责建立信任并保持流畅的沟通。磨床是初级或初级顾问，他们从事大部分工作。[15]

### 9.6.3 运营特点

专业服务机构的组织形式通常是合伙人制而不是公司制，合伙人拥有股权，并共同对机构进行管理。机构日常工作由领薪水的初级专业人员来完成。

合伙制企业经济效率的成功与否是通过每个合伙人的利润率来衡量的，它由三个因素组成：利润率、生产力和杠杆因素。它们的关系如下所示：

每个合伙人的利润 =（利润 / 收费）×（收费 / 员工人数）×（员工人数 / 合伙人人数）=（利润率）×（生产力）×（杠杆因素）

### 1. 利润率

利润率通常是专业服务机构最常用来衡量部门盈利能力的因素。然而不幸的是，利润率往往是一个不准确的而且有误导性的指标。

利润率等于花费每一美元所产生利润的百分比（即利润率等于费用减去成本后占费用的比例）。咨询机构的这个比率受到很多因素的影响，包括生产力（即每个员工的费用比例）和杠杆因素（即每个合伙人的员工比例）。例如，一家生产力强的专业服务机构每一美元收费的成本比生产力差的专业服务机构低。低成本产生高利润，也就是高利润率。

除了生产力和杠杆因素，期间费用成本（例如文员支持、办公用地以及设备等）也会影响利润率。如果这些成本不能很好控制，毛利率将降低。尽管如此，过分削减成本从长期发展角度看并不能带来理想的结果。

### 2. 生产力

生产力可以被更进一步分解为影响专业服务机构短期和长期成败的两个因素：每小时产生收费（价值）和专业服务人员利用率。两者的关系如下所示：

生产力 =（收费 / 小时数）×（小时数 / 员工数）=（价值）×（利用率）

利用率是实际向顾客收费的小时数与可收费小时总数的比例。假设大多数专业服务机构人员每周至少工作 40 小时，如仅向顾客收取 30 小时费用，那么利用率就是 30/40，也就是 75%。

利用率受到两方面影响。第一，平衡需求与能力对专业服务人员是非常艰巨的任务。这种挑战源于顾客经常要求立刻提供非常专业的服务。当一个项目或合同完成，没有待处理事项，那么这些专业服务人员必须使用不能收费的时间，直到找到新的工作。因为顾客会变得不耐烦，这些待处理事项也难以持续。

有一些策略可以通过配比需求与能力的方式来提高利用率。首先，专业服务机构可以通过安排进度表的方式来处理各项待办事情。尽管顾客需要立刻受到重视，但是这些专业服务机构可以通过给予激励和锁定顾客改变这种状况。激励包括根据不同服务提供差异化价格以及延误服务予以折扣等。锁定顾客包括建立顾客信息数据库，将产品和服务绑定以及顾客的服务设计个性化。

另一个最大化利用率的策略是将组织里专业服务人员的技能与知识普及化。这种策略在提供特定专业服务时非常有效，但也限制了专业服务机构的能力。一家专业服务机构应该通过将服务技能覆盖全体员工、对员工进行交叉培训，让他们能够适应任何业务，来避免出现过度依赖个别人的情况。

第二个影响利用率的因素则是不盈利活动的影响。这些活动包括业务开发、培训和综合管理。这些活动中没有一个会产生营业收入，但是它们对公司的未来又十分重要。例如，咨询公司拥有由 6 ~ 10 个领薪酬的员工组成的功能组。如果任命一位专职经理管理一个拥有 9 位领薪酬员工的组，则该组的利用率立即降低到最多 9/10 或者 90% 的水平。没有经理的话，该组可能在短期内产生利润，但是很快会变得无序，并且从长期来看会缺乏竞争力。

另一个影响专业服务机构生产力的因素是其可以提供或者获得的价值数量。服务价值的增长可以通过若干增值活动来取得。首先，一家公司应该能够识别顾客珍视的服务内容。这种活动包括产品开发、市场调查和顾客反馈。其次，公司可以通过专业化和与竞争对手差异化的方式索取更高的费用。这需要公司在雇用和开发独特人才上进行投资。

### 3. 杠杆作用

杠杆作用是专业员工的数量与合作伙伴数量的比率，是决定每个合作伙伴利润的基本因素。合作伙伴从两个来源获得利润：资深员工提供服务获取的高比率费用，更重要的是，雇用专业员工并将他们的薪资从顾客处翻几倍收回的能力。一家成功的公司在成功完成项目的同时，也将最大化杠杆作用。

管理一家公司的杠杆作用包括使专业员工的技能水平与合同或项目需求相符。我们来看看三种类型的项目：

（1）**头脑项目**是指解决最前沿的有关专业或技术知识的顾客问题。头脑项目往往极具复杂性并且需要能够创建、革新和引领对新问题的解决方法的专业员工。一家致力于这种项目的公司应该将自己作为最具有技能和才干的公司进行营销。基本上，公司对市场的吸引之处是："雇用我们吧，因为我们是精明的"。

（2）**老年项目**同样需要高水平的技能和定制化，但是比起头脑项目，则涉及较低水平的创造性和革新。管理一个老年项目的挑战和管理一个头脑项目的挑战是近似的，但是两种项目的营销却不同。

老年项目需要知识和判断，但这些是可以标准化和重复的，特别是当一家公司在某一种项目类型上达到专业化时，例如企业资源规划（ERP）系统的执行。由于公司之前已经做过类似项目，对某些项目能够有所预期并指派给新进员工。其营销策略为："雇用我们吧，因为我们经验丰富"。

（3）**程序项目**指的是一个熟识并且标准化的项目，例如咨询和审计。这些项目虽然包括某些定制化要求，但是执行起来却可以轻车熟路，以至于被视作程序化的（例如，项目拥有良好定义的步骤来完成必要的分析、诊断并做出项目结论）。这些项目可以比较简单地指派给新员工。程序项目的顾客通常期待公司能够快速廉价地完成工作。公司对程序项目的营销通常将其效率、准确性、流程和可利用性作为卖点，其营销策略则是："雇用我们吧，因为我们知道怎么做并且我们可以高效地交付"。

成功管理一家专业服务公司的运营并确定收益率的关键是管理利润、生产率和杠杆效用。表 9-5 显示了增加这三个因素收益率的战术。

**表 9-5　盈利策略**

| 策略 | 类别 |
| --- | --- |
| **降低固定成本（间接费用）** | 利润率 |
| 提高现金流 | |
| 减少办公空间和设备 | |
| 减少行政和支持性员工 | |
| **提高价格和差异化** | 生产力 |
| 特别的、创新的、附加更多价值 | |
| 把高价值的工作作为目标 | |
| 在培训上进行投资 | |
| 在高价值服务上进行投资 | |
| **去掉表现不佳的项目** | 生产力 |
| 减少利润低的服务 | |
| 减少利润低的顾客 | |
| **提高量** | 生产力 |
| 提高差异化 | |
| **降低各种费用** | 杠杆作用 |
| 提升合约管理 | |
| 加大专家的权重 | |
| 加大辅助人员利用率 | |

## 9.7 服务外包

正如图 9-3 中显示的，服务提供者在满足顾客的过程中要与其他服务企业发生关系。例如，医生通过医院的化验室化验病人的血液就是一次服务外包过程。

然而，交易成本是在寻求和维持外包关系的过程中产生的。一般有以下三种交易成本。

- **寻找成本**出现在寻找可能的供应商的过程中。
- **还价成本**是与其他组织达成可接受的协议并签署合约相联系。
- **违约成本**是指在确定与其他组织签订的合约条款后，如果不执行时所要承担的法律义务。

### 9.7.1 服务外包的好处和风险

相对于存在的风险，采用服务外包有很多好处，以下是相应理由和例子。

- 允许企业将资源集中于核心竞争力。例如，美国陆军不再为其士兵配备餐饮巡查队。
- 从外部购买服务来降低企业自己提供服务的成本。例如，因为打扫卫生的服务在市场上竞争激烈，而看门服务就成了一个不错的候选职业。
- 无须任何投资就可以利用最先进的技术。当地医院很少投资昂贵的诊断设备，相比 MRI（核磁共振成像），更喜欢提供专门的服务。
- 可以从服务供应商的规模效益中获利。汽车经销商很少有修复内部冲突的能力，因为经销商所面对的需求是不确定的，而且雇用薪酬很高的专家会花费太高。

当然，出于以下六点考虑，在将服务外包时应该提高警惕：

- 对质量不能进行直接控制时会造成的损失。
- 由于员工担心失去工作，会威胁到员工对公司的忠诚。
- 存在泄露安全数据和顾客私人信息的风险。
- 需要有一家供应商对未来洽谈杠杆进行妥协。
- 额外的对协调的投入和延误。
- 将服务外包后，自身提供该服务的能力会萎缩。

图 9-5 显示了服务外包的过程。服务外包过程包括需求识别、信息搜集、供应商选择、绩效评价。然而，服务的无形性给服务外包带来了挑战。例如，建立一个对想得到的服务的书面描述是困难的。此外，判断服务是否符合预期也很困难，因为它并不受安全性的约束。例如，如何了解签约供应商的安全性有效？人们能够对原料进行检查，但是对购买服务来说，并不存在这种机会。

最重要的外包挑战是供应商选择和绩效评估。例如，塔吉特和沃尔玛等跨国零售商对供应商选择和评估有非常严格的程序。在供应商选择中，有几个因素可以发挥作用，包括经验、声誉、地理位置和成本参数。在供应商绩效评估中，相关标准包括沟通能力、可靠性、操作灵活性和质量措施，如历史准时交货记录。

Hayes 等从垂直整合到"只差一手臂距离"的距离远近幅度提供供应商关系的结构方案。[16] 通常，"只差一手臂距离"的关系是外包的更好选择，因为与供应商就这种臂长关系的协调努力需要高度精确和标准化的价格、数量和交付时间表信息。如果需要更多的战略控制，垂直整合是首选方案。此选项可降低终止风险，因为高度持久的关系相关资产需要进行大量投资，以实现任务的最佳执行。在供应商选择中起作用的另一个因素是知识产权。"只差一手臂距离"的关系需要强大的知识产权保护，不同组件之间的界限要非常清晰。

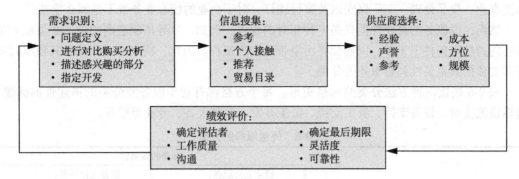

图 9-5　外包过程

跨国服装行业是精心开发供应商关系的一个很好的例子。运动夹克零售商和制造商 Sport Obermeyer 就是这样一个例子。Sport Obermeyer 总部位于科罗拉多州，在中国设有制造部门。其美国部分专注于监控时尚趋势、顾客偏好和零售商管理，而亚洲部分处理面料选择、染色和印刷选项，以及管理拉链、纽扣和标签的供应商。Sport Obermeyer 发现控制和监控质量标准对全球供应链非常重要。

由于需要满足更多受影响的人员，外包也很复杂。旅行预订、清洁服务和食品服务等签约服务是影响所有员工个人的示例，而不是以查看生产过程中使用的物质产品的独立方式来运作的。

商业服务经常需要定制化以满足一个组织的需求，尤其是在服务支持制造流程时。商业服务在本质上也比顾客服务更具技术性，因为组织需求具有更大的复杂性。

决策过程也会因购买的服务不同而各异。例如，计算机软件开发服务的外包必须包括终端用户的积极参与，并且最终选择也必须建立在许多难以量化的属性之上。然而，废物处理服务的外包却能够按照成本并依据常规来处理。由于担负着与废物处理相关的法律责任，选择一个对于工业废品具有知识和经验的、负责任的供应商是重要的。由于这个原因，我们提出了一种对服务进行分类的方法以辅助购买流程。

### 9.7.2　服务业的分类

服务业经常按照确定性程度进行分类。确定性描述了一项服务可以对产出特性进行测量的程度。一些服务，例如门房或者洗衣店服务具有高度的确定性，并且能够很好地定义及测量产出。其他服务，例如公共关系或者广告，其产出在相当大的程度上更加难以测量并且难以定义。

根据确定性对服务进行分类表明了购买者所面临的潜在困难水平，但是确定性程度并不能给顾客提供足够的信息以支持服务购买决策。因此，服务业的对象（实物、人和过程）可用作这种分类的标准。服务确定性程度则是在每一类服务购买中需考虑的属性。但是，通常来说，随着服务的对象由实物到人到流程，服务确定性程度不断降低。

第二个指标是在服务购买决策中服务对于购买企业的重要性。服务重要性的高低取决于服务和企业核心业务活动的关系。服务对于核心业务重要，则在购买决策中就要求更高水平的管理参与，因为它与公司目标相符并具有关键意义，而且一旦出现问题则要面对风险。对于敏感的领域，如产品检验、医药、公共关系和广告，以上观点是显而易见的。而其他服务如洗衣业、废品处理、工厂保安以及旅行预订，对于企业的核心业务就不是那么重要了。

然而，说服务的重要性低只是一种相对的观点。例如，半导体制造商的员工必须在干净房屋内的精密条件下工作，以避免将污染带入生产流程。因此，特定的工厂基于其独特的环境需要依据其重要性调整服务的分类。

表9-6是按两种方法分类的六格矩形。每个方格都有对于服务业分类的描述性的标题，包括设施支持、设备支持、员工支持、员工开发、便利设备、专业等服务。

表 9-6　外包服务的分类

| 服务的重点 | | 服务的重要性 | |
| --- | --- | --- | --- |
| | 实物 | 设施支持服务：<br>• 洗衣店<br>• 守卫<br>• 废品处理 | 设备支持服务：<br>• 修理<br>• 保养<br>• 产品检测 |
| | 人员 | 员工支持服务：<br>• 食品服务<br>• 工厂保安<br>• 临时员工 | 员工开发服务：<br>• 培训<br>• 教育<br>• 医疗 |
| | 过程 | 便利设备服务：<br>• 图书保管<br>• 旅游预订<br>• 呼叫中心 | 专业服务：<br>• 广告<br>• 公共关系<br>• 法律 |

### 9.7.3　服务外包中管理者需要考虑的因素

表9-7按照服务的对象，针对每一类说明了服务外包需要考虑的因素。

**1. 设施支持服务（实物/低重要性）**

设施支持类服务的购买像购买产品一样。这类服务可以有严格的规范，购买决策主要基于较低的报价。即使此类服务的购买较为简单，组织中的人们也有责任评估服务的绩效，要特别注意质量和及时性。例如，因为确定性较高，可以通过比较服务前后的绩效（例如，对于洗衣业可以比较清洗前后的清洁程度，对于维修业可以比较修理前后的使用情况）。购买者在评估不太重要的服务时，要更加注意价格。但是对于重要的服务，要更加注意质量。许多不重要的服务（如洗衣服务、食品服务和簿记）可以看成是日常服务，价格在这些服务的购买中起决定作用。

**2. 设备支持服务（实物/高重要性）**

因为卖方必须与顾客接近以提供紧急服务，所以设备支持服务会产生一些其他问题。组织中的某些员工要负责接听要求紧急服务的电话。由于行业设备或产品检验的维护和维修具有关键性，因此潜在的卖主应该对卖主所处的行业具有丰富的经验。卖主的声誉和推荐是重要的选择标准，另外对工作质量和绩效评价，以及通信问题和可靠性的估计都对购买决策有影响。

### 3. 员工支持服务（人／低重要性）

为人提供的服务，用户输入在定义服务规格方面很重要。需要员工支持的服务通常来自某一职能部门（例如，需要临时工），因此，需求的规格将随着投入而提高。应由相同的部门对服务进行定期评价，并且作为延长合同的标准。卖主选择的步骤应该包括来自其顾客的推荐，具有临时辅助服务的一般实践。

### 4. 员工开发服务（人／高重要性）

员工开发服务也要求从职能部门开始，而且通常涉及人事部门或管理的较高层次。员工开发是对于那些需要专门技术以指导服务购买的企业人力资本的重要投资，例如，改变员工的健康保险承保人就有多种可能，卖主选择也不是一个简单的决策。高层管理必须负责进行需求说明和卖主选择，还要搜寻外部的经验，卖主声誉和对特定行业的经验也需要重点考察。参与服务的员工在评价过程中也很有用。

### 5. 便利服务（过程／低重要性）

这类确定性最低的服务主要处理支持组织运作的信息。便利服务包括常规的数据处理，如簿记和旅游预订。最终用户应该可以描述需求的细节并识别出可能的卖主。例如，挑选一个旅游代理需要从员工那里了解所需的附加服务（如信用卡付款）。公开的评论（如文字处理软件的评论）或对卖主进行比较的其他来源，在识别可能的来源和选择适当的标准中都是非常有用的。

**表 9-7　服务外包应考虑的因素**

| 以实物为对象 |
| --- |
| 设施支持服务 |
| • 低成本 |
| • 识别可靠的部分以评估绩效 |
| • 精确的说明文字 |
| 设备支持服务 |
| • 卖主的经验和声誉 |
| • 卖主可以获得即时响应 |
| • 指定人员进行服务通知并核查服务是否满意 |
| **以人为对象** |
| 员工支持服务 |
| • 联系卖主顾客作为证明 |
| • 特别注意最终用户需求 |
| • 周期性的绩效评价 |
| 员工开发服务 |
| • 特定行业的经验很重要 |
| • 高层次的参与要注意卖主识别和选择的管理 |
| • 联系卖主顾客作为证明 |
| • 让员工去评价卖主绩效 |
| **以过程为对象** |
| 便利服务 |
| • 关于备选卖主的知识是重要的 |
| • 将最终用户纳入卖主识别 |
| • 鉴别或第三方评价是有用的 |
| • 用户撰写的详细说明 |
| 专业服务 |
| • 将卖主鉴别和选择纳入高层管理 |
| • 声誉和经验的高度重要性 |
| • 高层管理的绩效评价 |

当决策标准难以制定时，买主要从外界寻求提示。在某些情况下，最终的选择往往更可能基于一些次要的考虑因素。例如，当多家旅游代理都具有良好的声誉，提供相同的旅游预订的标准服务时，最终选择却可能依据其所能提供的辅助服务来进行，例如送票，按月结账而不是每次购买时支付。另外一个次要考虑因素是供应者和买主之间的关系。

### 6. 专业服务（过程／高重要性）

由于专业服务对于组织的战略远景具有巨大的冲击，因此管理高层必须从最开始就参与进来。它开始于需求识别，进而贯穿购买过程的全部阶段，最重要的是要包括绩效评价。对供应商的信任是一个主要的因素，而卖主的声誉和经验可能就是唯一重要的选择指标了。当定制化程度增大时，像顾问、公共关系和员工培训这类服务的交付就更有可能要延迟一段时期，而供应商绩效的评价也就相应推迟了。

## ⊙ 服务标杆

### 在林奇堡，市民第一

弗吉尼亚的林奇堡（Lynchburg）市发生了一个前后变化很大的故事。刚开始时林奇堡市的 11 个政府部门彼此独立办公，仅仅通过电话或备忘录进行沟通。这就导致了市民如果想要了解获得重新改建房屋许可证的部署，需要等待几周甚至几个月。无论是政府的工作人员还是市民对此都很不满意。因此，委员会保证提供所有市民需要的服务。

转变开始于团体使用服务反馈模块。这个软件支持林奇堡市的市民第一信息中心并给员工以权力去鼓励良好的顾客服务，这一系统得到了称赞而不再是抱怨。这一服务模块使呼叫中心的员工能够统计所有必要的呼叫信息并快速地安排有关部门完成任务。它同时提供了一个电子跟踪系统，跟踪从开始到最终解决的全过程。由于这一服务模块与互联网相连，市民可以从家里进行"居民购买"或得到咨询进程的信息。

此后，林奇堡的市民过得很快乐。

## 本章小结

顾客—供应者的二重性为服务建立了一个关系网络而并不仅仅是制造业中的链条。我们发现，双向最优化、生产能力管理以及易逝性管理是服务供应关系中的价值来源。

专业服务有着独有的特征，为获得利润需要创新型的领导。在为购买商业服务的分类的帮助下，对服务外包的探索也增加了。

## 关键术语

**双向最优化**（bidirectional optimization）是指当服务供应商和顾客对于服务交付的实践达成一致时，考虑到双方的需要。

**长鞭效应**（bullwhip effect）是一种在实物供应链中观察到的现象，它将最终需求的变化以不断增长的幅度传播到整条供应链。

**培养**（embellishment）是指对顾客技术的培养，使其可以自我服务，这是提高生产能力的一种战略。

**杠杆作用**（leverage）是专业人员数量与合作伙伴数量的比率，是确定每个合作伙伴利润的一个因素。

**全渠道供应链**（omnichannel supply chain）：使用中央库存池来管理供应链中的履行操作，该供应链包括各种订购选项和多个分销渠道。

**外包**（outsoucing）是指企业决定将曾经由企业内部提供的服务交给外部供应商。

**易逝性**（perishability）来源于无法对员工的生产能力进行存储，因此在空闲时间会导致能力的失去。

**生产能力**（productive capacity）由服务顾客的员工小时数来衡量。

**替代**（replacement）是一项为顾客个人使用的代替自我服务技术的战略。

**传输**（transfer）使顾客以低成本获得知识的办法。

## 讨论题

1. 有效的产品供应链管理是如何支持环境的可持续性的？

2. 解释一条供应链的货物类比对服务而言不准确的原因。

3. 讨论当企业外包海外呼叫中心时，服务外包对员工、利益相关者、顾客和东道国经济的影响。

4. 社交媒体是如何影响服务业的发展的？

5. 服务公司在制定竞争战略时利用社交媒体的哪些特征？

6. 确定可以从外部顾问中受益的少数选定服务行业（例如，医疗保健和酒店业）中的区域。

7. 你如何培养自己成为服务业的成功顾问？

8. 确定将沃尔玛的垂直整合工作与维持和供应商的长期关系进行比较的活动。

## 互动练习

将班级分成几个小组，每个成员提出多层次双向服务关系的例子（例如和三个或更多层次的服务供应商的关系）。并讨论为什么这种服务关系如此之少。

## 案例 9-1　　　　　　　　　布默咨询公司[17]

布默咨询公司（BCI）原本是一家区域性会计师事务所 Varney & Associates 的分支机构，由独立股东 L. Gary Boomer 管理。1995 年，由于该分支机构收入的增加，事务所将咨询和财务业务分开，成立了全资子公司，即由 Boomer 管理的布默咨询公司。1997 年，Boomer 通过赎买其合伙人协议，将 BCI 变成一家创业公司，并成为其 CEO。

在专业技术和公司方面，L. Garry Bommer 被公认为会计领域的权威人物。自 1995 年开始，他便一直被《今日财务》（Accounting Today）列为会计领域内 100 名最具影响力的人物之一。他咨询和谈论的话题涉及国际范围内的管理和技术问题，例如战略和技术规划、补偿、创建培训 / 学习文化等。他扮演着计划推动者的角色，提供培训服务，并服务于多个顾问委员会。

### 会计行业

1989 年以前，会计行业一直被分为"八大"和"其他公司"。受行业合并和丑闻（主要是著名的安达信会计师事务所和安然公司的财务舞弊案）的影响，该行业变为"四大"和"其他公司"。近年来的一些丑闻也导致人们呼吁增加更多的管制和立法。这些问题影响了与任意一家四大会计公司做业务的成本以及这些公司员工的工作量。结果，顾客和员工正在把目光投向较小的国家和区域性的公司（也就是那些"其他公司"）。

丑闻也导致人们更加关注该行业在伦理和管理上的问题。该行业的主要问题是，当公司从合伙模式变为公司管理结构时，对公司管理、文件管理和记录保存、接任计划、离岸退税准备、战略规划和一般管理（例如人力资源和补贴）等方面提出了日益增长的要求。该行业也因为迟迟不采用可为顾客带来可观利润的硬件和软件技术而声名狼藉。

### BCI 的早期运营

布默咨询公司的顾客基础包括不分规模和地域的各种会计师事务所。顾客既包括如同"四大"类型的大公司，也有小到只有几名员工的公司。从地域上看，顾客主要来自美国、英国、澳大利亚、加拿大和印度。顾客主要期望从 BCI 获取一系列的服务，即从传统的一对一专门服务，到成为布默技术环上的一员。服务的宽度使 BCI 成为很多公司战略流程中必不可少的一部分，并且定位为行业内能指导众多企业的教练。

在 BCI 成立的早期，周日下午从堪萨斯城飞往纽约是 Boomer 生活中的常态。起初顾客分布在美国和加拿大，他可能周一和周二在纽约，周三在圣迭戈，周四在密西西比州的杰克逊，然后周五的晚上回到家中。这样的进度计划很有必要，可以让 Boomer 于这些天中在顾客办公所在地与顾客进行一对一咨询，及时地提供咨询服务。对任何人来说，这种行程安排，是令人疲惫不堪的。所以，Boomer 思索着减少行程的办法。他意识到很多顾客，特别是那些规模和问题类似的公司，可以运用将他的知识和经验整理后的标准化的服务包。

之后，BCI 从一对一的定制化项目服务发展成为一种更标准化的服务包。如今，这些服务内容被打包成一个 5 阶段的流程导向的解决方案，即图 9-6 所示的技术领导流程。

| 阶段 1：车间 | 阶段 2：预测 | 阶段 3：蓝图 | 阶段 4：团队 | 阶段 5：教练 |
| --- | --- | --- | --- | --- |
| **技术领先过程**是指用一个小时与布默咨询公司的顾问进行自由的、一对一的电话会议。在发言中，我们将阐述对治理公司的看法、要求和期望 | **战略预测**的目的是首先认清你的公司的危险、机会和有利的地方，然后提供一些观点和战略来确保你的投资回报，并给你的公司提供一个巨大的优势<br>**技术预测**对你的公司当前的技术条件进行评价并提供反馈，帮助你的公司更加具有创造性并带来更多收益<br>**执行分析**是战略预测和技术预测联结的载体，是技术和管理的完美结合<br>**顾问培训计划**将教你在需要部门里创建一个咨询实践，使你的公司在技术使用方面成为领导者 | **技术领先蓝图**帮助你的公司绘出一个技术战略。最终产品是一份包含目标、重点、策略、到期时间和责任方面的书面计划<br>**技术领先预算**将描绘一个详细的、针对你公司需求、愿景和期望的未来三年目标 | **Kolbe 团队的成功计划**帮助你诊断你的组织的生产力问题，并为走向成功提供指引。这个研讨会让你的团队形成互动，来探索成员之间不同方式的本能优势。研讨会内容丰富，结果预测了个人以及团队成功的概率 | **布默技术圈**是公司的独特团队，用来研究当前的情况，分享他们共同面对的管理和技术挑战<br>**公司会议**是在布默咨询公司的协助下，实施公司管理层撤退的方案。我们让拥有超过 20 年经验的会计师事务所来帮助你充分利用宝贵时间 |

图 9-6 技术领先过程

## Boomer 技术圈——一项服务创新

基于对减少行程和标准化流程所做的努力，Boomer 开发出一套独特的改变了 BCI 业务模式的服务包，从此不再需要频繁地去顾客所在地开展一两天的项目，而是建立了顾客可以前往 BCI 的布默技术圈。

布默技术圈来源于"圆桌"的概念，使顾客分享共同关注的问题和解决方案。在密苏里州堪萨斯城的一家酒店，BCI 为分散在各地的顾客提供了一个中心地点。圈子中的成员被置于 10 个不同的圈子之一，而每个圈子每年会举行 3 次 1～1.5 天的会议。每个圈子由 15～20 个具有同样规模、收益逐步增长以及具有同样问题和担忧的公司派出的两名员工组成。除非各方同意，BCI 避免将在同一个区域属直接竞争对手的顾客放置于同一圈子内。

这些圈子会议被设计为要满足一系列目标，其中"探讨"被 Boomer 视作会计行业"热点话题"中的问题；通过在"突破"部分安排顾客间的和参与导向的报告演讲而实现信息共享；通过 90 天的游戏计划体会责任的含义，提交进展报告以及未来会议的计划。

会议的关键点在于顾客之间的信息共享。在"突破"部分和参与导向的演讲中，会员分享那些在他们公司产生最大压力的问题和他们所采用的解决办法。该部分只有 5～7 个参与者，会营造成知识传递的亲密氛围。参与导向的演讲被指派给参与之前会议的会员，是会员同意探讨的行业内的话题。

BCI 的员工在会议上扮演着推动者的角

色，只是在 12 个小时的会议时间外做 2 个小时的信息介绍。这种做法有助于顾客在面对当今会计行业的主要问题时保持同步性，并在会议期间给 BCI 员工亮相的机会。

问责是用 90 天的比赛计划和进度报告来实现的。在每一个会议最后，每一个参与者填写一个 90 天游戏计划表，包括未来三个月的短期目标。这个计划在交流会上由参与者分享。在后面会议开始时，每一个参与者要填写一个项目报告，目的是让成员反馈那些已经完成的目标和那些要求的附加工作。项目报告也要在参与者之间交流分享。这个过程达到了问责的目的，也增加了同样压力的因素。

最终，技术圈也包括了规划过程中下一次会议的成员，布默咨询公司可以提出下一个会议议程的建议，但是想法和最终的决定由技术圈的成员确定。由于这个过程直接来自一线成员的意见，因此也有利于确定内容是不是最新的和最相关的。

### 关系和象征

BCI 作为会计公司的教练，确保了圈内会议内容及时有效，发展了与自己顾客的长期关系。每个会议都强化了社会关系的建立：如早餐是每天会议开始之前的准备，并且自助鸡尾酒和午餐时间为团队成员交流提供了两个附加机会。这些行为提供给顾客和布默咨询公司面对面讨论的机会。

BCI 也特别注重每一个细节，以确保一切都有利于提高这个圈子的信誉和独特性。会议在堪萨斯城费尔蒙特广场酒店（堪萨斯城最好的酒店之一）举行，大多数成员参加了会议。通过给予圈内成员进入布默公司网站（www.boomer.com）的专属网页并使用非圈内成员不能使用的工具来实现独家经营。

### 问题

1. 布默技术圈怎样阐明双向服务供应关系的概念？
2. 布默咨询公司是怎样在服务交付过程中使得顾客成为合作者的？
3. 布默咨询是如何实现杠杆作用的？
4. 布默技术圈能否应用在其他领域？在实现这个战略目标的时候，会面临哪些风险？

---

**案例 9-2**           **日本 B2C 电子商务的演变** [18]

### 日本的康比尼（Konbini）分布系统

在美国，大多数便利店服务于一个汽车社会，所以人们除了买卖搁置的物品外还会买卖汽油泵。在日本，康比尼到处都是，每两个街区就有一家主要便利店连锁店。这些无处不在的 24 小时零售商已经成为大型超市的时尚替代品，它们是日本日常生活的重要组成部分。

康比尼的数量超过 50 000 家，并且它们拥有先进的分销网络，是分发商品和接收通过互联网订购商品的付款的目标。最大的便利连锁店是零售巨头 Ito-Yokado，拥有约 8 000 家 7-Eleven 商店。

然而持续的经济衰退减少了顾客支出，导致了便利店市场饱和。康比尼链条之间的竞争非常激烈，因为市场区域有限，而且每个连锁店都在销售类似的产品。这些连锁店已转向通过技术扩大销售，并正在安装在线终端，为顾客提供购买商品和服务的机会。通常情况下人们并不指望便利店会出售这样的商品。这项新产品改善了顾客服务，不仅打败了竞争对手，也超越了其他零售商的业务。

由于销售是在线进行的，因此终端也克服了增加便利店销售的一个障碍——商品销售空间的缺乏和保持库存成本的要求。康比尼商店的平均建筑面积不到 1 000 平方英尺，但它的销售量约为 2 800 件。在线终端允许商店添加大约 1 000 件物品而不需要额外的库存，因为物品是在以后交付的，只需要临时存储空间。与美国不同，该系统不需要送货上门费用，因为顾客上门提货。整合订单交付和使用现有的运输网络可以节省大量成本。

在康比尼添加网络销售的这一刻开始，它为库存空间不足和售卖商品不够多样化提供了解决方法，并引发了新的电子商务革命。大量的商店和现有的分销网络成为通过网络订购的商品的自然交付系统。这项创新消除了限制日本电子商务全面发展的障碍（即信用卡使用率低，缺乏对互联网的替代访问，以及交付时间缺乏灵活性）。

### 互联网购物体验

购物者可以通过从家中访问互联网或使用商店的多媒体在线终端访问康比尼的网站或参与的在线商店。这些店内互联网还提供了一种订购商店目前没有库存商品的方式。在选择商品后，不愿在线提供信用卡信息的买家可以选择"在 7-Eleven 商店付款"作为他们的付款方式。

选择康比尼支付方式后，顾客可以自行打印包含条形码的订单。然后，顾客将订单带到最近的康比尼商店，在那里进行扫描并支付现金。没有打印机的在线购物者仍然可以通过向商店店员提供订单编号来使用该服务。实物产品几天后会被送到商店以便顾客

取货。大件物品或易腐烂的物品，如鲜花，则将被运送到顾客家中。

顾客可以从商店中的多媒体终端立即下载诸如软件和音乐的数字产品。终端系统还包括数字打印机，用于即时传送购买的图片或用内置数码相机拍摄的照片。Mini Disc 驱动器和 Memory Stick 插槽允许顾客购买喜欢的歌曲并立即接收。该机器还包括扫描仪和智能卡读卡器 / 写卡器。图 9-7 显示了系统的交易流程，表 9-8 概述了这种系统对顾客、康比尼和其他电子零售商的优势。

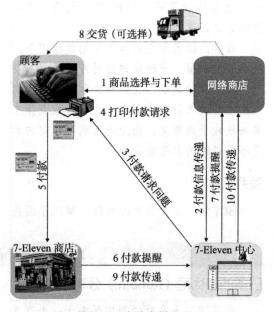

图 9-7　在线交易流程

表 9-8　在线交易优势

| 顾客 | Kobinis | 其他电子零售商 |
| --- | --- | --- |
| 通过在线终端免费上网 | 多样化产品提供，不用保有库存 | 容易应用的，安全的、可信任的、代价低的付款系统 |
| 方便下单 | 更多顾客数量和频繁的顾客访问 | 使用集中配送中心的经济性 |
| 付款方式便捷，任何时间，任何一天 | 来自收入佣金的新的盈利来源 | 拥有一个知名的便捷的储存链合作伙伴 |
| 多样化付款方式，包括现金 | | |

### 移动电子商务的发展

在日本，工薪阶层和学生必须花很长时间坐火车去工作地点和学校。日本人利用这

些空闲时间阅读报纸，检查他们的日程安排，或者只是用便携式 MP3 播放器听音乐。

新无线设备的引入为列车内部创造了新

的图景。人们正在用可以显示新闻并提供互联网访问权限的微型无线电话取代传统的报纸，而报纸原本是难以在拥挤的空间里阅读的。今天，我们可以常常看到通勤者正在积极地阅读他们的手机。

移动电话已经超越其固定电话的前辈而成为日本的首选通信模式，因为移动电话的费用已经降低，而且互联网为手机提供了许多在线服务。日本的移动电话用户数量已经远远超过了使用固定电话的用户数量。

无线现象在日本开辟了一个巨大的移动电子商务市场，这基于四个关键要素：

1. 具有互联网功能的无线手机的高渗透率。互联网手机的蓬勃发展推动了日本互联网使用的快速增长。

2. 实施分组数据网络，以促进交互式服务的经济交付。iMode 移动电话服务通过分组交换网络运行，这意味着无论连接时间如何，顾客只需为传输的数据付费。

3. 内容提供商提供平等机会，刺激了创新，推动了第三方广告，引发关于平台的议论。iMode 采用了一个开放平台，确保顾客的首选服务得到初步满足。

4. 使用手持设备浏览互联网的适当环境和时间。列车通勤为使用移动电子商务提供了完美的环境。

在这些关键要素中，只有最后一条在日本是特殊的。

### "康比尼和移动通信" 的婚姻

康比尼移动商务概念超越了手机和平板电脑等互联网接入设备的简单移动性。该概念通过将便利店网络与手机、其他移动设备和互联网相连接，结合了分销和结算系统的"随时随地"概念。该服务使顾客能够在火车内用手机订购商品，并在回家途中从便利店取货。

顾客在手机上使用代码订购产品。免费目录提供待售商品和每件商品的代码。购买 Zippo 打火机的交易如图 9-8 所示。购物杂志中的广告显示黑色 Zippo 打火机的代码为 2903006。该代码输入到蜂窝电话上显示的 7-Eleven 购物车屏幕上，该商品稍后会在商店中被提取。

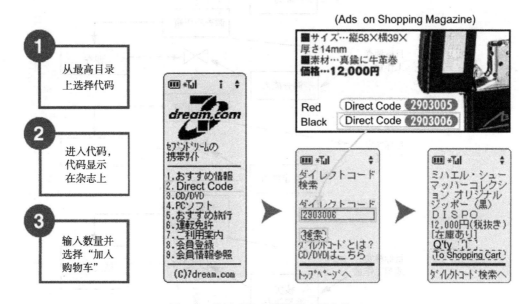

图 9-8　使用手机直接代码选择产品

**问题**

1. 7-Eleven 日本分销系统的哪些特点说明了双向服务供应关系的概念？

2. 7-Eleven 日本分销系统是否具有可扩展经

济性？

3. 日本 B2C 电子商务的 7-Eleven 例子如何 说明文化对服务系统设计的影响？

4. 7-Eleven "康比尼和移动商务" 系统是否 会在美国采用？

案例 9-3                                      抵押服务游戏[19]

对于购房者来说，抵押确认通常是一项 耗时且令人沮丧的经历。抵押确认过程是一 个由多个彼此对立的组织提供的服务所组成 的复杂过程（如资产确认和核实地契就是由 两个不同部门负责）。抵押服务游戏则是一 个由计算机模拟的抵押服务过程。在游戏中 玩家控制一个方面的决策，而其余的决策由 计算机完成。这个游戏被用于开发公司服务 过程的动态性。

图 9-9 描绘了抵押服务供应链的结构。 每个抵押申请者都要经历图右边的四个环 节：信用核实（工作证明和信用记录核实）、 调查（确立财产边界、确认房屋所有权、确 认适用法律）、鉴定（通过比较评估财产价 值）、核实地契（确认财产有没有其他所有 者或代理者）。因为所有环节的模式很类似， 所以我们以调查环节为例说明其他步骤的 流程。

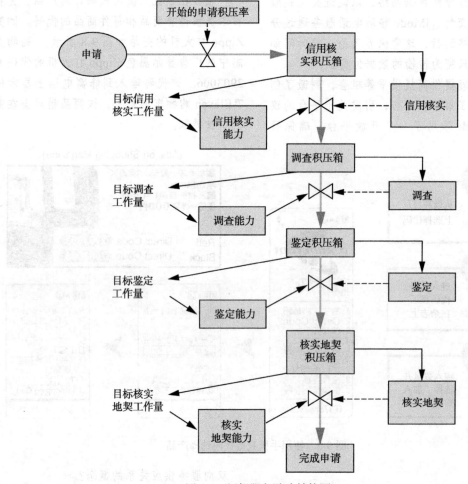

图 9-9  抵押服务游戏结构图

图 9-9 中间一列中包括了一些积压箱（正在进行的工作），处于积压箱中的申请表明该申请正在审批过程中。例如，当一个申请完成信用核实后，这个申请将从等待核实的积压箱中转入等待调查的积压箱中。以调查积压箱为例，游戏中如果玩家应用分散战略，那么每一周玩家只能通过一个变量信息来控制游戏。玩家通过雇用或解雇调查员来建立系统的工作量目标，然而寻找、面试、雇用调查员，或者反过来向调查员提建议和解雇调查员都是需要时间的，因此，实际的调查能力低于目标。这样调查公司目前的调查员在接下来的一周中将面临多于他们实际能够完成的调查工作。阻碍点上是一个双向的连接，说明这是控制申请从调查积压箱到鉴定积压箱的控制闸门。因此，当完成一个申请的调查工作后，这个申请将离开调查积压箱进入下一个积压箱，本例中就是鉴定积压箱。

尽管，这一流程的目的是消除申请风险性，但是我们假设每一个申请最终都会被批准。这一假设是合理的，因为即使事实上每一环节申请成功的比例是任意的，也不会使服务供应链的管理陷入混乱。动态控制的主要问题来自其他因素，特别是，当一系列独立的公司分别管理每一个环节时，会出现最严重的问题。这些公司分别控制各自的能力，但当它们进行决策时一般只关心自己的积压箱，并不关心总体的新申请者的比例或者其他环节的积压箱。这就会产生与实体产品供应链中长鞭效应类似的问题。这是因为在服务中，不能通过事前储存最终产品来调节需求的波动。另外，每一个环节必须通过对自己能力的管理，也就是它所雇用员工数量的管理实现对积压箱的管理。

每周刚开始的时候，每一环节（公司）可以通过雇用或者解雇员工来改变目标能力。然而，招工广告、面试和雇用员工需要花费时间，因此，工作量的改变并不能立即实现，而是要经过一段时间才能实现。雇用或者解雇就产生了一共 20 天或者 4 周的平均延迟。如果在最初的调整没有实现之前，玩家就进行另外一个改变，原有的目标将被抛弃，在接下来的日子里，工作量从目前的状态向新的目标调整。

## 目标

这一游戏的目的是通过调整员工工资和服务延迟，实现抵押服务供应链整体成本最小化。你将被要求管理四个环节中的一个，计算机将管理其余三个环节。刚开始时，每一环节都有 200 个申请未完成，每周有 100 个新增加的申请者，每周的工作量是 100，每周工作量目标也是 100。每个员工的雇用或者解雇成本是 2 000 美元，每个员工一周的工资是 1 000 美元（或者满负荷工作时，每完成一个申请为 50 美元）。存在潜在顾客转移时，每个积压申请每周的费用是 100 美元。游戏时间为 50 周。

### 参考文献

Akcay, Yalcin, Anant Balakrishnan, and Susan H. Xu. "Dynamic Assignment of Flexible Service Resources." *Production and Operations Management* 19, no. 3 (May–June 2010), pp. 279–304.

Akkermans, Henk, and Chris Voss. "The Service Bullwhip Effect." *International Journal of Operations & Production Management* 33, no. 6 (2013), pp. 765–88.

Bolton, Ruth N., et al. "Understanding Generation Y and Their Use of Social Media: A Review and Research Agenda." *Journal of Service Management* 24, no. 3 (2013), pp. 245–67.

Choi, Tsan-Ming, Stein W. Wallace, and Yulan Wang. "Risk Management and Coordination in Service Supply Chains: Information, Logistics and Outsourcing." *Journal of the Operational Research Society* 67, no. 2 (2016), pp. 159-64.

Goodale, John C., Donald F. Kuratko, and Jeffrey S. Hornsby. "Influence Factors for Operational Control and Compensation in Professional Service Firms." *Journal of Operations Management* 26, no. 5 (September 2008), pp. 669-88.

Hopp, Wallace J., Seyed M.R. Iravani, and Fang Liu. "Managing White-Collar Work: An Operations-Oriented Survey." *Production and Operations Management* 18, no. 1 (January-February 2009), pp. 1-32.

Leung, Daniel, et al. "Social Media in Tourism and Hospitality: A Literature Review." *Journal of Travel & Tourism Marketing* 30, no. 1-2 (2013), pp. 3-22.

Roth, A., et al. "Knowledge Creation and Dissemination in Operations and Supply Chain Management." *Production and Operations Management* 25, no. 9 (2016), pp. 1473-88.

Ryals, Lynette J., and Andrew S. Humphries. "Managing Key Business-to-Business Relationships: What Marketing Can Learn From Supply Chain Management." *Journal of Service Research* 9, no. 4 (May 2007), pp. 312-26.

Vilko, Jyri, and Paavo Ritala. "Service Supply Chain Risk Management." *Operations and Supply Chain Management* 7, no. 3 (2014), pp. 139-40.

Wang, Yulan, et al. "Service Supply Chain Management: A Review of Operational Models." *European Journal of Operational Research* 247, no. 3 (2015), pp. 685-98.

Xia, Yu, et al. "Competition and Market Segmentation of the Call Center Service Supply Chain." *European Journal of Operational Research* 247, no. 2 (2015), pp. 504-14.

Xue, Mei, and Joy M. Field. "Service Coproduction with Information Stickiness and Incomplete Contacts: Implications for Consulting Services Design." *Production and Operations Management* 17, no. 3 (May-June 2008), pp. 357-72.

## 注释

1. Tom Davis, "Effective Supply Chain Management," *Sloan Management Review* 34, no. 4 (Summer 1993), pp. 42-43.
2. From Scott E. Sampson, "Customer-Supplier Duality and Bidirectional Supply Chains in Service Organizations," *International Journal of Service Industry Management* 11, no. 4 (2000), pp. 348-64.
3. http://www.youtube.com/watch?v=0eUeL3n7fDs.
4. http://www.usatoday.com/money/economy/story/2012-05-14/socialmedia-economy-companies/55029088/1.
5. Christopher Elliott, "5 Businesses That Will Live (or Die) by Social Media," *CBS MoneyWatch,* August 25, 2011.
6. Amy Kristy, "5 Ways to Use Social Media in the Service Industry," OnMark Solutions. (http://www.onmarksolutions.com/), June 23, 2011.
7. Becky Yerak, "Insurance Industry Entering Age of Innovation," *Chicago Tribune,* December 4, 2011.
8. Ron Callari, "Social Media Service for Hospitality Industry Shows Early Results," *InventorSpot.com,* 2011.
9. Community e-book, "How to Create a Social Media Strategy for the Financial Services Industry," *radian6.com,* December 2011.
10. http://www.usatoday.com/money/economy/story/2012-05-14/socialmedia-economy-companies/55029088/1.
11. http://www.socialnomics.net.
12. Prepared by Tom Leuschen under the supervision of Professor James A. Fitzsimmons.
13. From James Brian Quinn, Philip Anderson, and Sydney Finkelstein, "Managing Professional Intellect: Making the Most of the Best," *Harvard Business Review,* March-April 1996, pp. 71-80.

14. E. M. Rasiel, *The McKinsey Way: Using the Techniques of the World's Top Strategic Consultants to Help You and Your Business* (New York: McGraw-Hill, 1999).

15. J. Prosek, *Army of Entrepreneurs: Create an Engaged and Empowered Workforce for Exceptional Business Growth,* AMACOM, 2011, pp. 50-52.

16. R. Hayes, G. Pisano, D. Upton, and S. Wheelwright, *Operations Strategy and Technology: Pursuing the Competitive Edge* (New York: John Wiley, 2004), pp. 119-38.

17. Prepared by Eric Baur, Jim Boomer, Chad Turner, and Matt Wallace under the supervision of Professor James A. Fitzsimmons.

18. Shane Stiles, "Konbini Commerce—Japanese Convenience Stores and E-commerce," July 7, 2000, http://www.gate39.com/business/konbinicommerce.html, January 2001.

19. From Edward G. Anderson and Douglas J. Morrice, "A Simulation Game for Service-Oriented Supply Chain Management: Does Information Sharing Help Managers with Service Capacity Decisions?" *Journal of Production and Operations Management* 9, no. 1 (2000), pp. 40-55.

14. Ronald T. Rust, Anthony J. Zahorik, and Timothy L. Keiningham, *Service Marketing* (New York: HarperCollins, 1996).

15. J. L. Heskett, *Managing in the Service Economy* (Boston: HBS, 1986).

16. ... (New York: ..., ...).

17. ..., Sam Ton Bearden, ... Carter, and Josh ... Marketing (...): ...

18. Simon Tidd, *Travelling abroad* (Homewood: ...).

19. ...

20. Linda L. Price and Eric J. Arnould, *Marketing in ...*: ...

# 第 10 章

# 服务全球化

## | 学习目标 |

通过本章学习，你应该能够：

1. 识别和区分 4 种国内增长和扩张战略。
2. 从特许者和被特许者的角度论述特许的性质。
3. 区分 3 种常用的国际战略。
4. 讨论在计划跨国经营时应考虑的 3 个因素。
5. 论述在跨国发展中应平衡的 5 "C" 因素。
6. 识别并区分 5 种全球化服务战略。

2001 年 10 月初，美国空军开始轰炸阿富汗首都后的第一个伊斯兰教斋戒日，成千上万的抗议者聚集在巴基斯坦卡拉奇的街道上。[1]他们拿着棍棒和球拍，喊着"打死美帝国主义"，一边前进一边砸碎街道两旁的窗户，点燃路边的公共汽车和轿车。这次暴动的目标是美国领事馆，但是警察的阻挡和催泪弹使他们没有成功，因此他们将肯德基作为下一个目标。

对于示威者来说，附近的肯德基是不是当地所有并不重要，有这红、白、蓝的标志就足够了。餐馆的主人试图遮盖肯德基的标志来阻挡示威者的包围，但是他的努力失败了，餐馆在警察驱散人群之前被点着了。

YUM! 品牌拥有肯德基、必胜客和贝尔速食店。它还对国际增长有影响，因为它已经通过与八十多个国家的当地商店合作实现了全球化，包括日本、澳大利亚、墨西哥、马来西亚、沙特阿拉伯和欧洲的所有国家。在中国，YUM! 拥有超过 500 家肯德基店，而且以平均每个月新开 10 家店的速度增长。

和大多数成功的全球公司一样，YUM! 品牌一直坚持实行业务的本土化。在实际中，YUM! 品牌的海外餐厅必须根据当地口味调整菜单。例如，肯德基在日本销售红烧薯条，在英格兰北部强推肉汁，在泰国提供新鲜的米饭和酱油，在荷兰提供马铃薯和洋葱组成的炸丸子，在中国越靠近内陆鸡肉做得口味越重。

YUM! 品牌海外的成功得益于特许经营模式，这一模式在保持统一的质量控制和营销传播的基础上，允许当地特许经营者灵活经营。YUM! 品牌会剔除那些不符合公司标准的特许经营者，向市场介绍新产品，超越了旧式的概念。在英国、荷兰和德国，YUM! 品牌首先建立公司自有的餐馆作为成功的示范，吸引当地的特许经营者加入。

## 10.1 本章概要

本章首先从多场所和多服务扩张战略的角度分析服务增长和扩张。从这两个方面，我们把服务分成四种类型：集中性服务、集中性网络、服务集和多角化网络。

对于一个很好界定的服务概念来说，特许是一种有效的多场所扩张战略。我们从由合同规定的组织安排的角度来探讨被特许者的利益和特许者的责任。

世界已变成"无国界的"，所以，服务扩张不再局限于国内市场的单独开发。然而，海外扩张要面临特有的挑战，例如，服务在文化上的可转移性及外国政府为保护其国内企业而采取的歧视行为。

## 10.2 国内增长和扩张战略

创新的服务概念最初被接受是因为它适应了增长的顾客需求，而成功的创新服务的扩张往往来自所有者感受到的潜在市场压力和通过设置进入壁垒来保护服务概念的渴望。为更好地理解企业扩张的方式，在图 10-1 中列出了适合于服务企业的基本扩张战略。我们将讨论这些战略涉及的风险以及对管理者的意义。

| | 单一服务 | 多种服务 |
|---|---|---|
| 单一场所 | 集中性服务：<br>• 牙医<br>• 零售店<br>• 家庭餐馆 | 服务集：<br>• 斯坦福大学<br>• 梅奥诊所<br>• USAA 保险 |
| 多场所 | 集中性网络：<br>• 联邦快递<br>• 麦当劳<br>• 红屋旅馆 | 多角化网络：<br>• 国家银行<br>• 美国运通<br>• 埃森哲 |

图 10-1 多场所和多服务扩张战略

### 10.2.1 集中性服务

典型的情况是，伴随着某一新的服务概念的出现，服务创新开始于某个单独场所。通常，新的服务概念是一种经过很好界定的愿景，它集中于传递一项新的、独特的服务。例如，就联邦快递公司而言，弗雷德·史密斯（Fred Smith）的愿景是将田纳西州的孟菲斯作为单一的中心辐射网络，来确保隔夜将包裹送到。

最初的成功带来增长的需求，因而要求在该场所扩大服务能力。一般来说，这意味着添置设施和增加人员。

成功的企业也会引来竞争者，因而需要在当地尽可能多的顾客中建立优先地位。增加外围服务是进行市场渗透或巩固市场份额的一种途径。例如，对于饭馆来说，外围服务包括沙拉吧台或者供司机使用的外卖窗口。然而，对于一家经营出色的饭馆，其核心服务通常是提供美味的食物。

同单一服务场所相联系的风险包括：被本地区未来经济的增长所控制，易受竞争者进入的伤害，资本市场的波动。然而，企业的管理和控制都较其他发展战略简单。

集中性服务有很多成功的例子，特别是高档饭馆，如伯克利的 Chez Panisse 和新奥尔良的 Antoine。集中性服务局限于某个单独场所往往是由于有天赋的人员，如一位获大奖的厨师或者全国知名的心外科医生。如果场所是服务的关键性因素，如码头的避风湾，就不可能轻易地在其他地区复制。

### 10.2.2 集中性网络

必须随时可供顾客使用的服务公司（如快餐店）必须考虑增加场所来获得显著的增长。像麦当劳这样的公司，集中性网络允许管理者通过特许经营来保持控制，从而确保所有分店服务的一致性。像联邦快递和其他运输或者通信企业，网络的存在是开展服务的前提。另外，对于拥有成功的明确服务概念而且希望进入大众市场的新企业，在不同地区抢占有利的场所可以避免被竞争者模仿。

然而，服务概念必须得到密切关注，从而可以通过严格控制服务质量和成本来轻松复制。在设施建设、作业手册和人员培训中复制服务单位时，常常采用"切蛋糕"的方法。特许经营常常用于实现快速增长的目标，因为它可以利用被特许方的投资，调动独立经营者的积极性。本章稍后将详细讨论特许经营问题。

对于单个场所，创建者可以亲自参与管理企业的各种资源、营销服务、培训员工和确保服务概念的完整性。尤其是在开始阶段，扩张是一步一步实现的。随着场所数目的增加，管理控制逐渐从非正规变为正规，以使所有者在缺席其他营业地点的情况下，仍然能有效地控制。

然而，管理服务场所网络则需要不同的管理技巧，要面对应用复杂的沟通和控制的挑战。首先，服务概念必须合理化并与场所经理和员工沟通，以便在日常工作中一致地贯彻执行。大多数计划必须在实施多场所扩张前进行，例如，准备培训和管理手册、品牌命名、全国性的营销努力。

由于能够迅速进入大众市场，运用多场所战略寻求成长颇具吸引力。但是，盲目扩张和失控的风险已经导致了很多失败。即便如此，几乎在每个城市都能看到的长达数百米的特许经营区也证实了通过多场所网络传递集中性服务的成功。

最后，在不同地区拥有多个场所也降低了蒙受地区性严重经济衰退的财务风险。一项有关 La Quinta 汽车旅馆入住率的纵向研究显示了地理风险控制的好处。创立于得克萨斯州的 La Quinta 汽车旅馆 1980 年已经成为州内主要的旅馆，在该州主要城市均设有分店。在随后的石油和天然气繁荣期间，La Quinta 开始实施扩大战略，在科罗拉多州、路易斯安那州、俄克拉何马州和怀俄明州的石油生产州开设旅馆。到 20 世纪 80 年代中期，当石油和天然气繁荣结束时，很多新开业的旅馆，甚至包括得克萨斯州的一些旅馆，入住率骤然衰减。然而，由于 La Quinta 的其他旅馆同石油和天然气工业没有联系，从而使公司避免了财务危机，并继续保持繁荣。[2]

### 10.2.3 服务集

拥有大型固定设施的服务企业一般通过提供多角化服务实现增长。例如，在 20 世纪 70 年代，很多小型学院扩张成为四年制的地区性大学，以满足日益增长的大学文凭的需求。另外一个例子是 USAA 公司，它最早是以直邮的方式向军官提供汽车保险。它目前服务于整个地方军队。总部坐落在得克萨斯州圣安东尼奥的 USAA 目前是当地主要的雇主，其实物设施坐落在校园式的 281 英亩<sup>⊖</sup>的土地上，拥有 5 个区域办公室。今天，USAA 所提供的服务已扩展到银行、投资公司、汽车和家庭保险、生命和健康保险、理财服务、旅行服务和代买服务等。大型综合性医院，像 Mayo 诊所、安德森、麻省总医院等，都是典型的单场所、多种服务（或称服务集）的组织。所有这些组织都具有共同的特征，即它们的服务市场不受所在地区限制。对于一些医疗中心或大学，顾客愿意远道而来，并且花费许多时间（如很多年的大学学习）。另外，像 USAA 公司，顾客无须亲自到它的所在地，因为业务的达成不需要与顾客亲自碰面。

服务多角化的主要风险是可能丧失焦点和忽略核心服务。例如，某滑雪场在夏季可通过吸引商业会议来使用闲置的设施。然而，用来接待这种会议的适合于滑雪者的住宿、食物和饮料等设施可能就显得不够了。在这种情况下，一个解决方法就是，至少不同的细分市场是由季节分开的。若同时服务两个或更多的细分市场，设施管理就变得太复杂了。例如，同时接待游客和商务顾客的饭店发现，很难使两个细分市场的顾客都满意。

为了避免失去焦点，人们提倡采用"同心多角化"战略。[3] 同心多角化将扩张限制在与核心服务有协同效应的范围内。便利店的演变就是一个很明显的例子。开始时，这些店只提供人们可以很快购买的品种有限的便利产品，后来增加了自助加油、自动汽车清洗和自助微波午餐等服务。同心多角化产生了规模经济，因为附加的服务仅仅带来变动成本的边际增长（如不需要额外的收银员）。

### 10.2.4 多角化网络

通过收购获得增长的服务企业经常将多场所服务和多角化服务战略相结合。几年前，联合航空公司收购了旅馆和汽车租赁代理，因为公司认为，通过阿波罗预订系统可以将旅行顾客引导到它的几种业务上，可以产生足够的协同效应。然而，预期收入根本没有实现。最后，联合航空公司出售了外围服务，回到了它的核心航空业务上。正如联合航空和其他公司已经证实的，管理多角化网络是一项非常复杂的任务。

如果服务由具有广泛营销形象的品牌提供，往往更

这是哪座城市？人们批评特许经营使美国各地变得一样。©David Barber/PhotoEdit

---

⊖ 1 英亩 =4 047 平方米。

容易取得成功。美国运通公司在管理全球服务网络方面非常成功。该网络提供真正具有协同效应的金融和旅行服务。

## 10.3　特许经营

对于寻求建立地理位置分散的集中性网络的公司而言，特许经营是内部产生的扩张的替代方案。特许经营允许公司通过将业务概念出售给受合同协议约束的潜在业主运营商，以最小的资本要求迅速扩张。将质量的一致性融入服务概念是特许经营协议的核心。由于在设计、作业和价格上都是标准化的，因而，特许经营可以保证一致的服务。就像人们认为同一品牌的产品是无区别的，顾客希望任何特许经营点的服务都是相同的。因为顾客建立了不受地域限制的品牌忠诚，所有经营点都可以从这种一致的服务中获益。

### 10.3.1　特许经营的性质

国际特许经营协会将特许定义为一个系统，通过它，一家企业（特许者）授予别的企业（被特许者）使用自己开发的业务系统销售一种产品或服务的权利和执照（即特许），可能的话，还可以使用由公司建立的业务系统。

被特许者通过支付一定的特许费用并购买设施和设备来拥有自己的公司，而且要承担所有正常经营活动的责任，包括雇用员工、日常决策和刊登地方广告。初始投资的规模取决于资本要求。例如，要开设麦当劳特许经营权，需要总投资额 1 万～ 220 万美元，流动资金 750 000 美元，特许经营费 45 000 美元。服务特许经营商通常被授予在特定市场区域提供服务的专有权或许可证，以保护被特许人免受同一品牌的其他特许经营商的销售稀释。例如，Hardee 快餐店承诺不会在现有地点的 1.5 英里范围内许可另一家 Hardee 的特许经营商。

特许者保留支配权。标准的作业程序必须严格执行，原材料必须从特许者或经其同意的供应商处购买。不允许经营规定的产品线之外的业务，必须参加培训，必须持续支付特许费（如，温迪的分店交纳营业额的 4%）。

### 10.3.2　被特许者的利益

作为被特许者，所有者放弃了一些个人的独立和控制权，相应地得到了通过加入这个团体而获得更大收益的期望。被特许者拥有自己的小企业，由于使用已有的品牌而降低了经营风险。被特许者有机会拥有一家由于使用已有的服务品牌，而使风险低于正常水平的小型企业。此外，作为特许组织的成员还可获得很多额外利益。

#### 1. 管理培训

在开办新的分店以前，许多特许者会提供一套广泛的培训计划。例如，麦当劳的被特许者必须花两周时间在芝加哥郊区的汉堡包大学学习麦当劳制作食物和顾客服务的方法。这种培训有两个目标：第一，被特许者为经营企业且获利打下基础；第二，麦当劳要确保自己的程序得到严格执行，保证所有分店的一致性。之后的培训通常通过在线或者流动的咨询顾问进行。

### 2.品牌名称

被特许者靠全国闻名的具有广告效应的品牌而立即获得顾客的认同，在短期内引来增长更快的顾客流。这样，与传统的新企业相比，可以更快达到损益平衡点。

### 3.全国性广告

尽管被特许者通常必须贡献全部销售额的一个具体的比例给特许者做全国性广告，但是所有被特许经营者都可受益。而且，对于诸如快餐店和特别是汽车旅馆这类的业务，来自其他地区的顾客的消费占其销售额的很大比例。

### 4.已被证实的业务收获

传统上，独立的经营者面对较高的失败率，但被特许者有望避免这种情况。特许者有选择适合场所的追踪记录，有可信赖的会计系统，但最重要的是，它可提供一种已经被公众所认可的服务概念。

### 5.规模经济

作为授权网络中的成员，被特许者可因集中采购原材料和设备而降低成本，获得利益。这对一个独立的经营者来说很难办到。

## 10.3.3 特许者的问题

特许严重依赖于投资者和拥有者的动机，它使企业可以不必花钱开发关键的管理人员就可获得扩张。当然，挑选潜在的被特许者不应简单地只看他们是否满足所需资本的最低要求。例如，东京 Benihana 公司发现，许多早期的被特许者并不具备管理一家真正的日本风格饭店的能力。

其他问题包括被特许者在多大程度上有自主性、特许合同的性质和解决冲突的过程。

### 1.被特许者的自主权

被特许者的自主权是指在特许店的经营中被允许的自由度。自主程度取决于特许合同中规定的作业程序化的程度和全国性广告实现的品牌成功的程度。

作业程序化的程度对于保证在整个连锁集团内严格遵守统一的质量标准和服务非常重要。如果允许一些被特许者按较低标准经营，那么，整个连锁集团可能都会受挫。高程序化的经营可能包括：

（1）特许规范。例如，日常经营程序及场所的选择、设施的设计、会计系统、供应材料及其来源、价格和饭店的菜单目录。

（2）设施的定期检查。

（3）对不符合要求的被特许者，有权终止关系。

品牌效应通过建立清晰的顾客期望强化经营程序，使单独的被特许者很难偏离。另外，成功的品牌将带来更多的潜在利润并降低风险，为日后发展创造广阔空间。

### 2.特许合同

控制和权力趋向于集中在特许者手中，这导致人们对特许者和被特许者之间的关系以及滥用权力的担心。特许合同是确立双方持续关系的基础。一般来说，这些合同应明确规定被特许者的义务，但是对特许者的责任却含含糊糊，而且经常忽视被特许者的权利。例如，很多诉讼是由涉及特许经营权的重新销售价值的确定的合同项目及要求从特许者处采购的捆绑合同导致的。

特许合同项目应避免将来发生诉讼，影响双方的合作关系并阻碍发展。特许合同应能保护双方并维护整个特许组织的竞争力。

### 3. 冲突的解决

一项聪明和公正的特许合同可以有效地减少潜在的冲突。然而，由于特许者和被特许者有不同的目标，冲突还是会不时发生：

（1）应如何确定收费标准和分配利润？

（2）被特许者的设施应何时改善？如何分摊此项费用？

（3）特许者在一个已经有经营点的市场中可以授权的特许企业数为多少？

特许体系是需要跨组织管理的超级组织。因此，特许者的一项艰巨任务就是开发政策和程序，以保证在可能会给整个体系带来损害和制造不和谐之前就处理冲突。

## 10.4　服务全球化

由于越来越多的顾客想将包裹寄到欧洲和亚洲，因而联邦快递公司于1988年决定将其服务延伸到海外，结果导致整个公司1991年第一季度出现亏损。遗憾的是，联邦快递进入这些地区在其竞争者DHL和TNT之后。这两家竞争者于20世纪70年代后期仿效联邦快递的服务概念，并于大约10年前就已在上述地区开展快递服务了。另外，联邦快递公司对于外国政府用来保护其国内企业的政策和官僚程序也准备不足。例如，它花了3年时间才从日本得到从孟菲斯中心到东京的直飞经营许可，而东京在海外经营体系中是一个关键的枢纽。然而，就在服务开始之前，联邦快递得到通知，超过70磅⊖的包裹不允许途经东京。这显然是保护当地运输业的一项措施。

公司沉迷于集中控制也是导致问题的部分原因。直到最近，所有的发货单据还都是用英文打印，收包裹的截止时间是下午5点，与美国做法一致。然而，在西班牙，因为有较长的午休，一般单位下班时间是晚上8点。现在，联邦快递已放松了在美国获得成功的那套集中控制的方法，收货时间、称重标准和技术根据各国情况有所不同，并且与当地企业合资，依赖合作方处理递送和营销事宜。[4]

另外一个问题是，我们在美国认为是理所当然的支持性基础设施在某些国家却时常缺乏。例如，麦当劳在莫斯科开设首家分店时，需要花大力气开发供应商。管理层不仅要建立一个为饭店准备所有产品的补给库，还要教农民种植和收割他们需要的农作物（如土豆、莴苣）。

尽管存在所有这些挑战，但在海外最容易找到增长的机会。考虑图10-2所示的国内生产总值（GDP）前十名的国家。请注意，购买力平价（PPP）会调整各国之间工资和价格的差异。结论是新兴经济体中将会有新顾客。

---

⊖　1磅=0.453 6千克。

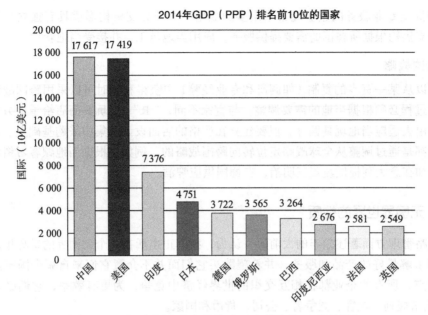

图 10-2　2014 年国内生产总值（PPP）排名前 10 位的国家

资料来源 :http://statisticstimes.com/economy/world-gdp-ranking-ppp.php

### 10.4.1　常用的国际化战略

Bartlett 和 Ghoshal 开发了如图 10-3 所示的常用框架，以便在各种条件下对国际战略进行分类。[5] 适当的战略将取决于两种维度，全球整合能力和本土化程度。

全球整合能力是指是否存在规模效益或者在全球利用某一资产和竞争优势的机会。本土化程度是指为了适应当地文化和需要提供定制化服务的必要性，包括适应东道国政府的控制。图 10-3 显示，当企业处于双低象限时将很少采用国际化战略，而处于其他三个象限的企业需要决定从哪个方向进入国际市场。

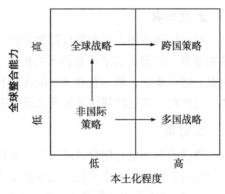

图 10-3　通用全球化战略

#### 1. 全球战略

对于全球战略而言，世界被视为一个可以以同质方式或至少在各国之间整合的大市场。那些具有很强的品牌知名度或者独特性的企业（例如宜家，一家瑞典的全球性家具、家庭用品和配件零售商）或者行业的领袖（如新加坡航空公司）就采用这种战略。城市银行将自己定位于全球银行，承诺顾客可以以任何方式、在任何地方和任何时间进行银行交易。

#### 2. 多国战略

像 Fulbright 和 Jaworski 律师事务所、Booz Allen Hamilton 咨询公司和麦格劳－希尔出

版社这些提供专业服务的企业经常采用多国战略。海外分支机构形成具有独立自治权的联盟，各分支机构根据所在国的需要提供服务，雇用当地员工，并接受当地管理。

### 3. 跨国战略

当可以从某一资本的复制（如调研和专业经验）中获得利润时可以采用跨国战略，但是服务交付过程必须根据当地的需要调整。与宜家不同，"R"Us 玩具商店给予地方管理者以更大的自由去适应当地玩具偏好，但要建立在严格的店面设计和集中采购基础上。许多企业如麦当劳都是通过调整从全球战略定位转向跨国战略的。例如，根据当地顾客习俗和口味调整菜单，如在意大利提供蔬菜三明治，在德国供应啤酒。

## 10.4.2 无国界世界的性质 [6]

在战略管理方面著述颇丰的大前研一认为，我们正生活在一个无国界的世界里。全世界的顾客都了解最好的产品和服务，并希望购买它们而并不介意它们来自哪个国家。按照他的战略观点，所有的企业都在相互交织的世界经济中竞争，为更有效率，它们必须平衡好5 "C"战略规划：顾客、竞争者、公司、货币和国家。

### 1. 顾客

当人们购买产品时，他们关心的是质量、价格、设计、价值和个人魅力。诸如"金拱门"等的品牌标志正在全世界扩散，传递着很难控制的信息。信息的可获性，特别是在由北美、欧洲和日本构成的工业化"三极"市场，赋予了顾客权利并刺激了竞争。

### 2. 竞争者

没有任何事物能使专有权持续较长时间。设备和软件生产企业向广大顾客提供它们的产品和服务，结果加快了所有技术的扩散。两个因素（即时间和先行）现在成为更重要的战略因素。进一步说，单一企业不可能在所有技术领域都领先。因此，全球化经营就意味着同伙伴一起经营。这是联邦快递公司从教训中体会到的。

### 3. 公司

最近的自动化已使公司从可变成本环境转向固定成本环境。这样，管理焦点便从通过减少原材料和劳动力成本来提高利润转变为通过增加销售来弥补固定成本。对于许多服务公司（例如，航空公司和通信公司）来说尤其如此，这些公司在很大程度上是对设施和设备进行大量投资的固定成本活动。为寻求更大的市场，这些公司也迈向全球化。

然而，企业文化的性质有可能决定公司海外服务的有效性。联邦快递在国内成功的基础是员工独特的工作态度，公司奖励那些提出削减成本建议的非工会员工，员工可直接找执行总裁史密斯发牢骚等。相反，UPS 公司雇用的是加入工会的员工，执行严格的工作标准，它在海外的发展中很少遇到问题。

### 4. 货币

将成本与收入相匹配，并且在所有三极地区均发展强大，以便当一个地区不景气时，可以通过其他经济景气的地区加以补偿。全球化公司试图通过这些措施来抵消汇率波动的影响。全球化公司也已使用诸如期权交易等国际金融工具。因此，一家公司只有进行全球扩张才能保持货币中性。

### 5. 国家

在"三极"地区占有重要位置可以为企业带来超出货币考量的额外的战略利益。首先，如前面所谈到的，一个地区经济不景气造成的损失可由其他经济景气的地区来补偿；其次，在竞争对手的国内市场上出售可以阻止竞争对手利用在受保护的国内市场中获得的超额利润进行海外扩张。例如，美国药品在国内以高价出售，然而出售同样的药品在加拿大却有大幅折扣。

当向国外扩张业务时，成功的商家往往会修改包装的元素，以适应当地文化。
©McGraw-Hill Education/Christopher Kerrigan, photographer

然而，只有真正的全球化公司才能够实现"全球当地化"（Global Localization）（索尼公司总裁盛田昭夫提出的一个词）。因此，要在维持世界范围经营的利益的同时转变为本土公司。为达到这个层次，企业在国外必须更接近顾客并满足他们独特的服务需要。对于快餐店，发现所在国的饮食习惯是成功的关键。因此，知道德国人不喜欢吃着"巨无霸"喝可乐，麦当劳把啤酒加入了菜单。应允许当地管理者根据当地的口味适度地改变服务，尽管这样可能会破坏统一性。一个极端的例子是，Mr.Donut 在日本除了标志外，几乎完全改变了产品和服务。

## 10.4.3　规划跨国经营

国内经营的战略服务观在第 2 章中已经阐明。因为文化将对海外运营的成功产生影响，因此企业服务战略需要根据文化进行调整。表 10-1 给出了服务战略观在国际经营中面临的新问题。尤其是这三个问题——文化转移、劳动力市场标准、东道国政策——需要进一步明确。

**表 10-1　战略服务观的国际要素**

| 服务交付系统 | 运营战略 | 服务概念 | 目标市场细分 |
| --- | --- | --- | --- |
| 可提供的技术？ | 适合的管理者行为？ | 顾客期望的是什么？ | 细分市场是什么？ |
| 基础设施？ | 员工参与？ | 感知价值？ | 国内？ |
| 效用服务？ | 独裁？ | 服务宗旨？ | 多国？ |
| 劳动力市场的规则？ | 劳动力市场标准？ | 服务接触？ | 旅行者？ |
| 可利用空间？ | 政府规则？ | 语言？ | 重要的文化差异是什么？ |
| 与供应商的互动？ | 工会？ | 自助服务能否接受？ | 语言？ |
| 顾客受教育程度？ | 东道国政策？ | 使用的范式？ | 生活方式？ |
| | 语言？ | 文化转移？ | 可支配收入？ |
| | 官方语言？ | | 统计的劳动力状况如何？ |
| | 非官方语言？ | | 技能？ |
| | | | 年龄结构？ |
| | | | 态度？ |
| | | | 工作原则？ |

### 1. 文化的转移性

也许对于服务全球化最大的困难是平衡全球化标准和本土化。商业银行似乎在文化上是中性的，因为金融需求和有关的业务交易在世界范围内基本相同。顾客服务也必须面对显而易见的语言障碍和可能影响服务交付的顾客行为（例如，西班牙的午睡）。

然而，在食品服务业，人们却渴望具有异国情调的文化体验。东京 Benihana 餐馆在美国成功的部分原因是：它提供的虽然是人们熟悉的食物，却创造了一种日本式的就餐体验。类似地，对很多非美国人来说，在麦当劳就餐和喝可乐也是体验"美国"的经历。与此相反，意大利的服装生产和销售商 Benetton，正在努力塑造全球形象而不是国家形象。

### 2. 工人标准

劳动力市场标准和习俗的内容不单单指语言的差异。吉尔特·霍夫斯泰德（Geert Hofstede）通过对 50 多个国家的人们对于工作价值的评价进行调查，发现人们对于工作价值的评价在五个维度上存在差异。[7]

（1）权力距离指数（PDI）指社会中不同人之间平等或不平等的程度。高权力距离表明，在社会中允许权力和财富的不平等增长。这些社会更有可能遵循不允许其公民显著向上流动的种姓制度。权力距离指数低表明社会不强调这种市民权力和财富的差异，在这些社会强调人人平等，并拥有相同的机会。

（2）个人主义（IDV）侧重于社会强化个人或集体成就和人际关系的程度。高个人主义表明个人和个人权利在社会中是至高无上的。这些社会中的个人可能倾向于形成更多松散的关系。低个人主义代表了更具集体主义性质的社会，个人之间有着密切的联系。这些文化更加强调家庭和集体，每个人对所属团体负责。

（3）男性化（MAS）关注的是社会对于男性成就、控制和权力等传统男性工作角色模式的强调或不强调程度。男性化程度高的社会表现出很高的性别差异。在这些文化中，男性占据了社会和权力结构的重要部分，女性受到男性统治的控制。在男性化程度低的社会中存在较小的性别差异和性别歧视，在这些社会中，女性在社会各方面与男性平等。

（4）不确定性避免指数（UAI）是指对于社会内部的不确定性和模糊性的容忍程度（即非结构化情况）。不确定性避免指数高说明该国对于不确定性和模糊性的容忍程度低。这是一种以规则为导向的社会，通过颁布法律、原则、规则和控制来减少不确定性。不确定性避免指数低的国家较少关心模糊性和不确定性，对各种意见的容忍度较高。这体现在一个不那么以规则为导向，更容易接受变革，并承担越来越大风险的社会中。

（5）长期导向（LTO）侧重于社会接受或者不接受对传统的、前瞻性思维价值的长期投入的程度。长期导向性强的国家推崇长期承诺的价值，尊重传统。今天的努力工作可以带来长期的回报，这被认为是对职业道德的强烈支持。然而，在这个社会中，企业可能需要更长的时间才能发展，特别是对于"局外人"。长期导向性弱的国家不强调长期和传统取向的概念。在这种文化中，变革可以更快地发生，因为长期的传统和承诺不会成为变革的障碍。

假定全世界的工人执行相同的规范是错误的。以迪士尼公司为例，它在巴黎郊外开设主题公园时，就对当地工人缺乏对国外商业惯例的接受感到惊讶。法国当地的雇员拒绝扮演迪士尼卡通角色并坚持严格的卫生标准，因为他们认为这些做法是对个人主义的限制。忽视当地标准的问题也同样会影响到顾客。例如，美国和日本的迪士尼乐园不提供酒精饮料，所以在法国的餐食中就不提供葡萄酒，但是法国人在就餐时饮酒的习俗是民族自豪感的源泉。

### 3. 东道国政府政策

在进口不受限制的外国服务时，各国可能会认为存在经济和文化威胁。信息化服务是一个特别的目标，如政府制定了有关国际银行业务的法规，禁止私人拥有卫星天线（例如中国和沙特阿拉伯），以及限制完全接入互联网。然而，劳动密集型服务往往受到欢迎，因为它们创造了当地的就业机会。

## 10.5 全球化服务战略 [8]

考虑全球影响力的公司必须注意为其服务选择适当的全球竞争战略。应对高度全球竞争的服务公司与仅以国内为重点的公司看起来非常不同。以全球为重点的公司拥有灵活的传递系统，质量得到认可的品牌以及多元化的员工队伍。

有五种基本的全球化战略，它们是：①多国扩张；②进口顾客；③跟随顾客；④服务外包；⑤超越时空。然而，这些战略并非完全彼此排斥。人们可以想出很多组合战略（例如，将超越时空同多国扩张相结合）。

表 10-2 显示了每种全球化战略是如何受到跨国服务企业面临的全球化因素的影响的。利用这张表，管理人员可以考察这些因素如何影响各种候选战略的实施以及它们在目标国家或地区的特定企业成功的可能性。表 10-2 还概括了每种全球化因素对每个全球服务战略所贡献的关键机会和潜在问题。下面将讨论服务全球化的服务战略和管理含义，首先讨论多国扩张战略。

表 10-2 选择全球化服务战略时应考虑的因素

| 全球化因素 | 全球服务战略 | | | | |
|---|---|---|---|---|---|
| | 多国扩张 | 进口顾客 | 跟随顾客 | 分解服务 | 超越时空 |
| 定制 | 通用服务标准 | 战略机会 | 本土化协调 | 质量和协调 | 更需要可靠性和协调 |
| 复杂性 | 通常路线 | 战略机会 | 修正业务 | 集中的机会 | 时间压缩 |
| 信息密集度 | 卫星网络 | 场所优势 | 指派有经验的管理员 | 培训投资 | 开发机会 |
| 文化适应 | 修正服务 | 接待外国客人 | 达到规模是必要的 | 文化融合 | 共同的语言是必要的 |
| 顾客合同 | 培训当地员工 | 开发外语和文化敏感技能 | 开发外国顾客 | 专业的内部办公服务组件 | 提供超时服务 |
| 劳动密集度 | 降低劳动成本 | 增加的劳动成本 | 雇用当地人工 | 降低劳动成本 | 降低劳动成本 |
| 其他 | 政府限制 | 物流管理 | 基础设施不足 | 母公司员工的士气 | 资本投资 |

资料来源：Adapted from Curtis P. McLaughlin and James A. Fitzsimmons, "Strategies for Globalizing Service Operations," *International Journal of Service Industry Management* 7, no. 4, 1996, pp. 45-59.

### 10.5.1 多国扩张

多场所扩张通常是通过特许经营来吸引投资者并采用"完全照搬"的方式快速在多个地

点克隆服务来实现的。当需要顾客亲临服务场所时,这种扩张战略是必要的。然而,不加任何改动而向其他国家输出一项成功的服务,可以推销"一个国家的文化经历",就像麦当劳在欧洲特别是在莫斯科的经验所证明的那样。然而,文化上的适应常常需要对服务概念做一些调整,如德国麦当劳便供应啤酒。

许多战略问题涉及将服务经营转移到世界各地或者说多国扩张。若涉及的是日常服务,例如星巴克的一次体验,最好在全球范围内复制该服务。然而,顾客联系或前台运营要求对当地文化敏感。最好的方式是,雇用和培训当地人员处理服务过程中的这些部分,同时让那些了解这种方法的人提供指导。最好的方法是聘请和培训当地人,以及那些了解在其他国家取得成功方法的人协商处理该过程的这一部分。

除了专业服务外,考虑到许多场所顾客服务的日常重复性(如快餐),定制和复杂性并不是重要的问题,信息强度也不是一项重要的考虑因素,但是,管理全球服务场所网络可能需要卫星通信。

然而,文化适应是服务设计中的一个主要问题。应该是按国家集中管理还是各国自己管理?这些问题由肯德基炸鸡解决了,正如其海外管理人员所面临的情况:[9]

国家经理就像被派往偏远省份的罗马总督,他们仅有的是维护罗马帝国权力和荣誉的劝告。几乎没有人有任何经营专长,他们很少得到人事方面的支持,关注的仅仅是桑德斯上校维持其正宗产品质量的个人努力。每一位国家经理都要靠自己获得事业的成功,而且大多数人都必须从零开始学习这项业务。

不幸的是,公司总部的职员除了要求外国的经营与美国的样板相符外,没有提供什么帮助。无怪乎适应当地文化的要求经常导致特许经营失败。不过,国家经理也认识到了完全照搬美国经验是行不通的。

### 10.5.2 进口顾客

单场所、多种服务的战略要获得成功,顾客必须愿意行进很长距离并逗留较长时间,或者可以用电信替代亲自前往。很多服务机构,像有声望的大学、医疗中心(如梅奥诊所)和旅游胜地(如迪士尼世界),都会碰到这些问题。如果某地有独特的旅游景点,那么,服务将围绕着它展开。例如,冬天接待滑雪者,夏天接待山地车爱好者。与多场所战略中出口服务不同的是,多服务战略涉及进口顾客。

一项维持原地不动、吸引全世界顾客前来的服务,需要开发接触顾客员工的外语技能和文化敏感性。场所的独特特征(如旅游景点或服务声望)将决定这个战略的选择。通过服务的定制化和复杂化,可以实现差别化;交通设施和后勤管理要适应来访的顾客。例如,南太平洋的库克群岛除周四和周日外,每天都有直飞航班从洛杉矶飞来。

### 10.5.3 跟随顾客

很多服务公司在海外设立办事处,目的并不是服务于当地市场,而是跟随原来在国内的老顾客,继续为他们提供服务。然而,如要吸引当地业务,需要对服务包的许多方面进行调整;还需要聘用熟悉当地业务的人员。

为了贯彻这种战略,一家最大的商务旅游代理商组建了几乎遍及世界各地的伙伴关系。企业顾客希望,无论他们到哪儿都能得到良好的服务。我们全球的"恐怖主义时代"催生了一些企业，这些企业发布旅行咨询，帮助在危险情况下陷入困境的顾客，例如民事、军事起义或自然灾害。

就像律师事务所跟随企业顾客扩展到许多城市一样，服务公司也被推向顾客所在国家去经营。真正全球化的公司希望并要求从旅行代理、审计师、咨询人员和其他服务企业那里得到真正全球化的服务。

对于一个已经投入海外经营的公司来说，这种战略的缺点是忽略了许多国家由快速增长的中产阶级所代表的巨大的当地市场。因此，那些继续为这些人服务的公司可以在没有竞争的情况下自由增长，直到它们达到足够的质量和规模以成为国际威胁。

通常，在外国市场中，来自游客和外派人员的销售是有限的。这使服务管理者面临有趣的选择：是跟随顾客及其需要设计服务呢，还是适应当地文化？或者在两者之间折中，以便同时满足两者的需要？根据作业经理对服务的了解，同时成功地服务这两个市场是不太可能的。因此，在决定服务外派人员和游客还是当地顾客方面，管理人员需要关注有趣的焦点和规模问题。当外派人员面向的市场很小而当地市场又要求对服务进行较大的改动时，与当地组织合作似乎是一种较好的选择。即使前台服务不需要变化，也可能需要使后台操作适应当地环境，并指派有经验的灵活的管理人员，根据当地的基础设施和社会系统的复杂性，成功地嫁接服务作业。

### 10.5.4 离岸服务

离岸服务是一类外包，以外包提供商的外国位置为特色。因此，离岸服务可以看成是一种全球化服务战略。一些服务公司通过互联网向海外地点发送后台业务，并专注于本地的顾客联系活动，从而节约劳动力成本。例如，折扣业务可以在海外进行常规市场交易活动和顾客账户维护，而将专业的定制咨询服务留在国内完成。美国的呼叫中心转移到印度就是一个例子，它利用印度人的英语技能从国外为顾客提供远程服务。然而，当训练不足的员工在印度值晚班（为了适应美国的白天工作）与顾客进行语音联系时，出现了一些质量问题。由于顾客的抱怨，戴尔计算机公司将一些呼叫中心的工作转移回美国。

尽管劳动力成本的节约是采用分离后台服务的主要原因，但是应该注意到培训、文化灌输和解决离岸公司内不良的员工士气因素都需要成本投入。

这种分离服务的行为将持续，因为许多国家都有大量失业和就业不足的会说英语的人存在。许多人接受过高水平的技术训练，特别是那些拥有高技能并能适应高水平的服务要求的人。目前，一些离岸服务包括顾客服务、金融分析、准备所得税、支付服务、软件开发和研发。

### 10.5.5 超越时空

超越时空反映了从以下事实中获得的竞争优势：人们能避开时间和国内时区的限制，包括基本的国内工作时间规定和条例。美国企业长期以来已经懂得了结合多个时区的需要来提高预订员和接线员的生产力。赛门铁克（Symantec）是网络安全的领导者，通过将其早间电话查询转移到爱尔兰的支持中心，为其更偏东的美国顾客提供技术支持，优势在于当加利福尼亚州办事处关闭时还能继续为东海岸顾客提供服务。尽管有当地的工作规范或政府关于市场关闭的规定，但能够提供 24 小时服务有助于实现证券市场的真正全球化。

利用全球协调活动可以加快项目进度。例如，北卡罗来纳州的一家银行请一家印度公司把自己的贷款记录系统进行了扩展和重新编程。在美国的印度职员每天通过卫星与在印度的编程人员进行沟通。由于工作进展很快，银行经理十分高兴。印度的工作人员编程半个小时后，北卡罗来纳州的工作人员在剩下的半个小时进行测试和调试。

软件开发过程中时间压缩的优势也可以在很多场合看到。基于时间的竞争战略在制造业得到广泛接受。在即时服务领域，人们有充分的理由期待新的创新能够利用光速超越时空，获得竞争优势。

管理者应该考察服务过程，以发现通过使用电子设备超越时空的方法。一旦识别出，管理者就应着手制定进攻或防御战略。该分析应该包括考虑时区转变对服务的营销、作业、人力资源方面的潜在影响。这种转变能否：①带来经济效益；②为国内外顾客提供更好的通道；③支持基于时间的经营竞争；④在不减缓的情况下增加过程中可用的创造力。防御战略涉及同其他时区的企业形成战略联盟，进攻战略可能涉及转移或调整国外时区的经营，以开拓新的市场，或通过超越时空改善现有市场以击败竞争对手。

有效协调不同地点和时区之间的经营与获得更高的可靠性，可能要求在培训、作业方式和电信上增加额外的投资。当然，电信有必要使位置的转变对顾客透明，并从时间优势中实现全部价值。

## ⊙ 服务标杆

### 小小世界及其他神话

仅仅花费几个小时我们就可以到达一个遥远的小岛或者其他大陆，我们正在受"世界如此之小"的影响。对于那些正在其他国家做生意的企业，当考虑旅行所花费的时间，或者通过计算机和电子通信交流所需的时间要少得多时，这个世界是如此之小。

然而，当我们考虑在不同国家做生意时所面对的人和文化时，我们很容易相信地球伴随着宇宙一起在扩张。文化之间的差异有时看似是不可超越的。例如，直到最近，在前东欧集团国家物品的供应仍然短缺，那些销售商品的企业占上风，顾客对于那些与物品相应的态度表示屈从。今天货架上的商品是前所未有的，但是服务者和顾客仍然不能理解"顾客永远是对的"。微笑服务让人怀疑，顾客不能容忍服务者一直在努力使用新的商业方法。

在另外一些例子中，基于对不同文化的利益和娱乐，差异已经被调整。有时候人们之所以信任麦当劳，是因为它为海外群体提供了更干净的休息室——"渺小又纯洁"的大使。

## 本章小结

一项成功的服务创新可通过两种基本的方式获得成长：①采用多场所战略在不同地理位置复制服务，形成"集中性网络"；②采用多服务战略在起始场所合并不同服务项目，形成"服务集"。尽管不一定是所期望的目标，但是一些成熟的服务企业将两种战略结合，因而发展成为"多角化网络"。

特许经营已成为快速实施多场所战略的最常用方法，它使用由投资者—所有者提供的资金。特许经营对潜在的企业家来说颇具吸引力，因为购买已被证实的概念具有许多优势，最重要的是，失败的风险会降低。

我们现在生活在一个"没有国界的世界"，全球的顾客都可以得到同样的产品和服务信息。对于许多服务企业来说，如果它们想继续服务于顾客，全球化就不再是一种选择，而是一种必然要求。海外扩张的风险和挑战取决于服务在文化上的可转移性、国外的网络开发和政府对外来服务的歧视。

## 关键术语

**超越时空**（beating the clock）：使用围绕全球的服务场所，以提供 24 小时有效的服务。

**服务集**（clustered service）：在单一场所提供多种服务（如一家医院）。

**多角化网络**（diversified network）：在多个场所提供多种服务的情况（如银行）。

**集中性网络**（focused network）：多个场所仅提供单一服务，通常采用特许方式（如连锁旅店）。

**集中性服务**（focused service）：在单个场所提供单一服务（如家庭餐馆）

**跟随顾客**（follow your customers）：一种海外扩张的理念，为已经建立跨国经营的现有顾客提供服务。

**特许**（franchising）：一种通过吸引投资者来重复一项服务概念的方法。投资者成为拥有者和经营者，通过合同安排，在特许者的约束下提供一致的服务。

**进口顾客**（importing customers）：吸引顾客到现有场所而不是在海外建立服务场所的成长方式。

**多国扩张**（multicountry expansion）：利用特许经营在一个以上国家复制一种服务的成长战略，通常要对服务进行小的调整以适应当地文化。

**离岸服务**（service offshoring）：将后台活动转移到海外，以节约劳动力成本。

## 讨论题

1. 回顾前面的内容，服务运营可以分为人、实体和信息三类。在开展全球化时，各类服务都面临着哪些挑战？

2. Chili 是总部设在美国的连锁餐馆，提供墨西哥食品，在墨西哥的蒙特雷拥有最大的餐馆。为什么 Chili 在蒙特雷能取得如此大的成功？

3. 特许经营中的内在冲突是什么？

4. 如何解释美国服务业的持续贸易顺差？

## 互动练习

如果可能，将班级分成小组，在每个组中至少包括一名国际学生。基于海外旅行的经验，让小组成员汇报他们看到的与家乡日常生活不同并值得效仿的情况。

## 案例 10-1　　　　　友好产业国际有限公司[10]

"你向友好所做的每次捐赠都将使一些人得到工作，这相当于给予他们改变自己生活的力量……谁知道你去年穿过的衬衫会给别人带来工作机会？"

——*Helping*! 杂志，友好产业国际限公司发行，1998 年冬季刊

### 公司背景

得克萨斯中部的友好产业（GICT）是一个非营利组织，它独立运营，但隶属于友好产业国际有限公司（GIII）。GIII 通过提供资源、全国性营销活动、高管人员搜索信息、说服联邦立法来帮助其子公司。目前它

在北美有 164 家子公司，在世界其他地区有 13 个亲善组织——每家子公司的使命都相同。

## 从捐赠物到美元

友好产业的运营主要依赖于当地社区居民和企业的慷慨大方。捐赠物接受部门是公司收入的最大来源。该组织主要依赖于接受各种捐赠，如旧衣服、家具、电器、运动器材和其他任何可销售项目，以为其提供服务创造必要的收入。图 10-4 显示的是 2009 年各种渠道的实际收入，本图也反映了该公司在过去几年内收入来源的典型分布。

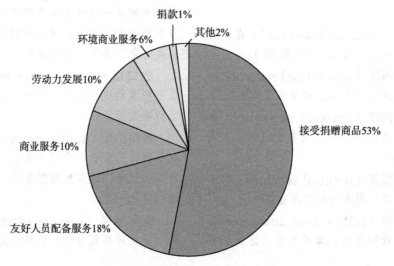

图 10-4 友好产业 2009 年收入来源

## 面临的挑战

管理层意识到在节俭领域正在出现的一个竞争日益激烈的市场。这一现实迫使组织改变其经营方式。尽管对员工和捐赠物的竞争激烈，但最近零售店要想增长，面临的压力正在增加。因此，一些零售店没能达到收入目标。为了解决这个问题，友好产业经历了 20 世纪 90 年代高员工流动的时期。友好产业的使命是帮助人们找到有意义的工作，但当一个人被雇用为零售业务的员工时，该组织会试图留住那个人来帮助创建一个稳定和高素质的员工队伍。

## 竞争

友好产业目前可以说是两面受敌——捐赠物接受的竞争者和捐赠物销售的竞争者。几年前，友好产业在其原材料（即捐赠的旧商品）方面几乎没有竞争。人们向友好捐赠是因为除此之外没有其他办法来处理这些废旧物品。竞争对手"救世军"出现了，幸好很长时间以来，城镇中只有救世军和友好两家捐赠接受组织。但是，随着寄售店和夫妻节俭商店的出现和流行，这一切都开始改变。人们在捐赠或出售其旧物品时可以有更多的选择。这些小企业不但抢走了潜在的捐赠物，而且提高了捐赠物销售的竞争水平。在 21 世纪初，这一领域的竞争更加激烈。例如，节俭城（Thrift Town）等营利性节俭商店与友好一样向同一人群主动索要废旧物品。

然而，尽管本地竞争日益激烈，但自 2002 年以来，GICT 的零售业务大幅增长。2011 年该组织拥有 22 家零售店，8 家有捐赠中心的书店，3 家捐赠网站。新购的大型建筑现已容纳了两个仓库、办公室、职业培训教室、其他非营利和社区活动的会议室，会议室和零售空间的资源中心。预计还将开设三家门店。该公司有清晰的战略，要在 15 个县区通过开设和运营新的零售店来扩张其运营规模。

## 何以支持增长

友好产业已经开发了一个独特的战略以应付在更广泛的地区性零售市场上展开的竞争。它不是选择在传统节假日（如，圣诞节）与其他零售商面对面地进行竞争，而是通过营销圣诞服装和装饰品来创造利基市场。商店以万圣节的主题进行装饰，而且鼓励员工在上班时身着圣诞服饰。每年大约 45% 的广告总预算都以万圣节的促销为诉求点。该战略很有效，因为 10 月的销售额占全年总销售额的 30%。另一方面，这也意味着：如果万圣节销售不佳，该公司全年收入将受到影响。

友好最近在一个发展中的郊区首次自建了一家商店。友好产业一直在高流量地点开设商店，这些商店与向其商店捐赠和在商店购物的人口非常接近。友好并没有一套规范的程序来搜寻开设商店的新地点，零售店的管理层会在考察潜在的地点之后做出决策。自建商店与以前租赁或购买经营历史良好的资产相比，这是一个巨大的转变。

由于业务多元化，在近期的全球、国家和地方经济危机期间，友好一直保持着相对健康的发展。除了长期的转售和职业培训服务外，它现在还拥有友好人员配置服务，为政府机构和私营企业提供员工。友好商业服务部门为工人提供托管人和园艺师等工作，友好计算机部门提供翻新和销售使用过的计算相关设备、书籍和其他专业销售服务。

最后，友好一直在设法提升公司在公众心目中的形象，使其看起来更像一家百货商店而不是一家节俭商店。友好的商店购买了新设备，以新标记和图案装饰其外表，并花大力气确保更衣室得到定期清扫，捐赠人休息室看起来很干净并且具有吸引力。运输部门最近在其卡车上绘上了友好的标志和如下话语："你所捐赠的牛仔裤恰恰使其他人得到了一份工作。"

## 顾客问题

公众经常提出的一个批评就是他们在向友好捐赠时会遇到各种困难。友好曾经提供上门接受捐赠的服务，但最后由于协调上门接受捐赠的难度太大而终止了这项服务。该组织还关注上门接受捐赠时其员工必须处理的垃圾的数量。目前，捐赠者必须将其捐赠物拿到最近的捐赠接受点进行捐赠。

顾客关心的另一个领域是友好的零售政策："所有销售概不退货。"顾客抱怨他们可能从友好购买了一件物品，在商店试用很正常，但回到家却出现了问题。"所有销售概不退货"的政策意味着退款是不可能的，商店经理被授权可让这些顾客在商店内选择其他物品作为替换，但很少会有顾客选择其他替换物品。制定这一政策的部分原因是很难证明顾客所退回的物品以前是从友好购买的。该组织在特定情况下提供 7 天的在线购物回收期，例如在运输过程中被严重歪曲或损坏的物品。

### 问题

1. 谁是友好的顾客，他们的人口统计特征在一段时间内如何变化？
2. 营利性节俭商店的进入将会对友好的顾客服务决策造成何种影响？
3. 友好如何使自己与其竞争对手区分开来？
4. 访问友好特殊物品拍卖网站 http://shopgoodwill.com/，讨论这一在线商店为何具有很大的盈利潜力。

---

**案例 10-2**　　　　　　**联邦快递收购国际老虎**[11]

作为美国成功案例之一的联邦快递公司，创立于田纳西州的孟菲斯市。当时了解弗雷德·史密斯想法的人恐怕谁都没有料到他的小公司会给航空货运业带来一场革命。

1972 年，民用航空委员会规定，总重量小于 75 000 磅的飞行器的经营者可以划归为"空中的士"，不需要获得"公众便利和需要"的执照就可经营。这使联邦快递渗透到根深蒂固的航空货运业成为可能。联邦快递 1972 年订购了 33 架 Dassault 猎鹰鼓风式喷气飞机，并于一年后开始经营。1973 年 4 月 17 日，公司递送了 18 件包裹，成为第一个提供全国性隔夜递送业务的企业。

联邦快递的基本原则之一是利用中心辐射系统。所有包裹首先送到孟菲斯，在夜晚分类，然后于次日早晨送达目的地。这套系统使联邦快递可以用最少数量的飞机服务更多数量的城市。它也提供紧密控制和高效的地面作业。随着包裹跟踪系统的安装，这套包裹递送系统很快变得日益重要。

在头两年的经营中，联邦快递均发生亏损。但是，由于收购了国际老虎（Tiger International），1988 年该公司的收入超过 50 亿美元。

联邦快递于 1984 年开始全球扩张，当时它收购了 Gelco International 公司。1985 年，联邦快递的首架航班飞抵欧洲。在同一年，它在比利时的布鲁塞尔建立了欧洲总部。

国内的经营也得到发展。1986 年，它在加利福尼亚的奥克兰和新泽西的纽瓦克建立了地区中心。1987 年，在印第安纳波利斯建立分拣设施，檀香山被选为远东总部。同年，联邦快递获准经营到日本的小型货运航线。次年，公司开始经营飞往亚洲的经常性货运航线。

然而，国际扩张并没有立刻带来国际经营的成功。在亚洲，因条约的限制，它的飞机只能以运力的一半飞行；在南美经营中，当固定航班着陆后，因缺乏辅助飞机，公司的递送承诺受到损害。甚至更糟的是，收购的欧洲公司中的许多经理已经辞职。

联邦快递为解决国际业务瓶颈，于 1988 年 12 月做出一项重大决策，宣布计划收购世界上最大的重型货物航运企业国际老虎公司，即飞虎公司（Flying Tigers）的母公司。收购价大约为 8.8 亿美元。

通过这项行动，联邦快递一下子就跃居国际货运市场的最前沿，得到了其他 21 个国家的着陆权。然而，国际老虎的加入并非没有挑战。例如，此次杠杆收购使联邦快递的长期负债增加 2 倍多，接近 20 亿美元。此外，联邦快递涉足传统的重型货运业务，其中大多数不能隔夜送到，这与联邦快递的传统市场有明显的偏离。兼并后的联邦快递公司面临的最大困境之一是，如何将两家公司的员工队伍整合。

## 美国国内航空货运业的主要参与者

联邦快递是美国国内最大的隔夜邮递公司，其国内市场份额超过 40%；联合包裹服务（UPS）公司和 DHL 公司（总部在布鲁塞尔的国际邮递公司）以及其他公司瓜分了剩余的市场份额。联邦快递 1988 年营业收入为 39 亿美元，净收入为 1.88 亿美元。然而，自 1985 年以来，联邦快递在国际业务上亏损了近 7 400 万美元，从而促使公司收购国际老虎公司。此次收购于 1989 年 1 月 31 日得到美国政府的同意，不仅使该公司顺利打入另外 21 个国家，同时在重型货物运输上取得了强有力的位置。

UPS 公司进入隔夜快递市场引发了价格战，1984 年后，联邦快递在每件包裹上的收入减少了 15%。联邦快递遭受的另一个打击是，在 Zapmail 上损失了 3.5 亿美元，因而公司于 1986 年停止了该项业务。作为通过卫星传输文件的服务，Zapmail 很快由于传真机的普及而被淘汰。

然而，联邦快递确实提供给顾客几种其竞争对手无法比拟的独特好处。例如，它提供 1 小时的"随叫随到"接送服务。通过信息系统 COSMOS 的数据，联邦公司保证在

30 分钟内显示其所负责的任何包裹的确切位置。联邦快递发现，这种为顾客带来的保障有助于保证业务持续的增长。

## 竞争的性质

由于最近的价格战，航空货运业经历了一系列合并。另外，为了扩大国际贸易和开拓新的路线和服务（如包裹跟踪），国内和国外快递公司之间结成了多种营销联盟。

当 UPS 公司 1982 年进入隔夜包裹市场后，竞争加剧，拉开了一系列价格战的序幕。这伤害了所有的空运企业，联邦快递平均每件包裹的收益在 1983 ～ 1988 年间下降了 30.3%。

幸运的是，价格削减策略最终没有收到预期效果。当引发价格战的 UPS 公司 1988 年 10 月宣布削价时，它的竞争对手拒绝跟随。1993 年 1 月，UPS 公司宣布六年来的首次提价，对隔夜业务提价 5%。然而，诸如持续过度膨胀的生产能力、低转换成本和高退出壁垒等几个因素将继续使航空货运业处于极端竞争状态。

## 航空货运环境

尽管情形有所改善，但行业内部竞争和敌对行为仍然阻碍着行业的发展。由于行业运输能力过剩，企业会想尽一切办法装满飞机，但它们会发现承运包裹的收益继续下降。不仅如此，由于运能过剩，客运公司重新进入货运市场。所有这些因素都促使目前的竞争者合并业务，以期实现规模经济。

此外，客运航空公司以更大的活力重新进入航空货运市场，这也无助于运能的利用。所有这些因素都促使当前的参与者巩固其业务，以期实现更大的规模经济。

技术给航空货运业带来双重影响。传真机抢走了隔夜文件递送业务的一大块市场；另一方面，数据库技术的改进使公司可以向顾客提供另外一项有价值的服务：改善了重要货物状态的跟踪信息。

直到现在，大量的公司为顾客提供较低的价格，但是，因为它们分布广泛，顾客不可能有效地控制空运公司。同样，航空货运公司继续对它们的供应商保持优势。由于可以买到旧飞机，因而它们较少依赖飞机制造商。大量低技能劳动力的存在使分拣中心的劳动力成本降低。然而，缺乏适用的飞机场设施使商业空运公司面临严重的问题。这些公司不仅在美国面临缺乏着陆地点的问题，而且进入拥挤的国际航空中心时还要受到政府的严格控制。

## 全球市场分布

随着全球经济持续萎缩，经济增长更加相互依赖，顾客需要新的服务来支持生产过程。其中最著名的是很多美国公司从日本对手那里学来的准时生产系统。这种系统消除了传统制造业中普遍的库存需求，包括原材料、半成品和成品库存。毫无疑问，这样一项计划的成功有赖于在恰当的时间、恰当的地点提供恰当的部件。

快捷的航空运输在按时递送所需原材料中扮演着可信赖的角色。联邦快递和它的竞争对手已成功地同制造业签署了协议，提供所需的物流专业知识，以支持它们准时生产系统的实施。从本质上看，飞机已成为"飞行的货栈"。随着这个领域的增长，老虎公司加入联邦快递后必将在与国际制造企业有关的重型货物运输领域大有作为。例如，越来越多的亚洲制造的零部件被运往美国进行最终组装。

## POWERSHIP 计划

为进一步开发业务，联邦快递开发了 POWERSHIP 计划。这是一个将顾客端的终端整合在一起的程序，使联邦快递能够及时了解顾客的需求。为简化日常发货过程，一套自动程序可以跟踪运输，还可提供价格信息、打印收据。这个装置有助于消除使用清单和发票管理的需要。

在联邦快递，顾客自动化预计将发挥越来越重要的作用。该公司一直保持着技术的爆炸性增长，而且现在还提供多种辅助资源，如兼容解决方案计划、开发者资源中心、联邦快递运输管理软件和联邦快递电话。通过将技术创新与可靠的按时交付联系起来，联邦快递正在实现其更贴近顾客的目标。

## 企业文化

很多人认为，如果联邦快递公司需要被迫处理与工会谈判的压力，那么，它就不可能发展到目前的规模。尽管已经进行了工会化的尝试，联邦快递公司还从来没有雇用过加入工会的员工。1976 年，国际机械师协会和航空工会试图组织公司的技工加入，但是被拒绝了。同样，在同一时期联邦快递公司的飞行员拒绝加入航空飞行员协会。1978 年，卡车司机协会试图将分拣中心的分拣员组织起来，但是没能得到足够的签名进行投票。

尽管有令人羡慕的人力资源记录，联邦公司能否继续保持过去的绩效还很难说。因为国际老虎的加盟，联邦公司不得不将飞行老虎工会同它自己的非工会环境融合起来。从前，联邦公司的员工愿意做超过他们职责的工作，这使公司相对 UPS 有一个显著的优势，因为 UPS 是全美最大的团队成员联合兄弟会的雇主。然而，随着联邦快递和国际老虎合并的进展，许多问题仍有待解决。

## 收购国际老虎

1988 年 12 月，联邦快递公司宣布了收购老虎公司的意图。1989 年年初，有四十多年航空货运经验的老虎公司同联邦快递合并。除了可以让联邦公司打入另外 21 个国家外，老虎公司的加盟还为这家具有侵略性的公司提供了其他几种优势。几乎在一夜之间，联邦公司成为世界上最大的提供所有服务和所有飞行货运航线的企业，其规模几乎是其最接近的竞争者的 3 倍。由于联邦快递公司拥有的庞大机群可以在其新收购的航线上飞行，所以它不再被迫同以前未服务过的市场上的其他公司签署合约了。

增加重型货物服务被看成是联邦快递对其传统包裹快递业务的提升。合并之举与公司放弃萎缩的文件服务而将注意力集中到高边际收入的成箱业务上的计划正好吻合。在先前的两年时间里，成箱运输业务已经增长了 53%，产生了 80% 的总收入和 90% 的利润。

像前文所说的，从不利的一面看，合并带来了 20 亿美元的债务，重型货物业务的资本密集程度使公司更容易受到经济波动的影响。尽管合并同计划完全相符，但联邦快递公司在重型货运市场还是一个新手。

另外一个障碍是，老虎公司合并前的许多顾客是竞争者，它们通过老虎公司来达到像联邦快递公司一样无法涉足的市场。

最后，联邦快递公司不得不将 6 500 位加入工会的老虎公司的员工与无工会的公司环境相融合。尽管老虎成立之初的企业家精神与联邦快递所珍视的企业家精神大致相同，但该运营商在其存在的早期就已经有员工是工会成员。

在合并时，老虎公司工会的关系被切断了。联邦公司许诺给所有员工找到职位，但是批评者认为，工会背景的老虎员工工会削弱联邦快递公司的企业文化。联邦快递是否可以继续它的成功似乎取决于其影响老虎员工生活方式的能力，而不是相反。

## 问题

1. 描述联邦快递公司的增长战略。这个战略与竞争对手的战略有何不同？
2. 收购国际老虎公司涉及哪些风险？
3. 除了合并联邦快递公司与飞虎公司的飞行员的问题外，在完成合并时，预期还会发生什么问题？
4. 根据前几问的回答，为弗雷德·史密斯提出一个解决收购中潜在问题的行动方案。

## 参考文献

Aharoni, Yair, ed. *Coalitions and Competition (Routledge Revivals): The Globalization of Professional Business Services.* London: Routledge, 2014.

Hahn, Eugene D., and Kraiwinee Bunyaratavej. "Services Cultural Alignment in Offshoring: The Impact of Cultural Dimensions on Offshoring Location Choices." *Journal of Operations Management* 28, no. 3 (May 2010), pp. 186–93.

——, ——. "Offshoring of Information-based Services: Structural Breaks in Industry Life Cycles." *Service Science* 3, no. 3 (Fall 2011), pp. 329–55.

Karmarkar, Uday. "OM Forum–The Service and Information Economy: Research Opportunities." *Manufacturing & Service Operations Management* 17, no. 2 (2015), pp. 136–41.

Mclvor, Ronan. "How the Transaction Cost and Resource-Based Theories of the Firm Inform Outsourcing Evaluation." *Journal of Operations Management* 27, no. 1 (January 2009), pp. 45–63.

Robbins, Thomas R., and Terry P. Harrison. "New Project Staffing for Outsourced Call Centers with Global Service Level Agreements." *Service Science* 3, no. 1 (Spring 2011), pp. 41–66.

Tate, Wendy L., Lisa M. Ellram, and Stephen W. Brown. "Offshore Outsourcing of Services: A Stakeholder Perspective." *Journal of Service Research* 12, no. 1 (August 2009), pp. 56–72.

Youngdahl, William, Kannan Ramaswamy, and Rohit Verma (eds.). "Special Issue: Offshoring of Service and Knowledge Work." *Journal of Operations Management* 26, no. 2 (March 2008), pp. 135–336.

## 注释

1. From Brian O'Keefe, "The New Future: Global Brands," *Fortune,* November 26, 2001. http://www.fortune.com/indexw.jhtml?channel=artcol.jhtml&doc_id=205047.

2. S. E. Kimes and J. A. Fitzsimmons, "Selecting Profitable Hotel Sites at La Quinta Motor Inns," *Interfaces* 20, no. 2 (March 1990) pp. 12–20.

3. M. Carman and Eric Langeard, "Growth Strategies for Service Firms," *Strategic Management Journal* 1, no. 1 (January–March 1980), p. 19.

4. From Daniel Pearl, "Federal Express Finds Its Pioneering Formula Falls Flat Overseas," *The Wall Street Journal,* April 15, 1991, p. 1.

5. From Christopher A. Bartlett and Sumantra Ghoshal, *Managing Across Borders: The Transnational Solution,* 2nd ed. (Boston: Harvard Business School Press, 1998).

6. From Kenichi Ohmae, *The Borderless World* (New York: Harper Business 1990), p. 19.

7. From Geert Hofstede, "Cultural Dimensions," on ITIM Creating Cultural Dimensions website, http://www.geert-hofstede.com, June 30, 2004.

8. From Curtis P. McLaughlin and James A. Fitzsimmons, "Strategies for Globalizing Service Operations," *International Journal of Service Industry Management* 7, no. 4 (1996), pp. 45–59.

9. Kentucky Fried Chicken (Japan) Limited, case no. 9-387-043, Harvard Business School, Boston, 1993, p. 1.

10. Prepared by Steve Callahan, Cindy Gage, and Kathleen Woodhouse under the supervision of Professor James A. Fitzsimmons.

11. Prepared by Garland Wilkinson under the supervision of Professor James A. Fitzsimmons.

# 第 11 章

# 生产能力和需求管理

## | 学习目标 |

通过本章的学习，你应该能够：

1. 描述使服务供给能力和需求相匹配的战略。
2. 确定使预期损失最小化的服务超额预订战略。
3. 用线性规划模型来制订一周轮班计划，使每个员工有两个连续休息日。
4. 准备一份兼职员工的工作安排表。
5. 解释什么是收益管理，什么时候应用它比较合适，如何通过关键得分标准来运用它。

　　在做出固定资产投资决策后（例如，要修建的宾馆房间数或者需购买的飞机数量），宾馆的床位或者飞机的座位必须卖出才能使日常经营获利。本章的主题就是那些在动态环境中每天要使公司的服务供给与顾客需求相匹配的经理们所面临的挑战。

　　服务能力是一种易逝的商品。例如，一架起飞的航班上面的空座位将永远失去搭乘额外旅客而获得收益的机会。美洲航空公司是第一个注意到这个问题并通过"收益管理"充分发挥潜力的航空公司。本书第 2 章已经简要地讨论了"收益管理"，本章将对这个问题进行更详细的阐述。人民捷运公司（People Express）的首席执行官唐纳德·布尔（Donald Burr）对使用信息技术来支持收益管理感受颇深。这家失败的航空公司在 1986 年被得克萨斯航空公司收购。他说："我是全世界被计算机芯片摧毁的最重要的一个例子。"服务无法贮存在仓库里以待未来消费，它是一种不能从一个人转移到另一个人的无形的个人体验。服务的生产和消费是同时进行的。如果服务需求相对于服务能力不足，结果将导致服务人员和设备的闲置。进一步说，服务需求肯定是变化的，实际上我们的文化和习惯也造成了需求的波动。举例来说，我们中的大部分人在相同的时间吃饭，都在 7 月和 8 月度假；而对医院的研究也显示，医院在夏季和秋季面临的需求较低。这种服务需求水平的自然波动造成了在某些时段服务处于闲置期，而在其他时段顾客不得不为接受服务而等待。

## 11.1　本章概要

本章主要讨论平准化产能（level capacity）和追求需求（chase demand）的通用策略。就平准化产能策略而言，我们将介绍价格诱导型的营销导向策略，这种策略可以更好地利用固定产能以平衡顾客需求。就追求需求的策略，本章主要研究作业导向策略。例如，通过安排工作班次来对顾客需求的变化做出更灵活的反应。本章最后讨论了收益管理这种综合性方法在复杂的实时信息系统中的应用。

## 11.2　能力水平或需求的一般战略

产能管理有两种通用策略，分别是平准化产能和追逐需求。表 11-1 介绍了两种策略的匹配情况。效用是平准化产能的一种形式，因为顾客不期望服务被打断。追逐需求最好的例子就是呼叫中心了，电话代理商的数量会根据所预计的需求来变动。然而，大多数服务可能会与综合方法相匹配。例如，宾馆床位的提供量是固定的，而所雇用的员工数量则会有季节性的变动。下面讨论两种用于调节需求的策略。图 11-1 对这些常用于服务能力管理的策略做了概括。

**表 11-1　平准化产能和追逐需求的平衡**

| 战略维度 | 平准化产能 | 追逐需求 |
| --- | --- | --- |
| 顾客等待 | 略低 | 中等 |
| 员工利用率 | 中等 | 高 |
| 劳动技术水平 | 高 | 低 |
| 劳动力的转移 | 低 | 高 |
| 每个员工所需要的培训 | 高 | 低 |
| 工作环境 | 愉悦 | 忙 |
| 管理需求 | 低 | 高 |
| 预测 | 长期 | 短期 |

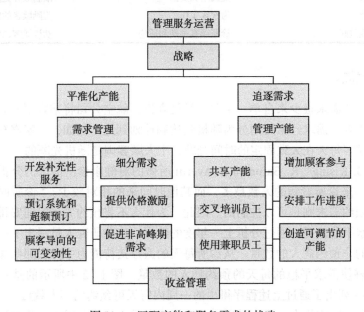

图 11-1　匹配产能和服务需求的战略

## 11.3 需求管理战略

### 11.3.1 顾客诱因变量 [1]

众所周知，顾客到达比率是多变的，如果服务管理者尝试使产能与需求相匹配，这是一个很大的挑战。不过，弗朗西丝·弗赖（Frances Frei）描述了在服务管理中可以掌握的五种顾客诱因变量。比较常见的一种就是到达多变性，由于顾客对服务需求的独立决策并不是平滑地分布在每一个时间点，这就会导致服务员无事可做或是等待顾客。由于顾客自身对服务的需求不同，就会产生因顾客的文化水平、身体情况以及技能而导致产能的多变性。需求的多变性源于顾客对服务的时间有不同的需求，例如，一位身在银行的顾客想要购买 CD，而另外一位顾客则想查询自己的账户。当顾客期望在服务过程中能自己掌控主动权（例如，顾客自己愿意将购物车返还到存放地），这种情况就产生了顾客努力的多变性。最后，不同的顾客对服务人员所提供的服务质量的预期不同，这就产生了主观偏好的多变性。例如，一位就餐的顾客可能希望服务人员热情地介绍自己的姓氏，其他顾客则不喜欢服务人员对自己是否喜欢被人亲近进行推测。个人偏好导致了一种不可预期性，这就使得用一套制度化的服务模式来服务不同的顾客变得很困难。

管理顾客诱因的多变性有两种方法，调节适应和减少降低。调节适应策略主要是通过操作效率来服务好顾客。减少降低策略主要注重服务体验的简单化。混合型策略可以保证顾客对需求的选择，在满足顾客体验的同时，简单地完成服务工作（例如，航空公司提供自助性的检票服务和人工检票服务两种选择）。表 11-2 是管理顾客诱因变量的例子。

表 11-2　管理顾客诱因变量的策略

| 变量类型 | 调节适应 | 减少降低 |
| --- | --- | --- |
| 到达 | 安排充足的人员 | 要求预约 |
| 产能 | 适应顾客的技能水平 | 基于产能标定顾客 |
| 需求 | 交叉培训员工 | 限制服务宽度 |
| 努力 | 为顾客工作 | 奖励顾客的额外努力 |
| 主观偏好 | 诊断顾客预期和适应 | 劝说顾客调整预期 |

### 11.3.2 细分需求

对某种服务的需求很少来自单一来源。举例来说，航空公司将乘客划分为工作日商务乘客和周末旅游乘客。需求经常可划分为随机到达和计划到达。例如，一家汽车便利银行可以预期它的商务顾客每天在大致固定的时间光顾，个人顾客则是随机光顾的。

一份由 E. J. Kising、R. Baron 和 B. Averill 所做的对健康诊所需求的分析显示：在非预约病人中，周一来诊所看病的人数最多，而其他时间来的相对较少。[2] 诊所的非预约需求是无法控制的，预约需求则是可以控制的。因此，为什么不将预约看病时间安排到一周的后几天，以使需求水平稳定呢？通过分析上一年度的数据，这些研究人员得出了一周中每个工作日来诊所看病的非预约病人的数量。从诊所每天的医疗接待能力中减去那些非预约病人的需求，就得到能够使需求平稳的每天的预约病人的数量。图 11-2 中所示的是一周的需求状况的抽样，表 11-3 列出了通过上述程序得出的一周内每天可预约的病人数量。

将预约看病时间安排在一天中最适宜的时间可以进一步调节需求。经过历时两个月的试验，对需求的调节产生了以下绩效：

（1）来诊所看病的人数增加了 13.4%；

（2）虽然减少了 5.1% 的医疗接待时间，但是病人的需求得到了满足；

（3）由于预约看病的人数增加，医生花在病人身上的全部时间增加了 5%；

（4）病人的平均等待时间与原先相同；

（5）一个由社会学家组成的队伍得出的结论是，医生的士气提高了。

### 11.3.3 提供价格刺激

有很多差别定价的做法，例如：

（1）电影院的下午场或在下午 6 点以前实行降价；

（2）位于旅游观光点的宾馆在非旅游季节的房价下调；

（3）公共事业公司在需求高峰期的定价。

有人建议联邦宿营地采用差别定价法来鼓励更好地使用这一稀缺资源。例如，J. C. Nautiyal 和 R. L. Chowdhary 开发出一种歧视定价系统来保证宿营费能够准确反映一天得到的边际收益。[3] 他们根据露营季节中每天和每周的状况确定了四种不同的露营类型。表 11-4 是根据宿营类型制订的每天收费计划。

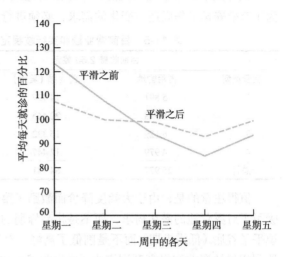

图 11-2　病人到达平滑化后的效果

资料来源：E. J. Rising, R. Baron, and B. Averill, "A Systems Analysis of a University Health-Service Outpatient Clinic." Reprinted with permission from *Operations Research* 21, no. 5, September–October 1973, p. 1035, Operations Research Society of America. No further reproduction permitted without the consent of the copyright owner.

表 11-3　通过预约安排平滑需求

| 日期 | 预约数 |
| --- | --- |
| 星期一 | 84 |
| 星期二 | 89 |
| 星期三 | 124 |
| 星期四 | 129 |
| 星期五 | 114 |

表 11-4　歧视价格计划提议

| 宿营类型 | 宿营季节的日期和周 | 天数 | 每天收费（美元） |
| --- | --- | --- | --- |
| 1 | 第 10 周到第 15 周的星期六和星期日，加上节假日 | 14 | 6.00 |
| 2 | 第 3 周到第 9 周、第 15 周到第 19 周的星期六和星期日，加上维多利亚日 | 23 | 2.50 |
| 3 | 第 3 周到第 15 周的星期五，加上第 9 周到第 15 周中未包括在类型 1 和 2 中的其他时间 | 43 | 0.50 |
| 4 | 露营季节中的其他时间 | 78 | 免费 |

宿营类型划分的出发点是，公园内每天被占据的营地总数直接受人们可利用的闲暇时间和天气状况的影响。每种宿营类型中的露营者都接受了访谈，以确定他们的旅行成本。假设边际观光者是那些在旅游景点花费最多的露营者。这些信息用来绘制每一种宿营类型的需求曲线，一旦给出可利用的营地总数，通过这些需求曲线，营地费用就能被确定下来。表 11-5 对采用现有收费计划而产生的营业额和使用歧视定价法预计的营业额进行了比较。注意，采用歧视定价法可以吸引更多的露营者，营业额却相应下降了。然而，在免费露营的七八天

中，人工成本的节省是可能的，这是因为已经不需要营地守护员在营地收费了。即便如此，为了有效安排工作以适应变化的需求，必须进行大量的广告促销并启用预订系统。

表 11-5  目前营业额和实行歧视定价后的预计营业额之间的比较

| 宿营类型 | 目前收费 2.50 美元 | | 差别收费 | |
|---|---|---|---|---|
| | 占用营地 | 营业额（美元） | 占用营地 | 营业额（美元） |
| 1 | 5 891 | 14 727 | 5 000 | 30 000 |
| 2 | 8 978 | 22 445 | 8 500 | 21 250 |
| 3 | 6 129 | 15 322 | 15 500 | 7 750 |
| 4 | 4 979 | 12 447 | — | — |
| 总计 | 25 977 | 64 941 | 29 000 | 59 000 |

值得注意的是，由于大幅度降价而激励了第 3 类宿营者需求的增加。这种非高峰期定价吸引了对露营地的潜在需求，而不是将高峰期的需求转移到非高峰期去。因此，歧视定价法填平了谷底（低需求期）而不是削低了高峰。对于私人企业来说，采用这种定价法可以更好地利用稀缺资源和提高利润潜力（假设收费可以弥补可变成本）。然而，私人企业也要避免将高消费顾客引入低收费计划中。举例来说，航空公司通过一些限制以免使商务乘客享受打折收费，如要求购买打折机票的乘客必须留在目的地过一个周末。

### 11.3.4  促进非高峰期的需求

寻找不同来源的需求会促进对非高峰期服务能力的创造性使用。例如，在旅游淡季，可将宾馆用于招待商务人员或作为公司职员的休息场所。另一个例子是，在夏季把一个山顶滑雪场变为飞行跳伞表演的场所。

收费安排采用促进非高峰期需求的策略有利于提高服务设施在其他时间的充分利用。例如，百货商场鼓励顾客"提前购物以避免圣诞节的商场购物高峰"，超市在星期三提供双份奖券也是出于同样的考虑。

### 11.3.5  开发互补性服务

很多饭店已经认识到增加一个酒吧来提供互补性服务的好处。在饭店最繁忙的时候，把等待的顾客引入酒吧，既可以为饭店带来利润，又可以缓解顾客焦急等待的心情。电影院传统上会售卖爆米花和软饮料，但是现在它们也在休息室里提供电子游戏。以上这些例子都说明，提供互补性服务有助于满足等待中顾客的需求。

另一个例子是全面医疗概念的兴起，它将传统的医疗护理和营养及心理关怀结合在一起。开发互补性服务是扩展市场的一种自然方法。如果对这种服务的需求周期与对原先服务的需求成反向关系，还可以造成更加统一集中的需求，此时，这种方法具有特别的吸引力（例如，在对新服务需求很高的时候，原先的服务需求很低）。这可以用来解释为什么几乎所有的供热承包商都同时提供冷气供应服务。

### 11.3.6  预订系统和超额预订问题

预订等于预先提供了潜在服务。当完成预订之后，额外的服务需求就会转移到同一组织内的相同设施的其他适宜服务时间或转移到其他服务设施上。一个拥有全国预订系统的连锁宾馆在顾客的首选宾馆无法提供空闲房间时，就会选择距首选宾馆最近的一家宾馆为顾客预订房间。

　　预订服务还可以通过减少等候时间和保证随时提供服务来使顾客受益。然而，当顾客未能履行其预订时，问题就出现了（这些顾客被称为"未出现者"）。通常，顾客不会因其未履行预订而承担经济责任。但这样就会导致不受欢迎的行为，例如，乘客可能为了防止意外而向航空公司预订了好几个班次的机票。对于那些不能确定自己什么时候才能出发的商务乘客来说，这种行为很普遍。通过多重预订，他们可以确保在能够出发时马上坐上飞机。然而，所有的未履行预订都会造成飞机上出现空座，除非乘客事先通知取消预订。为了控制享受折扣价格的乘客未能登机的现象，航空公司现在发售不可退款的机票；宾馆会要求不能履约的顾客在预约日下午 6:00 之前删掉预订或是直接从顾客的信用卡中划走住一晚的费用。

　　面对由于未能履行预订而出现的空座问题，航空公司采用了一种称为"超额预订"的策略。通过接受数量超过飞机可利用座位总数的预订，航空公司可以防范出现大量未履行预订的风险。然而，如果航空公司接受太多的预订，就有可能出现已经预订机票的乘客无法坐上飞机的风险。由于超额预订方法的滥用，美国联邦航空管理局做出规定，要求航空公司赔偿由于超额预订而未能坐上飞机的乘客，并且要为他们提供下一班飞机的座位。同样，许多宾馆也为那些因为超额预订而未能入住的客人免费提供附近宾馆的相同档次的房间。一个好的超额预订策略应该既能最大限度地降低由服务设施空闲产生的机会成本，又能最大限度地降低由于未能提供预订服务而带来的成本。因此，采用超额预订策略需要对一线员工（如宾馆的前台服务人员）进行培训，以应付那些未能获得预订服务的客人。宾馆最低限度应该为客人在其竞争对手的宾馆里安排一间相同档次的房间，并随后用车将客人免费送到那里。

## ⊙【例 11-1】

### Surfside 宾馆

　　在上一个旅游季节，Surfside 宾馆尽管拥有一个用来保证完全预订的系统，却没有实现高入住率。很显然，那些很有希望入住的客人因为这样或那样的原因未能入住。宾馆前台对当前高峰期宾馆房间全部订出的情况做了记录。通过对记录的分析，发现了如表 11-6 所示的客人未能按预订入住的情况。

　　由于客人未能履约入住而形成一间空房，这会造成 40 美元的房间贡献机会损失。从表 11-6 中我们可以计算出未能履约而空出的房间数量的期望值为：

$$0 \times (0.07) + 1 \times (0.19) +$$
$$2 \times (0.22) + \cdots + 8 \times (0.02) +$$
$$9 \times (0.01) = 3.04$$

　　这样，每晚的损失期望值为

表 11-6　Surfside 宾馆的客人未能履约入住的情况

| 未出现者 (d) | 概率 (P(d)) | 超额预订 (x) | 累积概率 (P(d < x)) |
|---|---|---|---|
| 0 | 0.07 | 0 | 0 |
| 1 | 0.19 | 1 | 0.07 |
| 2 | 0.22 | 2 | 0.26 |
| 3 | 0.16 | 3 | 0.48 |
| 4 | 0.12 | 4 | 0.64 |
| 5 | 0.10 | 5 | 0.76 |
| 6 | 0.07 | 6 | 0.86 |
| 7 | 0.04 | 7 | 0.93 |
| 8 | 0.02 | 8 | 0.97 |
| 9 | 0.01 | 9 | 0.99 |

$3.04 \times 40$ 美元 $= 121.60$ 美元。为了避免其中一些损失的发生，管理人员正在考虑超额预订政

策。然而，如果一位已经预订房间的客人由于超额预订而被宾馆谢绝入住，就会带来其他成本。Surfside 宾馆已经为那些未能入住的客人安排了一家附近的宾馆并负责他们的房费。进一步讲，这样会损害宾馆的信誉并对未来业务产生不利影响。管理人员估计，每一位"流失的"（宾馆业的术语）客人会造成 100 美元的损失。一个好的超额预订策略应该在空房的机会成本和不能提供预约服务的成本间达到一种平衡，最好的超额预订策略应该实现长期期望成本的最小化。

表 11-7 显示了与每种可能的超额预订方案有关的损失情况。注意，沿着此表的对角线没有损失成本出现，这是因为在对角线上的每一种情况下，多预订的数量恰好与当天未能履约入住的人数相等（例如，如果多预订了 4 个房间而恰好 4 名客人未能履约入住，那么每一位到宾馆的客人都能入住。进一步讲，宾馆的所有房间都住进了客人，这是一种双赢局面）。对角线以上的数值沿着每一列向右移动，然后用 100 美元乘以每个未能让客人入住的预订，这是因为实际发生的未能履约比预想的少。举例来说，考虑一下与未能履约为零有关的第一行，并且注意 100 美元的损失与多预订一个的方案有关。对角线以下的数值的得出是沿着每一列向下移动，对每一个未能履约的情况增加 40 美元，这是因为实际发生的客人未能履约的数量比预想的要多，这会造成当晚的空房现象。举例来说，考虑与不实行超额预订策略有关的第一列，并且注意增加的成本是由于相信所有的客人都会履约入住。

**表 11-7 超额预订损失表**

| 未出现数 | 概率 | 超额预订数 | | | | | | | | | |
|---|---|---|---|---|---|---|---|---|---|---|---|
| | | 0 | 1 | 2 | 3 | 4 | 5 | 6 | 7 | 8 | 9 |
| 0 | 0.07 | 0 | 100 | 200 | 300 | 400 | 500 | 600 | 700 | 800 | 900 |
| 1 | 0.19 | 40 | 0 | 100 | 200 | 300 | 400 | 500 | 600 | 700 | 800 |
| 2 | 0.22 | 80 | 40 | 0 | 100 | 200 | 300 | 400 | 500 | 600 | 700 |
| 3 | 0.16 | 120 | 80 | 40 | 0 | 100 | 200 | 300 | 400 | 500 | 600 |
| 4 | 0.12 | 160 | 120 | 80 | 40 | 0 | 100 | 200 | 300 | 400 | 500 |
| 5 | 0.10 | 200 | 160 | 120 | 80 | 40 | 0 | 100 | 200 | 300 | 400 |
| 6 | 0.07 | 240 | 200 | 160 | 120 | 80 | 40 | 0 | 100 | 200 | 300 |
| 7 | 0.04 | 280 | 240 | 200 | 160 | 120 | 80 | 40 | 0 | 100 | 200 |
| 8 | 0.02 | 320 | 280 | 240 | 200 | 160 | 120 | 80 | 40 | 0 | 100 |
| 9 | 0.01 | 360 | 320 | 280 | 240 | 200 | 160 | 120 | 80 | 40 | 0 |
| 预期损失（美元） | — | 121.60 | 91.40 | 87.80 | 115.00 | 164.60 | 231.00 | 311.40 | 401.60 | 497.40 | 560.00 |

对每一种超额预订策略来说，期望值的计算方法是，用每一种未能履约发生的概率乘以损失，然后将所有乘积相加。举例说明，采用多预订 2 个房间的方案，其损失期望值的计算方法是用第 2 列中的概率分别乘以第 5 列中相应的损失值，具体方法如下：

$$0.07 \times (200 \text{ 美元}) + 0.19 \times (100 \text{ 美元}) + 0.22 \times (0 \text{ 美元}) + 0.16 \times (40 \text{ 美元}) + 0.12 \times$$
$$(80 \text{ 美元}) + 0.10 \times (120 \text{ 美元}) + 0.07 \times (160 \text{ 美元}) + 0.04 \times (200 \text{ 美元}) + 0.02 \times$$
$$(240 \text{ 美元}) + 0.01 \times (280 \text{ 美元}) = 87.80 \text{ 美元}$$

表 11-7 显示，实行多预订 2 个房间的策略将在长期内实现期望损失值的最小化。如果采纳这个策略，我们就能够从超额预订策略中实现每晚增加 33.80 美元的收益。这是不实行超额预订所产生的 121.60 美元时的期望损失值和实行多预订 2 个房间而产生的 87.80 美元的期望损失值之间的差值。如此大的差值可以解释为什么超额预订策略受到像航空公司和宾馆

这样的服务能力处于紧张状态的服务性企业的欢迎。

在第 15 章中，我们将推导出易逝商品临界分位点标准的计算公式，该公式对于本案例中房间预订问题仍然适用：

$$P(d<x)\leqslant \frac{C_u}{C_u+C_o} \tag{11-1}$$

式中    $C_u$——由于客人未能履约入住而损失的 40 美元的房间贡献（例如，对未能履约的人数估计不足）；

          $C_o$——与未能为超额预订客人提供空闲房间有关的 100 美元的机会损失；

          $d$——根据过去经验得出的未能履约入住的人数；

          $x$——多预订的房间数量。

根据边际分析方法得出的临界概率也可以用来确定最佳的超额预订策略。因此，多预订的房间数应该正好覆盖未能履约入住的累积概率，其计算方法如下：

$$P(d<x)\leqslant \frac{40}{40+100}\leqslant 0.286$$

从表 11-6 中我们可以看出，多预订 2 个房间的策略满足了临界分位点标准，这是因为累积概率 $P(d<x)=0.26$。因此，我们可以在早些时候确定使超额预订损失期望值最小化的决定。

## 11.4 能力管理战略

### 11.4.1 定义服务能力

服务能力是每单位时间内可实现的产出水平（例如，一个忙碌的银行出纳员每天的交易量）。注意，对服务供应商的产能测量是基于一个忙碌的员工的业务量，而不是设备的产出量，而且前者一定要少于后者，这一点在第 12 章中会具体讲到。但是，服务能力仍然叫作"配套设施"，例如宾馆的床位数量或者航空公司的可供座席公里数。我们知道产能会被很多因素限制，以航空公司为例，如按技能分类的可用劳动力（飞行员、客舱服务员、地服人员和维修人员）、飞机（数量和飞机的型号）和可用的登机口，航空公司的例子仍然表明一般的服务运营所面临的是对不同网点的调配能力的挑战。

对于许多服务企业来说，要使其需求均衡是非常困难的。考虑图 11-3 显示的对电话接线员的需求。这些数据是一家大城市的电话公司在具有代表性的一天 24 小时内每半小时的电话呼叫率。我们可以看到，高峰呼叫期（2 500 个电话呼叫）发生在早上 10:30，最低呼叫期（20 个电

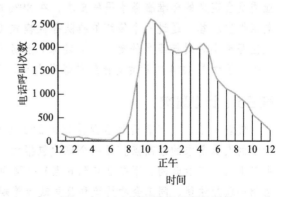

图 11-3 对电话接线员的每日需求

资料来源：E.S. Buffa, M.J. Cosgrove, and B.J. Luce, "An Integrated Work Shift Scheduling System," *Decision Sciences* 7, no.4, October 1976, p.622. Reprinted with permission from Decision Sciences Institute, Georgia State University.

话呼叫）发生在凌晨 5:30。高峰期和低谷期的比率为 125 : 1。没有什么办法能够从根本上改变这种需求模式，因此，只能考虑通过调节服务供给使其与需求匹配。我们可以应用几种策略实现这一目标。

## 11.4.2 每日工作班次计划

通过仔细制订全天的工作班次计划，我们可以使服务供给水平接近于需求。工作班次计划对于许多面临周期性需求的服务组织来说，是一个重要的人员安排问题，例如电话公司、医院、银行和警察局。该方法首先要对每小时的需求进行预测，然后将这种预测转化为每小时对服务人员的需求。时间间隔可以少于 1 小时，例如，快餐业可以将时间间隔定为 15 分钟，以便在整个就餐时间内对工作进行计划。下一步是制订班次的计划或工作时间，以便尽可能地适应人员安排的要求。最后，要将特定服务人员分配到不同的工作时间或班次中。我们将以电话接线员的人员安排问题来说明该方法每一步骤所需的分析，不过，该方法适用于任何服务组织。

## ⊙【例 11-2】
### Marin 的 911 应答中心

**第一步：需求预测**

如图 11-3 所示，以半小时为间隔对需求进行预测，这种预测必须能够解释工作日和周末的需求变化及季节性调整。我们发现，星期六和星期日的电话负荷量接近于典型工作日的 55%，夏季的需求一般较低。像母亲节和圣诞节这样的特殊高需求日也应该加以考虑。

**第二步：转化为对接线员的要求**

根据每日需求预测和电话呼叫的分布状况，制定出每半小时对接线员的要求。应公用事业委员会定义的标准服务水平的要求，在 89% 的时间内，接线员必须在 10 秒钟内对打入的电话做出应答。通过一个传统的排队等候模式（可以在第 13 章中了解到这个模式），可以确定出每半小时对接线员的要求，以确保其服务水平在每半小时内能够实现。[4] 其结果是，我们得到了如图 11-4 所示的对接线员每半小时的需求状况。

**第三步：计划班次**

代表着不同的工作开始和结束时间的工作班次需要分配，这样它们才能满足如图 11-4 所示的人员需求的最高点。每一个班次包括由一段休息时间或就餐时间（例如，上午 9 点到中午 1 点、午饭时间、下午 2 点到 6 点）分隔的两个工作期。所有可能实行的工作班次都是由州和联邦法律、同工会的协议和公司政策等规定的。用一个专门为此设计的具有启发性的计算机程序可以从允许的班次安排中选择工作班次，在对 $n$ 个半小时期间进行加总后，使需要的接线员人数和分配的接线员人数之间差额的绝对值最小。如果设 $R_i$ 为在期间 $i$ 内需要的接线员人数，$W_i$ 为在期间 $i$ 内分配的接线员人数，此目标可以表示为下列公式：

$$最小化 \sum_{i=1}^{n} |R_i - W_i| \tag{11-2}$$

图 11-5 显示的是工作计划产生的过程。一个班次从所有可能的班次中被一次性地选择出来，然后重复进行同样的工作。在每一步中选出的班次都能够最好地满足式（11-2）中所述标准的班次。由于该方法对时间较短的班次有利，在计算时，应该对不同工作时间长度的班次加权以避免这种倾向。通过使用这种方法，我们得到了一张列有满足预测需求的不同班次的清单和对这些班次所做的午饭及休息时间的安排。

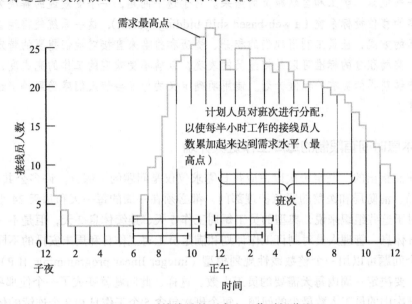

图 11-4　对接线员的要求和工作时间分配

资料来源：E.S. Buffa, M.J. Cosgrove, and B.J. Luce, "An Integrated Work Shift Scheduling System," *Decision Sciences* 7, no.4, October 1976, p.626。Reprinted with permission from Decision Sciences Institute, Georgia State University.

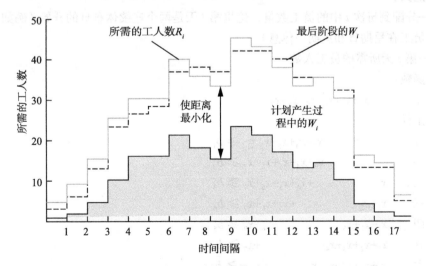

图 11-5　日程安排过程

资料来源：E.S. Buffa, M.J. Cosgrove, and B.J. Luce, "An Integrated Work Shift Scheduling System," *Decision Sciences* 7, no.4, October 1976, p.622。Reprinted with permission from Decision Sciences Institute, Georgia State University.

### 第四步：安排接线员的班次

考虑到所要求的班次和每天 24 小时、每周 7 天的运营模式，将接线员分配到这些班次中是一件复杂的工作。在休息时间的安排和涉及加班费的加班指派问题上会产生是否公平的问题。此外，当工作日程一再与其他优先事项（如儿童护理和预约医疗活动）发生冲突时，就会产生士气低落、旷工和自然减员的结果。对于这个问题，一个受欢迎的解决方法就是使用基于网络的移位投标系统（a web-based shift bidding system），这一系统使得运营商可以通过在线拍卖的方式，让员工利用他们的积分、资历和排名来直接对他们想要的特定日程安排进行竞价。奖励积分的标准可以是接线员的表现，以前不受欢迎的工作的完成度，或者过去一年中未能够获得的应有的休假计划。使用明确定义的标准会使人们感受到排班过程的公平性和满意度。

### 11.4.3 休息时间有限制的每周工作班次计划

正如前面指出的，制定班次以适应每日需求仅仅是问题的一部分。许多公共服务组织，例如警察局、消防局和医院的紧急护理部门，都必须在一周的每一天和每天 24 小时随时提供服务。对于这些组织来说，典型的员工每周工作 5 天、连续休息 2 天，但是不一定是星期六和星期日休息。管理人员对制订工作计划和满足员工对工作日和周末安排的不同要求很有兴趣。这个问题可以用一个整数线性规划模型（integer linear programming, ILP）来准确表述。首先，要决定一周内每天需要的员工人数。这样，此问题就变成了一个使那些分配到 7 个可能的班次中的员工人数最少的问题。每个班次包含 5 个工作日和 2 个连续的休息日，不同的班次在一周内的不同日期开始工作，但工作日都持续 5 天。可以利用整数线性规划模型作为这个问题的通用公式。

**变量定义：**

$x_i$——分配到班次 $i$ 中的员工数量，这里第 $i$ 天是两个连续休息日的开始（例如，分配到第 1 组的员工在星期日和星期一休息）

$b_j$——第 $j$ 天所需的员工人数

**目标函数：**

最小化 $\quad x_1+x_2+x_3+x_4+x_5+x_6+x_7$

**限制条件：**

$$\begin{aligned}
\text{星期日} \quad && x_2+x_3+x_4+x_5+x_6 && \geqslant b_1 \\
\text{星期一} \quad && x_3+x_4+x_5+x_6+x_7 && \geqslant b_2 \\
\text{星期二} \quad x_1 && +x_4+x_5+x_6+x_7 && \geqslant b_3 \\
\text{星期三} \quad x_1+x_2 && +x_5+x_6+x_7 && \geqslant b_4 \\
\text{星期四} \quad x_1+x_2+x_3 && +x_6+x_7 && \geqslant b_5 \\
\text{星期五} \quad x_1+x_2+x_3+x_4 && +x_7 && \geqslant b_6 \\
\text{星期六} \quad x_1+x_2+x_3+x_4+x_5 && && \geqslant b_7 \\
&& x_i \geqslant 0 \text{ 且为整数}
\end{aligned}$$

## ⊙【例 11-3】

### 医院急诊室

医院急诊室的运营时间是每周 7 天、每天 24 小时。每个工作日被分为 3 个班次，每班 8 小时。白班需要的护士总数为：

| 日期 | 星期日 | 星期一 | 星期二 | 星期三 | 星期四 | 星期五 | 星期六 |
|------|--------|--------|--------|--------|--------|--------|--------|
| 护士数量 | 3 | 6 | 5 | 6 | 5 | 5 | 5 |

急症室主任对制定一份工作安排以使所需的护士人数最少很有兴趣。护士们每周工作 5 天，连续休息 2 天。在上述整数线性规划模型的右边输入正确的限制条件（即 $b_1=3$，$b_2=6$，…，$b_6=5$，$b_7=5$），用此方法得出：$x_1=1$，$x_2=1$，$x_3=2$，$x_4=0$，$x_5=3$，$x_6=0$，$x_7=1$。这意味着有一个人在星期日和星期一休息，一个人在星期一和星期二休息，两个人在星期二和星期三休息，三个人在星期四和星期五休息，一个人在星期六和星期日休息。表 11-8 显示了相应的人员安排，只有在星期六和星期日出现了人员多余的情况。

表 11-8　每周护士工作安排表

| 护士 | 星期日 | 星期一 | 星期二 | 星期三 | 星期四 | 星期五 | 星期六 |
|------|--------|--------|--------|--------|--------|--------|--------|
| A | — | — | × | × | × | × | × |
| B | × | — | — | × | × | × | × |
| C | × | × | — | — | × | × | × |
| D | × | × | — | — | × | × | × |
| E | × | × | × | — | — | × | × |
| F | × | × | × | — | — | × | × |
| G | × | × | × | — | — | × | × |
| H | — | × | × | × | × | × | — |
| 总计 | 6 | 6 | 5 | 6 | 5 | 5 | 7 |
| 要求的 | 3 | 6 | 5 | 6 | 5 | 5 | 5 |
| 过剩的 | 3 | 0 | 0 | 0 | 0 | 0 | 2 |

这些人员安排问题常常有多个最优解。例如，在这个例子中，解 $x_1=1$，$x_2=1$，$x_3=1$，$x_4=1$，$x_5=1$，$x_6=1$，$x_7=2$ 也是可行的，且所需的护士总数也是 8 人。为什么第二组解可能比表 11-8 显示的第一种方案更好呢？

### 11.4.4　提高顾客的参与程度

快餐业已经取消了端上食物和清洁餐桌的人员，这是提高顾客参与程度策略的最好例子。顾客（现在是合作生产者）不仅要从有限的菜单中直接点菜，而且要在饭后清洁餐桌。自然，顾客期望得到更快的服务和更便宜的食物来补偿这种付出。然而，服务提供者也能在多方面受益。需要加以监督和付给工资的人员减少了，但更重要的是，顾客作为合作生产者恰好在需要时提供了人力。这样，服务能力就不是固定不变的，而是更直接地随需求而变化。

例如，考虑和旅客合作来实现及时登机。在航班之间的登机口让飞机掉头已经成了一门科学——就像在 NASCAR（全美汽车比赛协会）的进站一样。登机延误会使飞机不能在预定的离港时间起飞，从而影响整个航空网络。通过研究 NASCAR 维修队精心安排的团队合作，航空公司试验了不同的乘客登机顺序。最常见的登机方式是前后颠倒，以避免拥堵新进来的旅客。美联航尝试了"由外而内"的登机方式，即让靠窗位置的旅客先登机，再让靠过道的旅客登机，但是后来放弃了这个想法。达美航空使用了基于"区域"的登机方式，智能系统会将不同行的座位组合成不同的区域用以登机。最近，航空公司开始让没有随身行李的乘客先登机，这是对托运行李乘客的一种奖励，可以避免将行李放进头顶的行李架而造成的延误。另一方面，西南航空从未分配过座位，并声称其登机流程优于其他指定座位的方法。

### 11.4.5 创造可调整的能力

通过设计，一部分产能可转化成可变化的能力。航空公司为了适应乘客组合的变化，会常规性地调整一等舱和二等舱的配比。东京的 Benihana 是一家创新型的饭店，它在底层设置了一些就餐区，每个就餐区都放两张桌子，每桌可以坐八位就餐者。厨师们被安排到每个就餐区，就在桌边准备菜肴。他们用的刀闪闪发亮，动作活泼有生气，很富现场感。这样，这家饭店就可以通过安排需要的当班厨师的人数来有效地调节它的服务能力。

通过有效使用空闲时间可以扩大高峰期的服务能力。闲时完成一些辅助性的工作，可以使员工在高峰期专注于必要的工作。这种策略要求对员工进行一些交叉培训，以便他们能够在非高峰期完成一些不接触顾客的工作。比如，饭店的服务员在客流量小时可以用餐巾擦一下银餐具或打扫一下房间，这样，他们就不用在高峰期做这些工作了。

### 11.4.6 共享能力

服务交付系统经常要在设备和设施上进行大量投资。在闲置期间，希望找到这些服务能力的其他用途。航空公司以这种方式已经运作很多年了。在小型机场，航空公司共享相同的入口、跑道、行李处理设备以及地面服务人员。在淡季，有些航空公司常常将飞机租给其他航空公司，租借协议包括可以漆上适当的标志和重新装饰机舱。

### 11.4.7 交叉培训员工

一些服务系统由几种作业构成。当一种作业繁忙时，另一种作业可能会闲置。交叉培训员工从事几种作业中的工作能创造出灵活的能力来满足高峰需求。

在超级市场中可以清楚地看到员工交叉培训的好处。当收款机旁的队伍越来越长时，经理会召集储货员来收款，直到高峰结束。同样，在交款的顾客很少时，一些收银员也会忙于整理货架。这种方法有助于建立团队精神，而且可将员工从单调乏味的工作中解脱出来。在快餐店里，受过交叉培训的员工可创造出灵活的能力，因为在清闲的时候可将任务重新分配给少数的几个员工（暂时将工作扩大化），而在忙时更加专业化（劳动分工）。

### 11.4.8 雇用临时工

当业务高峰持续且可以预测时，比如餐馆的就餐时间或银行的发薪日，雇用临时工能补充正式员工的不足。如果要求的技能和培训很少，那么，很容易就能找到合适的临时工，如高中生、大学生以及那些希望增加收入的人。

临时工的另一个来源是下岗的雇员。航空公司和医院经常付给其临时员工一些名义工资以限制他们的活动，并要求他们随时做好重返工作岗位的准备。在例 11-4 中，我们可以看到，给临时工安排工作时间表—共有三个步骤。

# ⊙【例 11-4】
## 在免下车银行安排临时出纳员[5]

在一周的不同日期，免下车银行会经历可预测的业务活动的变化。图 11-6 展示了根据基本顾客需求变化而在一周内对出纳员的不同需求。这家银行经常雇用足够的员工以满足星期五的高峰需求。然而，这一政策造成了低需求时出纳员时间的大量闲置，尤其是在星期二和星期四。为了降低出纳员成本，管理层决定雇用临时出纳员并将全职出纳员减少到恰好能满足星期二的需求。为了保证合理的工作小时数，这家银行决定，临时出纳员每周至少工作两天，但不多于三天。

安排临时出纳员的基本目标是以最少的出纳工作日满足要求；次级目标是拥有最少的临时出纳员人数。我们以银行为例说明这种方法，不过，同样的做法也适用于许多其他的服务性企业对临时员工的安排。

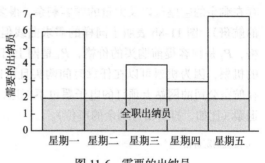

图 11-6 需要的出纳员

### 第一步：确定需要的临时出纳员的最少人数

如图 11-6 所示，雇用 2 个全职出纳员，一周中仍有 12 个工作日无人工作。使用 3 天计划，我们发现，星期五需要 5 个人是这个例子中的最少可行人数。

### 第二步：画出需求递减的条形图

在图 11-6 中，注意日常临时出纳员的需求。按需求逐渐降低的顺序重新对各工作日排序，如图 11-7 所示。

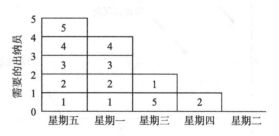

图 11-7 递减临时出纳需求条形图

### 第三步：将出纳员安排在条形图中

从第一个临时出纳员开始，将其填入图 11-7 中星期五的第一个方块，第二个出纳员填入第二个方块，依次类推。在星期一处，重复这一顺序，余下的出纳转入星期三。表 11-9 概括了得出的临时工作日程表。这个表说明，出纳 1 和出纳 2 各工作三天，出纳 3 至出纳 5 各工作两天。

表 11-9 日常临时工工作安排

| 出纳员 | 星期一 | 星期二 | 星期三 | 星期四 | 星期五 |
|---|---|---|---|---|---|
| 1 | × | — | × | — | × |
| 2 | × | — | — | × | × |
| 3, 4 | × | — | — | — | × |
| 5 | — | — | × | — | × |

## 11.5　收益管理[6]

自从限制解除、允许航空公司自行定价以来，一种被称为"收益管理"的收入最大化的新方法出现了。收益管理实际上是一个很复杂的系统，它包括本章前面讨论的许多策略（如订票系统、超额预订和需求划分等）。

由于飞机座位的易逝性（即一个航班起飞后，空座的潜在收入就永远失去了），提供机票折扣以尽可能地使飞机坐满就变得很有吸引力。然而，所有座位都打折出售，就不可能按全价卖出某些座位。收益管理试图以最大盈利方式分配一趟航班座位的固定能力，以此匹配各细分市场的潜在需求（如普通顾客、旅行者、超级节约者）。航空公司率先开发了收益管理，其他服务能力受到限制的服务企业（如旅馆、汽车租赁公司、海运公司）也正在采用这一方法。

图 11-8 展示了收益管理背后的经济动机，它阐述了对一个国内航班座位的固定定价。图 11-8a 阐述了价格在需求曲线向下倾斜时与销售数量一贯的固定关系。假如 $Q$ 小于或等于可供座位数，航班的总收益是：$P$（价格）$\times Q$（销售座位数）$=PQ$。价格固定造成的结果是存在剩余的空座位以及大量的顾客剩余（很多乘客愿意花钱考虑更多的航班而不是价格固定的航班）。图 11-8b 表明了同样的需求曲线但提供不同的价格到三个细分市场：$P_1$ 是固定价格，$P_2$ 是顾客提前购买的价格，$P_3$ 是网上订票的价格。较少的乘客愿意花钱购买固定价位的机票，因为机票可以在任意时间购买且可以退票。提前订票必须提前两周而且不能退票。在航空公司的网站上预订的电子票也不能退，无论航班什么时候飞行，不管满不满客都不能退票（比如，打折出售剩余的座位）。

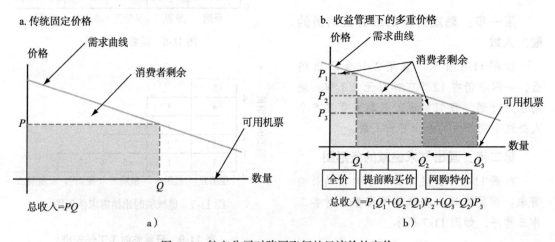

图 11-8　航空公司对跨国飞行的经济舱的定价

收益管理的总收益是价格乘以顾客购票的数量的总和：$P_1Q_1 + (Q_2-Q_1)P_2+(Q_3-Q_2)P_3$。这个结果解释了为什么在今天的市场上乘客很难找到剩余的空座位。而且，顾客剩余已经被航空公司大大降低，从而提高了总收益。

收益管理最适合于具有下述特征的服务企业：

（1）相对固定的能力。在设施上需要大量投资的服务企业（如旅馆和航空公司），可以说是受能力限制的。一旦一趟航班的所有座位都已售出，乘客的进一步需求只能通过下一趟航班来满足。相比之下，在同一座城市有多家分店的连锁汽车旅馆具有一些灵活能力，因为在一家旅馆找不到房间的旅客可以转到同一家公司的另一家旅馆去找。

（2）细分市场的能力。要使收益管理有效，服务企业必须能将市场分为不同类型的顾客。通过要求持打折机票的旅客必须星期六晚停留一下，航空公司可以辨别出对时间敏感的商务旅客和对价格敏感的乘客。对于使用收益管理的企业来说，开发各种价格敏感性服务是一种主要的营销挑战。图 11-9 说明了一家旅游胜地的旅馆是如何根据一年中的不同季节把它的顾客市场细分成三类，以及如何通过调节可用房间的分配以满足不同类别顾客的需求的。

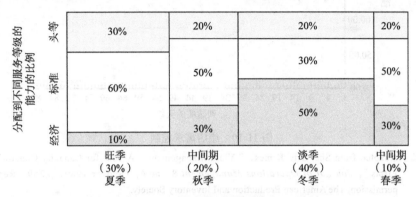

图 11-9　旅游胜地的旅馆根据服务等级所做的房间季节性分配

资料来源：Adapted from Christopher H. Lovelock，"Strategies for Managing Demand in Capacity-Constrained Service Organizations"，*Service Industries Journal* 4，no.3，November 1984，p.23.

（3）易逝的存货。对于受能力限制的公司，可以将每个房间或座位看成是待售的（实际上是待租的）单位存货。对于航空公司来说，未售出座位的收入就永远失去了。航空公司试图通过鼓励欲乘飞机的顾客来将这种易逝的存货减到最少。考虑到飞机座位过时失效的特性，在一架至少有一个空座的航班上为一位乘客提供免费服务，航空公司的成本是什么呢？

（4）事先售出产品。服务企业采用预订系统售出自己的服务能力（在使用前），然而，管理者要面对一种不确定性：是接受提前的打折预订呢，还是等待出高价的顾客来买。在图 11-10 中，我们根据一周中某个特定日期和一年中某个特定季节的房间预订记录画出一个需求控制图表（请回忆第 6 章中的质量控制图表）。由于需求的某些变化是可预见的，因此可以围绕预期预订累积量曲线画出一个可以接受的范围（在此例中，标准偏差为 ±2）。如果需求高于预期，则停止提供折扣而只接受标准价预订。如果预订数量降到可接受范围以下，那么也可接受折扣价预订。

（5）波动需求。通过需求预测，收益管理可以使管理者在低需求期提高服务能力的使用率，在高需求期增加收入。通过控制折扣价的可获性，管理者可以将限制性服务的总收入最大化。在实践中，收益管理的实施是通过打开或关闭某些预订部分实现的；如果需要，甚至会以小时为基础做出这样的变化。

（6）低边际销售成本和高边际能力改变成本。销售额外的单元库存的成本必须要低，例如，为一位飞机乘客提供零食的费用可以忽略。然而，由于一些必要的总体设施投资（一个旅馆必须增加至少 100 个房间），增加能力的边际成本很大。

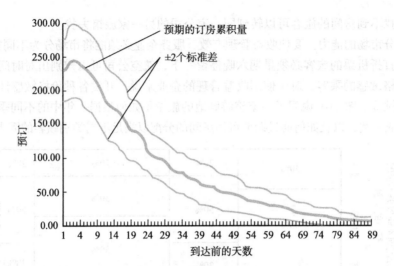

图 11-10 旅店需求控制

资料来源：Adapted from Sheryl E. Kimes，"Yield Management：A Tool for Capacity-Constrained Service Firms"，*Journal of Operations Management* 8，no.4，October 1989，p.359。Reprinted with permission，The American Production and Inventory Society.

## ⊙【例 11-5】

### Blackjack 航空公司

在最近的经济下滑中，Blackjack 航空公司发现，从洛杉矶到拉斯维加斯的航线比平时多出许多空位。为了刺激需求，公司决定提供特殊的、不能退的、提前 14 天购买的"赌博机票"，单程票只售 49 美元，而正常的单程普通舱票价为 69 美元。Blackjack 使用的波音 737 飞机如图 11-11 所示，普通舱座位有 95 个。管理层要求限制售出的折扣票数量，以便向那些没有预订计划的乘客售出全价票。根据近来的经验，全价票需求似乎呈正态分布，均值为 60，标准差为 15。这个收益管理问题可以用本章前面提到的临界分位点模型即式（11-1）来分析：

$$P(d < x) \leqslant \frac{C_u}{C_u + C_o}$$

式中　　$x$——预订全价票的座位；

　　　　$d$——全价票的需求量；

　　　　$C_u$——预订过少的全价票所损失的收入（即低估的需求）。损失的机会为票价的差额 [69−49=20（美元）]，因为我们假设那些愿意支付全价的非选购型乘客买到了打折的机票；

　　　　$C_o$——保留过多的座位按全价出售带来的成本（即高估的需求）。我们假设空的全价座位可以折价以 49 美元的价格售出。

如图 11-12 所示，临界分位点的值为 $P(d < x) = 20$ 美元 $/(20$ 美元 $+49$ 美元$) = 0.29$，由附录 A 查得，标准正态分布的面积即 0.29 的累积概率的值为 −0.55，因此，预订的全价座位数为：

订购的全价座位数 $= \mu + z\sigma$

$= 60 + (-0.55) \times (15)$

$= 51$

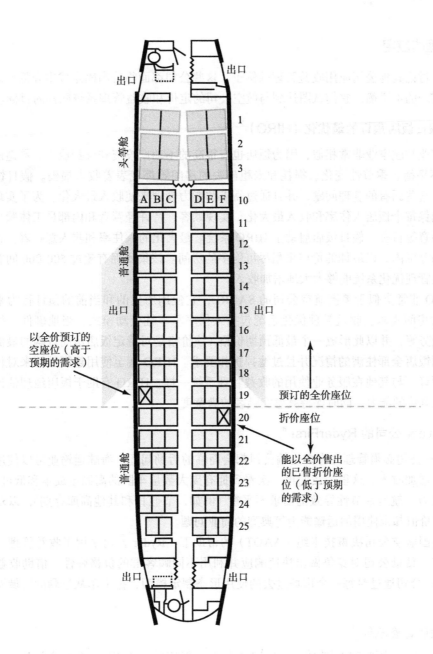

图 11-11　波音 737 舱位

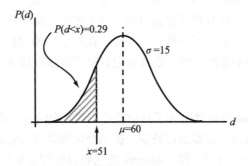

图 11-12　Blackjack 航空公司的临界分位点

## 收益管理的应用

下面讨论其他公司应用收益管理的例子。这些公司都面临着高固定成本和低变动成本及损耗和需求的不平衡，它们试图达到与航空公司的定价和收益管理系统同样的目标。

### 1. 假日饭店预订的最优化（HIRO）[7]

饭店业与航空业非常相似，因为饭店也有很高的不动产投资和维护成本、易逝的能力和需求的不平衡。季节性变化、损耗和未租出去的房间等都代表着收入损失。假日饭店已经认识到了这些固有的管理问题，并且通过需求和能力管理来使收入最大化。为了实现假日饭店集团确保每个饭店入住率和收入最大化，实现顾客、特许经营者和内部员工体验最高水平的顾客满意等目标，假日饭店启动了 HIRO 系统。最大化的入住率和收入意味着，在市场能够承受的范围内，以最佳的价格出租尽可能多的房间。该集团拥有超过 500 000 间客房，因此，收益管理优化系统能够大大地增加收入。

HIRO 非常类似于美洲航空公司的 SABRE，它使用历史的和当前的预订行为来分析每个饭店的房间需求。收益管理优化系统包括入住率季节性变动模式、当地事件、每周周期和当前趋势等，并以此形成一个最低预期价格（该价格是对特定饭店房间订购的最低价格）。系统预测饭店全部住满的情况并且过滤掉折扣要求。HIRO 甚至使用超额预订来对付取消和未履行预订。与其他在服务业使用的收益管理系统一样，HIRO 有助于饭店经理估计对每个房间收取全价的能力，同时保持其忠实顾客的满意度。

### 2. Ryder 公司的 RyderFirst [8]

Ryder 公司必须管理好许多运输公司都会面临的后勤问题。海陆运输业可以使用收益管理来有效增加收入。这里，我们再一次看到拥有庞大数量车队的高固定成本和低可变成本、易逝的能力、航运季节性导致的需求不平衡（例如，节假日和其他高库存期），以及损耗的威胁和有价值却未使用的运输能力等典型的商业问题。

在美国航空公司决策技术组（AADT）的帮助下，Ryder 公司采用了收益管理、定价和后勤系统，帮助公司对竞争做出快速响应并利用不同顾客群的价格弹性。借助收益管理系统，Ryder 公司通过对每一个市场过去的使用形态制定模型，把卡车从过剩的区域调到需要的区域。

### 3. 饭店订餐软件 [9]

收益管理技术被编辑成软件，应用于餐饮业以保证昂贵的厨房设备的高效使用。收益管理软件在预期店内就餐不足的时段提醒操作员潜在的和增加的外卖或上门服务订餐的机会，从而提高了总体的利润率。计算机模型也包括了基于需求波动对价格的处理。例如，一个饭店可以降低价格来增加顾客人数和总收入。同样，在旺季，通过提价增加平均账单收入。通过估计需求与供给能力不平衡的时间，收益管理有助于缓解餐饮业需求的波动。

### 4. Amtrak 公司 [10]

早在 1988 年，Amtrak 公司就引入了与航空公司类似的定价和收益管理系统。这种收益管理系统利用多种车费结构、超额预订处理、折扣分配和客流量管理来使收益最大化并提高生产能力的使用率。像航空公司一样，Amtrak 使用收益管理市场信息来决定进入哪条路线，提供多大的能力来满足需求。Amtrak 灵活的生产能力使它可以增加或减少不同等级的车厢，比航空公司更容易调节其能力。

## ⊙ 服务标杆

### 把握好预先支付的冒险行为

你在生活中尝试过一些冒险的活动吗？尝试在一个价格不透明的网站上购物。例如 priceline.com 或者 Hotwire.com 网站，你可以预订一间旅游胜地的梦想假日酒店或者一张超值的异国航班机票。关键词是"不透明"，可以理解为"预订后不能退款，而且什么也看不见"，当然你可以有一个为你的冒险行为提出一些要求的机会，例如一个最终目的地，住宿的质量等级，一个城市的特定区域，可是自你支付你辛苦赚来的钱之后，直到最后你才能知道你到底得到怎样的服务。

假如一家宾馆、航空公司或者汽车出租公司已经不卖房间、座位或者汽车了，那么它们的钱就损失了。不透明的互联网站代表一些交易能够从现成可用的资源（或者从它们过剩的生产力）中获得回报的一个机会，又不会引起那些习惯于网上支付的顾客的愤怒。

## 本章小结

需求固有的变化性对于那些试图很好地利用服务能力的管理人员来说是一项挑战。问题可以从两个常用的策略来解决，即平准化产能和追逐需求。

关于平准化产能战略，它关注于更为充分地利用一个固有的服务能力来满足平滑的需求。可以利用各种办法进行需求管理，如细分需求、提供价格刺激、促进非高峰期的使用、开发互补性服务和使用预订系统等。

追逐需求战略的关键点是抓住调整产能的机会，使之与需求水平的变化相匹配。目前，已经有很多办法来进行服务能力的调整，如倒班计划、兼职人员的利用、员工的交叉培训、提高顾客参与合作生产、与其他公司共享能力等。

通过适时的价格歧视和产能分配使收益最大化的收益管理，是混合型战略在现实商业中的一个运用。

## 关键术语

**追逐需求**（chase demand）：一个调整生产能力来匹配需求波动的战略。

**临界分位点**（critical fractile）：低估需求成本除以低估需求和高估需求成本总和的概率所形成的累积需求的可能性。

**平准化产能**（level capacity）：一个为了有效利用产能和减少顾客等待而调整产能的战略。

**超额预订**（overbooking）：使现有产能超过顾客的期望预订量。

**收益管理**（yield management）：通过预订系统进行预订并分割服务，使有限的产能服务达到收益最大化的综合系统。

## 讨论题

1. 使用兼职员工会带来哪些组织问题？

2. 计算机化的预订系统如何提高服务能力的

使用率？

3. 举例说明一项具体服务是如何成功地实现需求和供给管理战略的。

4. 开发互补服务会带来哪些可能的不利影响？

5. 收益管理的广泛使用是否会侵蚀服务固定

价格的概念？

6. 浏览网站 http://en.wikipedia.org/wiki/Yield_management/，并结合收益管理讨论伦理问题。

## 互动练习

回忆 2017 年 4 月 9 日美联航因为超额预订政策而导致一名乘客被拖拽下飞机的事故，你也可以从 http://www.nytimes.com/2017/04/10/business/united-flight-passenger-dragged.html 这一网址获取更多的细节内容。对于这一事件中的情况，还有什么别的处理方法？

## 例题

### 1. 超额预订问题

#### 问题陈述

一个家庭旅馆正在考虑使用超额预订，因为预订了而顾客又未出现的情况使得每年夏季很多房间闲置，如右表所示。一间空房的平均机会成本是 69 美元。然而，安排一个超额预订的客人的成本是昂贵的，因为附近的度假胜地的客房价格平均为 119 美元，

小旅馆必须要填补这个差额。那么，从超额预订中每晚获得的期望收益是多少？

| 未出现人数 | 0 | 1 | 2 | 3 |
|---|---|---|---|---|
| 频次 | 4 | 3 | 2 | 1 |

#### 解答

第一，用 69 美元作为空房的成本，用 119-69=50 美元作为推掉一位客人的成本，由此构造一个超额预订的损失表。

| 未出现人数 | 概率 | 超额预订数 | | | |
|---|---|---|---|---|---|
| | | 0 | 1 | 2 | 3 |
| 0 | 0.4 | 0 | 50 | 100 | 150 |
| 1 | 0.3 | 69 | 0 | 50 | 100 |
| 2 | 0.2 | 138 | 69 | 0 | 50 |
| 3 | 0.1 | 207 | 138 | 69 | 0 |
| 期望损失（美元） | | 69.00 | 47.60 | 61.90 | 100.00 |

第二，将超额预订每一栏与其对应的预订而未出现的人数的概率相乘，然后将这些乘积相加，计算出期望损失。对于完全没有超额预订的情况，可计算出：

$0 \times 0.4 + 69 \times 0.3 + 138 \times 0.2 + 207 \times 0.1 = 69$

从期望损失行可以看到，超额订购数为 1 时，期望损失最小，每晚从超额预订中获

期望收益为 69.00-47.60=21.40 美元。

### 2. 每周工作班次安排

#### 问题陈述

一家大型租车公司的电话预订部门对接线员每天要求的数量如下：

| 日期 | 星期日 | 星期一 | 星期二 | 星期三 | 星期四 | 星期五 | 星期六 |
|---|---|---|---|---|---|---|---|
| 接线员 | 4 | 8 | 8 | 7 | 7 | 6 | 5 |

请提供一份有连续两天休息日的班次时间表。

**解答**

把问题转化为整数线性规划模型，用 Excel Solver 来解。

目标函数：

最小化 $x_1+x_2+x_3+x_4+x_5+x_6+x_7$

约束条件：

星期日 $x_2+x_3+x_4+x_5+x_6 \geq 4$

星期一 $x_3+x_4+x_5+x_6+x_7 \geq 8$

星期二 $x_1 +x_4+x_5+x_6+x_7 \geq 8$

星期三 $x_1+x_2 +x_5+x_6+x_7 \geq 7$

星期四 $x_1+x_2+x_3 +x_6+x_7 \geq 7$

星期五 $x_1+x_2+x_3+x_4 +x_7 \geq 6$

星期六 $x_1+x_2+x_3+x_4+x_5 \geq 5$

$x_i \geq 0$ 且为整数

用 Excel Solver 解得：$x_1=2$，$x_2=0$，$x_3=0$，$x_4=0$，$x_5=3$，$x_6=1$，$x_7=4$。相应的周班制时间表如下：

| 接线员 | 班次安排矩阵，x= 工作日 | | | | | | |
|---|---|---|---|---|---|---|---|
| | 星期日 | 星期一 | 星期二 | 星期三 | 星期四 | 星期五 | 星期六 |
| A | — | — | × | × | × | × | × |
| B | — | — | × | × | × | × | × |
| C | × | × | × | × | × | × | × |
| D | × | × | × | × | × | × | — |
| E | × | × | × | × | — | × | × |
| F | × | × | × | × | × | — | — |
| G | — | × | × | × | × | × | × |
| H | — | × | × | × | × | × | — |
| I | — | × | × | × | × | × | — |
| J | — | × | × | × | × | × | — |
| 总计 | 4 | 8 | 10 | 10 | 7 | 6 | 5 |
| 要求人数 | 4 | 8 | 8 | 7 | 7 | 6 | 5 |
| 富余人数 | 0 | 0 | 2 | 3 | 0 | 0 | 0 |

### 3. 收益管理

**问题陈述**

一个滑雪胜地正在计划一项年底促销活动，对周末的双人间提供优惠的价格，每人 159 美元。在旺季，这些房间（包括缆车票）的价格通常为 299 美元。管理者想为未预订上门的、打算付全价的游客保留一些房间。如果打算付全价的滑雪者的比例大约是 20%，他们的平均周末需求为正态分布，均值为 50，标准差为 10。那么要为这些付全价的滑雪者留出多少客房？

**解答**

使用式（11-1），我们可以确定临界分位点如下：

$$P(d<x) \leq \frac{C_u}{C_u+C_o} = \frac{140}{140 \times 159} \leq 0.468$$

查附录 A 中的正态分布表，累积概率 0.468 的 z 值为 0.02。这样，保留房间数为：

$$\mu + z\sigma = 50 - 0.08 \times 10 = 49(间)$$

**练习题**

1. 一家诊所记录了过去一年中未经预约而直接来应诊的病人数。下面是一周中每天预期的未预约病人数。该诊所有 5 名医生，平均每人每天可以看 15 名病人。

| 日期 | 星期一 | 星期二 | 星期三 | 星期四 | 星期五 |
|---|---|---|---|---|---|
| 未预约病人 | 50 | 30 | 40 | 35 | 40 |

（1）如果希望消除每周需求的波动，每天最多安排的预约病人数是多少？

（2）你为什么不推荐把预约病人数安排在最高水平？

（3）如果大多数未预约病人上午来，为避免过多的等候，预约病人最好安排在什么时间？

2. 在例 11-1 中（Surfside 酒店），由于目前成本的提高，一位预订了房间而没有来的顾客会产生 100 美元的机会损失。假设预订了而未出现的情况没有显著变化，并且假设因采用超额预订，一位预订了房间但不能入住的客人带来的损失仍是 100 美元。请问 Surfside 公司是否应该调整其未出现政策？

| 未出现人数 | 0 | 1 | 2 | 3 | 4 |
|---|---|---|---|---|---|
| 频次 | 6 | 5 | 4 | 3 | 2 |

利用临界分位点 $P(d<x) \leqslant \dfrac{C_u}{(C_u+C_o)}$，找出当从一位乘客获得的收入 $C_u$ 是 20 美元时，超额预订潜在的最大机会损失 $C_o$。

3. 一家航空公司对于所有的航班总是超额预订一位乘客（例如，对于一架只有 6 个座位的飞机，售票处将预订出 7 张票）。过去 20 年中发生的预订了而未出现的数量级如下：

4. Crazy Joe 在 Gualala 河上经营独木舟租赁业务。他以每天 10 美元的成本从附近城市的一位经销商处租来 15 条独木舟。周末，当水位高的时候，他把独木舟聚集在河流的出发点，在那儿他把独木舟按每天 30 美元的价格租给漂流者。后来，一些漂流者抱怨租不到独木舟，因此，Crazy Joe 记录下过去 20 天中对独木舟的需求情况，如下表所示：

| 每天的需求 | 10 | 11 | 12 | 13 | 14 | 15 | 16 | 17 | 18 | 19 | 20 |
|---|---|---|---|---|---|---|---|---|---|---|---|
| 频次 | 1 | 1 | 2 | 2 | 2 | 3 | 3 | 2 | 2 | 1 | 1 |

找出 Joe 租赁独木舟的合适数量。

5. 一家为科罗拉多州丹佛市的国际机场和 Steamboat Springs 机场提供服务的航空公司正在考虑采用超额预订以避免座位闲置。例如，售票处正在考虑对只有 6 个座位的飞机预订出 7 张票。在过去的几个月中，预定了机票而未出现的情况如下：

| 未出现人数 | 0 | 1 | 2 | 3 | 4 |
|---|---|---|---|---|---|
| 百分比 | 30 | 25 | 20 | 15 | 10 |

每次航班的运行成本是：飞行员 150 美元，机长 100 美元，燃料 30 美元，着陆费 20 美元。

如果单程票售价为 80 美元，对未实现服务的预订乘客的补偿是：免费空运票价值 50 美元再加上下一航班的一个座位。那么你推荐的超额预订数是多少？根据你选择的超额预订数，每次航班预期利润是多少？

6. 在例 11-2 中（医院急诊室），如果修改后的值班要求如下，决定是否增加护士。

| 日期 | 星期日 | 星期一 | 星期二 | 星期三 | 星期四 | 星期五 | 星期六 |
|---|---|---|---|---|---|---|---|
| 护士 | 3 | 6 | 5 | 6 | 6 | 6 | 5 |

制定一份每周每名护士有两天连续休息日的班次表。用整数线性规划模型描述所需护士的最小数量问题，用 Excel Solver 计算。如果需要的护士数超过目前的 8 名，提出建议采用全职护士的方案。

7. 县长要求警长在夏季对湖区增加巡逻的警力。警长已经提出如下的每周值班安排：

| 日期 | 星期日 | 星期一 | 星期二 | 星期三 | 星期四 | 星期五 | 星期六 |
|------|--------|--------|--------|--------|--------|--------|--------|
| 值班人数 | 6 | 4 | 4 | 4 | 5 | 5 | 6 |

制定出一份每周每名警官有两天连续休息的周值班表。用整数线性规划模型描述所需警官最少的数量问题，并用 Excel Solver 计算。

8. 在例 11-3（Blackjack 航空公司）中，在洛杉矶到拉斯维加斯的航线取得初步成功后，对 Blackjack 航空公司全额票价的需求平均增加到 75，标准差仍为 15。以往的经验使该公司更好地估计出想要折扣票价的顾客大约为 80%。因此，Blackjack 公司决定把全部票价提高 10 美元。在这种新条件下，Blackjack 公司应该预留多少全额票价座位？

9. 最近由于主要航空公司之间的价格战，使得 Town and Country 公司的业务量大增。Town and Country 在主要的国际机场设有办事处，并且拥有一支包括 60 辆小型车和 30 辆中型车的车队。最近的发展促使管理者重新考虑公司的预订政策。下表是公司有关的租赁数据：

| 车型 | 租赁费（美元） | 折扣价（美元） | 每日需求 | 标准差 |
|------|------|------|------|------|
| 小型 | 30 | 20 | 50 | 15 |
| 中型 | 40 | 30 | 30 | 10 |

每日需求呈正态分布，但是中型车顾客如果租不到中型车通常也不租小型车。至少提前 14 天预订，并且同意在其航班到达 2 小时内提车的顾客，可以享受折扣价。否则将不退订金。当前的预订政策是，为愿意付全额车费的顾客保留 40 辆小型车和 25 辆中型车。

（1）用收益管理来确定为愿意付全额车费顾客保留的最佳小型车和中型车的数量。

（2）如果你已确定出最优预订政策，你考虑扩大车队吗？

## 案例 11-1　　　　河流城市国家银行

河流城市国家银行是一家快速增长的社区银行，已经有十多年的历史了。加里·米勒（Gary Miller）就任银行总裁后，一直努力使银行独立生存下去。他是西南部最年轻的银行总裁，他的能力和激情使得他的个人发展一帆风顺。米勒先生在提升银行的地位和维持高标准的运营方面起到了关键作用。在米勒先生看来，其中的主要原因之一是，顾客是最重要的。他认为，银行的主要目标之一就是更好地服务顾客。在总行大厅，有 1 个商业出纳员和 3 个现金出纳员窗口。大厅的设计允许排长队。此外还有 6 条便捷窗口车道（只 1 条用于商务）和 1 个需下车上前的窗口。因为银行的快速增长，虽然银行在本城中的营业时间最长，但快捷车道和大厅一直十分拥挤。大厅的营业时间为星期一到星期六的上午 9 点到下午 2 点，并且星期五的下午 4 点到 6 点也会营业。快捷窗口星期一至星期五从上午 7 点一直营业到午夜，星期六是从上午 7 点到晚上 7 点。然而，仍有一些老主顾抱怨：他们不喜欢长时间排队等待，同时感到出纳员的态度变得不好。

尽管问题的起因是由于业务量的增长，但这些问题仍使米勒先生感到不安。因此，在他的强烈推荐下，公司董事会最终决定临街建一座远程快捷银行。如图 11-13 所示，这种便捷银行可从两侧进入，每侧有 4 条车道。每侧的第一条车道仅为商业顾客使用，最后一条车道暂不使用。开放时间为星期一至星期六的上午 7 点至晚 7 点。

图 11-13 远程快捷银行的布局

银行聘用全职和非全职出纳员。大厅出纳和早班出纳（早晨 7 点至下午 2 点）考虑用全职员工，而午班（下午 2 点至傍晚 7 点）或晚班（傍晚 7 点至午夜）则考虑用非全职员工。出纳处理正常的银行业务，包括支票兑现、存款、确认存款余额、销售汇票和旅行支票、承兑政府债券等。

目前，过分拥挤的现象大多数已被消除。该银行面临的最大困难是使顾客意识到新设施的开通。6 个月后，出纳员在远程快捷银行听到顾客说："我不知道你们在这儿。从现在开始，我要经常来这儿！"

现在，银行面临的问题不是过分拥挤，而是需求波动。在远程快捷银行增加额外的出纳和快捷车道以前，河流城市国家银行很少遇到这种问题。

从星期一至星期五，在远程快捷银行有 2 个全职或 4 个非全职出纳员工作。星期六的安排也没有问题，因为所有 6 名出纳员循环工作。在发薪日和星期五，远程快捷银行车道上的汽车排到了街上。对金钱和服务的高需求是造成这种困境的主要原因，但不是唯一原因。许多顾客来到银行时并没有做好准备。他们需要一支钢笔或一张存款条，或者他们还没有填写支票或背书。这些造成了出纳员的闲置。还有一些其他问题需要花费时间，如向顾客解释其账户已经透支，工资单在核对，因此不能取现而应存入。另外，通常还有一些试图取工资或兑付个人支票的非顾客的人员。这些人非常固执，当他们发现自己的账户不能取现时，需要花大量时间来解释。平均每项交易花 30 秒的时间，接受存款要 10 秒，而兑付债券需 90 秒，开出旅行支票要花费 3 分钟（后者很少发生）。与高峰期相比，每周剩余的时间就非常清静。总行依然繁忙但不拥挤。另一方面，远程快捷银行的作业非常缓慢。快捷银行总监陈女士记录了远程快捷银行出纳员处理交易的平均数。一个典型月份的情况如表 11-10 所示。

顾客又开始抱怨。在远程快捷银行星期五晚 7 点关门时，出纳员在账务结算时总是把顾客打发走。这些顾客要求米勒先生使银行在星期五至少营业到晚上 9 点。虽然出纳员都反对，但董事会正考虑同意。米勒先生想使顾客满意，但是必须在一定程度上解决这个矛盾。因此他打电话给陈女士，要求她调查此事，并提出一些解决问题的建议。

表 11-10 远程快捷银行典型月份的交易数

| 日期 | 第1周 | | 第2周 | |
|------|------|------|------|------|
| | 早班 | 午班 | 早班 | 午班 |
| 星期一 | — | — | 175 | 133 |
| 星期二 | — | — | 120 | 85 |
| 星期三 | 200 | 195 | 122 | 115 |
| 星期四 | 156 | 113 | 111 | 100 |
| 星期五 | 223[①] | 210 | 236[①] | 225 |
| 星期六 | 142 | 127 | 103 | 98 |

| 日期 | 第3周 | | 第4周 | |
|------|------|------|------|------|
| | 早班 | 午班 | 早班 | 午班 |
| 星期一 | 149 | 120 | 182 | 171 |
| 星期二 | 136 | 77 | 159 | 137 |
| 星期三 | 182 | 186 | 143 | 103 |
| 星期四 | 172 | 152 | 118 | 99 |
| 星期五 | 215[①] | 230 | 206[①] | 197 |
| 星期六 | 147 | 150 | 170 | 156 |

| 日期 | 第5周 | |
|------|------|------|
| | 早班 | 午班 |
| 星期一 | 169 | 111 |
| 星期二 | 112 | 89 |
| 星期三 | 92 | 95 |
| 星期四 | 147 | 163 |
| 星期五 | 259[①] | 298 |

①这几个时间段中，大多数交易发生在上午10点以后。

**问题**

作为陈女士的高级助手，你被委派分析此事并提出解决方案。这不仅是你提薪升职的表现机会，而且是为公司和社会服务的机会。

---

**案例 11-2 Gateway 国际机场[11]**

Gateway 国际机场（GIA）在过去几年中，无论是商业还是一般航空运营都有大幅度的增长（一次运营是指一次着陆或起飞）。由于计划在几个月后推出新的机场商务服务，联邦航空管理局（FAA）决定，由于增加的运营和相关的每小时起降分布的变化，要求对当前空中交通管理控制（ATC）的人员制定一个全新的日程安排。FAA 觉得，GIA 可以雇用更多的 ATC 人员，因为目前的 5 名人员将很可能无法满足预期的需求。在对商业航空公司所提交的下 6 个月各种服务计划进行审核后，FAA 提出了全部运营平均每小时的需求预测（如图 11-14 所示）和一份平均日需求变化的周度预测（如图 11-15 所示）。一位运营经理的助手得到授权，提出了劳动力需求并为 ATC 员工安排工作日程，以便以最小的过剩 ATC 服务能力来维持足够的安全运营水平。

限制条件包括：

（1）每位控制者将按某个班次连续工作 8 小时（午餐休息时间忽略不计），任何班次以一天中某个小时的整点开始

（即所有班次都从某整点开始），并且控制者在重新上班前，至少要休息 16 小时；

（2）每位控制者每周工作 5 天；

（3）每位控制者可以有 2 天连续休息日；

（4）FAA 将监督 GIA 的劳动力需求，以保证总运营与可获控制者的比率在任何时候都不超过 16。

**问题**

1. 假设你是 FAA 的运营经理助理，请运用班次安排技术来分析劳动力要求和休息时间安排。为此，你可假设：

（1）所需的操作员以班次需求为基础（即 8 小时）；

（2）每天只有 3 班，每班没有重叠；

（3）如图 11-14 所示的每小时需求分布每天是不变的，但每小时需求变化水平如图 11-15 所示。

2. 假定取消上述假设（1）和（2），请根据你的基本分析讨论对劳动力需求和休息日安排的潜在影响。换句话说，假定每个 ATC 职位实际有其自己的班次，每个班次间可以重叠，在此基础上讨论一下对每小时需求分析的影响。

3. 你觉得在满足 4 个限制条件时将导致出现较大程度还是较小程度的困难？

4. 你有什么其他建议给运营经理，可使劳动力需求水平和休息时间安排的困难降到最低？

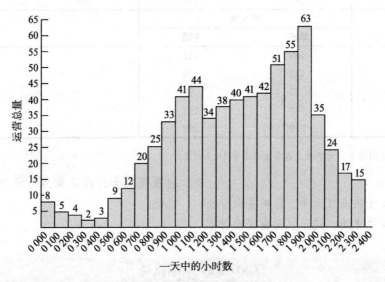

图 11-14　每小时运营的需求

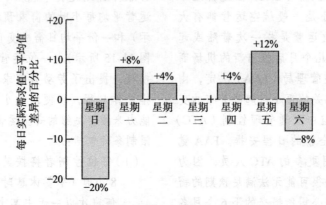

图 11-15　每日需求与平均水平的偏差

## 案例 11-3　　　　　收益管理分析师[12]

2002 年 11 月 10 日早晨，墨西哥休闲市场分析师乔恩·托马斯（Jon Thomas）取消了两架去墨西哥阿卡普尔科（Acapulco）航班上的三百多个"非法"预订出去的座位。这些座位都是以 Uniden 公司的名义，由同一个销售代表预订出去的。乔恩可能会说，销售代表预订出的座位用掉了一些重要的、可获得更多收入的座位，一些座位的往返票价每人可超过 2 000 美元。通过使用具体公司的域名，销售代表利用普通的迷惑手段中止了自动取消和及时购买付款程序，而这些是美洲航空公司（AA）的顾客预订系统 SABRE 对所有个人订票都要求的。乔恩感到这次取消是合理的，因为他以前已经否决了团体订票请求，因而销售代表违反了团体预订的规定。

在乔恩取消 Uniden 公司的预订仅仅 24 小时后，他接到了达拉斯 Fort Worth 地区销售经理帕蒂·戴尔（Patty Dial）非常生气的电话。Uniden 是位于 Fort Worth 的一家公司，每年为其促销旅游，需要 300 个去阿卡普尔科的座位。乔恩每天都面临着接受还是拒绝大团体预订的矛盾，并且他意识到，他的市场判断关系到对每架航班收益的管理。当美洲航空公司重要的企业顾客 Uniden 发现由美洲航空公司销售代表许诺的座位已被取消后，Uniden 公司的事情提交到更高一层的管理部门。考虑到与顾客的关系，乔恩开始与帕蒂商议，重新分配座位。

正常的团体预订程序要求销售代表发给收益管理分析师一条电子信息，要求划出航班上一块座位区。收益管理分析师有权同意请求或否决请求。收益管理分析师使用基于市场活动历史数据的各种决策支持系统来辅助决策。从销售代表的角度看，获得一个顾客团体无疑是一个胜利，因为通过增加销售量可以扩大本地区的市场份额。从收益经理的角度看，一个团体用同一票价占用高峰期飞机座位，这是对可能利用超额需求和市场有限容量来获得最大化收入的机会的浪费。遗憾的是，销售代表可以愚弄 SABRE 系统接受团体预订而无须收益经理的批准。在乔恩的情形中，一位销售代表可以预订少于 10 个座位的座位区，在预订系统中建立一个公司的域名来暂停自动取消程序，制定销售合同，为团体商议优惠价格而不考虑价目表中所列的价格。

销售代表和收益经理间的目标冲突是收益管理分析师最感棘手的一个问题。美洲航空公司的销售代表通过设立每月销售收入和顾客目标来实现逐步增加市场份额的目标。销售代表要维持与大公司和旅行社的关系，完成业务量并对大公司和旅行社采取折扣方式以完成收入目标。美洲航空公司的收益管理分析师试图将飞机利用率（每位乘客带来的收益和承载因子）最大化，以此来提高整个市场的收入。收益管理分析师与最终顾客很少接触，他们使用决策支持系统来处理价格并分配库存。销售代表的目的是刺激销售，而收益管理分析师的目的是使销售最优化。乔恩和帕蒂的情况清楚地表明，收益管理和销售目标直接冲突，有可能导致系统瘫痪。

对于那些面临服务能力和需求不平衡、损耗（即产品必须马上使用）、高固定成本和低可变成本的企业来说，收益管理是一种理想的运营战略。收益管理有助于公司根据产品收益的差异来充分利用有限的生产能力。每天，乔恩都要决定是早早地以低价把飞机座位全部售出，还是为愿付较高票价的顾客保留一些座位。

### 航空业的收益管理

顾客需求在高峰期或其他时期常常超出公司的服务能力，正像乔恩面对的阿卡普尔科市场一样。实际上，航空公司每天都会遇到服务能力和需求暂时不平衡的情况。在乔恩所面临的情况中，只有 Aeromexico、Mexicana 和美洲航空公司有从达拉斯到墨西哥的直飞航班。在淡季，使飞机满员很困难；而在旺季，市场需求又超过服务能力。很清楚，美洲航空公司面临着高固定成本和低变动成本的问题，因为与提供和维护飞机日常服务相比，增加一位乘客对飞行成本来说非常少。最后，一旦飞机起飞，所有空座位不能再售出，这将带来损失。在遇到超额需求和有限服务能力时，收益管理分析师可以"选择"：对每一个航班，什么样的客流量有助于实现总收入的最优化。在一些竞争激烈的市场上，航空公司之间在收益管理水平上的差异是竞争优势的重要来源。

从 11 月中旬到次年 5 月底，乔恩面临的墨西哥休闲市场进入高峰季节，为实施收益管理战略提供了非常好的机会。在这期间，美洲航空公司每天总共有 9 班飞往阿卡普尔科、Cancun 和 Puerto Vallerta 的航班。乔恩不仅进行库存控制，而且负责设定墨西哥飞往世界各地的票价。每个起点到终点，如达拉斯至 Cancun，有 30 种票价。一般来说，所有航空公司都使用差别定价和收益管理以实现收入最大化。通过分层票价体系，收益管理分析师可以使顾客在需求增长期付出更高的价格。乔恩帮助美洲航空公司维护一套分层市场票价系统，该系统考虑了商务乘客和旅游观光者对价格的敏感性和灵活性。若航班的时间、日期、乘客出发地、市场历史需求形态等不同，定价原则和票价也不同。表 11-11 概括了两类顾客群的不同特性。面对损耗、高固定和低变动成本以及暂时的需求不平衡的情况，航空公司既使用需求管理，也使用服务能力管理来使收入最大化。航空公司使用三种收益管理工具来实现收入最大化，并且把"正确票价"的机票销售给"正确"的乘客。这三种工具是"超额预订、折扣分配和客流量管理"。分层价

格体系或差别定价成为促使顾客多付钱的能力或基础[13]。为了用多层价格体系执行差别定价，飞机座位被分成几个不同部分，而不管乘客坐在哪里（除非在商务舱或头等舱）。收益管理分析师对不同部分实行不同票价（例如折扣分配），并且通过超额预订和客流量管理战略来使收入最大化。

**表 11-11 航空公司顾客细分市场的行为**

| 休闲游客 | 商务乘客 |
| --- | --- |
| 价格敏感 | 价格不敏感 |
| 提前预订 | 最后一分钟订票 |
| 灵活的时间、日期 | 不灵活的时间、日期 |
| 长途旅行 | 短途旅行 |
| 随意旅行 | 时间限制旅行 |
| 咨询旅行社 | 经常飞行且知道目的地 |
| 跨周末旅行 | 仅在工作日 |
| 季节性旅行 | 较少有季节性 |
| 忠诚度较低 | 忠诚有赖于常飞计划积分 |

为确保满员，使接受预订的人数超过飞机真正服务能力的做法叫作"超额预订"。采用这种战略的原因是，预期一定数量的预订机票的旅客没来，或在最后一分钟取消预订，或错过转机时间。根据对以往季节性历史数据的整理，可以得出一般情况。超额预订为航空公司增加了大量收入，也为旅行者提供了更大的选择余地：有更多的航班和票价可提供给更多的乘客。在乔恩面对的墨西哥休闲市场，超额预订水平年均为 25%，最高达 50%。超额预订水平在飞机离港前 6 个月一般较高，随着预订数量的增多而慢慢下降。在接近离港前的时期，要限制超额销售，促使人们购买全票。

通过折扣分配与客流量管理可以对舱内不同座位区进行分层价格管理。折扣分配试图把票价高的座位留给商务乘客，因为他们总是愿意付比折扣价高的票价。在乔恩面对的墨西哥市场采用的可容纳 100 名乘客的波音 737 飞机中，有 12 个头等舱座位和 88 个普通舱座位。一般情况下，乔恩对头等舱客人采用 2～3 种不同的票价，对普通舱的客

人采用 25 种不同票价。在面临需求过剩时，美洲航空公司的客流量管理或索引系统会自动对库存的座位区实行不同票价，为愿意付高价的顾客留有更多的座位，为付低价的顾客留较少的座位。客流管理或美洲航空公司的索引系统对长途、付高价的乘客比短途乘客更重视，并且为愿付高价的乘客留有更多座位。根据具体航班的离港时间、每周日期、离港前的天数和离港季节等历史数据，系统对超额预订量和折扣分配量进行不同设定。在美洲航空公司的系统中，要根据需求的波动，每天对每个航班的票价进行调整。乔恩负责重要的系统决策，采用不同的、新的折扣和客流管理策略来提高平均乘客收益和承载因子。具体来说，乔恩要决定对每个顾客群采取什么票价，每种票价有什么限制，在高价票和低价票之间保留多少座位，增加长途、高需求市场购票的机会，对低价票进行库存限制。

SABRE 在飞机离港前 300 天就开始售票。由于历史需求模式具有很大的波动性和不可预测性，像墨西哥休闲市场这样多变的市场，维持收益也具有很大的不确定性。乔恩面对的墨西哥休闲市场特别难以预测，因为频繁而且分散的团体活动会扭曲库存预测、平均需求、超额预订水平、折扣座位分配等决策支持系统。

### 作业

阅读下面收益管理游戏的规则。在做游戏当天，老师将提供乘客数据和一张计分单。

### 收益管理游戏规则

收益管理游戏能够解释超额预订（销售额大于生产能力）和空闲损失（生产能力空闲）间的均衡，以使收入最大化。航空公司能力管理是这一特定游戏的焦点，但是该游戏也适用于所有固定能力的服务企业（如旅馆、游船）。收益管理分析所要解决的问题是如何把座位分配给潜在的旅客，以使每次飞行的收入最大化。这要求对打折的旅客和溢价的旅客进行完美组合，以便订票的旅客恰好坐满整架飞机。收益最大化的目标非常简单（将每个座位都卖给愿意支付尽可能高价格的游客），其面临的最大挑战是不确定性。具体地说，航空产业的历史记录显示：购买打折机票的大多数经济型旅客会提前订票，而愿意支付溢价的商务旅客会等到飞机起飞前才买票登机。航空公司利用旅客的这一行为特征实行价格歧视，根据提前订票期、订票时间、停留时间来区分不同类型的旅客。尽管价格歧视有助于管理其有限能力的资源，这一措施并没有解决卖多少座位给不同类型旅客（即商务型的旅客和经济型的旅客）的问题。

旅客退票、误点、缺席都可能造成座位空缺而损失潜在收入，这使收益管理中的关于如何最大化总收入的分析任务更加复杂。利用打折分配和超额预订战略可以解决这一问题。

打折分配战略是必要的，因为早在飞机起飞很长时间以前，打折的旅客就可能买完所有的机票。但是，很明显，该战略并不能达到收入最大化。因此，收益管理分析必须设法为飞机起飞前最后一刻才到来的溢价需求旅客保留一些座位，这就要求只能为提前订票的经济型旅客分配一定数量的座位。尽管超额预订有助于避免座位空闲，但这也有可能造成超量销售。收益管理分析应设法在超量销售的成本与座位空闲、额外销售收入潜力丧失的成本之间进行权衡。该分析认为，在超量销售的成本与增加一名旅客所带来的额外收入相等时达到最优点。

在该游戏中，你将扮演一家虚拟航空公司的收益管理分析员。基于乘坐该公司航班的旅客的历史订票模式，经济型旅客一般是大群体，他们会在飞机起飞前 100～14 天订票。商务旅客大约会在飞机起飞前的 9 天内订票。该航空公司的其他历史统计资料表明：航运高峰季节的平均误点、缺席、退票率是 20%，每位旅客能为航空公司带来的平均收入是 400 美元。对航空公司来说，超量销售和座位空闲都是有成本的：超量销售的成本是直接费用；座位空闲的成本则是失去潜在收入机会。超量销售的数目越大，售票代理为使旅客离开飞机所需支付的费用就越高。你的目标是使该次航班的收入最大化。

### 游戏中有关的情况

飞机载客量：100 个座位的历史市场信息：平均缺席、误点、退票率：20%

每位旅客能为航空公司带来的平均收入：400 美元

对座位空闲的惩罚：每个空座 200 美元

对超量销售的惩罚：

超量 1 ～ 5： 每位旅客 200 美元

超量 6 ～ 10： 每位旅客 500 美元

超量 10 ～ 15： 每位旅客 800 美元

超量 16 以上： 每位旅客 1 000 美元

### 游戏阶段

该游戏分三个阶段进行，分别与飞机起飞前的三个不同的时间段对应。阶段一是飞机起飞 13 天前的旅客总需求。阶段二是飞机起飞 13 天与起飞当天之间的旅客总需求。市场历史趋势表明：大群体和家庭会在第一阶段订票，而个人和商务旅客会在第二阶段订票。阶段三展示飞机上实际旅客的数目和他们对收入的贡献。

目标：总收入最大。

---

### 案例 11-4　　　　　Sequoia 航空公司

Sequoia 航空公司是一家实力较强的地区性航空公司，服务于加利福尼亚州、内华达州、亚利桑那州及犹他州市场。Sequoia 要与其他规模大得多的航空公司在地区市场上竞争，因而，其管理层认识到价格、起降频率、准时能力、行李托运、航班成员的形象与表现是旅客选择航空服务时考虑的重要因素。

在这些方面，Sequoia 都达到了其预期的目标。过去，保持航班服务小组成员的绩效在期望的水平上是很困难的。而且由于员工短缺，公司不得不要求航班服务员超时工作，结果造成额外的人力成本，以及员工中的一些士气问题。员工短缺的原因之一是，由于有经验的员工被其他公司挖走，造成高于产业平均水平的员工流动率。这并不能完全归因于士气问题，但短缺情况在季节性需求高峰期十分严重，这使得该原因变得相对重要。通过对公司现有的人力资源部门进行访谈，Sequoia 发现与区域内竞争对手竞争（他们的培训计划亦没有很好地开展）要从公司以外雇用大量的员工，提供稍高的直接薪水与极具诱惑的间接福利，并保证在淡季最低数量的飞行时间。

起初，Sequoia 的管理层做出了六个月的雇用决策，并从下一个月（7 月份）开始对航班服务员的培训需求进行分析。对运营计划的调查发现，7 月份需要 14 000 个服务工时，8 月份需要 16 000 个，9 月份 13 000 个，10 月 12 000 个，11 月 18 000 个，12 月 20 000 个。Sequoia 在新员工从事正规的航班服务前，为他们准备了整整一个月的时间开展室内培训计划。初级航班服务人员还有额外的一个月作为试用期。有些员工也会周期性地从一线航班服务转至负责监督新员工的培训。图 11-16 就显示了内部员工流动的关系与百分比。

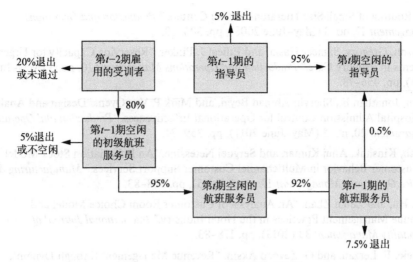

图 11-16　Sequoia 航空公司员工流动

当不存在员工短缺时，每一个初级员工正常情况下平均每月工作 140 个小时，工资收入为 1 050 美元。在培训过程中，每个新员工会得到 750 美元的报酬。有经验的员工平均每月 1 400 美元，工作 125 个小时，而每一个培训指导员每月 1 500 美元。Sequoia 的人性化培训体现在每个指导员指导的员工不得多于 5 个，某月不需要的指导员（多余的）将被用作航班服务员。为了确保航班服务的高质量，Sequoia 要确保每个月初级航班服务员占所有员工（即初级加上有经验的服务员）的比重不超过 25%。

5 月，Sequoia 雇用了 10 名新员工，加入其培训计划之列。本月，该公司又雇用了 10 名员工。6 月初，Sequoia 已经拥有了 120 名有经验的员工与 6 名培训指导员。

令 $T_t$＝第 $t$ 期期初雇用的员工数量，$t$＝1, 2, 3, 4, 5, 6

$J_t$＝第 $t$ 期期初空闲的初级航班服务员数量，$t$＝1, 2, 3, 4, 5, 6

$F_t$＝第 $t$ 期期初空闲的有经验的航班服务员数量，$t$＝1, 2, 3, 4, 5, 6

$I_t$＝第 $t$ 期期初空闲的指导员数量，$t$＝1, 2, 3, 4, 5, 6

$S_t$＝第 $t$ 期期初可转作航班服务员的剩余指导员数量，$t$＝1, 2, 3, 4, 5, 6

**问题**

1. 为了使航班服务员及其培训的总体人力成本最小化，试在预测期（7～12 月）内决定每一个月的月初必须雇用多少名新员工。运用 LP 模型表述问题并解答。

2. 怎样处理非整数解？

3. 讨论如何运用 LP 模型为以后的六个月做出雇用决策。

参考文献

Alderighi, Marco, Marcella Nicolini, and Claudio A. Piga. "Combined Effects of Capacity and Time on Fares: Insights from the Yield Management of a Low-Cost Airline." *Review of Economics and Statistics* 97, no. 4 (2015), pp. 900–15.

Best, T. J., et al. "Managing Hospital Inpatient Bed Capacity Through Partitioning Care into Focused Wings." *Manufacturing & Service Operations Management* 17, no. 2 (2015), pp. 157–76.

Chevalier, Philippe, and Jean-Christophe Van den Schrieck. "Optimizing the Staffing and Routing of Small-Size Hierarchical Call Centers." *Production and Operations Management* 17, no. 3 (May–June 2008), pp. 306–19.

Dobson, Gregory, Sameer Hasia, and Edieal J. Pinker. "Reserving Capacity for Urgent Patients in Primary Care." *Production and Operations Management* 20, no. 3 (May–June 2011), pp. 456–73.

Helm, Jonathan E., Shervin Ahmad Beygi, and Mark P. Van Oyen. "Design and Analysis of Hospital Admission Control for Operational Effectiveness." *Production and Operations Management* 20, no. 3 (May–June 2011), pp. 359–74.

Jerath, Kinshuk, Anuj Kumar, and Serguei Netessine. "An Information Stock Model of Customer Behavior in Multichannel Customer Support Services." *Manufacturing & Service Operations Management* 17, no. 3 (2015), pp. 368–83.

Mei, Hu, and Zehui Zhan. "An Analysis of Customer Room Choice Model and Revenue Management Practices in the Hotel Industry." *International Journal of Hospitality Management* 33 (2013), pp. 178–83.

Ormeic, E. Lerzan, and O. Zeynep Aksin. "Revenue Management through Dynamic Cross Selling in Call Centers." *Production and Operations Management* 19, no. 6 (November–December 2010), pp. 742–56.

Queenan, Carrie Crystal, et al. "A Comparison of Unconstraining Methods to Improve Revenue Management Systems." *Production and Operations Management* 16, no. 6 (November–December 2007), pp. 729–46.

Ramdas, Kamalini, Jonathan Williams, and Marc Lipson. "Can Financial Markets Inform Operational Improvement Efforts? Evidence from the Airline Industry." *Manufacturing & Service Operations Management* 15, no. 3 (2013), pp. 405–22.

Thompson, Gary M. "Labor Scheduling, Part 1: Forecasting Demand." *Cornell Hotel and Restaurant Administration Quarterly* (October 1998), pp. 22–31.

——. "Labor Scheduling, Part 2: Knowing How Many On-Duty Employees to Schedule." *Cornell Hotel and Restaurant Administration Quarterly* (December 1998), pp. 26–37.

——. "Labor Scheduling, Part 3: Developing a Workforce Schedule." *Cornell Hotel and Restaurant Administration Quarterly* (February 1999), pp. 86–96.

——. "Labor Scheduling, Part 4: Controlling Workforce Schedules in Real-Time." *Cornell Hotel and Restaurant Administration Quarterly* (June 1999), pp. 86–96.

——, and Robert J. Kwortnik, Jr. "Pooling Restaurant Reservations to Increase Service Efficiency." *Journal of Service Research* 10, no. 4 (May 2008), pp. 335–46.

Veeraraghavan, Senthil, and Ramnath Vaidyanathan. "Measuring Seat Value in Stadiums and Theaters." *Production and Operations Management* 21, no. 1 (January–February 2012), pp. 49–68.

Xia, Cathy H., and Parijat Dube. "Dynamic Pricing in e-Services under Demand Uncertainty." *Production and Operations Management* 16, no. 6 (November–December 2007), pp. 701–12.

## 注释

1. Frances X. Frei, "Breaking the Trade-Off Between Efficiency and Service," *Harvard Business Review* 84, no. 11 (November 2006), pp. 92–101.
2. E. J. Rising, R. Baron, and B. Averill, "A Systems Analysis of a University Health-Service Outpatient Clinic," *Operations Research* 21, no. 5 (September 1973), pp. 1030–47.
3. J. C. Nautiyal and R. L. Chowdhary, "A Suggested Basis for Pricing Campsites: Demand Estimation in an Ontario Park," *Journal of Leisure Research* 7, no. 2 (1975), pp. 95–107.

4. The *M/M/c* queuing model as described in Chapter 13 is used. This model permits the calculation of probabilities for having a telephone caller wait for different numbers of operators.

5. From V. A. Mabert and A. R. Raedels, "The Detail Scheduling of a Part-Time Work Force: A Case Study of Teller Staffing," *Decision Sciences* 8, no. 1 (January 1977), pp. 109–20.

6. From Sheryl E. Kimes, "Yield Management: A Tool for Capacity-Constrained Service Firms," *Journal of Operations Management* 8, no. 4 (October 1989), pp. 348–63.

7. Lenny Leibmann, "Holiday Inn Maximizes Profitability with a Complex Network Infrastructure," *LAN Magazine* 10, no. 6 (June 1995), p. 123.

8. "On the Road to Rebound," *Information Week,* September 3, 1991, p. 32.

9. Michael Kasavana, "Catering Software: Problems for Off-Premise Bookings Can Greatly Increase Operational Efficiency," *Restaurant Business* 90, no. 13 (September 1, 1991), p. 90.

10. "Travel Advisory: Amtrak Adopts Fare System of Airlines," *The New York Times,* December 4, 1989, Section 3, p. 3.

11. Prepared by James H. Vance under the supervision of Professor James A. Fitzsimmons.

12. Adapted with permission from Kevin Baker and Robert B. Freund, "The Yield Management Analyst," University of Texas at Austin, 1994.

13. Quoted from Barbara Amster, former vice president of the American Airlines Pricing and Yield Management Department.

# 第 **12** 章

# 排队管理

| 学习目标 |

通过本章学习，你应该能够：

1. 举例描述排队经济学。

2. 描述队列是如何形成的。

3. 描述梅斯特两条"服务法则"背后的心理状态。

4. 应用相应的处理战略描述等待的四种属性。

5. 描述排队系统的基本特征。

6. 描述相继到达的间隔时间服从负指数分布与到达率服从泊松分布的关系。

1972 年 6 月 14 日，美利坚合众国银行（芝加哥分行）举办了一次周年销售活动。销售的商品是货币，前 35 位顾客每人可以花 80 美元现金"买到"一张 100 美元的存单。排在后面的顾客也可以享受类似的优惠，但是优惠金额逐渐减少：接下来的 50 位顾客每人可以赚得 10 美元；再往后的 75 位顾客每人可以赚得 4 美元；再往后 100 人，每人 2 美元；再往后 100 人，每人 1 美元。接下来的 100 位顾客，每人可以花 1.60 美元获得一张 2 美元的存单，再后面的 800 人（后来似乎扩至 1 800 人），每人可以赚 0.50 美元。这样一次非比寻常的事件中，预计的等待时间很难预测。但另一方面，我们能很容易对被分配商品的货币价值做出评估。

排在队伍最前面的四兄弟，分别为 16 岁、17 岁、19 岁和 24 岁。因为最快的一个人用了 6 分零 2 秒，所以他们的优先权是有保证的。最小的弟弟卡尔说："我算过了，我们花了 17 个小时赚到 20 美元，大概是每小时赚 1.29 美元。"

另一个兄弟补充说："这要比洗盘子合算得多。"如果他们得到的消息更准确，等待的时间会更短。第 35 位顾客是午夜前后来排队的，等了 9 个小时，她是最后一个赚得 20 美元的顾客，也就是每小时 2.22 美元。她记下了所有排在她前面的人的名字以确保其权利。

她说："我为什么来这儿？你看，这 20 美元相当于我一天的工资。而且我还不必为此缴纳个人所得税。这是一份礼物，不是吗？"[1]

上文的事例证明，排队等候的人们把他们等待的时间看作获得一份"免费"商品的代价。现如今在网上阅读一篇《纽约时报》的文章，先要等上 15 秒的广告时间一点儿都不稀奇。等待的经济意义可以有多种解释，故而其真实成本通常就难以确定。鉴于此，等待的成本与提供服务的成本二者之间的转换几乎不能分辨清楚。尽管如此，提供服务者在制定决策时，必须考虑到顾客在等待过程中生理方面、行为方面和经济方面的因素。

## 12.1　本章概要

我们首先要了解排队是如何形成的，然后从服务提供者和顾客的角度讨论排队的经济价值。我们会发现，对于顾客来说，感知到的等待通常比实际的等待时间更重要，这说明我们应当寻求创新的方式以减少等待的负面影响。最后，我们描述排队系统的基本特征，定义排队术语。

## 12.2　等待经济学

等待在经济意义上的成本应从两个方面考虑。对于公司来说，员工（即内部顾客）的等待成本可以用非生产性的薪酬来衡量；外部顾客的等待成本则是放弃了这段时间可资利用的其他方式。另外，还有厌烦、焦虑和其他心理反应的成本。

在一个竞争激烈的市场中，过长时间的等待，或者即使是预计较长的等待，都会导致失去顾客。当你开车经过加油站，看到油泵前排起的长车队，有多少次你就决定还是不停下加油了吧。为了避免丢失销售额，一种战略是把队伍隐藏起来，使到达的顾客看不见。餐厅采用这种战略的具体做法是，让顾客坐在酒吧里等待桌位，这是一种常常能增加其销售收入的策略。像迪士尼乐园这样的游乐场则要求游客在园外购票，这样他们就看不见园内等待的长队。赌场在顾客等待观看夜总会表演的地方，设置了许多台老虎机让队伍成蛇形，这样既隐藏了队伍的真实长度，又刺激了冲动赌博。

顾客可以被视为一种参与服务过程的潜在资源。例如，候诊的病人会被要求填写一份完整的病史记录，从而节省了医生宝贵的时间（即服务能力）。在候诊的时间里，还可以通过给病人看健康刊物或视频，来教育病人养成良好的健康习惯。又譬如，许多餐厅有很多创意让顾客直接参与服务提供的过程。当你点完菜之后，厨师开始烹制你点的菜，与此同时，侍者会请你去沙拉柜前亲自挑选配制想要的沙拉。

由于顾客的等待可以使有限的服务能力得到更充分的利用，因而可以被视为对生产力的贡献。顾客排队等待接受服务的情况类似于一个制造性企业的在产品存货，服务企业实际上是将顾客作为存货来提高服务过程的整体效率。在服务系统中，服务设施更高效的使用是以顾客的等待为代价的。典型的例子有邮局、诊所和福利部门等公共服务，这些利用率很高的场所总是排着长队。

## 12.3 排队系统

排队是等待一个或多个服务台提供服务的一列顾客，但排队并不一定是一个服务台前面的一列有形的个体，例如一个虚拟的队列也可能是被电话接线员告知"请稍候"的拨打电话者。一般认为服务台就是顾客接受服务的独立场所，传统意义上的排队就是人们排成一队等待服务，就像我们经常在超市的收银台见到的那样，但是排队系统还有其他形式。请考虑下列几种不同情况：

（1）服务台在同一时间可以服务于多个顾客。例如，公共汽车、飞机和电梯这些交通系统都是批量服务的。

（2）顾客不一定需要到达服务设施。在某些系统中，实际上是服务者来到顾客面前。这种排队形式有火警、匪警、急救等城市服务。

（3）服务可能包括一系列排队或由更复杂的排队网络组成的几个阶段。例如，像迪士尼乐园这类游乐场中的幽灵城堡，排队就被分成几个阶段，这样，游客可以分批进入城堡游览，在等待过程中也可以获得消遣（例如，首先是在门外的路上排队，然后是在前厅等候，最后才坐上游览车）。

在任何一个服务系统中，只要目前的服务需求超过了现有的服务能力，排队就会形成。这是因为服务台都已经被占用，到达的顾客不能得到及时的服务。因为顾客到达服务台的时间不同，接受服务所需的时间也不同，所以排队在任何服务系统中都是不可避免的。

等待是每个人生活中的一部分，而且它占用了我们难以置信的大量时间。例如，在平常的一天里，我们需要花时间等上几次红绿灯、等人接电话、吃饭时等饭菜上桌、等电梯、在超市排队等待结账，等等。

人们为机场的登机检查付出了多大的经济成本？
©Digital Vision/Getty Images RF

## 12.4 管理顾客等待的策略

汉堡王快餐店是以供应火烤汉堡和小吃起家的，当然，从顾客角度来说，他们比起小吃更喜欢那里的汉堡。在这种情况下的小吃就是"排进队等"这一种……然后等啊等。在这方面汉堡王并不孤独，因为现如今几乎没有经理考虑顾客等待造成的影响。经营者和顾客都对排队等待服务习以为常了，他们认为这就是生活必不可少的一部分了。但是，鉴于现在的服务业中悄然升起的竞争压力，服务业也开始注意有效地管理队列能否给他们自己的市场带来一个突破口。大卫·H. 梅斯特（David H. Maister）就是第一批研究人类等待领域的学者，研究人类等待领域和管理等待的方法。

### 12.4.1 等待的心理

管理队列的第一条策略，是考虑等待一项服务对人心理的影响，不论是面对面的还是网上的虚拟排队或者是电话排队。既然等待在我们的生活中是如此必然和平常的事情，那我们为什么又为之大伤脑筋呢？梅斯特对这个问题提出了一些有趣的见解。

他提出两条"服务法则"。[2] 法则一是关于顾客的期望及其感知，如果顾客接受的服务比他预期的要好，他就会愉快、满意地离开，并带来扩散效应（即，满意的顾客会告诉他的朋友们这次优质的服务）。但是要注意，这种"涓滴效应"是双向的，一次服务也会以同样的方式落下一个坏名声（顾客会把它当作有趣的笑料绘声绘色地向外传播）。

梅斯特的第二条法则，是很难"使球向上滚"。他的意思是第一印象会影响接下来的服务体验，所以，如果顾客必须要等待一项服务，那么最好使等待的时间变成一段愉快的经历。实现"不可思议的事情"——使等待至少是可容忍的，最好是变得令人愉快而有生产力的，有竞争力的服务管理者必须考虑到等待心理的诸多方面，想出办法抚慰狂躁的等待中的顾客。

### 12.4.2 熟悉的徒劳感

正如"自然界憎恶真空"，人们不喜欢"空洞无聊的时间"。空闲，或者说无所事事，让人感觉很难受，我们无法从事其他有生产力的活动。而且通常排队的姿势也令人很不舒服，无聊的等待让我们感到无能为力，任凭服务者的摆布，而我们似乎觉得他们并不关心我们。更糟糕的是，这种等待似乎将永远持续下去。第二种策略要求以积极的方式填充等待的时间，这对于服务组织显然是一个挑战。要满足这一要求，可能只需要一些舒适的座位，将墙壁涂上鲜亮的色彩，使环境变得令人心情舒畅。等待区的布置能够间接地影响等待的感受，像公共汽车站和火车站里那种固定的长椅不利于人们互相交谈，欧洲路边咖啡店里那样的灯光和可以移动的别致桌椅，会更容易使人们凑到一起聊天。在另一种情形下，当人们拨叫的电话占线时，一段音乐录音就足以填补等待的时间，同时使人们知道电话还未接通。有些公司采用另一种替代方式，让他们回你电话。

或许在文献中最常见的填补空闲的方式就是在电梯旁安装几面镜子。比如说，如果酒店的电梯周围镶嵌着镜子，那么关于等电梯时间太长的抱怨就会减少很多。等电梯的时候，人们可以对着镜子检查一下自己的服饰是否得体，还可以从镜子里偷偷观察其他正在等电梯的人们。

服务企业除了使等待时间令人愉快之外，还可以有效地加以利用。对于打电话占线的人，不是像前文所说的那样播放莫扎特或者别人的音乐，而是播放一些广告节目。但是，这种做法有风险，因为有些人在拨完电话号码后不愿意听到广告。在奥利弗花园餐厅，等待桌位用餐的顾客可以先在入口处稍坐片刻，站在操作间的玻璃窗边观看厨师烹饪菜品，这一情景当然会刺激食欲。在这里无须"使球向上滚"，每位顾客落座时，都会愉快地期待一顿惬意的进餐，而不会不满地嘟哝着："总是要等这么久！"

在诊所中，病人会被要求完成一系列步骤，这种分为几个阶段的服务通过让人们在相继的阶段走来走去，使等待变得不那么引人注意。填充时间的方法有很多，如读物、电视监控器、生活娱乐设施、广告、工艺品、供小孩玩耍的玩具以及咖啡与小点心。这些转移注意力的方法是由管理者的想象力决定的，并期望借此为顾客提供更有效的服务。

### 12.4.3 一只脚踏进门槛

正如前文所述，一些转移注意力的方法只是为了填充时间，以使等待显得不那么漫长，另一些方法还能为服务组织带来某些额外收益。与不满意的顾客相比，满意的顾客会是有利可图的顾客。此外，第三种管理顾客等待的战略是让顾客觉得自己好像并没有在等待。

梅斯特指出"与服务相关的"转移注意力的方法，有把菜单递给等待的顾客，或者把病历表（和纸杯）递给正在等待的病人，这些方法本身"传达的意思是服务已经开始了"。一旦开始接受服务，顾客的焦虑程度就会大大减退。事实上，如果人们感到服务已经开始，那么与服务还没有开始的情况相比，他们通常更能容忍较长时间的等待。另一种观点认为，服务开始后接连的等待比最初的等待更容易使顾客不满。

### 12.4.4 队伍末端的灯

第四个管理顾客等待的战略包括缓解关于要等待多久的焦虑。很多人在服务开始之前就已经开始焦虑。我是不是被忘了？你接到我的订单了吗？队伍似乎没有向前移动，我能排到吗？如果我去一趟洗手间，会不会在轮到我的时候错过？水管工什么时候才来？他到底会不会来？无论这些担心是否合乎逻辑，都是影响等待者的最大因素。

管理者必须识别这些焦虑，并制定相应的战略减轻这些焦虑。有些时候，你只需派一名员工前去，使顾客明白你知道他正在等待。在另一些情况下，告诉顾客他还要等多久，就能够有效地消除其焦虑，使他相信等待会在某一时刻结束。指示牌也可以发挥同样的作用。如果你前往美国得克萨斯州的 Aransas 港，中途堵车了，你会在沿途见到许多指示牌，标明从此处距渡口还需要等几分钟。

再考虑另一种情况，汉堡王的排队管理如何安抚排队的长龙。正如前文所说，这家企业最初用一种"常规的"排队模式，就是让顾客在点单的柜台后面自己按顺序排成一列，服务员准备好单子递给队尾的顾客。

但随之而来的顾客对于安排一列纵队带来的缓慢的不满，使得汉堡王尝试另一种"殷勤的"排队方法，就是沿着柜台均匀地分布许多柜台，顾客从中选择一列（各凭运气）。有的顾客很享受这种选择最佳队列的挑战，有的就很失望，尤其是在他们选错了列的时候。

在这样的安排下，点单的人自己也是安排顺序的人。尽管这种殷勤的排队方法被证明在点餐的高峰时段灵活性很强，但它比传统的排队方式更加需要劳动力。因此，汉堡王做出了另一次改变，这次变成了"多重常规的"队伍，就是前面两种排队方式的结合。餐厅恢复一条队列，但是新的现金结算系统可以允许同时记录六个订单。服务员取代现金结算员为顾客准备好单子，并将他们分配到柜台后面。回归到一条队列保证了公平性，因为顾客们就是以他们到达的顺序接受服务。此外，顾客也有足够的时间选择他们吃什么，就不会放缓点餐过程。

汉堡王对于减少顾客等待时间的关心代表了更快提供服务的趋势。在很多情况下，送货的速度被看作是在市场中很有竞争力的优势。比如说，现在的很多酒店会算好你的账单，在你住最后一晚的时候把它从房间门下面滑进去，这样就实现了退房的"零等待"。

在适当的时候，预约也是用以缩短等待时间的一种策略，但这种方法并非绝对保险。不可预知的事件会介入，或者前一个预约花费的时间比预计的要长。如果过了预约时间还没有得到服务，顾客就会开始着急，不知道自己将等待多久——随之而来的是因等待的"侮辱"而造成的某种程度的恼怒。不过，为拖延做出简单的解释和道歉，通常会重新树立起良好的声誉。

### 12.4.5　对不起，我是下一个

如前所述，不确定的、未做解释的等待会使顾客产生焦虑，有时还会招致不满。但是，当一位顾客看到后来的人比自己更早接受服务时，不知道会等多久的焦虑就会转为因不公平而引起的愤怒。这时，顾客纵然不暴跳如雷，至少也会很恼火，提供服务者则会被当作主谋，成为发泄怒火的对象。于是，第五个管理顾客等待的战略强调了在提供服务过程中的公平问题。

为了避免先到达者先服务的排队规则被破坏，一种简单的办法就是领号。例如，进到点心铺的顾客会领到一个号码，然后等待被叫号。随时公布正在接受服务的号码，这样，新到达的顾客就能够得知自己需要等多久。通过这种简单的方法，管理者可以减轻顾客对于等待长度以及可能被不公平对待的担心。这种方法带来的额外收益是，由于顾客可以在商店中四处闲逛，而无须维护其在队伍中的位置，这就激励了"冲动消费"。不过，这一系统虽然保证了公平性，却不能完全消除顾客的担心，顾客必须对叫号保持警觉，否则就有可能错过他在队伍中的位置。

当有多个服务台时，保证先到达者先服务的另一种简便方法是，只排一条队。银行、邮局和机场的检票口通常采用这种方法。来到这些场合的顾客排到队尾，当有服务台出现空闲时，排在队首的第一位顾客上前接受服务。这时，由于不必担心后来者"跳"到自己的合法位置之前，顾客的焦虑就会有所减轻。[3] 通常，以这种方式"保证"其位置的顾客会比较放松，还会与队伍中的其他人开开玩笑。这种同舟共济式的友谊同样能够填补顾客们无聊的等待时间，并似乎使等待时间变短。排队的结构将在这一章后面详细论述。

然而并不是所有类型的服务都适用这样简单的优先法则。治安服务就是一个例子：正赶去解决"邻居家有一条烦人的狗"这个问题的警员，突然接到举报说"正发生一起抢劫案"，这时，很显然，两起事件的优先顺序就会改变。在这种情况下，调度员可以向第一位打电话的求助者解释，警局对求助电话做出反应的政策是什么，并告诉他何时会有警员上门服务，从而减轻"被狗烦扰"的顾客的焦虑心情。

另外一些服务会优先对待特殊顾客。例如，拉斯维加斯酒店为富豪和巨赌们提供快速登记柜台，机场设有一等舱乘客的检票口。但是要记住，这种特殊的"照顾"会使那些在旁边排着长队、没有得到优待的顾客感到恼怒。管理者应当敏锐察觉其顾客的忧虑，并采取必要的措施，避免顾客产生受歧视的感觉。如前面提到的例子，一种解决办法是将优先服务台设在远离普通服务队列的地方，以此来"隐藏"这种优先对待。

## 12.5　排队系统的基本特征

我们很难处理服务需求的波动，因为服务的生产和消费往往同时发生。通常顾客会在随机的时间和地点到达，并即刻要求得到服务。如果顾客到达的时候服务能力已达到上限，那么他就要在队里耐心等待。变化的到达率和需求的服务时间导致了排队系统的形成（比如，成队的顾客等待接受服务）。排队管理一直是服务行业管理者的一个挑战。

图 12-1 描述了排队系统的基本特征。它们是：①需求群体；②到达过程；③排队结构；④排队规则；⑤服务过程。

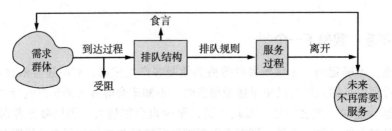

图 12-1　排队系统图解

寻求服务的顾客构成需求群体，顾客到达率由到达过程决定。如果服务台正好空闲，那么顾客就会立即得到服务；反之，如果服务台很繁忙，顾客则需排队等待，而排队有多种不同结构。在这种情况下，若等待的队伍很长，或者队伍移动得很慢，一些顾客就可能不加入队伍，转而到其他地方去寻求服务。还有一些已经排在队伍中的顾客，可能不愿继续等待，从而退出队伍，即在接受服务之前离去。当服务台出现空闲，就会从等待的队伍中挑选一位顾客进行服务，于是，服务又开始了。这种选取顾客的政策就是排队规则。服务机构可能设有一个或多个服务台，也可能没有服务台（即自我服务），或者是包括排成纵列或平行的多个服务台的复杂组合。服务结束之后，顾客离开服务机构。这时，顾客有可能重新加入要求服务的群体，在今后某一时间再来寻求服务，也可能从此消失，不再回来。

接下来，我们将逐一详细讨论排队系统的这五个基本特征。

### 12.5.1　需求群体

需求群体不一定是同质的，它可能包含若干个亚群体。例如，到达一个诊所的顾客可以分为未经预约的病人、预约的病人和急诊病人。每一类病人提出的服务需求都不同，但是更重要的是，每一类病人预期的等待时间有显著差别。

在某些排队系统中，顾客的来源是有限的。例如，办公室有一台复印机，供三名秘书使用。在这种情况下，未来的顾客到达的可能性就取决于正在这一系统中寻求服务的人数。假设第三名秘书也加入了队伍，等待使用复印机，那么未来到达的可能性就是零。但是，除非需求群体非常小，通常都假设需求群体是无限的，或者到达是相互独立的。图 12-2 给出了需求群体的分类。

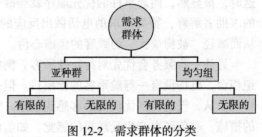

图 12-2　需求群体的分类

## 12.5.2　到达过程

要想对服务系统进行分析，首先必须完整地了解服务需求的时间分布和空间分布。典型的方法是通过记录实际到达次数来搜集数据，这些数据将用来计算到达的间隔时间。许多实证研究表明，到达间隔时间呈指数分布，图 12-3 就是一个典型的指数分布曲线。需要注意的是，起初的频率很高，到右端则变成一条逐渐变细的长长的尾巴。理论上，指数分布的平均值和标准差是相等的（如图 12-3 中，$\mu=2.4$，$\sigma=2.6$），也可以此来分辨指数分布。

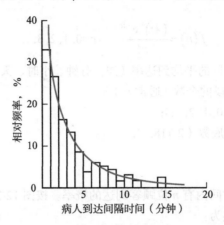

图 12-3　一所大学健康诊所中病人到达间隔时间的分布

资料来源：E. J. Rising, R. Baron, and B. Averill, " A systems Analysis of a University Health-Service Outpatient Clinic. " Reprinted with permission from *Operations Research* 21, no.5, September-October 1973, p.1038, Operations Society of America. No further reproduction permitted without the consent of the copyright owner.

指数分布具有连续性的概率密度函数，其形式为：

$$f(t)=\lambda e^{-\lambda t} \qquad t \geqslant 0 \qquad (12\text{-}1)$$

式中　　$\lambda$ ——定间隔时间内的平均到达率（如分钟、小时、天）；

　　　　$t$ ——到达间隔时间；

　　　　e ——自然对数的底数（2.718...）；

　　　　平均值 $=1/\lambda$；

　　　　方差 $=1/\lambda^2$。

累加的分布函数为：

$$F(t)=1-e^{-\lambda t} \qquad t \geqslant 0 \qquad (12\text{-}2)$$

式（12-2）给出，到达时间间隔的数值为 $t$，或者小于 $t$。$\lambda$ 是到达间隔时间平均值的倒数。因此，在图 12-3 中，间隔时间平均值为 2.4 分钟，这就意味着 $\lambda$ 等于 1/2.4，即每分钟到达次数为 0.416 7（即，平均每小时到达 25 位病人）。将 0.416 7 代入 $\lambda$，图 12-3 中所列数据的指数分布即为：

$$f(t)=0.416\,7e^{-0.416\,7t} \quad t \geqslant 0$$

累积分布为：

$$F(t)=1-e^{-0.416\,7t} \qquad t \geqslant 0$$

这样就可以用式（12-4）求出，如果有一位病人已经到达，那么在未来的 5 分钟内再来一位病人的概率是多少。我们粗略地将 5 代入 $t$，则

$$F(5)=1-e^{-0.416\,7(5)}$$
$$=1-0.124$$
$$=0.876$$

因此，在未来5分钟内再来一位病人的可能性是87.6%。下次你到诊所看病时，可以测试一下。

另一种分布即泊松分布，它与指数分布有着密切的关系。泊松分布是一种离散型的概率函数，其形式为：

$$f(n)=\frac{(\lambda t)^n e^{-\lambda t}}{n!} \qquad n=0,1,2,3,\ldots \qquad （12\text{-}3）$$

式中　$\lambda$ ——一定间隔时间的平均到达率（如，分钟、小时、天）；

　　　$t$ ——观测的时间段的个数（通常 $t=1$ ）；

　　　$n$ ——到达次数（0, 1, 2, ...）；

　　　e ——自然对数的底数（2.718...）；

　　　平均值 $=\lambda t$；

　　　方差 $=\lambda t$。

泊松分布给出了在 $t$ 时间内有 $n$ 位顾客到达的概率。按图12-3给出的数据，代入 $\lambda=25$，到达过程就可以用公式描述为：

$$f(n)=\frac{\left[(25)(1)\right]^n e^{-(25)(1)}}{n!} \qquad n=0,1,2,3,\ldots$$

这样就可以分别求出每小时的时间间隔内有 0, 1, 2, ... 位病人到达诊所的概率。请注意，这里我们把每分钟的到达率 $\lambda=0.416\,7$ 转化为每小时的到达率 $\lambda=25$。将 0 代入 $n$，我们就可以计算出在一小时内没有病人到达诊所的概率：

$$f(0)=\frac{\left[(25)(1)\right]^0 e^{-(25)(1)}}{0!}=e^{-25}=1.4\times10^{-11}$$

这是一个非常小的概率。

图12-4显示了泊松分布（即每小时病人的到达数）与指数分布（即病人到达的间隔时间）之间的关系。正如我们所看到的，它们代表了同一过程的两个方面。因此，到达的时间间隔服从平均值为2.4分钟的指数分布，就相当于每小时到达数服从平均值为25的泊松分布（即60/2.4）。

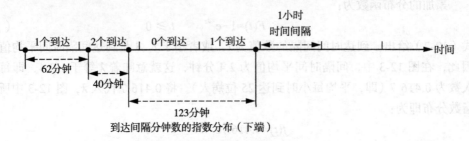

图12-4　泊松分布和指数分布的对应关系

服务需求的数据通常是自动搜集的（例如，通过高速公路上的路网），一段时间内的到达数被这段时间间隔的数字除，就得到单位时间的平均到达率。在单位时间不变的前提下，服务需求率应该是固定不变的（即 λ 是一个常数）；否则，我们接下来就无法考虑服务需求率作为时间的函数潜在的波动情况。下列图形反映了服务需求的这一动态特征，图 12-5 是一天中按小时表示的服务需求的波动情况，图 12-6 是一周中各天波动的情况，图 12-7 是一年中各月的波动情况。图 12-8 则显示了到达过程的分类。

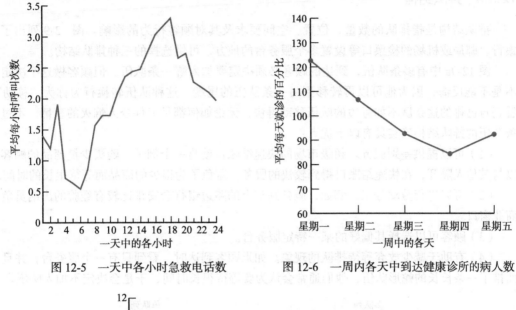

图 12-5　一天中各小时急救电话数　　　图 12-6　一周内各天中到达健康诊所的病人数

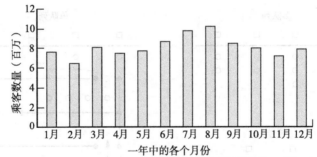

图 12-7　1994 年各月份搭乘国际航班的乘客数

资料来源：http://www.bts.gov/oai/international/table1.txt.

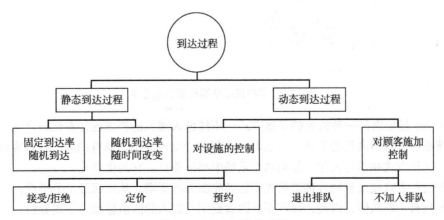

图 12-8　到达过程的分类

我们强调需求的频率是时间的函数，但是需求的空间分布同样会有不同。如城市中的紧急救护车需求，由于需求群体会从居住区暂时转移到工业和商业区上班，所以对于救护车的需求会存在空间上的转移。

### 12.5.3 排队结构

排队结构是指排队的数量、位置、空间要求及其对顾客行为的影响。图12-9列出了在银行、邮局或机场的检票口等设置多个服务台的地方，可供选择的三种排队结构。

图12-9a中有多条队伍，到达的顾客必须决定要加入哪一条队伍。但顾客做这个决定并不是不能反悔，因为他可以再转移到另一条队伍的尾端。这种队伍转换行为称为"移动"。看到自己排的这条队不如旁边的队伍移动得快，无论如何都是一件令人恼火的事情。不过多条队伍的排队结构确实具有以下优点：

（1）可以提供差别服务。超级市场的快速结账口就是一个例子。购买少量商品的顾客可以与其他人隔开，在快速结账口得到较快的服务，避免了为很少的商品而等待很长的时间。

（2）可以进行劳动分工。例如，服务到车上的路边银行会安排比较有经验的出纳员负责商业窗口。

（3）顾客可以选择其偏好的某一特定服务台。

（4）有助于减少放弃等待排队的现象。如果顾客到达时，看到只有一个服务台，并且前面排了一条长长的蛇形队伍，他们通常会认为要等待很长时间，于是会决定不加入队伍。

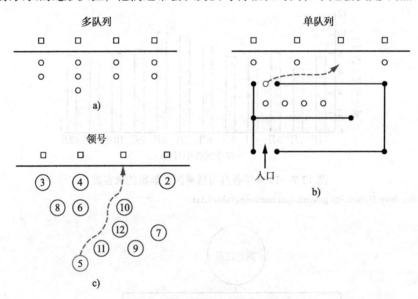

图12-9　等待区排队结构的备选方案

图12-9b描绘出另一种常见的安排方式，用红色天鹅绒的栏索连接在铜柱之间，使到达的顾客排成一条蜿蜒曲折的队伍。一旦有一个服务台出现空闲，队首的第一位顾客就上前接受服务。这种方式在银行大厅、邮局和游乐场中都很常见。它的优点是：

（1）这种方式使所有顾客都遵循先到达者先服务的规则，从而保证了公平性；

（2）只有一条队伍，因此，顾客不会因看到别人加入的队伍移动得快而着急；

（3）只在队伍的尾端有一个入口，这使插队和退出队伍变得困难；

（4）当每位顾客进行交易时，他身后没有人紧邻着他，所以提高了服务的私密性；

（5）由于缩短了顾客排队等待的平均时间，所以这种安排方式的效率比较高。

图 12-9c 显示了单一排队方式的一种变体，即到达的顾客领取一个号码，标明他在队伍中的位置，这样就无须形成一条正式的队伍。顾客可以自由地四处走动，与人聊天，坐在椅子上休息，或者寻找其他的消遣。但是，正如前面提到的那样，顾客必须随时警觉自己的号码被叫到，否则就有可能错过接受服务的机会。面包店巧妙地运用"领号"系统来增加顾客的冲动购物。当顾客领到号码后去浏览那些撩人食欲的糕点时，通常都会多买一些回去，而他们来这里的目的只不过是想买点新鲜的面包而已。

虚拟排队可能是所有排队中最令人焦虑沮丧的，因为你看不到你在队伍中究竟处于什么位置。当一个人打电话想预约一项服务时，他往往不愿意挂断电话，因为那边时不时就会占线。但如果打这通电话也带不来实际的效果，同样也令人沮丧。为了解决这类问题，一些客服中心会每隔一段时间就报告一下客人在队伍中的次序。

如果等待场所无法容纳所有需要服务的顾客，一些人就会离去。这种情况称为"有限的排队"。只有有限个停车位的餐厅都或多或少地遇到过这种情况。公共停车场是一个典型的例子，一旦最后一个车位也被占用，停车场就会摆出"车位已满"的牌子，拒绝此后到达的顾客，直到又有空车位为止。

网上排队在队列结构中扮演了一个新的角色。全美连锁理发店卓越理发支持顾客在它的网站或者应用上预约排队，这样顾客到了之后就可以坐在椅子上开始做造型。但有的不知道网上预约这种方式的顾客会抱怨这些人插队在他们前面（违背了"先到达者先服务"原则）。卓越理发之后就安装了一个监控系统，显示到达顾客的预约顺序，不论是网上预约还是亲自到店，这就有效地缓解了老顾客的焦虑。

最后，隐藏等待队伍也有助于减少顾客不加入队伍的情况。游乐场通常会将游客等待的时间分成几个阶段。首先是在游乐项目的大门外排队，接下来是进门后在前厅等待，最后才是在发车处等待空的游览车绕园观赏。图 12-10 为排队结构的分类。

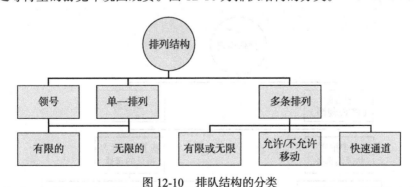

图 12-10　排队结构的分类

### 12.5.4　排队规则

排队规则是由管理者制定的、从排队的顾客中挑选下一个接受服务的政策。最受欢迎的排队规则就是先到达者先服务（FCFS）原则。这种方法对所有顾客均一视同仁，因而对于排队等待服务的顾客来说是公平的。由于这种方法只根据顾客在队伍中的位置来确定下一位接受服务的顾客，除此以外不需要其他信息，因而被视为一种静态的规则。

动态的排队规则基于顾客的某些属性（特征）或等待队伍的状况。比如说，考虑下面这种情况，一位教授的办公室外有很多学生在排队等待，他可能会根据项目时间来决定下一个进办公室的学生（比如上交一篇论文）。这种最短运行时间（SPT）法则的重要特征是，缩短顾客在系统中的平均时间。但是这种规则很少单独使用，否则运行时间长的任务就会不断让位于后到达的但运行时间较短的任务，从而被无限地搁置下去。

另一种更加复杂的动态排队规则是 $c\mu$ 优先法则，其中 $c$ 是线性耽搁成本率，$\mu$ 是单位时间内服务顾客率。这种优先法则能够使得顾客以及服务人员的总收益最大化。此法则按照每位顾客的 $c\mu$ 指数来确定顺序，即高花费且耗费时间短的人会到队伍的前面。而这也体现了SPT法则的缺点，它将耽搁的成本和服务过程时间 $1/\mu$ 结合起来。这种优先法则对于在同一个组织的顾客比较合适，因为 $c$ 值比较容易计算。

通常来说，具有优先权的团体会基于其某种属性来排列到达顺序，而每一层级同样服从"先到达者先服务"的原则。举个例子，超市的特快柜台一般会进行 10 个或更多的结算。这让大型商场可以分割顾客群体，从而和其他提供快捷服务的便利店进行竞争。

在医疗中，用一种名为"优先分配"的过程来给最需要紧急治疗的人以优先权。最具动态响应性的排队规则是最高优先权法则。根据最高优先权法则，一项正在进行的服务会被中断，先为刚刚到达的、但具有最高优先权的顾客提供服务。例如，火警或救护车等紧急服务通常采用这种规则。一辆救护车正在运送一般性转院的病人，当突然接到一个心脏病突发患者的求救电话时，会立即改变任务的优先顺序。

创新的动态排队规则比静态的排队更具有优势。以牙医使用的多个检查房的循环服务为例。比如说，在病人拔牙前给他服用止痛药，等待药生效时，牙医就去给另一个病人做 X 光检查，这样顾客就在交替的服务与等待之中共同接受一个服务人员的服务。当排队的人数变得很多时，运用 SPT 原则并辅以"先到达者先服务"原则就是比较适合的。但要知道对于多条队伍的情况，当允许插队时，"先到达者先服务"的原则就不能保证了。图 12-11 显示了排队规则的分类。

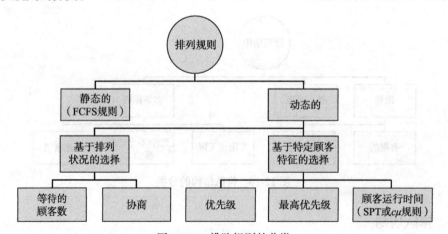

图 12-11　排队规则的分类

一种大多数人都比较熟悉、但是也比较费时费力的排队规则是标准运输化管理（TSA），类似机场的安检过程。为了改良这个令人沮丧又恼火的过程（早在 2012 年，一位顾客为了过安检，完全撕毁了安检带，成了当时轰动美国的新闻）。TSA和美国航空合作开发了"Pre✓™"系统（也被称为"可信旅行者计划"），来加快一些群体的安检。TSA的"Pre✓™"系统是提前安检的措施，可以为在安检处想要优先到达的志愿乘客做风险评估。这些志愿者是海关边境保护局（CBP）"可信旅行者计划"的现有成员，包括全球准入、NEXUS、SENTRL以及合格的空中常客。如果TSA决定一名乘客是有资格参与安检加速的，那么该乘客就可以在航空公司的数据库里输入他的乘客号（KTN），然后登机通道会显示TSA Pre✓™的标志，这样乘客就可以在加速提前安检队中接受安检（有时会比普通的TSA安检队伍快）。提前安检队伍中的乘客就免于拿走他们的鞋子、液体、电脑、夹克和皮带。最新规则允许75岁及以上的乘客穿鞋走过，好像通过普通的安检通道。这真是年老的优势！

最近，TSA因为安检时间过长已经接到了7个严重批评，航空公司和机场尝试了很多种方法来缓解拥堵。一种方法是，2016年夏天德尔塔航空公司和TSA在一些机场共同尝试的5舱装载。在5舱系统中，5名乘客同时在5个分开的舱内，带着自己的随身物品。他们把这些舱按顺序送到X射线传送带上，这样，缓慢移动的乘客不会阻止队伍移动。此外，这些舱在一个看板类的传送带上循环，所以乘客们不用等舱。

管理当局和个人一样必须处理排队带来的挑战。每个人都面临每天通勤去上班、上学或者到其他一个高效的快速交通方式能到达的地方。但是这样的交通是如何高效运转的呢？

美国联邦交通管理局（FTA）持续探索改善交通的方法，包括疏解交通拥堵、进行城市扩张、去市中心化以及缓解空气污染。为了建设公共交通系统，该局运用了一些诸如高承载车道、公交专用道、公路规定出入口以及离线票务等措施。

然而当前科技正在公交服务的高效运作中扮演重要的角色，管理排队，更好地管控交通，类似系统减少了公交服务中由于交通信号灯前过度等待造成的延迟。在一个系统中，一个项目算法、应答器或者其他电子交流器能够在有公交靠近信号灯的时候延长绿灯时间，或是能够使红灯变绿，从而使公交车在经过交通岗时直接通过而不需停下。在这种情况下，公交车司机决定了信号灯的优先权，从而维持公交车的运行时刻。另一种情况下，有自动交通定位（AVL）系统的公交系统会给控制中心发送信号，也就是电脑控制的决定公交车是否按照时刻表运行的中心。如果公交车比时刻表延迟了，那么优先系统会战略性地调整公交路线上的信号灯，从而使得公交能够赶上时刻表，同时为其他司机减少交通拥堵。

另一个可以用在有公交专用道的街道上的措施是给公交一个"插队"的机会，通过增加一个信号灯，让公交车道上的公交车比其他道上的车享有快速通过的优先权。

### 12.5.5 服务过程

影响服务行为的因素包括服务时间的分布、服务台的设置、管理政策和服务提供人员的行为。图12-12的直方图显示了一家诊所的几类服务时间的分布，$\bar{x}=1/\mu$。如图所示，服务时间的分布可能是各种形状的。可以想象，服务时间或许是一个常数，例如自动清洗一辆汽车的时间；然而，当服务非常简便快捷时（如，在快餐店按单配餐、收取过桥费或者在超市的出口结账），服务时间通常服从指数分布（见图12-3）。图12-12c是复诊时间的直方图，其形状就非常接近指数分布。复诊时只需要一些简单的服务，例如，医生会给你开一些药，或者看一下你的化验结果。服务时间的分布反映出顾客需求以及服务行为的差异。

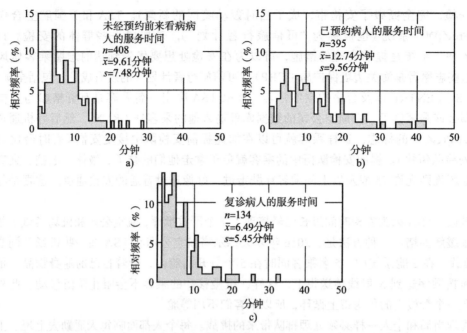

图 12-12　诊所服务时间直方图

表 12-1 列出了几种可行的不同服务设施的安排方法。采用平行式的服务台，管理者可以根据服务需求的差异做出灵活的调整。当服务需求变化时，可以通过打开或关闭服务台来有效地改变服务能力。在银行里，当队伍过长时，就会增开一个出纳员窗口。对员工进行交叉培训也增加了这种灵活性。例如，当超市的结账口排起长队时，一些备货员就会暂时加入收银员的工作中去。平行式服务台的另一个优点是，它能提供备用服务台以防设备出现故障。

表 12-1　服务设施安排

| 服务设施 | 服务台安排 |
| --- | --- |
| 停车场 | • 自我服务 |
| 自助餐厅 | • 纵列式服务台 |
| 收费站 | • 平行式服务台 |
| 超市 | • 第一阶段，自我服务；第二阶段，平行式服务台 |
| 医院 | • 既有纵列式也有平行式，但并非每位病人都会全部使用 |

提供服务者对待顾客的行为方式对于组织的成功至关重要。当等待的队伍很长时，它带来的压力会迫使服务提供者加快速度，花在每位顾客身上的时间因而减少；糟糕的是，这时候服务者的态度会从彬彬有礼、从容不迫变得粗俗无礼、有失常态。加快服务的压力会提高为顾客服务的速度，然而这是以牺牲质量为代价的。只要一位服务者有这样的压力，他的行为就会给系统中的其他服务者带来不利的影响。例如，一位繁忙的电话接线员可能还没来得及仔细甄别某个呼叫电话是否为紧急事件，就为之调度了一辆警车；实际上在这种情况下，接线员本应该比平时用更多的时间来甄别，以确保有限的警车资源被投入最重要的事件中。图 12-13 列出了服务过程的分类。

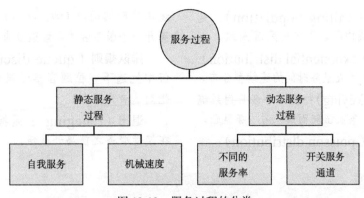

图 12-13　服务过程的分类

## ⊙ 服务标杆

### 队伍中等待 5 分钟久于高负荷工作 5 分钟

排队等待中时间过得很慢，这是不变的规律。迪士尼主题公园正在竭力规避并减少它的发生。

迪士尼设立了"快速通道"系统，这是一个能够让顾客几乎不用等待便可通行的计算机票务系统。要获得"快速通过"，顾客需将入场券塞进十字转门，十字转门中的计算机为顾客提供一张指定一小时时间的门票。当顾客在指定时间内到达时，一般无须等待便可径直进入。顾客可以利用这段可能会浪费在排队上的时间去餐厅、礼品店或人少一些的地方，这样顾客就能在参观过程中享受更多的快乐，同时迪士尼又能赚到更多的钱。快速通道不需要额外的费用，但是申请限制包括在任何给定时间上人数上的限制。

2012 年，迪士尼开始试行快速通道 +，需要顾客在享受假期前预订他们的行程。迪士尼景点的旅客用邮件联系，并给他们机会准备园内一日游快速通道 + 行程单。拥有快速通道 + 的游客将佩戴 RFID 腕带，在他们接近需要预订的景点入口处扫一下通过。

迪士尼还意识到了快速通道的其他未预料到的福利，比如可以将顾客分级，通过用快速通道的预订填补小的空闲时间，并且可以增加他们对未来旅行的期待，这样在需要的时候就可以增加额外的容量。

## 本章小结

要想富于创造性地思考管理服务系统的方法，首先要很好地理解排队现象。正确评价使顾客等待的行为的含义，向我们揭示了感知的等待往往比实际的等待更重要。另外，等待对于服务企业和顾客双方来说都具有经济意义。

排队模型图解指出了排队系统的基本特征：需求群体、到达过程、排队结构、排队规则和服务过程。对每一项特征的深刻理解都将有助于我们更好地理解排队现象，并提供管理上的选择方案，从而提升服务顾客的能力。

## 关键术语

**不加入队伍（balk）**：是指当顾客到达时，由于看到队伍太长而决定不在这里寻求服务。

**需求群体**（calling population）：是指一个市场区域内寻求服务的顾客来源。

**指数分布**（exponential distribution）：描述到达间隔时间或服务时间的连续型分布。

**移动**（jockeying）：在一个多队列系统中，顾客离开一条队伍转而加入另一条队伍。

**泊松分布**（poisson distribution）：描述单位时间间隔（如，小时）内随机到达或离开一个服务台的离散型分布。

**排队规则**（queue discipline）：从队伍中挑选下一位顾客接受服务的规则（如，先到达者先服务）。

**退出**（reneging）：是指队伍中的顾客在接受服务之前离开队伍。

## 讨论题

1. 为控制服务时间的变量提出一些战略。

2. 提出一些能够减少等待的痛苦的方向。

3. 选择一个良好的和痛苦的等待经历，并从环境美学、维度、等待的人、服务者的态度来对比这两种情况。

4. 提出服务管理者可以影响顾客到达次数的方法。

5. 对于快餐店前越来越长的队伍，店员往往会沿着队伍走到队尾为顾客点餐，这种策略的优势是什么？

## 互动练习

将班级分为几组，每组从文化角度，基于海外旅行准备一个观察等待行为的报告。

## 例题

### 问题陈述

一家快餐店致力于研究顾客到达情况。在忙碌的午餐时间，他们观察到每小时平均有 20 个顾客，服从泊松分布。

a. 如果一名顾客刚刚到达店里，那么 10 分钟内下一名顾客到达的概率是多少？

b. 在 5 分钟的时间内有两名顾客到达的概率是多少？

### 解答

a. 用式（12-2），代入 $\lambda$，即每分钟有 20/60=1/3 名顾客到达，关注点在于下一个 10 分钟的时间间隔。

$$F(t)=1-\mathrm{e}^{-\lambda t}=1-\mathrm{e}^{-\left(\frac{1}{3}\right)(10)}=0.96$$

几乎是确定发生的事件。

b. 用式（12-3），代入 $\lambda$，即每分钟有 20/60=1/3 名顾客到达，关注点在于下一个 5 分钟的时间间隔。

$$f(n)=\frac{(\lambda t)^n \mathrm{e}^{-\lambda t}}{n!}=\frac{\left[\left(\frac{1}{3}\right)(5)\right]^2 \mathrm{e}^{-\left(\frac{1}{3}\right)(5)}}{2!}=0.26$$

## 练习题

1. 你起得很早去买音乐会的门票，但你发现队伍已经排得很长，并且得知平均每隔 15 分钟就会有下一个人到达。

   a. 如果你刚去排队，但又离开去卫生间 5 分钟，你失去现有位置的可能性有多大？

   b. 在你去卫生间的这 5 分钟内，过来排队的人是 0、1、2 的概率分别是多少？

2. 制作一个平均值为 4 的泊松分布直方图，每小时到达数从 0 到 9，这个分布是关于平均值的对称分布吗？

3. 用式（12-2）来表示图 12-3 中关于病人间隔时间的累积指数分布是 0.416 7 位/分钟。分布图显示从 0 到 10 分钟内每一分钟，你的分布上限是多少？

## 案例 12-1　　省钱租车

省钱租车（现为赫兹公司的一部分）开创于西南地区，现在在全美已经有超过470个门店以及全球近600个门店。80%的美国门店都在机场，其余的均在社区。它旗下约75%的车能达到26mpg⊖甚至更多。这家公司的顾客既有旅行者又有生意伙伴。

顾客在服务台接受服务，那里的服务台有一个简单的设计。在"过去"的时候，它只在办公室的数量上有变化，在那里可以更好地接触到顾客。而现在，这些小隔间已经让位于电脑终端，可以进行流水线式的服务。服务数量随着当地市场规模、特定情况下需求层次的变化而变化。在小型市场，省钱租车可能只需要柜台后有三个店员，但在大型市场，在需求量极大的情况下，柜台后可能需要8个店员。通常来说，高峰期反映出机场的航班安排，一个或多个店员只能单独服务于优先安排的顾客，为他们选车或还车。当这种情况存在时，店员可以根据他们选择的地点来为顾客介绍每一种车的特定功能。因为顾客的服务速度是维持省钱租车的竞争优势的重要因素，管理层和服务人员需要非常努力，来保证每一位顾客都不会有不必要的等待。

省钱租车另一个重要的竞争因素是能够迅速周转车辆并尽快准备给下一个顾客。接下来必要的步骤就是将还回来的车弄出去：①确认计程仪读数；②加油并确认油量；③破损检查；④优先级评估；⑤内部清洗；⑥维修评估；⑦维修和登记；⑧外部清洗抛光；⑨再次续油并查看油量；⑩送至顾客手中。

当顾客在任意一个门店还车时，省钱租车的员工会确认计程仪读数，开大概200米到服务中心，确认是否需要加满油箱。在某些情况下，员工可能会将信息记录到手提电脑中，顾客就可以继续做自己的事情，而不

必在办公室里排队。在没有那么流水线化操作的门店，员工会立即将信息转接给其他员工，从而让顾客在里面完成整个支付过程，然后尽快离开。一些门店的技术可以让顾客在停车的地点拿到店内员工开具的收据，而不是进办公室办理完成手续。如果员工发现车内或外部的损坏，可以将情况报告给值班经理，而顾客就必须澄清他的责任，并一直耽搁到问题解决。检查结束后，监管部门会基于现有的、即确定的需求和预定政策（对于步行的顾客），确定顾客的优先地位。优先权高的顾客可以在6小时内提车，其他人享有普通待遇。

在彻底清理车内、喷上有淡淡清香的空气清新剂后，技师会检查车辆维修记录，进行一次试驾，并在表格中记录每一项他认为有必要的维修。省钱租车对于定期的普通维修有固定的政策，例如换油、换过滤器、轮胎矫正及平衡、车辆润滑、更换制冷剂、调整发动机等，需要的时候会进行主要的特殊维护，像刹车维护、传送道维修调整、空调和加热维修等。

通常在省钱租车系统内的车库里有三个并排的槽设置：其中两个通常用来做普通维护，第三个则用来做普通或者特殊维护，其中大约20%的时间用于特殊维护。总的来说，省钱租车的车库有一个五人的技师团队：一个总技师（也就是车库经理）、两个熟练工、两个新手。新手负责所有的普通维修，除了发动机调整需要在槽外修理，白天交替修理中间槽的车辆。熟练工负责所有其他的维修，也交替修理中间槽的车辆。

服务结束之后，他们会将车移出清洗区，这时一个两人团队会清洗、漂洗、擦拭车辆外表以保证良好的外观，因为部分漂洗过程包括蜡液成分，而通常车辆不需要费时的蜡洗。这些完成之后，这辆车的油箱就搞

---

⊖　mpg 的含义是"1加仑的油能跑的英里数"。

定了，可以停在车库里了。

**作业**

基于自身经历以及省钱租车的运营描述，描述排队系统分别在收银台、车库、洗车过程中的五个重要特征。

---

## 案例 12-2　　　　　我的眼将看到你

F 太太提前 15 分钟到达，为了与得克萨斯奥斯汀的眼科 X 医生在下午 1 点半的预约。候诊室空无一人，在她前面的预约都被取消了，但接待员并没有找到她的预约记录。而 F 太太对此事并不知情，满怀期待她不用等很久的预约时间，并坐下开始读她带来的书。候诊室三面有窗，接待员在大门后，墙上装饰着艺术品，接待员的架子上养着藤蔓植物，真是一个令人赏心悦目的候诊室。

下午 1:25，另一个名叫 Jack 的病人到了。F 太太知道他叫 Jack，因为接待员叫了他的名字还开了几个小玩笑。Jack 也坐下了，看起了杂志。

1 点 40 分，一个看起来很不安的女人走了进来，走向接待员。她解释道，自己非常抱歉，错过了下午 1 点的预约，并请求还有没有可能让 X 医生看一下她的情况。接待员很冷漠地回复道："你弄错了，你的预约是 11 点的。"

病人说，"但我记的是下午 1 点啊！"她的不安转为了沮丧。

"反正你弄错了。"

病人请求道："亲爱的，还有没有可能让我进去看一下呢？"

"看情况吧，你先坐下。"

F 太太和她的两个"同伴"等到了 1 点 50。这时 2 号接待员从治疗区的走廊那边进入候诊室。她叫了 Jack。她一边开着玩笑一边领他到后面。F 太太心里想，"是我先到的，但可能他是迟到了，而比我早预约了，"于是又坐回去看书了。5 分钟后，2 号接待员又出现在门口，叫了那个很不安的患者。这时 F 太太坐不住了，走了过去（她等了很久，也熟悉了环境），找到 2 号接待员说，

"我怀疑我是不是被遗忘了，我在这两个人之前到的，但他们俩都排在了我前面。"

2 号接待员粗暴地回复道："我们拿了你的档案，回去坐着等着吧。"

F 太太又一次回到了空无一人的候诊室继续读她的书。2 点 15 分（还是没有病人走出治疗区），2 号接待员终于叫了她，将她带到 1 号房。她用两个仪器为 F 太太初步检查了她的眼睛，这是 X 医生检查的标准操作。之后她又用 1 号房的第三种仪器检查了 F 太太当前的镜片处方。F 太太把镜片递给 2 号接待员，但她只是擦身而过，冷漠地说，"这边。"接下来 F 太太就被带到"散瞳区"，尽管那里并没有人为她滴眼药水开始散瞳。

为了保护散瞳后的眼睛，散瞳区的光线很暗，但也足够让 F 太太继续读书。还是没有其他人坐在这里。2 点 45 分，2 号接待员又说道："这边。"（我们的 2 号接待员真是个话少的人。）然后走向了 3 号检查室。她说，"就在这等着。"留 F 太太一个人在昏暗的散瞳室里等待。

F 太太能听见 X 医生和 Jack 在隔壁检查室里说笑。2 点 55 分，她听见二人道别，Jack 走了出来。F 太太希望 X 医生很快进入她的房间。然而，3 点 15 分了，他还是没有出现。她走了出去，打断了 2 号接待员，也是那个预订的记录人，正在和 3 号接待员聊天。她问道："不好意思，但是我是不是被遗忘了啊？"2 号接待员从同伴那边转过头来，回复道："不是，他还在看其他人，坐下等着吧。"

F 太太没弄懂是什么情况，但还是回去等着了，毕竟，她现在处于一个看不见的问题当中，并不是一个普通的排队。

然而 F 太太对于这种折磨终于失去了耐

心。4点时，F太太怒气冲冲走到前台，跟1到4号接待员控诉她从1点半就开始在这里等，等了两个半小时了，没有一个人告诉她究竟发生了什么，她还要等多久，或者只是她没有被遗忘。她继续说，她不要再等了，她要去找另一个能为她看病的医生。当时在候诊室还坐着几个病人。

此案例的结局是，F太太直接回家了，写了如下一封信函给X医生，告知他她在他的办公室里（没）受到的对待，并说她和她的家人以后要去别家医院看病了。

2005 年 1 月 5 日

XX，医学博士

得克萨斯奥斯汀

亲爱的 X 医生：

我很抱歉，我要把我们预约的眼部护理换到另一个医生那里，同时我也想让你明白我这么做的原因。

现在已经是下午4:22了，我刚刚从我们1点半的预约处回家（尽管并没有看到你）。我预约是因为最近我在塞顿医院做了一个家庭视力测试，我刚刚收到报告，结果不太好。我从散瞳室到检查室3，足足等了两个半小时。在这么长时间里，没有一个员工过来跟我解释为什么要等这么久，也没有人跟我说我没有被遗忘。我后来实在忍不住问了一下我是不是被忘了，你们员工的态度真的很不好（好像是"我竟然敢问出这样

的问题"），然后还是没有解释我为什么等了这么久，也没有告诉我还要等多久，所以，我就离开了。

正如我上面所说，我很抱歉做出这个更改，因为我很尊重你的专业知识，以及这几年里你对我们家人的治疗，但我实在不想再忍受你的员工的态度了。

敬启

F 太太

**问题**

1. 在这一章里，我们提到了梅斯特的第一和第二服务法则，它们与这个案例是如何关联的呢？

2. 在 X 医生的案例中，有哪些好的特点在这个等待过程中能够体现？并列举出你看到的缺点。

3. 你认为 F 太太是不是等待服务中人群的典型？并说明理由。

4. 如果 X 医生很在意这件事，希望 F 太太一家继续在他那里看病，他应该如何给 F 太太回信？请代 X 医生为 F 太太写一封回信。

5. X 医生以后如何避免这样的事件发生？

6. 在服务未能达到顾客要求或期望的情况下，列举出顾客可以建设性做出反应的一些途径。

---

**案例 12-3**　　　　　　**田野研究**

带上板夹和计时器去研究一个实际的等待过程（比如在邮局、快餐店、零售银行）。先写出布局框架，标明排队结构，然后描述等待群体的特征和排队规则备用。至于到达

过程，选取足够多的时间样本，计算到达间隔有几分钟，从而得出到达分布是不是指数分布（或每小时到达数是否服从泊松分布）。收集服务次数样本以查看是否服从指数分布。

**参考文献**

Buell, Ryan W., and Michael I. Norton. "The Labor Illusion: How Operational Transparency Increases Perceived Value." *Management Science* 57 (September 2011), pp. 1564-79.

Cayirli, Tugba, Emre Veral, and Harry Rosen. "Assessment of Patient Classification in Appointment System Design." *Production and Operations Management* 17, no. 3 (May–June 2008), pp. 338-53.

Chambers, Chester, and Panagiotis Kouvelis. "Modeling and Managing the Percentage of Satisfied Customers in Hidden and Revealed Waiting Line Systems." *Production and Operations Management* 15, no. 1 (Spring 2006), pp. 103-16.

Gillam, G., et al. "Line, Line, Everywhere a Line: Cultural Considerations for Waiting-Line Managers." *Business Horizons* 57, no. 4 (2014), pp. 533-39.

Ibrahim, Rouba, and Ward Whitt. "Real-Time Delay Estimation Based on Delay History in Many-Server Service Systems with Time-Varying Arrivals." *Production and Operations Management* 20, no. 5 (September–October 2011), pp. 654-67.

Lakshmi, C., and Sivakumar Appa Iyer. "Application of Queuing Theory in Healthcare: A Literature Review." *Operations Research for Health Care* 2, no. 1 (2013), pp. 25-39.

Perry, Jonathan, et al. "Fastpass: A Centralized Zero-Queue Datacenter Network." *ACM SIGCOMM Computer Communication Review* 44, no. 4 (2014).

Salzaruo, Peter A., Kurt M. Bretthauer, Murray J. Cote, and Kenneth L. Schultz. "The Impact of Variability and Patient Information on Health Care System Performance." *Production and Operations Management* 20, no. 6 (November–December 2011), pp. 848-59.

Voorhees, Clay M., et al. "It Depends: Moderating the Relationships Among Perceived Waiting Time, Anger, and Regret." *Journal of Service Research* 12, no. 2 (November 2009), pp. 138-55.

Whiting, Anita, and Naveen Donthu. "Managing Voice-to-Voice Encounters: Reducing the Agony of Being Put on Hold." *Journal of Service Research* 8, no. 3 (February 2006), pp. 234-44.

Wu, Tim. *The Attention Merchants: The Epic Scramble to Get Inside Our Heads.* New York: Knopf, 2016

Xu, Kuang, and Carri W. Chan. "Using Future Information to Reduce Waiting Times in the Emergency Department via Diversion." *Manufacturing & Service Operations Management* 18.3 (2016): 314-31.

## 注释

1. Yoram Barzel, "A Theory of Rationing by Waiting," *Journal of Law and Economics* 17, no. 1 (April 1974), p. 74.

2. Adapted from David H. Maister, "The Psychology of Waiting Lines." In J. A. Czepiel, M. R. Solomon, and C. F. Surprenant (eds.), *The Service Encounter.* Lexington, Mass.: Lexington Press, 1985, chap. 8, pp. 113-23.

3. For a discussion of slips and skips, see Richard C. Larson, "Perspectives on Queues: Social Justice and the Psychology of Queuing," *Operations Research* 35, no. 6 (November–December 1987), pp. 895-905.

4. http://www.tsa.gov/what-we-do/escreening.shtm.

5. http://www.fta.gov/4390.html.

6. This case, sad to say, is true in its entirety. The names of the physician and his staff have been omitted, not to protect them but because this kind of treatment of patients is so pervasive in the American health care system that it serves no purpose to identify them. We offer the case for two reasons: first, because it is very instructive regarding important material in this chapter, and second, because it points out that customers and providers must work together in our evolving service society. Service providers must be sensitive to the needs of customers and customers must demand and reward good service.

# 第 13 章

# 能力规划与排队模型

|学习目标|

通过本章学习，你应该能够：

1. 了解能力规划的战略作用。
2. 使用 $A/B/C$ 标记法描述一个排队模型。
3. 运用排队模型计算系统绩效指标。
4. 描述排队系统各特征值之间的关系。
5. 运用排队模型和不同的决策准则进行能力规划。

　　能力规划决策包括对提供服务的成本和顾客等待的成本，或者说给顾客造成的不便二者之间的权衡。服务能力的成本由提供服务的服务台的数量决定，而顾客的不便是由等待时间来衡量的。假设等待可以用货币成本来表示，那么，图 13-1 就阐明了这种权衡关系。增加服务能力通常会使等待成本降低而服务成本提高。如果能力规划的衡量标准是公司的总成本，那么最优服务能力应使服务成本与等待成本之和最小。

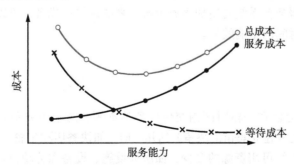

图 13-1　能力规划的经济权衡

施乐公司在推出 9200 型打印系统时，就面临着这一进退两难的微妙境地。[1]公司的服务和维修活动是由每个技术代表向其负责区域内的顾客提供的，但是现有人员的能力无法再保证使公司获得决定性竞争优势的服务水平。降低服务水平意味着顾客将不得不等待，这会使顾客（进而间接地使施乐公司）损失一部分收益。因此，施乐公司做了一项排队分析，以确定解决这一困境的最佳途径。最初的压力主要来自人的因素，如技术代表的自由度降低，顾客感觉到对他们的"个人"关注减少。这些压力使公司开始考虑将服务人员组成一些微型团队，以便向更多的顾客提供更快的服务。

施乐公司的顾客要付出的成本是显而易见的，因为 9200 型打印系统将取代原有打印机中的胶印系统。显然，一台"过时的"施乐打印机就意味着销售收入的减少。施乐公司目前面临的问题是，要确定每一个团队中应当配备几名服务人员。公司运用排队分析得出，每个团队包含三名技术代表时达到最优，即顾客等待成本与施乐公司的服务成本之和最小。

使顾客等待的货币成本通常要比我们举的这个例子难计算得多，有时甚至不可能确定下来。在医院，外科手术小组等待病理师报告的成本可以是小组成员的工资之和加上手术室的成本，但是，一位病人坐在候诊室里等待医生的成本就不那么容易计算了，因为环境会影响顾客对等待的感知。

顾客等待与服务能力二者之间的权衡随处可见。例如，一辆救护车繁忙的时间很少超过 30%，如此低的利用率是为了保证随时应对紧急事件并提供援助的能力。超量的救护车能力是必要的，因为等待这种特殊服务的隐含成本可能以人的生命为高昂代价。但是，我们在邮局中却经常见到等待服务的人们不耐烦地排着长队。我们可以做出判断，这里隐含的等待成本不是十分紧急，也当然不是危及生命的，而且顾客也没有多少选择的余地。这种战略导致的另一种结果是，邮局员工被顾客不断抗议的压力搞得十分狼狈，无法提供最好的服务！

## 13.1 本章概要

本章首先讨论了能力规划对于服务企业的战略作用。对顾客服务需求的控制不足和顾客参与服务过程使能力规划复杂化。但是，服务企业预测在不同能力水平下顾客的等待程度是一项十分必要的工作。本章提供了大量用于预测等待时间的解析排队模型。在运用这些解析模型分析案例时，又推导出大量的公式。只要掌握了最低限度的数据，尤其是平均到达率和平均服务率，就能够利用这些公式计算出某个给定系统的各项特征，如平均顾客等待时间。运用一系列不同的准则，我们就可以通过计算做出能力规划决策，例如确定一个停车场的规模。另外，这些排队模型还有助于解释排队现象。正如施乐公司的例子告诉我们的那样，这些模型可以预测出一个多服务台系统再增加服务台所带来的结果；或者，可以显示出缩小服务时间的差异性对于等待时间的影响效果。

## 13.2 能力规划

本章中的能力是指供应商在一段时间内交付服务的本领。对于服务企业来说，时间水平可以从数十年（如旅游胜地建立宾馆的决策）到几小时（如快餐店在午餐时刻雇用临时工）不等。能力的大小取决于组织可用资源的多少，如服务设施、设备和劳动力。能力规划是一个过程，以确定执行组织的战略业务计划所需资源的类型和数量。战略能力规划的目标是：

通过指定满足预期需求所需设施、设备、劳动力的适当组合来确定服务能力的恰当水平。

由于服务运营的开放系统特征，以及由此导致的不能通过一系列稳定活动来充分利用能力，能力规划对于服务企业来说是一项非常具有挑战性的工作。对服务系统而言，能力的闲置（如正在等待顾客到来以为其提供服务的员工）不可避免。正如第 12 章排队管理所提到的，顾客到达是随机的，每分钟都可能发生变化（如呼叫中心），而且不同的顾客享受服务所花费的时间也不尽相同（如美食店的美餐）。由于服务企业根本不能控制顾客的服务需求，因此，服务企业的能力通常以投入（如宾馆的房间数），而不是以产出（如入住该宾馆的旅客数）来进行测量。

顾客参与服务过程，而顾客拥挤程度又影响着服务体验的质量，这进一步加剧了服务企业进行能力决策的复杂性。近年来，顾客对乘坐飞机旅行的抱怨不断增多，这与航空公司充分利用其客机座位所取得的成功直接相关。例如，很多旅客希望紧靠自己的座位是空闲的，但是另一方面，人们又能在拥挤的迪斯科舞厅找到快乐。

## 能力决策的战略作用

根据所讨论的时间范畴，服务企业的能力决策具有战略重要性。在某个城市建立一座豪华宾馆的决策对于竞争对手来说可能是先发制人的一击，因为旅客的市场需求仅足以维持一座宾馆的运营。这是因为固定设施的能力只有在经济上达到一定规模后才是可行的（如一家有 500 个房间的豪华宾馆和一家有 100 个房间的经济汽车旅馆）。因此，如果一家豪华宾馆只有达到 60% 的平均入住率时才可行，一个有 300 名旅客的市场就仅仅能维持一家宾馆生存。就因为这一点，我们很少能够在同一座中型城市中发现，既有一家丽兹·卡尔顿（Ritz Carlton），又有一家四季酒店（Four Seasons）。

诸如在午餐时刻雇用临时工之类的短期能力需求计划的失败，可能会将顾客白白送给竞争对手，尤其是在顾客能够通过观察排队长度估计预期等待时间并退出排队或望而却步的情况下。

重大的或不可收回的财务投资（如建立一家宾馆）是能力决策与能力不足时的销售损失成本，或者没有达到预期需求时的运营成本损失相均衡的结果。因为实体能力（如设施、设备）以离散的单位累加（如机群中又新添一架客机），将能力与需求进行匹配缺乏效益，而且先于需求进行建造的战略常被用于避免顾客流失。通信服务供应商，如首先为 iPhone 提供支持的美国电话电报公司，深深知道如果能力不足以满足不断增长的顾客需求，那么看似成功的营销活动将招致顾客的怨恨。为了更好地说明这个常见的错误，例 13-1 通过忽略服务运营中既有的排队现象，展示了一种不恰当的规划服务能力的方法。

## ⊙【例 13-1】
### 小甜饼和冰激凌的能力规划——简化方法

一名很有胆识的学生正考虑在某个刚刚开发的餐饮区开一家"小甜饼和冰激凌"商店。通过对午餐时该地的顾客购买情况进行观察，得知潜在的需求高峰是每小时 50 名顾客，平均每名顾客会订购一支圣代冰激凌、6 块现烤的小甜饼和一杯 12 盎司（约合 355 毫升）自助软饮料，并且在餐桌前停留 20 分钟左右。

一台烤箱一次能烤 12 块小甜饼且耗时 10 分钟。一位服务员接受订单、调制一组小甜饼、准备圣代冰激凌、整合一份订单平均需要 6 分钟。为满足预期的需求高峰，通过计算需要多少单位的设施、设备和劳动力来确定能力需求。

**设施需求**是指为容纳用餐者所需的座位数。我们使用本章后面将要讨论的"利特尔法则"（Little's Law）来计算所需座位数。按照利特尔法则，系统中的平均顾客数（$L$）等于顾客到达率（$\lambda$）与顾客平均等待时间（$W$）的乘积，即 $L=\lambda W$。在需求高峰的 1 小时内平均到达 50 名顾客，每名顾客大约停留 20 分钟即 1/3 小时，因此所需的椅子数为：（50）×（20/60）=16.7。

**设备需求**是指所需的小甜饼烤箱数。这可通过在这 1 小时内订购的小甜饼总数除以每个烤箱的生产能力得出（烤一组耗时 10 分钟，因此 1 小时内可重复使用 6 次）。假设不同顾客所订的小甜饼可合并在一起烘烤以充分使用烤箱。

$$所需的小甜饼烤箱数=\frac{(50单/小时)\times(6块/单)}{(12块/个)\times(6个/小时)}=4.17$$

**劳动力需求**是指所需服务员的数目。与设备需求的计算类似，用每小时所需服务员工作总时间的分钟数除以每位服务员每小时可以工作的分钟数（也就是每小时可工作 60 分钟），即可算出所需服务员的人数。

$$所需服务员的人数=\frac{(50单/小时)\times(6分钟/位)}{(60分钟/小时)}=5.0$$

在运用该简化能力规划方法所计算出的结果时，需要谨慎。顾客等待率和服务时间是随机变量，会造成系统能力空闲；而该方法中使用的是其期望值，因此服务系统需要额外的能力。正如我们即将在排队模型中看到的那样，服务能力必须超出顾客到达率才能避免顾客等待的失控。因为上面的能力需求计算基于平均值，结果代表的是一个并不可行的能力需求方案。在排队模型讨论之后，我们将在例 13-6 中，用更为复杂的排队分析来修正小甜饼和冰激凌能力规划。

## 13.3 分析型排队模型

存在许多种不同的排队模型。最常见的是用如下标记法将平行服务台排队模型进行分类，从这些标记法中可识别出 $A/B/C$ 的三个特征：$A$ 代表到达间隔时间的分布，$B$ 代表服务时间的分布，$C$ 代表平行服务台的数目（如超市里的收银台）。用来描述到达与服务时间分布的符号有：

$M$——到达间隔时间或服务时间的指数分布（相当于到达数或服务率的泊松分布）；

$D$——到达间隔时间或服务时间为常数；

$E_k$——形状参数为 $k$ 的爱尔朗分布（Erlang distribution）（如果 $k=1$，则爱尔朗分布等同于指数分布；如果 $k=\infty$，则爱尔朗分布为一常数）；

$G$——具有均值和方差的一般分布（如正态分布、均匀分布或其他经验分布）。

因此，$M/M/1$ 是一个单一服务台的排队模型，其中到达率服从泊松分布，服务时间服从指数分布。这时，可以用 $A/B/C$ 标记法来区分一个排队模型应当属于哪一类。我们还将进一步探讨本模型的特殊形式，例如，由于空间有限使排队长度受到限制（如停车场），或者潜在顾客数量很小（如公司食堂）。根据 $A/B/C$ 标记法所划分的特征，图 13-2 给出了我们将在本章中学习的六类分析型排队模型。在每一个排队模型中（如 $M/M/1$），都有一组用罗马数字编号的公式（如Ⅰ、Ⅱ、Ⅲ）。这些公式还将在附录 D "特定排队模型"中列出，以便快速查询参考。

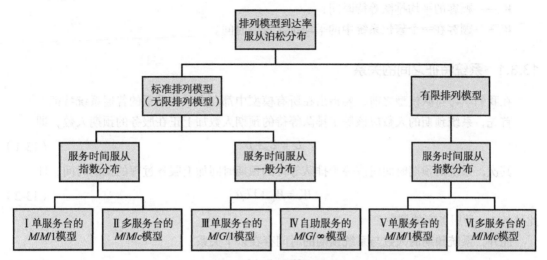

图 13-2 排队模型的分类

最后，我们还将讨论瞬变状态和稳定状态的概念。处于瞬变状态时，系统的运行特征值随着时间的变化而变化；处于稳定状态时，系统特征值不随时间的变化而变化，我们认为此时系统处于统计平衡。由于系统特征依赖于初始状态，因而在运行初期阶段，系统特征值通常是瞬变的。例如，试比较一家百货商店在一个普通营业日开始营业的初始状态和在年底促销日开始营业的初始状态，在后一种情况下，拥挤的顾客会使店员应接不暇。起初，排队的人数会非常庞大，但是经过足够长的一段时间后，系统会最终稳定下来。一旦达到了正常状态，排队人数就会服从于一个独立于初始状态的分布，即达到统计平衡。附录 D 中的所有排队模型公式都假设处于稳定状态。绝大多数服务系统是在动态的环境中运行的，有时到达率每个小时都在变化，因此，稳定状态是很少能够达到的。但是，稳定状态的模型能够为长期能力规划决策提供有用的系统绩效预测。

任何一个排队模型的推导都有其假设前提。解析模型只有在符合这些假设的前提下，才适用于某一特殊环境。如果在某一应用环境中，假设是无效的（如，服从泊松分布的到达率并不适用），那么人们通常可以借助计算机模拟方法来解决（见章末附录"计算机模拟"）。

在决策过程中运用这些排队模型时，会用到在附录 D 中列示的排队模型公式。这些模型中用到的符号及其含义如下：

$n$——系统中的顾客数；

$\lambda$——平均到达率（如每小时到达的顾客数）；

$\mu$——每个繁忙的服务台的平均服务率（如每小时用顾客数表示的服务能力）；

$\rho$——服务强度（$\lambda/\mu$）；

$N$——系统中可容纳的最大顾客数；

$c$——服务台的数目；

$P_n$——系统中恰好有 $n$ 个顾客的概率；

$L_s$——系统中的平均顾客数；

$L_q$——平均排队顾客数;

$L_b$——一个繁忙系统中的平均排队顾客数;

$W_s$——顾客在系统中的平均逗留时间;

$W_q$——顾客的平均排队等待时间;

$W_b$——顾客在一个繁忙系统中的平均排队等待时间。

### 13.3.1 系统特征之间的关系

在我们学习排队模型之前,要指出在所有模型中都存在某些关系的普通系统特征。

首先,系统预期的人数应该等于排队等待的预期人数加上正在服务的预期人数,即

$$L_s = L_q + \rho \tag{13-1}$$

其次,系统的预期时间应该等于排队等待的预期时间加上服务过程的预期时间,即

$$W_s = W_q + 1/\mu \tag{13-2}$$

此处的 $1/\mu$ 是服务率的倒数。

此外,系统预期的人数与系统预期的时间存在以下关系:

$$W_s = L_s/\lambda \tag{13-3}$$

这个关系即是利特尔法则,也可以写成 $L=\lambda W$,这对预期排队人数和预期等待时间很有帮助。[2]

$$W_q = L_q/\lambda \tag{13-4}$$

繁忙系统的特征是基于系统繁忙概率下的条件值,或者 $P(n \geq c)$。因此,对于一个简单的繁忙系统的排队预期人数,是所有系统处于繁忙状态条件下的人数,除以系统繁忙的概率,即

$$L_b = L_q/P(n \geq c) \tag{13-5}$$

同样,对于繁忙系统,预期的排队等待时间是

$$W_b = W_q/P(n \geq c) \tag{13-6}$$

当式(13-1)和式(13-6)应用于有限的排队系统时,$\lambda$ 在计算中必须是有效到达率,对于有限的排队系统,有效到达率是 $\lambda(1-P_N)$。

这些关系式是很有用的,因为对于所有具有普通特征的系统而言,它们之间可以相互推导。这些特性数据来源于实际系统体现出来的数据的搜集或者以此为基础的数据分析(如顾客的平均排队等待时间——$W_q$)。

### 13.3.2 标准 M/M/1 模型

每一个排队模型对各项排队系统特征(即需求群体、到达过程、排队结构、排队规则和服务过程)都规定了具体的假设前提。因此,任何一个排队模型的运用都只有在符合其假设前提时才有效。标准 M/M/1 模型的推导需要对排队系统做如下假设:

(1)需求群体。到达的顾客总数无限或非常大。需求服务的顾客互相独立,并且不受排队系统的影响(如不需要预约);

（2）到达过程。到达间隔时间服从负指数分布，或者到达率服从泊松分布；

（3）排队结构。只有一条等待队伍，对队长无限制，不存在退出队伍或在队伍之间移动的情况；

（4）排队规则。先到达者先服务（FCFS）；

（5）服务过程。只有一个服务台，其服务时间服从负指数分布。

图 13-3 提供了 $M/M/1$ 排队模型的结构示意图，展示了单一服务台，即只有一个顾客接受服务的状况，图中用一个方框中包含一个圆圈表示。泊松平均到达率为 $\lambda$，箭头表示未来将有顾客站在队尾。服务台下有一个箭头用以表示平均服务率 $\mu$。整张图显示在队伍中等待的顾客有 3 个（$L_q$），在系统中的顾客有 4 个（$L_s$）。我们研究单一服务台排队系统公式的应用时，需将这一示意图牢记在心。

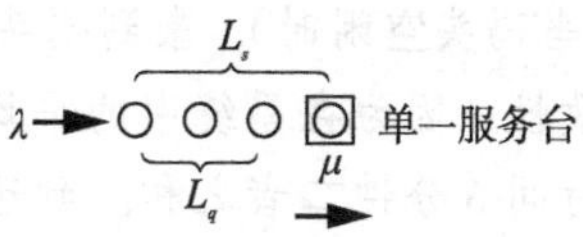

图 13-3 $M/M/1$ 排队模型结构示意图

只需知道平均到达率 $\lambda$ 和每个服务台的平均服务率 $\mu$，就可以利用附录 D 列出的公式计算出系统的绩效特征。这些公式清楚地说明了，为什么在单一服务台模型中平均服务率 $\mu$ 总是要大于平均到达率 $\lambda$（即能力必须超过需求）。如果不是这样，如 $\mu$ 等于 $\lambda$，运行特征的平均值就无法根据定义求出，因为求解平均值的所有公式都是以（$\mu-\lambda$）为分母。理论上来讲，对于无限长的排队情况，系统永远不会达到稳定状态。

## ⊙【例 13-2】

### 船码头

特拉维斯湖岸边有一个船码头，人们从这里把他们的小船拖到娱乐地点去。通过对带小船来到码头的汽车进行调查，我们发现每天早晨到达的游客服从泊松分布，每小时的平均到达率 $\lambda=6$ 条船。再对搜集到的发船时间数据进行测试，证实平均每条船需要花 6 分钟，服从指数分布（相当于每小时服务率 $\mu=10$ 条船）。如果 $M/M/1$ 模型的其他假设都成立（即，无限的需求群体，没有队长限制，不存在退出或移动，先到达者先服务的排队规则），那么我们就可以利用附录 D 的公式（在此也列出）来计算这个系统的特征：

（注：$\rho=\lambda/\mu=6/10=0.6$）

系统繁忙，顾客到达后需等待的概率（即 $k=1$）：

$$P(n \geq k) = \rho^k = \rho^1 = 0.6^1 = 0.6 \tag{I-2}$$

码头空闲的概率是：

$$P_0 = 1 - \rho = 0.4 \tag{I-1}$$

系统中的平均船只数：

$$L_s = \frac{\lambda}{\mu - \lambda} = \frac{6}{10 - 6} = 1.5（条船） \tag{I-4}$$

平均排队船只数：

$$L_q = \frac{\rho\lambda}{\mu - \lambda} = \frac{0.6 \times 6}{10 - 6} = 0.9（条船） \tag{I-5}$$

系统中的平均逗留时间：

$$W_s = \frac{1}{\mu - \lambda} = \frac{1}{10 - 6} = 0.25 小时（15分钟） \tag{I-7}$$

平均排队时间：

$$W_q = \frac{\rho}{\mu - \lambda} = \frac{0.6}{10 - 6} = 0.15 小时（9分钟） \tag{I-8}$$

通过计算我们发现，船码头在60%的时间里都很繁忙。因此，只有在40%的时间里（即当码头空闲时），来到码头的游客可以直接拖船下水而不必等待。这些计算结果具有内在一致性，因为在系统中的平均逗留时间（$W_s$）15分钟是平均排队时间（$W_q$）9分钟与平均服务时间6分钟二者之和。到达码头的游客将会发现，系统中有1.5条船（$L_s$），而预期排队的船只数为0.9条船（$L_q$）。预期的排队船只数加上正在码头发船的船只数就等于预期系统中的船只数。但是，预期正在发船的船只数不是1，而是系统繁忙的概率乘以一个服务台，或者$\rho(1) = 0.6$条船。每发出一条船的过程中的0.6条船加上平均排队的0.9条船，我们就得到预期系统中有1.5条船。

注意，系统中的顾客数$n$是一个随机变量，其概率分布由式（I-3）确定，这个公式在附录D也会列出，在这里用$(1 - \rho)$来代替$P_0$：

$$P_n = (1 - \rho)\rho^n \tag{I-3}$$

系统中的顾客数还可以用来确定系统的状态。例如，当$n=0$时，系统是空闲的；当$n=1$时，服务台处于繁忙期，但没有形成排队；当$n=2$时，服务台处于繁忙期，等待队伍是1个人。$n$的概率分布对于确定等待室的适当规模十分有用。

还以船码头为例，如果要保证每一位来到码头的游客在等待接受服务时能找到地方停车的概率为90%，决定此时需要的停车空间。重复使用系统状态的概率分布，累积$n$值，直至系统状态概率的累积值超过90%为止。表13-1中的计算过程显示，当$n$等于或小于4时，系统状态为92%。这表明应当提供可容纳4辆装有船只的拖车场地，因为在92%的时间里，到达码头的游客会发现已有3个（即4个减去1个正在接受服务）或以下的游客排队等候。

表 13-1 决定所需的停车空间

| $n$ | $P_n$ | $P$（游客数 $\leqslant n$） |
| --- | --- | --- |
| 0 | $(0.4)(0.6)^0 = 0.4$ | 0.4 |
| 1 | $(0.4)(0.6)^1 = 0.24$ | 0.64 |
| 2 | $(0.4)(0.6)^2 = 0.144$ | 0.784 |
| 3 | $(0.4)(0.6)^3 = 0.086\,4$ | 0.870\,4 |
| 4 | $(0.4)(0.6)^4 = 0.051\,84$ | 0.922\,24 |

### 13.3.3 标准 M/M/c 模型

图13-4提供了$M/M/c$排队模型的结构示意图，展示了$c$个服务台并行工作的状况（用"·"表示），每个服务台有一个顾客正在接受服务。泊松分布的平均到达率为$\lambda$，箭头表示未来将有顾客站在队尾。虚线箭头表示队首的顾客会移动至第一个空闲的服务台，服务台下有一个箭头用以表示平均服务率$\mu$，并意味着每一个服务台都一样。此图显示在队伍中等待的顾客有3个（$L_q$），假设

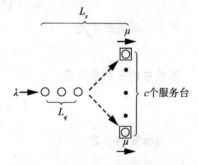

图 13-4 M/M/c 排队模型结构示意图

只有 2 个服务台，系统中有 5 个顾客（$L_s$）。研究单一与多服务台排队系统公式的应用时，需将这一示意图牢记在心。

标准 $M/M/c$ 模型的假设前提同标准 $M/M/1$ 模型一致，除此之外还有一条，即不同服务台的服务率是互相独立并且相等的（即认为所有的服务台都是相同的）。和前面一样，$\rho = \lambda/\mu$；但是，这时平均正接受服务的顾客数 $\rho$ 必须小于服务台的数目 $c$ 才能达到稳定状态。如果将系统利用率指标定义为 $\lambda/c\mu$，那么对于任何稳定状态的系统，利用率指标都在 0 与 1 之间变动。图 13-5 描绘了 $L_s$ 作为利用率指标和平行服务台数目 $c$ 的函数的特征曲线。这些曲线生动地论证了，当试图充分利用服务能力时，会产生过度拥挤的现象。

这一组曲线还说明，当通过增加平行服务台的数目来减少拥挤现象时，系统的收益与增加的服务台数目不成比例。例如，一个单一服务台的系统（$c=1$）利用率指标为 0.8。从图 13-5 中可知，$L_s$ 的值为 4。增加一个完全相同的服务台，就产生了一个双服务台的系统，这时的利用率指标降低了一半，为 0.4。图 13-5 还表明，成倍增加服务台数目会使拥挤现象减少 400%，$L_s \approx 1$。

现在，我们不增加第二个服务台，而是使单一服务台系统的服务率加倍，从而使利用率指标降至 0.4。从图 13-5 中可知，这个超强服务系统的

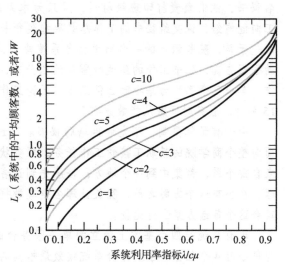

图 13-5　$M/M/c$ 模型中的 $L_s$ 曲线

$L_s \approx 0.67$，但是，减少 $L_s$ 的额外收益是以增加预期排队人数（$L_q$ 从 0.15 增加到 0.27）为代价的，见表 13-2。这并不奇怪，因为一个单一服务台系统必然会使排队等待的人数增多。在服务能力相同的多服务台系统中，由于能使更多的顾客接受服务，所以，排队的顾客数相应减少了。因此，决定使用一个超强服务台还是使用若干个平行服务台实现相同的服务能力，就取决于对预期排队等待时间或预期逗留时间的考虑。

第 11 章中曾提到，设法减少顾客排队时的等待时间通常是可取的，尤其是人们必须排在一条有形的队伍中时更应如此。而且，一旦开始接受服务，顾客对于时间的态度就会改变，因为这时顾客自身是注意力的焦点。不过，在计算机主机开发的早期，大学通常会采用一个中心计算机系统为整个学校服务，因为这时首要的考虑是周转时间（即在系统中逗留的时间）短、计算能力强。

表 13-2　服务能力加倍的结果

| 系统特征 | 单一服务台基准系统 | 双服务台系统 | 单一超强服务台系统 |
| --- | --- | --- | --- |
| $r$ | 0.8 | 0.8 | 0.4 |
| $(\lambda/c\mu)$ [①] | 0.8 | 0.4 | 0.4 |
| $L_s$ | 4.0 | 0.95 | 0.67 |
| $L_q$ | 3.2 | 0.15 | 0.27 |

① 系统利用率。

为了实现服务的规模经济，一种方法是将全部服务能力合并为一个超强服务台；另一种方法是服务集合（pooling services），即将多个独立的服务台集中到一个中心位置，组成一个服务单元。

## ⊙【例 13-3】

### 秘书集合

某个规模较小的商学院有四个系：会计系、金融系、营销系和管理系，每个系都设有一名秘书，他们负责打印班级材料，且只为本系教职工提供服务。但是，院长经常听到教职工向他抱怨，说交给秘书的工作总是要拖延很长时间才能完成，会计系教职工的意见尤为强烈。于是，院长派他的一名助手去各系搜集到达率和服务时间的数据。对数据进行分析后，助手报告说，秘书工作的到达数服从泊松分布，其中会计系的平均到达率 $\lambda$ 为每小时 3 件工作，其余三个系均为每小时 2 件工作。无论工作来自哪个系，完成一件工作的平均时间都是 15 分钟，服务时间服从指数分布。

由于有预算限制，不允许再增聘秘书。不过，院长相信，如果将所有的秘书集中起来，面向整个商学院的教职工接受工作任务，服务状况一定可以得到改善。所有的工作请求不论来自哪个系，都集中到一个地方；按照先到达者先服务的原则，由第一位出现空闲的秘书处理。在公布这个方案之前，院长让那名搜集数据的助手分析一下现有系统的绩效，并与秘书集合这个备选方案进行比较。

现有系统是四个基本上独立的单一服务台的 $M/M/1$ 排队系统，每个系统的服务率 $\mu$ 均为每小时 4 个任务请求。评价系统绩效最恰当的指标应当是教职工预期在系统中的逗留时间或是周转时间。到达率的不同可以解释为什么会计系的教职工尤其为工作拖延而烦恼。利用 $M/M/1$ 模型中的公式 $W_s=1/(\mu-\lambda)$，我们得知，在各系分别设立一个独立秘书的情况下，会计系教职工的平均周转时间 $W_s=1/(4-3)=1.0$（小时），即 60 分钟；而其他系的教职工的平均周转时间 $W_s=1/(4-2)=0.5$（小时），即 30 分钟。

本例中把秘书集合起来的建议实际上形成了一个多服务台、单一排队的系统，或称为 $M/M/4$ 系统。到达率为各个系到达率之和（2+2+2+3），即 $\lambda$ 为每小时 9 个工作请求。

因为 $M/M/c$ 模型的计算过程过于复杂，所以我们通常使用附录 C "$M/M/c$ 排队模型中的 $L_q$ 值" 来求解 $L_q$。在这个问题中，$c=4$，$\rho=9/4=2.25$，我们可以利用插值法求出 $L_q=0.31$，所以，$L_s=L_q+\rho=2.56$。

使用式（13-5）：

$$W_s = \frac{L_s}{\lambda} = \frac{2.56}{9} = 0.28 \text{（小时）（17 分钟）}$$

预期周转时间从 30 分钟（对于会计系教职工来说是 60 分钟）大幅度缩减为 17 分钟，可以想象，这一方案很容易赢得教职工的拥护。

服务集合的优点是更好地利用了空闲的秘书。在各个系中分别设有一个系统的情况下，存在四个独立的队，这就有可能出现某个系的秘书被排起长队的工作压得喘不过气来，另一个系的秘书却无所事事。如果一项正在等待的工作请求被转给空闲的秘书，这项工作就会立即得到处理。等待队伍从 4 条变为 1 条，只要存在等待服务的工作请求，系统就不允许秘书出现空闲，这就避免了利用率低的问题。

正是由于认识到出现拥挤现象的原因是到达率及服务时间的差异性，集合服务资源的做法才会获得成功。从整个系统的角度来看服务过程，一个地方的暂时空闲可以用来缓解另一个地方因为需求突然膨胀或工作十分费时而引起的拥挤现象。另外，可以投入使用却没有使用的服务台空闲意味着损失了服务能力，并会导致用顾客等待来衡量的服务质量的下降。集合的概念不仅适用于不同位置的服务台，在实践中，它还表现为银行和邮局通常让顾客排成一队，而不是分别排在每个营业窗口前。从理论上说，单一队伍会比多条队伍的平均等待时间短，但是，一条长长的队伍可能给顾客造成需要等待很久的感觉。这就是麦当劳不采用这种方式的原因：它担心顾客进门后，看到一条很长的队伍，会因而萌生退意。

如果要将服务资源集中到一个离顾客很远的位置，那么是否采用这种方式就应多加考虑。本例中，评估该方案时，应当把教职工走到服务地点的预期时间计算在预期等待时间内。对于紧急事项的服务来说，通常做法是将服务台分散于整个服务区中，而不是将它们聚集于一个中心位置。救护车服务系统就是一个很好的例子，通过分散的服务台来满足尽量缩减应急反应时间的需要。

### 13.3.4 M/G/1 模型

M/G/1 模型中会用到任何具有均值 $E(t)$ 和方差 $V(t)$ 的服务时间一般分布。$\rho$ 小于 1 的条件仍然适用于稳定状态，这里的 $\rho=\lambda E(t)$。除了服务时间分布的规律外，M/M/1 模型的其他假设均存在。系统状态的概率不能通过公式来确定；不过，附录 D 仍会列出 $L_s$、$L_q$、$W_s$ 和 $W_q$ 的公式。在此重复列出式（Ⅲ-2），因为服务时间方差 $V(t)$ 的表现形式十分有趣：

$$L_q = \frac{\rho^2 + \lambda^2 V(t)}{2(1-\rho)} \qquad (\text{Ⅲ-2})$$

很显然，预期等待接受服务的顾客数与服务时间的差异性有直接关系。这表明，可以通过控制服务时间的差异性来减少顾客等待现象。例如，快餐店成功的一个原因就在于：它利用有限的菜单减少了提供餐饮的差异性，实现了服务的标准化。

回忆指数分布的方差为 $1/\mu^2$。注意，将这个值代入式（Ⅲ-2）中的 $V(t)$，得到 $L_q=\rho^2/(1-\rho)$，它等于标准 M/M/1 模型中的式（Ⅰ-5）。现在，让我们再考虑一下服务时间为常数、方差为零的 M/D/1 模型。根据式（Ⅲ-2），当 $V(t)=0$ 时，$L_q=\rho^2/[2(1-\rho)]$。因此，$L_q$ 所衡量的拥挤现象只是一半，它可以用服务时间的差异性来解释。这意味着系统的另一半拥挤现象是由到达间隔时间的差异性造成的。所以，仅仅通过预约或预订来控制到达的差异性，即可在很大程度上减少拥挤现象。排队系统中的拥挤现象是由服务时间的差异性和到达间隔时间的差异性共同引起的，所以，应当从这两个方面来考虑控制拥挤现象的战略。

### 13.3.5 一般自我服务的 M/G/∞ 模型

如果一个多服务台系统有无限多个服务台或者自我服务的顾客，那么顾客到达后就可以接受服务而无须等待。这恰好解释了使现代超市大受欢迎的理念。至少在购物部分（结账除外），顾客是不需要等待的。处于购物过程中的顾客数目由于到达的随机性和服务时间的差异性而变化，系统中顾客数的概率分布可以通过式（Ⅳ-1）的平均值计算得出，如下所示。

注意，$P_n$ 实际上服从泊松分布，其中的平均值或者说 $L_s$，等于 $\rho$。此外，该模型中的服务时间不必服从指数分布。

$$P_n = \frac{e^{-\rho}}{n!}\rho^n \qquad\qquad (\text{IV-1})$$

式中，$L_s=\rho$。

这一模型还可以用来近似地描述很少发生等待的情况（如救护车服务）。利用系统中的顾客数服从泊松分布这一条件，我们可以计算出确保等待发生的概率非常小所需的服务台数目。

## ⊙【例 13-4】

### 超　市

典型的超市可视为具有一前一后两个排队系统。顾客来到超市后，推起一辆手推车，开始自我服务，即从货架上自由地选购商品。选购过程结束后，顾客加入在多个结款台前面排起的一条队伍（这种新做法可以减少由于多条队伍引起的等待）。收银员清点货款、找零，并把货物装袋；然后，顾客离开超市。

顾客到达的过程服从泊松分布，顾客离开排队系统的过程同样服从泊松分布，这使得我们可以将超市系统视为先后两个独立的系统来对之进行分析：首先是自我服务的选购系统，或者可称为 $M/M/\infty$ 系统；然后（在结款台处）是一个 $M/M/c$ 系统。对顾客行为的观察表明：顾客到达的过程服从泊松分布，到达率为每小时 30 人；顾客完成选购过程平均需要 20 分钟，服从指数分布。之后，顾客加入在三个结款台前面排成的一条队伍等待结款，结款过程平均需要 5 分钟，服从指数分布。

选购过程适用 $M/M/\infty$ 模型，其中 $\rho=30/3$，得出 $L_s=10$，平均有 10 位顾客正在进行选购活动。研究结款系统时，我们可以利用附录 C，已知 $c=3$，$\rho=30/12=2.5$，得出 $L_q=3.5$。结款区域内的平均顾客数为 $L_s=L_q+\rho=6$。二者相加，我们得出在超市中的顾客总数平均为 16 人。每位顾客花在超市的预期时间是 20 分钟选购时间加上 12 分钟结款时间（即 $L_s/\lambda=6/30=0.2$ 小时），共计 32 分钟。

### 13.3.6 有限排队的 $M/M/1$ 模型

有限排队的 $M/M/1$ 模型是对标准 $M/M/1$ 模型的一种调整，即限制系统中允许的顾客数。假设允许的最大顾客数为 $N$；这样一来，如果当一位顾客到达时，系统中已经有 $N$ 位顾客，那么他不会寻求服务而是离开。这类有限排队的例子如电话交换台，如果所有的电话线路都已被占用，此后再拨打该电话的人们就只能听到忙音。除了有限能力这一特征之外，标准 $M/M/1$ 模型的其他假设仍然适用。应当注意的是，这时服务强度 $\rho$ 有可能超过 1。此外，$P_N$ 代表顾客不加入系统的概率，$\lambda P_N$ 为预期损失的顾客数。

这一特殊模型在估算由于等待区域过小或队伍过长造成的销售额损失时十分有用。在例 13-2 船码头的例子中，假设等待区域只能容纳 2 辆拖船；于是，系统中 $N=3$。如下所示，利用附录 D 中的式（V-1）和式（V-3），我们就可以分别计算出当 $N=3$、$\rho=0.6$ 时，系统中有 0、1、2 和 3 位顾客的概率：

$$当 \lambda \neq \mu 时，\quad P_0 = \frac{1-\rho}{1-\rho^{N+1}} \qquad （V-1）$$

$$当 n \leqslant N 时，\quad P_n = P_0 \rho^n \qquad （V-3）$$

| $n$ | 计算公式 | $P_n$ |
|---|---|---|
| 0 | $\frac{1-0.6}{1-0.6^4}(0.6)^0$ | 0.46 |
| 1 | $0.46 \times 0.6^1$ | 0.27 |
| 2 | $0.46 \times 0.6^2$ | 0.17 |
| 3 | $0.46 \times 0.6^3$ | 0.10 |
| | | 1.00 |

请注意，概率分布的和为 1.00，这表明我们已经囊括了所有可能的系统状态。$n=3$ 的系统状态发生的概率为 10%。在到达率为每小时 6 人的情况下，每小时会有 0.6 人（$6 \times 0.10$）由于没有泊船位而到其他地方去停船。如下所示，通过式（V-4），我们可以计算出预期系统中具有的顾客数（$L_s$）为 0.9。这个数字大大小于无限排队模型中的 $L_s$，即 1.5，因为在到达的顾客中，平均只有 90% 的人会得到服务。

$$当 \lambda \neq \mu 时，\quad L_s = \frac{\rho}{1-\rho} - \frac{(N+1)\rho^{N+1}}{1-\rho^{N+1}}$$

$$= \frac{0.6}{1-0.6} - \frac{4 \times 0.6^4}{1-0.6^4} \qquad （V-4）$$

$$= 1.5 - 0.6$$

$$= 0.9$$

### 13.3.7　有限排队的 $M/M/c$ 模型

有限排队的 $M/M/c$ 模型类似于有限排队的 $M/M/1$ 模型，只有一点不同，该系统中的最大顾客数 $N$ 必须大于或等于服务台的数目 $c$。如果系统中的顾客数等于 $N$，或者排队长度为 $N-c$，那么下一个到达的顾客就会被拒绝。除了 $\rho$ 可以大于 $c$ 以外，标准 $M/M/c$ 模型的其他假设均适用于有限排队的 $M/M/c$ 模型。因为超出的顾客会被系统拒绝，所以即使服务能力不能满足总需求（即 $\lambda \geqslant c\mu$ 时），系统也能够达到稳定状态。

该模型一个有趣的变形是无排队情况，它发生在不允许存在顾客等待的时候——因为系统没有提供等待场所。这种情况可视为一个 $N=c$ 的有限排队系统。停车场就是这种无排队情形的一个例证。如果我们把每个停车位都看作一个服务台，那么，当所有的停车位都被占满时，就不存在继续提供服务的可能，因此必须拒绝在这之后到达的顾客。如果停车位的数目为 $c$，那么这个停车场系统就可视为有限排队的 $M/M/c$ 模型的一个无排队变形。

## 13.4　能力规划准则

排队理论指出，从长期来看，服务能力必须大于需求。如果不能满足这个标准，下列调整中至少有一项必然会发生：

（1）等待时间过长会导致一些顾客退出队伍（即，顾客在接受服务之前离开队伍），因此导致需求减少。

（2）如果潜在顾客得知或观察到等待时间过长，他们就会重新考虑自己的服务需求，并因而导致需求减少。

（3）在等待队伍过长的压力下，服务台会加快速度，减少为每一位顾客提供服务的时间，从而增加服务能力。但是，原本从容不迫的态度现在会变得粗鲁无礼。

（4）加快服务速度的持续压力可能导致服务台减少乃至消除那些花费大量时间的服务特征，使服务过程简化到最低限度，从而增加服务能力。

服务能力不足所导致的这些不可控的情况，可以通过合理的能力规划加以避免。

根据不同的评估服务系统绩效的准则，可以有几种不同的能力规划方法。要想确定所需的服务能力水平，如图 13-1 所示，就意味着必须在服务成本与顾客等待成本之间进行权衡和选择。因此，能力分析将利用上述排队模型来预测不同服务水平下的顾客等待。

### 13.4.1　平均顾客等待时间准则

在许多情况下，平均顾客等待时间都被作为能力规划的准则。例如，一位餐馆老板可能希望增加销售收入，因而规定应使顾客平均等待 5 分钟之后才能有桌位进餐。之所以这么规定，是因为表盘通常被分割为 5 分钟一个刻度，排队等待的顾客只有在至少 5 分钟以后才会意识到自己等了多久。同理，在设立路边银行时，也可以使顾客平均等待服务的时间不超过 5 分钟。在这些例子中，都适合采用标准 $M/M/c$ 模型确定服务能力，即服务台的数目，从而保证想要达到的预期顾客等待时间。

## ⊙【例 13-5】

### 路边银行

在去往商业区的路边银行中，每个工作日的中午都存在过度拥挤的问题。银行负责人担心，如果服务状况仍然得不到改善，顾客们有可能会转到其他地方去开设账户。通过调查得知，在中午时段内，顾客的平均到达率为每小时 30 人，服从泊松分布。每一笔银行交易平均需要用 3 分钟，服从指数分布。由于有汽车驶入通道的限制，顾客必须从三条通道中选择一条接受服务。因为通道之间是隔离开的，所以顾客一旦进入了一条通道，就不可能退出队伍或在队伍间移动。假设到达的顾客随机选择通道，我们就可以认为这是三个平行的、互相独立的、单一服务台的排队系统，到达率在三个出纳员之间平均分配。如果银行负责人认可的准则是顾客的平均等待时间不应超过 5 分钟，那么应设立多少个出纳员？因为我们只考虑实际等待的顾客，所以应使用式（I-9）：

$$W_b = \frac{1}{\mu - \lambda} \qquad\qquad (\text{I-9})$$

在现有的三个出纳员的系统中，每个出纳员处的每小时到达数 $\lambda = 30/3 = 10$ 人。因此，$W_b = 1/(20-10) = 0.1$ 小时，即 6 分钟。表 13-3 表明，要满足这一服务准则，还要再增加一名出纳员。

表 13-3　银行出纳员在不同方案下的预期顾客等待时间

| 出纳员数目 | 每个出纳员的 λ | μ | $W_b$（分钟） |
| --- | --- | --- | --- |
| 3 | 10 | 20 | 6 |
| 4 | 7.5 | 20 | 4.8 |

## ⊙【例 13-6】

### 小甜饼和冰激凌的能力规划——排队分析

在例 13-1 的简单能力规划中，我们使用平均值计算出需要 16.7 把椅子、4.17 台烤箱、5 名服务员。我们曾指出这些数据并不充分，因为服务的特征决定了需要拥有超过期望需求的服务能力。假设可接受服务的标准是顾客为每种资源（也就是椅子、烤箱、服务员）而排队等待的时间期望值（以分钟计，也就是 $W_Q=1/60$ 小时）。根据利特尔法则，如果顾客到达率 λ 为每小时 50 名顾客，1 分钟的等待时间将意味着 $L_Q=\lambda W_Q=50/60=0.833$。表 13-4 包含了该排队分析，在附录 C 中找到可能是小甜饼和服务员数的 $L_Q$ 的值（如，$\rho<8$），在确定椅子数时在附录 D 中找到 $M/M/c$ 模型中的公式。

表 13-4　小甜饼和冰激凌的排队分析

| 资源 | μ（个顾客 / 小时） | $\rho=50/\mu$ | $L_Q< 0.833$ 时的需求数 |
| --- | --- | --- | --- |
| 椅子 | $\dfrac{60\text{分钟} / \text{小时}}{20\text{分钟}/\text{个顾客}}=3$ | 16.7 | 22[①] |
| 烤箱 | $\dfrac{(60\text{分钟} / \text{小时})(12\text{块饼干})}{(10\text{分钟}/\text{个顾客})(6\text{块饼干})}=12$ | 4.17 | 6 |
| 服务员 | $\dfrac{60\text{分钟} / \text{小时}}{6\text{分钟}/\text{个顾客}}=10$ | 5.0 | 7 |

① 从附录 D 中由式（Ⅱ-1）、式（Ⅱ-4）、式（Ⅱ-5）可知 $L_Q=0.582$。

正如排队分析所表明的，我们需要比通过简单分析的计算结果更多的资源。如果我们认识到简单分析仅仅确定了 $\rho=\lambda/\mu$ 的值，上述结论不言而喻。但是，欲使排队系统可行，服务台的数目必须超出 $\rho$。

### 13.4.2　等待时间过长的概率准则

对于公共服务来说，由于很难确定等待的经济成本，所以通常只是指定一个服务水平。这个服务水平表述为：使 $P\%$ 或更大比例的顾客等待的时间少于 $T$ 个时间单位。例如，救护车反应时间的一般准则为：95% 的市区呼叫电话应在 10 分钟内做出反应；郊区系统内的呼叫电话反应时间不应超过 30 分钟。公共设施委员会对电话服务也规定了类似的绩效准则。它指出，电话服务的应答水平应为：在 89% 的时间里，来电都能够在 10 秒钟以内得到答复。我们需要用拖延时间的概率分布来确定服务水平，使之能够满足所要求的拖延时间不超过某一个值的概率，拖延时间的概率公式适用标准 $M/M/c$ 模型。在这个例子中，如果不允许有拖延（$T=0$），则利用式（Ⅱ-3）可以求出，使立即得到服务的概率至少为 $P\%$ 时 $c$ 的取值。

## ⊙【例 13-7】

### 自助加油站

一个汽油零售商计划在一块即将进行房地产开发的空地上建一座自助加油站。根据该地区的交通状况，零售商估计平均每小时的需求量为 24 辆车。在其他加油站所做的时间调查证实，一名司机注满油箱、付款、离去的整个自助加油过程平均需要 5 分钟。服务时间服从指数分布，而且历史经验证明，到达率服从泊松分布。零售商相信，富于竞争力的汽油价格和顾客对于快速服务的需求是自助加油站成功的关键。因此，零售商想要建立足够多的加油泵，以保证在 95% 的时间里，都能有空闲的加油泵可供到达的顾客立即使用。我们可以利用式（II-3）计算出 $c$ 取不同的值时顾客等待的概率，结果是需要 6 个油泵，见表 13-5。当 $c=6$

表 13-5 所有加油泵均在使用的概率

| $c$ | $P_0$ | $P(n \geqslant c)$ |
|---|---|---|
| 3 | 0.11 | 0.44 |
| 4 | 0.13 | 0.27 |
| 5 | 0.134 | 0.06 |
| 6 | 0.135 | 0.02 |

时，$P(n \geqslant c)$ 的值为 0.02，从而满足了必须等待的顾客少于总数 5% 的准则。这一结果表明，应该建立 6 个加油泵。

### 13.4.3 顾客等待成本与服务成本之和最小化准则

如果顾客和服务台都是同一个组织中的成员，那么对于组织的有效性而言，提供服务的成本和员工等待接受服务的成本同等重要。员工等待时间的成本至少等于他们的平均工资；而且实际上，如果将等待的所有潜在成本都考虑在内，例如没有完成工作的挫败感或者工作拖延对组织中其他成员造成的影响，那么，这个成本还会高得多。

图 13-1 充分表明当可以通过增加服务台的数目来提高服务能力时，组织决策者必须做出权衡。随着服务台数目的增加，服务成本上升，但是，它可以被等待成本的相应下降而抵消。两项成本相加，即可得到该组织的一条呈凸形的总成本曲线，由此可以确定使总成本最小的最佳服务能力。利用排队模型预测不同能力水平下的员工预期等待时间，将其值代入这里的总成本函数。

假设服务和等待的线性成本函数以及不同方案之间的比较都是以稳定状态下的系统绩效为基础，我们可以计算每单位时间（小时）的总成本，如下：

每小时总成本 = 每小时服务成本 + 每小时等待成本

$$TC = C_s C + C_W \lambda W_s$$
$$= C_s C + C_W L_s \text{（根据利特尔法则）} \tag{13-7}$$

式中    $C$——服务台的数目；

       $C_s$——每个服务台每小时的成本；

       $C_W$——顾客等待的每小时成本。

在式（13-7）中，等待是指在系统中的逗留时间。但是，如果在某些情况下采用排队等待时间更为合理，就应当用 $L_q$ 代替 $L_s$。当服务是自助形式时，例如使用复印机或传真机，采用排队等待时间或许是合理的。

## ⊙【例 13-8】

### 工作站租入

一个规模很大的工程部门的经理正在考虑是否应该租几个工作站，以便使所有员工都能够分析结构设计问题。根据对员工们进行的调查，经理发现该部门平均每小时就结构分析提出 8 个服务请求。据工程师估计，每一项分析平均需要 15 分钟。如果只租用一个工作站来满足所有这些需求，所需的租金是每小时 10 美元。当考虑工程技术人员的平均收入时，保留一名空闲工程师的成本为每小时 30 美元。经过快速粗略分析，经理假定服务请求服从泊松分布，使用工作站的时间服从指数分布。此外，这是一个足够大的工程部门，可视为一个无限需求群体。利用标准 $M/M/c$ 模型，其中 $\rho=8/4=2$，由附录 C 可以计算出 $L_q$，经理得到的结果如表 13-6 所示。

注意，由于工作站是生产性服务设施，所以这些计算公式中都用 $L_q$ 代替 $L_s$。结果表明，若使工作站租金加上等待服务的工程师工资这一总成本最小，应当租 4 个工作站。

表 13-6　工作站租入各备选方案的总成本

| C | $L_q$ | $C_sC$（美元） | $C_wL_q$（美元） | $TC$（美元） |
|---|---|---|---|---|
| 3 | 0.88 | 30 | 26.4 | 56.4 |
| 4 | 0.17 | 40 | 5.1 | 45.1 |
| 5 | 0.04 | 50 | 1.2 | 51.2 |
| 6 | 0.01 | 60 | 0.3 | 60.3 |

如式（13-7）所示，我们假设等待成本是时间的线性函数。但是，这个假设是值得怀疑的，因为随着拖延时间变长，很大一部分顾客会感到不满意、大声抱怨，很多人可能离去。首先，等待的时间越长，顾客就会变得越发不满，他们以后到其他地方寻求服务的概率也就越大；其次，他们会向其朋友和亲属们描述这次不愉快的经历，这也会对未来的销售收入造成影响；最后，相比较而言，一次销售损失是微不足道的，而永远地失去一位顾客所造成的未来收入的损失却是巨大的。然而在实践中，人们还是经常采用线性假设，因为很难确定顾客等待成本函数。

### 13.4.4　由于等待区域过小造成销售损失的概率准则

这一计划准则更多地考虑等待区域的容纳能力，而非提供服务的能力。等待区域过小可能导致潜在顾客退出该系统，转向其他地方寻求服务。尤其在到达的顾客能够看到等待区域的情况下，要经常考虑这个问题，例如餐馆旁的停车场，或者是路边银行的车道。分析这些系统时，应利用有限排队的 $M/M/c$ 模型来估计退出系统的顾客数。

如果系统中允许的顾客数最多为 N 个，那么，$P_N$ 就是一位顾客到达后发现系统中人数已满的概率。因此，$P_N$ 代表了由于等待区域过小造成的销售损失的概率，$\lambda P_N$ 则代表了单位时间内预期销售损失数。现在，我们可以将由于等待区域过小造成销售损失的成本与扩大等待区域可能需要的投资做一比较。

## ⊙【例 13-9】

### 商业区停车场

停车场是一个无排队的多服务台排队系统；也就是说，我们可以把停车场看作一个每个停车位就是一个服务台的服务系统。当车位已满后，接下来到达的顾客就会被拒绝，因为该系统不允许排队。所以，一个停车场就是一个排队能力为零的有限排队系统，因为 $N=c$。

根据这个模型，一位事业心很强的学生注意到，在中央商业区有一块空地可以利用。这个学生从房地产经纪人那里了解到，这块地的主人正打算把它作为一个停车场租赁出去，租金为每天 50 美元。对该地区的交通状况进行一番观察之后，学生发现，在这块空地对面的一家百货商店的车库中，每小时约有 10 辆车找不到停车位。车库管理员反映说，顾客大约会花 1 个小时在百货商店购物。为了计算这一方案的可行性，学生假设到达的顾客服从泊松分布，顾客购物的时间服从指数分布。由于停车场只有 6 个停车位，学生想知道商场会因此失去多少潜在的生意机会。

我们可以把这个停车场看作一个不允许排队的 $M/M/c$ 有限排队系统。所以，用 $M/M/c$ 有限排队系统的公式进行计算时，$c=N$。将 $c=N$ 代入式（VI-1）（VI-2）（VI-4）和（VI-7），可以得到无排队情况下的结果（如 $L_Q=W_Q=0$）。其他公式不适用。

$$P_0 = \frac{1}{\sum_{i=0}^{N} \frac{\rho^i}{i!}} \tag{13-8}$$

$$P_n = \frac{\rho^n}{n!} P_0 \tag{13-9}$$

$$L_s = \rho(1 - P_N) \tag{13-10}$$

$$W_s = \frac{1}{\mu} \tag{13-11}$$

代入 $\lambda=10$、$N=6$、$\mu=1$，利用式（13-8）可以计算出 $P_0=0.000\ 349$，利用式（13-9）可以计算出 $P_6=0.48$。因此，在每小时到达的 10 位顾客中，大约一半的人（$10 \times 0.48 = 4.8$）会发现车位已满。因此，这个拥有 6 个停车位的停车场只能满足大约一半的服务需求。

## ⊙ 服务标杆

### 不要瞎猜，模拟！

模拟不仅仅是用来研究排队系统的计算机模型。的确，模拟对于探索和测试"假设"场景以改进服务运行非常有用。然而，电信巨头美国电话电报公司（AT&T）却以非常不同的方式运用了模拟。

该公司使用 BTS 高度定制的业务模拟，以促进 AT&T 战略执行计划。[3] 该计划的一些目标是加强跨职能和业务单元的协作，解决实际的业务问题，在员工之间建立更强大的网络，并激励公司的员工。这个模拟包括四个团队的员工之间的竞争，他们首先提出并评估各种能力，例如交叉销售和开放 Web 功能，然后探索各种跨业务的计划，最后考虑他们建议的实施及其对员工敬业度和顾客满意度的影响。

美国电话电报公司还将"动手"模拟作为其网络灾难恢复系统的一部分。[4] 在美国、英国和德国的许多地方，雇员们每季度进行一次灾难演习模拟。其中一些模拟涉及恢复操作、无线应急通信、特殊操作（Hazmat 响应）、顾客/机构拓展、事件管理和技术/灾难恢复实现。在实际的模拟演练中，员工组成团队，从不同的仓库部署并组装设备。然后，这些设备被安装在大型拖车中，精确地复制那些被人为灾害或自然灾害破坏的基础设施。在一个人们和企业的日常生活极其依赖于快速信息流的时代，美国电话电报公司为不断提高其应急响应能力而做出的努力尤其重要。

## 本章小结

当解析排队模型的假设条件满足时，它们可以通过预测等待时间的统计数字，帮助服务系统管理者评估可能的行动方案。这些模型还有助于我们理解下述排队现象，如集合、有限排队对已实现需求的影响，增加服务台对等待时间的影响不成比例，通过减少服务时间差异性可以看出控制需求的重要性。采用什么方法进行能力规划取决于使用何种系统绩效准则。另外，由于排队模型可以用来预测系统绩效，所以在分析时十分有用。但是，如果排队模型的假设条件不满足，或者系统过于复杂时，就需要使用计算机模拟模型（见本章附录）。

## 关键术语

**A/B/C 分类法的排队模型**（A/B/C classification of queuing models）：在并行服务的排队系统中，A 代表到达顾客的分布，B 代表服务时间的分布，C 代表在平行服务台排队模型中的服务工作人员人数。

**有限排队**（finite queue）：一个排队人数上的受限队列（例如，一个受限制的停车位数量）。

**稳定状态**（steady state）：当系统的特征分布（如排队顾客数量）与时间无关时，系统达到的稳定状态（例如，系统已经脱离初始的瞬变状态并且达到了统计平衡状态）。

**动态状态（预热期）**（transient state）：是一个系统的运行特征，是依赖于时间的过渡状态。

## 讨论题

1. 讨论如何确定使顾客等待的经济成本。
2. 例 13-1 是一个简单的能力规划实例，但由于利用了平均值而受到批评。回忆第 5 章中提出的"瓶颈"这一概念，分析这一能力规划的其他限制因素。
3. 在一个有限排队系统中，到达率可以超过服务能力。举例说明这为什么可行。
4. 集合服务资源的观念有什么缺点？
5. 讨论如何利用 $M/G/\infty$ 模型来决定服务于一个社区所需的救护车的数量。

## 互动练习

使用计算机上的 Microsoft Office Visio，从 http://www.promodel/products/Process-Simulator/ 下载免费的过程模拟器。在演示面板中选择"Medical Clinic"，并按照说明模拟项目情景。让全班同学通过流程分析来解释为什么"尿检批次 =2"的情景在系统平均时间方面表现最好，而"额外护士"情景的表现却没有超过相同标准的"基线"。

## 例题

### 1. 计算系统特征值

#### 问题陈述

夕阳航空公司准备开展主题为"一张机票，两人旅行"的促销活动，公司正为此而重新考虑其检票程序。目前只有一名检票员负责检查行李和发放登机凭证，每位乘客通过检票口平均需要3分钟。服务时间服从负指数分布，乘客到达数服从泊松分布，在登机期间的预期平均值为每小时15人。

（1）乘客到达后不用等待，可立即接受服务的概率是多少？

#### 解答

这是一个 $M/M/1$ 排队系统，$\lambda=$ 每小时 15 人／小时，$\mu=60/3=20$ 人／小时。利用式（I-1）：

$$P（系统空闲）=P_0=1-\rho$$
$$=1-（15/20）$$
$$=0.25$$

（2）目前航空公司检票口前的空间只够容纳3名顾客，包括正在接受服务的1人。等待区域无法容纳全部等待顾客的时间占多大比例？

#### 解答

利用式（I-2）：

$$P（等待空间不够大）=P（n \geqslant 4）=\rho^4$$
$$=（15/20）^4=0.316$$

因此，在32%的时间里，这个等待区域不够大。

（3）由于预计到需求将会增加，公司决定，当顾客在队伍中的平均等待时间达到17分钟时，就增加一名检票员。在检票口可记录顾客的到达率，请确定每小时的到达率为多少时，就表明需要再增加一名检票员。

#### 解答

令式（I-8）等于 17/60，代入 $\mu=20$，解得 $\lambda$：

$$W_q=\frac{\rho}{\mu-\lambda}=\frac{\lambda}{20}\left[\frac{1}{20-\lambda}\right]=\frac{\lambda}{400-20\lambda}=\frac{17}{60}$$

所以，$\lambda=17$ 人／小时。

### 2. 能力规划

#### 问题陈述

乘客的平均到达率已达到每小时20人，夕阳航空公司必须再增加一名检票员以提高其检票系统的服务能力。根据对乘客进行的调查，乘客认为排队等待的机会成本是每小时15美元。检票员的工资是每小时10美元，每位乘客通过检票口仍需要3分钟。评估下列检票系统方案，确定在哪一种方案下，检票员和乘客排队等待的每小时总成本最小。

（1）考虑一个多排队结构，等待队伍互相独立，不存在乘客在队伍之间移动的情况。假设两个检票口的服务需求相等，这种方案下的小时总成本是多少？

#### 解答

将每条队伍视为一个独立的 $M/M/1$ 排队模型，系统的总成本即为单一队伍成本的 2 倍。利用式（I-5）计算 $L_q$ 的值，代入式（13-7），求出队伍的成本：

$$L_q=\frac{\rho\lambda}{\mu-\lambda}=\frac{10}{20}\left[\frac{10}{20-10}\right]=0.5$$

所以，系统总成本 $=2[10+15\times0.5]=35$ 美元每小时。

（2）考虑增加一台自动检票机（ATM）与第一名检票员一起检票，检票机的服务时间为常数3分钟。假设服务需求平均分布在检票员和检票机两个入口处。如果自动检票机的操作成本可以忽略不计，该方案的每小时总成本是多少？

#### 解答

两条队伍互相独立，一个同上一问一样，是一个 $M/M/1$ 排队模型，$L_q=0.5$；另一个为 $M/D/1$ 排队模型（自动检票机匀速服务）。

首先，令 $V(t)=0$，利用式（III-2）计算自动检票口的队伍的 $L_q$：

$$L_q = \frac{\rho^2 + \lambda^2 V(t)}{2(1-\rho)} = \frac{0.5^2 + 10^2(0)}{2(1-0.5)} = 0.25$$

所以，系统总成本＝检票员成本＋自动检票机成本＝10+15×0.5+0+15×0.25=21.25美元 / 小时。

（3）考虑两名检票员、一条队伍的方案。这种方案的每小时总成本是多少？

**解答**

由附录 C 可知，$c=2$，$\rho=20/20=1$。所以，可查出 $L_q=0.333$，故系统总成本＝10×2+15×0.333=25 美元 / 小时。

## 练习题

1. 一家综合汽车修理行中有一名专门安装消声器的技工。前来寻求服务的顾客平均到达率为每小时 2 人，服从泊松分布。安装一部消声器平均需要 20 分钟，服从负指数分布。

（1）顾客到达修车行时，预期系统中的顾客有多少人？

（2）修车行管理者想当顾客在系统中的平均逗留时间超过 90 分钟时，再增加一名技工。如果业务量继续增加，每小时到达率为多少时，需要再增加一名技工？

2. 一所商学院正在考虑将其原有的复印机更新为运行速度更快的机型。过去的记录表明，学生的平均到达率为每小时 24 人，服从泊松分布，服务时间服从指数分布。复印机选购委员会接到指示，只考虑平均周转时间（即在系统中的预期逗留时间）等于或小于 5 分钟的机型。复印机每小时运行率至少为多少时才会被考虑？

3. 科罗拉多河下游管理局（LCRA）一直在研究曼斯菲尔德水库船码头附近的拥挤问题。每逢周末，到达该码头的船只每小时平均有 5 条，服从泊松分布。发出或收回一条船平均需要 10 分钟，服从负指数分布。假设同一时间内只能发出或收回一条船。

（1）管理当局计划在平均周转时间（即在系统中的逗留时间）超过 90 分钟时，就增设一个船码头。每小时平均到达率为多少时，管理当局才会考虑增设另一个船码头？

（2）如果码头前只能停泊两条待发船只，那么一条船到达码头后发现没有地方泊船的概率是多少？

4. 每小时平均有 4 个人会使用行政司法长官管辖区的公用电话，使用次数服从泊松分布。每个电话的时间长短服从负指数分布，平均值为 5 分钟。司法长官准备当到达者预期使用电话的等待时间超过 3 分钟时，就再开设一个电话亭。

（1）每小时到达率增至多少时，才有必要再开设一个电话亭？

（2）假设再开设一个电话亭的决策依据变为：当到达者必须等待的概率超过总数的 60% 时，就增设一个电话亭。在这一标准下，每小时到达率为多少时，才有必要再开设一个电话亭？

5. 一家公司设有一个文件复印服务中心。假设服务请求到达数服从泊松分布，均值为每小时 15 项请求，服务时间服从指数分布。目前使用的复印机平均服务时间是 3 分钟。已知可以租到平均服务时间为 2 分钟的新型复印机。到服务中心来复印文件的员工平均工资为每小时 8 美元。

（1）假设新机器每小时的租金比旧机器贵 10 美元，公司是否应租用新机器？请考虑由于员工必须自己复印文件而不得不排队等候所损失的生产性时间。

（2）使用旧机器时，前来复印文件的员

工发现已经有人排队等候的概率是多大？（注意正确识别可能出现这种情况的顾客数量。）

（3）假设公司租用了新的复印机。如果想要保证至少90%的时间里，排队等候的员工都有地方坐，那么应设多少个座位？

6. 海洋码头是一家私营公司，它在墨西哥湾经营卸货业务。那些巨型油轮在这里卸下装载的原油，转运到得克萨斯州的亚瑟港进行提炼。有记录表明，每天平均有两艘油轮到达墨西哥湾，到达数从泊松分布。公司一次只能为一艘油轮卸货，遵循先到达者先服务的原则。码头一天24小时昼夜服务，卸货平均需要8小时，卸货时间服从负指数分布。

（1）海洋码头公司的泊船位只够容纳3艘油轮。这能否满足美国海岸防务部所规定的，每到达20艘船中至少有19艘可以找到空位停泊？

（2）如果海洋码头公司以每天480美元的成本增雇搬运工人，则可以将卸货能力提高为每天卸4船货。如果一艘油轮停在码头时（包括排队等待时间和卸货时间）的滞留费是每天1 000美元，那么公司管理层是否要考虑增雇搬运工人？

7. Last National Bank 正在考虑提高服务水平的问题，目前它只有一个免下车窗口。对这个出纳窗口在高峰期间进行的调查显示，平均每小时有20名顾客到达，服从泊松分布，对这些顾客采用先到达者先服务的原则，服务时间服从负指数分布，平均值为2分钟。

（1）预期排队等待的顾客有多少人？

（2）如果银行准备使用一台自动柜员机，其服务时间恒定为2分钟，那么预期系统中可容纳的顾客数是多少？

（3）该路边银行只能容纳3辆汽车（包括正在接受服务的1辆）。由于汽车排

队等候驶进银行车道而造成公路堵塞的概率是多少？

（4）银行正在考虑增设若干出纳窗口。已知顾客在系统中等待的时间成本是每小时5美元，一名出纳员的工资是每小时10美元，顾客的平均到达率已增至每小时30人。如果根据出纳员和顾客等待的每小时总成本来考虑，应建议设几个出纳窗口？假设采用气送导管系统（pneumatic tubes），出纳员可以像只有一条队列那样为顾客服务。

8. 绿谷（Green Valley）航空公司已经有几年的经营历史，目前搭乘其航班的乘客越来越多。对公司业务情况进行研究后证实，飞机到达率平均为每小时12架，服从泊松分布。在一条跑道上，一架飞机从降落到清出跑道，平均需要4分钟，服务时间服从负指数分布。飞机降落时采用先到达者先服务的原则，起飞则是利用降落的空隙时间进行的。等候降落的飞机只能在机场上空盘旋。

（1）预期在机场上空盘旋、等待清出跑道以供降落的飞机数是多少？

（2）为了缓解机场的拥挤问题，联邦航空总署正准备批准建立一个新的地面调度雷达系统。该系统每小时可处理15架飞机（即服务时间的方差为0）。如果该系统投入使用，在机场上空盘旋等待降落的飞机数将是多少？

（3）假设一架飞机在机场上空盘旋时的成本大约为每小时70美元。如果建议投入使用的雷达系统的每小时成本为100美元，你认为是否应采纳该建议？

9. 社区银行计划扩大服务能力。目前，银行只设有一条车道。在这个出纳窗口进行观察，发现顾客到达率为平均每小时10人，服从泊松分布，且采用先到达者先服务的

原则，每次交易平均需要 5 分钟。交易时间服从负指数分布。社区银行决定再增加一名出纳员，将两名出纳员安置在一个玻璃隔间中，有 4 个远端站点通过气送导管系统与其相连。顾客在系统中的等待对于银行商誉造成的损失，可以用货币成本表示为每小时 5 美元。一名出纳员的每小时工资为 10 美元。

（1）假设每个出纳员只负责两个远端站点，服务需求在各个站点均匀分布，不允许顾客在队伍之间移动，则整个系统中的平均等待人数是多少？

（2）如果两个出纳员都兼顾每个远端站点，等待时间最长的顾客会得到下一个出现空闲的出纳员的服务，那么，系统中平均有多少名顾客？

（3）集合出纳员每小时可节省多少成本？

10. 某个加油站只有一个加油泵，它满足 $M/M/1$ 模型的全部假设前提。据估计，顾客一般当油箱的汽油剩下 1/8 时，会到加油站来加油。每位顾客的平均服务时间为 4 分钟，到达率为每小时 6 名顾客。

（1）确定预期队长及预期顾客在系统中的逗留时间。

（2）假设顾客会察觉到汽油短缺（即当没有汽油的时候），并通过将汽车需要加油的标准变为多于 1/8 来做出反应。假设 $\lambda$ 与加油标准成反比例变化，请将（1）问的结果与加油标准为 1/4 时得到的相应结果进行比较。

（3）假设前提同（2）问，再比较当加油标准提高为 1/2 时的各项计算结果。我们是否具备引发汽油恐慌的行为特征？

（4）合理的假设是，当加油标准提高时，每位顾客的服务时间就会缩短。在"正常"条件下，平均需要花费 2 分钟加油，2 分钟擦洗挡风玻璃、检查油料以及收款。如果加油时间与加油标准成正比例变化，请重新计算（2）问与（3）问的问题。

---

**案例 13-1　　　　休斯敦港口管理局**

休斯敦港口管理局决定聘请你担任顾问，希望你能就处理小麦出口业务的方案变化提出一些建议。目前，港口只有一班码头工人，他们利用传统的传输带从底卸式货车上卸下小麦，运到停泊在海上的货船中去。这班工人卸一车货平均需要 30 分钟，工人工资每小时 50 美元。货车在每 8 小时的一班中平均到达 12 辆。港口在货车到达后的等待时间里，必须为之向铁路局缴纳每小时 15 美元的滞留费。一班没有卸完的货，会在下一班开始时优先处理。

对过去几个月内的到达率进行卡方拟合优度的分析后发现，到达率服从泊松分布。这段时间内的卸货时间数据表明其服从负指数分布。

由于目前情况下需缴纳高额的滞留费，港口管理局开始考虑是否再增加一班码头工人。但是，对工作区域考察后发现，由于工作区域过于拥挤，两班工人不可能同时在一辆车上卸货。不过，在同一时间内，两班工人可以分别为两辆车卸货。

正当你对此问题深思熟虑之际，工业工程人员报告，研制出一种气动装卸系统。这一系统可以一天 24 小时连续从货车上向船上卸货，卸货速度稳定在每小时 3 辆，只需要一个熟练的操作工人，他的工资将为每小时 15 美元。建立这样一套系统需花费 400 000 美元。对于这类资产改建项目，港口管理局可以享受 10% 的折扣率。休斯敦港口一年 365 天、一天 24 小时不间断营业。请你以 10 年计划期对该项目进行分析，并准备一份报告，提交给港口管理局。

## 案例 13-2　　自由快运公司

自由快运公司（FreeEx）是一家规模很小的航空公司，总部位于华盛顿，业务范围为美国东海岸，被亲切地称为"海盗飞行"。公司开设有从几个城市到华盛顿国家机场（DCA）的直达航班。

华盛顿国家机场的跑道经常不够用，每当此时，机场就会要求飞机在机场上空做"分层盘旋飞行"。换句话说，正在降落和正在等待降落指令的飞机都会在机场上空飞行。

自由快运公司的管理层希望能确定该公司的飞机将会在机场上空等候多长时间，以便使飞机在外围城市起飞前加满燃料，从而使两个城市之间的飞行以及在机场上空盘旋等待时间里都能有足够的燃料。然而，装载过多的燃料就意味着增加不必要的成本，因为这会相应地降低飞机的有效荷载能力。飞机燃料的现行成本也是一个很重要的因素，每飞行 1 分钟平均耗油 20 加仑⊖，每加仑 2.80 美元。

所有降落在华盛顿国家机场的飞机，在不同的小时到达率不同。在每周工作时间的下午 4 点至 5 点间，飞机的到达率最高，同时在机场上空盘旋的时间最长。因此，自由快运公司选取这段时间进行最初的研究。

研究发现，华盛顿国家机场平均到达率为每小时 20 架飞机，或者说每 3 分钟有 1 架飞机到达。该到达率会因航班取消、包机以及私人飞机等缘故而略有变化，服从泊松分布。

在晴朗的天气里，华盛顿国家机场的控制塔每分钟可以调度 1 架飞机降落，即每小时 60 架飞机。出于安全考虑，着陆率不能超过这个值。在恶劣的天气里，着陆率为每小时 30 架飞机。这两个数值都是平均值，两种天气状况下的着陆率均服从泊松分布。自由快运公司的航线都很短，所以公司管理层完全可以在飞机起飞前得知华盛顿国家机场的着陆率是否会因天气不好而降低。

如果飞机在盘旋飞行时燃料即将用尽，就会获准优先降落。但是，华盛顿国家机场明确规定，各家航空公司不得滥用这一原则。因此，自由快运公司必须确保自己的飞机带足燃料，以使这种情况发生的概率不超过 1/20。

### 思考题

1. 与晴朗的天气相比，当天气恶劣时，由于机场跑道拥挤，自由快运公司的飞机预期平均需要额外多加多少加仑燃料？

2. 自由快运公司的政策规定，飞机在等候着陆时发生燃料短缺的概率不能超过 1/20，那么在晴朗的天气里，飞机应当携带多少加仑的储备燃料（即超过预期用量的加仑数）？在恶劣的天气里又是多少呢？

3. 遇到恶劣天气时，自由快运公司还可以根据华盛顿国家机场或杜勒斯国际机场的跑道占用情况，指示正在盘旋等候的飞机降落到二者之中最先出现空闲跑道的一个机场中。假设杜勒斯国际机场在恶劣天气里的着陆率也是平均每小时 30 架，服从泊松分布。两个机场的到达率之和为每小时 40 架。如果飞机降落在杜勒斯国际机场，则自由快运公司还需花 200 美元租一辆汽车将乘客送往华盛顿国家机场，那么，公司是否应允许其飞机在恶劣天气里降落在杜勒斯国际机场？假设若该方案被采纳，公司将会有大约一半的飞机转降在杜勒斯国际机场。

---

⊖　1 美制加仑 =3.785 41 升。

| 案例 13-3 | 新生诊所（A） |

新生诊所是一家专营妇女保健的医院，位于得克萨斯州奥斯汀附近的一个小山村，是奥斯汀地区一道独特的风景线。当病人来到该诊所时，接待员会带他去看护理师或玛格丽特·汤姆森大夫本人。在有些情况下，病人可能既要去看护理师，又要去看汤姆森大夫。在新生诊所（B）的案例中，我们使用计算机模拟模型来确定资源分配问题。

在本案例中，我们将排队理论用于汤姆森大夫的诊所。表 13-7 是几天来搜集到的与典型活动有关的数据，频率分布图表明病人到达率和服务时间服从泊松分布。图 13-6 表示的是在正常上班时间来访病人的看病流程。

**问题**

1. 假设按照先到达者先服务的规则，对接待员、护理师、汤姆森大夫三处的排队分别实行独立管理，并且病人从某一活动离去服从泊松发布。利用排队公式估计如下统计量：
   （1）病人在每个队伍中（也就是接待员、护理师、汤姆森大夫）的平均等待时间。
   （2）对于三条不同的看病流程，分别求病人在系统中停留时间的平均值。

（3）病人在诊所停留时间的平均值（也就是将要到达的病人在诊所停留时间的期望值）。
（4）接待员、护理师、汤姆森大夫三者每小时平均空闲时间的分钟数。

2. 在上面分析中关键的假设是什么？讨论这些假设在本例中的恰当性。

3. 如果在该诊所再增加一名大夫，并与汤姆森大夫基于"谁空闲谁服务"共享同一条病人队伍，请问这对上面的计算结果有何影响？

4. 该诊所正在考虑采用新的病人排队优先规则，该规则以病人从接待员那里进入系统的时间为标准。请问在汤姆森那里排队等待的病人将对这一规则做出何种反应？

**表 13-7 新生诊所的病人到达率和服务时间率**

| 模型参数 | 描述 | 期望值 |
| --- | --- | --- |
| $\lambda$ | 病人的到达率 | 30 人 / 小时 |
| $\rho_1$ | 护理师的病人比例 | 2/3 |
| $\rho_2$ | 护理师的病人中还需看医生的病人比例 | 0.15 |
| $\mu_R$ | 接待员的服务率 | 40 人 / 小时 |
| $\mu_N$ | 护理师的服务率 | 30 人 / 小时 |
| $\mu_P$ | 内科医生的服务率 | 15 人 / 小时 |

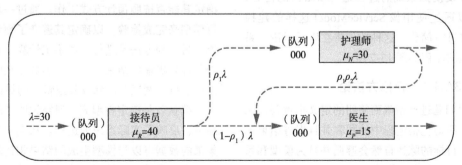

图 13-6 病人在新生诊所的看病流程

| 附录 13A | |

| 计算机模拟 |

计算机模拟提供了一种研究真实系统的模型，以决定系统如何对政策、资源水平或顾客需求的变化进行响应。从我们的观点来看，系统被定义为一组要素相互作用以实现目标的集

合。系统模拟能用于回答关于现有的或计划中的系统的"假设分析"问题。例如，如果为银行增加一名出纳员会怎么样？如果一些出纳员只处理存款会怎么样？在大厅外面增加一台ATM会怎么样？系统对于这些变化的响应能够在长期内通过模拟的方法去发现。模拟模型不需要改变真实系统，就可以对每一个感兴趣的场景形成系统绩效的估计，例如平均顾客等待时间。在个人电脑上运行的灵活的模拟系统允许决策者根据时间变化观察系统的活动（例如，顾客流动）。

从本质上说，服务交付系统不仅是动态的，而且是随机的。动态的系统就是说它会受随着时间变化的行动的影响。例如，在航空公司候机楼的排队行为就受到每天不同时段的旅客到达的影响（例如，清早和中午）。随机性是指系统服从概率分布的随机发生的事件这一潜在的可能特征。回忆一下，顾客到达的泊松分布就是一个随机过程，因为即使在一个小时内的平均到达数是已知的，任何未来顾客的到达也都是不可预知的。表 13-8 列举了一些将模拟应用于服务的例子。

**表 13-8　模拟在服务业中应用的实例**

| 应用 | 模拟目标 |
| --- | --- |
| 雇用银行出纳员 | 在决定工作班次的出纳员数量时考虑顾客等待时间 |
| 救护车定位 | 分析与选择定位相关的响应时间 |
| 医院病人流动 | 开发程序以管理病人流动和利用资源 |
| 订单处理 | 分析订单处理程序以支持即时出货 |
| 飞机维护 | 测定预防性维护时间表所带来的停工的影响 |
| 危险废品处理 | 分析再循环设备的能力和运输需求 |
| 警察巡逻的时间安排 | 研究在目标犯罪区阻止犯罪活动的影响力 |
| 项目管理 | 当活动时间不确定时测定项目完工时间的分布 |
| 娱乐设施 | 预测在不同经营策略下设施的状况 |

## 13A.1　系统模拟的流程

计算机模拟主要是一种评价新构想的工具。开发模拟系统的过程是一项艰巨的任务，它可以通过使用像 ServiceModel 这样的建模软件来进行简化。这种软件将在以后讨论。系统模拟的流程如图 13-7 所示。

### 13A.1.1　模拟方法论

对问题进行精确而简明的定义很重要，因为这个活动包括流程中的顾客并且促进结果的实现。目标的陈述自然会遵循并且为模型和系统绩效评价的范围提供框架。

为了节约时间，数据搜集和模型开发通常同时完成。对于正在运行的系统，顾客到达时间分布的历史数据可能是可得的，数据也可以在现场搜集。对于那些还不存在的系统，当然就没有数据，但是也可能利用来自相似系统的其他数据。模型开发始于系统的抽象，可能是以流程图的形式。当事件处理和事件之间的关系确定以后，概念模型就可以变为逻辑模型。

在初步模型建立以后，需要检测和核对以确定其能否按照预计方式工作。通过一步步运行模型来完成检验，以确定其遵守了预计的逻辑。另一种方法是进行一些手工计算，看其是否与计算机输出结果一致。大多数复杂的模型需要进行"调试"以修改其逻辑上的错误。

确认就是确定模型充分研究说明了问题的细节，反映了实际系统的运作。从真实系统搜集来的数据可以与模型生成的结果相比较。例如，在一个救护车模型的确认中，就可以使用响应时间的历史分布来与模型预测的分布相比较。确认阶段也是极好的与顾客联系的机会，因为顾客对系统的熟悉和需要是对模型可信度的肯定。

然后，对被评估的可选项目使用最初的创意去进行模拟实验。使用程序和检测去分析和比较可选项目。需要控制对随机要素的研究，通过指定能产生完全相同事件的共有的随机数据流，确定每一个实验都服从于相同的随机性。对于模拟输入的控制可以保证观察到的结果完全归因于"作业"，并没有被环境中的变量影响。模型在一定数量的复制下运行，在稳态记录统计数据以前，应先确定预备时间（瞬态）。模拟运行的结果经常会建议进行另外的实验。在救护车研究的案例中，我们发现确认哪一家医院接收病人相当重要。

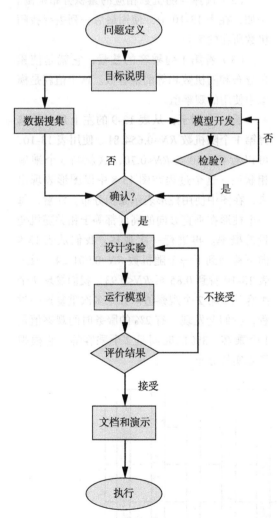

图 13-7 系统模拟的流程

模型的结构和相关的输出结果应该记录下来用作未来的参考。模拟软件中的图解能力提供了一种对于模型结果能够自我说明的有效的可视化表述。

所实现的结果必须确保顾客从头参与了整个模拟过程。最后，模拟研究结束后的分析能够在下次项目中产生改进的创意。

### 13A.1.2 蒙特卡罗模拟

典型的系统模拟被用于分析那些无法使用分析方法实际解决的复杂模型。这些模型说明的真实系统通常是随机的。蒙特卡罗模拟是一种允许我们使用其相关可能分布区来模拟随机变量的方法。

蒙特卡罗模拟依靠的是与随机变量相关的可能分布的抽样值。随机变量的值从适当的分布中随机挑选并用于模拟。在模拟过程中，对这些随机变量要反复观测以模仿变量的行为。

有许多方法能够用来从随机变量的可能分布中选取观测值，但它们都是基于随机数理论。随机数（random number, RN）是一类专门的随机变量，它在 0 ～ 1 之间均匀分布。这就意味着所有在区间 [0，1] 内的值被挑选的可能性相同。

实际上，基于计算机的模拟使用的是伪随机数。它们只是一些类似随机数的值，尽管它们是使用数学函数生成的。虽然伪随机数不是真正随机的，但它们还是能表现出随机性。伪随机数有一个优点，那就是不需要占用计算机大量的文件空间。更重要的是，通过使用从"种子"值而来的相同的数据流，它们可以实现实验条件的精确复制。表 13-9 就给出了一些计算机生成的随机数的样本，使用 Excel 中的函数 RAND()，返回一个均匀分布在 0 ～ 1 之间的 *RN* 值。

表 13-9　在 [0，1] 区间均匀分布的随机数

| | | | |
|---|---|---|---|
| 0.654 81 | 0.325 33 | 0.605 27 | 0.734 07 |
| 0.901 24 | 0.048 05 | 0.594 66 | 0.419 94 |
| 0.743 50 | 0.689 53 | 0.459 73 | 0.252 98 |
| 0.098 93 | 0.025 29 | 0.466 70 | 0.205 39 |
| 0.611 96 | 0.999 70 | 0.825 12 | 0.614 27 |
| 0.154 74 | 0.747 17 | 0.124 72 | 0.580 21 |
| 0.945 57 | 0.108 05 | 0.295 29 | 0.192 55 |
| 0.424 81 | 0.776 02 | 0.393 33 | 0.334 40 |
| 0.235 23 | 0.321 35 | 0.201 06 | 0.575 46 |
| 0.044 93 | 0.457 53 | 0.429 41 | 0.216 15 |

### 13A.1.3 生成随机变量

怎样使用随机数去获得随机变量的观察值呢？首先，我们需要明白随机变量或者是离散的（例如，在一小时内到达的顾客数），或者是连续的（例如，对顾客进行服务的时间）。在这两种情况下生成观察值的过程都要使用任意随机变量的唯一特征——它的累积分布和总是为 1.0。

### 13A.1.4 离散随机变量

我们看一下，表 13-10 第 1 列显示的是航空公司乘坐机场大巴的旅客的分布。其第 3 列就表示了顾客数的累积分布，它是由从上到下的概率的连续求和决定的 [ 例如，$F(2)=p(1)+p(2)=0.02+0.03=0.05$]。累积分布表示了这样一种可能性，即旅客的数量小于或者等于某一特定值。概率必须在 0 ~ 1 的范围内。回忆一下，随机数是在区间 [0, 1] 内均匀分布的。累积分布和随机数 $RN$ 之间的关系就是形成随机变量观察值的基础。

**表 13-10 旅客数概率分布和随机数指定**

| 旅客数 $x$ | 概率 $p(x)$ | 累积分布 $F(x)$ | 随机数指定 |
| --- | --- | --- | --- |
| 1 | 0.02 | 0.02 | $0.00 \leq RN < 0.02$ |
| 2 | 0.03 | 0.05 | $0.02 \leq RN < 0.05$ |
| 3 | 0.15 | 0.20 | $0.05 \leq RN < 0.20$ |
| 4 | 0.30 | 0.50 | $0.20 \leq RN < 0.50$ |
| 5 | 0.20 | 0.70 | $0.50 \leq RN < 0.70$ |
| 6 | 0.15 | 0.85 | $0.70 \leq RN < 0.85$ |
| 7 | 0.08 | 0.93 | $0.85 \leq RN < 0.93$ |

（续）

| 旅客数 $x$ | 概率 $p(x)$ | 累积分布 $F(x)$ | 随机数指定 |
| --- | --- | --- | --- |
| 8 | 0.05 | 0.98 | $0.93 \leq RN < 0.98$ |
| 9 | 0.02 | 1.00 | $0.98 \leq RN < 1.00$ |

现在我们就可以使用累积分布和随机数来形成搭乘机场大巴的旅客数的观察值。这种形成随机变量观察值的方法非常简明，被称为"逆向转换法"：

（1）从表 13-9 中任选一个随机数。

（2）选择与随机数相应的累积分布范围。例如，在表 13-10 中，使用最后一列去寻找随机数所在的区间。

（3）看第 1 列乘客的数量，它就是使累积分布和随机数相等的乘客数。这个值就是模拟中使用的观察值。

看一个例子，从表 13-9 的左上角开始选择第 1 个随机数 $RN=0.654\,81$。使用表 13-10，可以看到 $0.50 \leq RN < 0.70$，这就与 5 个乘客相联系。这个过程在图 13-8 中以图形表现出来，在图中使用柱形表示累积分布。注意，每一个柱形在垂直方向的高度都等于相关随机变量的概率。再进行一次观察，我们从表 13-9 向下移动到下一个随机数 $RN=0.901\,24$。通过表 13-10 看到 $0.85 \leq RN < 0.93$，我们发现 7 个乘客就是第 2 个观察值。如果多次重复这一过程，我们会发现，有 2% 的服务时间观察值是 1 个乘客，3% 的时间是 2 个乘客等，它模拟了真实的分布。

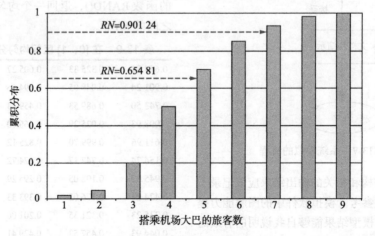

图 13-8 旅客数的累积分布

### 13A.1.5　连续随机变量

从一个连续分布中选择随机变量的方法是使 RN 和累积分布函数相等，并且得出随机变量的值。我们通过三个常见的连续随机变量分布来说明这个方法：均匀分布、负指数分布和正态分布。

（1）均匀分布。一个随机变量均匀分布在 $a$ 和 $b(b>a)$ 之间，对于指定的 $RN$，计算其返回值 $x$ 的函数就是：

$$x=a+RN(b-a) \qquad (13\text{-}12)$$

例如，假定从远程停车站到机场终点站的定点公交车的行驶时间的分布在 10 ～ 20 分钟之间是均匀分布。对于这个例子，我们的随机变量函数就是：

$$x=10+RN(20-10)$$

（2）负指数分布。回忆一下第 12 章中负指数分布的累积分布，由式（12-2）给出：

$$F(x)=1-e^{-\lambda x}$$

设 $RN=F(x)=1-e^{-\lambda x}$，求解得到 $e^{-\lambda x}=1-RN$。取以 e 为底的对数，解出 $x$，我们可以得到以下公式。对于给定的 $RN$，可以求出一个负指数分布的随机变量 $x$。

$$x=\frac{1}{\lambda}\log_e(1-RN)\text{或者}x=-\frac{1}{\lambda}\log_e RN（13\text{-}13）$$

例如，假设到达车站的乘客数服从每小时平均到达 15 人的泊松分布。如果我们希望形成到达者间隔时间的分布，负指数分布就是合适的。因此，从随机变量公式得到到达者之间间隔的时间，如果以小时计即为：

$$x=-\frac{1}{15}\log_e RN$$

（3）正态分布。因为正态分布的累积概率并没有一个接近的表达式，我们使用中心极限定理的性质去设计一种方法，以形成一个 $\mu=0$、$\sigma^2=1$ 的标准正态偏差 $z$。我们先考虑两点。首先，回忆中心极限定理，任何均值的分布都是正态分布；其次，随机数 $RN$ 在 0 ～ 1 之间均匀分布。对于一个在 $[a,b]$ 区间的均匀分布，均值和方差是：

$$\mu=a+\frac{(b-a)}{2}\text{和}\sigma^2=\frac{(b-a)^2}{12}$$

因此随机数 $RN$ 的 $\mu=1/2$，$\sigma^2=1/12$。为了形成一个均值为 0 而方差为 1 的标准正态分布，我们简单地将 12 个随机数相加，再减去 6，如下所示：

$$\frac{x-\mu}{\sigma}=\sum_{i=1}^{12}RN_i-6,\text{ 或者}$$
$$x=\mu+\sigma\left[\sum_{i=1}^{12}RN_i-6\right] \qquad (13\text{-}14)$$

例如，班车的行驶时间是均值为 15 分钟、标准差为 2 分钟的正态分布，那么随机变量函数就是：

$$x=15+2\left[\sum_{i=1}^{12}RN_i-6\right]$$

### 13A.1.6　离散事件模拟

离散事件模拟表示一些发生在特定时间点的事件，如顾客的到达、服务的结束等。当一个事件发生时，系统的状态就会改变。例如，一位顾客到达就会提高系统的顾客到达数，一位顾客离开（即服务结束）则会减少数量。计算机采用一种被称为"模拟时钟"的定时装置来记录每项事件的发生。在每个事件发生后，系统状态的描述符就被记录下来。

图 13-9 表示了一个航空公司售票柜台的离散事件模拟流程图。首先，使用逆向转换方法，基于间隔到达时间分布，形成下一位顾客的到达时间。模拟时钟从零时开始，等于下一个按时间排序的事件的时间。如果下一事件是一位到达者，那么这位顾客或者开始接受服务或者正在等候，这主要取决于服务台的状态。而如果下一事件是一位离开者（即服务结束），那么或者另一位顾客接受服务，或者服务空闲，这主要取决于排队的状态。系统的状态依据事件不断更新，而时钟时间和预先设定的最大时间相比较，如果时钟时间大于或者等于最大时间，则描述系统的简要统计数据就被计算和打印，模拟也就结束了。否则，时钟就继续等待下一事件。

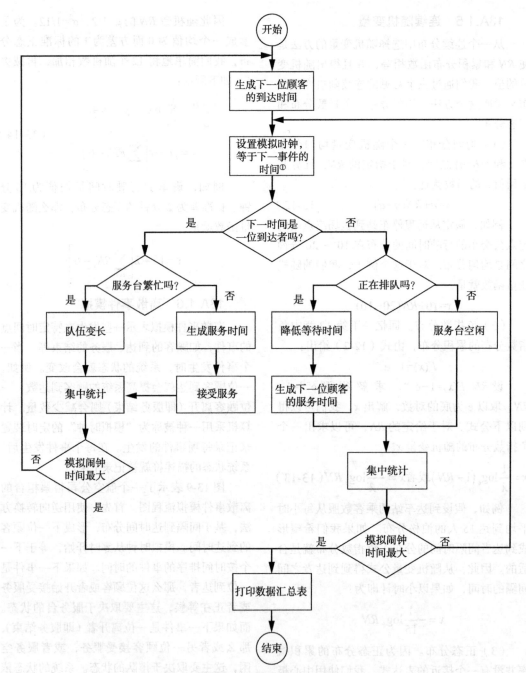

图 13-9　航空公司售票处离散事件模拟的流程

①下一事件是一位新顾客到达或者是当前顾客服务结束。

## 13A.2　利用 ProModel 进行过程模拟 [5]

过程模拟器作为插件安装在 Microsoft Office Visio® 中，运行 Visio 过程流程图、价值流图和设施布局内部的模拟模型，以此进行分析（如假定场景）、能力规划（如测量增加额外的服务器对顾客等待时间的影响），或进行基本流程改进研究。免费试用版可在 http://www.promodel.com/products/ProcessSimulator/ 处获得，教程可在 http://www.promodel.com/services/refreshercourse/ 上获得。

## ⊙【例 13-10】

### 航空公司售票柜台模拟

一个离散事件模拟系统被用于观察航空公司售票柜台的活动。这个系统只有一个售票代理处，顾客按照先到先服务的原则接受服务。在模拟中，我们要考虑正在等待的顾客数、他们等待的时间以及售票处的状态（即是忙还是空闲）。

表 13-11 给出了服务时间和前 10 位顾客到达的间隔时间。服务时间和间隔时间使用逆向转换法由适当的概率分布得到。

模拟时钟从时间零开始。表 13-12 给出了每位顾客到达的时间、接受服务的时间以及离开的时间。例如，第 1 位顾客在时间 5 到达，马上接受服务并在时间 9 离开。但是顾客 4 在时间 18 到达，发现服务忙。这位顾客在时间 19 接受了服务，而在时间 23 离开。10 位顾客的总等待时间是 8 分钟。这就得出每位顾客的平均等待时间

**表 13-11 前 10 位顾客的到达间隔时间和服务时间**

| 顾客 | 到达间隔时间（分钟） | 服务时间（分钟） |
|---|---|---|
| 1 | 5 | 4 |
| 2 | 4 | 3 |
| 3 | 4 | 6 |
| 4 | 4 | 4 |
| 5 | 3 | 2 |
| 6 | 4 | 5 |
| 7 | 5 | 4 |
| 8 | 5 | 6 |
| 9 | 4 | 4 |
| 10 | 3 | 5 |

是 0.8 分钟。我们观察到，售票处在总共 50 分钟的时间内有 7 分钟空闲，也就是 14% 的空闲率。

**表 13-12 前 10 位顾客的模拟（时间以分钟计）**

| 顾客 | 到达时间 | 服务开始时间 | 服务结束时间 | 排队时间 | 在系统内的时间 | 代理处空闲时间 |
|---|---|---|---|---|---|---|
| 1 | 5 | 5 | 9 | 0 | 4 | 5 |
| 2 | 9 | 9 | 12 | 0 | 3 | 0 |
| 3 | 13 | 13 | 19 | 0 | 6 | 1 |
| 4 | 18 | 19 | 23 | 1 | 5 | 0 |
| 5 | 21 | 23 | 25 | 2 | 4 | 0 |
| 6 | 25 | 25 | 30 | 0 | 5 | 0 |
| 7 | 30 | 30 | 34 | 0 | 4 | 0 |
| 8 | 35 | 35 | 41 | 0 | 6 | 1 |
| 9 | 39 | 41 | 45 | 2 | 6 | 0 |
| 10 | 42 | 45 | 50 | 3 | 8 | 0 |

## ⊙【例 13-11】

### 汽车驾照办公室案例回顾

回顾第 5 章的案例 5-2，其中我们开发了一个包括 6 个活动的流程图，并将瓶颈活动标识为活动 3 "检查违规记录和限制条件"。这种静态（例如固定的周期时间）的工作流分析方法没有考虑到周期时间变化对系统绩效的影响。排队理论告诉我们，顾客到达时间和服务时

间的变化会导致顾客排队或闲置资源。下面重复使用表 5-2 中的数据，每个周期分配一个分布。对于过程模拟器的应用示例，我们选择了多种分布：

- E(15) 表示平均值为 15 的指数分布
- U(30，5) 表示平均值为 30、半幅为 5 的均匀分布
- N(60，5) 表示平均值为 60、标准差为 5 的正态分布
- T(30，40，50) 表示众数为 40、最小值为 30 和最大值为 50 的三角分布
- 给申请人拍照的时间是固定的 20
- ER(30，2) 表示平均值为 30、形状参数为 2 的爱尔朗分布

图 13-10 中的屏幕截图显示了使用屏幕左侧可用的顾客实体图进行驾照更新过程的流程图。从顾客图标到检查申请书的正确性（第一个活动）的空箭头是到达过程生成器，其属性设置为 E(60)，以对我们的模型进行压力测试，因为平均每分钟有一个到达者。每个活动都设置有与表 13-13 中相应的活动时间分布的属性。注意屏幕上方的过程模拟器（PROCESS SIMULATOR）。这个下拉菜单显示了"模拟属性"，其中设置了模拟练习的预热时间、运行长度和重复次数。这个模拟的值分别为 1 小时、40 小时和 10 次重复。

模拟报告如图 13-11 所示。注意活动状态的条形图，运行所占百分比显示为纯色，空闲所占百分比显示为条纹。这个图清楚地显示了"检查违规记录和限制条件"是瓶颈活动，在 84% 的时间里都在运行。另外，请注意，顾客在系统中的平均时间是 2 240 秒，这意味着顾客平均只在服务中花费大约 9%(195/2 240) 的时间。

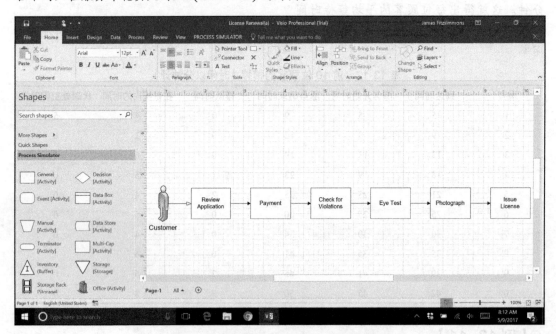

图 13-10　驾照更新过程流程图的屏幕截图

表 13-13　驾照更新活动的时间分布

| 活动 | 描述 | 周期（秒） | 分布 |
| --- | --- | --- | --- |
| 1 | 检查申请书的正确性 | 15 | E(15) |
| 2 | 处理和记录付款情况 | 30 | U(30, 5) |
| 3 | 检查违规记录和限制条件 | 60 | N(60, 5) |

（续）

| 活动 | 描述 | 周期（秒） | 分布 |
|---|---|---|---|
| 4 | 视力检查 | 0 | T(40, 55, 70) |
| 5 | 为申请人拍照 | 20 | 20 |
| 6 | 签发临时驾照（由州警察颁发） | 30 | ER(30, 2) |

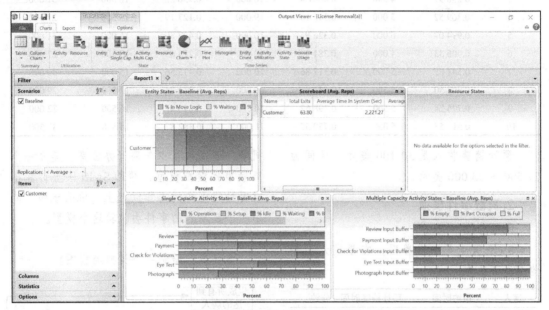

图 13-11　驾照更新过程模拟报告的屏幕截图

## 例题

### 1. 蒙特卡罗模拟

#### 问题陈述

一家教科书出版公司正在考虑下一年发行 3 本书。由于现金流的问题，公司需要预测这些书销售的预期收入和变动范围。使用蒙特卡罗方法去模拟第一年销售的 10 个实现值。

| 书 | 第一年的预期销量 | 销售价格（美元） |
|---|---|---|
| A | 200 | 25 |
| B | 1 000 | 10 |
| C | 3 000 | 5 |

| 与预期销售的偏差（%） | 概率 |
|---|---|
| 80 | 0.1 |
| 90 | 0.2 |
| 100 | 0.4 |
| 110 | 0.2 |

（续）

| 与预期销售的偏差（%） | 概率 |
|---|---|
| 120 | 0.1 |

#### 解答

第一步：准备一个关于销售偏差的累积概率和随机数分配的表。

| 销售偏差（%） | 概率 | 累积概率 | 随机数范围 |
|---|---|---|---|
| 80 | 0.1 | 0.1 | $0.0 \leqslant RN < 0.1$ |
| 90 | 0.2 | 0.3 | $0.1 \leqslant RN < 0.3$ |
| 100 | 0.4 | 0.7 | $0.3 \leqslant RN < 0.7$ |
| 110 | 0.2 | 0.9 | $0.7 \leqslant RN < 0.9$ |
| 120 | 0.1 | 1.0 | $0.9 \leqslant RN < 1.0$ |

第二步：使用从附录 B 中选出的随机数，制成蒙特卡罗模拟表，从第 1 列最上方开始按顺序向下移动。

| 销售收入实现 | 随机数 | A 书预计销售额 5 000 美元 | 随机数 | B 书预计销售额 10 000 美元 | 随机数 | C 书预计销售额 15 000 美元 | 总销售收入（美元） |
|---|---|---|---|---|---|---|---|
| 1 | 0.067 85 | 4 000 | 0.810 75 | 11 000 | 0.985 44 | 18 000 | 33 000 |
| 2 | 0.314 79 | 5 000 | 0.124 84 | 9 000 | 0.238 82 | 13 500 | 27 500 |
| 3 | 0.238 97 | 4 500 | 0.403 74 | 10 000 | 0.736 22 | 16 500 | 31 000 |
| 4 | 0.369 52 | 5 000 | 0.145 10 | 9 000 | 0.127 19 | 13 500 | 27 500 |
| 5 | 0.994 07 | 6 000 | 0.326 94 | 10 000 | 0.427 80 | 15 000 | 31 000 |
| 6 | 0.006 33 | 4 000 | 0.384 90 | 10 000 | 0.223 63 | 13 500 | 27 500 |
| 7 | 0.541 05 | 5 000 | 0.317 86 | 10 000 | 0.475 56 | 15 000 | 30 000 |
| 8 | 0.708 50 | 5 500 | 0.647 91 | 10 000 | 0.214 24 | 13 500 | 29 000 |
| 9 | 0.775 24 | 5 500 | 0.398 67 | 10 000 | 0.876 41 | 16 500 | 32 000 |
| 10 | 0.516 53 | 5 000 | 0.750 57 | 11 000 | 0.882 87 | 16 500 | 32 500 |

预计销售收入是 30 100 美元，区间为 27 500 ~ 33 000 美元。

### 2. 离散事件模拟

**问题陈述**

Swift 医生是一名兽医，在星期六上午他有以下预约：

| 病人 | 预约时间 | 预计持续时间（分钟） |
|---|---|---|
| A | 9:00 | 10 |
| B | 9:15 | 20 |
| C | 9:30 | 30 |
| D | 10:00 | 10 |
| E | 10:15 | 30 |
| F | 10:45 | 20 |
| G | 11:00 | 10 |
| H | 11:15 | 30 |

他的秘书根据以前的记录确定了以下分布：

| 到达时间 | 频率 | 会面时长占预期时长的百分比 | 频率 |
|---|---|---|---|
| 提前 20 分钟 | 10 | 80 | 5 |
| 提前 10 分钟 | 20 | 90 | 25 |
| 准时 | 50 | 100 | 30 |
| 晚到 10 分钟 | 10 | 110 | 25 |
| 未到（没有服务） | 10 | 120 | 15 |
| | 100 | | 100 |

两天前，Swift 医生收到来自纽约的电报，告诉他，他的母亲得了重病。他计划于星期六下午 2:00 飞往东部。为了准时到达机场，他必须在中午离开办公室。建立一个离散事件模拟模型，帮助 Swift 医生计算出准时结束上午的工作以赶上飞机的概率。使用一个星期六的事件去检验这个模型。

**解答**

第一步：绘制一个模拟流程图。

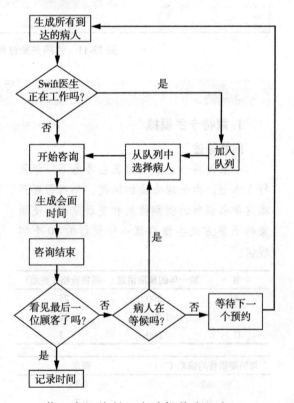

第二步：编制一个随机数分配表。

| 病人到达 | 累积概率 | 随机数范围 | 治疗时间（%） | 累积概率 | 随机数范围 |
|---|---|---|---|---|---|
| 晚到 20 分钟 | 0.1 | $0.0 \leqslant RN < 0.1$ | 80 | 0.05 | $0.00 \leqslant RN < 0.05$ |
| 晚到 10 分钟 | 0.3 | $0.1 \leqslant RN < 0.3$ | 90 | 0.30 | $0.05 \leqslant RN < 0.30$ |
| 准时 | 0.8 | $0.3 \leqslant RN < 0.8$ | 100 | 0.60 | $0.30 \leqslant RN < 0.60$ |
| 提前 10 分钟 | 0.9 | $0.8 \leqslant RN < 0.9$ | 110 | 0.85 | $0.60 \leqslant RN < 0.85$ |
| 没有服务 | 1.0 | $0.9 \leqslant RN < 1.0$ | 120 | 1.00 | $0.85 \leqslant RN < 1.0$ |

第三步：编制实现表并进行模拟。

| 病人 | 随机数 | 到达时间 | 随机数 | 见面时间 | 开始时间 | 结束时间 |
|---|---|---|---|---|---|---|
| A | 0.067 85 | 8:40 | 0.736 22 | 11 | 8:40 | 8:51 |
| B | 0.810 75 | 9:25 | 0.369 52 | 20 | 9:25 | 9:45 |
| C | 0.985 44 | NS | 0.145 10 | 27 | — | — |
| D | 0.314 79 | 10:00 | 0.127 19 | 9 | 10:00 | 10:09 |
| E | 0.124 84 | 10:05 | 0.994 07 | 36 | 10:09 | 10:45 |
| F | 0.238 82 | 10:35 | 0.326 94 | 20 | 10:45 | 11:05 |
| G | 0.238 97 | 10:50 | 0.427 80 | 10 | 11:05 | 11:15 |
| H | 0.403 74 | 11:15 | 0.006 33 | 24 | 11:15 | 11:39 |

根据对星期六上午的模拟，Swift 医生能够在 11:39 离开办公室。然而，如果要获得离开办公室的分布以确定在中午离开的概率，则需要更多的数据。

## 练习题

11. 要求你为零售协会开发一个在个人电脑上使用的库存控制程序。这个程序开发需要按顺序完成以下三个步骤的活动。你想知道在预定的 10 天时间内完成这一项目的可能性。

| 活动 | 描述 | 预期时间（天） | 预期时间的偏差（天） | 概率 |
|---|---|---|---|---|
| A | 写程序 | 5 | +2 | 0.1 |
| B | 程序调试 | 2 | +1 | 0.2 |
| C | 写用户手册 | 3 | 0 | 0.3 |
|  |  |  | −1 | 0.4 |

使用蒙特卡罗方法，模拟 10 个程序的开发过程。基于模拟的结果，在 10 天内完成项目的概率是多少？

12. 如果再订货提前期（reorder lead time）是一个变量，那么构建一个再订货提前期的分布是很复杂的。考虑以下库存系统再订货点的分布。

| 日常需求 | |
|---|---|
| 需求 | 概率 |
| 0 | 0.1 |
| 1 | 0.2 |
| 2 | 0.3 |
| 3 | 0.4 |

| 提前期 | |
|---|---|
| 天数 | 概率 |
| 1 | 0.1 |
| 2 | 0.5 |
| 3 | 0.4 |

（1）在变动的提前期里可能需求的范围是多少？

（2）使用蒙特卡罗方法和来自于附录 B 的随机数，模拟提前期内的 10 个需求并用于形成一个柱状图。

13. 戴尔工厂的手提电脑有以下日常需求分布。

| 需求 | 概率 |
|---|---|
| 0 | 0.1 |
| 1 | 0.2 |
| 2 | 0.3 |
| 3 | 0.25 |
| 4 | 0.15 |
| 5 及以上 | 0 |

使用以下库存原则模拟 5 天的零售。如果销售后的库存是 0 或者 1 件，需要订购足够的单位使得下一天开始的库存是 5 件。订购的单位会在第二天早上到达，而且在开业前就进入库存。如果发生缺货，就会有销售损失。

成本结构如下所示：

库存成本 = 0.10（美元 / 件·天）

缺货成本 = 5（美元 / 件）

订货成本 = 3（美元 / 次）

使用提供的随机数填写以下模拟表。

| 天 | 开始库存 | 随机数 | 每日需求 | 日末库存 | 存储成本 | 缺货成本 | 订货成本 | 每日总成本 |
|---|---|---|---|---|---|---|---|---|
| 1 | 4 | 0.153 | | | | | | |
| 2 | | 0.379 | | | | | | |
| 3 | | 0.821 | | | | | | |
| 4 | | 0.962 | | | | | | |
| 5 | | 0.731 | | | | | | |

14. 海岸护卫队在码头入口放置了一个发光的浮标，以警示船只此处有一个危险暗礁。发光的浮标为两个高密度的石英卤素灯泡。供应商就灯泡寿命提供了以下数据：

| 寿命（月） | 概率 |
|---|---|
| 1 | 0.05 |
| 2 | 0.15 |
| 3 | 0.20 |
| 4 | 0.30 |
| 5 | 0.20 |
| 6 | 0.10 |

派遣一班人乘一艘摩托艇去移除浮标并在灯泡上加盖防风雨罩的预计成本是 50 美元，每个灯泡 10 美元。替换灯泡的时间是可以忽略的。海岸护卫队需要两个灯泡一直同时工作。

（1）开发一个蒙特卡罗模拟模型，帮助海岸护卫队在以下两种替换策略下进行决策：①只替换坏了的灯泡；②当一个灯泡坏了时就更换两个灯泡。

（2）使用附录 B 提供的随机数表模拟 5 年的运作。讨论这个问题所代表的实验设计的一些问题。

（3）你能想出其他灯泡替代策略再进行检验吗？

15. 构建一个车间的项目网络如图 13-12 所示，并可在表 13-14 中找到活动时间和偏差。

（1）开发一个能形成项目结束时间（从节点 1 到节点 8 的最长路径）分布的蒙特卡罗模拟模型。

（2）使用附录 B 中的随机数模拟 5 个项目的结束时间，预期项目持续时间是多少？

表 13-14　预期活动时间和偏差

| 活动 | 预期时间（天） | 与预期时间的偏差（天） | 概率 |
|---|---|---|---|
| A | 3 | +2 | 0.2 |
| B | 5 | +1 | 0.3 |
| C | 2 | 0 | 0.4 |
| D | 4 | −1 | 0.1 |
| E | 3 | | |
| F | 4 | | |
| G | 2 | | |
| H | 4 | | |
| I | 3 | | |
| J | 2 | | |

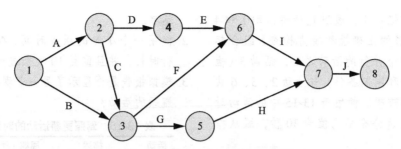

图 13-12　构建一个车间的项目网络

16. 考虑图 13-13 所示的旅行路线网络，图中的括号处表示了从每个节点出去的路线的概率。

    （1）开发一个蒙特卡罗模拟模型来决定从节点 1 到节点 7 预期的旅行时间。
    （2）模拟 10 次旅行并计算预期旅行时间。

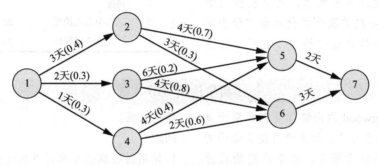

图 13-13　旅行路线网络

17. 一天 24 小时内火灾发生的次数服从平均值为每天 4 次的泊松分布，如下表所示。通过检验过去的记录发现，75% 的火灾只需要一辆消防车，而扑灭火灾的时间通常服从于平均值为 3 小时、标准差为 0.5 小时的分布；而其他 25% 报告的火灾需要两辆消防车，扑灭的时间服从平均值为 4 小时、标准差为 1 小时的分布。假定这一地区有 10 辆消防车，并且使用 10 天的模拟样本去决定平均每日需要使用的车辆数。

| 每天的火灾数 | 0 | 1 | 2 | 3 | 4 | 5 | 6 | 7 | 8 | 9 |
|---|---|---|---|---|---|---|---|---|---|---|
| 概率 | 0.02 | 0.07 | 0.15 | 0.20 | 0.20 | 0.16 | 0.10 | 0.06 | 0.03 | 0.01 |

18. ECG 是一家专门修理汽车发动机的工厂，计划开设一个拥有两个修理舱的新服务中心。基于其他 ECG 设施的经验，修理服务的时间是在 40 ~ 60 分钟之间的正态分布。基于这些历史数据以及新地点的人口统计资料，ECG 公司相信顾客到达的平均时间服从 60 分钟的负指数分布。模拟两个修理舱 8 个小时（480 分钟）的运作，要记录顾客的等待时间。ECG 预期在修理车辆时顾客要进行等待，计划提出一个无条件承诺，即顾客如果等待超过 60 分钟，将会得到一张礼券。根据你的模拟，每天会送出多少张礼券？

**案例 13-4　　　　　　　驾照更新**

让我们重新考察关于汽车驾照办公室的　案例 5-2，并对图 5-6b 所提出的流程改进进行模拟。回忆一下，改进包括将活动 1 和 4（检查申请书的正确性和视力检查）组合起来以创建两个并行的活动之后，活动 3（检查违规记录和限制条件）与活动 2、5、6 共同完成这个流程。使用表 13-15 中的活动时间分布，到达分布平均值为 30 秒，服从指数分布。

**问题**

1. 利用流程模拟，绘制流程图，并将表 13-15 中的分布分配为每个活动的属性。从顾客图标到检查申请书的正确性的空箭头是到达过程生成器，将其属性设置为 E(30)，并在前两个并行活动"检查申请书的正确性和视力检查"之间分配到

达者。

2. 使用一个小时的预备时间，40 小时的运行时长，并且重复 10 次来进行模拟。

3. 模拟报告是否显示了另一个现在可能成为瓶颈的活动？

表 13-15　驾照更新活动的时间分布

| 活动 | 描述 | 周期（秒） | 分布 |
| --- | --- | --- | --- |
| 1,4 | 检查申请书的正确性和视力检查 | 55 | T(40,55,70) |
| 3 | 检查违规记录和限制条件 | 60 | N(60,5) |
| 2 | 处理和记录付款情况 | 30 | U(30,5) |
| 5 | 为申请人拍照 | 20 | 20 |
| 6 | 签发临时驾照 | 30 | ER(30,2) |

## 案例 13-5　　　　　　　新生诊所（B）

在 Rollingwood 的山坡，得克萨斯州奥斯汀西南的一个社区，新生诊所提供专门的产科和妇产科医学服务。这个诊所的医疗环境在整个奥斯汀是独一无二的。玛格丽特·汤姆森医生的经验是这个有效而友好的环境中的支持力量。注意，诊所的内部是一种明亮的色调，这使刚进入的病人感觉较好。产房内提供了一种轻松的环境，它使用木地板，床上是棉被，可以容纳多名家庭成员以形成一种亲切的氛围。这些经验是保密的——只有一名接待员和一名护理师帮助汤姆森医生。接待员负责鉴别病人，并引导他们到护理师的等待室或者汤姆森医生的等待室。一些病人经过护理师的初步检验后，再排队等候与汤姆森医生见面。图 13-14 显示了病人常规行进路线的流程。每小时到达率服从泊松分布（E，以分钟计病人到达间隔时间），而以分钟计算的接待员的服务时间服从均匀分布（U，范围），护理师和医生的服务时间则服从正态分布 [N(μ, σ)]。表 13-16 中的数据是从许多天的典型活动中搜

集而来的。

**问题**

1. 使用过程模拟器来对系统进行建模，以确定每个资源（接待员、护理师和医生）的利用率和一位到达病人在系统中的平均时间。

2. 如果你能再雇用一个人来增加员工，你会选择哪个职位（接待员、护理师或者医生）？再雇用一人后，诊所的工作表现有何改变？

3. 对于汤姆森医生诊所的运营，你还有什么进一步的建议吗？

表 13-16　新生诊所的数据处理

| 模型参数 | 描述 | 期望值 |
| --- | --- | --- |
| λ | 病人的到达率 | 30 人 / 小时 |
| $\rho_1$ | 护理师的病人比例 | 2/3 |
| $\rho_2$ | 护理师的病人中还需看内科医生的病人比例 | 0.15 |
| $\mu_R$ | 接待员的服务率 | 40 人 / 小时 |
| $\mu_N$ | 护理师的服务率 | 30 人 / 小时 |
| $\mu_P$ | 内科医生的服务率 | 15 人 / 小时 |

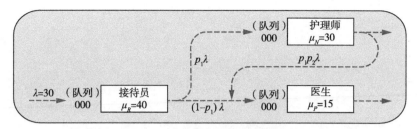

图 13-14　病人的常规看病流程

## 参考文献

Bordoloi, Sanjeev K., and Keith Beach. "Improving Operational Efficiency in an Inner-city Emergency Department." *Health Services Management Research* 20, no. 2 (2007), pp. 105–12.

Bretthauer, Kurt M., H. Sebastian Heese, Hubert Pun, and Edwin Coe. "Blocking in Healthcare Operations: A New Heuristic and an Application." *Production and Operations Management* 20, no. 3 (May-June), pp. 375–91.

Chan, Wyean, Ger Koole, and Pierre L'Ecuyer. "Dynamic Call Center Routing Policies Using Call Waiting and Agent Idle Times." *Manufacturing & Service Operations Management* 16, no. 4 (2014), pp. 544–60.

De Lange, Robert, Ilya Samoilovich, and Bo van der Rhee. "Virtual Queuing at Airport Security Lanes." *European Journal of Operational Research* 225, no. 1 (2013), pp. 153–65.

Gans, N., Shen, et al. "Parametric Forecasting and Stochastic Programming Models for Call Center Workforce Scheduling." *Manufacturing & Service Operations Management* 17, no. 4 (2015), pp. 571–88.

Koole, Ger. *Call Center Optimization.* Amsterdam: MG Books, 2013.

Kulkarni, Vidyadhar G., et al. "Optimal Allocation of Effort to Software Maintenance: A Queuing Theory Approach." *Production and Operations Management* 18, no. 5 (September-October 2009), pp. 506–15.

van Dijk, Nico M., and Erik van der Sluis. "To Pool or Not to Pool in Call Centers." *Production and Operations Management* 17, no. 3 (May-June 2008), pp. 296–305.

Yang, M., et al. "Improving Voting Systems through Service Operations Management." *Production and Operations Management* 23, no. 7 (2014), pp. 1083–97.

## 注释

1. W. H. Bleuel, "Management Science's Impact on Service Strategy," *Interfaces* 6, no. 1 (November 1975), part 2, pp. 4–12.

2. J. D. C. Little, "A Proof of the Queuing Formula: $L = \lambda W$," *Operations Research* 9, no. 3 (May-June 1961), pp. 383–87. Also W. S. Jewell, "A Simple Proof of $L = \lambda W$," *Operations Research* 15, no. 6 (November-December 1967), pp. 1109–116; S. Stidham, Jr., "A Last Word on $L = \lambda W$," *Operations Research* 22, no. 2 (March-April 1974), pp. 417–21.

3. http://www.bts.com/news-insights/video-gallery-details.aspx?vid=9fc26ea0-9617-4928-a0dc-88a9aea82805, March 5, 2012.

4. http://www.att.com/gen/press-room?pid=22547&cdvn=news&newsarticleid=33999; http://www. att. com/gen/corporate-citizenship?pid=17918, May, 11, 2012; http://www.corp.att.com/ndr, May, 11, 2012; http://www.corp.att.com/ndr/deployment1.html, May 11, 2012; http://www.corp.att.com/ndr/exercises.html, May 11, 2012.

5. From R. E. Bateman, R. G. Bowden, T. J. Gogg, C. R. Harrell, and J. R. A. Mott, *System Improvement Using Simulation,* 5th ed. Orem, Utah: PROMODEL Corporation, 1997.

# 4

第四篇

# 服务管理定量模型

最后几章介绍了在服务运营中有重要应用价值的一些定量模型。首先，我们聚焦于指数平滑模型来预测对服务的期望需求，它可能按小时、天、月来变化。还有一些库存管理模型会在随后几章予以介绍，并讨论射频识别技术（RFID）在服务业的应用。最后我们以项目管理话题来收尾。这是在任何环境下都很重要的一项管理技能，尤其在咨询活动管理领域。

# 第 14 章

# 服务需求预测

| 学习目标 |

通过本章学习，你应该能够：

1. 对于给定的状况，会使用一种合适的预测模型。

2. 应用德尔菲法做练习。

3. 描述指数平滑法的特征，使之成为时间序列预测法中一种非常有用的模型。

4. 使用趋势和季节调整的指数平滑模型进行时间序列预测。

当饥饿的人们走进一家快餐店，他们希望能快速得到食物，但又不想要一个烤过头而变得焦黑的汉堡。那这样一家餐馆的经营者如何了解在一个给定的时间里何时应该制作汉堡以及制作多少汉堡？超快技术（Hyper-Active Technologies）给快餐店提供了一种方法，可以让厨房工人通过使用屋顶摄像头来监控进入停车场和汽车餐厅的汽车，以提前知道需要给客人准备什么。利用历史数据，基于车辆的类型（如小型货车表示车上有很多人）和购买者的类型（如儿童和成人）来决定购买行为偏好（即炸鸡汉堡或鸡肉三明治），从而进行预测。厨房工人可以根据这些信息在获得真实的订单之前备好食物，从而提前准备好为客人服务。

例如，假设在麦当劳巨无霸促销期间，有 5 辆汽车在汽车餐厅门口停留 6 分钟。我们知道，根据历史数据，百分之百会有人在接下来的 3 分钟订购一个巨无霸。在快餐领域，中午时段卖 120 个汉堡是微不足道的。管理者必须知道在只有 20 分钟准备时间的窗口，厨房需要提前准备什么食品。如果他们低估这个步骤，差距就会开始形成，并且"快餐"服务会变为"慢餐"服务；如果过度重视这个，又会因为浪费食物而导致利润损失。这种识别软件的早期结果已经显示，快餐行业浪费的时间已经被削减到一半，并且在汽车餐厅的等待时间也减少到 25 ～ 40 秒。[1]

## 14.1　本章概要

本章从回顾预测方法和选择标准开始论述。首先，我们探讨了主观模型，这是因为当考虑一个长期时间跨度时，在项目或营销活动的初始计划阶段，该模型是非常有用的。德尔菲法在政府原子能计划中的应用就是一个很好的例证。因果模型使用回归分析来确定影响利息变化的自变量和因变量的线性关系，并且以日间看护中心的选址问题为例，说明如何使用因果模型预测所选地址未来的地理需求。

我们从讨论一般 $N$ 期的移动平均开始论述时间序列模型，然后介绍一种更为复杂的时间序列模型，即指数平滑法，用以调整趋势和季节性数据。

## 14.2　预测方法的选择

预测技术的使用，可以让我们将数据库中的大量信息转化为可以形成服务竞争优势的策略。我们将预测技术划分为三种基本的模型：主观模型、因果模型、时间序列模型。当然必须指出的是，根据实际情况，一些特定服务只使用其中的一个模型，其他情况要根据实际应用，使用两个或更多模型。例如，一家快餐店可能更愿意使用时间序列模型来预测每日用餐需求。但是，由于时间和空间上的特点，医院的服务需求预测要同时使用时间序列模型和因果模型。有时，服务公司会使用主观模型来预测人口变化给未来带来的冲击，例如人口老龄化问题。总体来说，从主观模型到因果模型再到时间序列模型，预测的时间跨度越来越短。这些模型的特征以及可能的应用见表 14-1。

**表 14-1　预测方法的特点**

| 模型 | 所需数据 | 相关成本 | 预测时间跨度 | 应用 |
| --- | --- | --- | --- | --- |
| 主观模型 | | | | |
| • 德尔菲法 | 调研结果 | 高 | 长期 | 科技预测 |
| • 交互影响分析法 | 事件间的相互关系 | 高 | 长期 | 科技预测 |
| • 历史类推法 | 类似状况下的几年数据 | 高 | 中到长期 | 生命周期需求预测 |
| 因果模型 | | | | |
| • 回归模型 | 所有变量过去全部的数据 | 中 | 中期 | 需求预测 |
| • 计量经济模型 | 所有变量过去全部的数据 | 中到高 | 中到长期 | 经济状况预测 |
| 时间序列模型： | | | | |
| • $N$ 期移动平均法 | $N$ 个最近时期实测值 | 很低 | 短期 | 需求预测 |
| • 简单指数平滑法 | 过去指数平滑值和最近实测值 | 很低 | 短期 | 需求预测 |

## 14.3　主观模型

大多数预测方法，如时间序列模型和因果模型，都建立在随着时间变化而相对稳定的数据基础上，因此我们可以做出合理有用的预测。然而，在有些情况下，我们只有很少甚至根本没有数据可以用来参考，或者那些数据只在短期内存在关联，对于长期预测毫无用处。

当缺少足够的或合适的数据时，我们只好借助于主观或定性的预测方法，包括德尔菲法、交互影响分析法和历史类推法。

### 14.3.1 德尔菲法

德尔菲法是由兰德公司的 Olaf Helmer 开发的，它建立在专家意见的基础上。最简单的方法是对在某个特定领域内具有专门技能的人进行提问，并且不允许他们相互交换意见。通常要求参与者定量估算，例如，让他们预测来年的道·琼斯指数平均值。

主持者将结果列表分为四类，然后将调查结果反馈给专家们，让他们根据新信息重新考虑答案。另外，要求那些意见不在此列的专家调整他们的观点。将本轮提问的信息再次列表并反馈给专家。此时，每一位意见仍不在中间两列（即四分位差）的参与者要提出论据，证明为什么他认为中间两列的意见是错误的。

该过程反复地进行几次，目的是使专家的意见逐渐趋于一致，以用于未来计划的制订。这是劳动密集型的方法，需要投入大量的具有专业知识的人。显而易见，德尔菲法是一种代价高昂且非常耗时的方法。在实践中，一般仅用于长期预测。

## ⊙【例 14-1】

### 核能德尔菲研究

下面以某项核工业研究为例来说明德尔菲法。[2] 该研究共有 98 位专家同意参加此项研究，这些人在与原子能有关的工业部门的建筑工程公司、反应堆制造商、公用事业公司以及国家管理机构、国家能源委员会、国会和公众部门的原子能立法机构中担任高层职务。

第 1 轮的调查问卷中包含 37 个问题：其中 11 个涉及原子能工业过去的演变，26 个涉及未来的变化。在标有 7 个点的利克特量表上回答这些问题，回答范围从"完全同意"到"不确定"再到"完全反对"，如下所示：

吸引人的是，允许将资本投入成本并入收费结构，效用会更高。

| 无法判断 | 完全反对 | 反对 | 部分反对 | 不确定 | 部分同意 | 同意 | 完全同意 |
|---|---|---|---|---|---|---|---|

调查问卷也要求做开放式的评论。

在本项研究第 2 轮，主持者提出一份全面的有关第 1 轮中对过去 11 个问题答案的总结，以及有关未来的开放式评论的总结。把对上面问题作答的数目列于下面，在答案的下面列出中位数（M）和四分位差（由竖线划分）。

| | 1 | 6 | 5 | 6 | 15 | 35 | 8 |
|---|---|---|---|---|---|---|---|
| 无法判断 | 完全反对 | 反对 | 部分反对 | 不确定 | 部分同意 | 同意 | 完全同意 |
| | | | | &#124;⋯⋯⋯⋯⋯⋯⋯⋯ M ⋯&#124; | | | |

在第 2 轮问卷中，省略有关过去的 11 个问题，补充从第 1 轮开放式评论中引出的 11 个新问题。如果参与者的观点在四分位差之外，他们就要用支持性的论据来"捍卫"自己的观点。

第 3 轮，即本次研究的最后一轮，主持者又将来自第 2 轮的调查结果反馈给参与者，让他们在同样问题上再次"表决"。每轮表决后的中位数及四分位差的结果反映出个别问题的观点怎样调整并最终达成一致。

| | 1 | 6 | 5 | 6 | 15 | 35 | 8 |
|---|---|---|---|---|---|---|---|
| 无法判断 | 完全反对 | 反对 | 部分反对 | 不确定 | 部分同意 | 同意 | 完全同意 |
| **第 1 轮** | | | | &#124;⋯⋯⋯⋯⋯⋯⋯⋯⋯⋯ M ⋯&#124; | | | |

| 第 2 轮 | ············· *M* ············· |
| 第 3 轮 | ·········· *M* ··· |

研究中，有些问题要求评估原子能工业过去以及现在的地位。另外一些问题不仅要求专家回答他们认为该产业应向哪个方向发展，还要求他们就一些热点问题提出看法，比如资源如何布局、政治时局对未来核力量分配的影响等。当无法获取定量数据时，德尔菲法是一种有用的工具。

### 14.3.2　交互影响分析法

交互影响分析法（cross-impact analysis）假定某些未来事件与以前的偶发事件有关。在德尔菲法中，一个专家组研究在一个矩阵中出现的事件间的一系列相关性。这种相关性构成预测未来可能发生事件的基础。

例如，预测认为到 2020 年汽油价格为每加仑 5 美元（事件 A），相应地，到 2030 年货运量会翻一番（事件 B）。经过初步讨论，认为如果事件 A 是确定的，那么事件 B 的条件概率是 0.7；若事件 B 确定，则事件 A 的条件概率是 0.6。将它们列在下面的矩阵中：

| 给定事件 | 事件概率 | |
| --- | --- | --- |
| | A | B |
| A | — | 0.7 |
| B | 0.6 | — |

假定预测到 2030 年货运量翻一番的无条件概率是 1.0，那么，到 2020 年每加仑汽油为 5 美元的无条件概率是 0.8。这些新值与矩阵中的值在统计上是不一致的。将这种不一致反馈给组内的专家们，然后通过一系列重复的过程不断修改他们的估计。与德尔菲法相似，必须要有一位经验丰富的主持者，这样才可能达成专家们满意的条件概率矩阵，并用其生成预测结果。

### 14.3.3　历史类推法

历史类推法假定一种新服务的引进和成长方式能够模仿另一种可获得可靠数据的相似服务的方式。它经常用于预测某种新服务的市场渗透力或生命周期。市场营销学认为，产品生命周期包括引入期、成长期、成熟期和衰退期。

应用历史类推法的一个有名的案例是，根据几年前黑白电视机的市场经验来预测彩色电视机的市场渗透力。当然，合适的类推并不是显而易见的。比如，家政服务需求的增长可由儿童护理服务的成长曲线类推获得。由于对以往的数据模式可有多种解释，且类推本身就有令人质疑的地方，使用该方法进行预测的可信度就值得怀疑。历史类推预测法的可信度依赖于是否做了可信的类推。

## 14.4　因果模型

如果使用并不复杂的数据，进行短期预测并不难。但是，有时竞争性的服务机构必须处理大量的统计信息，其中一些与有用的预测有关，而另一些则无关。在此情况下，经常要对明年或后十年进行预测，而不是仅仅为了明天或下周、下个月来预测。很明显，一项长期的预测可能使一个组织成功，也可能使其毁灭。因此，我们需要一种能够筛选出重要信息并且对其进行处理的方法，从而帮助我们做出合理的预测。

因果模型的假定条件与时间序列模型（在后面将涉及）相似，即数据遵从于过去某种不变的模式，在我们希望预测的信息和其他因素之间存在着稳定的关系。从简单的回归分析——它是预测所基于的根本技术，到计量经济模型——它使用一系列公式组，这些都属于因果模型。

### 14.4.1 回归模型

回归模型体现了被预测因素和决定它的诸因素之间的关系。被预测因素称为因变量（或$Y$），决定$Y$的诸因素称为自变量（或$X_i$）。若存在$n$个自变量，那么因变量$Y$和自变量$X$之间的关系可以写为：

$$Y=a_0+a_1X_1+a_2X_2+\cdots+a_nX_n \tag{14-1}$$

式中，$a_0$, $a_1$, $a_2$, $\cdots$, $a_n$是系数，其值取决于所用的计算机程序。如果手工计算，其值取决于在基础统计书中使用的回归方程。

## ⊙【例 14-2】

### 确定托儿所的位置

服务设施的区位分析质量依赖于对服务的地理需求的准确评价（即地理区位的需求）。评价内容包括对划分服务区域的地理单元（例如统计普查区域或邮政编码区域）和来自这些地区预测要求的方法（例如零售商要求顾客提供邮政编码）的选择。

展示地理需求的评价过程，就是考虑托儿所的位置选择。目标人群是孩子小于5岁且父母中至少有一人有工作的家庭。因为人口资料在美国的人口统计局数据中是可以得到的，所以普查区域从地理单元中选择。因变量$Y_i$是普查区$i$中需要托儿所的家庭百分率。运用SAS软件分析下面的回归模型：

$$Y_i=0.58X_{1i}+0.43X_{2i}+0.85X_{3i}$$

式中　　$Y_i$——普查区$i$中需要托儿所的家庭百分率；

　　　　$X_{1i}$——普查区$i$中孩子小于5岁的家庭的百分率；

　　　　$X_{2i}$——普查区$i$中单亲妈妈持家的家庭的百分率；

　　　　$X_{3i}$——普查区$i$中父母全工作的家庭的百分率。

评估每一个普查区的百分率$Y_i$之后，与普查区的家庭数和每个家庭小于5岁的儿童平均数相乘，结果就是每个普查区需要托儿所服务的儿童数量（即托儿所的地理需求）。

为了满足个别组织的需求，使用回归模型要搜集大量数据，这往往需要投入大量的时间和费用。为了确保因变量和自变量的相关性能够进行逻辑和意义上的解释，在自变量和因变量的选择上也需要一定的技巧。基于上述原因，回归模型适用于中期和长期的预测。

### 14.4.2 计量经济模型

计量经济模型由一组方程组成，它是回归模型的变形。这些方程之间互相关联，系数由较简单的回归模型确定。一个计量经济模型由一组联立方程组成，这些方程根据几个不同的自变量来确定因变量的值。计量经济模型需要大量的数据并要运用复杂的分析方法。因此，一般适用于长期预测。

## 14.5 时间序列模型

如果随着时间的变化，实测值之间存在某种稳定的关系，我们就可以用时间序列模型做短期预测。从简单的 $N$ 期移动平均模型到更复杂、有用的指数平滑模型，都属于时间序列模型。

由于指数平滑模型能够用于追踪预测所需的要素（即平均水平、趋势、季节因素），故此模型十分有用。平均水平是对随机变量（如顾客需求）均值的估计；趋势是指每一时期增长或降低的幅度；而季节性是一种重复出现的循环，犹如饭店的每日需求、某个旅游胜地的每年需求一般。要注意的是，这些要素本质上都是随机的，但随着时间的变化，其内在价值会发生变化（如趋势因素会由正向变为反向）。运用平滑指数，每一种要素都将被追踪到，并将结果整合而得出一种预测结果。我们将从简单的 $N$ 期移动平均法开始我们对时间序列模型的研究。

### 14.5.1 N 期移动平均法

有时，一段时期内的观测具有随机性，因此，我们并不能确定在此基础上所做的预测是否准确。表 14-2 中列出了大学城中一个拥有 100 个房间的旅店的情况。由于一周内每天的需求受不同因素的影响，因而我们只对星期六的客房入住率做预测。例如，工作日入住的主要是商务差旅人员，但周末则主要是前来度假或访亲探友的人。

对预测期的选择非常重要，它要建立在需求特性以及使用信息能力的基础上。例如，快餐店选择某天中某个小时做需求预测。

表 14-2 有 100 个房间的旅店在星期六的客房入住情况

| 星期六 | 时期 | 入住间数 | 三个时期的移动平均数 | 预测值 |
|---|---|---|---|---|
| 8 月 1 日 | 1 | 79 | | |
| 8 月 8 日 | 2 | 84 | | |
| 8 月 15 日 | 3 | 83 | 82 | |
| 8 月 22 日 | 4 | 81 | 83 | 82 |
| 8 月 29 日 | 5 | 98 | 87 | 83 |
| 9 月 5 日 | 6 | 100 | 93 | 87 |
| 9 月 12 日 | 7 | | | 93 |

旅店经营者已经注意到，最近两个星期六客房入住率在上升，他希望能为即将来临的周末（9 月 12 日）做好准备，并可能会采取停止房价打折的做法。那么，更高的入住率是不是表示平均入住率会改变？为了回答这个问题，我们需要找到一种方法，它能够剔除模式中偶尔出现的"干扰"，使我们不会过分地受随机变化的干扰，而将注意力放在长久、显著的影响因素上。

在这个简单的例子中，我们会应用 $N$ 期移动平均法来剔除随机变量，并对平均入住率做出可靠的估计。选择 $N$ 个最近时期准确的实测值 $A_t$ 和时期 $t$，可用式（14-2）计算出移动

平均数 $MA_t$：

$$MA_t = \frac{A_t + A_{t-1} + A_{t-2} + \cdots A_{t-N+1}}{N} \tag{14-2}$$

若 $N=3$，那么只能从第 3 期（8 月 15 日）开始计算。我们将最近三个星期六（8 月 1 日、8 日和 15 日）的入住率相加，然后除以 3，得到三阶段的移动平均值（83+84+79）/ 3=82，并用这个结果预测下星期六（8 月 22 日）的入住率。移动平均预测已经剔除了随机扰动，可以更好地找出平均入住率，然后用它来预测下一期的情况。每一个三时期移动平均预测都是将三个最近时期的入住率简单相加然后除以 3。例如，要计算 8 月 22 日的移动平均值，我们需要去掉 8 月 1 日的值，加上 8 月 22 日的值，然后重新计算，得到 83。对余下的数据做同样的计算，我们会看到 8 月份星期六客房的入住率是如何从 82% 上升的，并反映出过去两周的客房情况。但如果当地的大学足球队在连续进行了两个主场比赛之后，要在 9 月 12 日进行客场比赛，那么能否确认下星期六的入住率是 93%？

虽然 $N$ 期移动平均数已经显示出平均入住情况的变化，但是因为在计算均值时新旧数据被赋予相同的权重（$1/N$），导致这种方法对变化反应得较慢。因为越新的数据就越能表示出变化的情况，所以我们希望给新的实测值更大的权重。与任意设定移动平均数据的权重来纠正这种缺陷不同，我们将使用一种更为复杂的预测方法，系统地处理这些数据。下面，我们讨论指数平滑法，它可以考虑数据的趋势和季节性变化。

### 14.5.2 简单指数平滑法

简单指数平滑法（simple exponential smoothing）是时间序列模型中用于需求预测的最常用方法。它也可以"剔除"数据中偶然出现的因素，但是优于 $N$ 期移动平均法。主要优点表现在三个方面：①旧数据不会被有意删掉或丢失；②越旧的数据权重越低；③计算简单，仅需要最新的数据。

简单指数平滑法的基础是：反馈出预测的错误，纠正以前的平滑值。在式（14-3）中，$S_t$ 是 $t$ 时期的指数平滑值，$A_t$ 是 $t$ 时期的实测值，$\alpha$ 是平滑常数，取值一般在 0.1 ~ 0.5 之间。

$$S_t = S_{t-1} + \alpha(A_t - S_{t-1}) \tag{14-3}$$

（$A_t - S_{t-1}$）项是实测值和计算出来的前期指数平滑值的差值，它表示预测的误差。将其乘以 $\alpha$ 再加上前期的平滑值，就得到新的指数平滑值 $S_t$。值得注意的是，预测误差的取值可正、可负，那么此时该方法是怎样自我纠偏的呢？

通过对表 14-2 中的入住率做移动平均，我们发现最近两个星期六平均入住率确有提高。在表 14-3 中列出相同的数据，同时在第三栏中列出每一时期的实测值（$A_t$）。运用简单指数平滑法，可以再次发现平均入住率确实有显著变化。

**表 14-3 简单指数平滑法［旅店星期六的入住率（$\alpha$=0.5）］**

| 星期六 | 时期 | 实际入住率 | 平滑值 | 预测值 | 偏差 | 绝对误差 | 平方误差 | 百分误差 |
|---|---|---|---|---|---|---|---|---|
| | $t$ | $A_t$ | $S_t$ | $F_t$ | $A_t-F_t$ | $\lvert A_t-F_t\rvert$ | $(A_t-F_t)^2$ | $\lvert A_t-F_t\rvert/A_t$ |
| 8 月 1 日 | 1 | 79 | 79.00 | | | | | |
| 8 月 8 日 | 2 | 84 | 81.25 | 79 | 5 | 5 | 25 | 6 |
| 8 月 15 日 | 3 | 83 | 82.25 | 82 | 1 | 1 | 1 | 1 |

（续）

| 星期六 | 时期 | 实际入住率 | 平滑值 | 预测值 | 偏差 | 绝对误差 | 平方误差 | 百分误差 |
|---|---|---|---|---|---|---|---|---|
| | $t$ | $A_t$ | $S_t$ | $F_t$ | $A_t - F_t$ | $|A_t - F_t|$ | $(A_t - F_t)^2$ | $|A_t - F_t|/A_t$ |
| 8月22日 | 4 | 81 | 81.63 | 82 | -1 | 1 | 1 | 1 |
| 8月29日 | 5 | 98 | 89.81 | 82 | 16 | 16 | 256 | 16 |
| 9月5日 | 6 | 100 | 94.91 | 90 | 10 | 10 | 100 | 10 |
| | | | | 总体偏差 | 31 | 33 | 383 | 34 |
| | | | | 预测 | CFE | MAD | MSE | MAPE |
| | | | | 偏差 | 31 | 6.6 | 76.6 | 6.8 |

因为必须从某一处开始计算，所以就把一系列数据中的第一个实测值 $A_t$ 作为第一个平滑值 $S_t$。如表 14-3 所示，8 月 1 日的 $S_1 = A_1 = 79.00$。8 月 8 日的平滑值 $S_2$ 可以根据式（14-3），即 8 月 8 日的实测值 $A_2$ 和 8 月 1 日的平滑值 $S_1$ 得出。我们设定 $\alpha = 0.5$，如下所述，该结果与使用三时期移动平均法得到的结果类似：

$$
\begin{aligned}
S_2 &= S_1 + \alpha(A_2 - S_1) \\
&= 79.00 + 0.5 \times (84 - 79.00) \\
&= 81.50
\end{aligned}
$$

采用类似的计算方法可以得出接下来各期的平滑值（$S_3$，$S_4$，$S_5$，$S_6$）。

简单指数平滑法假定数据的分布是依据一个恒定的均值形成的。因此，对计算出的第 $t$ 时期平滑值取整可以作为 $t+1$ 时期的预测值，即：

$$
F_{t+1} = S_t \tag{14-4}
$$

8 月 8 日的平滑值是 81.50，那么 8 月 15 日入住率的最佳预测是 81.50。值得注意的是，预测误差（84-79）是 +5（也就是说，我们低估了 5 个百分点的需求）。把前一个平滑值加上误差值的一半，就可以提高新的平均入住率的估计值。这种将误差反馈回来以修正以前估计的思想来源于控制论。

表 14-3 中所示的平滑值是在 $\alpha = 0.5$ 时计算出来的。当然，如果我们希望平滑值受最新的数据影响更小，可以对 $\alpha$ 取更小的值。图 14-1 显示 $\alpha$ 取 0.1 或 0.5 时，怎样修匀真实值曲线。从图中不难发现，平滑曲线（特别是 $\alpha = 0.5$ 时）已经修匀了极点（即最低点、最高点），并且对近两个星期六上升的入住率有所反映。因此，基于平滑值的预测可以防止对实测值中的极点产生过度反应。

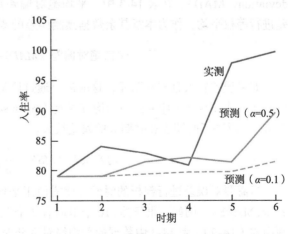

图 14-1　简单指数平滑法：旅店星期六的入住率（$\alpha = 0.1$ 和 $\alpha = 0.5$）

式（14-3）可重新写为：

$$
S_t = \alpha(A_t) + (1-\alpha)S_{t-1} \tag{14-5}
$$

观察一下式（14-5）中对过去数据给定的权重，就会理解"指数平滑"的意思了。我们发现给 $A_t$ 以一定的权重 $\alpha$ 来决定 $S_t$，通过替代不难看到 $A_{t-1}$ 的权重为 $\alpha(1-\alpha)$。通常，实测

值 $A_{t-n}$ 的权重为 $\alpha(1-\alpha)^n$。在图 14-2 中，我们将过去一段时期的实测值权重的指数衰变描绘成线。值得一提的是，它不像 $N$ 期移动平均法，应用它时旧的实测值不会从 $S_t$ 的计算中完全消失，但是其重要性会逐渐降低。

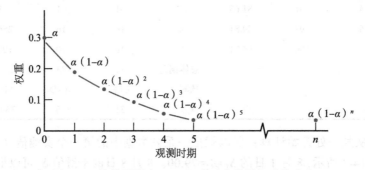

图 14-2　指数平滑法 ($\alpha$=0.3) 中过去数据权重的确定

### 14.5.3　预测误差

虽然从图 14-1 中我们可以明显发现平滑曲线已经修匀了实际曲线的最高点和最低点，但是怎样才能测量预测的精确度呢？

首先，我们应该期望得到一个公正的预测，可以反映实际数据的真实情况。因而，考虑到正、负的不同影响，预测误差的总和应趋于 0。如果不是这样，接下来我们应该找出潜在的趋势或周期性规律，并解释说明原因。根据表 14-3 所示的结果，用式（14-6）计算得到的累计预测误差（cumulative forecast error，CFE）是 31。

$$累积预测误差（CFE）=\sum_{t=1}^{n}\left(A_t-F_t\right) \tag{14-6}$$

最常见的预测误差的方法就是使用式（14-7）计算的平均绝对偏差（mean absolute deviation，MAD）。在表 14-3 中，平均绝对偏差是 6.6。我们将继续使用 MAD 对每一个误差进行等权平均，作为本章其余数据预测误差的测算结果。

$$平常绝对偏差（MAD）=\frac{1}{n}\sum_{t=1}^{n}\left|A_t-F_t\right| \tag{14-7}$$

如果误差较大且非常明显，这就需要通过调整权重来修正误差。表 14-3 中计算的结果，就是通过式（14-8）计算得到的均方误差（mean squared error，MSE），得到的修正后结果是 76.6，它反映了时期 5 和时期 6 的误差较大。

$$均方误差（MSE）=\frac{1}{n}\sum_{t=1}^{n}\left(A_t-F_t\right)^2 \tag{14-8}$$

当需要对误差进行剖析的时候，就需使用平均绝对百分误差（mean absolute percentage error，MAPE）。例如，很显然，10 个里面有 2 个误差就比 1 000 个里面有 2 个误差影响要大。利用式（14-9），表 14-3 中数据的平均绝对百分误差就是 6.8。

$$平均绝对百分误差（MAPR）=\frac{1}{n}\sum_{t=1}^{n}\frac{\left|A_t-F_t\right|}{A_t} \tag{14-9}$$

本例中的预测值是在 $\alpha$=0.5 时计算出来的，此方法类似于三时期移动平均法。在前面讲到的三时期移动平均法中，$MAD$=9.7。本例中，简单指数平滑法预测的结果比相应的三时期移动平均法更为精确。若 $\alpha$=0.1，则 *MAD*=8.8，说明小的平滑常数的不敏感性。对一组数据选取 $\alpha$ 值使 MAD 值最小，可以用 Excel Solver 表格完成。

CFE 正数值 31 说明现存的数据有向上的趋势，简单指数平滑法预测降低了实际的入住率。因此，我们必须在预测中考虑趋势调整。但是首先，我们需要明白 $\alpha$（指数平滑常数）和 $N$（移动平均的时期个数）之间的关系。

### 14.5.4　$\alpha$ 和 $N$ 之间的关系

$\alpha$ 的取值建立在历史数据的基础上，对变化中近期的数据给予更大的权重，因此这是一种判断。为了更好地确定 $\alpha$，我们可以找出移动平均法中 $N$ 的大小和指数平滑法中 $\alpha$ 的关系。如果过去数据的平均时期相等，那么我们就假定这两种方法具有相似性，可得出以下关系：

$$\text{移动平均法：平均时期} = \frac{(0+1+2+\cdots+N-1)}{N}$$
$$= \frac{(N-1)(N/2)}{N}$$
$$= \frac{N-1}{2}$$

$$\text{指数平滑法：平均时期} = 0(\alpha)+1(\alpha)(1-\alpha)+2(\alpha)(1-\alpha)^2+\cdots$$
$$= \frac{(1-\alpha)}{\alpha}$$

指数平滑法得出的平均时期是等比数列，当 $a=\alpha$ 且 $r=1-\alpha$ 时，其和为 $\dfrac{ar}{(1-r)^2}$。

指数平滑法与移动平均法得出的平均时期相等，则结果为 $\alpha = \dfrac{2}{N+1}$ 或 $N = \dfrac{2-\alpha}{\alpha}$

在下例中应用这个结果，则 $\alpha$ 和 $N$ 值分别为：

| $\alpha$ | 0.05 | 0.1 | 0.2 | 0.3 | 0.4 | 0.5 | 0.667 |
|---|---|---|---|---|---|---|---|
| $N$ | 39 | 19 | 9 | 5.7 | 4 | 3 | 2 |

如上所示，与相同的移动平均法预测的时期数量相比较，指数平滑值一般在 0.1 ～ 0.5 之间是合理的。在对一个稳定均值随机变动的过高反应和找出均值的变化之间进行取舍，我们就可以给 $\alpha$ 一个特定的值。$\alpha$ 值越大，对变化就越敏感，这是因为近期数据的权重更大。实际上，$\alpha$ 值的选取通常是在平均绝对偏差（MAD）测出的预测误差的最小值的基础上进行的。

### 14.5.5　考虑趋势调整的指数平滑法

一组数据的趋势是指在过去一段时期，被观测值从某一时期向另一时期变化的平均变化率。由趋势引起的变化可以用简单指数平滑法的扩展方法处理。

表 14-4 列出了一个往返于两地间的航班前 8 周的运营情况，显示出平均每周承载系数

（即已售出座位的比例）在稳定上升，从第 1 周的大约 30% 升到第 8 周的 70% 左右。本例中，用式（14-10）计算出平滑值 $S_t$。式（14-10）是在式（14-5）的基础上变换而来的，它在原先的平滑值 $S_{t-1}$ 中加入了趋势值 $T_{t-1}$ 以说明每周承载系数增长的变动率。

$$S_t = \alpha(A_t) + (1-\alpha)(S_{t-1} + T_{t-1}) \tag{14-10}$$

在计算中考虑趋势调整时，我们用 $\beta$ 作为平滑常数。该常数通常设定在 $0.1 \sim 0.5$ 之间，可能与 $\alpha$ 相同，也可能不相同。$(S_t - S_{t-1})$ 是给定 $t$ 时期的趋势，它描述的是从一个时期到另一个时期平滑值的变化率（即需求曲线的斜率）。用式（14-11）可以计算出 $t$ 时期的平滑趋势 $T_t$，式（14-11）是式（14-5）经过变换得出的，即用实测趋势（$S_t - S_{t-1}$）代替 $A_t$。

$$T_t = \beta(S_t - S_{t-1}) + (1-\beta)T_{t-1} \tag{14-11}$$

为了预测业务启动阶段的现金流量，航班的经营者希望能预测出未来每周的承载系数。观察了前两周的情况后，就可以对第 3 周的情况进行预测。表 14-4 中的平滑值、趋势值、预测值是分段计算出来的。因为第 1 周是这一系列预测中的第 1 个时期，所以其平滑值 $S_1$ 等于真实值 $A_1$，平滑趋势 $T_1 = 0.00$。第 2 周的预测值是用式（14-12）计算得出的。本例中，$F_2 = 31 + 0.00 = 31.00$。

$$F_{t+1} = S_t + T_t \tag{14-12}$$

表 14-4 考虑趋势调整的指数平滑法（航班承载系数：$\alpha = 0.5$，$\beta = 0.3$）

| 第 $t$ 周 | 实际承载系数 ($A_t$) | 平滑值 ($S_t$) | 平滑趋势 ($T_t$) | 预测值 ($F_t$) | 预测误差 $\lvert A_t - F_t \rvert$ |
|---|---|---|---|---|---|
| 1 | 31 | 31.00 | 0.00 | | |
| 2 | 40 | 35.50 | 1.35 | 31 | 9 |
| 3 | 43 | 39.93 | 2.27 | 37 | 6 |
| 4 | 52 | 47.10 | 3.74 | 42 | 10 |
| 5 | 49 | 49.92 | 3.47 | 51 | 2 |
| 6 | 64 | 58.69 | 5.06 | 53 | 17 |
| 7 | 58 | 60.88 | 4.20 | 64 | 6 |
| 8 | 68 | 66.54 | 4.63 | 65 | 3 |
| | | | | | MAD 6.7 |

设定 $\alpha = 0.5$，$\beta = 0.3$ 来计算第 2 周的数值以及第 3 周的预测值。首先，用式（14-6）求出第 2 周的平滑值 $S_2$：

$$S_2 = 0.5 \times 40 + (1-0.5) \times (31 + 0.00) = 35.50$$

然后用式（14-7）求出第 2 周的趋势值：

$$T_2 = 0.3 \times (35.50 - 31.00) + (1-0.30) \times 0.00 = 1.35$$

最后用式（14-8）求出第 3 周的预测值：

$$F_3 = 35.5 + 1.35 = 36.85 \approx 37$$

在得到以后各周的实际数据后，可以用相同的计算方法求出平滑值、趋势值、预测值以及预测误差。表 14-4 中列出了这些结果（MAD=6.7）。

预测误差的和（不论正数、负数）测量的是预测偏差，在本例中，$\sum (A_t - F_t) = 9 + 6 + 10 - 2 + 11 - 6 + 3 = 31$。对于无偏预测来讲，其预测误差之和应该是接近于零（即正、负误差可以互相抵消）。

图 14-3 中分别画出了实际承载系数和预测值。值得注意的是，除了第 5 周和第 7 周，经过趋势调整的预测值都是滞后于真实值的。

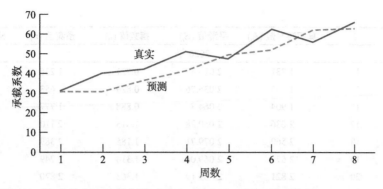

图 14-3　考虑趋势调整的指数平滑法：航空公司的承载系数（$\alpha = 0.5$，$\beta = 0.3$）

### 14.5.6　考虑季节性调整的指数平滑法

我们用简单指数平滑法的另一种扩展模型来说明一组数据的季节性影响。首先，我们用最简单的方法剔除数据中的季节性，然后用所学知识将这些数据修匀，最后，重新加入季节性以做出预测。

表 14-5 中列出了 2019 ~ 2020 年每月乘渡船到加勒比一个岛屿旅游的游客数量，我们要对这些数据进行季节性调整。通常要设定一个周期 $L$，作为一个季节的长度。$L$ 可以是任意时间长度，甚至是一天的 24 小时，但正如本例所示，$L$ 一般为 12 个月。值得注意的是，在开始用指数平滑法计算、预测之前，至少要有一个完整季节的实测值。

现引入季节指数 $I_t$ 来剔除给定周期 $L$ 的季节性影响，用 $t$ 时期的真实值 $A_t$ 除以周期 $L$ 内所有时期的均值 $\overline{A}$，求出 $I_t$：

$$I_t = \frac{A_t}{\overline{A}} \tag{14-13}$$

式中，$\overline{A} = (A_1 + A_2 + \cdots A_L)/L$。

表 14-5　考虑季节性调整的指数平滑法（乘渡船到岛上的游客数：$\alpha = 0.2$，$\gamma = 0.3$）

| 时期 | $t$ | 真实游客数 ($A_t$) | 平滑值 ($S_t$) | 指数值 ($I_t$) | 预测值 ($F_t$) | 预测误差 $|A_t - F_t|$ |
|---|---|---|---|---|---|---|
| | | | 2019 年 | | | |
| 1 月 | 1 | 1 651 | — | 0.837 | — | |
| 2 月 | 2 | 1 305 | — | 0.662 | — | |
| 3 月 | 3 | 1 617 | — | 0.820 | — | |
| 4 月 | 4 | 1 721 | — | 0.873 | — | |
| 5 月 | 5 | 2 015 | — | 1.022 | — | |
| 6 月 | 6 | 2 297 | — | 1.165 | — | |
| 7 月 | 7 | 2 606 | — | 1.322 | — | |
| 8 月 | 8 | 2 687 | — | 1.363 | — | |
| 9 月 | 9 | 2 292 | — | 1.162 | — | |
| 10 月 | 10 | 1 981 | — | 1.005 | — | |
| 11 月 | 11 | 1 696 | — | 0.860 | — | |
| 12 月 | 12 | 1 794 | 1 794.00 | 0.910 | — | |
| | | | 2020 年 | | | |
| 1 月 | 13 | 1 806 | 1 866.74 | 0.876 | — | — |

（续）

| 时期 | $t$ | 真实游客数 ($A_t$) | 平滑值 ($S_t$) | 指数值 ($I_t$) | 预测值 ($F_t$) | 预测误差 $|A_t-F_t|$ |
|------|-----|------------------|--------------|--------------|--------------|-------------------|
| | | | 2020 年 | | | |
| 2 月 | 14 | 1 731 | 2 016.35 | 0.721 | 1 236 | 495 |
| 3 月 | 15 | 1 733 | 2 035.76 | 0.829 | 1 653 | 80 |
| 4 月 | 16 | 1 904 | 2 064.81 | 0.888 | 1 777 | 127 |
| 5 月 | 17 | 2 036 | 2 050.28 | 1.013 | 2 110 | 74 |
| 6 月 | 18 | 2 560 | 2 079.71 | 1.185 | 2 389 | 171 |
| 7 月 | 19 | 2 679 | 2 069.06 | 1.314 | 2 749 | 70 |
| 8 月 | 20 | 2 821 | 2 069.19 | 1.363 | 2 820 | 1 |
| 9 月 | 21 | 2 359 | 2 061.38 | 1.157 | 2 404 | 45 |
| 10 月 | 22 | 2 160 | 2 078.95 | 1.015 | 2 072 | 88 |
| 11 月 | 23 | 1 802 | 2 082.23 | 0.862 | 1 788 | 14 |
| 12 月 | 24 | 1 853 | 2 073.04 | 0.905 | 1 895 | 42 |
| | | | | | | MAD 110 |

在本例中，$\overline{A}$ =1 971.83（2019 年每月平均乘客数量），将其代入式（14-13），求出第 1 个季度 12 个时期的指数 $I_t$，在表 14-5 中第五栏内列出了 2019 年每月的指数值。然后按式（14-14），用这些数据剔除 2020 年各月中的季节性影响。式（14-14）是对式（14-5）做了微小变动得出的，即用指数 $I_{t-L}$ 对 $A_t$ 进行调整：

$$S_t = \alpha \frac{A_t}{I_{t-L}} + \left(1-\alpha\right)S_{t-1} \tag{14-14}$$

本例是用 2019 年 12 个月的数据对季节指数做最初的估计，因此，直到第 13 个时期（即 2020 年 1 月）才能计算出新的平滑值。在计算之初，假设 $S_{12}=A_{12}$，即表 14-5 中的 1 794.00。用式（14-14），可以计算出 2020 年 1 月的平滑值，$I_{t-L}=0.837$（即 12 个月前的 2019 年 1 月的指数 $I_t$），$\alpha=0.2$：

$$S_{13} = \left(0.2\right)\frac{1\ 806}{0.837} + \left(1-0.2\right)1\ 794.00$$
$$= 1\ 866.74$$

对 1 月份的指数值进行季节分析来预测 2 月（$t+1$ 时期）的数值：

$$F_{t+1}=S_t I_{t-L+1} \tag{14-15}$$

注意，季节系数 $I_{t-L+1}$ 是 2019 年 2 月的指数 $I_t$。因此，2020 年 2 月的预测值为：

$$F_{14}=1\ 866.74 \times 0.662=1\ 235.78=1\ 236$$

如果季节指数是稳定的，那么只根据一个周期 $L$ 做出的预测应该是可靠的。然而，如果指数不稳定，那么就需要调整、修匀，新的数据也就可靠了。根据最近 $t$ 时期的真实值 $A_t$ 求出平滑值 $S_t$，可以找到新的 $t$ 时期季节指数（$A_t / S_t$）。将指数平滑的概念应用于指数中，我们引入一个新的常数 $\gamma$，通常将其值定为 0.1 ～ 0.5 之间。季节指数的平滑估计可用下式求出：

$$I_t = \gamma \frac{A_t}{S_t} + \left(1-\gamma\right)I_{t-L} \tag{14-16}$$

现在，我们用式（14-16）来继续表 14-5 中 2020 年的计算，求出最新的用于未来预测的每月季节指数。但是，应该认识到在实际操作中，$L$ 周期新季节的每一周期（即月）的平滑值、指数、预测值是基于最近期可靠的真实值逐月计算出来的。因此，按式（14-16），可求出 2020 年 1 月的新平滑季节指数 $I_{13}$（设 $\gamma=0.3$）：

$$I_{13}=0.3\frac{1\ 806}{1\ 866.74}+(1-0.3)0.867=0.876$$

2020 年 2 月至 12 月的 $MAD=110$，这表明对表现出明确季节性的真实值做出了很好的预测。但是，是否有可能做出更精确的预测呢？

### 14.5.7 考虑趋势和季节性调整的指数平滑法

回答前面的问题——是否有可能做出更精确的预测呢？答案是（有些时候）有可能。有时，只对趋势或季节进行单方调整就可以得出均值的最优估计，但有时，必须考虑所有要素才能提高预测精度。通过给带有趋势和季节指数的基本平滑值加权，我们就可以用既考虑趋势又考虑季节性调整的指数平滑法对下个时期进行预测。相应公式如下：

$$S_t=\alpha\frac{A_t}{I_{t-L}}+(1-\alpha)(S_{t-1}+T_{t-1}) \tag{14-17}$$

$$T_t=\beta(S_t-S_{t-1})+(1+\beta)T_{t-1} \tag{14-18}$$

$$I_t=\gamma\frac{A_t}{S_t}+(1-\gamma)I_{t-L} \tag{14-19}$$

$$F_{t+1}=(S_t+T_t)I_{t-L+1} \tag{14-20}$$

表 14-6 中空格显示的值是运用 Excel 公式得出的结果。表 14-7 则给出了表 14-6 中第 20 行有关 2020 年 2 月数据的公式，运用 Excel 中的复制命令可以使这些公式自动复制，而得出 21 ～ 30 行的数据。注意，在公式复制过程中，\$B\$1、\$B\$2、\$B\$3 的使用能够锁定指向平滑参数的方格（$\alpha$，$\beta$，$\gamma$），这一特征能够帮助我们变换这些参数，而重新计算预测值，以找到使 MAD 最小的 $\alpha$，$\beta$，$\gamma$ 值。$MAD=160$ 的结论告诉我们，在这个例子中，通过在表 14-5 中用到的季节性调整中加入趋势调整，并没有改善我们的预测结果。图 14-4 以图形的方式展示了只运用季节调整处理实际数据的结果，以及同时运用季节与趋势调整的结果。

**表 14-6 考虑季节性和趋势调整的指数平滑法：Excel 表格演示**
（乘渡船上岛的游客数 $\alpha=0.2$，$\beta=0.2$，$\gamma=0.3$）

| | A | B | C | D | E | F | G | H |
|---|---|---|---|---|---|---|---|---|
| 1 | $\alpha$ | 0.2 | | | | | | |
| 2 | $\beta$ | 0.2 | | | | | | |
| 3 | $\gamma$ | 0.3 | | | | | | |
| 4 | | | | 真实值 | 平滑值 | 趋势值 | 指数值 | 预测值 | 预测误差 |
| 5 | 时期 | $t$ | $A_t$ | $S_t$ | $T_t$ | $I_t$ | $F_t$ | $\lvert A_t-F_t\rvert$ |
| 6 | | | | 2009 ～ 2020 年 | | | | |
| 7 | 1 月 | 1 | 1 651 | | | 0.837 | | |
| 8 | 2 月 | 2 | 1 305 | | | 0.662 | | |
| 9 | 3 月 | 3 | 1 617 | | | 0.820 | | |
| 10 | 4 月 | 4 | 1 721 | | | 0.873 | | |
| 11 | 5 月 | 5 | 2 015 | | | 1.022 | | |

（续）

| | A | B | C | D | E | F | G | H |
|---|---|---|---|---|---|---|---|---|
| 12 | 6月 | 6 | 2 297 | | | 1.165 | | |
| 13 | 7月 | 7 | 2 606 | | | 1.322 | | |
| 14 | 8月 | 8 | 2 687 | | | 1.363 | | |
| 15 | 9月 | 9 | 2 292 | | | 1.162 | | |
| 16 | 10月 | 10 | 1 981 | | | 1.005 | | |
| 17 | 11月 | 11 | 1 696 | | | 0.860 | | |
| 18 | 12月 | 12 | 1 794 | 1 794.00 | 0.00 | 0.910 | | |
| 19 | 1月 | 13 | 1 806 | 1 866.74 | 14.55 | 0.876 | | |
| 20 | 2月 | 14 | 1 731 | 2 027.99 | 43.89 | 0.719 | 1 245 | 486 |
| 21 | 3月 | 15 | 1 733 | 2 080.19 | 45.55 | 0.824 | 1 699 | 34 |
| 22 | 4月 | 16 | 1 904 | 2 136.79 | 47.76 | 0.878 | 1 856 | 48 |
| 23 | 5月 | 17 | 2 036 | 2 146.07 | 40.07 | 1.000 | 2 233 | 197 |
| 24 | 6月 | 18 | 2 560 | 2 188.39 | 40.52 | 1.166 | 2 547 | 13 |
| 25 | 7月 | 19 | 2 679 | 2 188.42 | 32.42 | 1.293 | 2 947 | 268 |
| 26 | 8月 | 20 | 2 821 | 2 190.61 | 26.37 | 1.340 | 3 027 | 206 |
| 27 | 9月 | 21 | 2 359 | 2 179.61 | 18.90 | 1.138 | 2 576 | 217 |
| 28 | 10月 | 22 | 2 160 | 2 188.66 | 16.93 | 1.000 | 2 210 | 50 |
| 29 | 11月 | 23 | 1 802 | 2 183.54 | 12.52 | 0.850 | 1 897 | 95 |
| 30 | 12月 | 24 | 1 853 | 2 164.10 | 6.13 | 0.894 | 1 998 | 145 |
| 31 | | | | | | | | |
| 32 | | | | | | | MAD | 160 |

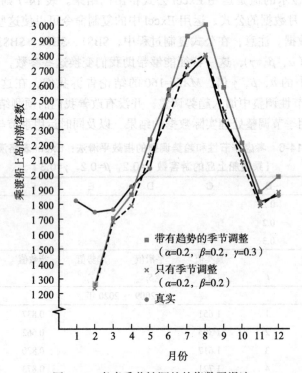

图 14-4　考虑季节性调整的指数平滑法

表 14-7　表 14-6 中 2020 年 2 月数据的 Excel 公式

| 单元格 | 值 | 公式 | Excel 表达式 |
| --- | --- | --- | --- |
| D20 | 2 027.99 | (17-17) | =C20/F8*$B$1+(1−$B$1)*(D19+E19) |
| E20 | 43.89 | (17-18) | =$B$2*(D20−D19)+(1−$B$2)*E19 |
| F20 | 0.719 | (17-19) | =$B$3*C20/D20+(1−$B$1)*F8 |
| G20 | 1 245 | (17-20) | =(D19−E19)*F8 |
| H20 | 486 | — | =ABS(G20−C20) |

### 14.5.8　指数平滑法小结

指数平滑法是进行短期预测相对简单且直接的方法，其特点是：

- 在平滑过程中考虑所有过去的数据；
- 近期数据比早期数据权重大；
- 仅用最近的数据来修正预测值；
- 借助工作表软件，可以使该模型在个人电脑上很容易地完成；
- 平滑常数允许我们修改变化率，这样使模型能按照数据内含模式的变化而变化。

## ⊙ 服务标杆

### 谷歌未来

营销专家在谷歌趋势（Google Trends）中可以使用一个新工具，这是一个搜索每日更新的特定词条的索引。它能捕捉到顾客在购买之前进行的搜索工作，因此这个信息可以成为未来顾客购买行为的一个领先指标。以词语"福特"和"车辆"以及 2004 ～ 2008 年相应的福特轻型车辆销售量为例。

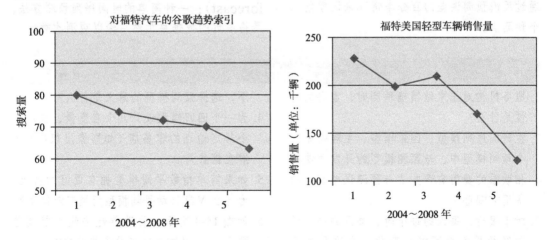

谷歌趋势的力量还被美国旅游局所利用。例如，美国、英国和澳大利亚的人们对中国香港的大量搜索都与未来的游客访问有关。

资料来源：Reported in "Googling the Future," *The Economist*, April 18, 2009, p. 82.

## 本章小结

决定从事一项新服务时，往往要对顾客未来的需求做出主观判断。比如主观模型中的德尔菲法，允许一组专家坚持各自对未来的预测，然后通过一系列反复进行的过程，使专家们的意见趋于统一。由于需要说明与形成需求有关的几个自变量间的关系，因而回归模型可用于对服务选址的分析。本章以时间序列模型的检验来结束对预测的讨论。尽管移动平均法很直接，但我们发现指数平滑法有许多更好的优点，并且在实践中被更为广泛地接受和应用。在服务需求的预测中，要考虑到趋势和季节性是很重要的特征，通过使用指数平滑的方法可以非常容易地做到这一点。

## 关键术语

**交互影响分析法**（cross-impact analysis）：一种技术性预测方法，它假定在可估计的概率下，未来的某些事件与先前发生的事件相关。

**累积预测误差**（cumulative forecast error, CFE）：预测误差的总和，对于无偏预测，它应接近于0。

**德尔菲法**（Delphi method）：一种技术性预测方法，让一组专家对未来的事件达成共识。

**指数平滑法**（exponential smoothing）：一种时间序列预测方法，它的基本思想是：通过反馈预测误差的百分率情况来调整前一个预测值。

**预测误差**（forecast error）：实测值和预测值之间的差。

**平均绝对偏差**（mean absolute deviation, MAD）：通过计算平均绝对预测误差来测量预测精度的方法。

**平均绝对百分比误差**（mean absolute percentage, MAPE）：客观看待预测误差的方法。

**均方误差**（mean squared error, MSE）：计算预测准确性时给予更大的误差以更大的权重。

**移动平均预测**（moving-average forecast）：一种简单的时间序列预测方法，是将最近的数据累加然后除以观测次数。

## 讨论题

1. 服务机构对未来做精确预测时，重要的特性是什么？
2. 在时间序列模型、因果模型、主观模型三个预测模型中，与预测模型的开发和使用相联系的费用有哪些？与预测误差有关的费用有哪些？
3. 对于银行，每天的每小时、每月的每一天顾客数量都很可能在变化。在这种情况下，选择预测模型的意义是什么？
4. 为一个回归模型设计几个自变量，预测一个给定地点的零售店（如影像出租店）的潜在销售量。
5. 如果简单指数平滑模型拥有更好的特性，为什么 $N$ 期移动平均模型仍被广泛使用？
6. 如图 14-4 所示，为改善趋势线季节调整预测，$\alpha$、$\beta$ 和 $\gamma$ 应该做哪些变化？

## 互动练习

运用德尔菲法对以下问题达成共识：人类在火星上建立宜居点需要多长时间。

# 例题

## 1. 简单指数平滑法

### 问题陈述

对于一种新的炙烤食品的第一周需求为：

| 日期 | 需求数量 |
|---|---|
| 星期一 | 22 |
| 星期二 | 27 |
| 星期三 | 38 |
| 星期四 | 32 |

| 日期 | 需求数量 |
|---|---|
| 星期五 | 34 |

（续）

指数平滑常数 $a=0.3$ 时，下星期一的需求预测是多少？

### 解答

用简单指数平滑模型的式（14-5）计算，当 $\alpha=0.3$ 时，$S_t=0.3(A_t)+0.7(S_{t-1})$，$F_{t+1}=S_t$，计算结果列于下表中：

| 日期 | 时期 $t$ | 实测值 $A_t$ | 平滑值 $S_t$ | 预测值 $F_t$ | 预测误差 $|A_t-F_t|$ |
|---|---|---|---|---|---|
| 星期一 | 1 | 22 | 22 | — | — |
| 星期二 | 2 | 27 | 23.5 | 22 | 5 |
| 星期三 | 3 | 38 | 27.85 | 24 | 14 |
| 星期四 | 4 | 32 | 29.095 | 28 | 4 |
| 星期五 | 5 | 34 | 30.5665 | 29 | 5 |
| 星期一 | 31 | | | | MAD=7.0 |

## 2. 考虑趋势调整的指数平滑法

### 问题陈述

当 $\beta=0.2$ 时，使用考虑趋势调整的指数平滑法重新计算下星期一的需求预测，用 MAD 值比较考虑趋势调整的指数平滑法与上题中的简单指数平滑法的预测效果。

### 解答

使用式（14-6）、式（14-7）和式（14-8），当 $\alpha=0.3$，$\beta=0.2$ 时，我们得到下面的考虑趋势调整的指数平滑模型，计算结果见下表：

$$S_t=0.3(A_t)+0.7(S_{t-1}+T_{t-1})$$
$$T_t=0.2(S_t-S_{t-1})+0.8(T_{t-1})$$
$$F_{t+1}=S_t+T_t$$

| 日期 | 时期 $t$ | 实测值 $A_t$ | 平滑值 $S_t$ | 趋势值 $T_t$ | 预测值 $F_t$ | 预测误差 $|A_t-F_t|$ |
|---|---|---|---|---|---|---|
| 星期一 | 1 | 22 | 22 | 0 | — | |
| 星期二 | 2 | 27 | 23.5 | 0.3 | 22 | 5 |
| 星期三 | 3 | 38 | 28.06 | 1.15 | 23.8 ≌ 24 | 14 |
| 星期四 | 4 | 32 | 30.047 | 1.3174 | 29.21 ≌ 29 | 3 |
| 星期五 | 5 | 34 | 31.555 08 | 1.355 536 | 31.364 4 ≌ 31 | 3 |
| 星期一 | | | | | 32.910 6 ≌ 33 | MAD=6.25 |

## 3. 考虑季节调整的指数平滑法

### 问题陈述

下面给出第二周的数据，一周为一个周期，在星期三出现了本周的最高值。使用考虑季节调整的指数平滑法重新计算第三周星期一的需求预测，$\gamma=0.3$。

| 日期 | 需求数量 |
|---|---|
| 星期一 | 25 |

| 日期 | 需求数量 |
|---|---|
| 星期二 | 31 |
| 星期三 | 42 |
| 星期四 | 34 |
| 星期五 | 32 |

（续）

### 解答

使用式（14-13）、式（14-14）、式（14-

15）和式（14-16），当 $\alpha=0.3$、$\gamma=0.2$ 时，使用下面的考虑季节调整的指数平滑法进行计算：

$$I_t = \frac{A_t}{A}$$

$$S_t = 0.3\frac{A_t}{I_{t-L}} + 0.7(S_{t-1})$$

$$F_{t+1} = S_t I_{t-L+1}$$

$$I_t = 0.2\frac{A_t}{S_t} + 0.8(I_{t-L})$$

首先，计算第一周的平均值 $\overline{A}$，然后用式（14-9）计算最初的季节指数：

$$\overline{A} = (22+27+38+32+34)/5=30.6$$

然后，用式（14-9）计算最初的季节指数，第一周列于下表中：

| 日期 | 时期 $t$ | 实测值 $A_t$ | 平滑值 $S_t$ | 指数值 $I_t$ |
|---|---|---|---|---|
| 星期一 | 1 | 22 | — | 0.72 |
| 星期二 | 2 | 27 | — | 0.88 |
| 星期三 | 3 | 38 | — | 1.24 |
| 星期四 | 4 | 32 | — | 1.05 |
| 星期五 | 5 | 34 | 34 | 1.11 |

最后，用式（14-14）、式（14-15）和式（14-16）计算指数平滑值、更新的季节指数和预测值，如下表所示：

| 日期 | 时期 $t$ | 实测值 $A_t$ | 平滑值 $S_t$ | 指数值 $T_t$ | 预测值 $F_t$ | 预测误差 $|A_t - F_t|$ |
|---|---|---|---|---|---|---|
| 星期一 | 6 | 25 | 34.217 | 0.74 | — | — |
| 星期二 | 7 | 31 | 34.520 | 0.88 | 30.11=30 | 1 |
| 星期三 | 8 | 42 | 34.325 | 1.24 | 42.80=43 | 1 |
| 星期四 | 9 | 34 | 33.742 | 1.04 | 36.04=36 | 2 |
| 星期五 | 10 | 32 | 32.268 | 1.09 | 37.45=37 | 5 |
| 星期一 | 11 | | | | 23.88=24 | MAD=2.25 |

## 练习题

1. 在附近的银行9月有1 035位储户开立活期存款账户。在8月曾经预测9月会有1 065位活期存款储户，请在 $\alpha=0.1$ 的情况下，预测10月的储户数量。

2. 在一个快餐店里，星期三中午销售了72个汉堡，上星期三的指数平滑值是67，请用简单指数平滑法预测下星期三的销量（$\alpha=0.1$）。

3. 使用上题的数据，如果上星期三的平滑趋势值为1.4，请用考虑趋势调整的指数平滑法计算快餐店本周的销量（$\beta=0.3$）并预测下星期三的销量。

4. 一家医院对于某种麻醉剂的需求在上升，在过去6个月，观察到了如下需求情况：

| 月份 | 需求 |
|---|---|
| 1月 | 15 |
| 2月 | 18 |
| 3月 | 22 |
| 4月 | 23 |
| 5月 | 27 |
| 6月 | 26 |

请用三个月的移动平均法做7月的需求预测。

5. 请用第4题的数据，当 $\alpha=0.1$ 时，做7月的预测。

6. 请用第4题的数据，当 $\alpha=0.1$，$\beta=0.2$ 时，做7月和8月的需求预测，并计算从1月到6月的 MAD。

7. 用表 14-3 中旅店星期六客房入住率的数据准备一个工作表模型，当 $\alpha=0.3$ 时重新进行预测，新的 *MAD* 为多少？

8. 用表 14-4 中往返于两地的航线每周承载系数的数据，准备一个工作表模型，当 $\alpha=0.2$ 和 $\beta= 0.2$ 时重新进行预测，是否在最初的 *MAD* 上得到了改善？

9. 使用表 14-5 中乘渡船游客的数据准备一个工作表模型，当 $\alpha=0.3$ 和 $\gamma=0.2$ 时重新进行预测。指数平滑常数的变化是否提高了 *MAD* 的准确度？

10. 用表 14-6 中乘渡船游客的数据准备一份工作表模型，当 $\alpha=0.3$、$\beta=0.1$ 和 $\gamma=0.2$ 时重新进行预测，指数平滑常数的变化是否提高了 *MAD* 的准确度？

## 案例 14-1　　　　　Oak Hollow 医疗评估中心[3]

Oak Hollow 医疗评估中心是对残疾或发育迟缓的儿童提供多项诊断服务的非营利性机构。中心可以对每个病人身体的、精神的或社会的问题进行测试，根据病人的支付能力进行收费。

该中心在高度竞争的环境中生存：许多热心的公益事业机构在争取日益减少的基金，许多组织（如私人医生、私人和学校的心理医生、社会服务机构）也在争夺同样的病人。在此情况下，中心正处于日益增长的财政窘迫之中。

该中心的主任艾伯尔先生日益关注中心吸引足够的资金以及满足社会需求的能力。作为争取资金努力的一部分，他必须对未来的病人数量、员工数量以及运作费用做出准确的估计。最后，主任与当地大学的一位运营管理教授进行接触，希望他能帮助自己对明年的患者数量、员工数量以及预算做出预测。假定现在教授请你来辅助他。表 14-8 到表 14-11 给出了一些有关病人的情况。

**任务**

1. 根据上述信息以及你所掌握的不同预测技术的知识，为本例找出一种具体的预测方法，说明该技术的优缺点，并且指出艾伯尔先生还需要其他什么信息。

2. 做出明年患者数量、员工数量、预算水平的预测。

### 表 14-8　每年做过测试的病人数[①]

| 测试内容 | 2018 | 2019 | 2020 | 2021 | 2022 |
|---|---|---|---|---|---|
| 生理检查 | 390 | 468 | 509 | 490 | 582 |
| 听说能力 | 102 | 124 | 180 | 148 | 204 |
| 心理测试 | 168 | 312 | 376 | 386 | 437 |
| 社会工作者访谈 | 106 | 188 | 184 | 222 | 244 |

① 所有病人都要做检查，然后安排病人做其他合适的测试。

### 表 14-9　每年的费用　　　　　　　　　（单位：美元）

| 项目 | 2018 | 2019 | 2020 | 2021 | 2022 |
|---|---|---|---|---|---|
| 生理及神经检测 | 18 200 | 24 960 | 32 760 | 31 500 | 41 600 |
| 听说测试 | 2 040 | 2 074 | 3 960 | 3 950 | 4 850 |
| 心理测试 | 6 720 | 12 480 | 16 450 | 16 870 | 20 202 |
| 社会工作者访谈 | 3 320 | 3 948 | 4 416 | 5 550 | 7 592 |
| 小计 | 30 280 | 43 462 | 57 586 | 57 870 | 74 244 |

（续）

| 项目 | 2018 | 2019 | 2020 | 2021 | 2022 |
|------|------|------|------|------|------|
| 其他费用 | 46 559 | 48 887 | 51 820 | 55 447 | 59 883 |
| 共计 | 76 839 | 92 349 | 109 406 | 113 317 | 134 127 |

**表 14-10　2021 年 9 月至 2022 年 12 月的每月病人数量**

| | 生理检查 | 听说测试 | 心理测试 | 社会工作者访谈 |
|---|---|---|---|---|
| | | 2021 | | |
| 9 月 | 54 | 16 | 42 | 24 |
| 10 月 | 67 | 21 | 54 | 31 |
| 11 月 | 74 | 22 | 48 | 33 |
| 12 月 | 29 | 9 | 23 | 13 |
| | | 2022 | | |
| 1 月 | 58 | 20 | 44 | 24 |
| 2 月 | 52 | 18 | 39 | 22 |
| 3 月 | 47 | 16 | 35 | 20 |
| 4 月 | 41 | 14 | 31 | 17 |
| 5 月 | 35 | 12 | 26 | 15 |
| 6 月 | 29 | 10 | 22 | 12 |
| 7 月 | 23 | 8 | 17 | 10 |

（续）

| | 生理检查 | 听说测试 | 心理测试 | 社会工作者访谈 |
|---|---|---|---|---|
| | | 2022 | | |
| 8 月 | 29 | 10 | 22 | 12 |
| 9 月 | 65 | 24 | 48 | 27 |
| 10 月 | 81 | 29 | 61 | 34 |
| 11 月 | 87 | 31 | 66 | 37 |
| 12 月 | 35 | 12 | 26 | 14 |

**表 14-11　当前员工状况[①]**

| 生理医师 | 2 名兼职，每周工作 18 小时 |
|---|---|
| 听说测试师 | 1 名兼职，每周工作 20 小时 |
| 心理专家 | 1 名全职，每周工作 38 小时 |
| | 1 名兼职，每周工作 16 小时 |
| 社会工作者 | 1 名全职，每周工作 40 小时 |

①该中心每年工作 50 周。

## 案例 14-2　　Gnomial Functions 公司[4]

Gnomial Functions 公司（GFI）是旧金山的一家中型咨询公司，专门为顾客提供有关产品需求、销售、消费或其他信息的各种预测。另外，还为顾客开发内部使用的作业模型。与顾客初期接触时，GFI 通常会与顾客公司的高层管理人员签订一份基础工作协议，确定最终产品的总目标、双方公司的具体联络人员和项目的总体概况（包括确定中期和最终完成工作的时间，合同的大概金额）。然后，一组 GFI 人员要在一起确定最为合适的预测技术，并制定一个详细的工作安排，作为最终合同谈判的基础。工作小组的大小按照项目的规模以及顾客的需要而有所不同，顾客公司的人员也加入小组中，共同协作完成任务。

最近，GFI 在与一家生产、销售、安装适用于商业及民用高效太阳能热水器的迅速发展的地区性公司接洽。DynaSol 工业公司在过去的 18 个月中销售量增长超过 200%，它希望能对未来 18 个月的销售额做出可靠的估计。公司的管理者预计销售额确实会上升，这是因为有能源成本的竞争力、税收信用的可靠性，并且当地居民对于所谓的奇特的太阳能系统的态度发生了根本的转变。公司在这个不断扩大的市场上面临着越发激烈的竞争。这种态势使公司需对未来做出战略性决策。在与 GFI 联系时，该公司几乎达到现有设备最高的生产能力。如果希望继续扩大市场，则要引进一套新设备，或者建立第二个生产工厂。每种选择的成本是可知的，并且各有利弊，但公司管理层尚不了解这类产品整体市场的成长状况以及公司能够占有多大的市场份额。

表 14-12 包含了 GIF 关于 DynaSol 过去销售情况的基本信息。

## 任务

1. 运用有效的信息以及你所掌握的不同预测技术的知识，为以下的研究找出一种具体的预测技术。目前，合同谈判仍在进行。由于预测技术将用于解决有关问题，因而你必须说明你建议的这种预测技术的利弊，它们能处理的问题以及你想了解的其他信息。

2. 假设你是 DynaSol 公司市场部的一员，

并且与 GFI 公司的谈判正在进行。公司的高层管理人员已决定运用你的专长对未来 6 个月（或许还有再接下来的 6 个月）做出预测，因为必须在有关信息的基础上，才能做出是否扩张业务的决策。预测要有利于高层管理者进行决策，指出你认为对理解和使用这些信息至关重要的保留之处和限制条件。

表 14-12　2018 年 9 月至 2020 年 2 月 DynaSol 公司的每月销售量

| 月份 | DynaSol 工业销售单位 | 销售额（美元） | 地区市场销售单位 | 销售额（美元） |
|---|---|---|---|---|
| 2018 | | | | |
| 9 月 | 24 | 44 736 | 223 | 396 048 |
| 10 月 | 28 | 52 192 | 228 | 404 928 |
| 11 月 | 31 | 59 517 | 230 | 408 480 |
| 12 月 | 32 | 61 437 | 231 | 422 564 |
| 2019 | | | | |
| 1 月 | 30 | 57 998 | 229 | 418 905 |
| 2 月 | 35 | 67 197 | 235 | 429 881 |
| 3 月 | 39 | 78 621 | 240 | 439 027 |
| 4 月 | 40 | 80 637 | 265 | 484 759 |
| 5 月 | 43 | 86 684 | 281 | 529 449 |
| 6 月 | 47 | 94 748 | 298 | 561 479 |
| 7 月 | 51 | 110 009 | 314 | 680 332 |
| 8 月 | 54 | 116 480 | 354 | 747 596 |
| 9 月 | 59 | 127 265 | 389 | 809 095 |
| 10 月 | 62 | 137 748 | 421 | 931 401 |
| 11 月 | 67 | 148 857 | 466 | 1 001 356 |
| 12 月 | 69 | 153 300 | 501 | 1 057 320 |
| 2020 | | | | |
| 1 月 | 74 | 161 121 | 529 | 1 057 320 |
| 2 月 | 79 | 172 007 | 573 | 1 145 264 |

## 参考文献

Armstrong, J. Scott, ed. *Principles of Forecasting: A Handbook for Researchers and Practitioners.* Nowell, MA: Kluwer, 2001.

Ferreira, Kris Johnson, Bin Hong Alex Lee, and David Simchi-Levi. "Analytics for an Online Retailer: Demand Forecasting and Price Optimization." *Manufacturing & Service Operations Management* 18, no. 1 (2015), pp. 69-88.

Ma, Y., et al. "The Bullwhip Effect on Product Orders and Inventory: A Perspective of Demand Forecasting Techniques." *International Journal of Production Research* 51, no. 1 (2013), pp. 281–302.

Mishra, Birendra K., Srinivasan Raghunathan, and Xiaohang Yue. "Demand Forecast Sharing in Supply Chains." *Production and Operations Management* 18, no. 2 (March–April 2009), pp. 152–66.

Oliva, Rogelio, and Noel Watson. "Managing Functional Biases in Organizational Forecasts: A Case Study of Consensus Forecasting in Supply Chain Planning." *Production and Operations Management* 18, no. 2 (March–April 2009), pp. 138–51.

Ramo, Simon, and Ronald Sugar. *Strategic Business Forecasting: A Structured Approach to Shaping the Future of Your Business.* New York: McGraw-Hill, 2009.

van der Laan, E., et al. "Demand Forecasting and Order Planning for Humanitarian Logistics: An Empirical Assessment." *Journal of Operations Management* 45 (2016), pp. 114–22.

## 注释

1. Charles Sheehan, "Business Hungry for Speed Adds Recognition Technology," *Austin American-Statesman,* September 8, 2004, p. C3.
2. C. H. Davis and J. A. Fitzsimmons, "The Future of Nuclear Power in the United States," *Technological Forecasting and Social Change* 40, no. 2 (September 1991), pp. 151–64.
3. Prepared by Frank Krafka under the supervision of Professor James A. Fitzsimmons.
4. Prepared by Frank Krafka under the supervision of Professor James A. Fitzsimmons.

第 **15** 章

# 服务库存管理

## | 学习目标 |

通过本章学习，你应该能够：

1. 讨论信息技术在库存管理中的作用。
2. 描述库存系统的功能、特性和成本。
3. 确定在不同的库存条件下订货量的多少。
4. 在不确定型需求的状态下，能够确定库存系统的再订货点和安全库存。
5. 设计连续检查控制系统或定期检查控制系统。
6. 对库存物品进行 ABC 分类法的分析。
7. 对于单周期库存模型，用期望值或增量分析法来确定订货量的多少。
8. 描述零售折扣模型中隐含的原理。

充足、品种齐全的货架能够使顾客满意，这是任何人都同意的观点，但对销售商来说，是不是会有同样的感受呢？考虑一下，药店里摆满了各种各样的特殊药品，但如果不是所有的药品都卖得很快，可能药店会积压满货架的过期药品而不能再卖。这里的矛盾存在于存货和需求量之间。药店当然不想因为缺少药品而把患者拒之门外，但另一方面，它也不想因大量的过期药品积压而招致亏损。

过去的库存管理要求员工记录销售并清点库存，然后在"适当"时向供应商订购新的货品，但这一系统经常导致库存积压或是货物短缺（如空空的货架）。然而，信息技术的发展使库存管理发生了转变，使它在满足顾客需要的基础上不至于产生额外的库存开销。计算机信息管理系统在库存管理方面的应用代表着一种最早且最成功的信息技术应用。如图 15-1 所示的条形码我们应该很熟悉，它几乎在商店里售卖的任何商品上都能见到。条形码提供的信息使管理者能追踪商品摆放的位置和销售的速度。大多数超市就是靠电子收款机系统（POS）扫描商品上的条形码，来利用计算机库存管理系统对库存平衡进行自动记录的。当库存水平降低或下降到预先确定的再订货点时，计算机就会通过电子数据交换（EDI）自动地向预定的供应商发出订单。收到订货时，库存平衡也会相应调整。这一信息技术的应用节省了案头工作的成本和现金管理的成本，并相应创建了一个能迅速满足供应商、服务提供者和顾客需求的系统。

在零售商店，通过追踪带有条形码的库存单位（stock keeping units, SKU）去处理单个货品非常有效。然而，射频识别技术（radio frequency identification, RFID）有助于跟踪一个托盘货物的供应链：从船舶集装箱到卡车，临时卸载在仓库，并最终装载到另一辆卡车上运送到零售商店。RFID 是一种全新的概念，它由一个小无线电装置嵌入托盘中。如托盘从一个传送带下来，它就会自动进行识别和传输信息。RFID 技术在服务领域的应用会带来许多机遇，如医院中的医疗手环的使用。

贴在 20 盎司亨特牌大豆罐头上的条形码

IDAHO TIMBER
SS 1 X 2-8'

8 英尺长的木材上的条形码 1" × 2"

图 15-1　条形码的应用

扫描货物时，上面的条形码会识别价格并记录新的库存水平。当库存低于规定点时，它会自动提醒添货。

## 15.1　本章概要

对辅助物品的管理是由成本权衡、顾客服务以及信息系统构成的服务包。本章从服务行业中的库存所扮演的角色、它的特性及成本入手展开讨论。库存管理中最基本的问题是订货量的多少，针对这一问题，我们就不同的库存实践提出了订货数量模型。

另一个库存管理问题是何时订货（也称"再订货点"）。由于需求的不确定性，这一问题变得较为复杂，因此需要安全库存作为保障以应付库存的短缺。连续检查系统和定期检查系统就是实施这些决策的计算机信息系统，每个系统的设计参数都有图解说明。库存物资的 ABC 分类法用来决定应该应用哪一种检查系统。

本章以两种特殊库存情况的讨论作为结尾。对于易腐商品，在平衡了低估需求时的机会损失和高估需求时的投资损失以后，得出了一个判断理想订货数量的模型。最后，本章还提供了一个零售折扣模型，通过这个模型可以确定未销售产品的折扣价格，从而节约资金用于购买更多的流行商品。

## 15.2　库存理论

库存理论包括商品库存和供给的各个方面，包括库存在服务业中扮演的角色，各种库存系统的特性和维持库存的成本等。

### 15.2.1　服务业中库存扮演的角色

库存在服务型组织中担当着诸多重任，如减少分销环节震荡、调节季节性的需求、储存货物以备涨价等，我们将在后面详细分析库存系统的这些功能和其他功能。首先，让我们讨论一下库存分销系统的问题。

（1）**分离式库存**。图 15-2 显示了实体产品的分销系统。有两种不同类型的流程存在于一个系统中。一个信息流程始于顾客而止于商品或服务来源；另一个流程是物体的实际运动流，即物流（在本例中，是从生产商到顾客），它体现了系统中每一阶段的库存方式。

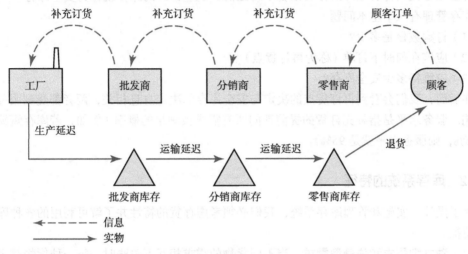

**图 15-2　实体商品分销系统**

由图 15-2 可见顾客提出了需求。为了便于分析，我们认为这一需求是具有一定概率分布的随机变量。例如，杂货店中一箱谷物的需求的满足取决于现有的库存（货架上或仓库里）。如果需求量渐增，则库存就应该及时补充，就应该及时向供货商发出订单。从订单发出到收到订货的这段时间内，现有库存继续减少，这一间隔称为补充订货的提前期，且这一时期长短不一，从一天到一周甚至更长时间不等。不同的订单对应的提前期也是不同的。这一信息流程从顾客的需求开始，通过分销渠道，最后回到生产商处。

若追踪商品自身的流动，则可以看到：商品在分销渠道的各个不同库存站点停泊，并在那里等待它到达顾客手中的下一段旅程。每一个库存阶段都可视为一个缓冲器，使这个相互依存的系统的每一部分都有其独立性而不被打断。从这里我们可以看到库存系统的分离功能。零售商、分销商、批发商和工厂是这一系统中的不同阶段，任何一个阶段的库存短缺都对其他阶段产生直接、即时且巨大的影响；而库存将这些阶段加以分离，使系统避免了代价沉重的相互干扰。

（2）**季节性库存**。有些服务具有强烈的季节性。请考虑年终时的玩具店、夏季假期的露营物品商店和春季耕种时节的园艺用品商店。对于季节性强的服务，商店必须在高需求到来之前准备充足的存货以满足顾客的需求。

（3）**投机性库存**。若一种商品有涨价的趋势，则在涨价之前对其进行囤积就比涨价后再进货要节省得多。维持投机性库存的战略称为"预先购买"。与此战略相反的例子是 1996 年春季，美国的石油公司预计伊拉克的石油会重新进入国际市场，而这会减少石油资源的市场价值。这些石油公司不想因为拥有比伊拉克石油更昂贵的巨大储备而在价格下跌时受损，它们就卖出了大量的石油——预先抛售。

（4）**周期性库存**。周期性库存这个术语指库存水平的一般变化。也就是说，库存水平在订货收到后达到最高，在收到新的订货之前减至最低点。

（5）**在途库存**。指货物已被订购但还未到达时的库存。

（6）**安全库存**。一个有效的服务应持有可满足预期需求的库存。然而，存在于动态环境中的服务意味着补充订货的提前期和需求总是存在不确定性。为了应付此种无法预料到的波动，许多服务机构持有额外的存货以备不时之需。这些额外的库存就称为安全库存。

库存管理有三个基本问题：

（1）订购数量是多少？

（2）应该在何时下订单（称为再订货点）？

（3）应维持多少安全库存？

在后面，我们会看到再订货点的决定与安全库存的决定息息相关，两者都受到服务水平的影响。服务水平是指补充订货的提前期间所有需求被满足的概率（例如，若库存短缺的概率为5%，则服务水平就是95%）。

### 15.2.2　库存系统的特征

为了设计、实施和管理库存系统，我们必须考虑存货的特性并了解可利用的各种库存系统的特征。

（1）**独立型需求和依赖型需求**。当不同货物的需求相互不关联时，每一种货物都表现为独立型需求。这种情况的一个例子是，杂货店存货的减少基于不同顾客的随机消费。独立型需求被描述为基于历史数据的预测概率分布。这种服务实例包括特定航班的座位销售或一个商务酒店的房间销售。

在其他情况下，对于一种货物的需求与对另一种货物的需求相关。比如，在麦当劳店里，对番茄酱的日常需求量取决于炸薯条的订单数量。由于对这种类型产品的需求来源于另一种产品的销售额，故该需求被称为依赖型需求。面包店的运营提供了一个更为复杂的例子，对于每一份糕点来说，为了完成一个详细的订单，原料单（在该例中也许是食谱）精确地确定了鸡蛋的数量和其他必要原料（如糖、面粉、酵母）的总量。为了确保货物及时抵达来支持最终产品生产，管理具有相关需求的货物必须考虑采购提前期（例如，每周一次运送麦当劳的番茄酱）。

（2）**顾客的需求类型**。当估计需求类型时，我们首先想到了趋势、周期性和季节性。在我们进行观察时，需求是否一直保持上升而没有明显的下降？或者是在以一个月为周期的循环中，是否在月初时需求大，而月末需求则降至最低点？正如前面提到的，需求也可能是季节性的。

（3）**计划期限**。管理层必须确定一种特殊物品的存货是否具有长期性，抑或是临时性。例如，医院对氧气瓶的需求具有随时性和永久性，但是一个运动衫零售商不会永远供应亚特兰大奥运会牌的运动衫。

（4）**补充订货的提前期**（LT）。提前期对库存量有显著的影响。如果我们预计从订货至交货的这段时间相对较长，在这种情况下，我们必须拥有比我们期望的短交货期更大的库存，特别是关键的重要物品。如果 $LT$ 服从一定的概率分布，则我们就可以相应地决定这一期间的库存量。

（5）**库存限制和相关成本**。许多限制是显而易见的，如存储空间的大小决定存货量的多少，而且许多易腐物品的保质期也限制了其库存量。另外一些限制因素比较复杂，如维持库存的成本以及其他一些明显的成本，如仓库的建设投入成本及库存设施（如冰箱）的投入成本等。库存物品的成本代表着一定的资本消耗，也可将它看成是一种机会成本的投入。其他的成本有：人员费用、维持管理费用以及附加费，如对库存资产的保险费和税费等。但是另外一种需要考虑的花费是克服现存限制的开支（例如，扩大仓库或冰箱尺寸将要花费多少）。

### 15.2.3　库存系统的相关成本

通常用年平均成本来衡量一个库存系统的绩效。这些相关成本包括：维持成本、订购成本、缺货成本及所订购货品的购买成本。表 15-1 给出了这些成本出处的详细列表。库存维持成本直接与库存物品的数量相关联，与库存资本相联系的机会成本是维持成本中的主要组成部分。其他部分包括：保险费、损耗费、变质费和直接处理费用。订购成本与订单数量多少有关，它主要发生于订货准备、运输、接收与验货中。缺货成本与缺货的数量直接相关，其中包括已经丧失的销售利润和将会丧失的销售利润。购买成本由订货的数量决定，因为在采购过程中供应商都会给予一定的数量折扣。

**表 15-1　库存管理成本**

| 订购成本 | 维持成本 |
|---|---|
| • 确定要购买物品的规格 | • 投资于库存的资金的利息丧失 |
| • 寻求和识别可能的供应商及其所供应产品的价格 | • 与库存物品、仓库及库存系统其他部分相关的机会成本 |
| • 估价并选择供应商 | • 税款及保费 |
| • 商讨价格 | • 搬运货物进出仓库以及记录这一行为的成本 |
| • 准备订购订单 | • 失窃 |
| • 下达并传送订单给供应商 | • 为保护库存所安装的安全系统 |
| • 追踪并确定供应商接到订单 | • 破损、腐烂 |
| 接收与验货成本 | • 即将过期及过时产品的处理 |
| • 运货、提货 | • 贬值 |
| • 准备并处理各种单据和文件 | • 存储空间及设施（其规模设定一般依据最大值而非常值） |
| • 检查货品是否有明显破损 | • 提供对环境温度、湿度、粉尘的控制 |
| • 卸货 | • 管理（库存人员管理、周期性检测库存、核实记录等） |
| • 给货品计数或称重以保证收到的货足量 | 缺货成本 |
| • 提取样品并送检 | • 销售机会和利润的损失 |
| • 检测货品以保证质量达标 | • 顾客的不满及顾客的丧失 |
| • 把货物送往仓库 | • 对晚交货或不交货的罚金 |
| | • 订货以补充所耗尽的存货 |

下面，我们将基于库存系统年总成本的最小化来开发确定恰当订货数量的模型。

## 15.3　订货量模型

应该订购多少呢？为了回答这一问题，已有多种不同的模型面世。所有这些模型都将相关库存成本作为衡量系统成功与否的标准。然而，每种模型都针对特定的库存形态，这一形态可用库存水平与时间的比值图来描述。图 15-3 表示一家汽车配件商拥有的一种配件一年的实际库存记录（即库存行为）。如该图所示，需求率可大致视为定值，因此，在目前库存基本为零时再发出订单（在本例中为订购40 单位）应该也不会导致缺货。

这种库存行为久而久之被确定下来，用来解释在一年中的维持和订购成本。应用微积分公式，库存成本的函数形式被微分以确定最佳的订货数量（$Q^*$）。通用的库存模型是一个简单的公式，该公式用来确定所购货物的经济订购量。

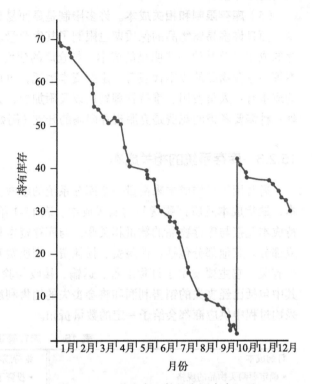

图 15-3　一种汽车配件的实际库存记录

### 15.3.1　经济订购批量

这一简单的"经济订购批量"模型（$EOQ$）假定需求率为定值且没有库存短缺，它应用在零售杂货店所售物品（如糖、面粉和其他农产品）上时出奇地精确。针对上述杂货，需求量一般是固定的，因为许多顾客都定期地购买少量上述物品，因此这些必需品是不允许缺货的。图 15-4 以一年中 $Q/D$ 的分隔作为循环周期（$Q/D=$ 订购量/年需求量），对这一简单模型中的库存平衡进行了描述。

例如，若 $Q$ 为 100，年需求量 $D$ 为 1 200，则循环每月重复一次。我们要求的是 $Q^*$，即相关成本最低时的订购量。这里没有缺货成本是因为它们并未发生，并且我们排除了年购货成本，因为我们假设单位成本是定值，所以订货数量的多少对购货成本无影响。两个增量成本（与订购数量有关的成本）为订购成本和维持成本。则一年期 $EOQ$ 库存系统的总购货成本（$TC_p$）为：

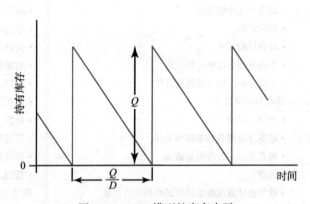

图 15-4　$EOQ$ 模型的库存水平

$$TC_p = 订购成本 + 平均维持成本 \tag{15-1}$$

我们希望式（15-1）能够更实用地加以表达。第一步，我们先来定义一些概念：

$D$——年需求量；

$H$——每单位库存的年维持成本（用美元表示）；

$S$——每次订货的订购成本（用美元表示）；

$Q$——订货量。

请注意，$D$ 和 $H$ 必须以相同的时间单位计算（例如月或年）。

年订购成本很容易得到。因为所有的需求量 $D$ 必须满足 $Q$ 的订购规模，那么每年需要 $D/Q$ 次订货。若每次订购的成本为 $S$，则年订购成本为 $S(D/Q)$。年库存持有成本也可以直接求得。假如一单位的货物储存一年的持有成本为 $H$ 美元，从图 15-4 可知，最大的库存平衡为 $Q$，最小库存平衡为零，则平均库存水平为 $Q/2$，所以得出年库存维持成本为 $H(Q/2)$。

则式（15-1）变为：

$$TC_p = S(D/Q) + H(Q/2) \qquad (15\text{-}2)$$

如图 15-5 所示，维持成本和订购成本随 $Q$ 值的不同而不同，且总成本曲线有最低点。因此，有一个特定的 $Q$ 值对应库存系统的最小年度总成本，这个值就是 $EOQ$，但其邻近的各 $Q$ 值所对应的总成本也仅是略高而已。

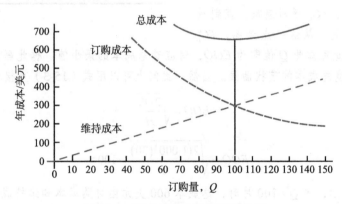

图 15-5　$EOQ$ 模型中的相关年成本

有好几种方法可用来确定 $EOQ$ 的值。例如，对式（15-2）的变量 $Q$ 进行微分，设微分值为零，就可解得 $EOQ$ 值。[1] 另外一种更简便的方法是：观察到 $TC_p$ 最小时，维持成本与订购成本相等，因此，令二者相等可解出 $EOQ$。

$$S(D/Q) = H(Q/2)$$
$$Q^2 = 2DS/H \qquad (15\text{-}3)$$
$$EOQ = \sqrt{\frac{2DS}{H}}$$

⊙【例 15-1】

### 落基山电力公司的 EOQ

落基山电力公司（RMP）存储的零配件的价值接近 800 万美元。这些库存由上千种不同的库存单位（SKU）组成，它们的用途是发电和维持生产线的正常运转。这些库存平衡由计算机信息系统进行更新。

玻璃绝缘体（SKU1341）的消耗量基本维持稳定，每年平均消耗 1 000 片。RMP 以每片

20 美元的价格购进，并将它们运到丹佛的仓库存储起来。当库存平衡达到预定的再订货点时进行补充订货。每次订购的成本约为 30 美元，其中包括处理订货、接货及摆货的成本。

估计每片 SKU1341 的年库存维持成本为 6 美元，这一维持成本包含 30% 的资金机会成本。SKU1341 是一种关键原料，RMP 必须避免它的库存短缺。我们希望在使相关库存成本最小的基础上，决定每次SKU1341 的订货量。

从上文的叙述来看，得到已知条件：

$D$——每年 1 000 片；

$S$——每次订货 30 美元；

$H$——每年每片维持成本为 6 美元。

将不同的 $Q$ 值试代入式（15-2），看总成本的变化。如表 15-2 所示，当 $Q$ 从 70 片开始增加时，$TC_p$ 逐渐递减，直到减至最小值 600 美元。从这一点开始，$TC_p$

表 15-2  库存成本列表

| 订购量 Q | 订购成本<br>30 美元 | 库存维持成本<br>6 美元 | 总成本（$TC_p$）<br>70 |
|---|---|---|---|
| 70 | 428.57 | 210.00 | 638.57 |
| 80 | 375.00 | 240.00 | 615.00 |
| 90 | 333.33 | 270.00 | 603.33 |
| 100 | 300.00 | 300.00 | 600.00 |
| 110 | 272.73 | 330.00 | 602.73 |
| 120 | 250.00 | 360.00 | 610.00 |
| 130 | 230.77 | 390.00 | 620.77 |

又开始增加。由此可知此 $Q$ 值即为 $EOQ$，对应着总成本的最小值。据此画出图 15-5，可见这些值形成了年度总成本的碗状曲线。当然，我们也可以用式（15-3）直接求得 $EOQ$：

$$EOQ = \sqrt{\frac{2DS}{H}}$$

$$EOQ = \sqrt{\frac{2(1\,000)(30)}{6}} = 100$$

如表 15-2 所示，当 $Q^*=100$ 片时，总成本 600 美元由订购成本和维持成本平均分摊，各 300 美元。然而，$Q=100$ 的临近值是更适合的。例如，订购 120 片（10 箱，每箱 12 片）的 $TC_p$，每年仅比 $EOQ$ 多 10 美元。

## 15.3.2  考虑数量折扣时的库存模型

供应商也有感兴趣的订购量，由于启动生产耗费金钱，故有自己的经济批量规模。例如，准备四打巧克力饼干的花费和努力与准备一打的花费相差甚微。同样的道理，生产厂商也会鼓励顾客每次多买以减少自己的成本；而且，一整卡车货物的运费比半卡车货物的运费均摊起来要少得多。因此，对大批量订货的顾客给予价格或数量上的折扣是互惠互利的。通常，只有订购比 $EOQ$ 多得多的货物量时，才会有可观的价格折扣。因此，需要在节省的购买成本与维持过量库存的费用之间加以权衡。为了研究该权衡问题，我们要将货物的价格看作一个变量，将它包括在年总成本当中。加入购买成本，式（15-2）则变为"数量折扣总成本"（$TC_{qd}$）的新公式：

总成本 = 购买成本 + 订货成本 + 维持成本

$$TC_{qd}=CD+S(D/Q)+I(CQ/2) \tag{15-4}$$

式中    $C$——货物的单位成本（用美元表示）；

$I$——以货物成本的百分比表示（以小数表示）的年库存维持成本（注意：$IC=H$）。

为了证明数量折扣情况下给出的权衡分析模型，我们再回头看落基山电力公司的例子。

## ⊙【例 15-2】

### 落基山电力公司——数量折扣问题

玻璃绝缘体 SKU1341 的供应商正与 RMP 谈判，试图让其订购比 100 片 SKU1341 多得多的批量，且它给出了下列数量折扣：

| 订购量 | 单价（美元） |
| --- | --- |
| 1～239 | 20.00 |
| 240～599 | 19.50 |
| ≥600 | 18.75 |

RMP 该如何作答呢？由于订购数量不同，价格也不一样，所以恰当的库存成本模型应为式（15-4），维持成本的百分数值由 $IC=H$ 得出，解得 $I=H/C=6/20=30\%=0.30$。然而，当考虑到购买成本、订货成本和维持成本时，如何应用式（15-4）去计算每年总库存成本最小时的订购量？一种求解方法如图 15-6 所示，将总成本看作订购量的函数，并求该非连续曲线的最低点（此例中，大量订货折扣价下对应的 $Q$ 值为 240 片）。

应用下列分析步骤也可得到相同的结论：

（1）在单位最低价处计算 $EOQ$ 值，将 $IC=H$ 代入式（15-3）：

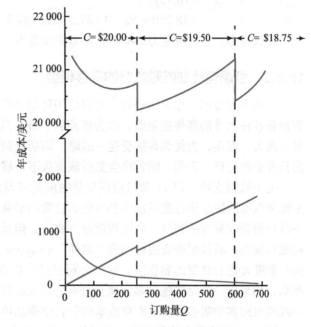

图 15-6　数量折扣模型的年成本

$$EOQ=\sqrt{\frac{2DS}{IC}}$$

$EOQ=\sqrt{\dfrac{2(1\,000)(30)}{(0.30)(18.75)}}=103$，但 18.75 美元的价格仅适用于 $EOQ\geqslant600$ 时。

（2）假如 $EOQ$ 位于正确的价格范围之外（就如最后一段所示的那样），则对于下一个最低价，我们要重新计算 $EOQ$ 值，直到 $EOQ$ 位于正确的价格范围之内。因此，当价格为 19.50 美元时（将 19.50 代入成本 $C$），重新计算得到的 $EOQ$ 为 101。然而此结果是无效的，因为在批量为 240～599 之间时，价格才为 19.50 美元。接着，我们再计算 $C=20$ 美元时 $EOQ$ 的值，得到 100，此值正确，因为 100 在单价为 20 美元时的范围 1～239 之内。下表总结了得到正确的 $EOQ$ 值的一系列计算过程：

| 订购量 | 单价（美元） | $EOQ$ |
| --- | --- | --- |
| ≥600 | 18.75 | 103 |
| 240～599 | 19.50 | 101 |
| 1～239 | 20.00 | 100（适当的 $EOQ$） |

（3）将步骤 2 得到的 $EOQ$ 值代入式（15-4），计算 $TC_{qd}$，并和得到所有较高折扣价的 $Q$ 值所计算出的 $TC_{qd}$（$TC_{qd}$ 方程中的间断点见图 15-6）比较，然后选择使 $TC_{qd}$ 最少的 $Q$ 值：

$$TC_{qd}(EOQ = 100) = 20\ (1\ 000) + 30\ (1\ 000)\ /100 + 0.30\ (20)\ (100)\ /2$$

$$(C = 20) \qquad = 20\ 000 + 300 + 300 = 20\ 600$$

$$TC_{qd}\ (Q = 240) = 19.50\ (1\ 000) + 30\ (1\ 000)\ /240 + 0.30\ (19.50)\ (240)/2$$

$$(C = 19.50) \qquad = 19\ 500 + 125 + 702 = 20\ 327$$

$$TC_{qd}\ (Q = 600) = 18.75\ (1\ 000) + 30\ (1\ 000)\ /600 + 0.30\ (18.75)\ (600)/2$$

$$(C + 18.75) \qquad = 18\ 750 + 50 + 1\ 687.5 = 20\ 487.5$$

可以看出，当订购量为 240 时，年总成本最少。

### 15.3.3 考虑有计划的短缺时的库存模型

当顾客愿意容忍库存短缺时，可以应用计划短缺库存模型。例如，一家轮胎商店可能没有预备各种尺寸的高性能轮胎，因为该商店了解：当某一特殊型号的轮胎缺货时，顾客愿意等一两天。但是，为使顾客接受这一战略，商店必须信守所许诺的到货时间，而且这一时间的长度必须合理。否则，顾客将会觉得该商店不可靠而转投其他商店。

电子数据交换（EDI）和供应商交货时间的可预测性保证了最少库存战略的实施，这一系统的收益取决于库存维持成本和可延迟订货的缺货成本之间的权衡。如果顾客愿意去等待一件目前暂时缺货的商品，则销售就没有丧失，但是应当考虑一下给顾客造成不便的一些主观成本损失。软件制造商通过创造"雾件"（vaporware，即已计划生产但仍未实际获得的软件）来极大化对缺货的容忍度。这种公司通过广告宣传这些雾件来估计该产品的需求水平，然而，如果这一战略实施过多，就会影响公司在顾客心目中的信用形象。对零售商来说，这一战略对顾客的吸引力在于库存成本的节省使商品价格降低。

图 15-7 描述了有计划短缺库存系统的理想行为，该图基于如下假设：①需求率为常数；②顾客将愿意等待，直到下一批订货量 $Q$ 到达，补充已积累到最大值 $K$ 的缺货量。在以上两点假设下，称为"允许缺货时的总成本"（$TC_b$）的新的总库存成本公式如下：

$$TC_b = 订货成本 + 维持成本 + 缺货成本$$

$$= S\frac{D}{Q} + H\frac{(Q-K)^2}{2Q} + B\frac{K^2}{2Q} \qquad (15\text{-}5)$$

式中 $K$——当订货到达时已短缺的库存数量；

$B$——以美元表示的每年每单位缺货成本。

引入几何中相似三角形的比例关系理论（例如，直角三角形中边和高互成比例），注意到真实的库存只占整个库存周期的一小部分，则平均库存的表达式可由下导出：

$$库存周期中的平均库存 = \left(\frac{Q-K}{2}\right)\left(\frac{T_1}{T}\right)$$

由相似三角形知：$T_1 / T = (Q - K) /Q$。代入上式，得：$(Q - K)^2 /2Q$。

同理，可得平均延迟库存的表达式为：

$$库存周期中的平均延迟订货数 = \left(\frac{K}{2}\right)\left(\frac{T_2}{T}\right)$$

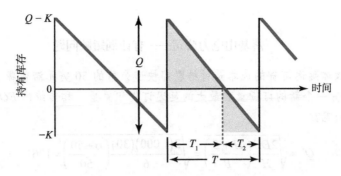

图 15-7　有计划短缺模型中的库存水平

由相似三角形知：$T_2 / T = K / Q$。代入上式，得：$K^2 / 2Q$。

由于式（15-5）总库存成本中含有两个待定变量 $Q$ 和 $K$，所以对订货量和延迟订货量进行微分，解出每一个变量值：[2]

$$Q^* = \sqrt{\frac{2DS}{H}\left(\frac{H+B}{B}\right)} \qquad (15-6)$$

$$K^* = Q^*\left(\frac{H}{H+B}\right) \qquad (15-7)$$

如表 15-3 所示，当延迟订货成本 $B$ 允许在（0，∞）内取值时，计划短缺系统以及式（15-6）、式（15-7）都会带给我们有关库存系统的大量信息。如表 15-3 所示，用 ∞ 代替式（15-6）中的 $B$，则得到传统的 $EOQ$ 式（15-3）。这样，当传统 $EOQ$ 公式应用于企业时，则暗含延迟订货成本无穷大，因此库存短缺不会发生。但延迟订货成本实际上是一个有限值，因此应用 $EOQ$ 公式会导致存货系统成本不恰当的上升。

若延迟订货成本为零，则 $EOQ$ 值无定义（因为零被当作除数），但这种情况下的库存模型的确存在。例如，病人在等待心脏移植，因为捐赠者是不能被贮存的，所以等待接受捐赠的病人就处于延迟订货状态。

表 15-3　作为延迟订货成本功能的 $Q^*$ 和 $K^*$ 值

| $B$ | $Q^*$ | $K^*$ | 库存水平 |
|---|---|---|---|
| $B \to \infty$ | $\sqrt{\dfrac{2DS}{H}}$ | 0 | |
| $0 < B < \infty$ | $\sqrt{\dfrac{2DS}{H}\left(\dfrac{H+B}{B}\right)}$ | $Q^*\left(\dfrac{H}{H+B}\right)$ | |
| $B \to 0$ | 无定义 | $Q^*$ | |

⊙【例 15-3】

### 落基山电力公司——有计划短缺问题

假设玻璃绝缘体延迟订货的成本是付给联邦快递公司的 50 美元滞留费。代入式（15-6）和式（15-7），计算一个新的订货量和最大的延迟订货积累量。和传统的 $EOQ$ 方法相比，有没有年总成本节余呢？

$$Q^* = \sqrt{\frac{2DS}{H}\left(\frac{H+B}{B}\right)} = \sqrt{\frac{2(1\,000)(30)}{6}\left(\frac{6+50}{50}\right)} = 106$$

$$K^* = Q^*\left(\frac{H}{H+B}\right) = 106\left(\frac{6}{6+50}\right) = 11$$

$$TC_b = S\frac{D}{Q} + H\frac{(Q-K)^2}{2Q} + B\frac{K^2}{2Q} = 283 + 255 + 29 = 567$$

在 $EOQ = 100$ 时，$TC_p = 600$ 美元，比上面计算得到的 $TC_b$ 多 33 美元。因此，用简单的 $EOQ$ 模型，成本会增加，因为它假设库存短缺不会发生。注意，当以年为单位来计量时，订货和维持成本都大幅度下降到 300 美元以下，因为这一 $EOQ$ 模型中延迟订货成本仅为 29 美元。

## 15.4 不确定情况下的库存管理

简单 $EOQ$ 模型并没有考虑需求的不确定性或补充订货的提前期的不确定因素。每一订单完成，这些不确定因素就会带来在补充订货到来之前库存短缺的风险。为了减少这种风险，可以在补充订货的提前期间持有比预期需求多一些的存货。然而在投资成本、维持过多库存的成本和库存短缺成本之间应加以权衡。许多情况下，在补充订货到来之前，不是库存过量积压，就是库存短缺或是货架已空。

不确定情况下的库存管理的关键在于"服务水平"这一概念。这是一个以顾客为导向的术语，它的定义是：对于补充订货的提前期这一期间的需要，库存所能予以满足的百分比。虽然决定理想服务水平的分析方法可以给定，但在实际应用中，对服务水平的选择是一个政策抉择。例如，对于便民商店来说，考虑到竞争因素和顾客的耐心，凉啤酒的服务水平可能需要达到 99%，但对于新鲜面包来说，95% 就已足够了。

服务水平可用于决定再订货点（ROP）。再订货点是指在补充订货时现有库存的量。再订货点的确定是为了满足预先选定的服务水平。因此，这需要充分了解补充订货期间（即提前期，$LT$）的需求频率分布。当再订货点确定时，也同时确定了安全库存（$SS$）的水平。安全库存是指在补充订货期间所维持的过量库存，这是为了达到满意的服务水平所必需的。再订货点等于安全库存加上补充订货期间的平均需求（$d_L$），即：

$$ROP = SS + d_L \tag{15-8}$$

补充订货期间的需求分布可以笼统地描述如下，其中日需求有一个均值 $\mu$ 和标准差 $\sigma$：

$$d_L = \mu(LT) \tag{15-9}$$

$$\sigma_L = \sigma\sqrt{LT} \tag{15-10}$$

中心极限定理假定不论日需求分布如何，补充订货期间的需求分布可看作正态分布。于是，安全库存可由下列公式解得，其中 $z_r$ 是在 $r\%$ 的服务水平下的正态标准差：

$$SS = z_r\sigma\sqrt{LT} \tag{15-11}$$

图 15-8 显示了订货提前期中需求分布的建立。其中，日需求的均值为 3，标准差是 1.5，提前期为 4 天。注意，再订货点是订货通知发出时的现有库存水平，应当满足提前期中 $r\%$ 的需求。假设日需求是一个独立变量。这一假定允许我们将单独的日需求均值和变量相加，以得到订货提前期内的总需求，由中心极限定理可知总需求服从正态分布。

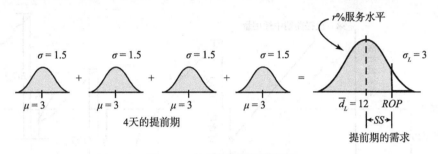

图 15-8　补充订货期间的需求

## ⊙【例 15-4】

### 落基山电力公司——再订货点

像 SKU1341（玻璃绝缘体）这样的存货，落基山电力公司的计算机信息系统会追踪其日需求率。日需求率通常呈现为均值 $\mu = 3$ 以及标准差 $\sigma = 1.5$ 的正态分布。提前期为固定值 4 天。因为 SKU1341 是保持生产线顺畅的重要物品，所以公司要求其服务水平达到 95%。那么再订货点和安全库存应为多少呢？

代入式（15-9）和式（15-10），落基山电力公司在提前期的需求为：

$$d_L = \mu(LT) = 3(4) = 12$$

$$\sigma_L = \sigma\sqrt{LT} = 1.5\sqrt{4} = 3$$

查阅附录 A 中的标准正态分布，我们发现 $z = 1.645$ 时可以保证服务水平达到 95%。因而能够保证合理服务水平的安全库存可以通过式（15-11）来计算：

$$SS = z_r\sigma\sqrt{LT} = (1.645)(1.5)\sqrt{4} = 5$$

代入式（15-8），则 RMP 的再订货点为：

$$ROP = SS + d_L = 5 + 12 = 17（天）$$

## 15.5　库存控制系统

日常实践中有多种不同的库存控制系统在应用。其不同之处在于：①决定订货量的方法；②何时对库存进行补充。我们将讨论限定在两种最普通的库存控制系统上：连续检查系统（ $Q, r$ ）和定期检查系统。对于所有的库存控制系统，必须回答以下两个问题：①何时订货；②订货量是多少。因为库存控制系统面对需求的不确定性，所以当其中的一个问题可以用定值来回答时，另外一个问题的答案就必须与需求的不确定性相对应。

### 15.5.1 连续检查系统

图 15-9 描述了连续检查系统中的库存平衡。由于需求的不确定性，库存水平以不规则曲线的形式逐渐减少，直到降至预先确定的触发水平——再订货点 ROP。当库存平衡降至 ROP 时，销售商就会发出补充订货的通知。在这一库存系统中，订货量 EOQ 是固定的（也就是说，每次下达订单时订货量总是 EOQ 个单位）。采用这种库存系统的实例就是礼堂中卖贺年卡的摊贩。这些摊贩有一张再订货卡，卡上写着库存的数量，放在所陈列贺年卡的靠后方，以提醒该摊贩在剩余的贺年卡卖完之前再订购这种卡。

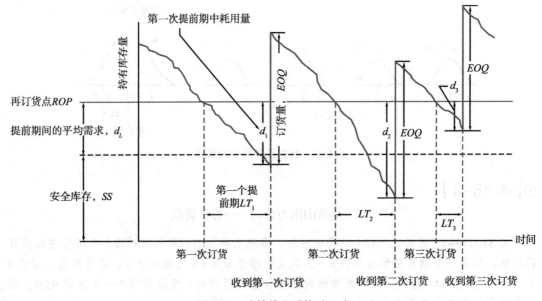

图 15-9 连续检查系统 $(Q, r)$

在再订货点和补充订货到达之间的这段时期内，库存水平继续下降。一般说来，在补充订货到达之前应该有一定的库存余量。当补充订货到达时，平均的库存余额为安全库存水平 SS。库存余量的维持是为了避免在异常高需求情况下库存的短缺，或者是为了预防没有预料到的过长的提前期。但有时库存短缺还是会发生。如果需求过少，订货就会被延迟，在这种情况下，库存就是 EOQ 中的剩余部分而不应该包括被延迟的订货量。

在连续检查系统中，订货数量是定值，但订货之间的周期是不确定的。如果使用条形码来代表每个 SKU，则计算机信息系统就可以连续追踪库存平衡以得知何时到达再订货点。像沃尔玛那样的零售商使用电子收款机系统（POS）来记录每分钟的存货状态，并在每日末报告已经达到再订货点的所有商品。在许多情况下，计算机会自动生成购买订单并发给供应商；或者，在沃尔玛是将订单发往配送中心。

连续检查系统的参数公式是：

$$EOQ = \sqrt{\frac{2DS}{H}}$$

$$ROP = SS + \mu(LT)$$

$$SS = z_r \sigma \sqrt{LT}$$

### 15.5.2 定期检查系统

图 15-10 描绘了定期检查系统下的库存平衡。经过固定时间 $RP$，就补充订货。每次订货的数量是变化的，并且现有存货加上订货量后的总库存要达到预先确定的目标库存水平 $TIL$。像连续检查系统一样，定期检查系统的延迟订货也时有发生。在定期检查系统中，由于需求率的不同，订货数量也随之变化，而且两次订货之间的间隔时间是固定的。

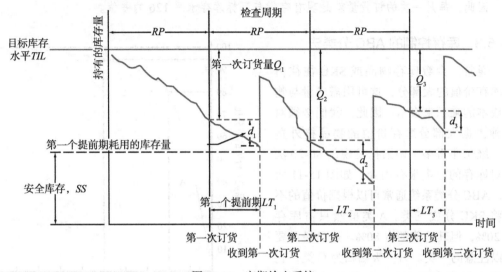

图 15-10　定期检查系统

为了确定固定的检查周期，首先应计算 $EOQ$，然后用 $EOQ$ 除以平均日需求，就得到一个预期的循环时间。再考虑维持和订货成本，使整个系统的成本增量最小，就可确定最终的定期检查周期。

定期检查系统一般用于：对许多不同货物的补充订单进行合并，以供分销商或区域仓库定期补充供应（如每周一次为便利店添货）。

定期检查系统的参数公式如下，其中日需求的均值为 $\mu$，标准差为 $\sigma$。注意，在定期检查系统中，库存短缺的期间为检查周期加上提前期 $(RP + LT)$，而不仅是连续检查系统中的提前期。因此，若是缺乏库存状态的连续信息，就必须维持过多的存货。

$$RP = EOQ/\mu \tag{15-12}$$

$$TIL = SS + \mu(RP + LT) \tag{15-13}$$

$$SS = z_r\sigma\sqrt{RP + LT} \tag{15-14}$$

## ⊙【例 15-5】

### 落基山电力公司——定期检查系统

如例 15-4 中所提到的库存物品 SKU1341（玻璃绝缘体），其日需求呈均值 $\mu = 3$、标准差 $\sigma = 1.5$ 的正态分布。在例 15-1 中，算得 $EOQ$ 为 100，从补充订货的提前期为固定值 4 天。由于 SKU1341 是维持生产线正常运转的重要物资，因此公司政策决定其服务水平应达到 95%。假如运用定期检查系统来控制玻璃绝缘体的库存，那么检查周期、目标库存水平和安全库存各为多少？

代入式（15-12），检查周期 $RP = 100/3 = 33$（天），或约为一月检查一次。代入式（15-14），可得安全库存：

$$SS = z_r\sigma\sqrt{RP+LT} = (1.645)(1.5)\sqrt{33+4} = 15$$

代入式（15-13），可得目标库存水平：

$$TIL = SS + \mu(RP + LT) = 15 + 3 \times (33 + 4) = 126$$

因此，每月一次的订货量就是现有存货与目标库存水平 126 的差值。

### 15.5.3 库存控制的 ABC 分类法

通常，少数库存物品或 SKU 往往占据库存价值的大部分，这可用需求量与物品成本的乘积来表示。因此，我们必须对这种占据大部分库存价值的物品格外重视。维尔弗雷多·帕累托发现的 80-20 法则对库存的分类很有用处。如图 15-11 所示，ABC 分类系统通常可以根据价值的不同将 SKU 分成三类。A 类虽然只占库存的 20%，但其价值却占 80%。这是最需要加以注意的一类。另一极端归为 C 类，它通常占据库存的 50%，但其价值却只占 5%。中间类型 B，占有 30% 的库存，价值占 15%。在决定库存控制系统之前，应先用 ABC 分类法对库存物品进行分类。对恰当库存控制系统的选择取决于库存物品的重要性大小。

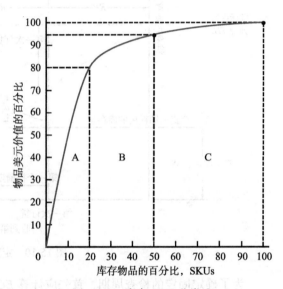

图 15-11　库存 ABC 分类法

表 15-4 为一家电器零售商店应用 ABC 分类法，按照美元价值降序形成的库存物品安排。例中，两种物品（计算机和家庭影院）占有 SKU 的 20%，却占了总价值的 74%。它们是少量昂贵的 A 类物品，应受到管理者的特别注意，若此类物品库存短缺，会造成巨大的销售损失。连续检查系统中的集中强化电子监控应运用于控制此类物品的库存水平上。

表 15-4　按美元价值递减排序的库存物品

| 库存物品类别 | 单位成本（美元） | 月销售量（以单位计） | 美元量（美元） | 美元价值百分比 | 占总库存百分比 | 分类 |
|---|---|---|---|---|---|---|
| 家庭影院 | 5 000 | 30 | 150 000 | 74 | 20 | A |
| 计算机 | 2 500 | 30 | 75 000 | | | |
| 电视机 | 400 | 60 | 24 000 | | | |
| 冰箱 | 1 000 | 15 | 15 000 | 16 | 30 | B |
| 显示器 | 250 | 40 | 10 000 | | | |
| 扬声器 | 150 | 60 | 9 000 | | | |
| 照相机 | 200 | 40 | 8 000 | | | |
| 软件 | 50 | 100 | 5 000 | 10 | 50 | C |
| U 盘 | 5 | 1 000 | 5 000 | | | |
| CD | 10 | 400 | 4 000 | | | |
| 总计 | | | 305 000 | 100 | 100 | |

像通常一样，占有库存空间 50% 的物品只占总库存价值的一小部分，这里是 10%。这些是价值不高的 C 类物品，对它们可以用一种较宽松的方式进行管理，因为此类物品的库存短缺不会造成较大的收入损失。对于这类物品，可以用定期检查系统进行控制，并且检查周期可以相对长一些，这就意味着要对低价值物品施行订货频率较低的大批量订货。

B 类中的三种物品的价值并没有高到需要特殊管理的地步，但它们也并没有便宜到可以大量堆积的地步。对这类物品的管理，可以用连续检查系统，也可以用定期检查系统。然而在今天，条形码和精细复杂的电子收款机系统能够降低检查库存水平的成本，使得连续检查系统对所有货物来说都是可行的。

## 15.6 射频识别

射频识别（RFID）是一种自动识别方法，它依赖于一种叫"RFID 标签"或"应答器"的设备来远程存储数据和检索数据。这个标签由硅片上的集成电路和天线组成。阅读器发出无线电信号来激活标签，读取存储数据，在某些情况下还要写数据。为了监控供应链中的库存，这些标签被贴在运输平板车上，但是它们也可以被合并到产品中或植入动物或人体体内。RFID 技术与条形码类似，但是它传递了更多的信息，并且不需要依赖其视线来读取和识别。

例如，航空公司在行李运输机上使用条形码阅读器，但是这些阅读器遗漏了大部分贴好了条形码标签的行李。手持扫描仪效果更好，但会降低装载速度。由于被动式 RFID 标签在远达几米的地方都能够被读取，因此当行李通过行李传送带阅读器时，它们就能被识别，而后就可以被自动分类并运送到正确的航班上。澳大利亚航空公司 Qantas 目前就在其国内运营中使用了 RFID 标签和阅读器，并计划在全球范围内推广这种功能。2016 年，标签卷的价格从 1 000 个需 142 美元到 5 000 个需 718 美元不等，而阅读器的价格则从 49 美元到 5 000 美元不等，这取决于其性能的不同。

Wisconsin-Madison 大学工程实验室使用的贴在标签背后的 RFID 芯片。

RFID 标签目前被运用于多个服务行业中：

- 护照。首个 RFID 护照由马来西亚于 1998 年签发。
- 运输支付。RFID 通行证于 1995 年在巴黎推出，现在被欧洲各地的旅行者使用。
- 人体植入。巴塞罗那和鹿特丹的夜总会使用植入的芯片来识别其 VIP 顾客，这些顾客用这些芯片来支付饮料费用。
- 图书馆。RFID 正在取代图书馆中的条形码。
- 病人识别。植入的 RFID 标签帮助医院避免错误。

## 15.7 易腐物品的单阶段模型

有时，商家会囤积一些物品以备短时间内的大规模销售，但销售旺季过后，该类物品的价值会骤跌。零售业方面的例子如新鲜的糕点、泳衣等季节性物品。考虑到过去销售实践中的一些数据，这些物品面临的关键问题是：存储多少才算合适。如果存储过少，则面临销售时机的丧失；若存储过多，则剩余的商品就成为一种投资损失而使残值最小化。库存决策被称为经典的"报纸销售问题"，因为日常旧报纸更接近于无价值。

面包店必须决定每天早晨要准备多少盒装的甜甜圈。未售出的甜甜圈将在第二天被打折出售。首先，我们先从一些概念入手，然后用两种不同的方法——期望值分析法和增量分析法来解决这一问题。

$D$——盒装甜甜圈的需求量；

$Q$——盒装甜甜圈的库存量；

$P$——盒甜甜圈的销售价格，10 美元；

$C$——盒甜甜圈的成本，4 美元；

$S$——盒甜甜圈的残值，2 美元。

| $D$ | 出现频率 | $P(D)$ | $Q$ | $P(D < Q)$ |
|---|---|---|---|---|
| 2 | 1 | 0.028 | 2 | 0.000 |
| 3 | 2 | 0.055 | 3 | 0.028 |
| 4 | 3 | 0.083 | 4 | 0.083 |
| 5 | 4 | 0.111 | 5 | 0.166 |
| 6 | 5 | 0.139 | 6 | 0.277 |
| 7 | 6 | 0.167 | 7 | 0.416 |
| 8 | 5 | 0.139 | 8 | 0.583 |
| 9 | 4 | 0.111 | 9 | 0.722 |
| 10 | 3 | 0.083 | 10 | 0.838 |
| 11 | 2 | 0.055 | 11 | 0.916 |
| 12 | 1 | 0.028 | 12 | 0.971 |

### 15.7.1　期望值分析

如表 15-5 所示，对于每一种盒装甜甜圈的实际需求与选定库存水平的组合，应列出结算表来阐明其利润贡献（为方便起见，我们将库存水平 $Q$ 的值限定在 6～10 之间）。将盒装甜甜圈需求的概率代入，则结算表中每一列都可算出一个预期利润。能够产生最大预期利润的库存水平能够最好地平衡丧失销售时机的机会成本和滞存甜甜圈的投资成本。结算表最好从左上角开始构造。对于 $D = 2$，$Q = 6$，从结算表中可得以下结果：

| | |
|---|---|
| 销售价值： | 2 ×（10 美元）= 20 美元 |
| 回收价值： | (6-2) ×（2 美元）= 8 美元 |
| 总收益： | 28 美元 |
| 减去成本： | 6 ×（4 美元）= -24 美元 |
| 利润： | 4 美元 |

请注意，沿结算表中的每一行从左向右移动，利润以 $(S-C) = 2-4 = -2$ 美元递减，这是因为每向右移动一格，滞存的甜甜圈就增加一份。沿结算表的每一列从上往下移动，利润以 $(P-S) = 10-2 = 8$ 美元递增，这是因为每向下移动一格，甜甜圈就多卖了一份。利润持续增加直至在对角线上达到 $D = Q$，再往下利润将保持不变，因为所有库存的甜甜圈已经都卖出去了，而多余的需求也没有能满足。

对于从 6 至 10 的每一库存水平 $Q$，我们算出了它们的预期利润并列于表的末行。例如，$Q = 6$ 的预期利润等于第一栏中的需求概率 $P(D)$ 乘以第三栏中与 $Q = 6$ 相对应的各个结算数后取和。

当 $Q = 6$ 时的预期利润 $= 0.028 \times 4 + 0.055 \times 12 + 0.083 \times 20 + \cdots + 0.055 \times 36 + 0.028 \times 36 = 31.54$（美元）

本例中，$Q^* = 9$ 时的利润 35.99 美元为最大的预期利润。

表 15-5  结算表

| P(D) | D | 库存量 Q | | | | |
| | | 6 | 7 | 8 | 9 | 10 |
|---|---|---|---|---|---|---|
| 0.028 | 2 | 4 | 2 | 0 | −2 | −4 |
| 0.055 | 3 | 12 | 10 | 8 | 6 | 4 |
| 0.083 | 4 | 20 | 18 | 16 | 14 | 12 |
| 0.111 | 5 | 28 | 26 | 24 | 22 | 20 |
| 0.139 | 6 | 36 | 34 | 32 | 30 | 28 |
| 0.167 | 7 | 36 | 42 | 40 | 38 | 36 |
| 0.139 | 8 | 36 | 42 | 48 | 46 | 44 |
| 0.111 | 9 | 36 | 42 | 54 | 54 | 52 |
| 0.083 | 10 | 36 | 42 | 48 | 54 | 60 |
| 0.055 | 11 | 36 | 42 | 48 | 54 | 60 |
| 0.028 | 12 | 36 | 42 | 48 | 54 | 60 |
| 预期利润（美元） | | 31.54 | 34.43 | 35.77 | 35.99 | 35.33 |

## 15.7.2  边际分析

对"报纸销售问题"的另外一种解答方法是应用经济学原理的增量分析法。这一方法要求零售商不断地增加其库存 ($Q$)，直到最后那一单位库存的预期收益刚刚超出最后一笔销售的预期损失。从这一原理中，我们可推出一种非常有用的概率：$CF$ 概率（临界分位点概率）。

$$E（最后一笔销售的收益）\geq E（最后一笔销售的损失）$$

$$P（收益）（单位收益）\geq P（损失）（单位损失）$$

$$P(D \geq Q) C_u \geq P(D < Q) C_o$$

$$[1 - P(D < Q)] C_u \geq P(D < Q) C_o$$

$$P(D < Q) \geq \frac{C_u}{C_u + C_o} \quad (15\text{-}15)$$

式中　$C_u$——甜甜圈销售的单位贡献（低估需求时的机会成本）；

$C_o$——未售出甜甜圈的单位损失（高估需求时的成本）；

$P(D < Q)$——未售出所有库存甜甜圈的概率；

$P(D \geq Q)$——售出所有库存甜甜圈的概率。

代入式（15-15），得 $P(D < Q) \leq 6/(6+2) \leq 0.75$。此时，库存数量 $Q = 9$，因为如图 15-12 所示，盒装甜甜圈的需求从 2 到 8 的

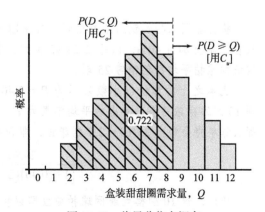

图 15-12  临界分位点概率

累积概率和为 0.722。查看结算表的预期利润栏，我们可以体会到边际分析原理的应用。在简略表中，从 6 开始逐渐加大 $Q$，则利润也跟着逐渐增加。但 $Q = 9$ 以后，利润以每单位 10% 递减，产生出预期损失 0.66 美元。

## 15.8 零售折扣模型

即使是最完备的计划在尝试预测顾客需求方面也存在一定风险。在拉斯维加斯贸易博览会上风靡一时的无袖衬衫到了皮奥里亚却无人问津。这些"瘦狗"类产品在货架上积存数月，沾满灰尘，还占据了那些新畅销商品的货架空间。若对其打折销售，则意味着一定边际利润的亏损，因此需要确定合适的折扣率。不论在何种情况下，零售商绝不会低于成本价销售商品。要想解决这一问题，关键是找到盈亏平衡点的折扣价。这样，使积压的"瘦狗"类商品尽快售出，从而获得资金来投资于畅销的商品。在零售业中，利润是提价幅度乘以营业额的函数。下列术语在决定折扣价时会用到：

$S$——当前售价；

$D$——折扣价；

$P$——基于成本的边际利润（用小数表示的毛利百分比）；

$Y$——以当前价格售完全部"瘦狗"类存货所需的平均年限（清空库存所需总年限除以 2）；

$N$——库存循环次数，也就是一年中畅销商品库存的流转次数。

为求出盈亏平衡的折扣价，可以使一件"瘦狗"类商品的损失等于对畅销商品进行投资所获收益：

一件"瘦狗"类商品的损失 = 来自畅销商品销售收入的收益，即：

$$S-D = D(PNY)$$

于是折扣价为：

$$D = \frac{S}{1+PNY} \tag{15-16}$$

## ⊙【例 15-6】

### 运动城

格兰菲网球拍的销路不是很好，其原因可能是球拍的重量分布不均。但其质地优良，且只在成本上加价 40%，以每副 29.95 美元出售。去年仅售出 1 副，积压 10 副；而其他销路较好的球拍平均每年销售 25 副。

成本之上的加价以小数表示为 $P = 0.40$，售价为 $S = 29.95$ 美元。现在每年售出 1 副，则 10 副库存球拍全部售出的平均年限为 $Y = 10/2 = 5$；如果这些"瘦狗类"网球拍销路好，那么每年将会售出 $25/10 = 2.5$ 副球拍，即 $N = 2.5$。代入式（15-16），得折扣价为：

$$D = \frac{29.95}{[1+(0.40)(2.5)(5)]} = \frac{29.95}{6} = 4.99$$

所以，这 10 副格兰菲网球拍应立即以折扣价每副 4.99 美元出售。因此，每副的机会损失为 $(S-D) = 29.95-4.99 = 24.96$ 美元，但是 4.99 美元的价格会立刻引起销售狂潮。对 4.99

美元加价 40%，可得每次卖出一副销量好的球拍，就能得到 2.00 美元的回报（ 0.40×4.99 ）。销路好的球拍每年可售 2.5 批次（与其相对，瘦狗类积压球拍每年仅售 1 副），因此，每年盈利 2.5×（2.00 美元）= 5.00 美元。又因为平均需要 5 年来清空积压库存，所以每副球拍再投资后的总收益为 5×（5.00 美元）= 25.00 美元。

换句话说，我们既可持有瘦狗类球拍，以每副 29.95 美元将积压存货最终卖光，也可以 4.99 美元将它们立刻销完，然后把得到的 50 美元（4.99×10）投资到销路好的货物上，在 5 年时间内将损失从销路好的货物上弥补回来。注意，我们刚才的折扣价低至不赔也不赚的状态，而在实际中，均不会打折至如此低的价格。球拍的批发价格为 29.95 美元 /1.4 = 21.39 美元，我们可以把折扣价最初定为 19.95 美元。如果市场反应良好，那我们以低于成本价销售也会得利，因为我们让积压在库存中的资金流动了起来。

这种 4.99 美元的极端折扣可以通过将拥有 10 个网球拍的陈旧库存交给第三方来避免。滞销商品通常以以下方式被抛弃：退回制造商或分销商，清算给在网上零售市场转卖商品的公司（如 Overstock.com），或者出售给处理加工金属（如铝网架）和其他有价值零件的回收公司。在与第三方的磋商中，以式（15-16）计算出的折扣来代表你的保留价格（即你愿意卖出商品的最低价格）。如果谈判失败，不妨将球拍捐赠给当地高中网球队，这将被视为在申报所得税时的扣除。

## ⊙ 服务标杆

### 被贴上标签的行李

澳洲航空公司（Qantas Airlines）在所有澳大利亚机场都在使用射频识别技术（RFID），以实现行李的自动处理。该系统被称为"Q 行李标签"，其特点是带有被动 RFID 嵌套的行李箱标签，可以实现自助行李运送。Q 行李标签最多可以存储 4 次衔接航班的飞行信息，并且在未来航班中可以无限次重复使用。在获得登机牌并将 Q 行李标签贴在行李上后，乘客将行李放置在传送带上，传送带在 RFID 阅读器记录行李唯一 ID 号码时记录其重量。然后该系统激活 Q 行李标签，并将航班和最终目的地数据直接编程输入 Q 行李标签的射频识别芯片中。接着行李进入行李处理区，在那里 RFID 阅读器将会为其检查和规划传送路线。该技术提高了行李处理的准确性，并减少了乘客在登机口的处理时间。而一个巨大的挑战是要克服只读取传送带上的行李，而不读取附近等待的其他乘客的行李。

## 本章小结

库存管理对企业的兴衰起着至关重要的作用。对于某些企业来说，企业目标的完成情况在很大程度上受到其采取的库存系统的影响。好的库存管理由下列有关参数描述：库存维持成本、库存订货成本、短缺成本以及商品的进价。另外，还需要考虑补充订货的提前期和适当的服务水平。

由于条形码和 RFID 芯片的大范围推广应用，用计算机来追踪库存已成为惯例，这简化了对大量库存决策数据的处理。

## 关键术语

**待执行订单**（backorder）：是一种因库存短缺而不能立即满足的需求。但这一需求可以在未来的某个时间得到满足，因为顾客愿意等待，直到补充订货到达。

**临界分位点**（critical fractile）：需求小于库存水平的概率累积，它保证，当最后一个货物被纳入库存时，边际收益刚好超过边际成本。

**依赖型需求**（dependent demand）：对一种库存物品的需求直接与另一种物品相关。

**经济订购批量**（economic order quantity，EOQ）：是满足维持成本和补充订货成本总增量最小的再订购数量。

**电子数据交换**（electronic data interchange，EDI）：是为了减少纸质文件操作而采取的企业间的计算机化数据交换。

**独立型需求**（independent demand）：彼此不相关联的对不同库存物品的需求。

**库存周转次数**（inventory turns）：一年中库存全部销完的总次数，用年需求量除以平均库存量来计算。

**售货点**（point-of-sale，POS）：是一种销售交易的网络连接。通过计算机化的收银机、条形码扫描仪或者信用卡读取器与计算机中心联网，以迅速更新销售、库存和价格信息。

**射频识别**（RFID）：依靠近场无线传输数据的自动识别技术。

**再订货点**（reorder point，ROP）：当进行固定数量的再订货时，存货水平与订货水平的总库存水平。

**补充订货的提前期**（replenishment lead time）：通常按日计算的，从订单发出到收到订货的这段时间。

**安全库存**（safe stock）：为了维持令人满意的服务水平，在补充订货期间所维持的超出预期需求的那部分库存。

**服务水平**（service level）：补充订货提前期内能够满足所有需求的概率。

## 讨论题

1. 在分销系统（如制造商、供应商、分销商和零售商）中，库存对不同类型的企业起什么作用？
2. 如何评价库存管理成本的价值？
3. 比较连续检查库存系统和定期检查库存系统的相同点和不同点。
4. 讨论在库存管理中，信息技术是如何帮助企业创造竞争优势的。
5. 试评价简单 EOQ 模型中的前提条件。
6. 对大部分库存物资来说，服务水平是如何确定的？
7. 服务能力（如飞机上的座位数）与库存有相似的特征。应该应用什么样的库存模型？
8. 识别航空公司和医院依赖型需求与独立型需求。

## 互动练习

讨论在不同环境下（如超市、便利店、快餐厅、餐厅和棒球场）销售一份 12 盎司可乐的成本，并解释在不同地点成本不同的原因。

## 例题

### 1. 连续检查系统（$Q, r$）
**问题陈述**

一家度假酒店计划应用计算机化的库存系统来管理旅客的洗漱用品，如肥皂和香波之类。肥皂的日耗率基本呈均值 $\mu=16$、标准差 $\sigma=3$ 的正态分布。订货后，货物到达需要一整周的时间。员工（其工资为每小时 10 美元）进行订货和接货大约需要一个小时。

资金的年机会成本是 20%，一块肥皂的价值大约是 0.25 美元。酒店十分重视这些基本货物的缺货情况，并想得到一个 94% 的服务水平。求在连续检查系统下的订货量 $Q$ 和再订货点 $r$。

**解答**

第一，运用含有下列参数的式（15-3）计算出 $Q$ 值：

$$D = 16 \times 365 = 5\ 840 / 年$$
$$S = 10$$
$$H = IC = 0.20 \times 0.25 = 0.05$$
$$EOQ = \sqrt{\frac{2DS}{H}} = \sqrt{\frac{2 \times 5\ 840 \times 10}{0.05}}$$
$$= 1\ 528.4 \approx 1\ 500$$

第二，运用式 (15-9)、(15-10) 计算出 $LT$ 分布中的需求：

$$d_L = \mu(LT) = 16 \times 7 = 112$$
$$\sigma_L = \sigma\sqrt{LT} = 3\sqrt{7} = 7.94 \approx 8$$

第三，运用式 (15-11) 计算出安全库存，在附录 A 中找出单尾概率为 0.06 时的 $z$ 值。

$$SS = z_r\sigma\sqrt{LT} = 1.555 \times 8 = 12.44 \approx 13(向上取整)$$

第四，再订货点等于安全库存和提前期内平均需求量的总和：

$$ROP = SS + d_L = 13 + 112 = 125$$

#### 2. 定期检查系统

**问题陈述**

该度假酒店的经理不太热衷于对洗漱用品进行连续检查追踪，他认为该类物品应归于低价值的 C 类。因此，他要求使用定期检查系统。试计算检查周期和 94% 服务水平下的目标库存水平。

**解答**

第一，将第 1 题中的 $EOQ$ 代入式 (15-12)，计算出检查周期：

$$RP = EOQ/\mu = 1\ 500/16 = 93.75\ 天\ (约三个月)$$

第二，运用式 (15-14) 计算出安全库存：

$$SS = z_r\sigma\sqrt{RT + LT} = 1.555 \times 3 \times \sqrt{94 + 7}$$
$$= 46.9 \approx 47 个$$

第三，运用式 (15-13) 计算出目标库存水平：

$$TIL = SS + \mu(RP + LT) = 47 + 16 \times (94+7) = 1\ 663\ 个$$

#### 3. 易腐物品

**问题陈述**

一家长途航空公司以其优质的顾客服务为荣，其特色是为早上的乘客提供一份《华尔街日报》。订阅每期每份的成本是 1.5 美元。报摊的价格是 2.5 美元。如果一架只有 6 个座位的小型飞机的需求分布如下，应订阅多少份报纸？

| 乘客 | 2 | 3 | 4 | 5 | 6 |
|------|-----|-----|-----|-----|-----|
| 概率 | 0.1 | 0.2 | 0.2 | 0.3 | 0.2 |

**解答**

第一，准备一个 $P(D<Q)$ 分布，如下所示：

| $Q$ | 2 | 3 | 4 | 5 | 6 |
|------|-----|-----|-----|-----|-----|
| $P(D<Q)$ | 0 | 0.1 | 0.3 | 0.5 | 0.8 |

第二，低估需求的成本为 $C_u$=2.50 美元，即为没有报纸的乘客重新购买报摊报纸的成本。

第三，高估需求的成本为 $C_o$=1.50 美元，即花费在多余报纸上的成本。

第四，利用式 (15-15) 确定临界分位点 $P(D<Q) \leqslant C_u/(C_u+C_o) \leqslant 2.5/(2.5+1.5) \leqslant 0.625$。因此，可以订阅 5 份《华尔街日报》。

---

### 练习题

1. 泰德文具店销售的笔记本活页夹的年需求量是 10 000 单位。泰德每年营业 200 个工作日。活页夹的单位成本是 2 美元，向供应商发出一个订单的成本是 0.40 美元。活页夹一年的库存成本是其价值的 10%。

   a. 经济订购批量 (EOQ) 应该是多少？

b. 每年订货量是多少？

c. 每两次再订购之间有多少个工作日？

2. Deep Six Seafood 餐厅每年营业 360 天，专门供应新鲜的缅因州龙虾，每只售价 10 美元。航空运费大幅上涨，现在每次下单的成本高达 48 美元。因为龙虾是活装在盐水桶里运送的，所以运输成本不受订单规模的影响。使一只龙虾在售出前保持鲜活的成本大约是每天 0.02 美元，在长度为一天的补充订货提前期中龙虾的需求量如下：

| 提前期 | 概率 |
| --- | --- |
| 0 | 0.05 |
| 1 | 0.10 |
| 2 | 0.20 |
| 3 | 0.30 |
| 4 | 0.20 |
| 5 | 0.10 |
| 6 | 0.05 |

a. Deep Six 想要重新考虑一下它的订单规模，你认为其经济订购批量是多少？

b. 如果每批的订单数量是 360，缅因州分销商愿意给 Deep Six 每只龙虾 0.50 美元的折扣，Deep Six 应该接受这个提议吗？

c. 如果 Deep Six 坚持维持 2 只龙虾的安全库存，其服务水平如何？

3. Dutch 农场按箱从荷兰进口奶酪，分发到它在得克萨斯的零售店。全年（360 天）Dutch 农场出售 1 080 箱奶酪。由于损耗，Dutch 农场估计每年要花费 6 美元来储存一箱奶酪。每次订货的成本约为 10 美元，目标服务水平是 98%。在长度为一天的补充订货提前期中对奶酪的需求如下所示：

| 提前期需求（箱） | 概率 |
| --- | --- |
| 0 | 0.02 |
| 1 | 0.08 |

（续）

| 提前期需求（箱） | 概率 |
| --- | --- |
| 2 | 0.20 |
| 3 | 0.40 |
| 4 | 0.20 |
| 5 | 0.08 |
| 6 | 0.02 |

a. 计算 Dutch 农场的经济订购批量（EOQ）。

b. Dutch 农场应持有多少箱奶酪作为安全库存以防缺货？

c. Dutch 农场拥有一个容量为 500 立方英尺⊖的冷藏仓库，如果每箱奶酪需要 10 立方英尺的空间且必须冷藏，那么 Dutch 农场每年应支付多少钱来租用额外的空间呢？

4. 由于只能出售桶装啤酒，Macho Heavy Beer 的当地分销商正在重新考虑其库存政策，预计明年（200 天）的销售量为 600 桶。每年在冷藏仓库里储存一桶 Macho Heavy Beer 的成本大约是 3 美元，每次向工厂订货大约需要 4 美元。在长度为一天的补充订货提前期内对 Macho Heavy Beer 的需求是：

| 提前期需求（桶） | 概率 |
| --- | --- |
| 0 | 0.03 |
| 1 | 0.12 |
| 2 | 0.20 |
| 3 | 0.30 |
| 4 | 0.20 |
| 5 | 0.12 |
| 6 | 0.03 |

a. 为 Macho Heavy Beer 提供经济订购批量（EOQ）。

b. 如果订货时整车装 200 桶，啤酒厂愿意按批发价给当地分销商每桶 0.25 美元的折扣。基于总可变库存成本的分析，这个报价是否有吸引力？

c. 如果 Macho Heavy Beer 决定维持 85%

⊖ 1 立方英尺 = 0.028 317 立方米。

的服务水平，你建议安全库存是多少？

5. 图书外卖公司在出版商发行平装版时，经常会遇到清理书架上精装书的问题。因为这些书占用书架空间，且销售缓慢。而更重要的是，它们占用购买新畅销书的资金。一般来说，精装畅销书最初零售价为 39.95 美元，在推出期间每月的销售量约为 30 本。当平装书上市时，精装书的销量就会骤降到大约每月 3 本。畅销书的溢价是成本的 50%。

a. 如果平装书售价 12.95 美元，且有 15 本精装书库存，为精装版提供一个建议折扣价。

b. 解释为什么精装书折扣价格不受库存数量的影响。

6. Spanish Interiors 从墨西哥进口各类陶瓷地砖，有不同的图案以满足承包商的需求。这些瓷砖通常在交付前一年订货，每个瓷砖图案的生产需要有一次单独的生产准备。因此，订单的订货量必须大到支付得起生产准备成本。由于每种类型的地板砖的订货远早于顾客需求，所以在预料到存在这些需求的情况下，公司必须猜测承包商会喜欢什么样的图案模式并加以订购。有时候，瓷砖图案会不受欢迎，那么 Spanish Interiors 将受制于滞销存货。溢价是瓷砖成本的 30%，库存通常每年更新三次。库存中有两种滞销的地砖图案，管理者估计需要 2 年时间才能清空。"云开日出"图案目前零售价为每平方米 0.70 美元，而"仙人掌"图案为每平方米 1.05 美元。计算可以快速清空库存的每种图案的最低折扣价格。

7. 某存货商品月需求量是均值为 20、方差为 4 的正态分布随机变量。每年 12 个月，每个月都服从该分布。当库存达到一个预定水平时，就会下订单补货。固定订货成本是每单 60 美元，每件商品的单位成本是 4 美元，每年的库存维持成本是存货平均价值的 25%，补充订货提前期为 4

个月。

a. 确定经济订购量。

b. 假设订单数量大于或等于 100 件，将给予所有单位 10% 的折扣。针对这个报价，你会建议多大的订货数量？

c. 确定必要的再订货点和安全库存，以达到 90% 的服务水平。

8. 商品的日需求量服从均值为 5、方差为 2 的正态分布。订货成本是 10 美元，每天的保管费估计是库存价值的 10%。供应商提供以下采购计划：

$$单位成本（美元）=\begin{cases}15 & (Q<10)\\14 & (10\leqslant Q<50)\\12 & (Q\geqslant 50)\end{cases}$$

a. 建议一个最优订货批量，使订购和维持的总库存成本加上单位采购成本最小化。虽然不是必要的，但你可以假设一年有 360 天。

b. 给定提前期为 2 天，确定再订货点和安全库存，以达到 95% 的服务水平。假设每日需求是一个独立的变量。

9. River City 水泥公司从当地一家供应商购买石灰存货。River City 水泥公司在它的制造运营中平均每年使用 20 万磅的石灰（假设每年运营 50 周）。石灰是向供应商以每磅 0.10 美元购买的。库存维持成本是库存平均价值的 30%，为补充库存进行订货的订货成本估计是每笔 12 美元。

a. 假设 River City 水泥公司每次发出补货订单时都要订购 10 000 磅的石灰，那么维持存货的平均年成本是多少？

b. 确定经济订购量。如果每年的预期需求比实际需求少 10%，那么因需求估计的不精确，River City 水泥公司每年要支付多少额外费用？（注：这意味着石灰的实际需求平均为 22 万磅）

c. 如果订单数量为 13 000 磅或更多，供应商将向 River City 水泥公司提供对全部订货量在价格上 10% 的折扣。另外假设每年对石灰的需求平均为 20 万磅。则最佳订货量是多少?

10. Fair Deal 百货公司库存的一件热销商品的年需求量为 600 件。从供应商购买这些产品的成本是每件 20 美元,单位购买准备费是 12 美元。年库存维持成本是购买成本的 20%。经理设法使缺货的概率保持在 5% 或更少。提前期的需求是均匀分布的,介于 30 到 70 之间(即提前期对于需求量为 30,31,…,70 的概率为 1/41=0.024 4)。

a. 计算经济订购量。

b. 计算再订货点。

c. 计算安全库存。

d. 如果我们购买 80 件或以上,单位购买成本降到 19 美元。计算这个数量折扣情况下的经济订购量。

11. 超级市场即将订购情人节糖果,每盒 1.40 美元。糖果在情人节之前每盒售价 2.90 美元。情人节过后,所有剩下的糖果每盒只卖 1 美元。所有剩余的糖果都可以这个折扣价出售。正常零售价格下的需求是一个随机变量,其离散概率分布如下:

| 需求(盒) | 概率 |
| --- | --- |
| 8 | 0.15 |
| 9 | 0.15 |
| 10 | 0.30 |
| 11 | 0.30 |
| 12 | 0.10 |

a. 在正常零售价格下,确定每盒糖果的期望需求量。

b. 使用临界分位数值法确定库存的最优数量(单位:盒)。

c. 在上一问订货量下预期利润是多少?

12. 假设 XYZ 公司每年的需求是 12 000 单位,订单成本是 25 美元,每年每单位的维持成本是 0.50 美元。它决定施行计划短缺库存政策,而延迟订购成本估计是每年每单位 5 美元。

a. 确定经济订购量。

b. 确定待执行订单的最大数量。

c. 确定最大库存水平。

d. 以工作日确定周转时间(假设每年 250 个工作日)。

e. 确定每年的总库存成本。

13. A&M 兴趣商店陈列着一系列无线电控制的赛车模型。假设其需求是每月固定 40 辆,每辆车成本花费 60 美元,且无论订单规模大小,每单的订购成本大约是 15 美元。存货维持成本为每年总成本的 20%。

a. 在不允许延迟订购的前提下,确定经济订购量和年度总成本。

b. 每年每单位的延迟订货成本为 45 美元,确定库存政策的最低成本和年度总成本。

c. 根据上一问的政策,顾客等待延迟订购的最长时间是多少天?假设这个兴趣商店每年经营 300 天。

d. 你建议对该产品实行无延迟订购还是延迟订购库存政策?请解释。

e. 如果提前期为 6 天,那么对于无延迟订购和延迟订购库存政策来说,现有库存的再订货点是多少?

14. J&B 卡片商店销售每月有不同珊瑚礁图片的日历。日历的年度订单将于 9 月份下达。根据以往的经验,9 月至次年 7 月对这些日历的需求可以近似为均值为 500、标准差为 120 的正态分布。每册日历的成本为 1.5 美元,J&B 以每册 3 美元的价格出售。

a. 如果 J&B 在 7 月底扔掉所有未售出的日历(即残值为零),应该订购多少日历?

b. 如果 J&B 在 7 月底将日历价格降到 1 美元,并以这个价格售完所有剩余的日历,那么应该订购多少日历?

15. Gilbert 空调公司正在考虑从中国购买一种特别的便携式空调。每台成本 80 美元，售价 125 美元。Gilbert 不想给下一年积压空调机，因此，所有剩余空调将出售给批发商，批发商同意以每台 50 美元的价格购买。已知空调需求的概率分布如下所示，用期望值分析法为公司建议订购数量和分析预期利润。

| 需求 | 估计的概率 |
|------|------------|
| 0 | 0.30 |
| 1 | 0.35 |
| 2 | 0.20 |
| 3 | 0.10 |
| 4 | 0.05 |

16. 为了限制对进口石油的依赖，Four Corners Power 公司决定通过使用煤炭来满足该地区固定的一部分电力需求。每年对煤的需求量估计为 500 000 吨，在年度内均匀耗用。这种煤可以在发电厂附近露天开采，并用设备进行 2 天的运输，每次运输成本为 2 000 美元。煤炭的库存维持成本大约是每吨每年 3 美元。

   a. 假设每年有 250 个工作日，确定煤炭的经济订购批量。

   b. 假设煤炭日需求量服从均值为 2 000 吨、标准差为 500 吨的正态分布。为了保证 99% 的服务水平，应该持有多少数量的安全库存？

   c. 如果每批煤的开采量为 50 000 吨，每吨可节省 0.01 美元给电力公司。Four Corners Power 公司是否应该重新考虑 a 部分计算的煤炭产量？

   d. 确定 Four Corners Power 公司煤炭缺货成本的依据是什么？

17. 一个批发商从他的零售商处获得一个对某个品牌盒装肥皂片每周 200 箱的固定需求。在支付了运输费用后，他以每箱 10 美元的价格从制造商处购买肥皂片。每次订货的平均成本是 5 美元，他计算出目前 1 年期存货维持费用是现有库存平均价值的 20%。

   a. 计算这个商品的经济订购量。

   b. 假设该商品的提前期恒定为 5 天，那么允许批发商提供 100% 服务水平的最低再订货点是多少？假设每周工作 5 天。

   c. 确定批发商每年对该商品花费的总成本。

   d. 制造商向批发商提供每箱 1 美元的数量折扣，以购买 400 箱或以上的数量。批发商应该利用这次数量折扣吗？

18. Leapyear Tire 公司有意使廉价轮胎供货不足。如果顾客发现廉价轮胎缺货，销售人员会试图销售更贵的替代轮胎，但如果这种策略失败，将会把顾客列入等待名单，并在分销商的下一个订单到来时通知顾客。Leapyear Tire 公司希望设计一个订购系统，使延迟订购数量累积到大约相当于分销商交付完成的补货订单数量规模的 10%。维持一个轮胎一年的成本是 2 美元，向分销商每次订货的成本是 9 美元。

   a. 把顾客纳入待执行订单的隐性成本是多少？

   b. 年需求量为 1 000 只的 195HR14 轮胎的建议订货量是多少？

---

**案例 15-1**　　　　　　**A.D. Small 公司咨询**

A.D. Small 公司通过设置在美国和海外的 300 多个城市的分部提供管理咨询服务。该公司从公认的 MBA 项目的顶级毕业生中招募员工。一加入 A.D. Small 公司，新员工将在波士顿总部参加为期两个月的强化训练计划。训练计划成功完成后，他们将被分配到外地办事处的一个咨询团队。

为了确保培训计划涵盖新的管理理念和技术，A.D. Small 公司聘请了哈佛商学院和麻省理工学院斯隆管理学院的国际知名教授来进行培训。教授们有固定的聘用费，因此提供培训的费用（不包括给参加培训计划的学员付的工资）不取决于参加学员的人数。教员薪金和花费在该计划上的其他开支共计约 85 万美元。

由于从事咨询工作的人员往往具有非凡的能力，并通过咨询过程与许多公司、组织建立了联系，因此 A.D. Small 公司的员工有许多机会可以在代理公司中得到永久的职位。为了与代理公司保持和谐的关系，A.D. Small 公司不能大力打击这些公司对其员工的夺取。因此，A.D. Small 公司必须每年招募大约 180 名新员工，以替换即将离职的员工。最近几年 A.D. Small 公司离职员工在一年内以基本相同的速率离开，人员流失率约为每周 3.5 人。

桑顿·麦克杜格尔（Thornton McDougall）是 A.D. Small 公司的人力资源主管，正与董事长卢·卡尔森（Lou Carlson）讨论人事问题。桑顿说："卢，我一直在研究一些数字，这些数字显示我们应重新考虑我们的训练计划。如你所知，我们每年需要大约 180

名新人，并且已经养成了每年 6 月对引进的 180 名新人执行年度培训计划的习惯。然而，他们每年的工资约为 9 万美元。当然，在这一年中，由于正常的人员流失，这些新员工将可以获得职位。但在职位空缺之前，我们持有的是一种非常昂贵的商品剩余。每年提供超过一次的培训，而每次为更少的人培训可能是一个需要谨慎执行的计划。这样一来，我们就可以削减从对新员工的实际需要到把他们列入工资单之时的时间差距。"

董事长回答说："桑顿，这是一个有趣的想法。在我看来，有两个基本问题必须加以解决。第一个问题是我们应该多久进行一次培训。第二个问题是每次培训应该有多少人参加。当然，我们必须认识到我们对顾客的责任。我们必须确保随时有训练有素的员工为我们的顾客服务。缺少合格的员工是我们负担不起的一件事情。"

**作业**

使用库存模型来解决卢·卡尔森的问题。用合理的成本来支持你的建议。

## 案例 15-2　　　　　　　　目的地餐馆

目的地餐馆以其特殊的奶油甜点而闻名。这款甜点是由多层糕点和奶油馅料制成的，里面有咖啡甜酒的味道，顶部有精致的香草糖霜和黑巧克力。这款甜点被称为"甜蜜复仇"，是根据著名厨师托马斯·奎因（Thomas Quinn）的食谱制作而成的，这位名厨曾在拿破仑战争期间服务于驻扎比利时的英军。

不幸的是，由于使用鲜嫩的奶制品，"甜蜜复仇"必须在制作当天供应。这给老板带来了一个问题，因为他必须告诉厨师每天要准备多少份甜品。目的地餐馆的主人兼曾孙马丁·奎因（Martin Quinn）决定把从每一份"甜蜜复仇"及服务中获得的利润定在 2.95 美元，这是以 3.95 美元的菜单价格

减去 1.00 美元的生产成本为基础的。

马丁认为，"甜蜜复仇"的脱销会损害餐厅的声誉。他觉得这种声誉的重新获取是困难的。他认为 80% 的顾客会接受"甜蜜复仇"的缺货，而 20% 的人会对这种情况十分沮丧。他估计，失望的顾客中有一半在一段时间内都不会回到目的地餐馆。这群人带来的生意损失大概是每人 20 美元。而另外一半失望的顾客将永远不再回来，这群人带来的未来生意损失的现值估计是每人 100 美元。

如表 15-6 所示，马丁先生收集了在一个代表性期间内，每天订购"甜蜜复仇"的数量。他认为这种需求没有季节性或每日的趋势。

## 问题

1. 假设不考虑缺货的成本，那么每个工作日厨师应该准备多少份"甜蜜复仇"？

2. 根据马丁·奎因对其他缺货成本的估计，厨师需要准备多少份"甜蜜复仇"？

3. 从以往的记录上看，如果甜点可以满足95%的需求，那么隐含的缺货成本是多少？

**表 15-6 甜蜜复仇的工作日需求**

| 星期一 | 星期二 | 星期三 | 星期四 | 星期五 |
|--------|--------|--------|--------|--------|
| 250 | 275 | 260 | 300 | 290 |
| 235 | 250 | 295 | 310 | 360 |
| 240 | 275 | 286 | 236 | 294 |
| 289 | 315 | 340 | 256 | 311 |

---

## 案例 15-3　　　　幸福自行车公司

幸福自行车公司（EC）是一家自行车和自行车配件的批发分销商，位于美国西南部的一个主要城市。该公司最基本的零售渠道是以其配送中心为中心，半径为400英里内的8个城市。这些零售商希望在通知配送批发中心后的两天内收到所订货物（如果有库存的话）。该公司管理层认为，这是一种有力的营销工具，有助于其在竞争激烈的行业中生存。

EC经销各种成品自行车，但都是基于五种不同的结构设计，每一种结构设计都拥有不同的尺寸。表15-7列出了可供零售店使用的产品类别选项。

EC公司的货品都是从海外的生产商购得，在用电话或互联网订货后，发货时间最长可达四周。费用包括通信费、文书工作和通关费用。EC估计每次订货都要花费65美元。每辆自行车的成本大概是任何款式建议定价的60%。

对这些自行车的需求在本质上是季节性的，在春季和初夏较多，在秋季和冬季逐渐减少（除了圣诞节前六周的大幅飙升）。前一个销售年度的零售清单通常被视为EC年度运营计划的基础。增长因素（无论是积极的还是消极的）被用来进一步改善需求量估计。这种需求估计是通过思考即将到来的年度市场得到的。EC可以通过制定年度计划并在适当时予以更新，来为从银行获得任何必要的融资建立合理的基础。去年EC销售的各种自行车的月需求量如表15-8所示。

由于自行车越来越多地用于娱乐和取代某些汽车的使用，EC相信其市场在明年可能增长25%。然而，许多年来，预期增长没有完全实现，因此考虑到顾客购买习惯的变化，EC决定以更为保守的15%的增长作为计划的基础，并确保在预期的市场行情没有出现的情况下，不会持有远远过量的库存。据估计，与任何一种自行车类型的库存相关的维持成本每月约为自行车单位成本的0.75%。

**作业**

为EC设计一个库存控制计划，以作为其接下来年度计划的基础。证明你选择特定型（或组合型）库存系统的理由。对于你的特定计划，如果EC制定了保持95%服务水平的政策，请计算其安全库存量。

**表 15-7 可供选择的自行车的价格及选择方案**

| 结构类型 | 适用尺寸 | 齿轮数量 |
|----------|----------|----------|
| A | 16, 20, 24 | 10 |
| B | 16, 20, 24 | 15 |
| C | 16, 20, 24, 26 | 15 |
| D | 20, 24, 26 | 15 |
| E | 20, 24, 26 | 21 |

**表 15-8 自行车的月需求**

| 月份 | A | B | C | D | E | 总计 |
|------|---|---|---|---|---|------|
| 1 | 0 | 3 | 5 | 2 | 0 | 10 |
| 2 | 2 | 8 | 10 | 3 | 1 | 24 |
| 3 | 4 | 15 | 21 | 12 | 2 | 54 |
| 4 | 4 | 35 | 40 | 21 | 3 | 103 |
| 5 | 3 | 43 | 65 | 37 | 3 | 151 |

（续）

| 月份 | 框架类型 | | | | | |
|---|---|---|---|---|---|---|
| | A | B | C | D | E | 总计 |
| 6 | 3 | 27 | 41 | 18 | 2 | 91 |
| 7 | 2 | 13 | 26 | 11 | 1 | 53 |
| 8 | 1 | 10 | 16 | 9 | 1 | 37 |
| 9 | 1 | 9 | 11 | 7 | 1 | 29 |

（续）

| 月份 | 框架类型 | | | | | |
|---|---|---|---|---|---|---|
| | A | B | C | D | E | 总计 |
| 10 | 1 | 8 | 10 | 7 | 2 | 28 |
| 11 | 2 | 15 | 19 | 12 | 3 | 51 |
| 12 | 3 | 30 | 33 | 19 | 4 | 89 |
| 总计 | 26 | 216 | 297 | 158 | 23 | 720 |

## 参考文献

Alptekinoglu, A., A. Banerjee, A. Paul, and N. Jain. "Inventory Pooling to Deliver Differentiated Service." *Manufacturing & Service Operations Management* 15, no. 1 (2013), pp. 33–44.

Camdereli, Almua Z., and Jayashankar M. Swaminathan. "Misplaced Inventory and Radio-Frequency Identification (RFID) Technology: Information and Coordination." *Production and Operations Management* 19, no. 1 (January–February 2010), pp. 1–18.

Craig, Nathan C., and Ananth Raman. "Improving Store Liquidation." *Manufacturing & Service Operations Management* 18, no. 1 (2015), pp. 89–103.

Dutta, Amitava, Hau L. Lee, and Seungjin Whang. "RFID and Operations Management: Technology, Value, and Incentives." *Production and Operations Management* 16, no. 5 (September–October 2007), pp. 646–55.

Gallego, Guillermo, Robert Phillips, and Ozge Sahin. "Strategic Management of Distressed Inventory." *Production and Operations Management* 17, no. 4 (July–August 2008), pp. 402–15.

Gavirnenni, Srinagesh, and Alice M. Isen. "Anatomy of a Newsvendor Decision: Observations from a Verbal Protocol Analysis." *Production and Operations Management* 19, no. 4 (July–August 2010), pp. 453–62.

Mogre, Riccardo, Rajit Gadh, and Arunabh Chattopadhyay. "Using Survey Data to Design a RFID Centric Service System for Hospitals." *Service Science* 1, no. 3 (Fall 2009), pp. 189–207.

Nair, Suresh K., and Richard G. Anderson. "A Specialized Inventory Problem in Banks: Optimizing Retail Sweeps." *Production and Operations Management* 17, no. 3 (May–June 2008), pp. 285–95.

Natarajan, Karthik V., and Jayashankar M. Swaminathan. "Inventory Management in Humanitarian Operations: Impact of Amount, Schedule, and Uncertainty in Funding." *Manufacturing & Service Operations Management* 16, no. 4 (2014), pp. 595–603.

Ovchinnikov, Anton, and Joseph M. Milner. "Revenue Management with End-of-Period Discounts in the Presence of Customer Learning." *Production and Operations Management* 21, no. 1 (January–February 2012), pp. 69–84.

Qi, Lian, Zuo-Jun Max Shen, and Lawrence V. Snyder. "A Continuous-Review Inventory Model with Disruptions at Both Supplier and Retailer." *Production and Operations Management* 18, no. 5 (September–October 2009), pp. 516–32.

Teunter, Ruud H., M. Zied Babai, and Aris A. Syntetos. "ABC Classification: Service Levels and Inventory Costs." *Production and Operations Management* 19, no. 3 (May–June 2010), pp. 343–52.

## 注释

1. $dTCp/dQ = -DS/Q^2 + H/2 = 0$, thus $Q^2 = 2DS/H$ and $Q^* = \sqrt{2DS/H}$.

2. Taking the partial derivative of equation (5) with respect to $K$ yields $-2H(Q - K)/2Q + 2BK/2Q$, which is set $= 0$ and solved for $K^* = Q[H/(H + B)]$. Note that $Q - K = Q[B/(H + B)]$ and substituting for $K$ in (5) yields a $TC_b = DS/Q + H[BQ/(H + B)]^2/2 Q + B[HQ/(H + B)]^2/2Q$. Taking the partial derivative with respect to $Q$ yields $- DS/Q^2 + HB^2/2(H + B)^2 + BH^2/2(H + B)^2$, which is set $= 0$ and solved for $Q^* = \sqrt{2DS(H + B)/HB}$.

3. Adapted from Earl Sasser, R. Paul Olsen, and D. Daryl Wyckoff, *Management of Service Operations* (Boston: Allyn and Bacon, 1978), pp. 102-3.

4. Prepared by James H. Vance under the supervision of Professor James A. Fitzsimmons.

# 第 **16** 章

# 服务项目管理

## | 学习目标 |

通过本章学习，你应该能够：

1. 描述项目管理的特点。

2. 说明如何使用甘特图并讨论其局限性。

3. 构造项目网络。

4. 对项目网络进行关键路线（或称"关键路径"）分析。

5. 将有限的资源分配到项目中。

6. 通过突击活动缩短项目工期。

7. 分析具有不确定活动时间的项目，并确定项目完成期的分布。

8. 利用挣值图来监测项目时间、成本和进度的偏差。

9. 讨论未能达到项目目标绩效、时间和成本的原因。

不同的项目在复杂性、资源需求、完工所需时间和风险等方面千差万别。例如，客运航空公司可能承担如下项目：开辟一条新航线，对一架飞机进行全面检修，执行一个新的市场战略，安装一套新的预订系统，将一个新机组整合到已有系统中，改变机上服务项目等。在这个强调时间的竞争时代，成功的项目管理能使企业比其竞争对手更快地将新服务推向市场，并获得市场份额。例如，在建筑行业，Lehrer McGovern Bovis 公司以其建筑管理服务而闻名。该公司采用并行的分阶段建筑设计过程，极大地节约了时间，例如，在最后的草图完成之前，地基已经浇灌完毕。

项目内在的风险对公司生存构成威胁。例如，在合同中包含延误惩罚成本时，未能按时完成项目，可能使一家小型建筑公司倒闭。与项目潜在的风险和收益联系在一起的是建立项目团队、选择项目领导以及为成功完成项目制定战略等因素。

## 16.1　本章概要

本章首先概述了项目的特性和项目经理面临的挑战。项目计划始于工作分解和形成项目团队，随后提出并讨论了传统的项目进度安排条形图法。我们也引入了项目网络的概念，论述了几种网络分析方法。以微软视窗项目管理软件为例，演示了使用项目管理软件的便利性和巨大威力。我们还探讨了与项目计划有关的一些问题，如资源约束、突击行动和不确定性。本章最后的内容是项目监控技术，从而达成项目时间、成本、绩效目标的技术。

## 16.2　项目管理的特性

### 16.2.1　项目的特点

可以将项目看成为达到某一特定目标而按照某一事先计划好的方法所进行的资源分配。项目管理的主要内容包括计划、安排、控制完成项目所需的各种活动，从而在预算范围内及时完成项目并达到预期绩效。项目管理的三个目标（即成本、时间、绩效）是相互冲突的，因此项目管理是一项具有挑战性的工作。例如，投入更多的时间有助于提高项目的绩效或质量，但是其代价可能是无法在协议完工期内完成项目，而且项目实际成本可能超出预算。

所有的项目都具有如下共同特征：

（1）目的性：项目通常是具有明确目标的一次性活动。但是也有例外，如航空公司对其航班所做的定期维护。

（2）生命周期：每个项目都有其任务生命周期。这包括项目概念的形成，将执行项目的选择，项目活动的计划、安排、监测、控制，最后是项目终止。

（3）相互依赖性：项目包括必须以某一特定顺序来执行的许多活动。活动顺序通常是出于技术或战略考虑而确定的。对于大规模的项目而言，例如波音 777 飞机的研制，众多合作者之间需要开展广泛的协作。

（4）独特性：通常，每个项目都有新奇的特征，这要求项目经理对每个项目给予个性化的关注。但是许多项目要素又是相同的，不同项目间的管理经验可以相互借鉴。

（5）冲突性：许多利益相关者（如顾客、母公司、项目团队、合作伙伴、职能部门）有着相互冲突的目标。因此，管理者在项目生命周期中需要投入大量的资源和精力。

### 16.2.2　项目管理过程

组织发起项目有很多原因，譬如建造一座新厂房、引入一项新服务，或者从事一项咨询活动等。所有这些因素都是促使一个项目开始的催化剂。计划、安排和控制等管理职能贯穿于项目的始终。

#### 1. 计划

一个项目通常从一份清晰的工作报告书开始，该报告书包括各方一致认同的工作内容及其目标。报告书是各种目标的书面描述，包括一个说明项目起止期以及预算建议在内的初步进度表。项目范围被细分为工作包。项目计划的一种辅助方法被称为工作分解结构法（work breakdown structure，WBS），WBS 是达到目标所需完成任务的层次树或计划大纲。WBS 从最终目标开始，逐步把工作分解成可控单元，如任务、子任务和工作要素。如图 16-1 所示的一个 WBS，表示的是某家医院在市区迁址项目的例子。可定义这个项目（或计划，如果它是多年的）为"医院搬迁"，该项目中的一项任务是"转移病人"，该任务的一个子任务是"安排救护车"，该子任务的一个工作要素是"准备要转移的病人"。WBS 所提供的项目详细定义，有助于确定为达到项目目标所必需的技能和责任。WBS 也为预算提供了一个框架。

```
1.0 医院搬迁（项目）
1.1 转移病人（任务）
    1.1.1 安排救护车（子任务）
        1.1.1.1 准备要转移的病人（工作要素）
        1.1.1.2 将病人的财物装箱（工作要素）
1.2 搬迁设备（任务）
    1.2.1 与搬迁公司取得联系（子任务）
            ⋮
            ⋮
```

图 16-1　工作分解结构

### 2. 安排

安排起始于估计每个工作要素或活动的时间和成本，确定各项活动的先后顺序。使用项目网络图可使项目进度变得清晰可见。然后，用项目管理来确定项目中每项活动的起止日期。此时，还需要计划某些特定活动的资源分配，这是一个将会影响项目工期和成本的过程。

### 3. 控制

项目活动最终的进度安排成为检查和监督项目执行情况的依据，即对项目中已经完成的步骤（或称"里程碑"）与原先的进度安排进行对照以实行检查和监督。另外，利用项目活动最终的进度安排，还可以将项目实际费用与预算进行比较。控制活动的重点是确保项目执行的各个方面与原先确定的时间和预算一致。如果一些目标没有达到，就需要对进度安排和计划进行必要的修改，以保证项目最终目标的实现。

## 16.2.3　选择项目经理

项目的时间、成本和绩效目标是相互冲突的，因此，项目管理需要特殊的技能。应该考虑项目经理候选人是否具备以下素质：

- 可靠性：候选人应具有技术和管理工作经验；
- 敏感性：候选人应具有解决不同意见冲突与人际冲突的技能；
- 抗压性：候选人应具有在不稳定性的环境下管理多重目标的能力；
- 领导力：候选人应具备诚实、热情地传达目标实现情况的能力。

## 16.2.4　建立项目团队

建立一种能够接纳异己、一起积极参与项目活动的人际关系需要花费一些时日。在一个项目中，从未一起工作过的员工可能被安排在一个团队中。他们必须结成一个有效的团队才能达成项目的目标。团队发展的四个连续的阶段通常是：形成、震荡、规范、执行。

### 1. 形成

形成是团队成员开始相互熟悉的阶段，类似于婚姻关系的早期求爱阶段。团队成员通常对未来抱有积极的预期，渴望项目启动，但他们并不能肯定自己是否有能力在团队中担当某一特定角色。这一阶段的情感特征包括激动、期望、怀疑、焦虑和犹豫。项目经理需要为这些团队成员提供指导和组织。在动员大会上，应该清晰地向团队成员传达项目目标、工作范围、进度安排、团队运作过程。讨论团队的构成并指出成员间技能和专业知识的互补性，将有助于消除团队成员对其将要扮演角色的焦虑心情。为提高团队成员的积极性，非常重要的一点就是使整个团队参与制订项目计划。

### 2. 震荡

在该阶段，工作正式开始，团队成员也必须面对现实，尽管这一切并不一定与先前的预期一致。由于项目中的约束和对项目经理指导、权力的依赖，团队成员开始变得不满。在这一阶段，冲突时有发生，气氛日益紧张，士气低落。震荡阶段成员的情感特征是：灰心、愤怒、敌对。项目经理需要对处理和解决冲突的方法达成一致。项目经理此时必须能够提供一个理解性和支持性的工作环境。不满和冲突的问题必须得到解决，以免团队成员不良行为的延续。

### 3. 规范

经历震荡阶段之后，项目团队的凝聚力开始发展，而且团队运作环境也开始被接受。控制和决策制定的权力从项目经理转移给项目团队成员。随着相互间信任的发展和成员间共享信息，同志般的情谊开始出现，工作之外的个人友情也在发展。项目经理发挥支持作用，并认可整个团队所取得的进步。在该阶段，工作绩效和生产力加速提高。

### 4. 执行

在最后阶段，团队成员高度投入并渴望达到项目目标。团队成员信心十足。由于团队所取得的成绩，团结感和自豪感开始出现。团队成员感到已经被授予了足够的权力，而且成员间经常协作解决项目中遇到的难题。在这一阶段，项目经理虽然将权力和责任充分授予团队成员，但是仍对绩效、预算和进度方面的执行情况进行监控。如果实际进展落后，项目经理将会支持和促进纠正措施的制订和执行。最后，项目经理能够指导和支持项目团队成员发展专业技能。

## 16.2.5　有效项目管理应遵循的原则

从项目管理的实践中已经总结出了项目管理的若干一般准则。应该牢记在心的项目管理原则包括：

（1）以个体和团队整体的双重身份来指导员工；

（2）强化项目的激励性；

（3）让每个成员都获得信息；

（4）达成共识以激发团队成员（也就是管理"健康的冲突"）；

（5）向你自己和团队成员授权；

（6）鼓励冒险和创新。

项目的重要性在最近受到普遍重视，同时出现了大量的管理技术来帮助管理人员实施项目管理。我们的讨论将从甘特图开始，最后以用网络建模进行项目分析的个人电脑软件结束。

## 16.3 项目管理技术

### 16.3.1 甘特项目图

甘特图是亨利·甘特（Henry Gantt）在 1916 年发明的，用于确定项目中各项活动的工期。甘特图依据日历画出每项活动的时间线。因此，甘特图对于根据计划形象地描绘各项活动的进度和监督项目的进程来说，是一项很有用的工具。

应用甘特图的第一步是把项目分解成离散的活动。"离散"意味着每项活动都有明确的开始和结束。项目被分解成各个活动后，这些活动的顺序也就确定了。可是，这项工作说起来容易做起来难。通常，执行一个项目有多种可能的战略，哪一个最好可能并不明显。项目管理者的经验，加上其他对项目感兴趣的人的建议，最终决定了采用哪个顺序。甘特图也要求对每项活动做出时间估算。项目的工期假设是确定和已知的，这也意味着假设确切知道每项活动要花费多少时间。当然，这并不现实，但这确实有助于对管理项目进行估算。

⊙【例 16-1】

维护波音 747 飞机

甘特图适用于设计周期性和重复性项目的进度，因为工作的顺序是明确的，而根据过去的经验已经知道了每项活动所需的时间。假设所要求的活动都是按常规进行的，波音 747 有 50 分钟的临时停机时间。如图 16-2 所示是一幅表示各项活动的甘特图，水平条按分钟表示出各项活动工期和进度的起止时间。许多活动，如厨房维护活动，可与其他活动同时完成，因为对应的水平条与其他活动重叠，这样，它们就可以在同一时间进行了。可是，对于盥洗室的维护要按尾部、中部、前部的顺序安排，不能同时进行。这张图可以用来确定按时完成项目所需的人力和设备资源。项目一旦实施，就可以通过画出表示目前时间的垂直线来提醒进度落后的活动，并指出哪些活动没有如期完成，因此，必须使这些活动返回到正常进度，并保证在 50 分钟内完成。

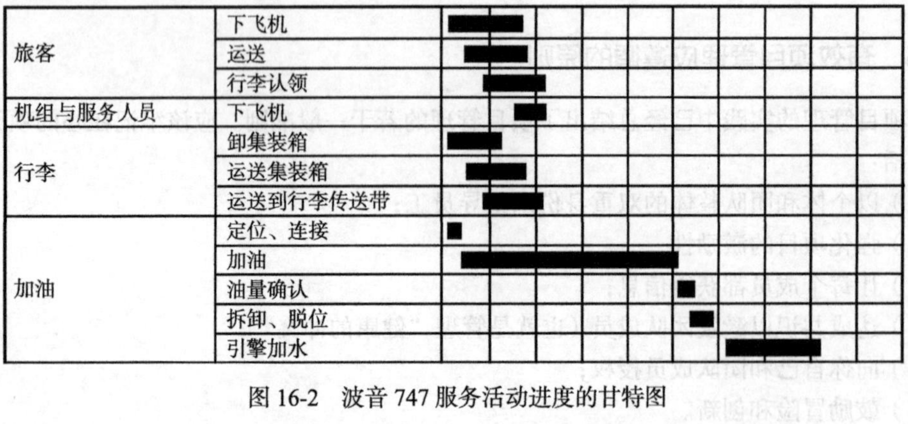

图 16-2 波音 747 服务活动进度的甘特图

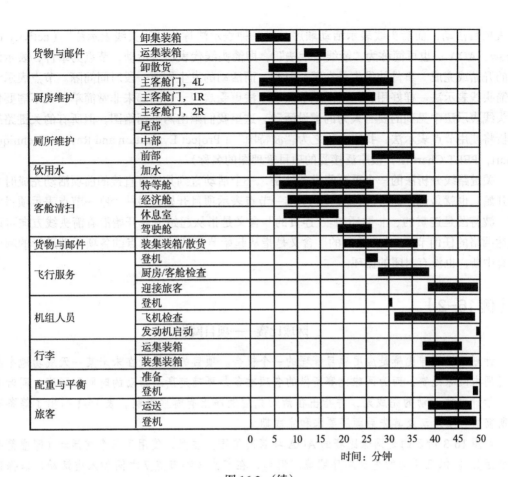

时间: 分钟

图 16-2 （续）

### 16.3.2 对甘特图的评价

甘特图之所以持续、普遍地得到接受，是因为它具有明显的优点，既十分形象，又容易作图和掌握。然而，更重要的是，它具有很强的计划性。为了作图，项目经理不得不对活动进度和资源需求做认真的思考。

尽管甘特图有明显的优点，但它不适于大型复杂的项目，特别是不能清楚地表示活动之间的依赖性。例如，在图 16-2 中，使用主客舱门 2R 的厨房维护被延误了，这是因为此门的通道被货物和邮政作业堵塞了。它也很难估计改变项目执行的影响，这可能造成活动延迟或顺序变动。甘特图也不能表示个别活动在按时完成项目中的相对重要性（例如，哪项活动延期不会延迟整个项目）。所以，由于个别活动的相对重要性是分配资源和管理精力的依据，甘特图应用于大型、复杂项目是烦琐且缺乏效率的。因而，人们特别研制了基于网络的技术来克服甘特图的不足。

### 16.3.3 构建一个项目网络

一个项目网络由一组称为"节点"的圆圈和箭头线组成。箭头线把节点连接起来，给出活动顺序的形象表达。一种表示法称为"节点表示法"（activity on node，AON），即节点代表项目活动，而箭头线表示活动顺序；另一种表示法称为"箭头线表示法"（activity on arrow，AOA；也可简称为"箭线表示法"），即箭头线代表项目活动，节点为事件，表示活动的开始或完成。事件的发生是在某一时刻，而活动的发生需要一段时间间隔。节点表示法和箭头线表示法一样好用，但渐渐地节点表示法更受欢迎。它画起来非常简单，又不需要像箭头线表示法中见到的要有人为的虚设活动。这里我们画出两种网络图，但所有的关键路线分析将使用节点表示法，我们也称之为"波特图"（Project Evaluation and Review Technique Chart，PERT Chart 图，被广泛接受的项目管理图的名称）。

关键路线分析法的一个重要假设条件是，一个活动直到其所有直接的前项活动完成时才能开始。也就是说，通常波特图有一个唯一节点表示项目开始，另一个唯一节点表示项目结束。波特图是连贯的、非循环的。"连贯的"含义是指从起始节点开始沿着箭头线方向可以到达网络的任何节点；"非循环的"含义是指从起始节点到结束节点的各项活动进行的顺序没有中断，也没有封闭的循环。

## ⊙【例 16-2】

### 网球比赛——项目网络

计划一场网球比赛是应用项目管理的一个机会。项目的目标是在未来某一天成功地举办一场周末网球比赛，而为网球比赛所做的各项准备是要确定所有活动的时间和顺序。同时也必须估计这些活动的完成期，并指出在活动先后顺序上有哪些限制。表 16-1 列出了筹备比赛所需的各项活动及其先后顺序要求和完成期。

如图 16-3 所示的是网球比赛的 AOA 项目网络图。注意，使用了三个虚活动（即虚箭头线所示），以保证活动的先后顺序明确。例如，在节点 3 和节点 7 之间加入虚活动，以保证活动 C 和活动 B 完成后进行活动 F。虚活动并不花费时间，只是维持活动合理的先后顺序。表示一个活动的箭头线的长度没有意义，每个活动下的角标表示其完成工期。为方便起见，每个节点编了序号，箭头的序号应大于箭尾的序号以表示活动进行的方向。例如，如果加入节点 3 和节点 7 之间的虚活动的箭头线反向（即指向节点 3 而不是节点 7），则先后顺序的表达就要改变（即活动 D 跟在活动 B 之后，这是不正确的）。绘制一个 AOA 网络图必须认真，否则容易出错。

表 16-1　网球比赛各项活动

| 活动描述 | 编号 | 紧前活动 | 估计完成期（天数） |
| --- | --- | --- | --- |
| 商谈地点 | A | — | 2 |
| 联系种子球员 | B | — | 8 |
| 计划促进 | C | A | 3 |
| 安置官员 | D | C | 2 |
| 向 RSVP 发邀请函 | E | C | 10 |
| 与球员签约 | F | B, C | 4 |
| 购买网球和奖品 | G | D | 4 |
| 商谈伙食供应 | H | E, F | 1 |
| 准备场地 | I | E, G | 3 |
| 比赛 | J | H, I | 2 |

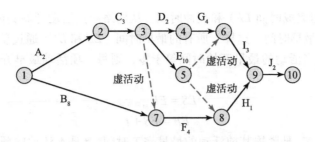

图 16-3　网球比赛的 AOA 网络图

如图 16-4 所示的是同一网球比赛项目的波特图（AON 网络图）。此时，箭头线代表各项活动的前后顺序，节点代表活动本身。绘制这种波特图很简单，只要从开始节点到结束节点按适当顺序画出其他各节点，然后再用适当方向的箭头线连接各节点就行了。如网球比赛的例子所示，有时会添加一个开始或结束节点。应该清楚 AOA 和 AON 两种网络图描述了同样顺序的各项活动。

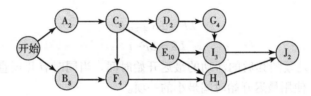

图 16-4　网球比赛的波特图（AON 网络图）

### 16.3.4　关键路径法

关键路线法（critical path method，CPM）是用于确定项目中单项活动起始时间和完工时间的方法。该方法的结果是确定一条关键路线，或是从项目开始到结束由各项活动组成的无间断活动链。任何关键路线上的活动开始时间的延迟都会导致项目完工时间的延迟。正因为它们对项目完工的重要性，关键活动在资源分配和管理上享有最高的优先权。基于例外管理的精神，关键活动即是需要密切关注的例外。

关键路线法包含一些简单的计算，表 16-2 中列出了该分析法所用的记号。需要注意的是，我们并未指出预期活动时间 $t$ 是如何计算的。在许多情况下，假定这些数值是确定的（即常量），依据是专家的判断和以往的经验。在其他情况下，预期时间被假定为已知的概率分布的算术平均值。我们先讨论确定的情况，然后处理概率分布。

表 16-2　关键路线法的表示符号

| 项目 | 符号 | 定义 |
| --- | --- | --- |
| 预计活动完成期 | $T$ | 一项活动的预计完成期 |
| 最早开始时间（early start） | $ES$ | 在前面所有的活动都是以最早时间开始时，一项活动能够开始的最早时间 |
| 最早完成时间（early finish） | $EF$ | 以最早开始时间开始的活动的最早完成时间 |
| 最迟开始时间（late start） | $LS$ | 在不延迟项目完成期的情况下，活动最迟开始时间 |
| 最迟完成时间（late finish） | $LF$ | 以最迟开始时间开始的活动的最迟完成时间 |
| 总缓冲时间（total slack） | $TS$ | 在不延迟项目完成期的情况下，一项活动能被延迟的时间量 |

关键路线法包括计算最早时间（最早开始时间 $ES$ 和最早完成时间 $EF$）、最迟时间（最迟

开始时间 $LS$ 和最迟完成时间 $LF$）和缓冲时间。从网络起点活动开始到网络终点活动为止，计算每一项活动的最早时间。这样，所有的最早时间（$ES$ 和 $EF$）通过项目中自左向右的正推法计算出来。起点活动的最早开始时间等于零，则每一项活动最早开始时间的计算方法如下：

$$ES = EF_{前项活动} \qquad\qquad (16\text{-}1)$$

$$EF = ES + t \qquad\qquad (16\text{-}2)$$

要注意，$EF_{前项活动}$ 是紧挨其前活动的最早完工时间，$t$ 是本活动的预期完工时间。当同时有几项直接前项活动（有时也叫紧前活动）时，使用最早完工时间最大的一项。从整个项目看，终点活动的最早完工时间即是整个项目的最早完工时间。

从网络终点活动开始自右向左到网络起点活动为止，计算每一项活动的最迟时间（最迟开始时间 $LS$ 和最迟完成时间 $LF$）。所有的最迟时间通过项目中自右向左的逆推法计算出来。一般约定，终点活动的最迟完工时间等于最早完工时间（即 $LF = EF$）。如果一个项目的完工时间是已知的，则这个时间可作为终点活动的最迟完工时间。每一项活动的最迟完工时间的计算方法如下：

$$LF = LS_{后项活动} \qquad\qquad (16\text{-}3)$$

$$LS = LF - t \qquad\qquad (16\text{-}4)$$

注意，$LS_{后项活动}$ 是紧随其后的活动的最迟开始时间。当同时有几项直接后项活动（有时也叫紧后活动）时，使用最迟开始时间最小的一项。

缓冲时间由最早时间和最迟时间计算得出。单项活动的缓冲可由以下两个等效的方法计算：

$$TS = LF - EF \qquad\qquad (16\text{-}5)$$

$$TS = LS - ES \qquad\qquad (16\text{-}6)$$

缓冲时间是关键路线分析中最重要的部分之一。缓冲时间为零的活动起决定作用，也就是说，若它们稍有延误，就会影响到整个项目如期完工。当表示在甘特图中时，从网络图中的开始节点到结束节点，一连串的关键活动往往构成一条完整的、不间断的路线。这样一条路线便称为"关键路线"。这是网络图中完工时间最长的路线。一个项目的网络图至少有一条这样的关键路线，也可能有两条或更多。

## ⊙【例 16-3】

### 网球比赛——关键路线分析

如图 16-5 所示的是网球比赛的波特图。每个节点都标明了活动编号，下标是工期。节点旁的"十"字用于填入活动的进度时间，按如下公式计算（注意 $t$ 代表活动时间）：

$$TS = LS - ES$$

| $ES = EF_{前项活动}$ | $EF = ES + t$ |
|---|---|
| $LS = LF - t$ | $LF = LS_{后项活动}$ |

最早时间从"开始"节点（即正推）计算，并填入了每个活动"十"字的上面一行，从中我们可以看出这个项目要 20 天才能完工（即终点活动的 $EF$）。注意，当指向一个节点的箭头线不止一条时（如活动 E 和 F 共同指向节点 H），选择前项活动中最大的 $EF$ 作为本活动的 $ES$。因为不是由单项活动开始这个项目，所以增加一个虚活动或起始节点，其工期为零。通过这种方法，我们有了单独的项目起始节点和结束节点（当项目不是由单项活动结束时，

可增加一个结束节点)。

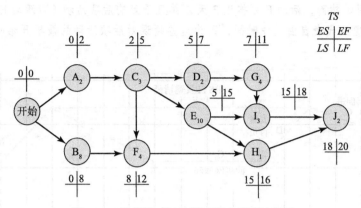

图 16-5 以最早时间计算的网球比赛波特图

如图 16-6 所示的是一张完整的关键路线分析图。依照惯例,终点活动的 *LF* 为 20 天。该值是计算最迟时间(即回推)的起点,写在"十"字的下面一行。同样,当从一个节点分出几条箭头线时(如活动 D、E、F 在活动 C 后),选择后项活动中最小的 *LS* 作为本活动的 *LF*。

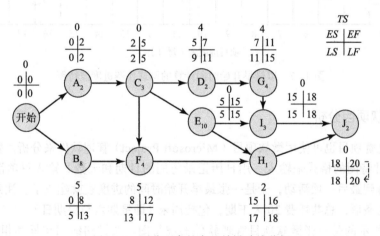

图 16-6 网球比赛的完整关键路线分析

关键活动的缓冲时间为零,这点从 *ES* 和 *LS* 或 *EF* 和 *LF* 之差很容易看出。因此,这些活动没有进度上的弹性。关键路线由关键活动 A-C-E-I-J 所确定的。如图 16-7 所示,关键路线是一条从项目开始到结束的不间断的活动路线。该条路线上的任何活动的延误都将导致项目完工期超过 20 天。

图 16-7 所示的是一张修正过的、以箭头线表示活动的波特图(回想一下图 16-3),没有虚箭头线,每项活动都由一条长度等于其活动工期(以天表示的)的箭头线表示,起点是其最早开始时间。活动 G、F、H 后的虚线代表非关键路线上的缓冲时间。该图形象地提供了一张项目进度表。例如,活动 G 共有 4 天的缓冲时间。该活动的开始时间可以被推迟或其活动时间可超过预期时间达 4 天,而不会影响整个项目的完工时间。注意,活动 B、F 的 5 天缓冲时间包括活动 H 的 2 天缓冲时间。那么,如果缓冲时间用完,就会导致后项活动成

为关键活动。例如，活动 F 的开始时间推迟至第 14 天，则活动 H 必须在第 18 天前完工且无缓冲时间可用。然而，活动 F 可推迟 3 天，并且不影响后项活动（即活动 H）的 *ES*。活动 F、G、H 后的虚线代表自由缓冲时间，因为这些延误对后项活动的最早开始时间并无影响。

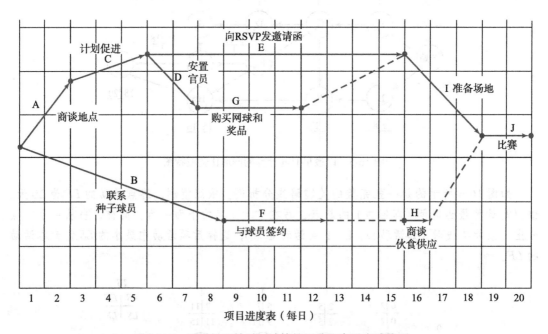

图 16-7　以最早开始时间计算的网球比赛进度波特图

### 16.3.5 微软项目分析

该网球比赛项目也可使用微软项目（Microsoft Project）管理软件来分析。数据可用如图 16-8 所示的甘特图的格式来输入，用日历记录每周的日期和天数。输入每项活动的工期和先后关系，直到最后一项活动，于是一张最早开始时间的进度表就建成了。注意关键活动是一个接一个的条形，总共耗费 20 天工期，包括周末（即星期六与星期日）。

图 16-9 所示的是一张微软项目管理软件的波特图。关键路线用粗框和粗箭头线表示。与甘特图相对应，每项活动的预期起始日期（即哪天开工）和预期完成日期（即哪天完工）以及活动编号都被记录下来，每项活动的工期天数也被注明。例如，第一项活动"商谈地点"需要 2 天完成，开始日期为 2002 年 2 月 19 日，完成日期为 2002 年 2 月 20 日。

关键路线分析所提供的信息有什么价值呢？首先，我们会知道，假如一切都按计划进行，哪些活动将决定这个项目的完工时间。我们已经明确这些活动不能被延误，而且需要在管理上予以更多的关注。我们也知道非关键活动在计划进度上有一些弹性可以利用（例如，购买网球和奖品有 4 天的缓冲时间，可用来讨价还价）。另外，还有资源的分配。例如，可把员工从有缓冲时间的活动调到关键活动，以便降低项目误期的风险或赶工弥补延误。

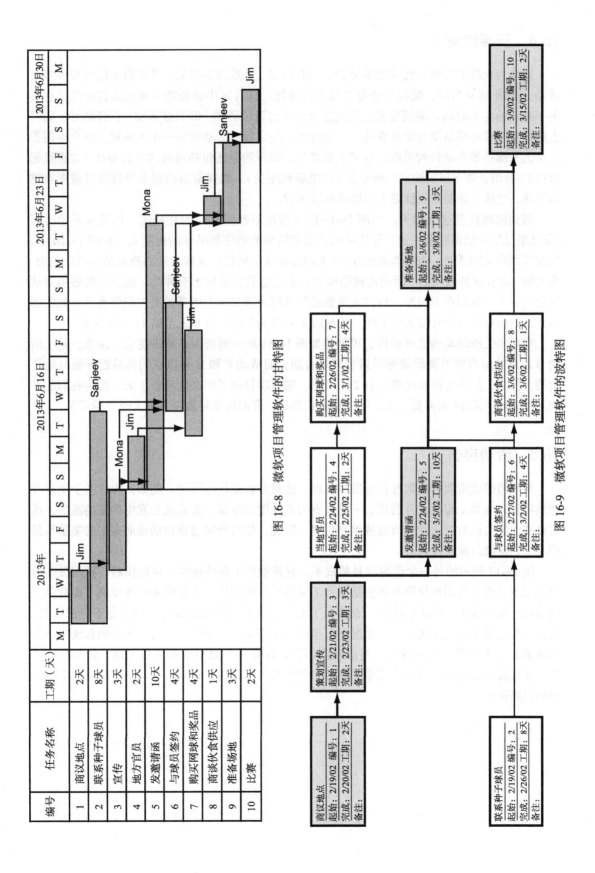

图 16-8 微软项目管理软件的甘特图

图 16-9 微软项目管理软件的波特图

## 16.4　资源约束

迄今为止我们对项目网络图的分析，一直假定（虽然没有明确）资源满足同时开展多项活动。如图 16-9 所示，波特图中有三条平行路线，只有其中最长的一条是关键路线，它决定了项目的完工时间。举例说明，当发送 RSVP 邀请函活动（即关键活动）在开展时，同时也能购买网球和奖品及与球员签约。在此时期，假定每项活动需要一个人来做，则至少需要三个人来维持整个项目的进度。除了人员之外，资源约束还包括设备的可获得性（如建筑起重机）、公用设施（如实验室）和专家（如电脑程序员）。忽视资源约束会导致项目进度表难以实施，当然，预期的项目完工期也将难以达到。

回到网球比赛这个例子，如图 16-10 所示是最早开始时间的甘特图。以最早开始时间（即每条线尽可能画在最左边）开始每项活动来简单地创建最早开始进度表。在图 16-10 中，用粗线画出关键活动，表明如果想在 20 天内完成这个项目，这些活动的进度是不可改变的。非关键（即有缓冲时间的）活动用细线画出，表示它们在进度上有弹性。假定开展每项活动需要一个人，我们在下面加一行"人员要求"来记录项目每天所需的员工配置水平。如图所示，计划使用的资源有很大的不同，从最后 4 天的 1 人到自第 6 天至第 11 天的 3 人。

利用非关键活动的进度弹性，可创建如图 16-11 所示的资源平衡进度表。注意，除了活动 B 以外的所有非关键活动都延迟了开始日期，而活动 F 和 H 是以它们的最迟开始时间开始的。但是，如果安排该比赛只有 2 人可用，则该项目的工期必须延长 1 天，因为我们的平衡进度表显示第 14 天需要 3 人。可以预料到的是，资源约束导致项目完工时间的延长。

## 16.5　活动突击

所承担的建筑项目通常有目标完工日期，这对顾客是很重要的。例如，大学的学生宿舍建筑项目，如果工程在 8 月的最后一周没有为入住做好准备，那么就会发生严重的混乱，承包商要为学生被暂时安置在当地旅馆而付费。因此，建筑合同通常包括提前完工的奖励和延期完工的赔偿条款。

图 16-12 所示的是一个假想项目的成本，它是项目工期的函数。可以预料，租用设备的间接成本、管理费用和保险费都会随项目工期的延长而增长。机会成本曲线反映了提前完工的奖励（为负成本）和延期惩罚。直接人工成本与项目时间恰成反比，因为急于完成项目，所以要在关键活动上使用比正常情况下更多的人工以加速其完成。将这些成本加总成为一条凸形的总成本曲线，由此可知，对承包商而言，存在一个最小成本项目工期。需要注意的是，承包商的最小成本项目工期并不一定与顾客的目标工期一致。那么，怎样解决这个不一致的问题呢？

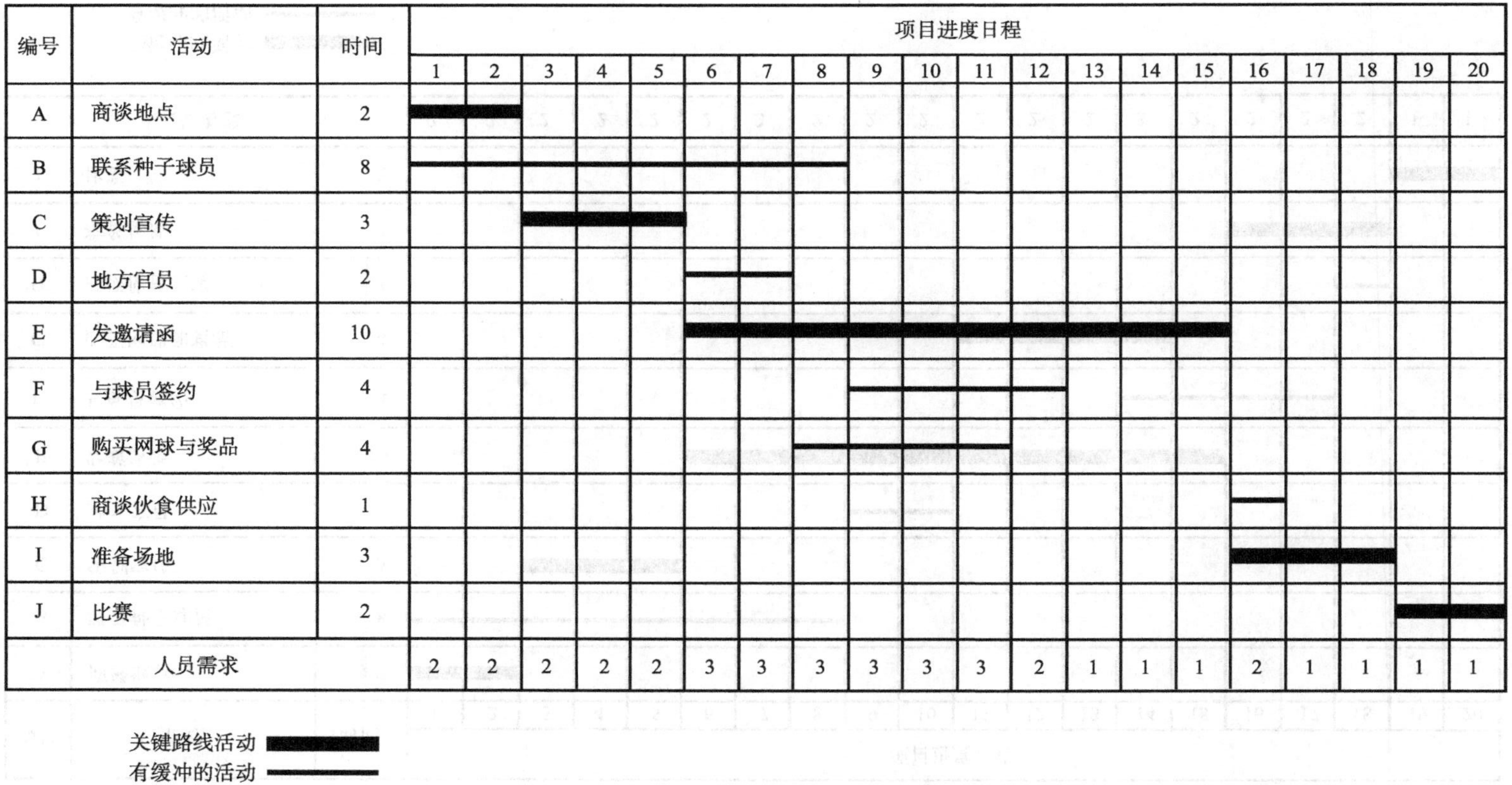

项目进度日程

| 编号 | 活动 | 时间 | 1 | 2 | 3 | 4 | 5 | 6 | 7 | 8 | 9 | 10 | 11 | 12 | 13 | 14 | 15 | 16 | 17 | 18 | 19 | 20 |
|---|---|---|---|---|---|---|---|---|---|---|---|---|---|---|---|---|---|---|---|---|---|---|
| A | 商谈地点 | 2 | | | | | | | | | | | | | | | | | | | | |
| B | 联系种子球员 | 8 | | | | | | | | | | | | | | | | | | | | |
| C | 策划宣传 | 3 | | | | | | | | | | | | | | | | | | | | |
| D | 地方官员 | 2 | | | | | | | | | | | | | | | | | | | | |
| E | 发邀请函 | 10 | | | | | | | | | | | | | | | | | | | | |
| F | 与球员签约 | 4 | | | | | | | | | | | | | | | | | | | | |
| G | 购买网球与奖品 | 4 | | | | | | | | | | | | | | | | | | | | |
| H | 商谈伙食供应 | 1 | | | | | | | | | | | | | | | | | | | | |
| I | 准备场地 | 3 | | | | | | | | | | | | | | | | | | | | |
| J | 比赛 | 2 | | | | | | | | | | | | | | | | | | | | |
| | 人员需求 | | 2 | 2 | 2 | 2 | 2 | 3 | 3 | 3 | 3 | 3 | 3 | 2 | 1 | 1 | 1 | 2 | 1 | 1 | 1 | 1 |

关键路线活动
有缓冲的活动

图 16-10  最早开始时间的甘特图

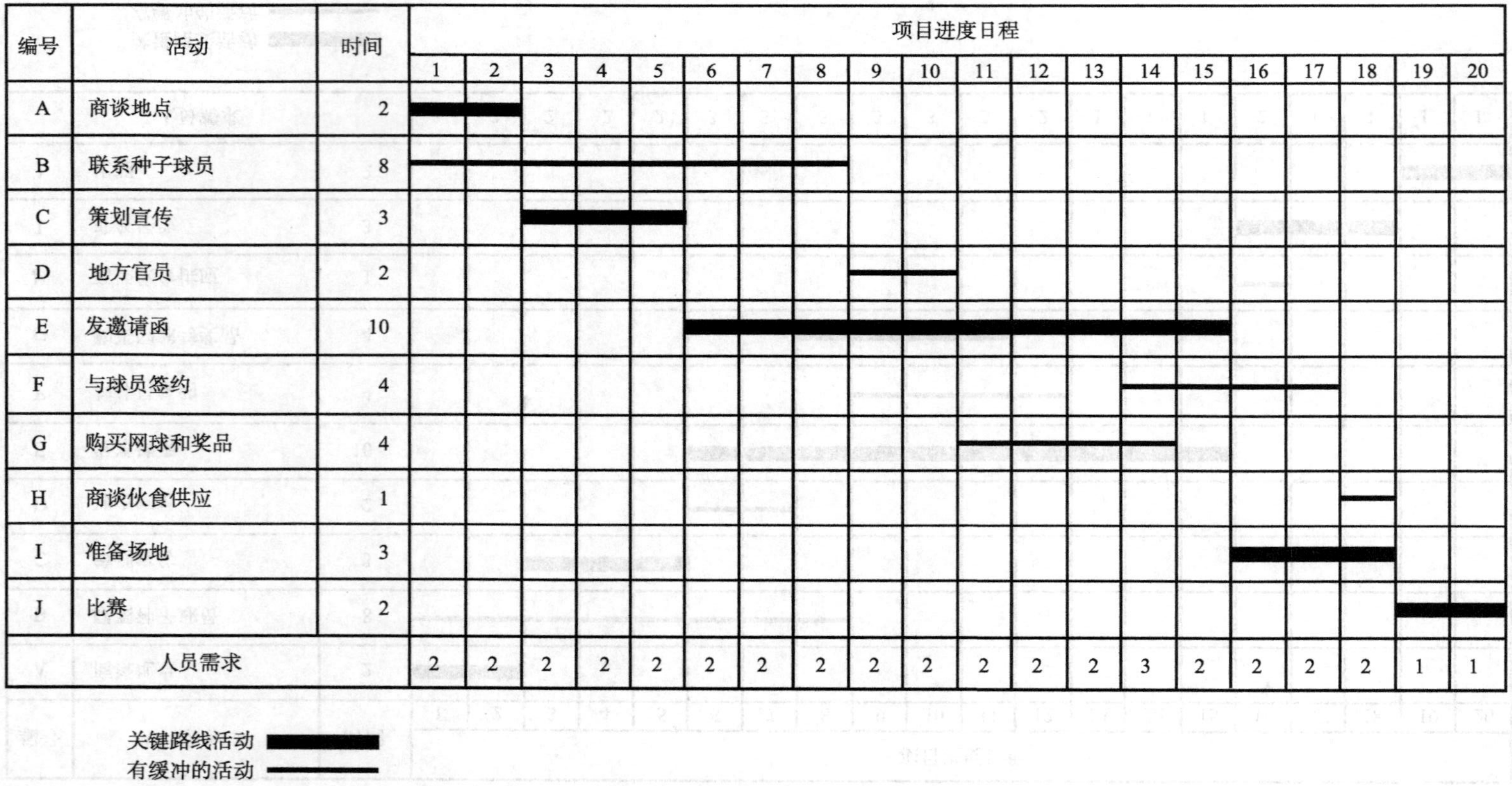

项目进度日程

| 编号 | 活动 | 时间 | 1 | 2 | 3 | 4 | 5 | 6 | 7 | 8 | 9 | 10 | 11 | 12 | 13 | 14 | 15 | 16 | 17 | 18 | 19 | 20 |
|---|---|---|---|---|---|---|---|---|---|---|---|---|---|---|---|---|---|---|---|---|---|---|
| A | 商谈地点 | 2 | | | | | | | | | | | | | | | | | | | | |
| B | 联系种子球员 | 8 | | | | | | | | | | | | | | | | | | | | |
| C | 策划宣传 | 3 | | | | | | | | | | | | | | | | | | | | |
| D | 地方官员 | 2 | | | | | | | | | | | | | | | | | | | | |
| E | 发邀请函 | 10 | | | | | | | | | | | | | | | | | | | | |
| F | 与球员签约 | 4 | | | | | | | | | | | | | | | | | | | | |
| G | 购买网球和奖品 | 4 | | | | | | | | | | | | | | | | | | | | |
| H | 商谈伙食供应 | 1 | | | | | | | | | | | | | | | | | | | | |
| I | 准备场地 | 3 | | | | | | | | | | | | | | | | | | | | |
| J | 比赛 | 2 | | | | | | | | | | | | | | | | | | | | |
| | 人员需求 | | 2 | 2 | 2 | 2 | 2 | 2 | 2 | 2 | 2 | 2 | 2 | 2 | 2 | 3 | 2 | 2 | 2 | 2 | 1 | 1 |

█ 关键路线活动
▬ 有缓冲的活动

图 16-11 资源平衡进度表

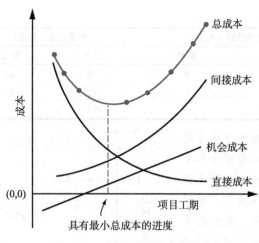

图 16-12　假想项目的成本曲线

## ⊙【例 16-4】

### 网球比赛——活动突击

尽管我们的网球比赛并非一个建筑项目，但因为其所有的初步关键路线分析已经完成，我们将用它来阐述活动突击分析。当增加额外的人员和设备时，一项活动可以在低于正常时间的范围内完成，则该活动被认为是可"突击"的。例如，在正常情况下，使用 2 个油漆工粉刷一所房子的内部需要 4 天，但如果使用 4 个油漆工，则 2 天就能"突击"完这项工作。该网球比赛的每项活动的时间和成本的资料如表 16-3 所示。表的最后一列包含一项经计算得出的"赶工成本"。如图 16-13 所示是活动 E 的成本—时间替代关系曲线。从赶工点到正常点之间的直线的斜率是该活动因赶工每天产生的成本，并假设它是以固定比率增加的。赶工成本曲线斜率值是通过式（16-7）计算出来的，是成本差（赶工－正常）与工期差（正常－赶工）之比，从而得出了每天的赶工成本：

$$S = \frac{C^* - C}{D - D^*} \tag{16-7}$$

式中　　$C$——活动成本（带 * 号为赶工成本）；

　　　　$D$——活动工期（带 * 号为赶工工期）。

表 16-3　网球比赛的成本—时间估计

| 活动 | 时间估计（天数） | | 直接成本（美元） | | 赶工成本（美元/天） |
|---|---|---|---|---|---|
| | 正常 | 紧急 | 正常 | 紧急 | |
| A | 2 | 1 | 5 | 15 | 10 |
| B | 8 | 6 | 22 | 30 | 4 |
| C | 3 | 2 | 10 | 13 | 3 |
| D | 2 | 1 | 11 | 17 | 6 |
| E | 10 | 6 | 20 | 40 | 5 |
| F | 4 | 3 | 8 | 15 | 7 |
| G | 4 | 3 | 9 | 10 | 1 |
| H | 1 | 1 | 10 | 10 | — |

（续）

| 活动 | 时间估计（天数） | | 直接成本（美元） | | 赶工成本（美元／天） |
|---|---|---|---|---|---|
| | 正常 | 紧急 | 正常 | 紧急 | |
| I | 3 | 2 | 8 | 10 | 2 |
| J | 2 | 1 | 12 | 20 | 8 |
| | | | 115 | | |

为了对不同项目工期的总成本进行完整的分析，需要有间接成本和机会成本一览表。如表16-4所示是间接成本，范围为45～13美元，而机会成本则为8～-8美元。该表的第1行是正常情况下的项目工期和成本（115美元的直接成本来自表16-3）。通过突击关键路线上的活动，项目工期逐渐变短，每次减少1天。用赶工成本作为指标，可选出具有最小赶工成本的关键路线（例如，对于关键路线A-C-E-I-J，活动I突击1天工期，成本只为2美元）。

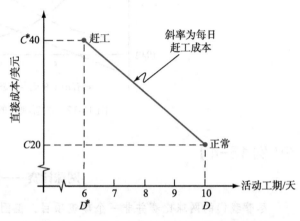

图16-13 活动的成本—时间替代关系曲线

表16-5是在减少关键路线上活动的时间时，用来跟踪整个项目路线的变化。请注意，我们给活动I加了一个"*"号，因为此活动不能再进一步突击了（因为只剩1天了）。因此，它也不能再被选为可突击的活动了。表16-5的I*栏表示修订后的项目工期，路线A-C-E-I-J有19天工期，是唯一的关键路线。然后，我们又将活动C压缩了1天，然后是将活动E压缩3天，此时，我们会产生两条工期为15天的关键路线。由于A-C-E-I-J和B-F-H-J两条路线都是关键路线，所以要想减少项目工期，必须同时减少两条路线的工期。我们可以选择一条路线中的E和另一条路线中的B，总成本是9；或者选择J，它是两条路线所共有的，成本是8。正如我们在表16-5中看到的，进一步的突击会产生多条关键路线。当项目工期达到12天时，我们再不能压缩了。

表 16-4 总成本计算

| 项目工期 | 活动突击 | 直接成本（美元） | 间接成本（美元） | 机会成本（美元） | 总成本（美元） |
|---|---|---|---|---|---|
| 20 | 正常 | 115 | 45 | 8 | 168 |
| 19 | I* | 117 | 41 | 6 | 164 |
| 18 | C* | 120 | 37 | 4 | 161 |
| 17 | E | 125 | 33 | 2 | 160 |
| 16 | E | 130 | 29 | 0 | 159 |
| 15 | E | 135 | 25 | -2 | 158 |
| 14 | J* | 143 | 21 | -4 | 160 |
| 13 | E*, B | 152 | 17 | -6 | 163 |
| 12 | A*, B* | 166 | 13 | -8 | 171 |

**表 16-5　突击项目路线的工期**

| 项目路线 | 正常工期 | 活动突击后的工期 | | | | | | | |
|---|---|---|---|---|---|---|---|---|---|
| | | I* | C* | E | E | E | J* | E*, B | A*, B* |
| A-C-D-G-I-J | 16 | 15 | 14 | 14 | 14 | 14 | 13 | 13 | 12 |
| A-C-E-I-J | 20 | 19 | 18 | 17 | 16 | 15 | 14 | 13 | 12 |
| A-C-E-H-J | 18 | 18 | 17 | 16 | 15 | 14 | 13 | 12 | 11 |
| A-C-F-H-J | 12 | 12 | 11 | 11 | 11 | 11 | 10 | 10 | 9 |
| B-F-H-J | 15 | 15 | 15 | 15 | 15 | 15 | 14 | 13 | 12 |

因为关键路线 A-C-E-I-J 包含的所有活动都有"＊"号了（也就是说，选不出可突击的活动了），然而从表 16-4 中可以看出，当项目工期为 15 天时，总成本最小，为 158 美元。这个工期可以为顾客所接受，因为如果项目在 15 天内完成，可获得 2 美元的奖金。突击过程总结如下：

（1）运用式（16-7）计算每项活动的赶工成本。

（2）列出项目网络的所有路线和它们的正常工期。

（3）把关键路线上成本最小的活动或共同关键路线上成本最小的活动组合压缩 1 天，记录突击后的成本。

（4）更新项目网络中每条路线的工期。

（5）如果一项活动已经达到了它的突击极限，为它标记一个"＊"号，并不再考虑。

（6）如果关键路线上所有活动都标有"＊"号，那么停下来；否则，转到第三步。

## 16.6　在活动时间中加入不确定因素

在例 16-4 中，我们假定活动所需时间 $t$ 是确定的。但是，在很多场合，这种假设是不现实的，因为在开展活动时总存在不确定性。这些活动的时间一般是随机变量并呈现出某种概率分布，所以，我们不可能预先知道所有活动的准确时间，因此，我们也不可能确定项目完成的准确时间。

### 16.6.1　估计活动工期分布

在我们的分析中，我们假定活动工期是确定的。然而，在要求创造性和试验性的活动中（如筹划一场百老汇戏剧），或在不利地点的建设项目中（如在阿拉斯加架设输油管道），活动工期则是随机变量。如图 16-14 所示是一个用来描述不确定活动工期的典型 Beta 分布图，这种分布描述了活动工期分布的"偏斜度"，可能有一个比中值更大的均值。进一步说，Beta 分布可以利用只需要三个关键时间估计的简单公式来近似得到：

（1）乐观时间（$A$）：这是在没有任何困难和问题发生时的活动时间。根据经验，实际工期小于 $A$ 的概率大约为 1%。

（2）最可能时间（$M$）：这是最可能发生的活动时间。用统计学术语来说，$M$ 是众数。

（3）悲观时间（$B$）：这是在很多意外的问题发生时的活动时间。根据经验，实际工期超过 $B$ 的概率大约为 1%。

运用这三种时间估计，下式可用来计算每项活动工期的均值和方差，均值的公式是加权平均式，众数的权重为 4：

$$t = (A + 4M + B)/6 \tag{16-8}$$

从我们对乐观时间和悲观时间的定义可知，98% 的分布位于 [A, B]。所以，标准差的公式假设乐观时间 A 和悲观时间 B 之间有 6 个标准差，如下式所示：

$$\sigma = (B-A)/6 \tag{16-9}$$

活动时间的方差，是我们用来计算项目完成时间分布的公式，即：

$$\sigma^2 = (B-A)^2/36 \tag{16-10}$$

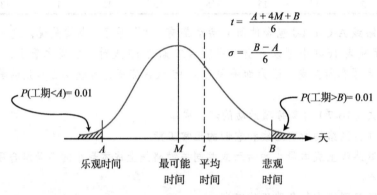

图 16-14　活动工期的 Beta 分布图

### 16.6.2　项目完成时间分布

因为每项活动都有一个时间分布，所以，项目本身也有一个基于最长工期路线的完成时间分布。这一分析包括如下几个步骤：

（1）对于每项活动来说，估计 A、M 和 B；

（2）运用式（16-8）计算期望活动时间 t，并运用 t 进行关键路线分析；

（3）将项目期望完成时间 T 认定为关键路线上各项活动的期望时间之和；

（4）将项目完成时间的方差 $\sigma_T^2$ 认定为关键路线上各项活动的方差之和。这些方差可利用式（16-10）算出；

（5）假定项目完成时间服从正态分布；[1]

（6）项目完成时间的概率可以从标准正态分布表中查出（见附录 A 中标准正态分布表）。

### ⊙【例 16-5】

**网球比赛——项目完成时间分布**

我们再一次讨论网球比赛这个项目，但现在我们假设活动的时间不确定，三种时间估计均列在下面的表 16-6 中。因为网球设施被其他比赛预订了，所以，你要在开始谈判的 24 天内找到完成网球比赛（即完成整个项目）的概率。

方差和期望活动时间已经利用式（16-8）和式（16-10）计算好并列于表 16-6 中。注意，期望活动时间与例 16-3 中用于关键路线分析的值是完全相同的。所以，在图 16-6 中所确定的关键路线 A-C-E-I-J 就成为决定项目完成时间分布的重点。

我们可以预计沿这条路线的活动时间总计为 20 天，这样可以确定项目期望完成时间 T。

项目完成时间的方差通过计算所有关键路线上的活动的方差总和得出。即：

$$\sigma_T^2 = 4/36 + 4/36 + 144/36 + 36/36 + 0 = 188/36 = 5.2$$

**表 16-6　活动工期的方差和期望值**

| 活动 | 时间估计 | | | 方差 ($\sigma^2$) | 工期期望值 ($t$) |
| --- | --- | --- | --- | --- | --- |
| | A | M | B | | |
| A | 1 | 2 | 3 | 4/36 | 2 |
| B | 5 | 8 | 11 | 36/36 | 8 |
| C | 2 | 3 | 4 | 4/36 | 3 |
| D | 1 | 2 | 3 | 4/36 | 2 |
| E | 6 | 9 | 18 | 144/36 | 10 |
| F | 2 | 4 | 6 | 16/36 | 4 |
| G | 1 | 3 | 11 | 100/36 | 4 |
| H | 1 | 1 | 1 | 0 | 1 |
| I | 2 | 2 | 8 | 36/36 | 3 |
| J | 2 | 2 | 2 | 0 | 2 |

现在，我们可以用 $T$ 和 $\sigma_T^2$ 来确定在 24 天内完成项目的概率。$Z$ 为标准差的值，可通过式（16-11）来计算：

$$Z = \frac{X - \mu}{\sigma} \qquad (16\text{-}11)$$

所以，对于网球比赛来说：

$$Z = \frac{X - \mu}{\sigma} = \frac{24 - T}{\sigma_T} = \frac{24 - 20}{\sqrt{5.2}} = 1.75$$

从标准正态分布表中由 $Z = 1.75$ 可知，在 24 天内完成项目的概率大约为 0.96。如图 16-15 所示是项目完成时间的正态分布，超过 24 天的概率只有 0.04。

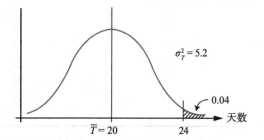

**图 16-15　项目完成时间分布**

### 16.6.3　对项目完成时间分析的评价

我们对于项目完成时间分布的分析是基于一个关键假设，即通过期望活动时间计算出的关键路线是真正的关键路线。这个假设之所以非常重要，是因为它假定在所有不确定活动完成之前我们就已经知道了这条关键路线。而实际上，关键路线本身也是一个随机变量，在项目完成之前它也是不确定的。我们知道，关键路线的时间是不确定的，且呈概率分布，同样，其他路线的时间也是不确定的。因此，可能有一条预期时间比关键路线短的路线最后却成了关键路线，因为这条路线上的活动用的时间比预期要长得多，最终结果是未认定为关键路线的路线决定了项目的完成时间。所以，当我们只考虑一条关键路线时，对项目完成时间期望和方差的估计就发生了偏差。从方差角度看，它也许偏高也许偏低，但是，项目期望完成时间总是偏于乐观的。因为，真正的期望完成时间总是大于或等于我们所估计的时间。

一个简单的原则可以帮助我们理解这些估计的准确性：如果关键路线的期望时间比其他路线的期望时间长得多，这种估计可能就是正确的。在这种情况下，关键路线非常可能决定项目的完成时间。然而，如果一个项目网络中包含一些总的缓冲时间很少的非关键路线，那么，这些活动就可能影响项目完成时间。这种情况称作"合并节点偏差"（merge node bias）。也就是说，项目的结束节点有很多路线在那里聚合，其中每一条都有可能成为确定项目完成时间的关键路线。在我们的分析中，只有最可能的路线被假设为关键路线，所以，我们估计的项目完成时间分布就可能偏于乐观，因为其他接近关键的路线都被忽略了。例16-6就表明，当一个准关键路线包含一项有很大方差的活动时，它对于完成项目的概率会有影响。

## ⊙【例16-6】

### 网球比赛——合并节点偏差

项目进行了几天，我们发现购买网球和奖品（即活动G）所花费的时间可能比预想的要多一些，所以，我们修改估计为 $A = 2$、$M = 3$ 和 $B = 28$，这对在24天内完成项目的可能性有什么影响呢？

首先，我们利用式（16-8）和式（16-10）重新计算活动G的期望时间和方差，得出 $t = 7$，$\sigma^2 = 676/36$，回想图16-7中，活动G最初有4天期望时间，并有4天缓冲时间，所以我们把期望时间修订为7天，活动G仍然是非关键性的且 $TS = 1$。然而，因为活动G的方差很大，所以它有可能使 A-C-D-G-I-J 成为一条关键路线。这条准关键路线的完成时间分布可以用以下方式来确定：

| 准关键路线 | $t$ | $\sigma^2$ |
| --- | --- | --- |
| A | 2 | 4/36 |
| C | 3 | 4/36 |
| D | 2 | 4/36 |
| G | 7 | 676/36 |
| I | 3 | 36/36 |
| J | 2 | 0 |
| | $T = 19$ | $\sigma_T^2 = 724/36 = 20$ |

现在我们可以利用这条准关键路线的 $T$ 和 $\sigma_T^2$ 确定在24天内完成项目的概率了。标准差 $Z$ 的值，可用式（16-11）来计算：

$$Z = \frac{X - \mu}{\sigma} = \frac{24 - T}{\sigma_T} = \frac{24 - 19}{\sqrt{20}} = 1.12$$

利用 $Z = 1.12$ 查标准正态分布表，我们可以知道在24天内完成项目的概率为0.87，这条准关键路线的完成时间分布如图16-16所示。所以，一个含有大方差活动的准关键路线是不能被忽略的，因为事实上，这样的路线可能会变成关键路线并延误工期，计算机仿真（见第13章附录）是更准确地确定项目完成时间分布的一种方法。

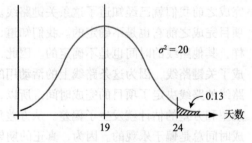

图16-16 准关键路线完成时间分布

## 16.7　运用关键路线分析法产生的问题

关键路线分析的技术使网络模型的利用显得非常简单。毕竟，它的计算是非常简单的。但是，网络分析并没有解决项目管理中所有的内在问题。目前两个主要问题是绘制项目网络图和推导出活动的时间估计。

项目网络指出了活动的进行顺序，对大多数项目来说，可采用多种不同的战略。技术的因素和项目所涉及的人的因素通常决定了要选择何种战略。当实施项目时，项目网络图需要进行复审和可能的修改，因为有些活动可能会从时间表中删去，或者一些资源在需要时可能无法获得。

复审和修改项目网络图可能非常耗时，你必须就预期的变更征求项目中每个人的意见。复审和修改项目网络图的过程是一个连续过程，如果利用电脑软件来做会容易得多。运用网络模型的第二个问题是推导活动的时间估计。显然，糟糕的估计会影响项目计划的准确性。可以找一些在过去的项目中有经验的常驻专家进行咨询。然而，因为人们的意见往往不同，难以达成共识，所以，要想得到很好的时间估计是很困难的。

还有一个问题是活动时间估计的偏差问题，例如，某个人可能希望在 8 天内开展一项活动，而估计时间为 10 天，因为有些人会增加时间估计而为自己留有余地。为了避免这种问题，可以开发一种包括过去项目实际时间的数据库来为一般活动提供时间估计。例如，估计粉刷一间房子所需的时间可以通过以前粉刷每平方米需要的时间来估计。

## 16.8　监控项目

对不确定性的处理是项目管理的重要特征。项目经常无惯例可循，因此项目最初的计划和期望很少能够实现。通过监控使项目实际进展与项目计划相符是项目经理的一项重要活动，因为及早发现问题就可以及时修正以避免失败。如表 16-7 所示是在成本、时间和绩效方面可能发生的未预料到的问题。

表 16-7　未预料到的问题的来源

| 成本 | 时间 | 绩效 |
|---|---|---|
| 遇到难题，需要更多的资源 | 技术难题导致了延误 | 出现了没有预料到的技术难题 |
| 工作范围增大 | 最初的时间估计过于乐观 | 可用资源不足 |
| 最初估计过低 | 任务排序发生错误 | 发生了不可克服的技术难题 |
| 报告质量差或不及时 | 不能按时获得所需资源 | 发生了质量和可靠性问题 |
| 预算不足 | 必要的前项任务没有按时完成 | 顾客要求改变原先的规格 |
| 没有及时采取校正措施 | 顾客引发的变化 | 技术上有了新突破 |
| 所需投入材料价格变化 | 没有预计到的政府法规 | |

### 16.8.1　挣值图

诸如项目网络图之类的项目管理工具本身具有直观性，因为这些工具能够快速地向顾客和团队成员传递项目进展的目前状态。如图 16-17 所示的挣值图是一种形象地展示项目时间、成本目标当前完成状态的有效工具。实线代表的是计划的成本费用（也就是基线），是时间的函数。虚线代表的实际成本线位于计划的成本费用线之上，这说明项目中已完成工作的实际成本超出了先前的成本估计。计划成本费用线之下的实线代表项目中已完成工作的价值。

在挣值图上显示了项目实际进展与原计划在时间、成本、进度三方面的偏差。因为该项目目前成本超出了预算，进度也落后于原来的安排，因此上述三个偏差都是负值。负偏差值代表项目遇到了需要立即给予关注的问题。在使用项目管理软件如微软项目管理软件来监测项目进展情况时，这些软件会自动绘制挣值图。三个偏差的定义如下：

**时间偏差** = STWP－ATWP

STWP——已完成工作的原计划时间（Scheduled time for work performed）

ATWP——已完成工作的实际耗用时间（Actual time used for work performed）

**成本偏差** = BCWP－ACWP

BCWP——已完成工作的预算成本（Budgeted cost for work performed）

ACWP——已完成工作的实际成本（Actual cost of work performed）

**进度偏差** = BCWP－BCWS

BCWP——已完成工作的预算成本（Budgeted cost of work performed）

BCWS——按原进度安排到今天为止应完成工作的预算成本（Budgeted cost of work scheduled to be performed to date）

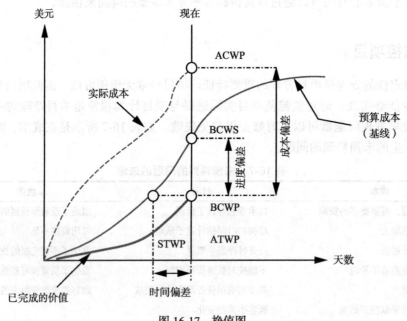

图 16-17 挣值图

### 16.8.2 项目终止

并非所有的项目都能取得成功，可以通过多种方式来终止项目。但是，在项目结束前，所准备的项目历史报告将成为在未来项目管理中实行改进的学习文件。项目终止的方法包括：

（1）彻底终止：项目成功完成或被完全否决。

（2）继续延续：成功的项目成为原组织中的一个机构。

（3）整合集成：成功的项目被深入剖析，并将成功经验在整个组织内部推广。

（4）夭折：削减预算使项目慢慢终止。

## ⊙ 服务标杆

### 沃伦所建的房屋

你是否相信一栋拥有四个卧室的别墅仅需四小时就可以建成？沃伦·杰克（Warren Jack）相信这是可以做到的，于是他就利用 ProChain（ProChain Solutions 公司）软件和 Microsoft Project 软件完成了这项工作。美国人类居住者协会资助了此项目。

Prochain 软件根据可用的劳力，通过反复调整的方式为任务和任务顺序制订了最终计划。在这个计划过程中，扣除缓冲时间后，关键路径时间被控制在 3 个小时以内。

正如所预言的，项目实施过程中肯定会出现偏差。第一个偏差是原定浴室的建成时间是 30 分钟，但实际上花费了 90 分钟。第二个偏差是，当把天花板上的一个预先组装好的穿线梭安装在屋架上时，穿线梭的方向装反了。直到山墙端的覆板被安装到位后才发现这一错误，这导致穿线梭无法抽出。解决这一问题当然也花费了一定的额外时间，但是 ProChain 软件得以用缓冲时间弥补了延期风险。

最后，沃伦建造新居仅花费了 3 小时 44 分 59 秒，创造了美国人类居住者协会的新纪录。

注：想了解更多在项目计划中嵌入缓冲时间内容的读者可进一步阅读参考文献中所列出的由 Eliyahu M. Goldratt 所著的 *Critical Chain*。

## 16.8.3　项目历史报告

项目历史报告记载着项目进行的整个过程，这为从中汲取失败教训、学习成功经验提供了机会。项目历史报告应包括：

（1）项目绩效：项目原计划与最终评价间的比较。

（2）管理绩效：对有效和无效实践的评价。

（3）组织结构：评价项目组织结构的好坏。

（4）项目团队和管理团队：对项目成员秘密评价。

（5）项目管理技术：提出改进建议。

## 本章小结

组织中的管理者经常会陷入琐碎的事务而不得脱身，同时又要接手新项目。组织的活力只有在项目的设想和执行的方式中才会表现出来。对于动态组织来说，项目管理有几个非常重要的方面，包括活动的计划、安排和控制，这对项目的成功完成非常必要。

对于小的并不复杂的项目来说，甘特图是协助项目管理的好工具。但对于大型的、包括很多相互独立活动的项目来说，甘特图则显得笨拙。开发出例如 CPM 和 PERT 的网络技术，成为帮助管理复杂项目的工具。

网络技术对项目管理来说是非常重要的工具。它们指出了哪些活动可能会影响项目的完成，也使评价项目执行中的变动变得更为容易。此外，网络方法的准确性和效率正在提高。这些进展与更加快速和便宜的电脑资源结合起来，将会使网络技术对服务部门经理来说更有价值。

## 关键术语

**关键活动**（critical activities）：关键路线上的各项活动，它的延迟会导致整个项目的延迟。

**关键路线**（critical path）：一个项目中具有最长工期的活动序列，即项目完成时间。

**关键路线法**（critical path method，CPM）：为各个活动确定开始和结束日期的方法，以此来确定项目的关键路线。

**甘特图**（Gantt chart）：项目进度表的一种图形表示，水平条表示各个活动，水平条长度对应活动的工期。

**波特图**（PERT chart）：表示各种活动之间关系的一种图表，箭头线用来表示活动优先顺序，节点用来描述各种活动。

**前项活动**（predecessor）：在另一活动之前紧连的活动。

**项目**（project）：为达到确定的、非例行性的目标，按特定顺序进行的相关活动或步骤的集合。

**后项活动**（successor）：在另一活动之后紧连的活动。

**工作分解结构**（work breakdown structure，WBS）：为达到项目目标所需工作的树状分解图。

## 讨论题

1. 举例说明项目管理过程中成本、时间和绩效之间的协调关系。
2. 结合自身经验叙述团队建立的四个阶段。
3. 甘特图仍然是有效的项目管理工具吗？为什么？
4. 为什么波特图对期望项目工期的估计常常是乐观的？这种偏差的重要性何在？
5. 讨论时间偏差、成本偏差、进度偏差间的区别。
6. 在搜索引擎中检索"项目融资"，找出项目融资中的就业机会。融资在项目中的作用是什么？

## 互动练习

用工作分解结构法（WBS）准备一次返校舞会。

## 例题

### 1. 关键路线分析

#### 问题陈述

你带领麦当劳的一个特殊的项目工作组，去执行一个叫作 McWaffle 的早餐项目。你已经准备好一份如下图所示的网络图，其中有各种必要的活动和它们的期望执行日期。为每项活动计算进度时间 ES、LS、EF、LF 和缓冲时间 TS。算出关键路线和项目工期。

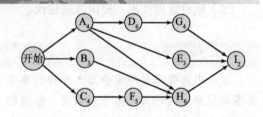

#### 解答

| 活动 | 时间 | 正推法 | | 逆推法 | | TS = LS−ES |
|---|---|---|---|---|---|---|
| | | ES | EF | LF | LS | |
| A | 4 | 0 | 4 | 5 | 1 | 1 |

（续）

| 活动 | 时间 | 正推法 | | 逆推法 | | TS = LS−ES |
|---|---|---|---|---|---|---|
| | | ES | EF | LF | LS | |
| B | 3 | 0 | 3 | 9 | 6 | 6 |
| C | 4 | 0 | 4 | 4 | 0 | 0 |
| D | 6 | 4 | 10 | 11 | 5 | 1 |
| E | 3 | 4 | 7 | 15 | 12 | 8 |
| F | 5 | 4 | 9 | 9 | 4 | 0 |
| G | 4 | 10 | 14 | 15 | 11 | 1 |
| H | 6 | 9 | 15 | 15 | 9 | 0 |
| I | 2 | 15 | 17 | 17 | 15 | 0 |

关键路线的活动是 C、F、H 和 I，因为每项活动的 TS = 0。项目工期即关键路线上活动时间的总和是 17 天。

### 2. 活动突击

**问题陈述**

对于上面的网络图而言，假定一项活动每天以美元计算的赶工成本等于它的时间（如减少活动 H 的时间成本是 1 天 6 美元），再假定每项活动只能压缩 1 天。应该突击哪些活动，从而以最低的成本减少项目工期 3 天？

**解答**

在下表中，圈起来的数字表示项目工期，从 17 天开始。当活动 C 被突击后，两条路线变得关键了，因此，必须突击两项活动（每条路线一项）来达到 14 天的项目工期。

| 项目路线 | 正常时间 | 突击的活动 | | |
|---|---|---|---|---|
| | | I | C | F 与 A 或 F 与 G |
| A-D-G-I | 16 | 15 | ⑮ | ⑭ |
| A-E-I | 9 | 8 | 8 | 8 或 7 |
| A-H-I | 12 | 11 | 11 | 11 或 10 |
| B-H-I | 11 | 10 | 10 | 10 |
| C-F-H-I | ⑰ | ⑯ | ⑮ | ⑭ |

### 3. 在活动时间中加入不确定因素

**问题陈述**

假定上面的 McWaffle 项目包含如下表所示的不确定活动时间。计算所有活动时间的均值和方差，并确定不突击任何活动在 20 天内完成该项目的概率。

**解答**

首先，用式（16-8）式（16-10）计算每项活动的均值和方差：

| 活动 | A | M | B | 均值 | 方差 |
|---|---|---|---|---|---|
| A | 3 | 4 | 5 | 4 | 4/36 |
| B | 3 | 3 | 3 | 3 | 0 |
| C | 3 | 4 | 5 | 4 | 4/36 |
| D | 4 | 6 | 8 | 6 | 16/36 |
| E | 2 | 3 | 4 | 3 | 4/36 |
| F | 2 | 4 | 12 | 5 | 100/36 |
| G | 3 | 4 | 5 | 4 | 4/36 |
| H | 4 | 5 | 12 | 6 | 64/36 |
| I | 2 | 2 | 2 | 2 | 0 |

其次，确定关键路线。这项计算得出的活动的均值与原来问题中描述的活动均值相同。因此，关键路线是 C-F-H-I，期望时间是 17 天。项目完成时间的方差是各项活动完成时间方差的总和。由此得出 $\sigma_T^2 = 4/36 + 100/36 + 64/36 + 0 = 168/36 = 4.67$。使用式（16-11），我们能算出 20 天内完成项目的 Z 值：

$$Z = \frac{X - \mu}{\sigma} = \frac{20 - T}{\sigma_T} = \frac{20 - 17}{\sqrt{4.67}} = 1.39$$

使用附录 A 的标准正态分布表，我们查到概率为 0.5 + 0.417 7 = 0.917 7，或者说 20 天内完成项目的概率接近 92%。

---

### 练习题

1. 一个电力公用企业在计划它为维修而关掉一个蒸汽锅炉的年度项目。这个项目的分析已确定了如下表所示的主要活动、它们的期望时间及关系：

| 活动 | 时间（天数） | 紧前活动 |
|---|---|---|
| A | 4 | — |
| B | 3 | — |
| C | 4 | — |
| D | 6 | A |
| E | 3 | A |
| F | 5 | C |
| G | 4 | D |
| H | 6 | A、B、F |
| I | 2 | E、G、H |

a. 准备一张项目网络图。

b. 计算每项活动的进度时间和总缓冲时间。

c. 列出关键路线活动和项目工期。

d. 假定每项活动需要一名工人，准备一个资源平衡进度表，确定按时完成这个项目所需的工人数量的最大值。

2. 一家咨询公司正为一名顾客计划一个再造项目，已确定了如下各项活动和时间估计：

| 活动 | 时间（天数） | 紧前活动 |
|---|---|---|
| A | 1 | — |
| B | 2 | — |
| C | 2 | — |
| D | 2 | A、B |
| E | 4 | A、C |
| F | 1 | C |
| G | 4 | D |
| H | 8 | G、E、F |

a. 画一张项目网络图。

b. 计算每项活动的进度时间和总缓冲时间。

c. 列出关键路线活动和项目工期。

d. 假定每项活动只需要一名工人，准备一个资源平衡进度表，那么按时完成这个项目所需的工人数量最多是多少？

3. Slippery Rock 学院正计划一场篮球比赛，该项目中每项活动的信息已列在下表中：

| 活动 | 时间（天数） | 紧前活动 | 描述 |
|---|---|---|---|
| A | 3 | — | 选择球队 |
| B | 5 | A | 发出邀请 |
| C | 10 | — | 安排膳宿 |

（续）

| 活动 | 时间（天数） | 紧前活动 | 描述 |
|---|---|---|---|
| D | 3 | B、C | 计划促销 |
| E | 5 | B、C | 印刷门票 |
| F | 10 | E | 销售门票 |
| G | 8 | C | 完成准备 |
| H | 3 | G | 制定比赛进度 |
| I | 2 | D、H | 球队练习 |
| J | 3 | F、I | 进行比赛 |

a. 画出这个项目的网络图，并给每项活动和事件编号。

b. 计算所有活动的总缓冲时间和进度时间，并指出关键路线。

c. 如比赛计划于 12 月 27 日上午开始，何时应该选择参赛队（星期六和星期日也算作工作日）？

4. 一个由四项活动组成的简单网络图如下图所示：

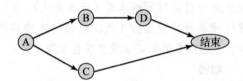

活动的成本和时间关系如下表所示：

| 活动 | 最短时间（周） | 最长时间（周） | 成本—时间关系（千美元） |
|---|---|---|---|
| A | 5 | 10 | 100−（3 × 活动时间） |
| B | 5 | 10 | 100−（2 × 活动时间） |
| C | 10 | 30 | 100−（2 × 活动时间） |
| D | 10 | 15 | 100−（5 × 活动时间） |

例如，如果要在 5 周内完成，活动 A 需要 85 000 美元；如果要在 10 周内完成，将需要 70 000 美元。

a. 若要在 20 周之后完成这个项目，最低成本是多少？

b. 如果要求完成的时间是 33 周，利润是成本的 20%，那么这个项目的出价应为多少？

5. 下面的项目网络图和表格提供了为完成一个项目的各项活动所需的正常时间和成

本，以及赶工时间和成本。试最大限度地压缩完成时间。

| 活动 | 正常时间（周） | 正常成本（美元） | 赶工时间（周） | 赶工成本（美元） |
|---|---|---|---|---|
| A | 4 | 2 500 | 2 | 6 000 |
| B | 5 | 4 000 | 4 | 5 000 |
| C | 2 | 3 000 | 1 | 5 000 |
| D | 2 | 2 000 | 1 | 3 000 |
| E | 6 | 3 000 | 4 | 4 000 |
| F | 3 | 2 000 | 1 | 5 000 |
| G | 1 | 2 000 | 1 | 2 000 |

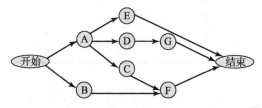

6. 一家建筑公司受委托去更换一段阿拉斯加的原油管道，这段管道几乎要报废了。这些项目活动的估计时间和它们之间的关系如下表所示：

| 活动 | 编号 | 时间（天数） | 紧前活动 |
|---|---|---|---|
| 招聘安装人员 | A | 10 | — |
| 建立旧油管详细记录 | B | 28 | — |
| 测量旧油管并画草图 | C | 2 | A |
| 开出材料清单 | D | 1 | C |
| 搭脚手架 | E | 2 | D |
| 采购油管 | F | 30 | D |
| 采购阀门 | G | 45 | D |
| 停用旧油管 | H | 1 | B、D |
| 拆除旧油管 | I | 6 | E、H |
| 预装新油管 | J | 5 | F |
| 放置阀门 | K | 1 | E、G、H |
| 放置新油管 | L | 6 | I、J |
| 焊接油管 | M | 2 | L |
| 连接阀门 | N | 1 | K、M |
| 隔离 | O | 4 | K、M |
| 压力测试 | P | 1 | N |
| 拆卸脚手架 | Q | 1 | N、O |
| 清理现场 | R | 1 | P、Q |

a. 准备一个项目网络图。

b. 列出关键路线活动和期望项目工期。

c. 确定所有活动的进度时间和总缓冲时间。

d. 合同中规定，项目比预计工期每提前一天有 100 000 美元的奖金，评价下列缩短项目工期的各种方案，然后提出一个建议：

a. 以 100 000 美元的成本提前 4 天突击完成活动 B。

b. 以 50 000 美元的成本提前 1 天突击完成活动 G。

c. 以 150 000 美元的成本提前 2 天突击完成活动 O。

d. 从活动 N 中抽调资源提前 2 天突击完成活动 O，使活动 N 的完成时间延长 2 天。

7. 下面的活动已被一家咨询公司确定，这家公司正在为使一家保险公司过渡为"无纸化"组织开发一个信息系统。

| 活动 | 紧前活动 | 活动工期（月） | | |
|---|---|---|---|---|
| | | 乐观的 | 最可能的 | 悲观的 |
| A | — | 1 | 2 | 3 |
| B | — | 3 | 3 | 3 |
| C | A | 4 | 6 | 8 |
| D | A | 2 | 8 | 8 |
| E | B | 6 | 9 | 12 |
| F | B | 4 | 7 | 10 |
| G | C | 10 | 10 | 16 |
| H | D、E、G | 4 | 5 | 6 |
| I | F | 2 | 2 | 2 |

a. 画出项目网络图并标出每项活动的期望时间。

b. 该项目的关键路线是什么？期望工期是多长？

c. 在两年内完成该项目的概率是多少？

8. 如下活动是完成一个项目所必需的：

| 活动 | 紧前活动 | 活动工期（天数） | | |
|---|---|---|---|---|
| | | 乐观的 | 最可能的 | 悲观的 |
| A | — | 3 | 6 | 15 |
| B | — | 2 | 5 | 14 |
| C | A | 6 | 12 | 30 |

（续）

| 活动 | 紧前活动 | 活动工期（天数） | | |
|---|---|---|---|---|
| | | 乐观的 | 最可能的 | 悲观的 |
| D | A | 2 | 5 | 8 |
| E | C | 5 | 11 | 17 |
| F | D | 3 | 6 | 15 |
| G | B | 3 | 9 | 27 |
| H | E、F | 1 | 4 | 7 |
| I | G | 4 | 19 | 28 |
| J | H、I | 1 | 1 | 1 |

a. 画出这个项目的网络图，标出各项活动及其期望时间。

b. 该项目的关键路线是什么？期望完成时间是多长？

c. 在 41 天后或更少时间内完成该项目的概率是多少？

9. 下面的项目网络图和表格注明了完成一系列活动所需的周数和对应的方差：

| 活动 | 期望工期（周） | 方差（周） |
|---|---|---|
| A | 5 | 1 |
| B | 10 | 2 |
| C | 4 | 1 |
| D | 7 | 1 |
| E | 6 | 2 |
| F | 8 | 1 |
| G | 4 | 2 |
| H | 3 | 1 |
| I | 5 | 1 |
| J | 7 | 2 |
| K | 8 | 3 |

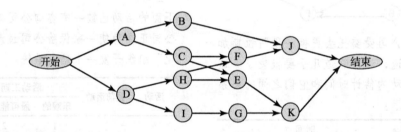

a. 确定关键路线和最早期望完成时间。

b. 在 24 周或更少时间内完成该项目的概率是多少？

10. 你需要为 AIC 操作做如下改变：

| 活动 | 紧前活动 | 活动工期（天数） | | |
|---|---|---|---|---|
| | | 乐观的 | 最可能的 | 悲观的 |
| A | — | 1 | 2 | 3 |
| B | A | 3 | 3 | 3 |
| C | B | 4 | 6 | 8 |
| D | A | 2 | 8 | 8 |
| E | A | 6 | 9 | 12 |

（续）

| 活动 | 紧前活动 | 活动工期（天数） | | |
|---|---|---|---|---|
| | | 乐观的 | 最可能的 | 悲观的 |
| F | D、C | 4 | 7 | 10 |
| G | D | 10 | 10 | 16 |
| H | D、E | 4 | 5 | 6 |
| I | F、G、H | 2 | 2 | 2 |

a. 画出该项目的网络图。

b. 计算每项活动期望时间和方差。

c. 确定关键路线和期望项目完成时间。

d. 完成该项目超过 25 天的概率是多少？

## 案例 16-1　　　　　Info-Systems 公司

　　Info-Systems 公司是一家成长很快的公司，专门从事信息系统的咨询。过去，它的项目相对来说都是短期的，也不需要广泛的项目计划和严密的管理监控。然而最近，Info-Systems 公司获得一项合同，是为一家制造公司开发和建立一个企业资源计划系统。

　　在研究初步计划期间，Info-Systems 公司认为，该制造公司现有的硬件配置已不能满足其长期需要，需要开发新一代硬件设备。因此，作为工作的一部分，Info-Systems 公司要评估供应商并选择新硬件。初步研究也提出该系统将实现批处理和联机处理相结合的方式，估计最少一年才能完成。

Info-Systems 公司计划把该项目分成四个主要方面：①硬件选择和安装；②批处理开发；③联机处理开发；④从旧系统到新系统的转换。此外，它也感到在提供更准确的项目完成时间估计、控制项目过程和在适当的时间安排人员等方面，应用项目管理系统会更有效。因此，Info-Systems 公司指派了若干高级职员来制定详细的任务表，如下所示：

| 任务 | 工期（天） | 紧前任务 |
| --- | --- | --- |
| A. 评选硬件 | 30 | — |
| B. 提出开发批处理系统要求（如数据定义、生产批量） | 60 | — |
| C. 提出开发联机处理要求（如生产每一批量的响应时间） | 40 | — |
| D. 确定特殊硬件要求，预订和接收设备 | 100 | A、B、C |
| E. 设计批处理系统布局图 | 30 | B |
| F. 设计批处理系统输入表格 | 20 | E |
| G. 设计联机系统屏幕布局图 | 25 | C |
| H. 设计文件格式 | 20 | F、G |
| I. 为每日批循环准备程序说明 | 30 | H |
| J. 为每周批循环准备程序说明 | 20 | H |
| K. 为每月批循环准备程序说明 | 15 | H |
| L. 为联机处理准备程序说明 | 20 | H |
| M. 安装和测试新硬件 | 15 | D |
| N. 为每日批循环编制程序 | 20 | I |
| O. 为每周批循环编制程序 | 15 | J |
| P. 为每月批循环编制程序 | 10 | K |
| Q. 为联机处理编制程序 | 18 | L |
| R. 编制批处理文件 | 35 | I、J、K |
| S. 编制联机处理文件 | 25 | L |
| T. 测试日循环 | 20 | M、N |
| U. 测试周循环 | 15 | M、O |
| V. 测试月循环 | 12 | M、P |
| W. 测试联机处理 | 15 | M、Q |
| X. 测试整个系统 | 20 | T、U、V、W |
| Y. 设计新旧系统转换要求、程序和文件 | 30 | H |
| Z. 准备转换程序 | 20 | Y |
| AA. 测试转换程序 | 15 | Z |
| BB. 实际转换运行 | 3 | X、AA |
| CC. 以并行方式运行系统和培训用户 | 60 | R、S、BB |
| DD. 通过用户验收 | 5 | CC |
| EE. 运行生产系统 | 5 | DD |

## 问题

1. 使用微软项目管理软件，准备一个网络图并确定关键路线的活动、期望项目工期和所有活动的进度时间。

2. 交付硬件的时间估计要超过 90 天。如果硬件交付延误 30 天，会影响项目完成时间吗？关键路线会改变吗？

3. 使用原来的网络图和关键路线，如果活动 B 被推迟了几周，管理层为按时完成项目会考虑采取什么策略？

## 案例 16-2　　　　惠蒂尔县城医院

惠蒂尔县城医院在如今的地点经营了大约50年，最近计划在新址的建筑和装修完成后就迁到那里。医院的董事会已指定了一个特别管理委员会来管理整个搬迁过程，包括与外部单位和内部各部门的协调工作。作为工作的第一步，委员会打算开发一个信息库，用来做两件事：①建立一个草案来制订更细致的分阶段搬迁计划；②为搬迁时期的日常操作提供基本管理手段和计划工具。

管理层认为，对草案进行波特图分析对委员会了解整个搬迁过程是有帮助的，因此开始着手绘制一个活动网络图以及进行任务的工期估计。在建筑工地与总承包商协商后，估计建筑完工和检查新安装设备要花50多天时间，乐观估计和悲观估计分别为40天和60天。届时建筑将由承包商腾空并转交给董事会。

然而，在这之前，医院每个部门必须拟订详细的行动计划并得到搬迁委员会的批准（即被正式认可）。负责人员估计这至少要10天，也可能要20天，最可能需要15天完成并获得批准。

一旦详细计划得到初步认可，负责人员就要在试运行和对计划后续评估之前，开展一系列活动：

（1）印刷和分发简报给医院全体员工，略述整个过程，为每个部门附加具体流程说明，这估计要花至少3天，可能4天，最多7天。

（2）搜集信息并为将要发生的事件进行报道，估计这要花至少（可能）2天，最多3天。

（3）为转移病人与当地急救医疗服务部门EMS和私人救护中心商谈，这估计要花至少10天，可能14天，最多20天。

（4）为搬迁设备、病历和供应物资与专业搬运公司商谈，这估计要花最少4天，可能5天，最多8天。

（5）与当地警察、消防部门协调整个过程，并确定责任，这估计要花至少3天，可能5天，最多10天。

（6）在搬迁期间与周围地区的其他医院进行协调入院和转院过程，这估计要花最少2天，可能3天，最多5天。

一旦完成建设和设备验收，就要在实际搬迁进行前由医院工作人员对新设备进行彻底清洗，以保证达到医院设备要求的水平。同时，在承包商腾空房屋后，医院员工们可以熟悉新建筑的布局和工作。由于这个熟悉的过程非常重要，管理人员要确保它在通知发出之后开始，并在正式搬迁试运行之前完成。负责人员估计清洗和熟悉能同时进行而不会有问题。清洗要花至少2天，可能3天，最多5天；员工熟悉要花至少4天，可能5天，最多7天。

尽管搬迁试运行只花1天时间，包括评估，整个活动估计需要最少（和最可能）3天，如果遇到严重问题，最多要5天。一旦完成这一步，与病人和设备搬运工、当地部门和地区医院进行有关最后的计划和进度的协调要花2天（最多3天）时间。最后，要完成的搬迁进度和过程将在搬迁的前一天在医院的每个部门里进行讨论。这个讨论可能要进行一整天，因为所有员工都要维持正常的工作进度和任务。

对于搬迁的那一天，负责人员在草案中已将整个过程分解为7个活动，如下表所示：

| 活动 | 工期（天） | | |
| --- | --- | --- | --- |
| | 乐观的 | 最可能的 | 悲观的 |
| 管理、会计和业务办公室 | 0.25 | 0.5 | 1.0 |
| 图书馆和医疗、人事档案 | 0.25 | 0.5 | 0.75 |
| 实验室和采购、仓库 | 0.3 | 0.8 | 1.0 |
| 后勤和伙食供应 | 0.5 | 0.75 | 1.3 |
| 必须与病人同时搬迁的设备和供应品 | 0.8 | 1.0 | 1.2 |
| 病人搬迁 | 0.4 | 1.0 | 1.0 |
| 在病人之后搬迁的其他（非重要）设备和供应品 | 1.0 | 2.0 | 2.5 |

负责人员对于完成前六项活动后医院在新地点的基本运转感到很有信心，这也是医院董事会确立的关键目标。当然，在剩下的非关键设备和供应物资搬迁以前，医院在新地区是不能完全正常运转的。

**问题**

1. 假设你是管理人员的一员，任务是拟定这个草案。应用微软项目管理软件，绘制如上所述的波特图分析，并确定关键路线以

及在新地点达到基本运作状态的期望时间。

2. 董事会说他们打算在星期日搬迁，以最大限度减少对平日交通的干扰。如果从现在起算的第 46、53、60、67 和 74 天都是星期日，确定在和你以前计算的期望时间最为接近的两个星期日，新地点达到基本运作状态的可能性（应用正态分布）。

3. 简单地评价运用关键路线分析法分析惠蒂尔县城医院搬迁草案时会遇到的潜在问题。

## 参考文献

Bendoly, Elliot, and Morgan Swink. "Moderating Effects of Information Access on Project Management Behavior, Performance and Perceptions." *Journal of Operations Management* 25, no. 3 (April 2007), pp. 604–22.

Brassard, Michael, and Diane Ritter. *The Memory Jogger II*. Methuen, MA: GOAL/QPC, 1994.

Browning, Tyson R. "On the Alignment of the Purposes and Views of Process Models in Project Management." *Journal of Operations Management* 28, no. 4 (July 2010), pp. 316–32.

Gattiker, Thomas F., and Craig R. Carter. "Understanding Project Champions' Ability to Gain Intra-Organizational Commitment for Environmental Projects." *Journal of Operations Management* 28, no. 1 (Jan 2010), pp. 72–85.

Gawande, Atul, *The Checklist Manifesto: How to Get Things Right*. New York: Metropolitan Books, 2009.

Goldratt, Eliyahu M. *Critical Chain*. Great Barrington, MA: North River Press, 1997.

Harris, James L. "Key Foundations of Successful Project Planning and Management." *Project Planning & Management: A Guide for Nurses and Interprofessional Teams* (2015): 1.

Hill, Gerard M. *The complete project management office handbook*. CRC Press, 2013.

Phillips, Joseph. *PMP, Project Management Professional (Certification Study Guides)*. McGraw-Hill Osborne Media, 2013.

Verma, Devesh, Anant Mishra, and Kingshuk K. Sinha. "The Development and Application of a Process Model for R&D Project Management in a High Tech Firm: A Field Study." *Journal of Operations Management* 29, no. 5 (July 2011), pp. 462–76.

## 注释

1. 这一假设是基于统计学中的中心极限定理，它表明许多随机变量的和是一个趋向于正态分布的随机变量。在这种情况下，项目完成时间是关键路径上活动的单个持续时间的总和。

# 附 录 A
## APPENDIX

# 标准正态分布的面积值<sup>⊖</sup>

表中每一个值表示的是曲线下从 $z=0$ 到一个正数 $z$ 之间的面积值。曲线下 $z$ 右侧的面积等于 0.5 减去表中对应数值。$z$ 为负数时的面积可根据对称性求得。例如，正数 $z$ 为 1.65 时所对应的右尾面积值为 (0.5−0.450 5)=0.049 5。

| z | 0.00 | 0.01 | 0.02 | 0.03 | 0.04 | 0.05 | 0.06 | 0.07 | 0.08 | 0.09 |
|---|---|---|---|---|---|---|---|---|---|---|
| 0.0 | 0.000 0 | 0.004 0 | 0.008 0 | 0.012 0 | 0.016 0 | 0.019 9 | 0.023 9 | 0.027 9 | 0.031 9 | 0.035 9 |
| 0.1 | 0.039 8 | 0.043 8 | 0.047 8 | 0.051 7 | 0.055 7 | 0.059 6 | 0.063 6 | 0.067 5 | 0.071 4 | 0.075 3 |
| 0.2 | 0.079 3 | 0.083 2 | 0.087 1 | 0.091 0 | 0.094 8 | 0.098 7 | 0.102 6 | 0.106 4 | 0.110 3 | 0.114 1 |
| 0.3 | 0.117 9 | 0.121 7 | 0.125 5 | 0.129 3 | 0.133 1 | 0.136 8 | 0.140 6 | 0.144 3 | 0.148 0 | 0.151 7 |
| 0.4 | 0.155 4 | 0.159 1 | 0.162 8 | 0.166 4 | 0.170 0 | 0.173 6 | 0.177 2 | 0.180 8 | 0.184 4 | 0.187 9 |
| 0.5 | 0.191 5 | 0.195 0 | 0.198 5 | 0.201 9 | 0.205 4 | 0.208 8 | 0.212 3 | 0.215 7 | 0.219 0 | 0.222 4 |
| 0.6 | 0.225 7 | 0.229 1 | 0.232 4 | 0.235 7 | 0.238 9 | 0.242 2 | 0.245 4 | 0.248 6 | 0.251 7 | 0.254 9 |
| 0.7 | 0.258 0 | 0.261 1 | 0.264 2 | 0.267 3 | 0.270 3 | 0.273 4 | 0.276 4 | 0.279 4 | 0.282 3 | 0.285 2 |
| 0.8 | 0.288 1 | 0.291 0 | 0.293 9 | 0.296 7 | 0.299 5 | 0.302 3 | 0.305 1 | 0.307 8 | 0.310 6 | 0.313 3 |
| 0.9 | 0.315 9 | 0.318 6 | 0.321 2 | 0.323 8 | 0.326 4 | 0.328 9 | 0.331 5 | 0.334 0 | 0.336 5 | 0.338 9 |
| 1.0 | 0.341 3 | 0.343 8 | 0.346 1 | 0.348 5 | 0.350 8 | 0.353 1 | 0.355 4 | 0.357 7 | 0.359 9 | 0.362 1 |
| 1.1 | 0.364 3 | 0.366 5 | 0.368 6 | 0.370 8 | 0.372 9 | 0.374 9 | 0.377 0 | 0.379 0 | 0.381 0 | 0.383 0 |
| 1.2 | 0.384 9 | 0.386 9 | 0.388 8 | 0.390 7 | 0.392 5 | 0.394 4 | 0.396 2 | 0.398 0 | 0.399 7 | 0.401 5 |
| 1.3 | 0.403 2 | 0.404 9 | 0.406 6 | 0.408 2 | 0.409 9 | 0.411 5 | 0.413 1 | 0.414 7 | 0.416 2 | 0.417 7 |
| 1.4 | 0.419 2 | 0.420 7 | 0.422 2 | 0.423 6 | 0.425 1 | 0.426 5 | 0.427 9 | 0.429 2 | 0.430 6 | 0.431 9 |
| 1.5 | 0.433 2 | 0.434 5 | 0.435 7 | 0.437 0 | 0.438 2 | 0.439 4 | 0.440 6 | 0.441 8 | 0.442 9 | 0.444 1 |
| 1.6 | 0.445 2 | 0.446 3 | 0.447 4 | 0.448 4 | 0.449 5 | 0.450 5 | 0.451 5 | 0.452 5 | 0.453 5 | 0.454 5 |
| 1.7 | 0.455 4 | 0.456 4 | 0.457 3 | 0.458 2 | 0.459 1 | 0.459 9 | 0.460 8 | 0.461 6 | 0.462 5 | 0.463 3 |
| 1.8 | 0.464 1 | 0.464 9 | 0.465 6 | 0.466 4 | 0.467 1 | 0.467 8 | 0.468 6 | 0.469 3 | 0.469 9 | 0.470 6 |
| 1.9 | 0.471 3 | 0.471 9 | 0.472 6 | 0.473 2 | 0.473 8 | 0.474 4 | 0.475 0 | 0.475 6 | 0.476 1 | 0.476 7 |
| 2.0 | 0.477 2 | 0.477 8 | 0.478 3 | 0.478 8 | 0.479 3 | 0.479 8 | 0.480 3 | 0.480 8 | 0.481 2 | 0.481 7 |
| 2.1 | 0.482 1 | 0.482 6 | 0.483 0 | 0.483 4 | 0.483 8 | 0.484 2 | 0.484 6 | 0.485 0 | 0.485 4 | 0.485 7 |
| 2.2 | 0.486 1 | 0.486 4 | 0.486 8 | 0.487 1 | 0.487 5 | 0.487 8 | 0.488 1 | 0.488 4 | 0.488 7 | 0.489 0 |

---

⊖ 使用微软 Excel 表格软件，这些概率由公式 NORMS DIST(z)−0.5 产生。

（续）

| z | 0.00 | 0.01 | 0.02 | 0.03 | 0.04 | 0.05 | 0.06 | 0.07 | 0.08 | 0.09 |
|-----|--------|--------|--------|--------|--------|--------|--------|--------|--------|--------|
| 2.3 | 0.489 3 | 0.489 6 | 0.489 8 | 0.490 1 | 0.490 4 | 0.490 6 | 0.490 9 | 0.491 1 | 0.491 3 | 0.491 6 |
| 2.4 | 0.491 8 | 0.492 0 | 0.492 2 | 0.492 5 | 0.492 7 | 0.492 9 | 0.493 1 | 0.493 2 | 0.493 4 | 0.493 6 |
| 2.5 | 0.493 8 | 0.494 0 | 0.494 1 | 0.494 3 | 0.494 5 | 0.494 6 | 0.494 8 | 0.494 9 | 0.495 1 | 0.495 2 |
| 2.6 | 0.495 3 | 0.495 5 | 0.495 6 | 0.495 7 | 0.495 9 | 0.496 0 | 0.496 1 | 0.496 2 | 0.496 3 | 0.496 4 |
| 2.7 | 0.496 5 | 0.496 6 | 0.496 7 | 0.496 8 | 0.496 9 | 0.497 0 | 0.497 1 | 0.497 2 | 0.497 3 | 0.497 4 |
| 2.8 | 0.497 4 | 0.497 5 | 0.497 6 | 0.497 7 | 0.497 7 | 0.497 8 | 0.497 9 | 0.497 9 | 0.498 0 | 0.498 1 |
| 2.9 | 0.498 1 | 0.498 2 | 0.498 2 | 0.498 3 | 0.498 4 | 0.498 4 | 0.498 5 | 0.498 5 | 0.498 6 | 0.498 6 |
| 3.0 | 0.498 7 | 0.498 7 | 0.498 7 | 0.498 8 | 0.498 8 | 0.498 9 | 0.498 9 | 0.498 9 | 0.499 0 | 0.499 0 |

附 录 B
APPENDIX

# 均匀分布随机数表 [ 0, 1 ]

| | | | |
|---|---|---|---|
| 0.067 85 | 0.398 67 | 0.905 88 | 0.178 01 |
| 0.810 75 | 0.876 41 | 0.679 64 | 0.438 77 |
| 0.985 44 | 0.516 53 | 0.440 93 | 0.794 28 |
| 0.314 79 | 0.750 57 | 0.282 48 | 0.268 63 |
| 0.124 84 | 0.882 87 | 0.788 05 | 0.009 07 |
| 0.238 82 | 0.821 37 | 0.517 59 | 0.247 23 |
| 0.238 97 | 0.930 60 | 0.940 78 | 0.446 76 |
| 0.403 74 | 0.570 00 | 0.334 15 | 0.900 00 |
| 0.736 22 | 0.858 96 | 0.368 25 | 0.315 00 |
| 0.369 52 | 0.393 67 | 0.094 26 | 0.795 17 |
| 0.145 10 | 0.050 47 | 0.015 35 | 0.469 97 |
| 0.127 19 | 0.351 59 | 0.559 03 | 0.012 68 |
| 0.994 07 | 0.538 16 | 0.648 81 | 0.643 09 |
| 0.326 94 | 0.572 37 | 0.742 42 | 0.680 45 |
| 0.427 80 | 0.547 04 | 0.632 81 | 0.922 43 |
| 0.006 33 | 0.871 97 | 0.905 97 | 0.956 29 |
| 0.384 90 | 0.278 04 | 0.065 67 | 0.495 91 |
| 0.223 63 | 0.963 54 | 0.252 98 | 0.884 59 |
| 0.541 05 | 0.622 35 | 0.931 90 | 0.661 22 |
| 0.317 86 | 0.847 24 | 0.040 84 | 0.982 60 |
| 0.475 56 | 0.388 55 | 0.521 35 | 0.340 85 |
| 0.708 50 | 0.550 51 | 0.865 05 | 0.211 92 |
| 0.647 91 | 0.894 38 | 0.839 97 | 0.008 98 |
| 0.214 24 | 0.345 92 | 0.779 20 | 0.166 75 |
| 0.775 24 | 0.419 76 | 0.084 29 | 0.715 06 |

# M/M/c 排队模型中的 $L_q$ 值

| $\rho$ | c=1 | c=2 | c=3 | c=4 | c=5 | c=6 | c=7 | c=8 |
|------|--------|--------|-------|-------|-------|------|------|------|
| 0.15 | 0.026 | 0.001 | | | | | | |
| 0.20 | 0.050 | 0.002 | | | | | | |
| 0.25 | 0.083 | 0.004 | | | | | | |
| 0.30 | 0.129 | 0.007 | | | | | | |
| 0.35 | 0.188 | 0.011 | | | | | | |
| 0.40 | 0.267 | 0.017 | | | | | | |
| 0.45 | 0.368 | 0.024 | 0.002 | | | | | |
| 0.50 | 0.500 | 0.033 | 0.003 | | | | | |
| 0.55 | 0.672 | 0.045 | 0.004 | | | | | |
| 0.60 | 0.900 | 0.059 | 0.006 | | | | | |
| 0.65 | 1.207 | 0.077 | 0.008 | | | | | |
| 0.70 | 1.633 | 0.098 | 0.011 | | | | | |
| 0.75 | 2.250 | 0.123 | 0.015 | | | | | |
| 0.80 | 3.200 | 0.152 | 0.019 | | | | | |
| 0.85 | 4.817 | 0.187 | 0.024 | 0.003 | | | | |
| 0.90 | 8.100 | 0.229 | 0.030 | 0.004 | | | | |
| 0.95 | 18.050 | 0.277 | 0.037 | 0.005 | | | | |
| 1.0 | | 0.333 | 0.045 | 0.007 | | | | |
| 1.1 | | 0.477 | 0.066 | 0.011 | | | | |
| 1.2 | | 0.675 | 0.094 | 0.016 | 0.003 | | | |
| 1.3 | | 0.951 | 0.130 | 0.023 | 0.004 | | | |
| 1.4 | | 1.345 | 0.177 | 0.032 | 0.006 | | | |
| 1.5 | | 1.929 | 0.237 | 0.045 | 0.009 | | | |
| 1.6 | | 2.844 | 0.313 | 0.060 | 0.012 | | | |
| 1.7 | | 4.426 | 0.409 | 0.080 | 0.017 | | | |
| 1.8 | | 7.674 | 0.532 | 0.105 | 0.023 | | | |
| 1.9 | | 17.587 | 0.688 | 0.136 | 0.030 | 0.007 | | |

（续）

| $\rho$ | $c=1$ | $c=2$ | $c=3$ | $c=4$ | $c=5$ | $c=6$ | $c=7$ | $c=8$ |
|---|---|---|---|---|---|---|---|---|
| 2.0 | | | 0.889 | 0.174 | 0.040 | 0.009 | | |
| 2.1 | | | 1.149 | 0.220 | 0.052 | 0.012 | | |
| 2.2 | | | 1.491 | 0.277 | 0.066 | 0.016 | | |
| 2.3 | | | 1.951 | 0.346 | 0.084 | 0.021 | | |
| 2.4 | | | 2.589 | 0.431 | 0.105 | 0.027 | 0.007 | |
| 2.5 | | | 3.511 | 0.533 | 0.130 | 0.034 | 0.009 | |
| 2.6 | | | 4.933 | 0.658 | 0.161 | 0.043 | 0.011 | |
| 2.7 | | | 7.354 | 0.811 | 0.198 | 0.053 | 0.014 | |
| 2.8 | | | 12.273 | 1.000 | 0.241 | 0.066 | 0.018 | |
| 2.9 | | | 27.193 | 1.234 | 0.293 | 0.081 | 0.023 | |
| 3.0 | | | | 1.528 | 0.354 | 0.099 | 0.028 | 0.008 |
| 3.1 | | | | 1.902 | 0.427 | 0.120 | 0.035 | 0.010 |
| 3.2 | | | | 2.386 | 0.513 | 0.145 | 0.043 | 0.012 |
| 3.3 | | | | 3.027 | 0.615 | 0.174 | 0.052 | 0.015 |
| 3.4 | | | | 3.906 | 0.737 | 0.209 | 0.063 | 0.019 |
| 3.5 | | | | 5.165 | 0.882 | 0.248 | 0.076 | 0.023 |
| 3.6 | | | | 7.090 | 1.055 | 0.295 | 0.091 | 0.028 |
| 3.7 | | | | 10.347 | 1.265 | 0.349 | 0.109 | 0.034 |
| 3.8 | | | | 16.937 | 1.519 | 0.412 | 0.129 | 0.041 |
| 3.9 | | | | 36.859 | 1.830 | 0.485 | 0.153 | 0.050 |
| 4.0 | | | | | 2.216 | 0.570 | 0.180 | 0.059 |
| 4.1 | | | | | 2.703 | 0.668 | 0.212 | 0.070 |
| 4.2 | | | | | 3.327 | 0.784 | 0.248 | 0.083 |
| 4.3 | | | | | 4.149 | 0.919 | 0.289 | 0.097 |
| 4.4 | | | | | 5.268 | 1.078 | 0.337 | 0.114 |
| 4.5 | | | | | 6.862 | 1.265 | 0.391 | 0.133 |
| 4.6 | | | | | 9.289 | 1.487 | 0.453 | 0.156 |
| 4.7 | | | | | 13.382 | 1.752 | 0.525 | 0.181 |
| 4.8 | | | | | 21.641 | 2.071 | 0.607 | 0.209 |
| 4.9 | | | | | 46.566 | 2.459 | 0.702 | 0.242 |
| 5.0 | | | | | | 2.938 | 0.810 | 0.279 |
| 5.1 | | | | | | 3.536 | 0.936 | 0.321 |
| 5.2 | | | | | | 4.301 | 1.081 | 0.368 |
| 5.3 | | | | | | 5.303 | 1.249 | 0.422 |
| 5.4 | | | | | | 6.661 | 1.444 | 0.483 |
| 5.5 | | | | | | 8.590 | 1.674 | 0.553 |
| 5.6 | | | | | | 11.519 | 1.944 | 0.631 |
| 5.7 | | | | | | 16.446 | 2.264 | 0.721 |
| 5.8 | | | | | | 26.373 | 2.648 | 0.823 |
| 5.9 | | | | | | 56.300 | 3.113 | 0.939 |
| 6.0 | | | | | | | 3.683 | 1.071 |
| 6.1 | | | | | | | 4.394 | 1.222 |
| 6.2 | | | | | | | 5.298 | 1.397 |

（续）

| ρ | c=1 | c=2 | c=3 | c=4 | c=5 | c=6 | c=7 | c=8 |
|---|-----|-----|-----|-----|-----|-----|-----|-----|
| 6.3 | | | | | | | 6.480 | 1.598 |
| 6.4 | | | | | | | 8.077 | 1.831 |
| 6.5 | | | | | | | 10.341 | 2.102 |
| 6.6 | | | | | | | 13.770 | 2.420 |
| 6.7 | | | | | | | 19.532 | 2.796 |
| 6.8 | | | | | | | 31.127 | 3.245 |
| 6.9 | | | | | | | 66.055 | 3.786 |
| 7.0 | | | | | | | | 4.447 |
| 7.1 | | | | | | | | 5.270 |
| 7.2 | | | | | | | | 6.314 |
| 7.3 | | | | | | | | 7.675 |
| 7.4 | | | | | | | | 9.511 |
| 7.5 | | | | | | | | 12.109 |
| 7.6 | | | | | | | | 16.039 |
| 7.7 | | | | | | | | 22.636 |
| 7.8 | | | | | | | | 35.898 |
| 7.9 | | | | | | | | 75.827 |

# 特定排队模型

## 公式符号的定义

$n$——系统中的顾客数

$\lambda$——平均到达率（如每小时到达的顾客数）

$\mu$——每个繁忙的服务台的平均服务率（如用每小时顾客数表示的服务能力）

$\rho$——服务强度（mean number of customers in service，或服务中的顾客平均数，$\lambda/\mu$）

$N$——系统中允许的最大顾客数

$c$——服务台的数目

$P_n$——系统中恰好有 $n$ 个顾客的概率

$L_s$——系统中的平均顾客数

$L_q$——平均排队顾客数

$L_b$——一个繁忙系统中排队顾客的平均数

$W_s$——顾客在系统中逗留的平均时间

$W_q$——顾客的平均等待时间

$W_b$——顾客在一个繁忙的系统中的平均等待时间

## Ⅰ. 标准 $M/M/1$ 模型（$0<\rho<1.0$）

$$P_0 = 1-\rho \tag{Ⅰ-1}$$

$$P(n \geqslant k)=\rho^k \tag{Ⅰ-2}$$

$$P_n=P_0\rho^n \tag{Ⅰ-3}$$

$$L_s = \frac{\lambda}{\mu-\lambda} \tag{Ⅰ-4}$$

$$L_q = \frac{\rho\lambda}{\mu-\lambda} \tag{Ⅰ-5}$$

$$L_b = \frac{\lambda}{\mu-\lambda} \tag{Ⅰ-6}$$

$$W_s = \frac{1}{\mu - \lambda} \tag{I-7}$$

$$W_q = \frac{\rho}{\mu - \lambda} \tag{I-8}$$

$$W_b = \frac{1}{\mu - \lambda} \tag{I-9}$$

## II. 标准 *M/M/c* 模型（0<ρ<c）

$$P_0 = \frac{1}{\left(\displaystyle\sum_{i=0}^{c-1} \frac{\rho^i}{i!}\right) + \dfrac{\rho^c}{c!(1 - \rho/c)}} \tag{II-1}$$

$$P_n = \begin{cases} \dfrac{\rho^n}{n!} P_0 & \text{for } 0 \leqslant n \leqslant c \\[2ex] \dfrac{\rho^n}{c!c^{n-c}} P_0 & \text{for } n \geqslant c \end{cases} \tag{II-2}$$

$$P(n \geqslant c) = \frac{\rho^c \mu c}{c!(\mu c - \lambda)} p_0 \tag{II-3}$$

$$L_s = \frac{\rho^{c+1}}{(c-1)!(c-\rho)^2} P_0 + \rho \tag{II-4}$$

$$L_q = L_s - \rho \tag{II-5}$$

$$L_b = \frac{L_q}{P(n \geqslant c)} \tag{II-6}$$

$$W_s = \frac{L_q}{\lambda} + \frac{1}{\mu} \tag{II-7}$$

$$W_q = \frac{L_q}{\lambda} \tag{II-8}$$

$$W_b = \frac{W_q}{P(n \geqslant c)} \tag{II-9}$$

## III. 标准 *M/G/1* 模型 [ *V(t)*= 服务时间方差 ]

$$L_s = L_q + \rho \tag{III-1}$$

$$L_q = \frac{\rho^2 + \lambda^2 V(t)}{2(1 - \rho)} \tag{III-2}$$

$$W_s = \frac{L_s}{\lambda} \tag{III-3}$$

$$W_b = \frac{L_q}{\lambda} \tag{III-4}$$

## Ⅳ. 自我服务的 M/G/∞ 模型（e=2.718，自然对数的底数）

$$P_n = \frac{e^{-\rho}}{n!} \rho^n \text{ for } n \geqslant 0 \tag{IV-1}$$

$$L_s = \rho \tag{IV-2}$$

$$W_s = \frac{1}{\mu} \tag{IV-3}$$

## Ⅴ. 有限排队的 M/M/1 模型

$$P_0 = \begin{cases} \dfrac{1-\rho}{1-\rho^{N+1}} & \text{for } \lambda \neq \mu \\ \dfrac{1}{N+1} & \text{for } \lambda = \mu \end{cases} \tag{V-1}$$

$$P(n>0) = 1 - P_0 \tag{V-2}$$

$$P_n = P_0 \rho^n \text{ for } n \leqslant N \tag{V-3}$$

$$L_s = \begin{cases} \dfrac{\rho}{1-\rho} - \dfrac{(N+1)\rho^{N+1}}{1-\rho^{N+1}} & \text{for } \lambda \neq \mu \\ \dfrac{N}{2} & \text{for } \lambda = \mu \end{cases} \tag{V-4}$$

$$L_q = L_s - (1 - P_0) \tag{V-5}$$

$$L_b = \frac{L_q}{1 - P_0} \tag{V-6}$$

$$W_s = \frac{L_q}{\lambda(1 - P_N)} + \frac{1}{\mu} \tag{V-7}$$

$$W_q = W_s - \frac{1}{\mu} \tag{V-8}$$

$$W_b = \frac{W_q}{1 - P_0} \tag{V-9}$$

## Ⅵ. 有限排队的 *M/M/c* 模型

$$P_0 = \frac{1}{\left( \sum_{i=0}^{c} \frac{\rho^i}{i!} \right) + \left( \frac{1}{c!} \right) \left( \sum_{i=c+1}^{N} \frac{\rho^i}{c^{i-c}} \right)} \tag{Ⅵ-1}$$

$$P_n = \begin{cases} \dfrac{\rho^n}{n!} P_0 & \text{for } 0 \leqslant n \leqslant c \\[2mm] \dfrac{\rho^n}{c! \, c^{n-c}} P_0 & \text{for } c \leqslant n \leqslant N \end{cases} \tag{Ⅵ-2}$$

$$P(n \geqslant c) = 1 - P_0 \sum_{i=0}^{c-1} \frac{\rho^i}{i!} \tag{Ⅵ-3}$$

$$L_s = \frac{P_0 \rho^{c+1}}{(c-1)!(c-\rho)^2} \left[ 1 - \left( \frac{\rho}{c} \right)^{N-c} - (N-c) \left( \frac{\rho}{c} \right)^{N-c} \left( 1 - \frac{\rho}{c} \right) \right] + \rho(1 - P_N) \tag{Ⅵ-4}$$

$$L_q = L_s - \rho(1 - P_N) \tag{Ⅵ-5}$$

$$L_b = \frac{L_q}{P(n \geqslant c)} \tag{Ⅵ-6}$$

$$W_s = \frac{L_q}{\lambda(1 - P_N)} + \frac{1}{\mu} \tag{Ⅵ-7}$$

$$W_q = W_s - \frac{1}{\mu} \tag{Ⅵ-8}$$

$$W_b = \frac{W_q}{P(n \geqslant c)} \tag{Ⅵ-9}$$

# 推荐阅读

| 中文书名 | 作者 | 书号 | 定价 |
|---|---|---|---|
| 公司理财（原书第11版） | 斯蒂芬 A. 罗斯（Stephen A. Ross）等 | 978-7-111-57415-6 | 119.00 |
| 财务管理（原书第14版） | 尤金 F. 布里格姆（Eugene F. Brigham）等 | 978-7-111-58891-7 | 139.00 |
| 财务报表分析与证券估值（原书第5版） | 斯蒂芬·佩因曼（Stephen Penman）等 | 978-7-111-55288-8 | 129.00 |
| 会计学：企业决策的基础（财务会计分册）（原书第17版） | 简 R. 威廉姆斯（Jan R. Williams）等 | 978-7-111-56867-4 | 75.00 |
| 会计学：企业决策的基础（管理会计分册）（原书第17版） | 简 R. 威廉姆斯（Jan R. Williams）等 | 978-7-111-57040-0 | 59.00 |
| 营销管理（原书第2版） | 格雷格 W. 马歇尔（Greg W. Marshall）等 | 978-7-111-56906-0 | 89.00 |
| 市场营销学（原书第12版） | 加里·阿姆斯特朗（Gary Armstrong），菲利普·科特勒（Philip Kotler）等 | 978-7-111-53640-6 | 79.00 |
| 运营管理（原书第12版） | 威廉·史蒂文森（William J. Stevens）等 | 978-7-111-51636-1 | 69.00 |
| 运营管理（原书第14版） | 理查德 B. 蔡斯（Richard B. Chase）等 | 978-7-111-49299-3 | 90.00 |
| 管理经济学（原书第12版） | S. 查尔斯·莫瑞斯（S. Charles Maurice）等 | 978-7-111-58696-8 | 89.00 |
| 战略管理：竞争与全球化（原书第12版） | 迈克尔 A. 希特（Michael A. Hitt）等 | 978-7-111-61134-9 | 79.00 |
| 战略管理：概念与案例（原书第10版） | 查尔斯 W. L. 希尔（Charles W. L. Hill）等 | 978-7-111-56580-2 | 79.00 |
| 组织行为学（原书第7版） | 史蒂文 L. 麦克沙恩（Steven L. McShane）等 | 978-7-111-58271-7 | 65.00 |
| 组织行为学精要（原书第13版） | 斯蒂芬 P. 罗宾斯（Stephen P. Robbins）等 | 978-7-111-55359-5 | 50.00 |
| 人力资源管理（原书第12版）（中国版） | 约翰 M. 伊万切维奇（John M. Ivancevich）等 | 978-7-111-52023-8 | 55.00 |
| 人力资源管理（亚洲版·原书第2版） | 加里·德斯勒（Gary Dessler）等 | 978-7-111-40189-6 | 65.00 |
| 数据、模型与决策（原书第14版） | 戴维 R. 安德森（David R. Anderson）等 | 978-7-111-59356-0 | 109.00 |
| 数据、模型与决策：基于电子表格的建模和案例研究方法（原书第5版） | 弗雷德里克 S. 希利尔（Frederick S. Hillier）等 | 978-7-111-49612-0 | 99.00 |
| 管理信息系统（原书第15版） | 肯尼斯 C. 劳顿（Kenneth C. Laudon）等 | 978-7-111-60835-6 | 79.00 |
| 信息时代的管理信息系统（原书第9版） | 斯蒂芬·哈格（Stephen Haag）等 | 978-7-111-55438-7 | 69.00 |
| 创业管理：成功创建新企业（原书第5版） | 布鲁斯 R. 巴林格（Bruce R. Barringer）等 | 978-7-111-57109-4 | 79.00 |
| 创业学（原书第9版） | 罗伯特 D. 赫里斯（Robert D. Hisrich）等 | 978-7-111-55405-9 | 59.00 |
| 领导学：在实践中提升领导力（原书第8版） | 理查德·哈格斯（Richard L. Hughes）等 | 978-7-111-52837-1 | 69.00 |
| 企业伦理学（中国版）（原书第3版） | 劳拉 P. 哈特曼（Laura P. Hartman）等 | 978-7-111-51101-4 | 45.00 |
| 公司治理 | 马克·格尔根（Marc Goergen） | 978-7-111-45431-1 | 49.00 |
| 国际企业管理：文化、战略与行为（原书第8版） | 弗雷德·卢森斯（Fred Luthans）等 | 978-7-111-48684-8 | 75.00 |
| 商务与管理沟通（原书第10版） | 基蒂 O. 洛克（Kitty O. Locker）等 | 978-7-111-43944-8 | 75.00 |
| 管理学（原书第2版） | 兰杰·古拉蒂（Ranjay Gulati）等 | 978-7-111-59524-3 | 79.00 |
| 管理学：原理与实践（原书第9版） | 斯蒂芬 P. 罗宾斯（Stephen P. Robbins）等 | 978-7-111-50388-0 | 59.00 |
| 管理学原理（原书第10版） | 理查德 L. 达夫特（Richard L. Daft）等 | 978-7-111-59992-0 | 79.00 |